中国象棋特色丛书

国家棋

实战短局谱

孙尔康 编著

经济管理出版社
ECONOMY & MANAGEMENT PUBLISHING HOUSE

图书在版编目(CIP)数据

中国象棋实战短局谱/孙尔康编著.—北京:经济管理出版社,2009.7

ISBN 978-7-5096-0681-0

Ⅰ.中… Ⅱ.孙… Ⅲ.中国象棋—对局(棋类运动) Ⅳ.G891.2

中国版本图书馆 CIP 数据核字(2009)第 113072 号

出版发行:经济管理出版社
北京市海淀区北蜂窝 8 号中雅大厦 11 层
电话:(010)51915602 邮编:100038

印刷:北京晨旭印刷厂 经销:新华书店

组稿编辑:郝光明 责任编辑:郝光明
技术编辑:黄 铄 责任校对:陈 颖

880mm×1230mm/32 17.125 印张 475 千字
2009 年 9 月第 1 版 2009 年 9 月第 1 次印刷
印数:1—11000 册 定价:33.00 元

书号:ISBN 978-7-5096-0681-0

前　言

象棋是一项高尚的智力游戏和体育运动，有悠久的历史和丰富的内涵，集文化、军事、艺术、哲理、科学等为一体，深受各阶层人士的喜爱，具有广泛的群众基础。进入新时代，象棋一直在健康地发展着，其内容无论在广度和深度上都有极大提高。

中国象棋特色丛书就是以时代为背景，立足于实战，与时俱进，从象棋趣局、长局、短局三个领域来反映象棋特有的艺术魅力和技术成就，从而使棋艺得到升华。

《中国象棋实战短局谱》是特色丛书的第三部。作者从上万盘对局中，精选了339盘精彩短局（其中25回合以下短局289局，20回合以下超短局50局）。作为特色，它们是短兵相接、刀光剑影而开门见山，攻杀入味、瞬间得失而令人心醉，极具欣赏性，又不乏开、中局战术的参考（短局无残局）。

通读全书，定有收获。

孙尔康

2009年1月31日于上海

目录

第一部分　短局（25回合以下，共289局）

六、21 世纪（91 局　199～289）

第二部分　超短局（20 回合以下，共 50 局）

第一部分　短　局

（25 回合以下，共 289 局）

一、20 世纪 50 年代
(22 局　1～22)

第 1 局
广东杨官璘（红先胜）上海朱剑秋
(1955 年 6 月 8 日弈于上海)

中炮进三兵对屏风马

1. 炮二平五　马 8 进 7　　**2.** 马二进三　车 9 平 8
3. 车一平二　马 2 进 3　　**4.** 兵三进一　卒 3 进 1
5. 车二进六　……

20 世纪 50 年代，上海的棋风很盛，各地好手云集，在大世界、大新游乐场、春风得意楼、八仙桥青年会等地进行交流、表演。本局就是一则选例。中炮进三兵对屏风马，红方急进过河车系老式走法，现在基本上已看不到。

5. ……　炮 8 平 9　　**6.** 车二进三　……

兑车稳健，如车二平三，炮 9 退 1，黑方可以反击。

6. ……　马 7 退 8　　**7.** 马八进九　马 8 进 7

此时跳屏风马有点呆板和保守，可改走炮 9 平 5 或象 7 进 5，较为灵活。

8. 炮八进四　象 3 进 5

红方采用五八炮打法。黑方同样飞象，宜象 7 进 5。

9. 炮八平三　车 1 平 2　　**10.** 车九平八　炮 2 进 5

进炮封车难以奏效，不如炮 2 进 2 加强防守。

11. 车八进一　炮 9 退 1　　**12.** 兵三进一　马 3 进 4
13. 车八平六　马 4 进 3　　**14.** 车六进一　马 3 进 2
15. 车六退一　炮 2 平 3　　**16.** 马三进二　炮 9 平 3
17. 马二进四　前炮平 4

黑方调运子力向红方左翼施加压力，旨在形成攻势，但左翼显得薄弱，左马难逃受攻击。黑方现在平炮弃马强攻势在必行，如逃马，炮五进四，红方占优。

18. 马四进三　炮 3 进 8
19. 帅五进一！（图 1）……

高帅好棋，虽受攻，但无惊险，黑方无后续手段。红方却马上“反攻倒算”。

19. ……　　　士 6 进 5
20. 炮五进四　车 2 进 7
21. 马九退八　……

退马似拙实巧，黑方突破无门。

21. ……　　　卒 1 进 1
22. 相三进五　车 2 退 2

如改走象 7 进 9，兵三平四，车 2 退 2（如炮 3 平 6，红帅五退一），炮三退五，红方大优。

上海朱剑秋

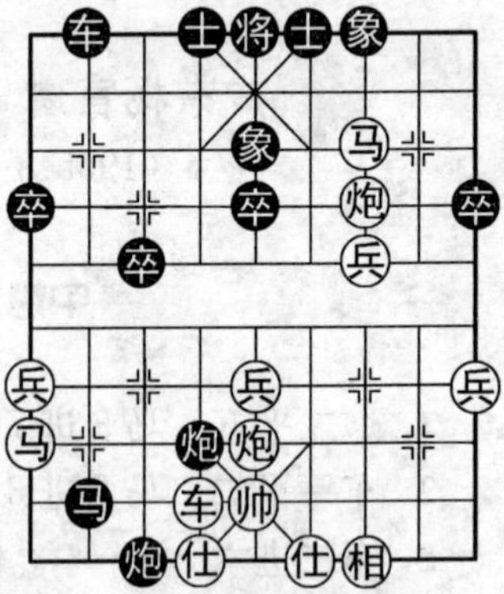

广东杨官璘

图 1

23. 炮三进三　车 2 平 8　　**24.** 炮三平四！……

平炮化解黑车攻势，精妙冷着。

24. ……　　　炮 3 平 6　　**25.** 炮四平一　……

开炮成杀。下面：车 8 进 3，帅五退一，车 8 进 1，车六平四，炮 6 平 4，帅五进一，红胜。

第2局

广东杨官璘（红先胜）陕西张增华

（1956年12月16日弈于北京）

列手炮

1. 炮二平五　炮2平5　　**2.** 马二进三　马8进9

本局弈自第1届全国象棋锦标赛。列手炮，黑方跳边马，是古谱中大列手炮的老式走法，但中路显得单薄，在现代布局认识中已遭否认，不如改走马8进7（小列手炮）或马2进3，较有弹性。

3. 马八进七　马2进3　　**4.** 车九平八　车1平2

跳正马，中路厚实，是攻大列手有效的技战术。黑方同样出直车，不如先走车9平8。

5. 炮八进四　士4进5　　**6.** 兵三进一　炮8平7

同样平炮，应改走炮8平6，或改走车9平8。

7. 马三进四　车9平8　　**8.** 车一进一　卒3进1

9. 车一平六　车8进4（图2）

10. 马四进五　……

车控将门，马踏中卒，炮镇中路，由此奠定优势。

10. ……　炮7平6

11. 马五进七　炮6平3

12. 炮八平五　车2进9

13. 马七退八　炮3平1

14. 仕六进五　马9退8

15. 帅五平六　……

出帅叫杀，黑已难应付。

15. ……　炮1退2

16. 兵九进一　马8进7

陕西张增华

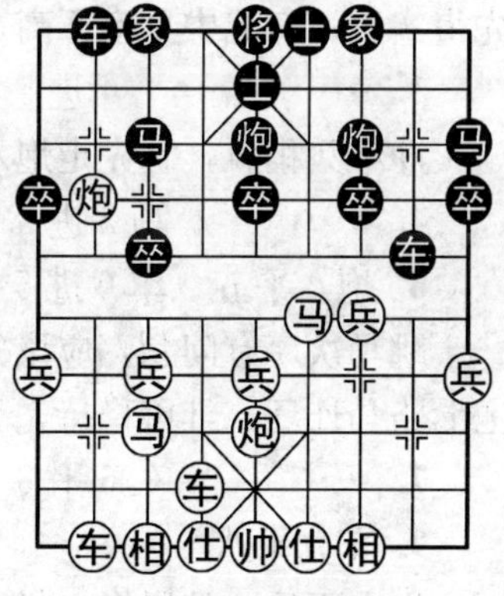

广东杨官璘

图2

17. 兵五进一　……

挺边兵后再挺中兵，扩势任我行。

17. …… 卒7进1 **18.** 兵三进一 车8平7

19. 马八进九 车7进1 **20.** 后炮平八！ 炮1平2

21. 马九进八！ ……

炮、马联动，杀势连连，厉害。

21. …… 炮2平1 **22.** 马八进七 炮1平2

23. 马七进九 ……

杀势无解，红胜。

第3局

辽宁薛家语（红先胜）河南田嘉树

（1956年12月18日弈于北京）

顺炮打中卒对横车

1. 炮二平五 炮8平5 **2.** 马二进三 车9进1

3. 炮五进四 ……

这是1956年全国赛中的一盘对局。斗顺炮，红方抢轰中卒，先得实惠，实战中见率不高，但不乏它的合理性和研究价值。

3. …… 士4进5 **4.** 兵五进一 ……

冲中兵稍急，宜先走炮八平五启动大子。

4. …… 马2进3 **5.** 炮五退一 车9平6

6. 炮八平五 车6进5 **7.** 马八进七 ……

跳马次序有问题，应该先走马三进五将黑车阻在左肋，然后再上七路马连环，红可稳持先手。

7. …… 车6平3 **8.** 马七进五 车1平2

9. 车九平八 ……

出车不妥，被黑炮一封，局势被动。应改走车一平二，马8进7，车二进六，先手抢攻。

9. …… 炮2进4 **10.** 仕四进五 马8进7

11. 车一平二　卒 7 进 1

挺卒活马，下一步跃马强攻，黑方已经反先。

12. 车二进四　炮 2 退 1

退炮轰车夺车，佳着。

13. 车二进二　炮 2 平 3

如车八平九，炮 3 进 4，车九平七，车 3 进 3，黑优。

14. 马五进七　……

14. ……　车 2 进 9

15. 车二平七　车 2 平 3

16. 马三进五　马 7 进 5（图 3）

跳中马不妥，应改走马 3 退 1，黑方多子占优。如图 3，形成中路顶格直线，有趣。

河南田嘉树

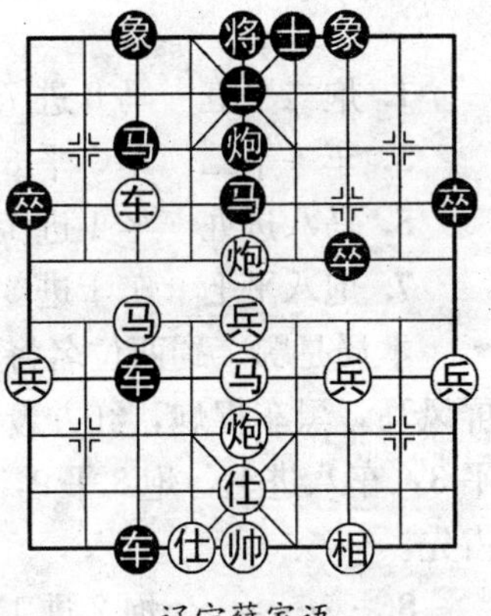

辽宁薛家语

图 3

17. 车七平六　炮 5 平 8?

红车扼肋，抢占将门，紧着。黑方卸炮劣着，应改走后车退 1，马五进七，车 3 退 4，前炮进二，象 3 进 5，炮五进四，车 3 平 5，炮五平一，卒 7 进 1，大体均势，和局可能性大。

18. 马七进八　炮 8 退 1

19. 马八进六　将 5 平 4

20. 马六退四　……

马踏三步，攻势在手，黑方迅速陷入困境。

20. ……　马 5 退 4

21. 后炮平六　马 3 进 2

22. 车六平八　马 2 进 4

23. 车八退二　后车平 4?

漏着，应炮 8 进 4，不致崩溃。

24. 炮五平六　后马进 3

25. 炮六退三　……

轰车叫杀，红胜。

第4局

湖北李义庭（红先胜）四川刘剑青

（1956年12月22日弈于北京）

五八炮对屏风马

1. 炮二平五　马8进7　2. 马二进三　马2进3
3. 车一平二　车9平8　4. 兵三进一　卒3进1
5. 马八进九　卒1进1　6. 炮八进四　象7进5
7. 炮八平七　车1进3　8. 炮七平三　……

本局是鄂、蜀两位名将在1956年全国赛上的交锋。五八炮对屏风马，黑车捉炮，红方轰卒比较少见，一般都走车九平八，车1平3，车八进七，炮8平9，车二进九，马7退8，车八退六，红方占先。

8. ……　炮2进1

高炮不如卒5进1通车捉炮比较积极。

9. 兵三进一　象5进7　10. 炮三平八　车1平2
11. 车二进六　象7退5　12. 车二平三　车8平7
13. 马三进四　……

跃马难有作为，应改走车九进一，以后向黑方左翼施压，红方较易拓展。

13. ……　车2进2　14. 车三平四　……

如改走马四进二，马7退5，车三进三，马5退7，马二进四，炮8平6，红马处境尴尬，黑方反先。

14. ……　炮8进7　15. 车九平八　车2平4
16. 马四退三　马7进8　17. 车四退四　马8进9?

马踏边兵白送一子，为什么？黑方临枰出现错觉（以为红会马三进一），造成以后失败的根源。应改走炮8退2，黑方占先。

18. 马三退二　车7进9　19. 马二进一　车4进3

20. 仕六进五　马 9 退 7

21. 车四进二　马 3 进 4

应先士 4 进 5 补一手为好。

22. 炮五进四　士 4 进 5

23. 车四退一　马 4 进 5（图 4）

24. 车八进九　将 5 平 4

25. 车八退七　……

双车扼守要道，黑方失子又无反抗能力，认输。下面着法为：车 4 退 5，炮五退二，卒 3 进 1，兵七进一，马 5 退 3，车四平七，马 7 进 5，相七进五，红胜。

四川刘剑青

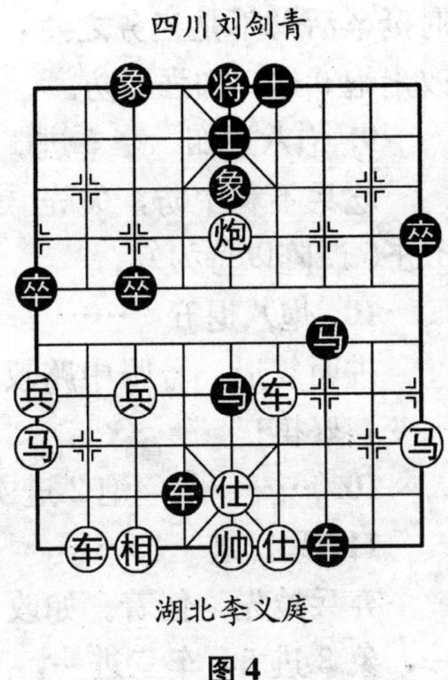

湖北李义庭

图 4

第 5 局

湖北李义庭（红先胜）浙江高琪

（1957 年 3 月 24 日弈于上海）

中炮盘头马对屏风马

1. 炮二平五　马 8 进 7　　**2.** 马二进三　车 9 平 8

3. 车一平二　卒 7 进 1　　**4.** 车二进六　马 2 进 3

5. 兵五进一　士 4 进 5　　**6.** 马八进七　炮 8 平 9

20 世纪 50 年代，上海弈风很盛，各地棋手经常莅临交流，本局就是其中之一。中炮过河车对屏风马开局，红方采用盘头马进攻，黑方平炮兑车不及卒 3 进 1 稳正。

7. 车二平三　车 8 进 2

高车保马不如改走炮 9 退 1 比较灵活。

8. 兵五进一　卒 3 进 1

直冲中兵，快节奏打法，亦可改走车九进一徐图进取。黑方此时挺卒活马不是当务之急，缓手。应改走炮 9 退 1 加强后防。

9. 炮八进四　卒 5 进 1（图 5）

吃兵不利中防，失先。应改走象 3 进 5 严阵以待为好。

10. 炮八退五　……

进而复退，着眼中路攻势，因时而变，好棋！

10. ……　炮 2 进 4

11. 兵三进一！……

弃兵抢先，佳着。如改走车三退一，象 3 进 5，车三进一，车 1 平 4，黑方对抢先手。

浙江高琪

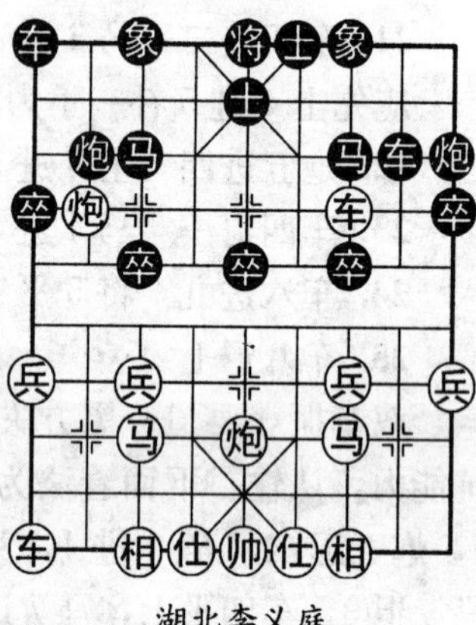

湖北李义庭

图 5

11. ……　卒 7 进 1

12. 炮八平五　卒 7 进 1

13. 马三进五　炮 2 平 5

14. 马七进五　象 3 进 5

15. 车九平八　车 1 平 4

16. 马五进三　……

马跃河口，双炮作后盾，虎视眈眈，红方已取得有效攻势。

16. ……　车 4 进 5

17. 车八进六　车 8 进 3

18. 相三进一　炮 9 进 4

19. 马三进二　马 7 进 5（图 6）

马奔卧槽，紧凑。如改走车三进一，炮 9 平 8，马三进四，炮 8 进 3，相一退三，车 8 平 6，黑方反取胜局。黑如改走炮 9 平 8，马二进三，将 5 平 4，车三平六，士 5 进 4，前炮平六，士 6 进 5，炮五平六，红胜。

20. 车三平五　车 8 平 6

弃车杀马，推进杀势，凶狠有力。黑如改走马 3 进 5，车八进三，士 5 退 4，马二进三，将 5 进

浙江高琪

湖北李义庭

图 6

1，车八退一，车4退4，马三退四，将5退1，车八平六，士6进5，前炮进四，红胜。

21. 车五平六　车4退2　　**22.** 车八平六　卒7进1
23. 车六进二　象5进7　　**24.** 马二进三　……

下面为：车6退4，后炮进四杀，红胜。

第6局

广东陈松顺（红先胜）湖北李义庭

（1957年7月14日弈于广州）

五八炮对屏风马

1. 炮二平五　马8进7　　**2.** 马二进三　车9平8
3. 车一平二　马2进3　　**4.** 兵三进一　卒3进1
5. 马八进九　象7进5　　**6.** 炮八进四　马3进4

这是广州、武汉、杭州三市象棋名手友谊赛中的选局。五八炮在20世纪50年代就相当流行，迄今一直盛行不衰。黑方右马盘河旨在对抢先手，亦可改走卒1进1或马3进2。

7. 炮八平三　炮8进4

在红方右翼子力通畅情况下，黑方左炮封车作用不大，不如改走炮2进5较有针对性。

8. 车九平八　车1平2

右马已出，出车保炮易受牵制，应改走炮2平3，局势较活。

9. 车八进五　炮8退2

10. 车八进一（图7）　车8进3?

高车捉炮失算，为红方所乘。应改走卒3进1（如士6进5，车八平六，炮2进2，兵七进一，红先），车

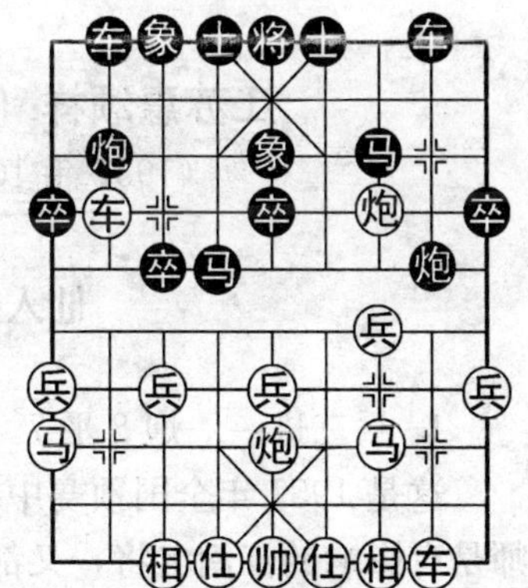

图7

八平六，马4进3，马九进七，卒3进1，车六平八，士4进5，红方虽占先手，但黑方有过河卒得到补偿，尚有竞争机会。

11. 车八平五！ 炮2进5

车抢中卒妙，由此打开局面。黑如改走马7进5，炮五进四，士6进5，炮五平二，红方大优。

12. 兵三进一　炮8进4　　**13.** 车五平六　马4进3

14. 马三进四　车8进2　　**15.** 马四进二　马7退9

三兵强渡，车攻马奔，红方优势迅速扩大。同样退马，黑方应改走马7退8。

16. 车六进二　马3进5　　**17.** 相三进五　士6进5

18. 车六退二　车2进6　　**19.** 马二进一　……

马从边陲进，实施兑子夺子战术，好棋。

19. ……　车8退3　　**20.** 车二进一　车8平9

用车杀炮，连续动作。黑如车8进6，马一进三，将5平6，车六平四，红胜。

21. 车二进七　车2平5　　**22.** 炮三进二　车9平6

23. 炮三平一　车6退2　　**24.** 车六平一　……

多子得势，黑方认输。

第7局

江苏惠颂祥（红先胜）浙江刘忆慈

（1957年10月25日弈于上海）

仙人指路对卒底炮

1. 兵三进一　炮8平7　　**2.** 马八进七　马8进9

这是1957年全国预赛中的一场短兵相接。惠、刘两位象棋大师是有影响的江南名将，又都擅长挺兵开局，此战被戏誉为“仙人之战”，引人关注和好奇。果然仙人指路对卒底炮开局，红方跳正马是当时的流行走法，现在已被炮八平五所替代。黑方起边马，启动左翼。如改走卒 7 进 1，炮二平五，卒 7 进 1，马二进一，马 2 进 3，炮八进二，象 7 进 5，兵五进一，红方占先。

3. 炮二平五　马 2 进 3　　**4.** 马二进三　车 9 平 8

如改走卒 7 进 1，马三进四，卒 7 进 1，马四进五，马 3 进 5，炮五进四，黑虽多一过河卒，但中路被镇“空心”，太不合算。

5. 马三进四　象 3 进 5　　**6.** 炮八平九　士 4 进 5

7. 车九平八　炮 2 平 1　　**8.** 马四进五　……

马抢中卒镇中路，简明有效。

8. ……　马 3 进 5　　**9.** 炮五进四　车 8 进 4

10. 兵五进一　……

挺中兵呵护中路又为七路马留出通道，紧凑有力。

10. ……　车 1 平 4

11. 相三进五　卒 9 进 1

12. 仕四进五　卒 7 进 1（图 8）

红方阵势开扬，全线控制，黑方处于被动的守势。黑方兑 7 卒让红马有出槽机会，而对自己并无多大作用，不如改走卒 1 进 1 等一等，看一看。

浙江刘忆慈

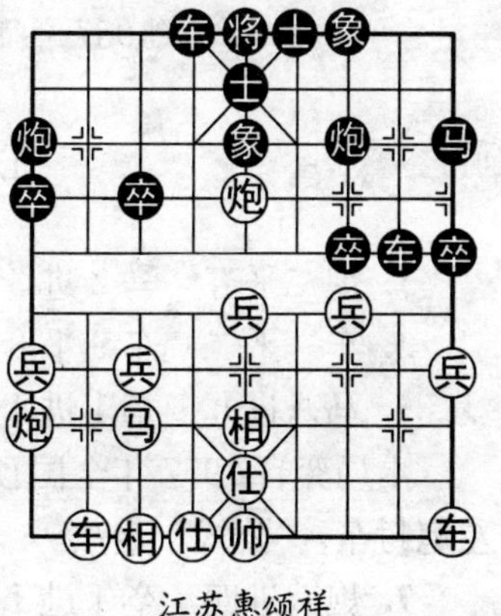

江苏惠颂祥

图 8

13. 马七进五！炮 1 平 2

红方盘马而出，佳着。黑如改走卒 7 进 1，马五进三，车 8 平 7，马三进五，下一手马五进七，红有锐利攻势。

14. 车八进六　马 9 进 7　　**15.** 兵三进一　车 8 平 7

16. 车一平四　车 4 进 5　　**17.** 车八平七　将 5 平 4

18. 马五进七　车 7 平 3？

兑车随手，露出破绽，导致迅速崩溃。应改走炮 2 平 4，但仍要挨打。

19. 炮九平六　车 4 进 2

肋炮打将好棋，黑方舍车咬炮无奈，如改走车 4 平 5（如炮 2

平 4，炮五平六，将 4 平 5，车七退一，红方夺车），车四进九，将 4 进 1，车七平六，炮 2 平 4，车四退一，红胜。

20. 车七退一　车 4 退 1　　　　**21.** 车七进一　车 4 平 7

22. 车七平六　……

下面：炮 2 平 4，车四进六，马 7 进 8，车六平九，马 8 进 6，车九进三，将 4 进 1，炮五平六，炮 4 平 3，炮六退五，马 6 进 7，炮六平三，车 7 进 2，车四平八，炮 3 平 2，马七进五，红胜。

第 8 局

浙江朱肇康（红先胜）江苏王启宏

（1957 年 10 月 25 日弈于上海）

五六炮对屏风马

1. 炮二平五　马 2 进 3　　　　**2.** 马二进三　马 8 进 7

3. 车一平二　车 9 平 8　　　　**4.** 兵三进一　卒 3 进 1

5. 马八进九　卒 1 进 1　　　　**6.** 炮八平六　炮 8 进 2

本局弈自 1957 年全国预赛。五六炮进三兵对屏风马，黑方升左炮封车，“公式”走法。

7. 炮六进四　卒 1 进 1

肋炮过河，五六炮的主要进攻手段，黑方挺卒出车，似乎急了一点，宜先走象 7 进 5 固中应一手较为稳妥。

8. 兵九进一　车 1 进 5　　　　**9.** 炮六平七　炮 2 进 5

进炮打马，对攻性着法。如象 7 进 5，车九平八，炮 2 平 1，车八进四，车 1 平 2，马九进八，炮 1 进 2，炮七平三，红方占优。

10. 炮五退一　车 1 平 7？

吃兵放弃底象，后患无穷，劣着。应改走象 7 进 5，车九平八，炮 8 进 3，黑方尚可抗衡。

11. 相七进五！……

弃马赶车，利于侧翼抢攻，佳着。

11. …… 车 7 进 2 **12.** 炮七进三 士 4 进 5

13. 马九进八！……

跳马又亮车，顷刻形成侧攻之势，可见前面弃子之妙。

13. …… 象 7 进 5

14. 炮七平九 炮 8 平 5

15. 车二进九 马 7 退 8

16. 车九平八 炮 5 平 7（图 9）

如炮 2 平 4 逃炮，马八进七，红方有强大攻势。

17. 炮五平九！马 8 进 6

卸炮增强侧攻分量，凶。黑如炮 2 平 4，马八进七，黑难应付。

18. 车八进二 炮 7 进 5

19. 仕四进五 ……

正确的着法应该帅五进一，黑方更难应。

江苏王启宏

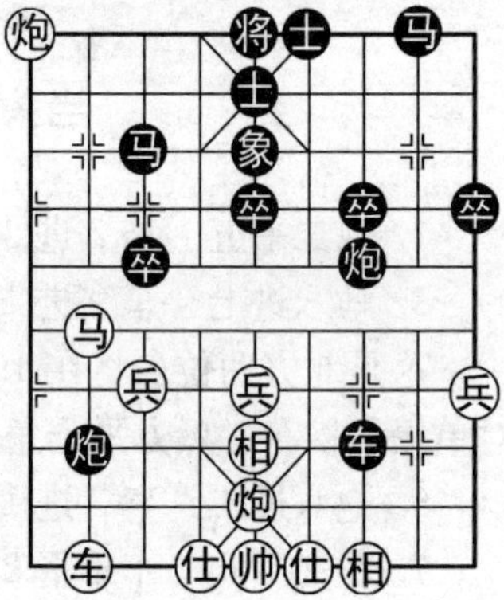

浙江朱肇康

图 9

19. …… 炮 7 平 9 **20.** 帅五平四 马 6 进 8

21. 马八进七 ……

踏马而进，四子归边，攻杀入局。

21. …… 士 5 进 4 **22.** 车八进七 将 5 进 1

23. 车八退一 将 5 退 1 **24.** 马七进五 马 8 进 7

25. 马五进三 将 5 平 4

下面：炮九平六，马 3 进 4（如士 4 退 5，红炮九退七），炮九退四，卒 3 进 1，车八退三，将 4 进 1，炮九平六，将 4 平 5，车八进三，红胜。

第9局

黑龙江王嘉良（红先胜）辽宁任德纯

（1957年11月9日弈于上海）

当头炮对单提马横车

1. 炮二平五　马2进3　**2.** 马二进三　马8进9

3. 马八进七　车9进1　**4.** 车一平二　炮8平6

这是北方两位名将在1957年全国决赛中的较量。中炮跳正马对单提马横车，黑方平士角炮嫌缓，应车9平4为好。

5. 炮八进二　卒3进1　**6.** 炮八平三　象3进5

7. 车九平八　车1平2　**8.** 车八进六　车9平4

红方左右联动，组织车炮在前沿进攻，黑方此时平车不及炮6进5打马，干扰红方内线比较积极。

9. 兵五进一　士4进5?

补士软手，造成被动，陷入困境。应改走卒7进1赶炮，消除隐患，巩固河沿阵地。

10. 车二进五！（图10）……

辽宁任德纯

黑龙江王嘉良

图10

骑河车一立，红方全线控制，好棋。

10. ……　卒7进1

11. 车二平三　车4进5

如炮6进1，炮五进四，马3进5，车八平五，车4进6，车五平四，车4平3，车四平八，车3进2，仕四进五，红方大优。

12. 车八平七　车4平3　**13.** 兵五进一！炮2进2

弃马强冲中兵，凶。黑如车3进1，兵五进一，车3进2，兵五平四，将5平4，车七平六，士5进4，炮三平六，红胜。

14. 马三进五　车2平4　**15.** 兵五进一！……

弃车中兵再强攻，狠。黑如炮2平7，兵五进一，象7进5，炮五进五，士5进4，炮三平五，炮7平5，前炮平七，士6进5（如士4退5，红炮七平一；如炮5进2，车七平五，士6进5，车五平一，将5平6，炮七退四，都是红方胜势），炮七平四，车3进1，炮四平五，士5退6，车七平五，红方胜势。

15. ……　车4进6　**16.** 兵五进一　象7进5

17. 车三平七　……

双车欺双车，妙。

17. ……　车3退2　**18.** 车七退一　将5平4

19. 炮五进五　马9退7　**20.** 炮三平六　炮2退3

红方杀势摧枯拉朽，锐不可挡。黑如马7进5，车七平六，将4平5（如士5进4，车六进二，将4平5，车六平五，士6进5，车五平七，红方胜定），炮六平三，叫杀夺车，红胜。

21. 马五进六　……

下面：炮2平4，马六进七，炮4平3，车七平六，士5进4，车六进二，将4平5，炮六平五，红胜。

第10局

河南庞凤元（红先负）江苏惠颂祥

（1957年11月9日弈于上海）

五八炮对屏风马

1. 炮二平五　马8进7　**2.** 马二进三　马2进3

3. 车一平二　车9平8　**4.** 兵三进一　卒3进1

5. 马八进九　卒1进1　**6.** 炮八进四　马3进2

这是1957年全国赛决赛中的一盘角逐。五八炮对屏风马，黑方跳外肋马封车，在当时是流行的走法。改走象7进5则偏重于固中防守。

7. 马三进四　象 7 进 5　　**8.** 马四进五　……

踏中卒嫌急。宜改走车九进一，卒 1 进 1，兵九进一，车 1 进 5，马四进五，马 7 进 5，炮五进四，士 6 进 5，车九平六，车 8 平 6，相三进五，车 6 进 6，炮五退一，红方占先（选录于前 1 天浙江沈志弈与江苏惠颂祥的对局）。

8. ……　　马 7 进 5　　**9.** 炮五进四　士 6 进 5

10. 相三进五　……

此时仍应走车九进一出横车。

10. ……　　卒 1 进 1　　**11.** 兵九进一　车 1 进 5

12. 炮八平七　……

黑方边车一通，红方不能再出横车了（因为黑有马 2 进 3 踏兵的棋步），先手也就无形之中消失。

12. ……　　车 1 平 4　　**13.** 炮五退一　……

退炮不如炮七平三轰卒，争取多兵为好。

13. ……　　车 4 退 1　　**14.** 兵五进一　炮 8 进 3!

进炮瞄兵，佳着。

15. 仕六进五　车 8 进 2

抬车生根，继续瞄兵，再接再厉。

16. 炮七平五　炮 8 平 5

轰兵兑车，黑方反先。

17. 车二进七　炮 2 平 8

18. 炮五退二　车 4 平 5（图 11）

19. 炮五平四？……

大兑子，局面简化。红方平肋炮有误，失着。应改走炮五平八，虽下风，但求和有望。

19. ……　　卒 3 进 1!

弃卒通马，好棋。

20. 兵七进一　马 2 进 4

江苏惠颂祥

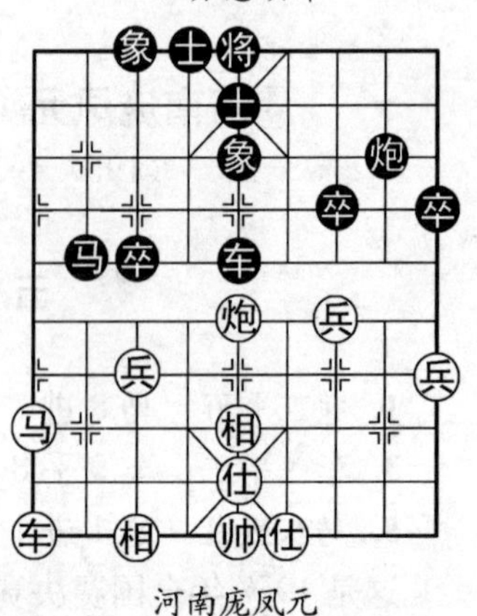

河南庞凤元

图 11

21. 马九进七　车 5 进 2

同样动马保相，不如马九退七。黑车一抓，恰到好处。

22. 车九进三　……

如马七退八，马 4 进 5，相七进五，车 5 进 1，帅五平六，炮 8 进 7，帅六进一，炮 8 平 1，黑方夺车胜。

22. ……　炮 8 进 7　**23.** 相五退三　马 4 进 3

叫杀夺车，黑胜。

第 11 局

广东陈松顺（红先负）北京侯玉山

（1957 年 11 月 11 日弈于广州）

中炮巡河炮对屏风马

1. 炮二平五　马 8 进 7　**2.** 马二进三　车 9 平 8

3. 车一平二　马 2 进 3　**4.** 兵七进一　卒 7 进 1

5. 炮八进二　炮 2 进 2

这是粤、京、哈象棋名手友谊赛中的一盘对局。中炮进七兵对屏风马，红方缓跳马抢出巡河炮，避免黑炮 2 进 4 及再炮 8 进 4 以后双炮过河变例。黑方因时而变，右炮巡河相对抗，双方“离谱”而行。

6. 车二进六　马 7 进 6　**7.** 马八进七　卒 7 进 1

中途演成过河车对盘河马阵势，黑方冲卒欺车，先声发难。

8. 车二平四　马 6 进 7　**9.** 炮八平三　……

轰卒，亦可先走炮五平四卸掉中炮，然后再吃卒。

9. ……　象 7 进 5　**10.** 车四退三　……

退车控马，容易陷入牵制纠缠之中，给对方以机会。可改走马七进六，炮 2 平 7，炮五平六，炮 8 进 5（如车 1 平 2，红车四平二），相七进五，红方先手。

10. ……　炮 2 平 7　**11.** 车九进一　炮 8 进 4

12. 车九平二　车1进1　　　**13.** 炮五平四　……

此时卸炮摆脱不了黑方牵制，不如改走马七退五，使各子联系生根，再图进取。

13. ……　　　车1平8

14. 车四进二　前车进4（图12）　**15.** 炮四进七　……

黑车捉炮谋子，佳着。红炮轰士勉强但无奈。因为既不好飞相又不能避炮。

15. ……　　　前车平7　　　**16.** 炮四退二　马3退5

17. 车四平六　马5进7　　　**18.** 相七进五　车7平6

19. 车二平六　士4进5　　　**20.** 炮四退一　炮7进3

黑方6大子攻侧翼，势不可当。现在再夺马，净多二子。

21. 炮四平七（图13）　车6进4！

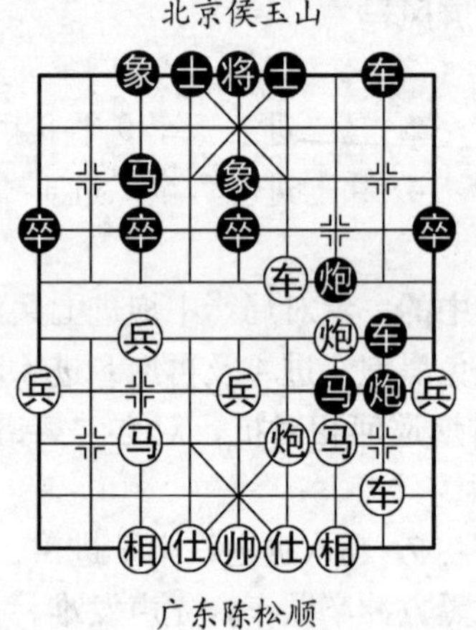

图 12

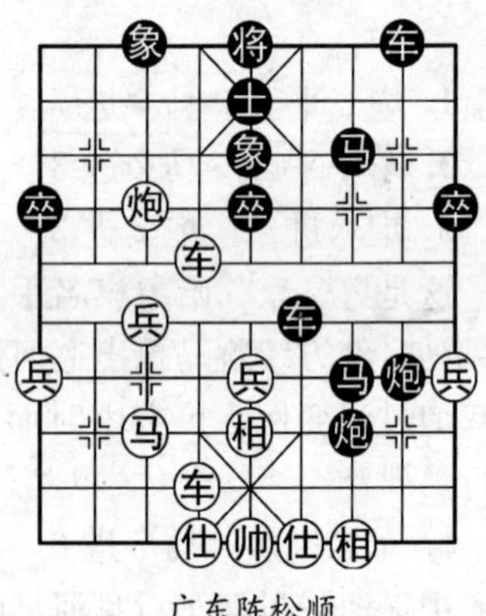

图 13

弃车抢杀，好棋，下面入局。

22. 帅五平四　炮8进3　　　**23.** 帅四进一　炮7平3

黑胜。

第12局

上海徐天利（红先胜）河南庞凤元

（1957年11月14日弈于上海）

中炮七路马对屏风马

1. 炮二平五　马8进7　　**2.** 马二进三　车9平8
3. 兵七进一　卒7进1　　**4.** 马八进七　马2进3
5. 马七进六　炮8平9

本局弈自1957年全国决赛。中炮七路马缓开车对屏风马，是徐天利擅长的布局，曾在《中国象棋谱》作过专题介绍。黑方开炮亮车，亦可改走炮8进3，马六进七，炮2进4，对抢先手。

6. 相三进一　……

飞边相防止黑车8进5骑河反击，如马六进七，车8进5，兵五进一，车8平5，炮五退一，士4进5，红方无便宜。

6. ……　车1进1　　**7.** 炮八平七　车1平4
8. 马六进七　炮2进4　　**9.** 车九平八　炮2平3
10. 马七退八　马3进4　　**11.** 马八退九　……

七路马踏卒，4步后退于边线，看似有损失，实际上牵制住黑炮，窥视底象，还是合算的。

11. ……　象7进5　　**12.** 车一进一　马4进5
13. 马九进七　……

抢中兵兑子，必着。红如马三进五，炮9进4，车一平四，炮9平5，仕六进五，车4进6，黑方反先。

13. ……　车4进6?

捉炮弄巧成拙，多此一举，失着。应马5进3直接吃炮，车一平七，马3退1，车八进三，车4进5，车八平九，车4平7，车九进三（如马三退一，黑炮9进4），车7进1，马七进五，炮9进4，黑方足可一战。

14. 马七进五　士6进5

另有4种着法：①卒5进1，马三进五，炮9进4（如卒5进1，红炮五进二，士4进5，车一平六，红方胜势），后马退三，炮9进2，炮五进三，士4进5，马五退六，红多子胜定。②马5进7，马五退六，马7进9，炮七进九，士4进5，炮七平九，士5进4，车八进九，将5进1，车八退八，红方夺马胜势。③车4平3，马三进五，炮9进4，后马退七，炮9进2，马五进四，红方胜定。④马5进3，马五退六，马3进2，车一平八，红方夺马胜势。

15. 马三进五　卒5进1

如炮9进4，后马退三，车4平3（如炮9进2，红马五退六），马三进一，车8进6，相一退三，红方多子胜定。

16. 前马进三　炮9进4（图14）

17. 炮五进三　……

中炮出击，叫杀献回一子，推进入局，好棋。

河南庞凤元

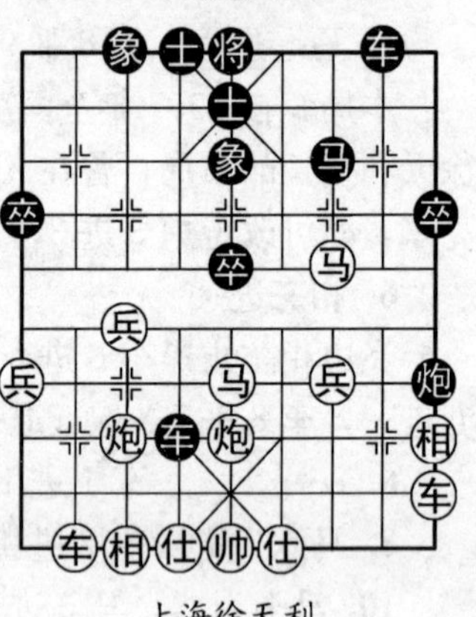

上海徐天利

图14

17. ……　车4平3

18. 马五退七　炮9进2

19. 车八进五　车8进8

20. 相七进五　马7进6

21. 炮五进一　……

捉马伏杀，红胜。

第13局

香港梁庆全（红先负）广东陈洪钧

（1957年12月21日弈于广州）

中炮巡河炮对屏风马

1. 炮二平五　马8进7

2. 马二进三　马2进3

3. 车一平二　车 9 平 8　　**4.** 兵七进一　卒 7 进 1

5. 马八进七　象 3 进 5　　**6.** 炮八进二　卒 3 进 1

1957 年底，在广州举行了穗港象棋名手友谊赛，广东方面参赛的有杨官璘、陈松顺、朱德源、陈洪钧，香港方面参赛的有曾益谦、黎子健、梁庆全、阮雄辉。本例是其中一局。

中炮巡河炮对屏风马，在当时是相当流行的布局，黑方冲 3 卒兑兵是针对巡河炮的一步新颖应着，一般都走炮 8 进 2 或炮 2 进 2。

7. 兵七进一　象 5 进 3　　**8.** 炮八平七　……

平炮攻马，又为出左直车做准备。亦可改走马七进六或车 2 进 4。

8. ……　马 3 进 4　　**9.** 车九平八　……

亮车。如改走车二进四，炮 2 平 4，车九平八，象 3 退 5，局势平稳。

9. ……　马 4 进 6　　**10.** 马七进六　……

跃马，先弃后取，正着。如逃马，红方失先。

10. ……　马 6 进 7　　**11.** 马六进五　象 3 退 5

12. 车二进六　……

同样动车，不如车二进二稳妥。

12. ……　士 4 进 5　　**13.** 马五进三？……

吃马有误，步子失调。应改走马五退四，马 7 退 5，炮七进三，炮 2 平 1，车八进三，马 5 退 3，车八平七，马 3 退 5，炮七平三，炮 1 平 7，炮五平二，卒 7 进 1，马四进六，卒 7 平 6，马六进八，红方可以夺回一子又有攻势。

13. ……　炮 2 平 7　　**14.** 炮七平二　炮 7 进 4

轰兵窥相，展开反攻，佳着。

15. 相三进一？（图 15）……

飞相出错，由此跌入“深渊”，失着。应改走炮二进三，炮 7 进 3，仕四进五，虽处下风，但还可周旋。

15. ……　炮 8 进 3！

弃车吃炮，精妙。大有石破天惊之气概。

广东陈洪钧

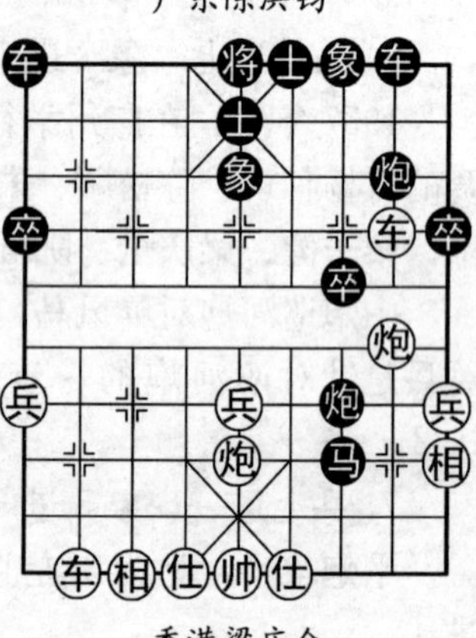

香港梁庆全

图 15

16. 车二进三　炮 7 平 8!

平炮连攻带袭，弃车后的又一步妙着。

17. 车二平一　前炮进 3

18. 仕四进五　……

如相一退三，后炮平 7，黑胜势。

18. ……　前炮平 9

19. 仕五进四　马 7 进 8

20. 相一退三　车 1 平 3!

此车一出，大局已定。

21. 帅五平四　……

如车一平二，马 8 退 9，相三进一，炮 8 进 4，帅五进一，车 3 进 8，黑胜。

21. ……　马 8 退 7　**22.** 帅四进一　炮 8 平 6

23. 仕四退五　炮 6 退 3　**24.** 车一退一　车 3 进 3

下面：车八进九，士 5 退 4，车一平四，车 3 平 6，仕五进四，车 6 平 8，车四退一，车 8 进 5，黑胜。

第 14 局

浙江李道忠（红先负）江苏杨兆宏

（1957 年 12 月 22 日弈于上海）

中炮巡河炮对屏风马

1. 炮二平五　马 8 进 7　**2.** 马二进三　马 2 进 3

3. 车一平二　车 9 平 8　**4.** 兵七进一　卒 7 进 1

5. 马八进七　炮 8 进 2　**6.** 炮八进二　……

这是 1957 年全国赛上的一盘对局。中炮进七兵对屏风马，此时双方的走法都有些呆板。黑方左炮巡河过早暴露目标，宜走象3进5或炮2进4比较灵活；红方巡河炮已经不及马七进六积极有力，黑如接走卒3进1，兵七进一，炮8平3，车二进九，马7退8，马六进五，红方优势。如象3进5，炮八平七，红先。

6. …… 炮2退1 **7.** 车二进一 炮2平7

8. 车二平四 马7进6

红方平车失先，应马七进六控制河口。黑方跃马挡车占据制高点，佳着。

9. 马七进六 ……

此时跳马兑子不合时宜，造成右翼受攻。应改走车九平八等待时机。

9. …… 马6进4

10. 炮八平六 卒7进1

7卒一冲，黑方已反先占优。

11. 车四进六 象3进5

12. 车四平三（图16） 卒7进1

吃兵软手，坐失良机。应改走炮8平7，车三进一，炮7进2，车三平四，炮7进3，仕四进五，卒7进1，仕五进四，车1平2，黑方攻势强烈，胜势。

江苏杨兆宏

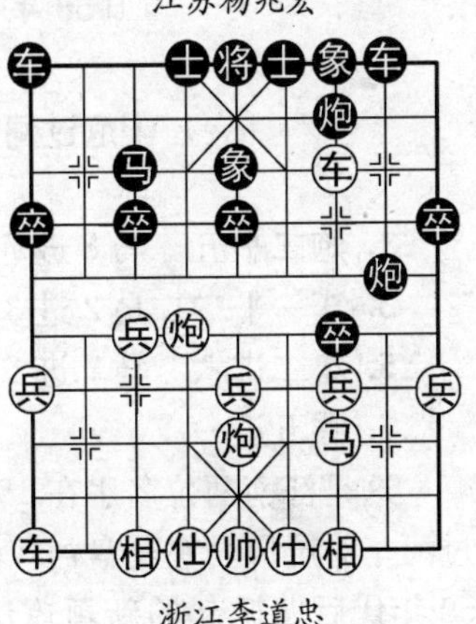

浙江李道忠

图16

13. 车三进一 卒7进1 **14.** 车三退六 车1平2

15. 兵九进一 ……

如改走车三平二，炮8平1，车二进九，炮1进5，黑方占优。

15. …… 车2进8 **16.** 兵九进一 炮8进5

17. 炮六退二 车2平4 **18.** 车三平二 ……

车炮迅速切入，在红方内线形成强攻，切中要害。红方兑车无奈。如改走仕六进五，车8进8；如车九进二，炮8平9，黑方都占优。

18. …… 车8进7 **19.** 炮六平二 车4平7

20. 兵九进一 车7进1 **21.** 炮二平四 马3退5

马退窝心绕道出左翼，呼应车炮攻势，红方难以应付了。

22. 炮五平八　马 5 进 7　　**23.** 相七进五　车 7 退 1

24. 仕四进五　马 7 进 8

车马炮侧攻成杀。下面为：仕五进六，马 8 进 7，车九进五，马 7 进 8，车九平四，车 7 平 6，黑胜。

第 15 局

浙江沈志弈（红先胜）江苏惠颂祥

（1958 年 11 月 1 日弈于扬州）

中炮过河车对屏风马左马盘河

1. 炮二平五　马 8 进 7　　**2.** 马二进三　车 9 平 8

3. 车一平二　马 2 进 3　　**4.** 兵七进一　卒 7 进 1

5. 车二进六　马 7 进 6　　**6.** 马八进七　象 3 进 5

7. 兵五进一　……

这是江南两位名手在 1958 年省市邀请赛中的一盘对局。中炮过河车对屏风马左马盘河，红方冲中兵从中路发起进攻是 20 世纪 50 年代后期掀起的新颖攻法，以往一般走炮八进二、车二退二、车二平四等。

7. ……　　卒 7 进 1　　**8.** 车二平四　马 6 进 7

踏马踩兵，牵制红方攻势，亦可选择卒 7 进 1，争取侧翼对攻。

9. 兵五进一　卒 5 进 1？

吃兵失先。一来卒林被打通，二则中路易受攻。应改走士 4 进 5 固中，以后有炮 2 进 1 牵制手段。

10. 马三进五　卒 5 进 1　　**11.** 马五进三　炮 8 平 7

12. 车四退三　……

退车轧马，抢占制高点，佳着。

12. ……　　士 4 进 5　　**13.** 炮八进二　车 8 进 5

14. 炮五平三　车 8 进 2　　**15.** 炮三平五　车 1 平 4

如改走车8退2，炮五平三，车8进2，形成长捉，黑方违规。

16. 炮八平五　车4进3

17. 车九平八（图17）　……

亮车捉炮，至此，红方所有兵力全部投入战斗，确立优势而推进。

17. ……　马3进5

18. 前炮退一　车8退2

19. 马三进四　马7进8

如改走炮7进7，仕四进五，车8进4，车八进七，黑方无后续手段，红方胜定。

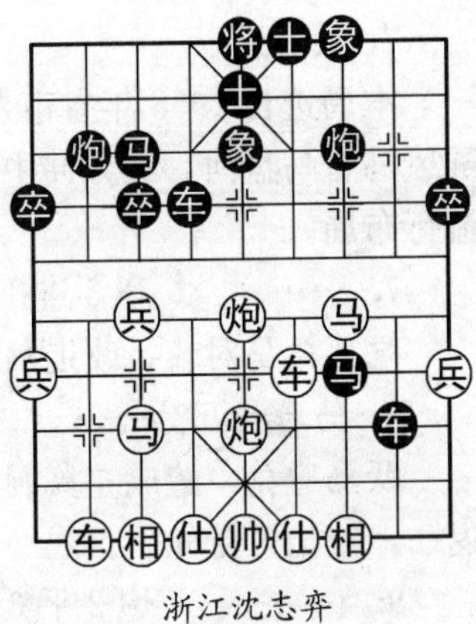

图17

20. 马四进三　将5平4　**21.** 后炮进四　车4平5

22. 相七进五　车8退4

如改走车5平4，仕六进五，车8退4，炮五平六，炮2平4，车八进九，将4进1，马七进八，炮4进4，车四平六，车4进3，马八进七，红胜。

23. 炮五平六　炮7进2

如车8平7，马七进六，打将夺车，红方胜势。

24. 车八进七　车8平7　**25.** 车八进二　……

下面：将4进1，炮六退一，双车炮杀局，红胜。

第16局

天津王家元（红先负）黑龙江王嘉良

（1958年11月5日弈于天津）

中炮过河车对屏风马右马盘河

1. 炮八平五　马2进3　**2.** 马八进七　马8进7

3. 兵三进一　卒3进1　**4.** 车九平八　车1平2

5. 马二进三　象 7 进 5　　　**6.** 车八进六　马 3 进 4

7. 兵五进一　……

本局选自 1958 年省市友谊交流赛。中炮过河车（反方向）对屏风马右马盘河，红方冲中兵从中路发起进攻，在当时属于新颖的流行布局。

7. ……　　　卒 3 进 1　　　**8.** 车八平六　卒 3 进 1

吃兵兑马对攻，改走马 4 进 3 另有变化，具体可参阅前局。

9. 马七进五？……

跃马避兑，造成左翼洞开，失着。该兑子时应兑子，应走车六退一，红仍可持先手。

9. ……　　　炮 2 平 3!

弃马平炮，佳着。红如车六退一吃马，炮 3 进 7，仕六进五，炮 3 平 1，黑有强烈攻势。

10. 马五进七　马 4 退 6　　　**11.** 马三进五　……

如改走兵五进一，马 6 进 7，兵五进一，士 6 进 5，车一进一，车 9 平 6，黑方占先。

11. ……　　　卒 3 平 4!

献卒攻相，二度弃子，好棋。

12. 马七进八　卒 4 平 5

13. 炮五平八　马 6 进 5!

捉与反捉，恰到好处。

14. 车六平七　炮 3 进 7!

挥炮轰相，三度弃子，有胆有识。

15. 仕六进五（图 18）　车 2 进 3!

舍车杀马，四度弃子，石破天惊。

16. 车七平八　车 9 进 1

17. 车八退三　车 9 平 3!

18. 炮八退二　……

黑龙江王嘉良

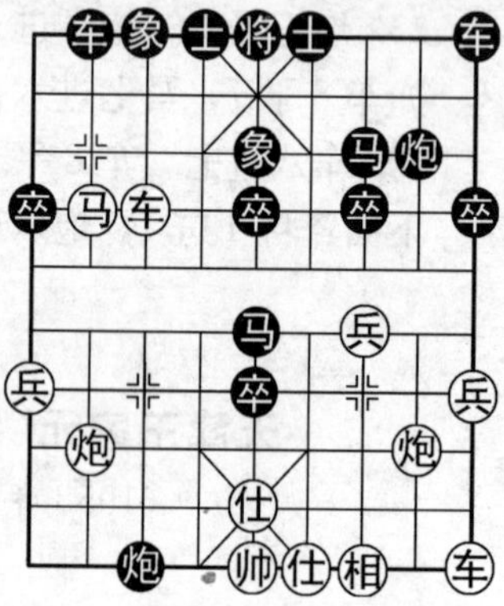

天津王家元

图 18

再献卒，五度弃子，令人惊叹。红如改走车八平五，炮 3 平 1，仕五进六，车 3 进 8，帅五进一，车 3 退 1，帅五退一，马 5 进

3，黑方胜势。

18. …… 炮3退5！ **19.** 车八退一 ……

退炮妙，红如车八平五，炮3平5！车五进一，车3进8，黑胜。

19. …… 炮3平5 **20.** 炮二进二 卒5进1！

冲卒闯宫，六度弃子，精彩。

21. 相三进五 马5进6 **22.** 帅五平六 车3平4

23. 车八平六 炮5平4 **24.** 车六平八 炮4平9

抽车。下面为：车八平六，炮9进5，相五退三，车4进6，仕五进六，马6进7，黑胜。

第17局

上海徐天利（红先胜）河南毕铁珊

（1958年12月3日弈于广州）

中炮过河车对屏风马平炮兑车

1. 炮二平五 马8进7 **2.** 马二进三 车9平8

3. 车一平二 马2进3 **4.** 马八进九 卒7进1

5. 车二进六 炮8平9

本局弈自1958年全国赛决赛。中炮跳边马过河车对屏风马，黑方平炮兑车，也可改走马7进6，成左马盘河阵势。

6. 车二平三 炮9退1 **7.** 车九进一 炮9平7

如改走车1进1，车九平六，车1平6，车三退一，炮9平7，车三平八，炮2平1，另有攻防之道。

8. 车三平四 士4进5 **9.** 车九平六 车1进1

在红方双肋车情况下，黑方出横车难有出路，不如改走炮2退1构筑内线担子炮，或炮2平1，以后出直车为妥。

10. 车六进五 马7进8 **11.** 车六平七 卒7进1

12. 车四退五 车8进2

13. 兵三进一（图 19）　车 1 平 4?

红方连抢两卒，子力又比较通畅，已确立优势。黑方出肋车太急，应改走炮 7 进 2，车七退一，象 3 进 1，车七平四，马 8 进 9，这样黑方压力减少，尚可对峙。

14. 炮八平七　车 4 进 1

15. 车四平二　马 8 退 6

16. 车二进六　车 4 平 8

17. 兵三进一　……

兑车后，红方三兵渡河，优势已不可动摇。

河南毕铁珊

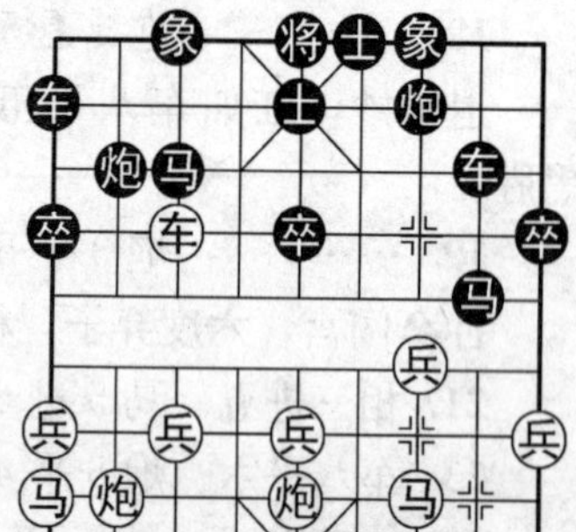

上海徐天利

图 19

17. ……　象 7 进 9　18. 兵三进一　马 6 进 7

19. 马三进四　炮 2 进 4　20. 相三进一　炮 2 平 5

21. 仕六进五　车 8 平 4

双马遭钳制，黑方难脱困境也。

22. 车七平五　马 3 进 4　23. 车五退一　车 4 平 6

24. 车五平六　车 6 进 3　25. 炮七进七　……

下一手出帅，红胜。

第 18 局

四川陈新全（红先负）辽宁任德纯

（1958 年 12 月 5 日弈于广州）

中炮进七兵对单提马

1. 炮二平五　马 2 进 3　2. 马二进三　马 8 进 9

3. 车一平二　车 9 平 8

这是蜀、辽两位名将在 1958 年全国个人决赛中的对局。中炮对单提马直车，如走车 9 进 1 则成横车阵势。

4. 兵七进一 象3进5 **5.** 马八进七 士4进5

6. 炮八平九 炮2进4 **7.** 兵三进一 车1平4

8. 车九平八 炮2平3 **9.** 仕六进五? ……

五九炮两头蛇对右炮过河，这是单提马直车应付中炮的最佳阵形，红方补仕软手，应改走炮五平四，稳健有力。

9. …… 卒7进1! **10.** 马三进四 ……

冲7卒反击，佳着。红如兵三进一，炮8平7，车二进九，马9退8，马三退一，象5进7，红方先手消失。

10. …… 卒7进1 **11.** 马四进五 炮8平7

平炮兑车抢先，冲卒后的连续动作。

12. 车二平一 马3进5 **13.** 炮五进四 卒1进1

14. 相七进五 ……

飞相缓手，应炮九进三加强牵制。

14. …… 车8进3 **15.** 炮五退一 车8进1

16. 兵五进一 卒7平6

17. 炮九进三 车8进2

18. 车一进二 马9进7

跃出边马反击，黑方已呈主动和优势。

19. 炮五平八 车4平1

20. 兵九进一 马7进8

21. 炮八退二 车8进2

22. 车一平四 炮3平7!（图20）

弃卒平炮，成攻杀之势，好棋。

23. 炮八退二 车8平6!

24. 相三进一 马8进9!

一气呵成杀局，黑胜。

辽宁任德纯

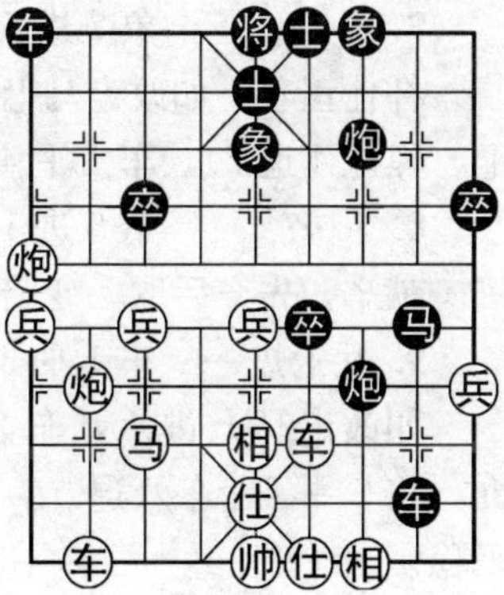

四川陈新全

图 20

第19局

山东方孝臻（红先负）山东戴光洁

（1959年4月8日弈于淄博）

飞相对挺卒

1. 相三进五　卒7进1　**2.** 马八进七　马8进7
3. 兵七进一　马2进1

本局弈自1959年山东省赛。飞相对挺卒开局，黑方跳边马，形成单提马阵势，亦可改走车9进1出动主力。

4. 炮八平九　车1进1　**5.** 车九平八　炮2平4
6. 车八进七　士6进5　**7.** 马二进三　……

也可改走马二进四，象7进5，车一平三，车9平6，车八退六，车6进4，兵三进一，红方较好。

7. ……　象7进5　**8.** 仕四进五　……

补仕正着。如改走马七进六，炮4进7，帅五平六（如马六进七，黑炮4退2），车1平4，黑方先弃后取，反先。

8. ……　卒3进1

献卒，先弃后取，变暗车为明车，好棋。

9. 兵七进一　车1平3　**10.** 马七进八　……

如改走马七进六，车3进3，车一平四，车9平6，车四进九，将5平6，车八退二，车3平2，马六进八，马1进3，局势平稳。

10. ……　车3进3　**11.** 马八进九　……

抢卒得实惠。如改走车一平四，卒1进1，红方无便宜。

11. ……　车3平6　**12.** 炮二进二　……

同样进炮，不如改走炮二进四紧凑。黑如车6退1，炮二退二；如车9平6，兵九进一，红都可保持先手。

12. ……　炮8进1　**13.** 炮二平七　炮8平1

黑方高炮打马、兑子，既能减轻右翼压力，又可使红方右翼出现弱点，是扬己抑彼的上乘着法。

14. 炮九进四　车 9 平 8

15. 兵九进一　车 8 进 6（图 21）

16. 炮七进四　……

进炮旨在强攻，但有后顾之忧，失先。应改走炮七退一，黑如车 6 平 3，炮七平九，炮 4 进 6，车八退六，红方仍有多兵之先。

16. ……　　车 8 平 7

17. 车一平三　卒 7 进 1

18. 炮七平九　……

山东戴光洁

山东方孝臻

图 21

黑方 7 卒乘机渡河，埋下反击伏兵。红方同样平炮，不如改走炮七平八先谋马为好。另如改走炮七退五，炮 4 进 4，车八退三，车 6 进 1，黑方先手。

18. ……　　马 7 进 8

19. 兵五进一　马 8 进 6

20. 炮九进一　马 6 进 7

21. 车八平九　炮 4 进 4

各攻一翼，黑方有速度之优。现在进炮发动中路攻势，佳着。

22. 后炮平七　炮 4 平 5

23. 炮七退三　马 7 进 9

兑子抢攻，妙。

24. 车三平二　车 7 进 3

再兑车，步入杀局，精妙。

25. 车二平三　马 9 进 7

下面为：炮七退一，将 5 平 6，黑胜。

第20局

广东杨官璘（红先胜）陕西王羽屏

（1959年9月19日弈于北京）

中炮盘头马对屏风马左象

1. 炮二平五　马8进7　**2.** 马二进三　马2进3

3. 车一平二　车9平8　**4.** 兵七进一　卒7进1

5. 马八进七　象7进5

本局选自1959年全国赛。中炮七路马对屏风马，黑方飞左象是一种选择，另可改走象3进5、炮2进4、车1进1等，均有丰富变化。

6. 兵五进一　炮8进2

巡河炮加强河沿防守，亦可走炮8进4争取对攻。

7. 马七进五　炮2平1?

红方采用盘头马进攻，黑方分边炮，着法不够协调，应改走车1进1启动横车。

8. 车九平八　车1平2?

出直车没有好的出路，而且遭红炮阻击，失先。仍应改走车1进1较为灵活。

9. 炮八进四　车8进1?

抬左横车，自行“脱根”，且无多大实际意义，松着。应改走炮1退1。黑方连续几步棋出问题，陷入被动不可避免也。

10. 兵五进一　卒5进1　**11.** 兵三进一　卒7进1

吃兵让红马盘出，不妥。不如士4进5固中为好。

12. 马五进三　马7进6

13. 前马进四　炮8退1?（图22）

退炮空棋，不如炮8进4顶车。

14. 车二进五！……

捉马抢攻，由此步入佳境。

14. …… 车8平2

15. 车二平四 前车进2

16. 车八进六 车2进3

17. 车四平五 卒3进1

18. 车五进二 士4进5

19. 车五平七 将5平4

20. 马四退六 炮1进4

21. 车七进二 将4进1

陕西王羽屏

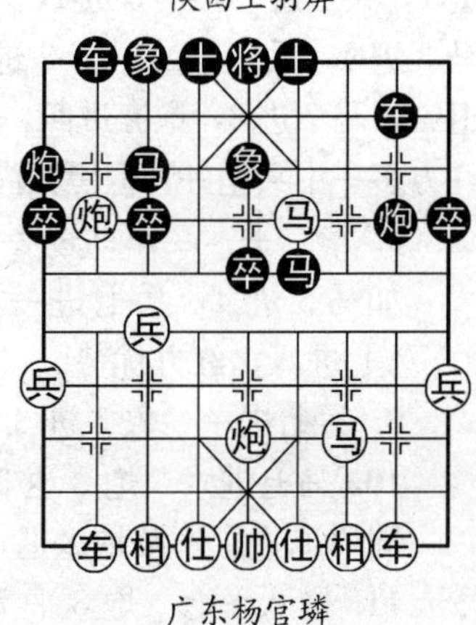

广东杨官璘

图 22

下面：车七退一，将4退1，马六进七，车2退1（如车2平3，兵七进一，车3进1，车七进一，将4进1，马七退五，红胜），车七进一，将4进1，马七退五，将4进1，马五退七，红胜。

第21局

湖北李义庭（红先胜）宁夏马宽

（1959年9月22日弈于北京）

中炮进七兵对屏风马左炮巡河

1. 炮二平五 马8进7　　2. 马二进三 卒7进1

3. 车一平二 炮8进2

本局选自1959年全国赛。黑方左炮巡河对局中比较少见，虽稳但定位过早，阵形难以灵活，不如车9平8。

4. 兵七进一 马2进3

跳屏风马，正着。如改走炮2平3，马八进七，卒3进1，马七进六，卒3进1，马六进五，红方优势。

5. 马八进七 象3进5　　6. 车二进四 卒3进1

7. 兵三进一（图23） 卒7进1?

四兵（卒）相见，攻守对峙。黑方7卒兑兵软手。应改走卒3

进1，兵三进一，卒3进1，车二平七，马3进4，兵三平二，卒3进1，车七退二，马7进8，炮五进四，士4进5，红方多一中兵稍好，但黑方尚可应付。

8. 车二平三　车9进2

如马3进4，兵七进一，炮8平3，马七进八，红方优势。

9. 兵七进一　象5进3

10. 马七进六　炮8退3

同样退炮，不及炮2退1。

11. 炮八平七　炮8平7

打车太急，应先走马3进4。

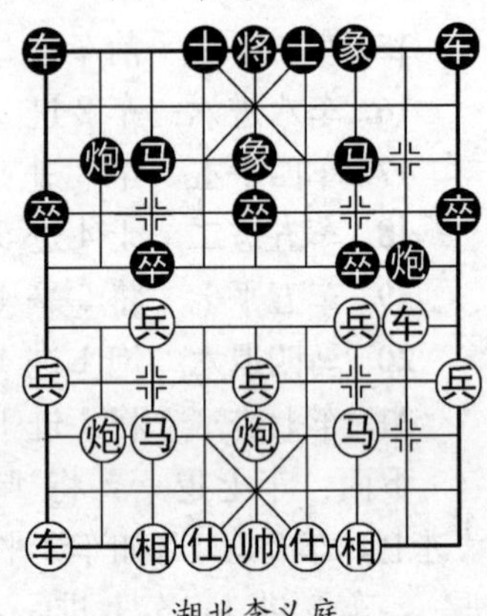

图23

12. 车三平二　马3进4　**13.** 炮七平六　炮2进3

红炮轰马，优势显现；黑炮轰车，无奈应招，改走他着均被动。

14. 车二进四　炮2退4　**15.** 车二平三！……

弃车杀炮抢攻，好棋。

15. ……　士4进5　**16.** 车三进一　象3退5

17. 车九平八　炮2平4　**18.** 炮六进三　象5退7

19. 炮六平三！……

平炮叫杀，各子俱活，由此推进入局，佳着。

19. ……　马7退9

如改走象7进5，炮三进一，车1平3，马六进四，黑亦难走。

20. 马六进五！象7进5　**21.** 炮三平五！……

马炮联动，势不可当。

21. ……　车1进2　**22.** 马三进四　车9平6

23. 车八进九　炮4退1　**24.** 马四进六　车1平4

25. 马五进七　……

轰车伏杀，红胜。

第22局

新疆李承义（红先胜）河南马金魁

（1959年9月25日弈于北京）

中炮直横车对屏风马

1. 炮二平五　马8进7　**2.** 马二进三　卒3进1

3. 马八进九　马2进3　**4.** 车一平二　车9平8

5. 车九进一　炮2平1

这是1959年全国赛中的一场对决。中炮直横车缓挺兵对屏风马先进3卒，黑方平炮不及卒7进1成两头蛇阵势比较灵活。

6. 车九平六　车1平2

7. 炮八平七　士4进5

8. 车六进五　马3进2（图24）

9. 炮五进四　象3进5

成五七炮对外肋盘河马，双方进入实质性较量。这一回合似乎都有点问题。红方炮轰中卒嫌急，应先走车六平九；黑方飞象软手，应炮1平5还击。

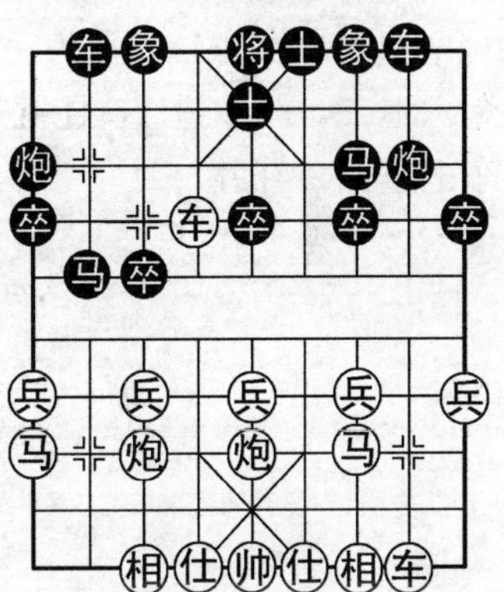

图24

10. 车六平九　马7进5

11. 车九平五　马2进1?

红方连抢两卒，实实惠惠。黑马踏边兵，局面显得呆滞，应改走炮1进5，相七进九，马2进3，相九退七，车2进7，炮七平五，炮8进6，黑方可以一战。

12. 炮七平五　马1退2　**13.** 车二进四　炮8进2

14. 车五平三　车8进2　**15.** 兵三进一　象7进9?

飞象劣着，造成失子后果。应改走炮8平4，兑车后虽处下风，但还能周旋。

16. 兵三进一　象 9 进 7　**17.** 马三进四　炮 1 进 4
18. 车二进一　炮 1 平 5　**19.** 仕四进五　车 8 平 6
20. 车三平五　炮 5 进 2

赚仕兑子，勉为其难。如车 6 进 3，车五退三，车 6 平 7，相三进一，黑方仍是困境。

21. 仕六进五　车 6 进 3（图 25）
22. 车二平三！……

杀象凶，下面攻杀入局。

22. ……　　车 2 进 2
23. 炮五进五　士 5 进 6
24. 车三平七　车 6 平 4
25. 炮五平六　……

河南马金魁

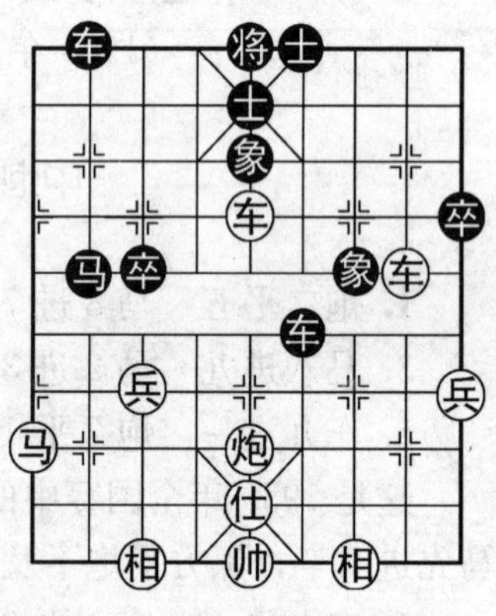

新疆李承义

图 25

双车炮发力。以下为：将 5 平 4，炮六退二，马 2 进 1，仕五进六！士 6 进 5，车五平六，将 4 平 5，车七进四，红胜。

二、20 世纪 60 年代
（15 局　23～37）

第 23 局

广东陈柏祥（红先负）浙江刘忆慈

（1960 年 10 月 18 日弈于北京）

中炮过河车对屏风马

1. 炮二平五　马 8 进 7　　**2.** 马二进三　车 9 平 8
3. 车一平二　马 2 进 3　　**4.** 兵七进一　卒 7 进 1
5. 车二进六　象 3 进 5　　**6.** 车二平三　马 3 退 5
7. 炮五进四　……

这是 1960 年全国赛中的粤、浙两位名手之间的一场较量。中炮过河车对屏风马飞右象，黑方退窝心马在当时是比较新颖的应着。如士 4 进 5 则会形成弃马局。红方炮轰中卒，手段简明。另有两种攻法：①炮八进四，卒 3 进 1，兵七进一，车 1 平 3，炮五进四（如炮八平七，象 5 进 3），马 7 进 5，车三平五，车 3 进 4，相七进五，炮 8 进 6，黑方反先。②马八进七，炮 2 进 1，红车受攻。

7. ……　　马 7 进 5　　**8.** 车三平五　炮 8 平 7
9. 相三进五　车 1 平 3

出象位车佳着，既可兑卒通车，又可限制红车活动。

10. 马八进七　卒 3 进 1　　**11.** 兵七进一　车 3 进 4
12. 马七进六　马 5 进 3　　**13.** 车五平六　……

黑方放出窝心马，各子通畅，布局已取得满意效果。红如车五平三，马3进4，黑方占先。

13. ……　车3平4　**14.** 车六退一　马3进4

15. 车九进一　……

兑车后，局面有所简化。红方启横车让主力登场。如改走兵五进一，车8进5，兵三进一，车8进1，兵五进一，马4进2，炮八进五，炮7平2，兵三进一，车8平7，马三退一，车7退2，黑方占优。

15. ……　马4进6

16. 马三退一　炮7平6

17. 马六进四　车8进3

18. 兵三进一　车8平3

平车成左右牵扯控制之势，老练。如车8平5，兵三进一，车5进3，马一进三，车5平7，兵三进一，红方较好。

19. 兵三进一　车3进4

20. 炮八进二　马6进4

21. 炮八平三?（图26）……

浙江刘忆慈

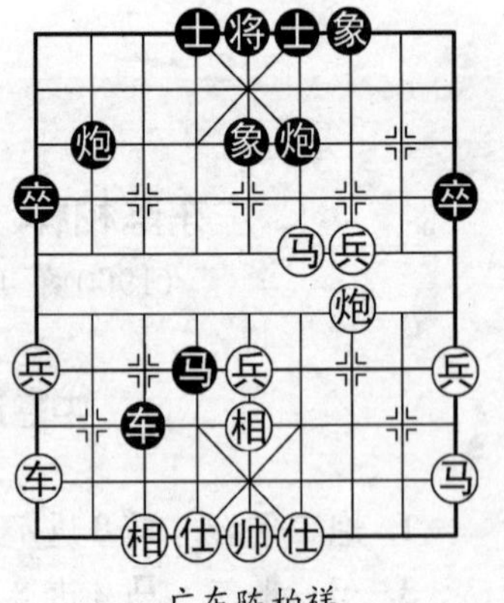

广东陈柏祥

图26

捉炮、进马，黑方反击。红方平炮失误，致败的根源。应改走炮八平五，士4进5，车九平六，马4进3，马四进六，炮2平4，马六退七，双方对峙，红方多兵有利。

21. ……　车3进1!

兑车伏杀，精妙。红如车九平七，马4进3，帅五进一，炮2进6，黑胜。

22. 车九进一　车3平5!!

弃车绝杀，精妙绝伦。红如仕四进五，马4进3杀；如仕六进五，炮2进7，仕五退六，马4进3，帅五进一，炮2退1，黑胜。

第24局

辽宁孟立国（红先胜）广东蔡福如

（1960年10月30日弈于北京）

中炮过河车对屏风马高车保马

1. 炮二平五　马8进7　**2.** 马二进三　车9平8
3. 车一平二　马2进3　**4.** 兵七进一　卒7进1
5. 马八进七　象3进5　**6.** 车二进六　炮8平9
7. 车二平三　车8进2　**8.** 马七进六　……

本局选自1960年全国赛。中炮过河车对屏风马高车保马开局，红方跃七路马进攻，最常见的走法，亦可车九进一启横车。

8. ……　炮2进4

右炮过河对抢先手。另有士4进5、炮2退1、炮2进1等应着，均有不同变化。

9. 马六进四　车1进1　**10.** 兵五进一　……

冲中兵，从中路发动攻势，另有炮八平九、兵九进一等着法，各有攻防之道。

10. ……　炮2退5　**11.** 炮八进五　……

孟立国在棋坛素以"杀象能手"而闻名。此举进炮窥中象，体现其特长。一般走兵五进一，炮2平7，车三平四，马7进6，兵五平四，车8进4，车四平三，炮9平8，车九平八，炮8进3，炮八进六，炮7平4，车八进三，炮8平7，马三退一，车8平9，车三平二，士4进5，双方对抢先手。

11. ……　炮2平7　**12.** 车三平四　车8进6

车侵下二路，意在对拼，但担有风险。改走车1平2，车九平八，马7进6，车四退一，炮7进5，相三进一（如马三进五，黑炮9进4），炮7平8。黑方抗衡，不乏机会。

13. 车九平八　马7进6

14. 车四退一　炮 7 进 5（图 27）

15. 兵五进一　……

弃相强渡中兵，有胆魄，抢攻佳着。

15. ……　　　炮 7 进 3

16. 仕四进五　炮 7 平 9

17. 帅五平四　后炮退 2

18. 炮八平五！……

轰象，出手果然不凡。

18. ……　　　车 1 平 8

19. 兵五进一　前炮退 2

20. 后炮进二　前车平 7

广东蔡福如

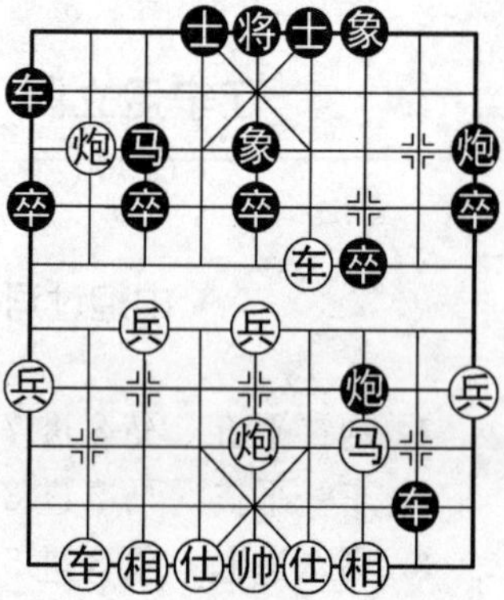

辽宁孟立国

图 27

双方对杀，局势极为惊险而紧张，但红方在速度上占有上风。且看下面动作。

21. 兵五平六　马 3 进 5　　**22.** 前炮平九　马 5 退 4

23. 炮九进二　马 4 退 2　　**24.** 车四进四！将 5 进 1

如改走炮 9 平 6，兵六平五，车 8 平 5，车八进九，象 7 进 5，车八退一，象 5 退 3，车八平五，红胜。

25. 车八进八　……

三军用命，全线扑杀。下面：马 2 进 4，兵六平五，象 7 进 5，车四平五，红胜。

第 25 局

上海何顺安（红先胜）广东杨官璘

（1961 年 11 月 5 日弈于广州）

中炮横车七路马对屏风马

1. 炮二平五　马 8 进 7　　**2.** 马二进三　车 9 平 8

3. 兵七进一　卒 7 进 1　　**4.** 马八进七　马 2 进 3

5. 车一进一 象3进5 **6.** 车一平六 士6进5

这是沪、粤象棋对抗赛中的一盘对局。中炮横车七路马对屏风马开局，红方横车过宫是老式走法，目前已被车一平四所替代。黑方背补士，有点别出心裁，但效果似乎并不理想，特别是影响右车的活动。宜士4进5为好。

7. 马七进六 炮8平9 **8.** 车九进一 车8进5?

红方再启主力作等待，成双横车阵势，亦可改走炮五平七。黑车骑河似凶实软，不如改走卒3进1疏通右翼。

9. 炮五平七 卒7进1

强冲7卒也是强弩之末，无更好的选择。如改走炮2进3，兵三进一，车8退1（如车8平7，兵七进一，象5进3，相三进五，车7进1，炮七进一，红方打死车），兵三进一，车8平7，马六进七，红方占优。

10. 兵三进一 车8平7 **11.** 兵七进一 象5进3

12. 相三进五 车7退1

13. 炮八进三（图28） 象3退1?

退边象为什么？造成阵形凌乱，易受攻击。应象3退5，还可坚守。

14. 马三进四 士5退6

15. 车六平三 ……

黑方退士为马留退路，苦不堪言。红方兑车抢先，佳着。

15. …… 车7平3

16. 炮八退一 马3退5

17. 车九平四 马7进6

18. 马六进五！ 车3平5

广东杨官璘

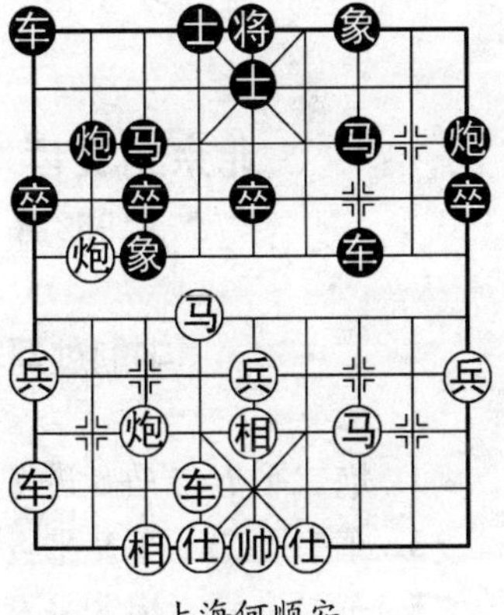

上海何顺安

图28

弃炮踏卒抢攻，好棋。黑如车3进3，马四进六，马6退7，炮八平五，黑方难以应付。

19. 马五进六 象7进5?

飞象乱了套。应改走炮2平5，炮八进五，车1平2，马六进八，车5进2，仕四进五，炮9进4，虽失子处于下风，但还能一拼，不致迅速崩溃。

20. 马四退六　车5平4（图29）

21. 炮八平五！……

弃双马炮镇中路，凶狠有力。

21. ……　　　车4退3

如车4进2，马六退八，炮9平2，车四进四，炮2进7，车三进八，红胜。

22. 马六进五　马6退7

23. 仕四进五　马7进5

24. 炮五进二　车4进2

广东杨官璘

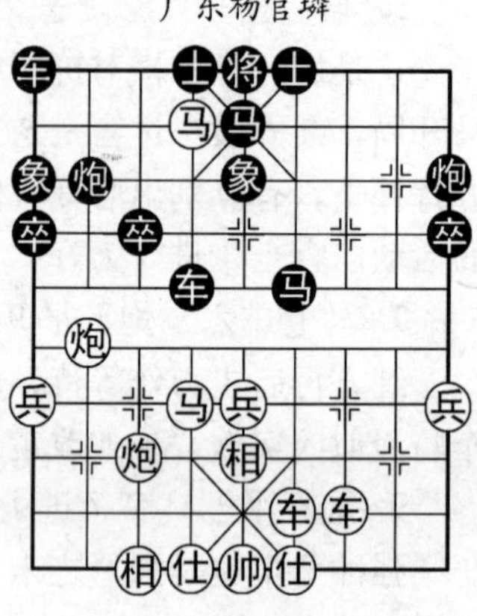

上海何顺安

图29

25. 车四进七　炮2退1

下面：车四退二，炮9退1，车三进八，炮9平6，马五进三，红胜。

第26局

北京刘文哲（红先胜）北京赵连城

（1962年4月1日弈于北京）

中炮过河车对屏风马平炮兑车

1. 炮二平五　马8进7　　**2.** 马二进三　马2进3

3. 车一平二　车9平8　　**4.** 兵七进一　卒7进1

5. 车二进六　炮8平9　　**6.** 车二平三　炮9退1

7. 马八进九　车8进8

本局选自1962年北京市象棋锦标赛决赛。中炮过河车对屏风马平炮兑车，红方跳边马在当时比较流行，黑方车侵下二路，意在对抗，一般多走车8进5，牵制性较强。

8. 炮八平七　车8平2

平车封堵作用并不大，不如炮 9 平 7，车三平四，马 3 退 5，稳正。

9. 仕四进五　车 2 退 4

红方补仕缓手，可兵七进一先手发力。黑方退车失先，一只车在开局阶段过度运作是不妥当的，应改走马 3 退 5 避一手。

10. 马九进七　炮 9 平 7　　**11.** 车三平二　马 3 退 5

12. 兵七进一　车 2 进 2　　**13.** 马七进五　卒 5 进 1

冲兵跃马，红方抢攻。黑方挺中卒谋子正中红方心怀，失着。不如炮 2 平 3 加强防守为宜。

14. 兵七平六　卒 5 进 1　　**15.** 炮五进二　……

横兵、炮镇中路，弃子抢打有威力，红方由此确立优势。

15. ……　象 3 进 5　　**16.** 车二平七　马 7 进 8

17. 车九进二　……

高车等待，城府很深，含蓄，运子极具匠心。

17. ……　卒 7 进 1（图 30）

18. 兵三进一！……

吃卒再弃马，早有预谋，漂亮。

18. ……　炮 7 进 6

19. 炮七进三　马 8 进 7

20. 炮五进一　炮 7 平 2

21. 车七平四　马 7 进 8

22. 炮七退四　后炮进 2

23. 炮五进一　马 8 退 9

24. 车九平八！……

北京赵连城

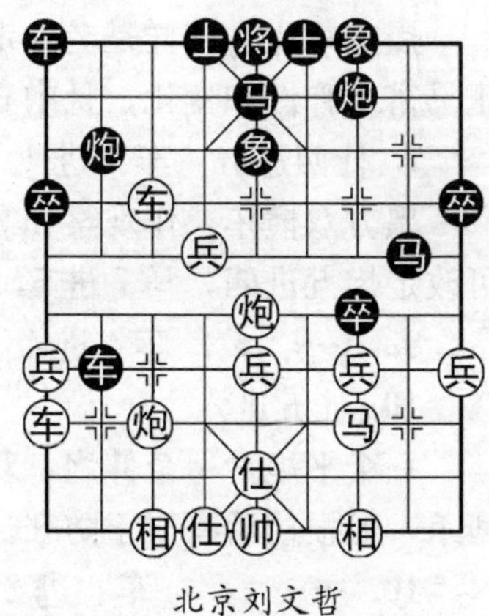

北京刘文哲

图 30

弃车杀炮，三度弃子，精妙。如急走帅五平四叫杀，马 9 进 7，帅四进一，马 7 退 5，相七进五，马 5 退 6，黑方暂可救危。

24. ……　马 9 退 7　　**25.** 车八平四　……

连车伏杀，四度弃子，下面：马 7 退 6，车四进四，车 2 平 5，帅五平四，红胜。

第27局

上海董本源（红先负）上海高润祺

（1962年4月11日弈于上海）

顺炮直车对横车

1. 炮二平五　炮8平5　　**2.** 马二进三　车9进1

3. 车一平二　马8进7　　**4.** 马八进九　……

本局选自1962年上海市象棋锦标赛。双方斗顺炮，红方跳边马是老式走法，目前已被马八进七跳正马所替代。

4. ……　卒1进1　　**5.** 车二进六　车9平4

6. 车二平三　马2进1

黑方跳边马同样是老式走法。现在的认识，它不及马2进3跳正马富于弹性和变化，且中心阵地比较厚实。

7. 仕四进五　车1进1　　**8.** 炮八进二　……

黑方双横车，作观察和等待。红方升炮意在攻击黑方左马，也可改走炮五进四，马7进5，车三平五，红方多兵占先。

8. ……　车4进4　　**9.** 炮八平七　炮2进5

10. 仕五进六　……

一个平炮，一个伸炮，双方对攻，一触即发。红方撑仕虽敢于搏杀，但损仕后有损于防守。可改走炮五进四抢卒多兵而占实惠。

10. ……　车4进2　　**11.** 炮五平八　车4平2?

吃炮次序上有问题，应先走车1平6。

12. 相三进五?　……

飞相同样次序上出问题，应先走炮七进五轰象（又可阻车），然后再飞相，红方仍可占先。

12. ……　车1平6　　**13.** 仕六进五?　……

软手。应炮七进五，士4进5，车九平八，车2平4，炮七平九，将5平4，仕六进五，车4进1，车八进九，将4进1，车八退七，红方有兑车手段，不怕黑方攻击，仍可占据主动。

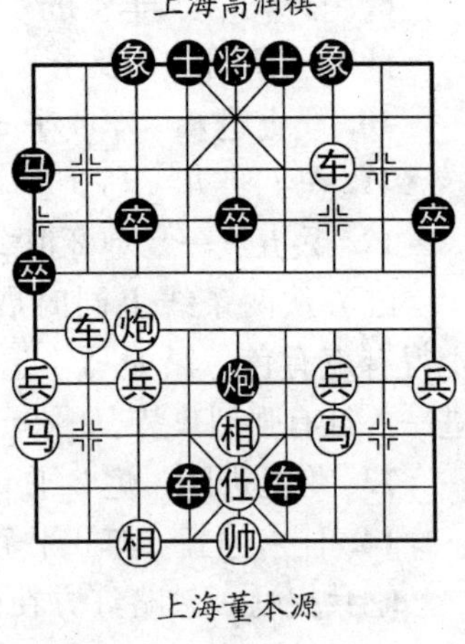

图 31

13. …… 车 2 进 1

14. 车九平八 车 2 平 4

15. 车三进一 车 6 进 7

16. 车八进四 炮 5 进 4（图 31）

弃马抢攻，双车炮形成钳杀之势，红方危也。

17. 炮七进五 士 4 进 5

18. 车三退三 车 6 退 1!

退车轧马叫杀，厉害。

19. 车三平四 车 6 平 7

20. 帅五平四 车 4 平 5

21. 马九退七 车 7 进 1 黑胜。

第 28 局

湖北李义庭（红先胜）江苏季本涵

（1962 年 7 月 16 日弈于合肥）

中炮过河车对屏风马横车

1. 炮二平五 马 8 进 7　**2.** 马二进三 马 2 进 3

3. 车一平二 车 9 平 8　**4.** 兵七进一 卒 7 进 1

5. 马八进七 车 1 进 1　**6.** 车二进六 车 1 平 4

本局弈自省市交流赛。中炮过河车对屏风马横车，黑方抢出右肋，加强竞争。亦可改走象 7 进 5，成左象横车阵势。

7. 炮八平九 炮 2 进 4　**8.** 兵五进一 ……

红方冲中兵发动中路进攻，也可改走兵三进一，卒 7 进 1，车二平三，炮 8 进 4，车三退二，炮 8 平 7，相三进一，马 7 进 6，兵五进一，象 7 进 5，兵五进一，卒 5 进 1，马七进五，红方占先。

8. ……　　车4进5　　**9.** 兵五进一　象7进5

此时飞象固中不及士6进5比较灵活。

10. 马七进八　车4平3

11. 马八进九　马3进1

12. 兵五进一　炮2退2

红方从两条线上同时展开攻势，走得有声有色。黑如马1退2，兵五进一，红有强烈攻势。

13. 炮九进四　炮2平5

14. 仕六进五　车3平7?（图32）

吃兵捉马，忽略红方在侧翼的攻势，不妥，应改走士6进5为好。

江苏季本涵

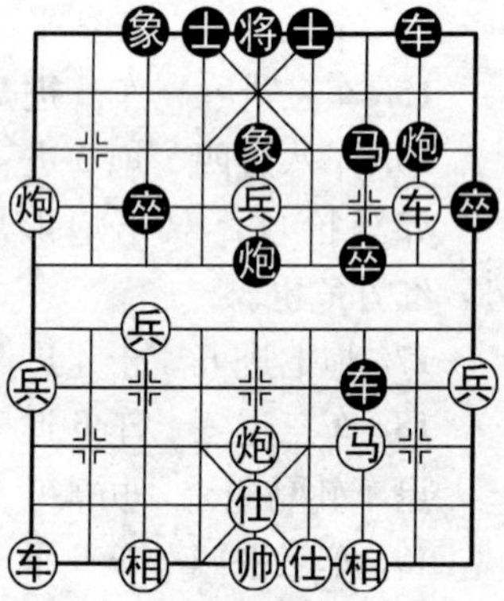

湖北李义庭

图32

15. 车九平八！……

弃马亮车，好棋。

15. ……　　车7进1　　**16.** 兵五进一　炮8平5

17. 车二平六　士6进5

以兵杀象，车占左肋，形成强大侧攻之势。黑方另有两种着法：①后炮进5，相七进五，车8进8，帅五平六，士6进5，炮九进三，车8平6，车八进九，将5平6，车八平七，将6进1，炮九退一，将6退1，车七退二，车6退6，车六进三，士5退4，车七平四，将6平5，车四平三，士象大残，红方胜定。②车8进8，帅五平六，士6进5，炮五进五，象3进5，炮九进三，象5退3，车八进九，将5平6，车八平七，将6进1，炮九退一（炮九平六轰士亦可），将6退1，车六平四，红胜。

18. 炮九进三　车8进6　　**19.** 车八进九　将5平6

20. 车六平四　炮5平6　　**21.** 炮九平七　将6进1

22. 炮七退一　士5进4

如将6退1，车八平六，士5退4，车四进一，红胜。

23. 车八平六　红胜。

第29局

安徽麦昌幸（红先负）上海何顺安

（1962年8月4日弈于上海）

五六炮对屏风马

1. 炮二平五　马8进7　　**2.** 马二进三　车9平8
3. 车一平二　马2进3　　**4.** 马八进九　卒3进1
5. 兵三进一　卒1进1　　**6.** 炮八平六　炮8进2

1962年盛夏，上海举办了四省市象棋邀请赛，辽宁、安徽、湖北、上海计6位棋手参赛，本局是其中一则。五六炮进三兵对屏风马，形成正规布局。

7. 炮六进四　象7进5　　**8.** 炮六平七　炮2进2

双炮巡河，严阵以待。黑如改走车1进3，车九平八，车1平3，车八进七，马3退5，车八平六，红方先手。

9. 车九平八　车1平2　　**10.** 车八进四　士6进5

11. 兵七进一？……

兑七兵不妥，让黑方阵形得以展开。应改走兵九进一或炮七平三。

11. ……　　卒3进1　　**12.** 车八平七　炮2进3
13. 炮七平三　马3进4　　**14.** 车七平六　车2进4

15. 兵五进一？……

冲中兵自堵河道，失先。应走兵九进一。

15. ……　　马4退6！

退马傲视河界，抢先佳着。

16. 车二进三　车8进3　　**17.** 马三进四　炮8进1
18. 炮三平五　马6进7　　**19.** 车二平三　后马进5
20. 马四进五　车8平7

21. 仕六进五？炮2进2！（图33）

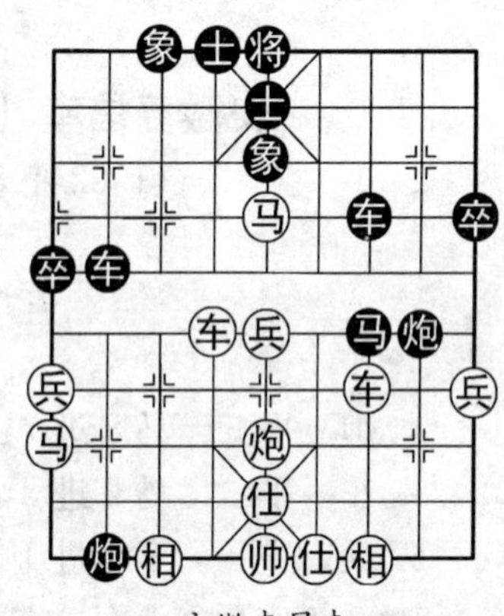

图 33

补仕不当，应走兵九进一。黑炮打帅，兑子抢攻，好棋。

22. 马九退八　车 2 进 5

23. 车六退四　……

如改走车六平七，马 7 进 5，车三进三，马 5 退 3，黑方有攻势。

23. ……　炮 8 平 5!

24. 马五退四　车 2 退 3!

巧兑车，妙。

25. 马四进三　车 2 平 7

车马炮已成杀势，红方认输。下面着法为：车六进四，马 7 退 6，马三退四，车 7 退 1，马四进五，车 7 进 4，帅五平六，车 7 退 3，马五退七，炮 5 退 1（正着，如误走象 5 进 3，贪马，车六进五，红胜），车六进二，车 7 平 3，马七退六，马 6 进 5，车六退二，炮 5 平 4! 车六进一，车 3 进 3，帅六进一，马 5 进 3，黑胜。

第 30 局

安徽徐和良（红先胜）辽宁韩福德

（1962 年 8 月 5 日弈于上海）

中炮七路马对屏风马

1. 炮二平五　马 2 进 3　　**2.** 马二进三　马 8 进 7

3. 兵七进一　卒 7 进 1　　**4.** 马八进七　车 9 平 8

5. 马七进六　象 3 进 5

本局弈自四省市象棋邀请赛。中炮七路马对屏风马，黑方飞象固中，也可改走炮 8 进 3，马六进七，炮 2 进 4，双炮过河，对抢先手。

6. 炮八平七　车 1 平 2　　**7.** 车一平二　炮 8 进 4

8. 马六进七 炮2进5

同样进炮不及炮2进4灵活又富有弹性。

9. 仕四进五 马3退1

10. 车九进二 炮2平5

11. 相三进五 士4进5

12. 车二平四 炮8进1

进炮不及马7进8，左翼车马炮连成一线，有利于防守。红如车四进八，黑车8进1；如车四进六，黑车8进3，阵形都很稳固。

13. 车四进八 车2进2

14. 兵九进一 马7进8

15. 兵九进一 马8进9

红方从边线切入，恰到好处。黑如卒1进1，车九进三，红方占优。

16. 兵九进一 马9进7（图34）

17. 兵九平八 车2平3

横兵欺车，“小鬼挡道，阎王难见”。黑如车2进1，马七进五，红有攻势。如马1进2，车九进七，士5退4，马七进六，红方胜势。

18. 车九进六 马7退5

19. 兵八进一 ……

“仗势欺车”，刁。

辽宁韩福德

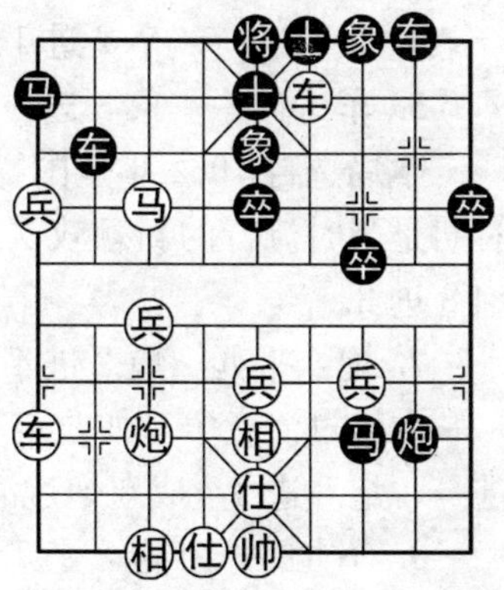

安徽徐和良

图34

19. …… 车3平4

20. 炮七平二 车8进7

21. 马七进六 ……

马踩象腰，好棋，由此攻杀入局。

21. …… 车8进2

22. 仕五退四 马5进3

23. 仕六进五 车4进6

24. 车四退七！……

退车解杀还杀，妙。

24. …… 卒5进1

25. 车九进一 士5退4

下面：马六退四，将5进1，车九退七！马3退5，仕五进六！！献车盖车妙杀，红胜。

第31局

安徽麦昌幸（红先胜）吉林刘凤春

（1962年11月17日弈于合肥）

中炮横车七路马对屏风马

1. 炮二平五　马8进7　　**2.** 马二进三　车9平8

3. 兵七进一　卒7进1　　**4.** 马八进七　马2进3

5. 车一进一　象3进5　　**6.** 车一平四　士4进5

本局选自1962年全国赛。中炮横车七路马对屏风马，红车占右肋是当时流行的新颖攻法。黑方补士固中，也可改走炮8平9、炮8进2。

7. 炮八平九　炮2进4

右炮过河竞争。如改走车1平2，车九平八，炮2进4，兵五进一，炮8进4，成双炮过河阵势，双方对抢先手。

8. 车九平八　炮2平7　　**9.** 相三进一　卒3进1

挺3卒活马，虽稳但缓，不如改走卒7进1有力。

10. 兵七进一　象5进3　　**11.** 车八进四　炮8进4?

进炮无目标，有嫌盲目，有落空的感觉。应改走炮8平9亮车。

12. 车四进三　炮8进3?

此炮刚刚“踏空”，现在又要打帅兑子，再度“落空”，失先。应改走象7进5。

13. 马三退二　车8进9　　**14.** 车八进三　马3进4

红车捉马，黑方顿显尴尬。如改走车1进2（如车1平3，红炮九进四），车八平九，象3退1，车四平七，马3进4，炮九平八，红方有攻势。

15. 车四平六　马4退6　　**16.** 马七进八　车8退1

17. 炮九进四（图35）　……

边炮轰出，形成全方位攻势，黑已难应付。

17. …… 炮7进3

18. 仕四进五 马6进8

19. 马八进七！炮7平9

弃炮进马抢攻，佳着。黑如车1进3，车八进二，红胜。

20. 炮九平五 象7进5

21. 仕五进四 马7进5

22. 炮五进四 车8进1

23. 帅五进一 车8退3

24. 车八平五！象3退5

25. 马七进五 ……

弃车杀，红胜。

吉林刘凤春

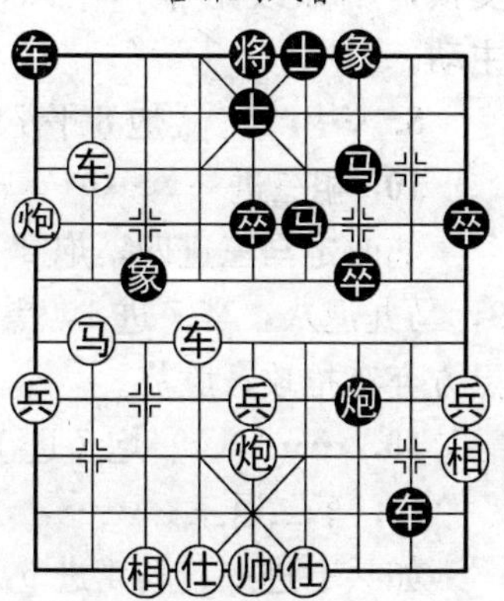

安徽麦昌幸

图35

第32局

广东杨官璘（红先负）湖北陈金盛

（1962年11月7日弈于合肥）

对兵（卒）局

1. 兵三进一 卒3进1 **2.** 炮八平七 象3进5

3. 炮二平五 马2进3 **4.** 马八进九 车1平2

5. 车九平八 ……

本局弈自1962年全国赛。对兵（卒）开局，转为中炮对飞象阵势，红方此时出左直车被黑炮顺势封堵，着法太嫌刻板。应改走马二进三，先启动右翼。

5. …… 炮2进4 **6.** 马二进三 马8进9

7. 车一进一 车9进1 **8.** 车一平二 ……

黑方单提马横车，走得颇有清新感，红车由横转直，步数无疑受损，不如改走车一平六，车 9 平 6，车六进三，红方还不失主动。

8. …… 炮 8 平 7 **9.** 车二进六 炮 7 进 3

10. 相三进一 ……

如改走马三进四，炮 2 平 5，炮五进四（如仕四进五，车 2 进 9，马九退八，卒 7 进 1，黑先），马 3 进 5！车八进九，马 5 进 6，黑方弃车抢攻，胜势。

10. …… 炮 7 进 1 **11.** 兵七进一 马 3 进 4

12. 车二退三 ……

如兵七进一，马 4 进 6，黑方有攻势。

12. …… 车 9 平 6 **13.** 车二平三 ……

如改走炮五进四，士 6 进 5，炮五退一，车 6 进 3，炮七平五，卒 3 进 1，车二平七，车 6 进 3，黑方占先。

13. …… 车 6 进 5 **14.** 车三平六 车 6 退 2

肋车进而复退，因时而变，为盘河马留出通道，老练。

15. 兵七进一 马 4 进 6 **16.** 兵七平六？……

横兵为黑车亮通道，“帮倒忙”，失误。应改走兵七进一。

16. …… 车 2 平 3！

17. 车八进二 士 6 进 5

18. 炮七平六？（图 36）……

平炮又“让道”，空而出错，由此铸败。应改走兵六进一。

18. …… 马 6 进 8！

19. 帅五进一 ……

马入卧槽，逼红高帅，就此攻杀入局。

湖北陈金盛

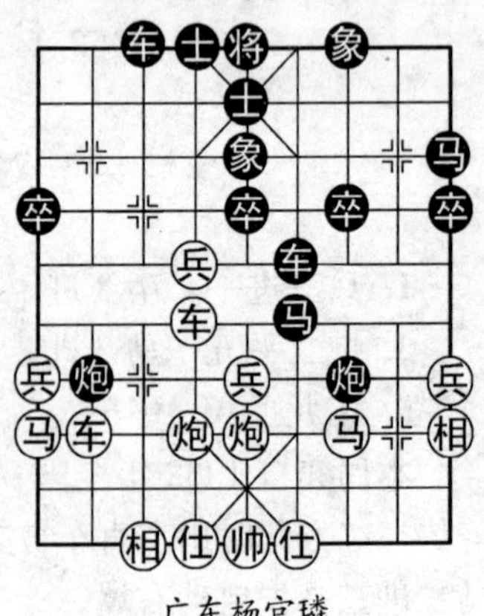

广东杨官璘

图 36

19. …… 车 3 进 9

20. 车八平七 将 5 平 6！ **21.** 马三退二 ……

出将催杀，凶。红如车七退二，车 6 进 4，帅五退一，马 8 进

7，仕六进五，车6进1，黑胜。

21. …… 车3平4 **22.** 炮六退一 炮2进2

23. 马九退七 炮7进3!

弃炮轧马脚，精妙绝伦。下面：炮五平四，马8进6，帅五进一，车4平5，帅五平六，马6进4，黑胜。

第33局

黑龙江王嘉良（红先负）上海胡荣华

（1963年5月27日弈于上海）

中炮过河车对屏风马左马盘河

1. 炮二平五 马8进7 **2.** 马二进三 车9平8

3. 车一平二 卒7进1 **4.** 车二进六 马2进3

5. 兵七进一 象7进5 **6.** 马八进七 马7进6

本局弈自上海、东北联队象棋友谊赛中的一盘高手之战。中炮过河车对屏风马左象开局，黑方左马盘河是一种选择，也可车1进1。

7. 炮五进四 ……

炮抢中卒，是简明有效的攻法，一般都走兵五进一从中路进攻。

7. …… 马3进5 **8.** 车二平五 炮8平7

平炮不如炮8进5，相七进五，炮2进4，黑方抗衡性较大。

9. 炮八进三! ……

放开三路，骑河炮抢攻，紧凑。

9. …… 卒7进1 **10.** 炮八平五 士6进5

11. 马七进六! ……

跃马捉马，紧攻不舍，佳着。

11. …… 车8进3 **12.** 车九进一! ……

出横车及时支援，好棋。

12. …… 卒 7 进 1 **13.** 车九平四 车 8 平 5

14. 马六进五 炮 2 进 2?

伸炮有疑问，不如马 6 进 8。

15. 马三退一 炮 7 平 6

16. 车四平二 将 5 平 6

17. 车二进八 将 6 进 1

18. 炮五平六! ……

移炮左右夹击，妙。

18. …… 车 1 进 1

19. 兵五进一! 车 1 平 4

20. 兵五进一! ……

中兵直冲，厉害。

20. …… 马 6 进 5（图 37）

上海胡荣华

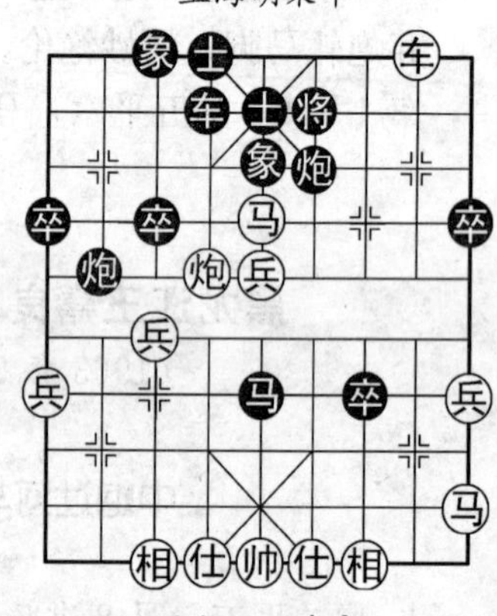

黑龙江王嘉良

图 37

21. 马五进三?? ……

胜利在望，红方急于求胜，却不料随手跳马出了大毛病，败着！功亏一篑，前功尽弃，可惜！应该兵七进一，红方胜定。

21. …… 炮 2 平 5 **22.** 仕四进五 马 5 退 6

轰兵打帅，抽马黑方反取胜局，幸运！一个回合，乾坤倒转，真是令人感叹。

第 34 局

辽宁孟立国（红先胜）上海朱剑秋

（1963 年 5 月 27 日弈于上海）

中炮进三兵对屏风马

1. 炮二平五 马 8 进 7 **2.** 马二进三 马 2 进 3

3. 车一平二 车 9 平 8 **4.** 兵三进一 卒 3 进 1

5. 马八进九 象 7 进 5 **6.** 车九进一 ……

这是辽、沪两位名手在上海、东北联队象棋友谊赛上的交锋。

中炮进三兵对屏风马飞左象，红方启横车成直横车阵势，另有炮八进四、炮八平七、炮八平六等攻法。

6. …… 卒1进1　7. 车九平六 卒1进1

8. 兵九进一 车1进5　9. 车二进四 卒7进1

另有两种着法：①士6进5，炮八进四，卒7进1，兵三进一，车1平8，马三进二，象5进7，炮八平七，红先。②炮8平9，车二进五，马7退8，车六平二，红方占先。

10. 兵三进一 车1平8　11. 马三进二 象5进7

12. 车六进三 士6进5?

补士使阵形欠协调，不明显的软手。应改走炮8进2。

13. 兵七进一 卒3进1

14. 车六平七 炮2退1?（图38）

退炮有误，应改走车8平6，炮八平七（如马二进一，黑炮8进7），车6进2，黑势尚无大碍。

15. 马二进一！……

马踏边卒，巧手突破，佳着。

15. …… 马7进8

如炮8进1，车七进三，马7进9，炮五进四，红方夺子胜势。

16. 马一退三 炮8平7

弃马无奈。如马3进4，炮五进四，红方大优。

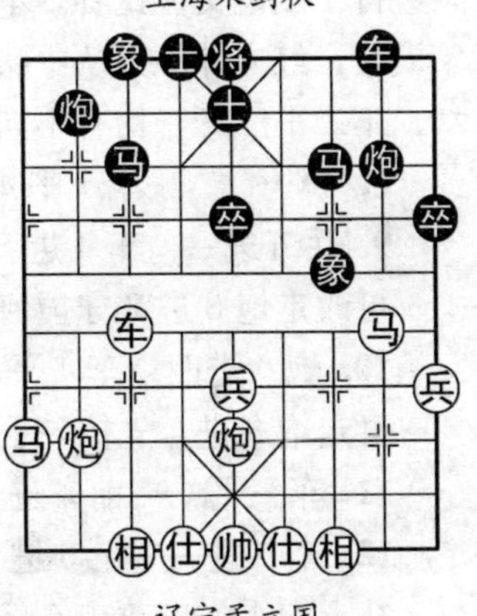

图38

17. 车七进三 炮7进7

18. 仕四进五 马8进7　19. 炮五平七！……

卸炮叫杀，先发制人，好棋。下面入局。

19. …… 士5退6　20. 马三进四 将5进1

21. 车七进一 将5进1　22. 炮八进五！将5平6

23. 炮七进五 红胜。

第35局

黑龙江王嘉良（红先胜）上海朱永康

（1963年8月16日弈于哈尔滨）

中炮过河车对屏风马左象横车

1. 炮二平五　马8进7　　**2.** 马二进三　车9平8
3. 车一平二　马2进3　　**4.** 兵七进一　卒7进1
5. 车二进六　象7进5　　**6.** 马八进七　车1进1
7. 兵五进一　……

1963年8月，作为回访，上海象棋队应邀在哈尔滨与东北联队进行了友谊交流比赛。本局是其中一则。中炮过河车对屏风马左象横车，红方冲中兵从中路发起进攻。亦可改走炮八进二、马七进六、车二平三等，均有不同变化。

7. ……　　车1平4　　**8.** 车二平三　车8平7
9. 兵五进一　车4进5

可改走炮8进2守护河沿和中心阵地。

10. 炮八进四　车4平7

可走炮8进4先控一手。

11. 车三平二　前车进1
12. 车二进一　士6进5?（图39）

补士缓手，应改走车7退1控制兵林。

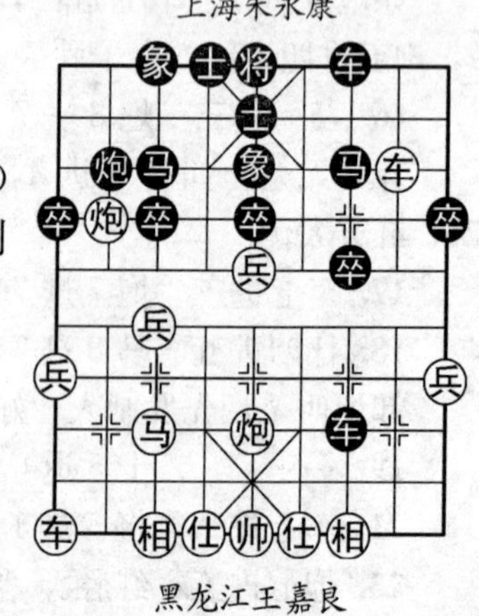

图39

13. 马七进五！车7退1
14. 马五进六！……

七路马迅速扑出，黑方压力陡增。

14. ……　　车7平2
15. 炮五平三　卒3进1
16. 炮八平七　马3退2

17. 兵五进一　马7进5
18. 车二退一　马5退7
19. 炮三平五　……

红方巧用牵制术，将战局推向前进。现在再架中炮，形成凌厉攻势。

19. ……　　车2平6
20. 车九平八　炮2进4（图40）
21. 车八进三！……

弃车杀炮，石破天惊，妙。

21. ……　　车6平2
22. 马六进五！车2平6

踏象入杀，凶。黑如象3进5，炮七进三杀。

上海朱永康

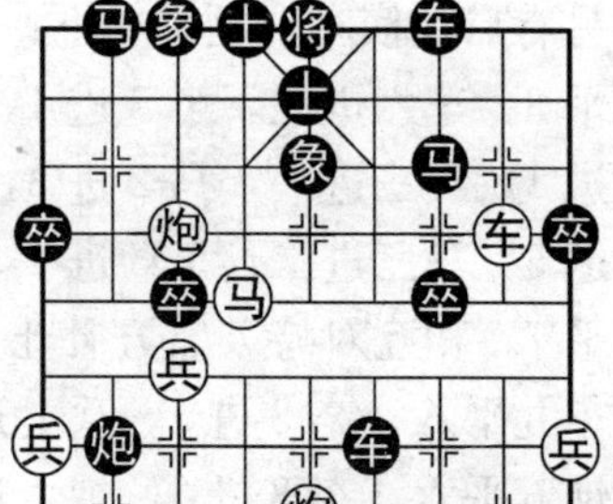

黑龙江王嘉良

图40

23. 马五退四　马7进5　**24.** 车二平五　车6退2
25. 车五平三　……

夺车，红胜。

第36局

广东蔡福如（红先负）黑龙江王嘉良

（1964年5月10日弈于杭州）

中炮进七兵对左炮封车

1. 炮二平五　马8进7　**2.** 马二进三　卒7进1
3. 车一平二　车9平8　**4.** 兵七进一　炮8进4
5. 马八进七　象3进5

这是粤、黑两位高手在1964年全国赛上的交锋。中炮进七兵对左炮封车，是20世纪60年代前期比较流行的走法。黑方飞象固中，改走炮2平5则成半途列炮，双方对攻。

6. 炮八平九　士4进5

红方采用五九炮进攻，此前大都选择炮八进七炮轰底马走法。另有启左横车，例举如下：车九进一，士 4 进 5，车九平六，炮 2 平 3，车六进三，卒 3 进 1，马七退五，炮 3 进 3，相七进九，炮 3 进 1，兵三进一，马 2 进 3，兵三进一，象 5 进 7，炮八平六，象 7 退 5，马三进二，车 8 进 4，马五进三，车 1 平 2，炮五平四，炮 8 平 7，相互对峙。黑方补士以逸待劳，有新意。一般走马 2 进 4，车九平八，卒 3 进 1，兵七进一，车 1 平 3，马七进六，车 3 进 4，炮五平六，车 3 进 1，炮六进六，车 3 平 4，炮六平八，炮 2 平 3，炮八进一，炮 3 退 2，炮九进四，红方主动。

7. 车九平八　炮 2 平 3

卒底炮反击，与上士前后连贯，说明黑方有备而来。

8. 车八进八　卒 3 进 1

进车压马，红方不甘示弱。如改走马七进六，黑炮 8 平 5 反抢先手。黑方挺卒攻马反击，引发争斗。

9. 马七进八　炮 8 退 5　　**10.** 车八退一　……

黑方退炮轰车，缓解右翼受压处境。红方退车嫌软，可改走车二进八，车 8 进 1，马八进九，炮 3 平 1，兵七进一，下一手有平炮轰马等手段，这样比较积极。

10. ……　卒 3 进 1　　**11.** 马八进九　……

如改走马八进七，炮 8 进 2，炮九平七，象 5 进 3，炮七平八（如炮七进三，炮 8 平 3，红方要失子），炮 8 平 3，车二进九，马 7 退 8，炮八进七，后炮平 7，车八平七，车 1 平 2，车七退一，象 7 进 5，炮五进四，卒 7 进 1，黑方占优。

11. ……　炮 3 进 7　　**12.** 仕六进五　马 2 进 4

炮轰底相，底马跃出，又有过河卒的存在，黑方已经反先。

13. 车八退七　炮 3 退 3　　**14.** 车二进四　炮 3 平 7

15. 相三进一　车 1 平 3

调炮轰兵，右车出槽，黑方确立优势。

16. 炮九平七　卒 3 平 4　　**17.** 炮七进五　马 7 进 6

18. 车二进三　卒 7 进 1!　　**19.** 炮五平六　……

冲7卒凶。红如相一进三，马6进5！红方不好应付。

19. …… 马4进3

20. 炮六平七 马6进8

21. 马九进八 炮7平8（图41）

背向轰车，“倒挂金钩”，好棋。

22. 车二平三 ……

如改走马八退七，前炮退4，前炮平二，车3进3，炮二进二，马8进7，黑方大优。

22. …… 后炮平2

23. 车八进八 炮8进1

兑子逼进，扩大优势，佳着。

24. 马三进二 车8进5

25. 车三退一 炮8平7

黑龙江王嘉良

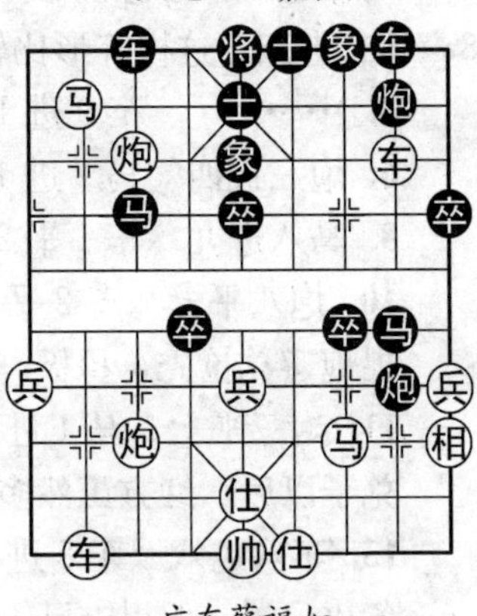

广东蔡福如

图41

平炮轰车立定胜势。下面为：车三平一（如车三平五，炮7平5，黑方夺车胜），车8进3，帅五平六，车3平4，车一平五，马3进2，后炮退一，炮7进2，帅六进一，卒4平3，黑胜。

第37局

广东李广流（红先负）广东蔡福如

（1966年4月21日弈于郑州）

飞相局对过宫炮

1. 相三进五 炮8平4 **2.** 车一进一 ……

本局弈自1966年全国赛决赛，是一场“同室操戈”。飞相对过宫炮，双方斗散手。红方启右横车，着法别致。一般都走兵七进一，马8进7，马八进七，车9平8，马二进四，马2进1，车九进一，红方先手。

2. …… 马8进7 **3.** 车一平六 士6进5

4. 马二进一 ……

马往边跳，总感到影响以后的拓展，不及炮二平四，车9平8，马二进三，这样阵形比较厚实。

4. …… 卒9进1　5. 炮二平三 象7进5

6. 炮三进四 马2进1　7. 兵九进一 炮2平3

8. 马八进九 车1平2　9. 车九平八 车2进4

10. 炮八平七 车2平7

捉炮避兑抢先，积极。如兑车，局势平淡。

11. 炮三平七 马1进3　12. 炮七进四 车9平8

兑子以后，红方虽然多兵，但边马的弱点也由此暴露出来。

13. 车八进八 车8进7

各攻一翼，但黑方已占上风。

14. 相五进三 车7平3　15. 马九进八 车3进2

16. 车六进四 车3进3

吃相（比车3平5吃兵有力），突破红方防线，占得先机。

17. 车八平七 车3退4

兑子简化，老练。

18. 车七退一 车3平2

19. 车六平一？（图42） ……

贪卒洞开门户，失着。应改走炮七退六构筑防线为好。

19. …… 炮4进6!

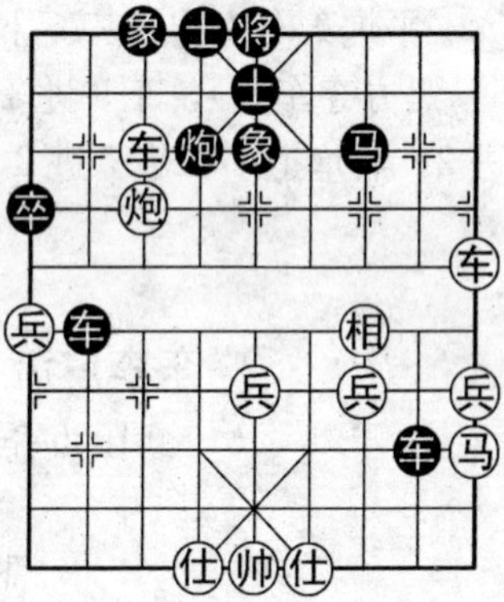

炮进相腰，左右得势，好棋。

20. 车一平六 ……

如炮七退五，炮4平9，黑方有攻势。

20. …… 炮4平1　21. 炮七退六 炮1进1

22. 车七退四 车2平6　23. 车七平九 将5平6!

出将助攻，一锤定音。

24. 仕四进五 车8平7 黑胜。

广东蔡福如

广东李广流

图42

三、20 世纪 70 年代
（36 局　38～73）

第 38 局
广东蔡福如（红先胜）上海胡荣华

（1973 年 1 月 22 日弈于广州）

当头炮对鸳鸯炮

1. 炮二平五　马 2 进 3　　**2.** 马二进三　卒 3 进 1

3. 车一平二　车 9 进 2　　**4.** 马八进九　炮 2 退 1

这是两位特级大师弈于 1973 年元月粤、沪交流对抗赛。当时还处于"文革"期间，象棋尚未公开恢复，属于"内部活动"，但已经引起广大爱好者的关注。当头炮对鸳鸯炮，胡荣华用冷门开局"小试牛刀"。

5. 车二进四　卒 9 进 1

红方边马巡河车，四平八稳，徐徐而进。黑方挺边卒缓手，不如炮 2 平 7 尽快启动大子。

6. 车九进一　象 7 进 5　　**7.** 车九平四　炮 2 平 8

8. 车二平六　卒 1 进 1

又是一步挺边卒，还是嫌缓，应车 1 进 1 启动主力，以后可以车 1 平 6 兑车抢道，保持局面通畅。

9. 兵五进一　车 1 进 1

已挺边卒，此时出横车倒不如车 1 平 2 出直车为宜。

10. 兵五进一　卒 5 进 1

11. 马三进五　后炮平 5（图 43）

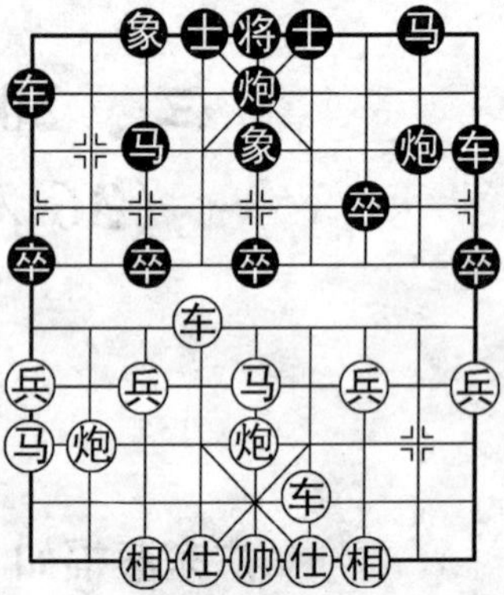

12. 马五进六！卒 5 进 1

红方中路突破，选准切入点。红方跃马，兑子抢先，黑如马 3 进 4，车六进一，黑方底线、中路同时受攻，红优。

13. 马六进四！炮 8 退 1

弃车，马踩卧槽，凶。黑如卒 5 平 4，马四进三，马 8 进 6，车四进七，马 3 进 5，车四退二（马三退一吃车亦优），炮 5 平 6，车四平五，士 6 进 5，马三退一，红方多子胜定。

上海胡荣华

广东蔡福如

图 43

14. 马四进五！士 6 进 5

兑中炮控制局势，老练。红方三步运子，漂亮，显示功力。黑如卒 5 平 4 吃车，马五退三，士 4 进 5，车四进八杀。

15. 车六平五　车 9 平 8　　**16.** 兵七进一　卒 3 进 1

17. 炮八平七　车 1 进 1　　**18.** 车五平七　……

五、七线两路攻势，黑方难以应付了。

18. ……　马 3 退 1　　**19.** 车七进二　炮 8 平 9

20. 马九进七　车 1 平 4　　**21.** 车七平三　……

全线扑进，势不可当。

21. ……　炮 9 退 1　　**22.** 马七进五　车 4 退 1

23. 马五进六　车 4 进 2

舍车杀马，无奈。

24. 车三平六　马 8 进 7　　**25.** 车四进七　炮 9 平 6

下一手车六平九再夺马，黑方认输。

第39局

江苏言穆江（红先胜）浙江沈芝松

（1974年7月20日弈于成都）

中炮过河车对屏风马平炮兑车

1. 炮二平五　马8进7　**2.** 马二进三　马2进3
3. 车一平二　车9平8　**4.** 兵七进一　卒7进1
5. 车二进六　炮8平9　**6.** 车二平三　炮9退1
7. 马八进七　士4进5　**8.** 炮八平九　炮9平7
9. 车三平四　炮2进4

本局弈自1974年全国个人赛。双方走成五九炮过河车对屏风马平炮兑车流行局式。黑方右炮过河是一步有意的变着，企图出其不意。一般都走马7进8，成正规的“公式”。

10. 兵五进一　象7进5

红方冲中兵具有针对性。黑方飞左象（为内线炮留余地）固中，如马7进8，车四平三，马8退9，车三退一，象3进5，车三进二，红优。

11. 车九平八　车1平2

如改走炮2平4，马七进六，红方先手。

12. 马三进五　马7进8（图44）

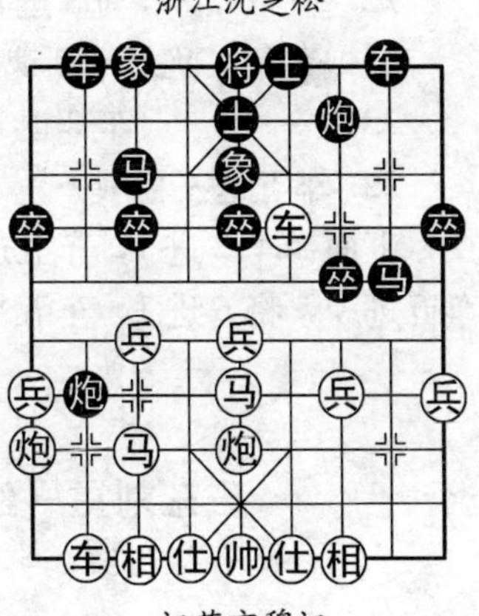

图44

13. 兵五进一　卒5进1
14. 马五进六　马3退4
15. 车四进二　炮7进5
16. 马七进八　……

红方组织进攻：冲兵、跃马、进车、再跃马，一套组合拳，打开局面，走得有力、到位。

16. …… 车2进4

如改走炮2平9，炮九平八，炮7平2（如车2平1，红马六进八），炮八平六，炮2平8，炮六进七！士5退4，车四平六，车2进2，马六进五，士6进5（如炮8平5，红炮五进三），马五进三，将5平6，车六退四，车2平6，仕六进五，红方优势。

17. 车八进三 车2平4 **18.** 马八进七 车8进3

19. 炮九平七 卒7进1?

关键时刻，黑方冲7卒出错。应改走马4进3挡马松动九宫，尚可坚守。另如改走卒5进1，马七进六！象5进3，兵七进一，车4平3，车八进一！黑方难以应付。

20. 马七进六！……

马踏象腰叫杀，厉害，由此入局。

20. …… 象5进3 **21.** 兵七进一 车4平3

22. 车八平五！……

强攻中路，凶狠。

22. …… 马8进6 **23.** 炮七进七 ……

弃炮轰象，犹如"断魂刀"。

23. …… 车3退4 **24.** 车五进二 马6进5

25. 车五退三！……

下面：车3进1，车五进六，士6进5，车四平五，将5平6，车五进一，将6进1，车五平四，红胜。

第40局

广东刘星（红先胜）黑龙江金启昌

（1974年7月23日弈于成都）

中炮七路马对转角马

1. 炮二平五 马8进7 **2.** 兵七进一 车9平8

3. 马二进三 象3进5

这是 1974 年全国个人赛中的一盘对局。红方中炮抢挺七兵，黑方飞象过早，不如卒 7 进 1 较为稳正。

4. 马八进七　马 2 进 4

跳转角马，是目前应该的选择。如马 2 进 3，兵三进一，黑方双马屈头，容易被动。

5. 马七进六　炮 8 进 4?

左炮过河无目标，有嫌盲目。应改走炮 8 平 9 或卒 7 进 1。

6. 车一进一　车 1 进 1

7. 车一平四　车 8 进 4

8. 炮八平六　车 8 进 1

重复进车，白损一先。黑方第 7 回合应改走卒 7 进 1。

9. 马六进四　卒 7 进 1

10. 车九平八　士 6 进 5

11. 车八进五　马 7 进 6

12. 车八平四（图 45）　车 8 平 3?

黑龙江金启昌

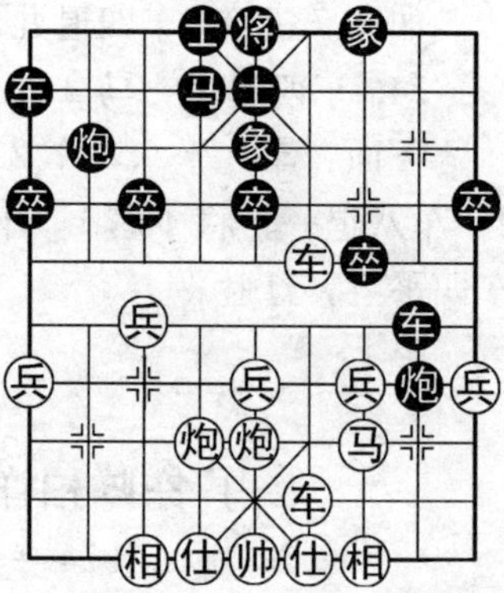

广东刘星

图 45

吃兵又捉相，还有炮沉底线手段，看上去很可以，实际上是假象，黑方未加细察而“闯祸”，似佳实劣。应改走车 8 平 4，可以抗衡。

13. 炮六进五！……

弃炮攻宫角，精妙冷着，石破天惊，为黑方所始料不及。

13. ……　士 5 进 4

如车 3 进 4 吃相，炮六平七！叫杀夺车，红方胜势。

14. 炮五进四！象 5 进 3　**15.** 前车进三！……

中炮轰出，逼黑高象，继而车扼宫腰，又凶又刁。黑方得子失势陷入困境。

15. ……　炮 8 平 5　**16.** 炮五退一　……

退炮等待，又腾出空间，老练。

16. ……　炮 2 进 2　**17.** 马三进五　车 3 平 5

18. 炮五平八　车 5 进 1　**19.** 仕四进五　车 5 平 7

如改走车1平2，炮八平三，车5平7，炮三平五，红方胜势。

20. 炮八进四　马4退2

咬炮弃车，无奈。如士4进5，炮八平三，轰车叫杀，红胜。

21. 前车进一　将5进1　**22.** 后车进七　将5进1

23. 后车平九　士4退5

如车7进3，车四退九，车7平6，帅五平四，红方胜定。

24. 车四退三　马2进1　**25.** 帅五平四　车7平2

下面：车九平六，车2平5，车六平八，车5平4（如将5平4，车八退一，将4退1，车四平六，红胜），车八退一，车4退4，车四平五，红胜。

第41局

广东陈柏祥（红先胜）广东刘星

（1974年7月24日弈于成都）

飞相局对中炮

1. 相三进五　炮8平5　**2.** 马二进三　马8进7

3. 兵三进一　……

这是两位新老大师在1974年全国个人赛上的“同室操戈”。飞相对中炮开局，红方先挺兵活马，也可车一平二先出车。

3. ……　车9平8　**4.** 车一平二　马2进1

5. 马八进七　炮2平3

黑方先改走车1进1出横车也是不错的选择。

6. 车九平八　车1平2

此时出直车不妥，被红方左炮一封，难以“出头”。应改走车1进1。

7. 炮八进四　士4进5?

补士呆板，滞缓，失先。应改走车8进4，两只车中至少有1只要抬头。

8. 炮二进四！……

双炮过河封双车，黑方被动了。

8. …… 卒3进1 **9.** 炮八平三 ……

轰卒兑车抢攻，向黑方左翼施压，恰到好处。

9. …… 车2进9 **10.** 马七退八 象7进9

11. 兵三进一 ……

小兵乘机渡河，由此确立优势。

11. …… 卒1进1

12. 炮三平四 卒5进1

13. 仕六进五 ……

补仕固中作等待，不急不躁，老练。

13. …… 马1进2

14. 车二进四 马2进1

15. 马八进九 车8进1

16. 炮四平九 炮3平1

17. 兵三进一 ……

进兵逼马，扩大优势。

广东刘星

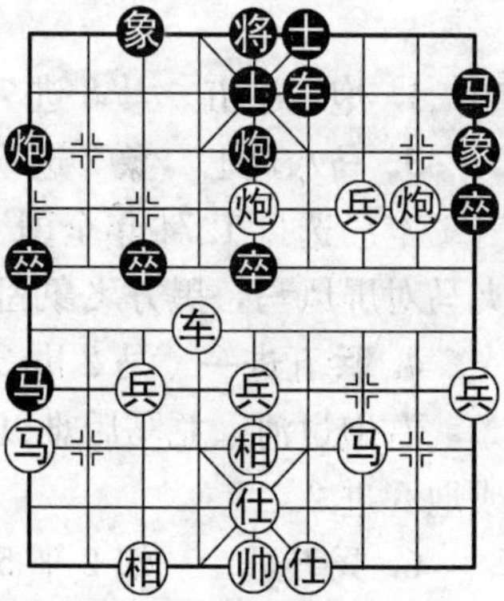

广东陈柏祥

图 46

17. …… 马7退9 **18.** 车二平六 车8平6

19. 炮九平五（图46） ……

车占将门，炮镇中路，杀势降临，黑方危险也。

19. …… 卒3进1 **20.** 兵七进一 车6进3

21. 车六进四！马1进3 **22.** 马九进八！……

弃马调马，妙。

22. …… 马3退2 **23.** 帅五平六！……

出帅杀。下面为：马2进3，帅六进一，炮1退2，炮二进三，象9退7，车六平五，红胜。

第42局

上海胡荣华（红先胜）北京臧如意

（1974年8月5日弈于成都）

中炮盘头马对屏风马

1. 炮二平五　马8进7　**2.** 马二进三　卒7进1

3. 马八进七　象3进5

本局选自1974年全国个人赛，由沪、京两位名将对阵。中炮夹马对屏风马，黑方飞象固中，改走卒3进1更灵活。

4. 兵五进一　马2进3　**5.** 马七进五　炮2进4

右炮过河，兑马后难以抑制盘头马的攻势，不如改走卒3进1或炮8进2。

6. 兵五进一　炮2平5　**7.** 马三进五　车1平2

8. 车一平二　车9平8

出车联炮不如炮8进2守河沿为好。

9. 车九进二　卒5进1

此时只能吃兵。中路被红方打通，落入被动。如改走炮8进2，兵五平六，红兵过河站稳脚跟而占优。

10. 炮五进三　士4进5　**11.** 车二进六　卒3进1

12. 兵三进一　炮8平9

红方兑兵向黑方左翼施压，佳着。黑方兑车无奈，改走他着均处下风。

13. 车二进三　马7退8　**14.** 兵三进一　……

三兵渡河，确立优势。

14. ……　炮9进4（图47）

15. 炮八平三！……

平炮攻象，搅散黑方防线，沉重一击。

15. ……　象7进9

16. 马五进四　炮 9 退 2

17. 马四进五！……

踏象先弃后取，由此一路挺进，好棋。

17. ……　　炮 9 平 5

18. 兵三平四！……

横兵赶炮，踏象后的连续动作，大有四两拨千斤之力。

18. ……　　炮 5 平 4

19. 车九平六　车 2 进 3

20. 马五退六　车 2 平 4

21. 炮三平五　将 5 平 4

22. 兵四平五　……

北京臧如意

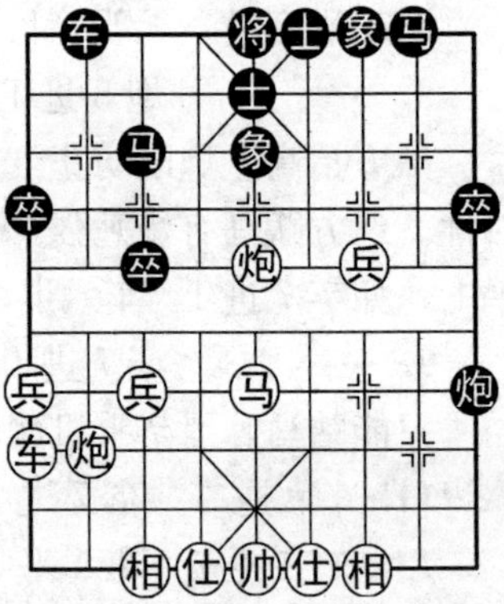

上海胡荣华

图 47

夺回弃子，保持攻势，下面推进。

22. ……　　马 3 进 4　　**23.** 兵五平六　车 4 退 1

24. 兵六进一　车 4 平 2　　**25.** 车六进三　马 8 进 6

下面：兵六平七，士 5 进 4，炮五平六，将 4 进 1，车六进二！将 4 进 1，兵七平六，红胜。

第 43 局

广东刘星（红先负）江苏季本涵

（1974 年 8 月 5 日弈于成都）

中炮进三兵对屏风马

1. 炮二平五　马 8 进 7　　**2.** 马二进三　车 9 平 8

3. 车一平二　卒 3 进 1　　**4.** 马八进九　马 2 进 3

5. 兵三进一　卒 1 进 1　　**6.** 车九进一　象 3 进 5

本局弈自 1974 年全国个人赛。中炮进三兵直横车对屏风马，黑方飞右象是一种选择，亦可象 7 进 5 或卒 1 进 1。

7. 车九平六　士 4 进 5　　**8.** 车六进五　……

肋车进卒林，无明确目标，难以立足。应改走炮八进四。

8. ……　炮 8 进 1　　**9.** 马三进四　……

黑方抬高左炮既防止红方右车过河，又可监视其左车，很有针对性。红方跃马有嫌勉强，不如兵七进一。黑如卒 3 进 1，红车六平七；如卒 7 进 1，车六退二，阵形比较稳正。

9. ……　卒 7 进 1　　**10.** 马四进三　卒 7 进 1

只能踏马，黑卒乘机渡河。

11. 车六退二　卒 7 进 1　　**12.** 车六平三　卒 7 平 6

13. 车二进三　车 1 平 4　　**14.** 车二平四　……

吃卒太急，宜仕六进五先补一手。

14. ……　炮 8 进 6

沉底炮反击，恰逢其时。

15. 仕六进五　车 8 进 8　　**16.** 炮八平六　炮 8 平 9

车炮底线侧攻，贴将车遥控监视，黑方取得攻势。

17. 车四平三　马 3 进 2

18. 后车退二　车 8 平 7

19. 车三退三　车 4 进 5（图 48）

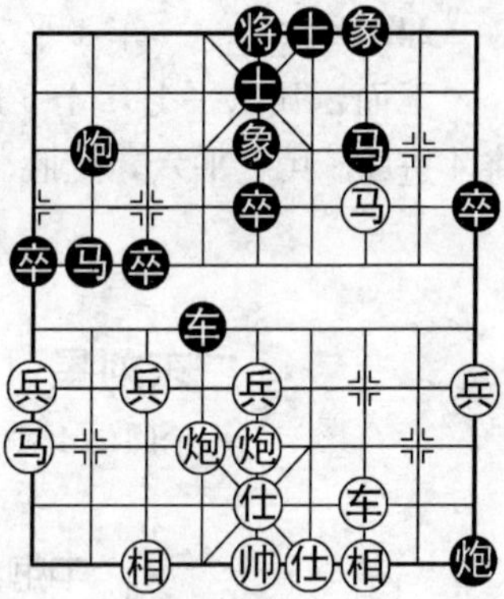

江苏季本涵

广东刘星

图 48

20. 车三平一？……

兑车后，局面有所简化。黑车骑河抢占制高点，已有潜在的威胁。红方平车捉炮空棋，也是致败的根源。应改走炮五平二，攻可以炮二进六、伏马入卧槽；守可以飞相巩固内线。

20. ……　炮 9 平 6！

轰仕先弃后取，撕开缺口，由此突破，好棋。

21. 马三进五　……

如改走帅五平四，车 4 平 7，马三进五，车 7 进 4，帅四进一，象 7 进 5，黑方胜势。

21. …… 象7进5 **22.** 帅五平四 卒3进1!
23. 兵七进一 车4平3 **24.** 仕五退六 车3进4
25. 帅四平五 炮2平4!

平炮，有杀仕抽车凶着。红炮六退一（如炮六平八，黑马2进4），车3平4，帅五进一，马2进1，黑胜。

第44局

贵州杨大昌（红先负）安徽蒋志梁

（1975年6月12日弈于上海）

中炮过河车对屏风马

1. 炮二平五 马8进7 **2.** 马二进三 卒7进1
3. 车一平二 车9平8 **4.** 车二进六 马2进3
5. 兵七进一 士4进5 **6.** 马八进七 象3进5
7. 炮八进二 炮2进1

本局弈自1975年全国赛预赛。中炮过河车对屏风马，黑方上右士象，准备以弃马局相对抗。红方左炮巡河稳健，如车二平三，黑炮2进4或炮8进6，弃马抢攻，局势将会演成激烈场面。黑炮抬一格，监视红方巡河炮和过河车的活动，有针对性。

8. 车二退二 炮2进1

红方退车平稳。如改走车二平三，炮8进6，车九进一（如车三进一吃马，黑炮8平7反击），车8进2，红方没有便宜。另外改走炮五平六卸中炮亦是不错的选择。黑炮再抬一格，因时而变，灵活。

9. 车九进一 ……

启横车出动主力。亦可马七进六，马7进8，车二平四，马8进7，炮五平七，红方先手。

9. …… 马7进8 **10.** 车二平六 ……

同样平车，似乎可车二平四，马8进7，炮五平四，炮8平7，车九平六，车1平4，车六进八，将5平4，炮四平六，红方较先。

10. ……　　马 8 进 7　　**11.** 炮五平六　……

如改走车九平二，马 7 退 8，红方无先手。

11. ……　　炮 8 平 6

黑方平士角炮，局面顿时改观，佳着。红方陷入被动。

12. 相七进五（图 49）　马 7 退 6!

退马捉车，回马金枪，好棋。

13. 车六平二？……

兑车软手，被黑方牵着鼻子走。应改走车六退一比较顽强。

13. ……　　车 8 进 5

14. 马三进二　马 6 进 5

15. 炮六进一　马 5 退 4

连抢两兵，此马走活了。

安徽蒋志梁

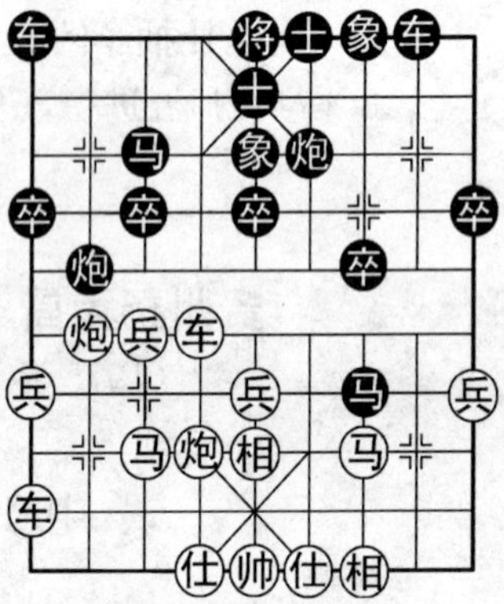

贵州杨大昌

图 49

16. 车九平四　马 4 进 2　　**17.** 马七进八　车 1 平 4

18. 炮六平七　炮 2 平 5　　**19.** 仕四进五　卒 7 进 1

兑子、出车、中炮、渡卒，黑方一套组合拳反击，走得漂亮。

20. 马二进三　炮 5 进 1　　**21.** 马八进七　……

应马八退七，不致马上崩盘。

21. ……　　车 4 进 6　　**22.** 炮七退三　将 5 平 4

绝杀，黑胜。

第 45 局

北京孙跃先（红先胜）贵州王华乾

（1975 年 6 月 14 日弈于上海）

飞相对挺卒

1. 相三进五　卒 7 进 1　　**2.** 兵七进一　马 8 进 7

3. 马八进七　炮 2 平 5　　**4.** 马二进四　马 2 进 3

5. 兵三进一　……

这是1975年全国赛预赛中的一局棋。飞相对挺卒开局，形成转角马对中炮七路马阵势，红方冲兵意在出车抢先。

5. ……　车1平2　**6.** 马七进六　车2进4
7. 车一平三　马7进6?　**8.** 炮二进三　……

黑方跳马不妥，失先。宜走象7进9，兵三进一，车2平7，车三进五，象9进7，保持局面平稳。红方进炮，佳着。

8. ……　车2进3　**9.** 马六进四　炮8平6

兑子奔马，红方取得优势。黑如改走卒7进1，马四进二，红有攻势。

10. 后马进二　车9平8
11. 兵三进一　……

乘机渡兵，恰到好处。

11. ……　炮5退1
12. 车九进一　炮5平7
13. 车三平二　象3进5（图50）
14. 马二进一　……

马跃边线，拙中有巧，好棋。

14. ……　卒9进1
15. 兵三进一　……

弃马捣兵，凶。全在计划盘算中。

贵州王华乾

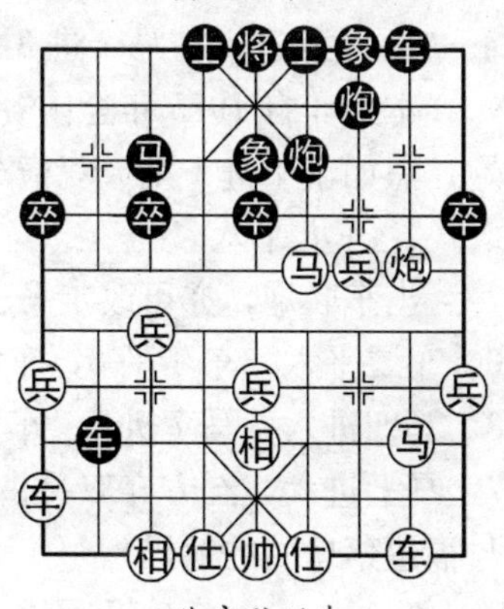

北京孙跃先

图50

15. ……　卒9进1　**16.** 马四进二　炮6平8
17. 兵三进一　炮8进2　**18.** 车二进五　炮7平8
19. 马二进三　……

马入卧槽，“请将出宫”，下面攻杀入局。

19. ……　将5进1　**20.** 车九平四　卒3进1
21. 兵七进一　象5进3　**22.** 车四进八　象3退5
23. 兵三平四　象5进7　**24.** 马三退四　马3进4
25. 兵四平五　……

车马兵一气呵成杀局，红胜。全局结束，边路兵卒还在“热拥相吻”，真是“至死不渝”。

第46局

浙江蔡伟林（红先胜）福建蔡忠诚

（1975年6月17日弈于上海）

顺炮直车对横车

1. 炮二平五　炮8平5　　**2.** 马二进三　马8进7

3. 车一平二　车9进1　　**4.** 兵三进一　车9平4

5. 马八进七　马2进3　　**6.** 兵七进一　炮2平1

本局弈自1975年全国赛预赛。顺炮直车两头蛇对横车分右边炮，黑如车1进1则成双横车阵势。

7. 车九平八　……

出车联炮，亦可改走马三进四，车1平2，车二进五，车2进6，车二平六，车4平6，车六退一，卒5进1，仕六进五，车2平3，马四进六，马7进5，车六退二，车3退1，相七进九，车3平7，马七进六，红方弃双兵占有攻势（选自同阶段比赛江西陈孝堃与福建蔡忠诚的对局）。

7. ……　车1平2　　**8.** 炮八进四　车4进3

9. 车二进八　……

车侵下二路，攻击黑方内线。如改走车二进六，卒3进1，车二平三，卒3进1，炮八平七，卒3进1，车三进一，卒3进1，车八进九，马3退2，车三退二，车4进1，车三平七，卒3平4，炮五进四，士4进5，炮七平一，炮1平3，黑方抗衡反击（选自同轮比赛江西刘新元与河北孙永生的对局）。

9. ……　卒7进1　　**10.** 车二平三　……

平车捉马，直接叫板。亦可改走兵三进一，车4平7，马三进二，士4进5，炮五平三，炮5平4，炮三进五，车7退2，炮八平五，炮4平5，车八进九，马3退2，车二退二，红方占先（选自同阶段比赛吉林曹霖与河北孙永生的对局）。

10. …… 马3退5

如改走马7退5，车三退三（如兵三进一，炮1退1，车三退二，象7进9，马三进四，车4平7，车三退一，象9进7，马四进五，亦为红优），车4进3，车八进二，炮1进4，仕四进五，车4退1，马三进四，红优。

11. 炮八进一 车2平1

让车无奈。如改走炮1退1，炮八平三，车2进9，炮五进四！象7进9，车三平二，红胜。

12. 炮八平三 炮1平7？

应改走马5进7，避免中路被镇而一蹶不振。

13. 炮五进四 车4退1（图51）

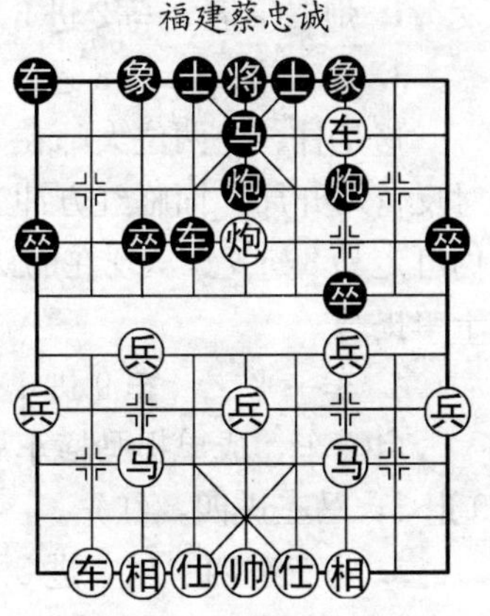

福建蔡忠诚

浙江蔡伟林

图51

14. 马七进六 卒7进1

献马巩固中炮地位，佳着。黑如车4进2，车三退一，卒7进1，车八进五，车1进2，车八平四，车1平4，仕四进五，后车进1，车四进一，红方胜势。

15. 仕四进五！……

弃马，补仕固中又伏出帅助攻之妙，好棋。

15. …… 炮7进5
16. 车三退四 炮7平8
17. 车三平四 车1进2
18. 车八进二 炮8进2
19. 相三进一 车4平5

舍车杀炮解危，无奈。

20. 马六进五 马5进3
21. 马五退三 士4进5
22. 帅五平四 炮5平4

应炮8退8比较顽强。

23. 车八平二 炮8平9
24. 车二进四 炮9退3

25. 车四退一　象 3 进 5

下面红马三进五成杀势，黑方认输。

第 47 局

甘肃钱洪发（红先胜）上海汪士龙

（1975 年 9 月 14 日弈于北京）

中炮进三兵对单提马横车

1. 炮二平五　马 2 进 3　　**2.** 马二进三　炮 8 平 6

3. 兵三进一　马 8 进 9

这是甘、沪两位大师在 1975 年全国赛决赛阶段的对决。中炮对反宫马开局，面临红方冲三兵，黑方临枰变阵走单提马。实际上仍可走马 8 进 7。从现在的认识来看，反宫马中心阵地厚实，要优于单提马。

4. 车一平二　车 9 进 1

启横车，成单提马横车局形。如改走车 9 平 8，车二进九，马 9 退 8，马三进四，红先。

5. 马三进四　象 3 进 5

红方快马出击，开门见山。黑方补象固中，如改走炮 6 进 7，车二进二，炮 6 平 4（如炮 6 退 3，红马四进五），帅五平六，车 9 平 4，帅六平五，士 4 进 5，马八进七，红方多子占优。

6. 兵七进一　车 9 平 4　　**7.** 马八进七　士 4 进 5

此时不必急于补士，可改走车 4 进 7 侵扰红方内线。

8. 炮五平三　……

卸炮可以牵制黑方左右两翼并保留变化，老练。如马四进五，马 3 进 5，炮五进四，车 4 进 5，红方不占便宜。

8. ……　　　炮 2 进 2

伸炮意在挡马，但仍不及车 4 进 7 积极。

9. 炮三平四　炮 2 平 6

肋炮邀兑，看似红炮的步数有点浪费，但此一时，彼一时，因时而动，走得合理。黑如炮6进5，炮八平四，车1平2，车二进七，红优。

10. 炮四进三　炮6进3（图52）

11. 炮四进三　车4进3

炮攻象腰，乘机切入，佳着。黑方同样进车不及车4进5较有针对性。

12. 炮八进五　将5平4

出将舍象没有必要，总感到是个问题。应马3退4保持阵形完整为好。

13. 炮八平五　卒9进1

上海汪士龙

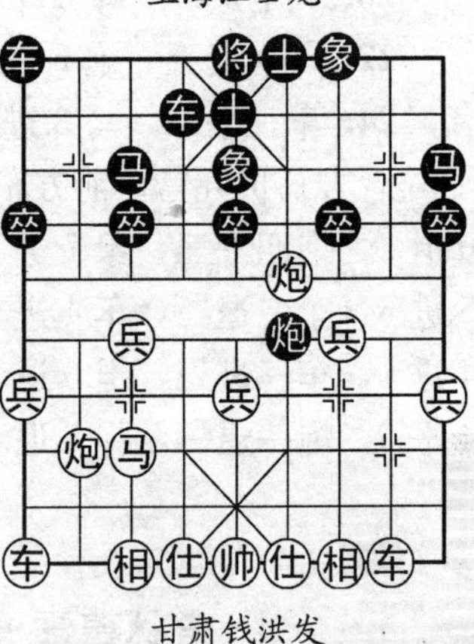

甘肃钱洪发

图 52

14. 兵三进一！卒7进1

弃兵挡车，佳着。黑如车4平7，炮五平三，车7平8，炮四平三，士5进6（如象7进5，红前炮平四），后炮进二，士6进5，车二进五，马9进8，炮三平九，红方胜定。

15. 车二进七　炮6退3（图53）

16. 车二平一！车1平2

弃车杀马，好棋。黑如象7进9，炮五平一，炮6平7（如士5进4，炮一进二，将4进1，炮一平九，红方多子胜定），炮四平三，炮7进7，炮三退八，将4进1，炮三平二，红方胜定。黑方同样动车，应改走车4退2，要好于原变化。

17. 车一平三　车2进7

18. 车九进二　车2平1

19. 相七进九　卒3进1

上海汪士龙

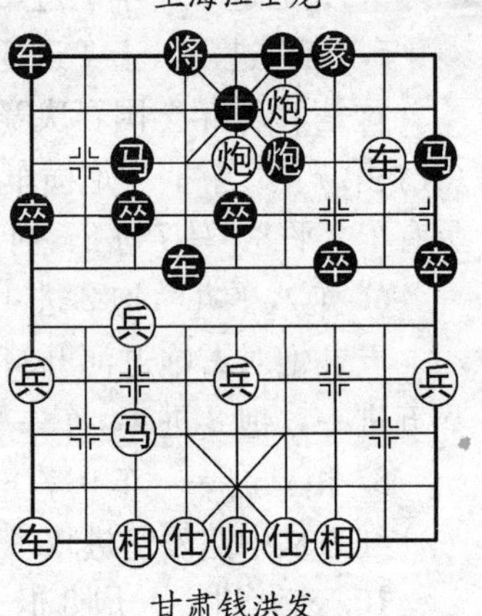

甘肃钱洪发

图 53

如改走车4进3，车三退二，车4平3，车三平六，士5进4，车六进二，将4平5，炮五平七，炮6平3，车六平七，红方多子胜定。

20. 兵七进一　车4平3　　**21.** 马七进六　车3平4
22. 马六退五　炮6进5　　**23.** 相九退七　车4退2
24. 车三平二　马3进4　　**25.** 炮五平三　……

后方马护九宫，前方车双炮攻杀，黑方认输。下面着法为：炮6退2，炮四平三，象7进9，前炮平二，炮6平7，炮三平一，士5进6，车二退二，车4进1，车二平三，炮7平3，炮一进二，将4进1，车三进三，士6退5，车三退一，士5进6，车三平四，将4平5，炮一退一，将5退1，车四进一，红胜。

第48局

吉林曹霖（红先胜）江苏李国勋

（1975年9月17日弈于北京）

中炮横车七路马对屏风马

1. 炮二平五　马2进3　　**2.** 马二进三　马8进7
3. 兵七进一　卒7进1　　**4.** 马八进七　象3进5
5. 车一进一　士4进5

这是1975年全国赛决赛阶段的一盘对局。吉、苏两位大师角逐(分获第7、8名)。中炮横车七路马对屏风马，黑方补士固中，稳健。另有车9平8、马7进8、炮2进4等多种选择，均有丰富的变化。

6. 炮八平九　炮2进4　　**7.** 车九平八　炮2平7

五九炮对右炮过河开打，黑方轰兵窥相，亦可改走炮2平3，兵五进一，炮8进4，车一平四，车9平8，双方对峙。

8. 相三进一　车9平8　　**9.** 兵五进一　炮8进6

红方从中路发起进攻，黑方进炮封车试探。

10. 车八进一　炮8退2

黑方退炮是必然的，怎么退却是要费思量。现在退兵林，似乎封锁红方盘头马，但封不住，而右翼又要受红方车炮的攻击，因此不是正确的走法。应改走炮8退4（如炮8退3，红马七进五），防御河沿，可以减少压力。

11. 车八进六　炮 7 平 3　　**12.** 马七进五　车 1 平 4

弃子必然，如车 1 平 3，兵五进一，黑方难受。

13. 兵五进一　卒 5 进 1

14. 车八平七　车 4 进 6（图 54）

15. 炮九进四？……

边线出击，从底线切入，威胁很大，但步骤有问题，应车一平八先开车。黑炮 3 平 5，马三进五，车 4 平 5，炮九进四（此时出炮才准确），车 5 平 1，车八进八，士 5 退 4，炮九进三，车 1 退 6（如士 6 进 5，炮九平六，士 5 退 4，车七平六，红胜），车八平九，红方多子胜定。一步有误，多生周折也。

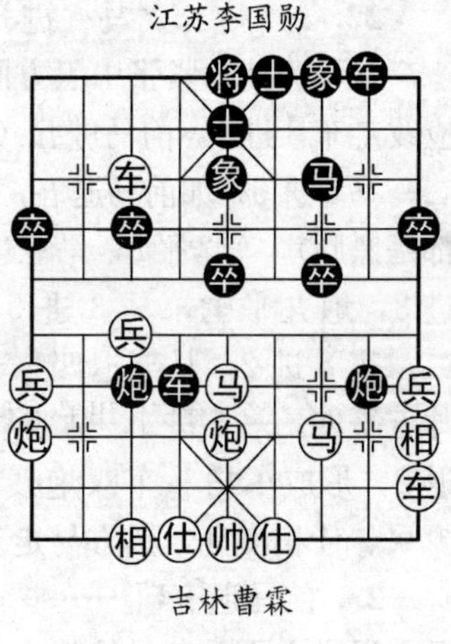

图 54

15. ……　　　车 5 平 4 将 5 平 4

出将反击，处险一搏。亦可改走炮 8 进 2 封车，有得一战。

16. 车一平八　……

此时开车必走之着，如补仕反受黑攻，但与先开车已不一样。

16. ……　　　车 4 进 3　　**17.** 帅五进一　炮 3 平 2

18. 炮五进三　炮 8 平 7　　**19.** 马五退四　车 8 进 5

20. 炮九退二　……

黑方再弃炮对攻，局势惊险。红如车八进二贪炮，车 8 平 5，车八平五，车 5 平 3，黑方有杀势。红方退炮轰车，必要的应手，改走相七进五亦可。

20. ……　　　车 8 平 3

21. 马四进三　马 7 进 5（图 55）

22. 车七平九？……

黑方连舍二子，背水一战。红方同样开车，应改走车七平八，车 3 平 8，后马进五，炮 2 平 7，前车进二，将 4 进 1，后车进七，将4进1，后车平九，车8进3，马五退四，炮7进2，马四进五，红胜。错过良机，棋局又起波折。

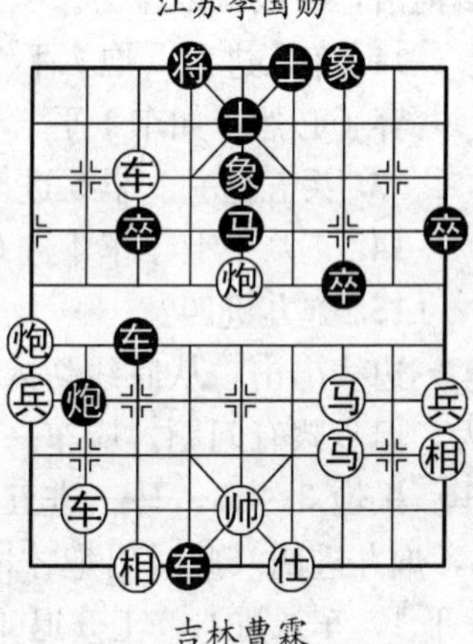

图55

22. …… 马5进3?

跳马为何？紧张中黑方同样出错。应改走车3进1，前马进五（如炮五退二，马5进6；如前马退五，车3平8，都是黑胜），车3平8，马三进五，马5进3，炮九平七，马3进5，车八进二，车8进2，马五退四，车8平6！帅五平四，马5进4，帅四平五，马4退2，形成车马斗车双炮残局。红方少兵、仕相凌乱，黑方易走。战机稍纵即逝，黑方走向反面了。

23. 前马退五 ……

退马立中，双马护驾，红宫顿时安全。净多二子，胜也。

23. …… 车3进4

如改走车3平5，炮九平七，车4退3，车九平八，红方胜势。

24. 炮九平六 车3退4 **25.** 车八进二 ……

再吃炮又有双车杀势，红胜。

第49局

甘肃钱洪发（红先和）江苏戴荣光

（1975年9月24日弈于北京）

中炮对小列手炮

1. 炮二平五 马8进7 **2.** 马二进三 车9平8

3. 车一平二 炮2平5

这是两位大师在1975年全国决赛中的角逐。中炮对小列手炮，双方展开对攻。

4. 马八进七　炮 8 进 4

红方上正马启动左翼，改走车二进六则另有变化。黑方左炮封车，列炮常见手段。

5. 炮八进六　车 1 进 2

红方左炮压马，顶堵抢先，也可改走车九平八或兵三进一。黑如改走车 1 进 1，车九平八，车 8 进 1，兵三进一，车 1 平 2，车八进八，车 8 平 2，车二进三，红方占先。

6. 车九平八　车 1 平 4　**7.** 仕四进五　卒 3 进 1

8. 车八进五　……

同样挺卒，黑方似卒 7 进 1 比较稳正。红如接走车八进五，象 7 进 9，黑阵稳固。红方骑河车捉卒，实惠可取。

8. ……　士 6 进 5　**9.** 车八平七　车 4 平 2

10. 炮八平六？……

平炮肋道无甚作用，有落空的感觉，应走炮八平九会有作为。

10. ……　象 3 进 1　**11.** 炮六平七　炮 5 平 3

12. 车七进一　卒 7 进 1　**13.** 兵五进一　……

挺中兵机械，嫌软。可改走炮五进四，马 7 进 5，车七平五，车 2 进 5，相三进五，车 2 平 3（如马 2 进 4，红车五平六），车五平八，马 2 进 4，车八进二。红方弃子抢攻，黑方不好应付。

13. ……　马 2 进 4

14. 车七平六　炮 8 退 3

15. 车六退一　……

如车六进二吃马，炮 8 退 2，红方没有便宜。

15. ……　马 4 进 3（图 56）

16. 车二进六　……

黑方沉住气，守得巧，已有反击之趋势。红方杀炮一车换双，正着。如改走兵七进一，马 3 退 5，红方要失子。

江苏戴荣光

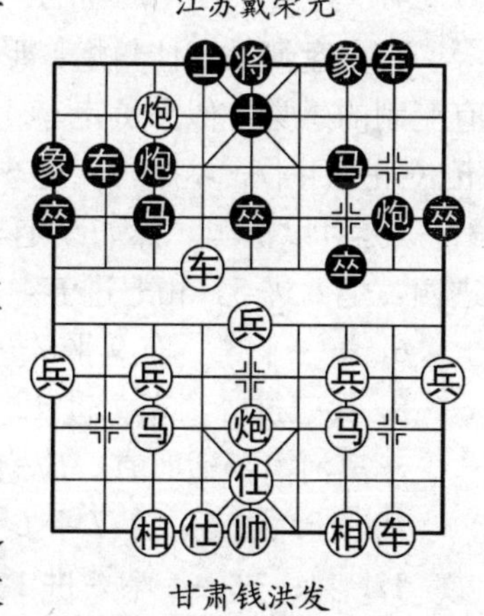

甘肃钱洪发

图 56

16. …… 车 8 进 3 **17.** 炮七退二 卒 5 进 1
18. 炮七退二 卒 5 进 1 **19.** 车六退一 炮 3 平 5
20. 车六平五 炮 5 进 5 **21.** 相七进五 车 2 平 5
22. 车五平六 车 5 平 4 **23.** 车六平五 车 4 平 5
24. 车五平六 车 5 平 4

势均力敌，长兑车，双方不变成和。

第 50 局

上海胡荣华（红先胜）上海王建华

（1976 年 4 月 9 日弈于上海）

起马对挺卒

1. 马八进七 卒 3 进 1 **2.** 兵三进一 马 2 进 3
3. 马二进三 象 7 进 5

本局选自 1976 年上海市象棋邀请赛。由“绿林棋手”挑战“棋王”。起马对挺卒，双方散手开局，黑方飞象固中，也可改走炮 8 进 4 先行抢占兵林。

4. 马三进四 车 1 进 1 **5.** 炮二平四 马 8 进 6

红方盘河马、仕角炮，形成河沿桥头堡。黑方跳转角马总感到有受制的感觉，似乎可走车 1 平 7，车一平二，车 9 进 2，相七进五（如炮四平三，黑马 8 进 6；如车二进六，黑炮 2 进 1），炮 2 进 3，黑方可以抗衡。黑如改走马 8 进 7，车一平二，车 9 平 8，炮八进四，炮 8 进 5，相七进五，车 1 平 8，炮八平三，红方先手。

6. 车一平二 车 9 平 7 **7.** 相七进五 卒 7 进 1
8. 兵三进一 车 7 进 4 **9.** 炮八进二 车 7 进 2

车离河沿不适时宜，应炮 2 进 2 固一手。

10. 仕六进五 车 7 平 6 **11.** 车二进四 车 1 平 4
12. 兵一进一 卒 5 进 1?

挺边兵，良好的等着。黑方冲中卒不妥，以后成为被攻击的靶子。应改走炮 2 进 2。

13. 兵七进一！……

兑兵活马，又可腾出炮位，佳着。

13. …… 卒 3 进 1

14. 相五进七 马 3 进 2

15. 炮八进三 炮 8 平 2

16. 炮四平五！……

摆中炮，挺兵兑子后的连续动作，准确切入，好棋。

16. …… 士 4 进 5

17. 炮五进三 炮 2 平 3

18. 车九平八 马 2 进 4

19. 马七进六 车 4 进 4（图 57）

上海王建华

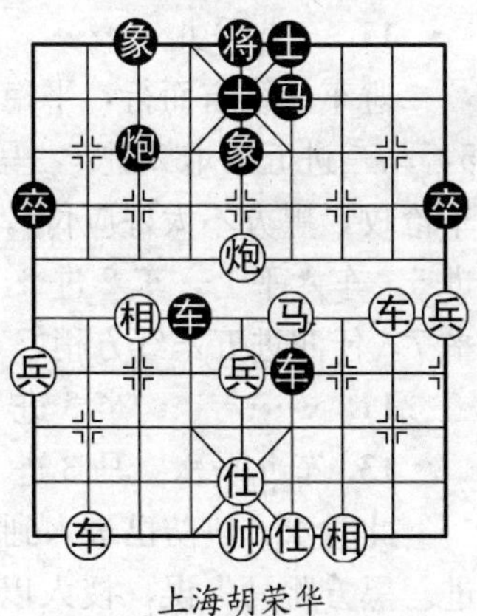

上海胡荣华

图 57

20. 车八进九！……

底车进攻发力，由此入局，妙。

20. …… 将 5 平 4

21. 马四进五！……

弃车攻杀，再接再厉。

21. …… 车 4 平 8

22. 马五进七 将 4 进 1

23. 车八退一 将 4 进 1

24. 炮五平八 红胜。

第 51 局

上海胡荣华（红先胜）上海朱祖勤

（1976 年 4 月 20 日弈于上海）

五七炮对屏风马

1. 炮二平五 马 8 进 7

2. 马二进三 马 2 进 3

3. 车一平二 车 9 平 8

4. 马八进九 卒 7 进 1

5. 炮八平七 车 1 平 2

6. 车九平八 炮 2 进 4

这是 1976 年上海市象棋邀请赛中的一盘对局。棋王胡荣华力战上海滩众多“绿林好汉”。五七炮双直车对屏风马，黑方右炮封车是一种选择，另有炮 8 进 4、炮 2 进 2 等走法。

7. 车二进四　炮 8 平 9　　**8.** 车二平四　象 3 进 5

飞象固中，传统的稳健着法。目前流行的应着是车 8 进 1，兵九进一，车 8 平 2，较有对抗性。

9. 兵九进一　炮 9 退 1　　**10.** 马九进八　炮 9 平 2

11. 车八平九　……

避车，绕道而行，平稳。亦可车八进一，卒 3 进 1（如前炮平 5，马三进五，炮 2 进 7，马五进六，车 2 平 3，车四进四，红方弃车抢攻，黑方不太好应付），车八平六，后炮进 3，车六进五，士 6 进 5，车六平七，车 2 进 2，炮五平六，车 8 进 6，相三进五，车 8 平 7，仕四进五，红方稍好。

11. ……　卒 3 进 1　　**12.** 车九进一　士 4 进 5

13. 车九平六　马 3 进 2?

此时双方攻防已进入到中局阶段。红方双车扼肋，左右齐头并进。黑方跳马失误，授人以隙，由此一蹶不振。应改走炮 2 进 3，严阵以待，黑势稳定。

14. 车六进七　卒 3 进 1

15. 车四平七　马 7 进 6

16. 炮五进四（图 58）　……

车攻象腰，炮镇中路，红方迅速突破，取得优势。

16. ……　马 2 进 4

17. 炮七平五　车 8 进 3

18. 炮五退一　马 4 进 5

19. 相三进五　马 6 进 5

20. 车七进二！……

兑车抢攻，好棋。

20. ……　车 8 进 2

上海朱祖勤

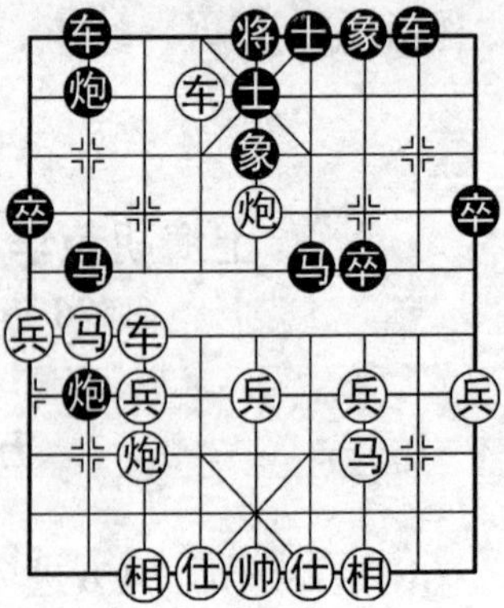

上海胡荣华

图 58

如车 8 平 3，马八进七，后炮进 2（如马 5 进 7，车六平八，车

2进1，马七进八，下面马后炮杀），马三退二，红方胜势。

21. 马八进九　后炮进2　**22.** 马九进八！前炮退5

23. 车六平八　车2平4　**24.** 马三进五　……

多子有杀势，红胜。

第52局

山东刘凤君（红先胜）山东李力吉

（1976年5月2日弈于济南）

仙人指路对卒底炮

1. 兵七进一　炮2平3　**2.** 相七进五　炮8平5

本局选自1976年山东省赛。仙人指路对卒底炮开局，演成飞相对中炮，攻、守分明。

3. 马二进三　马8进7　**4.** 炮八平六　马2进1

5. 马八进七　车1平2　**6.** 车一平二　卒7进1

7. 炮二平一　车9进1

反宫马对五七炮，黑方启横车不及车2进6先紧一手比较好。

8. 马七进六　车9平6　**9.** 车二进四　车2进8

红方车马盘河，阵形工整，四平八稳。黑方车进下二路寻求战机，但有落空感觉，不如车2进4，慢慢来。

10. 仕六进五　车6进7　**11.** 兵三进一　马7进6

弃卒，跃马强攻，但嫌过。宜卒7进1，车二平三，象7进9，保持平稳。

12. 兵三进一　马6进5　**13.** 马三进五　炮5进4

14. 车九平六　车6平7　**15.** 炮六退一　车7退4

16. 马六进五　炮3平7　**17.** 马五进三　车7退2

18. 炮一进四　炮5退4

一阵拼抢兑子，局面简化，红方边炮出击，已握优势。黑方同样退炮宜走炮5退3，红如车二平五，再炮5退1，以防止红炮攻中路。

19. 炮一平五　士 6 进 5　　**20.** 车二进二　卒 1 进 1

挺边卒缓手，应改走车 2 退 4，加强内线防御。

21. 炮六进三！……

升炮扩大攻势，由此入局，好棋。

21. ……　　　车 7 平 6

22. 炮六平一！将 5 平 6

23. 车二进二！车 6 平 9

24. 车六进三！……

车炮攻杀，再升一车，厉害。

24. ……　　　车 2 退 6

25. 车六平四！（图 59）……

红车打将已成杀局，黑方认输。

山东李力吉

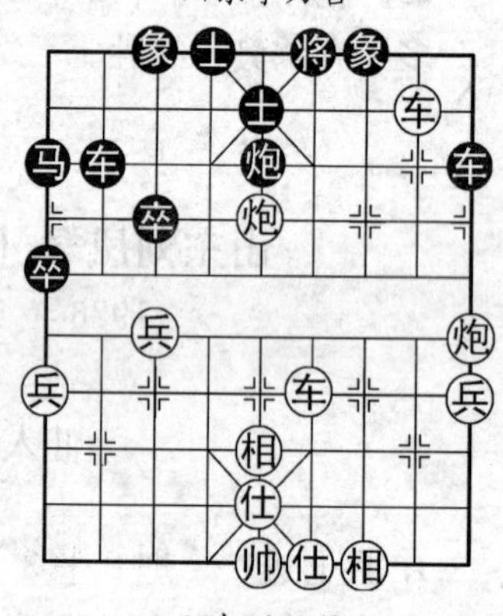

山东刘凤君

图 59

请读者思考一下红方如何取胜，然后再看下面答案：炮 5 平 6（如士 5 进 6，车四进四！车 9 平 6，炮一进五杀），炮一平四！（弃车凶），炮 6 进 4，车二平四！（再弃车，妙），将 6 进 1，炮五平四。重炮杀，红胜。

第 53 局

安徽蒋志梁（红先胜）上海于红木

（1977 年 1 月 19 日弈于上海）

中炮巡河炮对屏风马

1. 炮二平五　马 8 进 7　　**2.** 马二进三　卒 7 进 1

3. 兵七进一　车 9 平 8　　**4.** 马八进七　马 2 进 3

5. 炮八进二　车 1 进 1

本局是安徽、上海象棋友谊交流赛的一则对局。中炮巡河炮缓开车对屏风马，黑方应以右横车。双方都有点“离谱”，马 7 进 8 封车是目前较多的选择。

6. 车一平二　车 1 平 4

开车似乎早了一点，不如象7进5稳健。

7. 兵三进一　卒3进1

对冲三（3）兵（卒），黑方意在对攻，但速度上吃亏。不如改走象7进5，兵三进一，象5进7，车二进六，炮8平9，车二平三，炮9退1，马三进四，炮9平7，车三平四，象7退9，黑方可以抗衡。

8. 兵七进一　卒7进1　**9.** 兵七进一　马3退5

10. 车二进六　车4进6　**11.** 车九进二　卒7进1

12. 仕四进五　车4退3　**13.** 马三退四　……

各攻一翼，黑马窝心，红方阵形明显好于黑方。

13. ……　象7进5　**14.** 兵五进一　马7进6？

红方从中路发动进攻，选准切入点；黑方跳马放弃中路，不当。应马5退7，虽处下风，但还可周旋。

15. 车二平五　马5进7　**16.** 兵五进一　车4平2

打通中路，冲兵欺车，黑方受攻。如改走马7进5，兵五平六，马6进8，炮八进二，红方夺子胜势。

17. 车五平三　车2平5

18. 马七进六　炮8进5（图60）

19. 马六进四！……

踏马弃车，妙手抢杀。

19. ……　炮8平1

20. 相七进九　马7退5

二度马塞窝心，凶多吉少。

21. 马四进二　炮2退1

22. 车三退一！……

弃车献车，又凶又刁，好棋。

22. ……　车8进3

23. 车三平五　……

夺车多子，红方多子有势胜定。

上海于红木

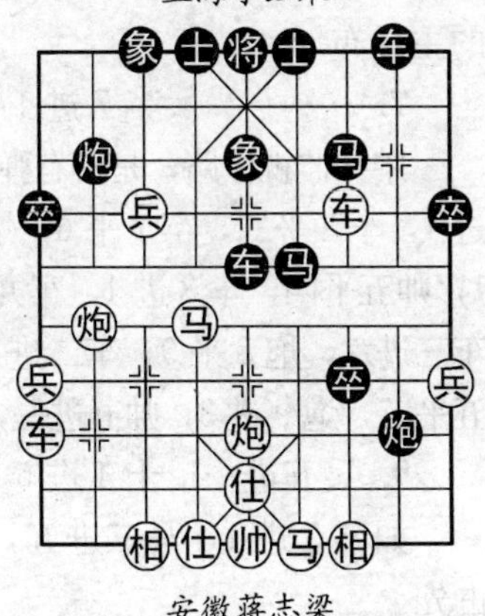

安徽蒋志梁

图 60

23. ……　车8平3　**24.** 炮八平二　炮2进8

25. 相九退七　车3进6

下面：炮二进五，马5退7（如象5退7，车五平七抽车胜），车五进二，士4进5，车五平七，红胜。

第54局

甘肃钱洪发（红先负）江苏言穆江

（1977年3月10日弈于南京）

中炮过河车对屏风马左马盘河

1. 炮二平五　马8进7　　**2.** 马二进三　车9平8

3. 车一平二　马2进3　　**4.** 兵七进一　卒7进1

5. 车二进六　马7进6　　**6.** 马八进七　象3进5

7. 兵五进一　……

这是两位大师在甘、苏象棋友谊赛中的较量。中炮过河车对屏风马左马盘河，红方冲中兵进攻，是诸多打法中的选择，另有车二平四、车二退二、炮八进二、炮八进一、车九进一等，是引导潮流的主导布局。

7. ……　卒7进1　　**8.** 车二平四　马6进7

踏兵监视中路，是富有弹性的走法。如卒7进1，车四退一，卒7进1，车四平二，卒7平6，炮五进一，卒6进1，车九进一，卒6进1，帅五平四，车8进1，车九平三，士4进5，帅四平五，炮2退1，车三进六，炮8平9，车二进三，炮2平8，马七进八，炮9进4，炮五平三，炮9进3，帅五进一，红方子力结构较好，占有主动。

9. 兵五进一　士4进5

如卒5进1，马三进五，卒5进1，马五进三，红马盘头而出，占先。

10. 马三进五　炮8进5　　**11.** 兵五进一　……

吃卒被黑抬炮吊拴，受到牵制。不如改走马五进三弃马抢攻，黑炮8平3，车四退三，马7进8，车九进一，车1平4，车九平三，车4进5，马三进四，炮2退1，车四平八，炮2进6，车八退一，炮3退1，马四进三，将5平4，炮五平六，士5进4，车三平四，士6进5，车四进七，红有强烈攻势。

11. …… 炮2进1! **12.** 兵七进一 炮8平3

13. 兵七进一 车8进6

面对红方双兵强渡，黑方先行轰马，继而过河车呼应。也可改走马7退5，炮五进二，炮2平5，兵七进一，炮5进3，车四退三，炮3退3! 车四平五，炮3平5，车五退二，炮5进4，仕六进五，车8进3，双方形成双车斗车双炮，黑方占先。

14. 炮八进一?（图61）……

抬炮吊车马，似佳实劣，假棋，一发而不可收拾。应改走炮五退一，马7退5，车四退四，炮2平5，车四平七，炮5进3，车七平五，马5退3，兵七进一，炮5进2，仕六进五，均势。

江苏言穆江

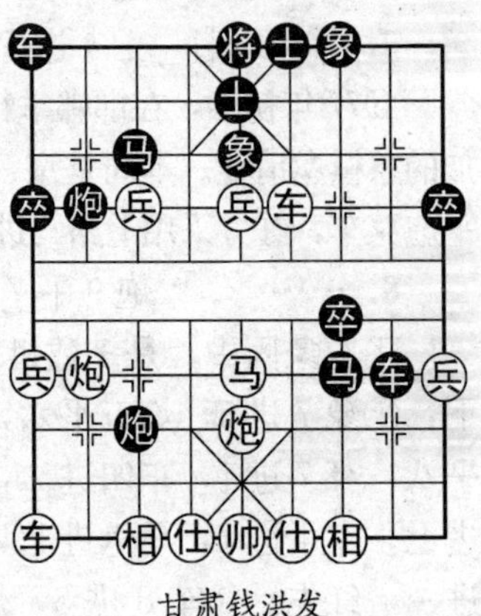

甘肃钱洪发

图61

14. …… 马7进5!

弃车踏炮，反击妙着。

15. 炮八平二 马5进3

16. 帅五进一 炮2平5

17. 马五进三 前马进1

18. 兵七进一 车1平2! **19.** 车四平五 ……

一阵拼抢，黑方取得攻势，现在弃炮出车，好棋。红如帅五平四，黑车2进5占优。

19. …… 车2进8 **20.** 帅五进一 炮3平1!

开炮形成车马炮杀势，佳着。

21. 马三退五 车2退1 **22.** 帅五退一 炮1进1

23. 帅五平四 车2平8 **24.** 炮二进三 车8进1

25. 帅四进一 马1退3

下面：仕四进五，车8退2，黑胜。

第55局

北京付光明（红先负）河北李来群

（1977年3月16日弈于邯郸）

中炮过河车对屏风马平炮兑车

1. 炮二平五 马8进7 **2.** 马二进三 车9平8
3. 车一平二 卒7进1 **4.** 车二进六 马2进3
5. 兵七进一 炮8平9 **6.** 车二平三 炮9退1
7. 马八进七 士4进5 **8.** 马七进六 ……

1977年初春，在邯郸举行了由河北、广东、安徽、北京4省市参加的象棋邀请赛。本局是京、冀两位名将之战。中炮过河车对屏风马平炮兑车，红方采用七路马进攻，另有炮八平九五九炮的流行走法。

8. …… 炮9平7 **9.** 车三平四 象3进5

飞右象固中，是多数棋手选用的应着。另有三种招式，举例如下：①象7进5，炮五平六，炮2进4，相三进五，炮2平7，车九平八，卒7进1，车四进二，后炮退1，炮八进六，车8进4，车八进七，车1进1，马六进七，车8平4，炮六平八，车4退2，兵九进一，红先。②车8进5，炮八进二，象3进5，炮五平六，卒3进1，兵三进一，车8退1，兵七进一，象5进3，炮八平七，马3进4，炮六进三，卒7进1，炮六进三，炮7平4，炮七平三，车8平7，相七进五，炮2进1，车四退二，炮2进2，马六进五，马7进5，车四平八，象3退5，仕六进五，马5进3，马三进四，红方占先。③马7进8，炮八进三，卒7进1，炮八平三，象7进9，车九平八，车1平2，马六进五，马3进5，炮五进四，象3进5，兵三进一，象9进7，兵三进一，红方弃炮抢攻，占有主动。

10. 炮八平七 ……

五七炮，是传统的打法。另有两种着法：①炮五平六，马7进8，车四平三，马8退9，车三平一，炮7进5，相三进五，卒7进

1，车九进一，对等局势。②炮八平六，车 8 进 5，车九平八，车 1 平 2，兵三进一，车 8 退 1，车四进二，炮 7 平 9，兵三进一，车 8 进 2，兵三平四，红方先手。三种平炮方式，相比较而言，仕角炮较好。另外不动炮，改走马六进七亦是可以的。

10. …… 车 8 进 5 **11.** 车九平八 车 1 平 2

出车联炮，改走炮 2 退 1 成为内线担子炮也不错。

12. 兵三进一 车 8 平 7

13. 马三进四 炮 2 进 3

14. 相三进一 车 7 平 8

15. 炮五平三 马 7 进 8

16. 炮三进六 卒 7 进 1

17. 车四进二 ……

河沿争锋，各不相让。红如改走车四平二，卒 7 平 6，马六进四，车 8 进 2，红方无便宜。

17. …… 马 8 进 6（图 62）

河北李来群

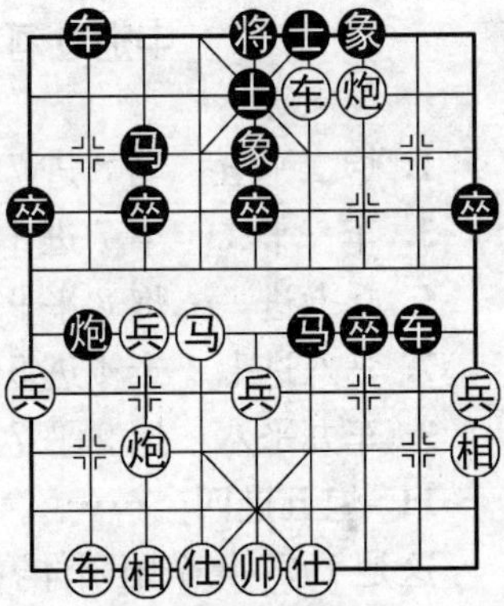

北京付光明

图 62

18. 马六进四？ ……

捉车失先，应该马六进七，捉炮又窥象。

18. …… 车 8 进 2 **19.** 马四进五？ ……

舍炮吃象攻而忘守，弄巧成拙。应该炮七进四。

19. …… 车 8 平 3

20. 炮三退一 车 2 进 4！

舍马升车，深沉有力，不露声色，妙。

21. 炮三平七 马 6 进 4！

马入卧槽，又凶又刁。

22. 车八进一 车 2 平 4

车随马上，紧凑。

23. 马五进三 将 5 平 4 **24.** 车四退七 马 4 进 2！

轰车当头棒喝，厉害。

25. 车四平六　车 3 平 5

打帅夺车，黑胜。

第56局

福建陈尚佳（红先负）河北刘同喜

（1977 年 9 月 19 日弈于太原）

中炮过河车对屏风马平炮兑车

1. 炮二平五　马 8 进 7　**2.** 马二进三　车 9 平 8
3. 车一平二　卒 7 进 1　**4.** 车二进六　马 2 进 3
5. 兵七进一　炮 8 平 9　**6.** 车二平三　炮 9 退 1
7. 马八进七　士 4 进 5　**8.** 炮八平九　车 1 平 2
9. 车九平八　炮 9 平 7　**10.** 车三平四　马 7 进 8
11. 炮五进四　……

这是 1977 年全国团体赛中的一盘对局。五九炮过河车对屏风马平炮兑车，红方炮轰中卒是实战中见率比较高的选择，另有车四进二、车八进六、炮九进四、马三退五、车四退二等多种套路。

11. ……　马 3 进 5　**12.** 车四平五　炮 7 进 5

7 路炮轰兵窥相，也是“定式”走法之一。另外一种定式是卒 7 进 1，兵三进一，马 8 进 6，马三进四，炮 7 进 8，黑方弃子抢攻，以后形成复杂激烈的变化。

13. 相三进五　……

飞相是当时常见的走法，现在多被马三退五所替代。举例如下：红马三退五，炮 2 进 5，相七进五，车 8 进 2，马五退七，炮 2 退 1，后马进六，炮 7 进 1，仕六进五，卒 7 进 1，车五平七，车 8 平 2，成相互抗衡之势。

13. ……　卒 7 进 1　**14.** 马七进六　马 8 进 6
15. 车五退二　炮 2 进 6　**16.** 马六进七　车 2 进 7

进车堵炮，激烈而寻求对攻。稳健的话可改走车 8 进 2，炮九平六，车2进6，马七退五，炮2平9，兑车抢先，黑方抗衡。

17. 相五进三？……

吃卒兑子，松懈，后防露出破绽，失着。应改走炮九进四，车8进2，炮九进三，象3进1，马三退一，车8平2，仕四进五，后车进1，马七退五，象7进5，马五退三，红先。

17. …… 马6进7

18. 炮九平三 车8进7（图63）

19. 炮三退二 ……

黑方左右夹击，红方已难应付。如改走炮三退一，车8进1，红方难堪。

19. …… 炮2平7！

20. 炮三进三 ……

开炮妙。红如车八进二，后炮进3，帅五进一，车8平2，黑胜定。

20. …… 车2进2

21. 相三退五 炮7平9

22. 马七退五 象3进5

河北刘同喜

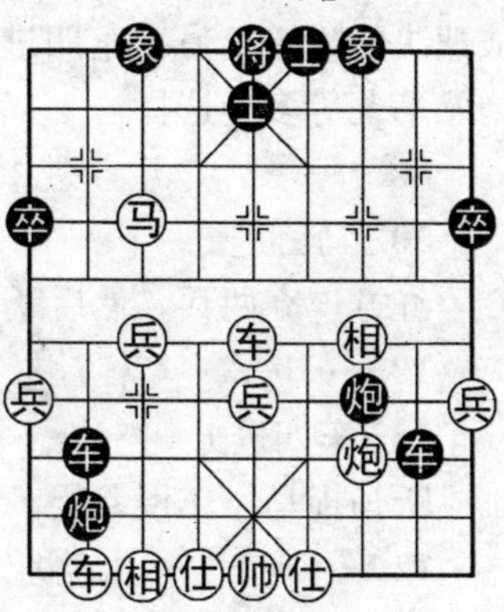

福建陈尚佳

图63

23. 马五退三 炮9进1

24. 炮三退三 车8进1

25. 车五平六 车8平6

双车炮杀局，下面：仕六进五，车2退1，黑胜。

第57局

江苏徐天红（红先胜）安徽许波

（1977年12月6日弈于南京）

中炮横车七路马对屏风马双炮过河

1. 炮二平五 马8进7

2. 马二进三 车9平8

3. 兵七进一 卒7进1

4. 马八进七 象3进5

5. 车一进一 马2进3

6. 车一平四 炮2进4

这是苏、皖两地象棋邀请赛中两位新秀之间的一场较量。中炮横车七路马对屏风马，红方横车占右肋是当时流行的走法，老式一般走马七进六或车一平六。黑方右炮过河，对抗性的着法，改走士4进5则相对平稳。

7. 兵五进一　炮8进4　**8.** 兵五进一　……

形成中炮夹马对双炮过河开放型的阵势，红方冲兵急攻，有速战速决的味道。另有车四进三、马三进五、车九进一、马七进五、炮八平九等多种选择。

8. ……　卒5进1　**9.** 兵三进一　卒7进1

10. 马三进五　……

红方连弃两兵，然后跃马盘头，攻势紧凑。

10. ……　卒7进1　**11.** 马五进六　车1平3

12. 车四进七　……

跃马捉马，车侵象腰，红方走得很凶。

12. ……　马3进5　**13.** 车四退二　车8进5

弃马，骑河车抢占制高点，正着。

14. 炮五进四　马7进5　**15.** 车四平五　车8平3

16. 马七进八　车3平5　**17.** 仕六进五　卒3进1?

局势进入决战的关键时刻，黑方随手挺卒，由此失误，落入困境。应改走车5平2，炮八进二（如车五进一，象7进5，炮八进二，卒5进1，黑优），炮2平5，相七进五，炮5退3，黑方多卒占优。

18. 相七进五　……

一飞相，黑方战机消失，可惜。

18. ……　炮8进3

19. 马八进七　士6进5

如改走车5进2，马六进五，象7进5，马七进五，红胜。

20. 车九平六　炮2平9（图64）

21. 马六进五！……

安徽许波

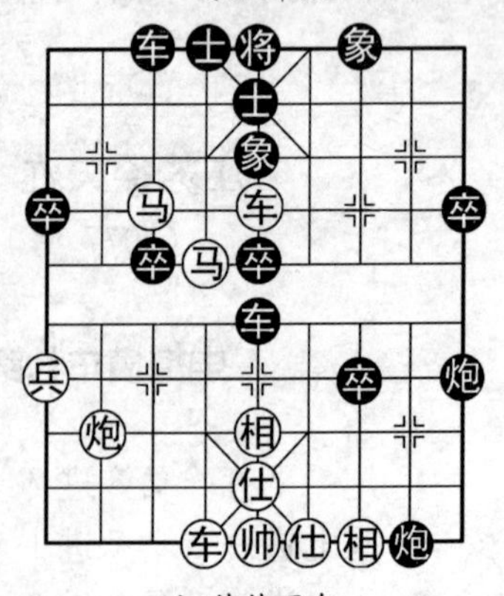

江苏徐天红

图64

弃马杀象，攻杀入局，好棋。

21. ……　象7进5　**22.** 马七进五　车5平6

23. 车五平一　车6退3　**24.** 炮八平七！……

轰车抢道，妙。

24. ……　车3平2　**25.** 车一进三　……

下面：士5退6，马五进七，红胜。

第58局

甘肃钱洪发（红先胜）安徽蒋志梁

（1977年12月30日弈于南京）

中炮过河车对屏风马高车保马

1. 炮二平五　马8进7　**2.** 马二进三　卒7进1

3. 车一平二　车9平8　**4.** 车二进六　马2进3

5. 兵七进一　炮8平9　**6.** 车二平三　车8进2

这是甘、皖两地棋手在南京举行的交流赛中的一则对局。中炮过河车对屏风马平炮兑车，黑方应以高车保马，与流行的炮9退1各有千秋，在实战中见率也比较高。

7. 炮八平七　……

用五七炮进攻，亦可改走马八进七用七路马出击。

7. ……　象3进5　**8.** 兵七进一　象5进3

9. 马八进九　……

红方跳边马稳健，也可改走兵五进一，士4进5，马八进九，炮2进1，兵九进一，车1平4，马九进八，象7进5，兵九进一，卒1进1，车九进五，车4进5，马八进七，炮2进6，仕四进五，车4平3，车九退三，红方占先。

9. ……　炮2退1　**10.** 车九进一　炮2平7

11. 车三平四　马7进8?

跳外肋马，被红方左横车一封，即刻被动，是一步疑问手。应改走象7进5固中，慢慢来。

12. 车九平二！ 炮7进5？

轰兵窥相，似凶实软，不如车1进1。红如兵五进一，象7进5，坚守为好。

13. 兵五进一！ 车1进1

冲兵发动中路进攻，选准攻击点。黑方启横车意在呼应左翼，欲解困局，无奈。如象7进5，马三进五，红方占优。

14. 兵五进一　炮7进3

15. 仕四进五　车1平8

16. 兵五进一　士4进5

17. 帅五平四　炮9退2

18. 车二平四　……

小兵直冲，打通中路，继而双车帅肋道串杀，走得漂亮，黑已难应付。

18. ……　马8退7

19. 兵五平六　马3进5

献马无奈，无其他解着。

20. 兵六平五　炮7平9（图65）

安徽蒋志梁

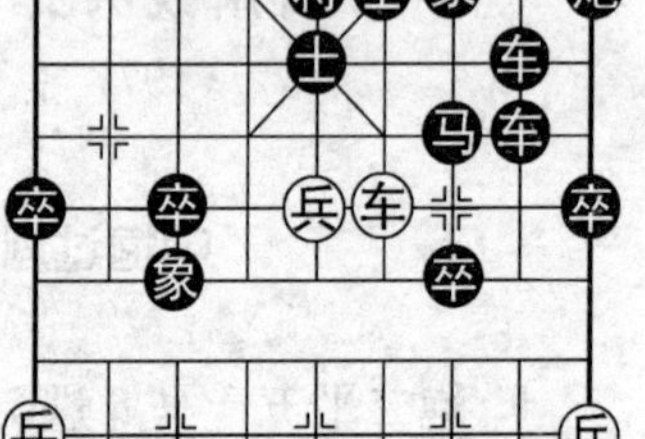

甘肃钱洪发

图65

21. 兵五平六　士5进6

22. 前车平五　士6进5

23. 车五进二！……

弃车杀士，妙，下面一气呵成杀局：将5进1，马三进五，象7进5，马五进六，将5平4，兵六进一！将4退1，马六进七，红胜。

第59局

上海邬正伟（红先胜）上海成志顺

（1978年2月27日弈于上海）

顺炮缓开车对直车

1. 炮二平五　炮8平5

2. 马二进三　马8进7

3. 兵三进一　车 9 平 8

本局选自上海象棋名手邀请赛。斗顺炮，缓开车对直车，是 20 世纪 70 年代以后流行起来的新变化。黑方也可改走车 9 进 1。

4. 马八进七　马 2 进 3

双跳正马，黑如改走卒 3 进 1，炮八进四，红方占先。

5. 兵七进一　车 1 进 1

成两头蛇对直横车阵势。红方双马通畅，黑方双车出动早，双方各有千秋，严阵以待。

6. 炮八平九　车 1 平 4

此时出右肋车不及车 8 进 4 灵活，以后兑卒改善马的处境。

7. 车九平八　车 4 进 5?

红方双马皆活，黑车进兵林不适宜，且容易处险地而遭攻击。还是应该车 8 进 4。

8. 车一进一　车 8 进 4

红方启横车，良好的等着。黑如车 4 平 3，马三进四！车 3 进 1，马四进六，马 7 退 5，炮九进四，红方弃马抢攻有势。

9. 马三进四　车 4 平 3?

压马失先，应车 4 退 3。红如车八进六，黑车 8 平 6，马四退三，炮 2 平 1，还可相峙。

10. 车一平六！……

开车先弃后取，佳着。

10. ……　　卒 3 进 1

11. 炮九进四！……

边炮轰出，前呼后应。

11. ……　　车 3 进 1

12. 炮九平七　象 3 进 1

13. 马四进六　士 6 进 5

如改走马 7 退 5，车六进二，车 8 平 6，仕六进五，炮 5 平 8，兵五进一，红优。

14. 车六进二　车 8 进 2

15. 仕六进五　车 3 进 1

16. 马六进七　车 8 平 5

17. 车六进五　炮 2 进 4（图 66）

如改走炮 2 进 6，车六平八，炮 2 平 1，马七退五，红方胜势。

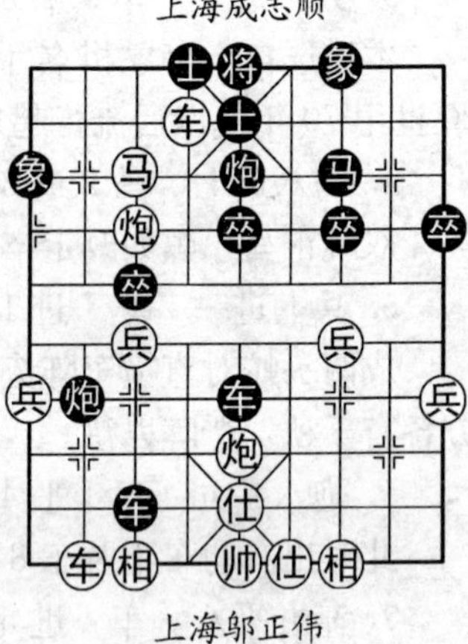

图 66

18. 炮七平八！……

看准战机，闪炮攻杀，以下一气呵成杀局。

18. ……　士 5 进 4

19. 炮八进三　象 1 退 3

20. 车六退一　炮 5 平 3

21. 车八进三　车 5 退 1

22. 车八平六　红胜。

第 60 局

河北李来群（红先胜）江西陈孝堃

（1978 年 9 月 9 日弈于郑州）

飞相局对中炮

1. 相三进五　炮 2 平 5

本局选自 1978 年全国赛。飞相对中炮开局，黑方一般都走炮 8 平 5（顺方向），这里逆向而行，别开生面，避开熟套。

2. 马八进七　马 2 进 3　　**3.** 车九平八　车 1 平 2

4. 兵七进一　车 2 进 6　　**5.** 炮八平九　车 2 平 3

平车压马，保存主力和变化。也可改走车 2 进 3，马七退八，炮 5 进 4，仕四进五，炮 8 平 9，黑方可以抗衡。

6. 车八进二　炮 8 进 4

升炮兵林，呼应过河车，但内线阵型有嫌松散，可改走炮 5 进 4，马七进五，车 3 平 5，黑势不错。

7. 马二进三　卒 5 进 1　　**8.** 炮二退一　马 8 进 7

9. 兵七进一　卒 5 进 1

对冲兵、卒，前沿争锋。黑如改走卒 3 进 1，炮二平七，车 3 平 4，仕四进五，车 4 进 2，炮七进四，马 3 进 5，炮七退一，红方占先。

10. 炮二平七　车 3 平 4　　**11.** 兵七进一　马 3 退 5

12. 兵三进一　炮 8 进 1

进炮意在打通中路，但红方可以化解。似可走车 9 平 8 等一手。

13. 车一进一　卒 5 进 1

红方出右横车，以逸待劳。黑方吃中兵难讨便宜，仍可考虑改走车 9 平 8。

14. 马七进五　车 4 平 5

15. 马三进五　炮 8 平 2

16. 炮九进四（图 67）　……

红方弃马抢攻，侧翼有势，黑方得子失先不好受。

江西陈孝堃

河北李来群

图 67

16. ……　车 9 平 8

17. 车一平六　象 3 进 1

18. 炮九平八　马 5 退 3

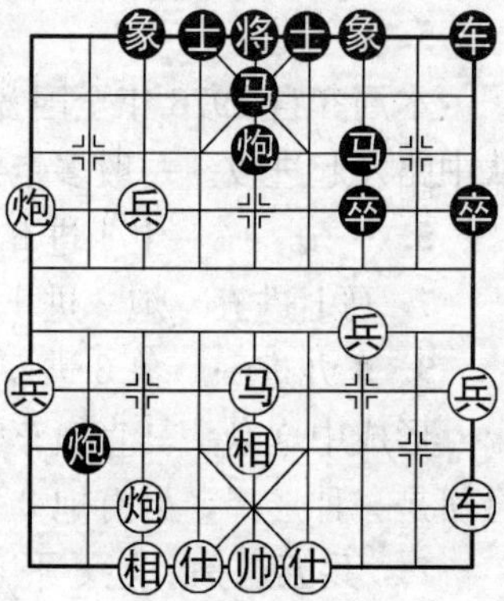

19. 炮八进二　炮 2 平 3　　**20.** 车六进一　车 8 进 6

21. 炮七平五　炮 3 退 3　　**22.** 兵七进一　……

侧攻推进，现在再冲兵逼近，势不可当。

22. ……　马 7 进 5　　**23.** 兵七进一　炮 5 进 4?

轰马漏着。应改走士 6 进 5，以后尚有一番挣扎。

24. 车六进七！……

弃车杀局，妙。下面：将 5 平 4，炮八进一！红胜。

第61局

云南何连生（红先胜）甘肃钱洪发

（1978年9月20日弈于郑州）

中炮过河车对屏风马

1. 炮二平五　马8进7　**2.** 马二进三　卒7进1
3. 车一平二　车9平8　**4.** 车二进六　马2进3
5. 兵五进一　……

本局弈自1978年全国赛。中炮过河车对屏风马，红方冲中兵，从中路发起进攻。一般多走兵七进一，变化比较繁复。

5. ……　士4进5　**6.** 马八进七　卒3进1
7. 马七进五　炮2进1　**8.** 车二退二　炮8进2
9. 车九进一　象3进5　**10.** 车九平六　炮2进3

形成中炮盘头马直横车对右士象左炮巡河正规阵势。黑方右炮过河是一种选择，另有炮2平3、车1平4等着法，各有千秋。

11. 兵五进一　炮8平5　**12.** 车二进五　马7退8
13. 炮五进三　卒5进1　**14.** 炮八平五　炮2平5
15. 马三进五　车1平2

一阵大兑子，局面迅速简化。黑方出车，正常应着。如车1平4兑车则容易成和局。

16. 车六进三　车2进6

过河车意在竞争，改走马8进7则相对平稳。

17. 炮五进三　车2平3　**18.** 马五退六　车3平7

抢兵容易引起反弹。改走车3退1比较稳当。

19. 车六进三　马3退4　**20.** 车六退一　卒7进1

红方两步动车，控制黑方双马活动，走得老练。黑方冲卒似不及车7退1为宜，红如接走炮五退三，卒3进1，马六进五，车7平4，黑势抗衡。

21. 相三进五　卒7平6

同样横卒，应卒7平8。

22. 马六进八　车7平5（图68）

如改走车7平2，马八进六，卒3进1，马六进四（如马六进七，黑马4进2），红方占优。

23. 马八进九！……

弃炮跃马，石破天惊，妙。

23. ……　　车5退2

24. 马九进八！士5进4

25. 马八进六！……

下面：将5进1，车六平七！叫杀夺车，红胜。

甘肃钱洪发

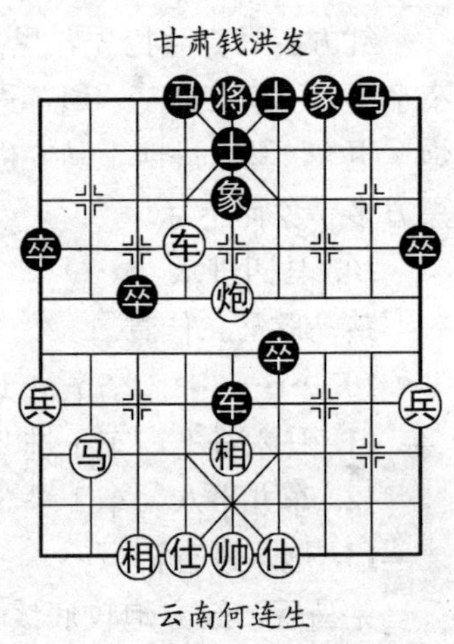

云南何连生

图68

第62局

河北李来群（红先胜）安徽邹立武

（1978年12月22日弈于石家庄）

中炮巡河炮对屏风马

1. 炮二平五　马8进7　　**2.** 马二进三　卒7进1

3. 兵七进一　车9平8　　**4.** 马八进七　马2进3

5. 车一平二　象3进5　　**6.** 炮八进二　炮8进2

本局弈自河北、黑龙江、安徽三省友谊赛。中炮巡河炮对屏风马，黑方应以左炮巡河，是一种传统、老式的走法，另有炮2进2、卒3进1、车1平3、车1进1等多种选择。

7. 兵三进一　炮2退1　　**8.** 车二进一　……

抬右车避打，灵活。亦可兵三进一，炮2平8，车二进五，马7进8，兵三平二，一车换三，红方占先。

8. ……　　炮2平7　　**9.** 马三进四　士4进5?

红方奔马弃兵抢先，黑方补士软着。可卒 7 进 1，马四进六，卒 7 平 8，车二进三，炮 7 进 8，仕四进五，马 7 进 6，车二退四，炮 7 退 2，马六进四，马 6 进 7，炮八退一，车 8 进 3，相互牵制，黑方多一象而不亏。

10. 马四进六　……

踏马欺马，佳着。

10. ……　　卒 7 进 1

11. 马六进七　车 1 进 2

12. 车九平八　车 1 平 3（图 69）

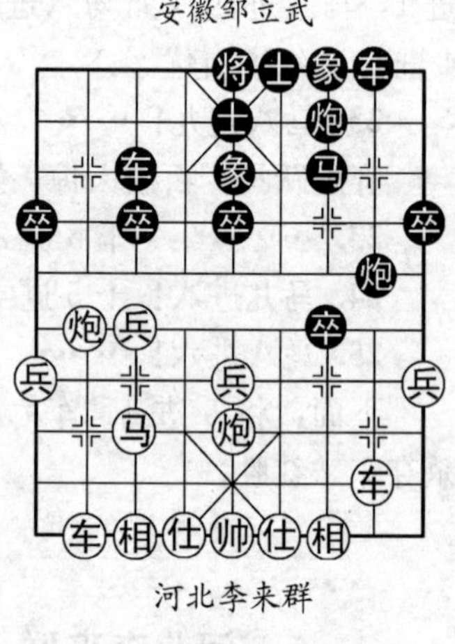

图 69

13. 炮八进五！……

兑马后，红方炮攻底线，先发制人，好棋。

13. ……　　卒 7 平 8

14. 车二进三　炮 7 进 8

15. 仕四进五　炮 8 平 7

16. 车二进五　马 7 退 8

17. 炮八平九　前炮平 9

双方开炮对攻，但红方在速度上要占上风。

18. 车八进九　士 5 退 4　　**19.** 炮五进四　象 5 退 3

如改走士 6 进 5，车八退四，车 3 退 2，车八平三，象 7 进 9（如将 5 平 6，车三平四，将 6 平 5，帅五平四，马 8 进 7，车四进二，车 3 平 1，车四平三，红胜），车三进三，车 3 平 1，车三平二，红方胜定。

20. 仕五进六　炮 7 退 3　　**21.** 马七进六！车 3 平 8

22. 炮五退二　车 8 进 7

如改走将 5 进 1，马六进五，象 7 进 5，马五进七，将 5 平 6，马七进六，将 6 平 5，马六退七，将 5 平 6，车八退四，炮 7 进 8，帅五进一，士 6 进 5，车八平四，士 5 进 6，炮五平四，红胜。

23. 帅五进一　车 8 退 1　　**24.** 帅五进一　炮 9 退 2

25. 马六进五　象 7 进 5

下面：马五进七，炮7平5（如象5退7，炮九平七，士4进5，炮七平四，红胜），炮九平七，红胜。

第63局

上海朱永康（红先胜）四川陈新全

（1979年1月12日弈于昆山）

五七炮过河车对屏风马横车

1. 炮二平五　马8进7　　**2.** 马二进三　车9平8

3. 车一平二　卒7进1　　**4.** 车二进六　马2进3

5. 兵七进一　车1进1

本局弈自20世纪70年代末6省市象棋邀请赛。中炮过河车对屏风马，黑方应以右横车，与炮8平9、马7进6形成三大分支。

6. 炮八平七　象7进5

红方采用五七炮打法，如马八进七则另有攻道。黑方飞左象固中，亦有车1平4出肋车走法。另亦可选择飞右象，变化如下：象3进5，马八进九，马7进6，车九平八，炮2退1，兵七进一，卒7进1，车二退一，马6进4，炮七进二，炮2平7，兵七平六，马4进5，相七进五，马3退5，相五进三，马5进7，车二进一，车1平4，炮七平八，车4进3，马九进七，车4进2，马七进八，象5退3，黑方抗衡（选自1998年全国个人赛福建蔡忠诚与上海胡荣华的对局）。

7. 车二平三　马3退5

平车压马先紧一手。如改走炮七进四，车1平6，马八进七，车6进6，车九平八，炮2平1，兵七进一，车6平7，马七进八，炮8平9，车二进三，马7退8，马八进六，士4进5，炮五平八，红方弃子有攻势，黑方多子，双方各有顾忌（选自1998年全国个人赛北京张强与河北李来群的对局）。黑方右马退窝心，如车8平7，车九进一，炮2进4，兵五进一，红方先手。

8. 炮七进四　炮 2 平 4

9. 车九进一　炮 4 进 1？（图 70）

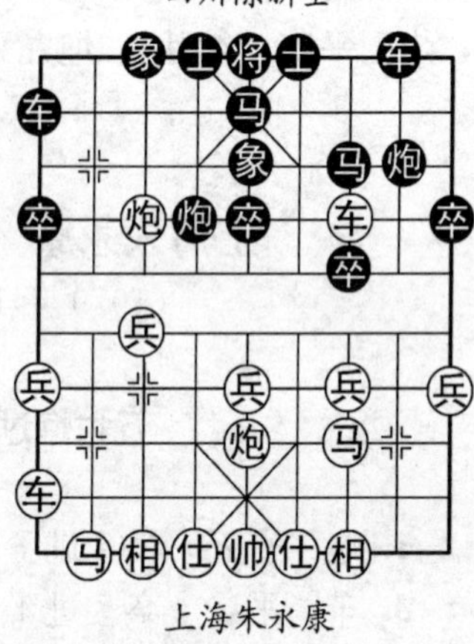

图 70

“轰死车”，似佳实劣，没有仔细推敲，由此陷入困境。应改走炮 4 进 4，争斗刚刚开始。

10. 车三平五！……

弃车抢攻，炮镇中路钉死窝心马，好棋。

10. ……　马 7 进 5

11. 炮七平五　炮 4 进 4

12. 马三退一　车 1 平 4

13. 车九平六　……

牵制车炮，保持高压，佳着。

13. ……　车 4 进 5　**14.** 兵五进一　车 4 退 1

15. 马一进二！……

挺兵、跃马，强力推进，漂亮。

15. ……　车 8 平 7　**16.** 兵三进一！卒 7 进 1

17. 兵五进一！……

弃兵、进兵，妙。

17. ……　卒 7 进 1　**18.** 马八进七　车 4 退 3

19. 兵七进一！炮 4 退 1

弃马冲兵，凶。黑如卒 7 平 8，兵七平六，吃回黑炮，红优。

20. 马七进五！……

跃马再弃马，精彩。

20. ……　卒 7 平 6　**21.** 马五进六　卒 6 平 5

22. 后炮平七　炮 4 平 3

如改走象 3 进 1，炮五退三，车 7 进 2，车六进二，红方优势。

23. 马六退七　车 7 进 5　**24.** 马七进五！……

下面：象 3 进 1，马五进三，炮 8 退 1，车六进六，夺回弃车，红胜。

第 64 局

江苏言穆江（红先胜）安徽邹立武

（1979 年 1 月 13 日弈于昆山）

飞相局对中炮

1. 相三进五　炮 8 平 5　　**2.** 马八进七　卒 3 进 1

3. 兵三进一　马 2 进 3　　**4.** 马二进三　马 3 进 4

这是苏、皖两位大师在昆山 6 省市象棋邀请赛中的较量。飞相对中炮开局，黑方跃快马出击，但不及马 8 进 7 启动左翼稳健。

5. 炮二进三　马 4 进 3　　**6.** 炮八进四　……

双炮联动抢先，布局运子极具灵活而飘逸。

6. ……　车 9 进 1　　**7.** 炮八平七　卒 3 进 1

8. 车九平八　……

亮车捉炮，正着。如相五进七，车 9 平 3，炮七退三，车 3 进 4，炮二退二，炮 2 平 3，炮七进四，车 3 进 2，车一平三，车 3 退 5，黑方占优。

8. ……　炮 2 平 3

9. 车一平二　车 9 平 6

10. 仕四进五　卒 3 平 4

此时横卒似不及卒 5 进 1 从中路进攻有力。

11. 车八进二　卒 4 进 1？（图 71）

安徽邹立武

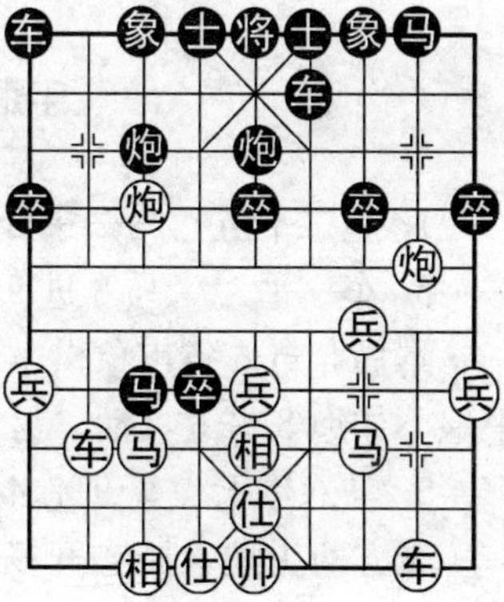

江苏言穆江

图 71

冲卒贪攻而失察，引起红方反弹，陷入被动。应改走卒 5 进 1。

12. 炮二退二！车 6 进 5　　**13.** 马三进二！卒 4 平 5

14. 兵三进一！车 6 退 1　　**15.** 炮二进六　……

红方退炮、跃马、冲兵，炮轰夺马，一套组合拳，走得漂亮。

15. …… 前卒进 1 **16.** 马二进四！……

踏河奔袭，紧凑。

16. …… 卒 7 进 1 **17.** 马四进六 车 1 进 1？

启车丢象，败着。应改走前卒进 1，仕六进五，炮 3 平 4，虽处下风，但不致马上崩盘。

18. 炮七进三 士 4 进 5 **19.** 车八进七！车 1 平 4

20. 炮二平一！……

弃马开炮，左右开弓，下面一气呵成杀局。

20. …… 车 4 进 2 **21.** 炮七平四 士 5 退 4

22. 炮四退二 象 7 进 9 **23.** 车二进九 将 5 进 1

24. 车八退一 车 4 退 2 **25.** 车二退一 红胜。

第 65 局

上海李澄（红先胜）浙江余建忠

（1979 年 1 月 14 日弈于昆山）

中炮对单提马横车

1. 炮二平五 马 2 进 3 **2.** 马二进三 车 9 进 1

3. 车一平二 马 8 进 9 **4.** 兵七进一 炮 8 平 7

本局弈自 6 省市象棋邀请赛。中炮进七兵对单提马横车，同样平炮不如炮 8 平 6 灵活。另也可改走车 9 平 6。

5. 马八进七 车 9 平 4 **6.** 兵三进一 车 4 进 3

红方两头蛇，局势开扬，黑方升车不及士 4 进 5 先固中补一手。红如马三进四，车 4 进 2，坚守为好。另如改走卒 7 进 1，马三进四，卒 7 进 1，马四进五，红方占优。

7. 马三进四 车 4 平 6 **8.** 炮八进二 士 4 进 5

9. 仕六进五 炮 7 平 6 **10.** 炮五平四 车 6 平 2

11. 炮八进三 炮 6 平 2 **12.** 相七进五 象 3 进 5

13. 车九平六 车 1 平 4 **14.** 车六进九 将 5 平 4

一阵拼抢交换，局面简化。红方双马活跃，子力结构明显优于黑方。

15. 兵一进一　卒 9 进 1　　**16.** 兵一进一　车 2 平 9

17. 车二进七　卒 3 进 1

如改走车 9 平 8，车二退二，马 9 进 8，兵三进一，马 8 进 7，兵三进一，红优。

18. 马四进三（图 72）　车 9 退 1?

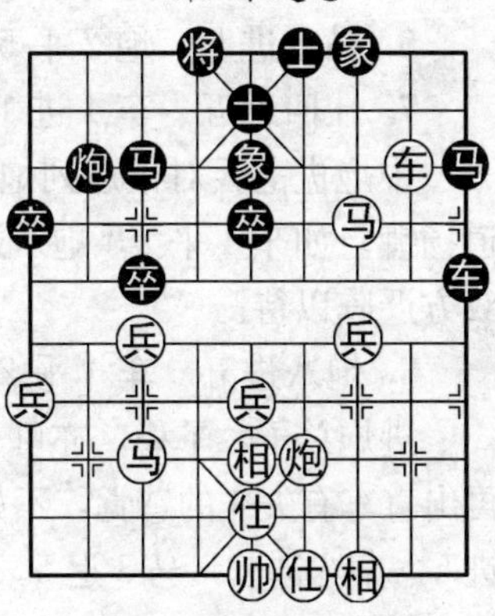

图 72

退车失算，由此一蹶不振。应改走车 9 平 8，车二退二，马 9 进 8，兵七进一（如兵三进一，黑马 8 退 9），象 5 进 3，兵三进一，马 8 进 7，虽处后手，但还有求和可能。

19. 兵七进一！……

弃马冲兵，好棋。

19. ……　车 9 平 7　　**20.** 炮四平三！车 7 平 6

21. 炮三进七！象 5 退 7　　**22.** 车二平七　车 6 退 1

轰象突破，黑如将 4 平 5，车七平八，红方多兵胜势。

23. 车七进二　将 4 进 1　　**24.** 马七进八　马 9 进 7

25. 马八进七　……

下面：炮 2 平 3，马七进九！炮 3 平 2，兵七平六，马 7 进 6，兵六进一，马 6 进 4，马九进八，红胜。

第 66 局

河北刘同喜（红先胜）广东蔡玉光

（1979 年 2 月 23 日弈于江门）

中炮进七兵对半途列炮

1979 年 2 月 20 日至 27 日在广东省江门市举行 4 省市（广东、河北、湖北、武汉）象棋邀请赛，共有 24 名棋手参加角逐。本局是其中一例。

1. 炮二平五　马 8 进 7　　**2.** 马二进三　车 9 平 8
3. 车一平二　卒 7 进 1　　**4.** 兵七进一　炮 8 进 4
5. 马八进七　炮 2 平 5　　**6.** 车九平八　马 2 进 3
7. 仕四进五　车 1 进 1

中炮进七兵对半途列炮，双方走成雷同局式，黑方出横车，分道扬镳。如车 1 平 2，炮八进四，士 4 进 5，马七进六，炮 8 退 3，双方严阵以待。

8. 炮八进五　车 1 平 2

进炮兑子，平稳，亦可马七进六或炮八平九，红方占先。黑方再出直车有失先的感觉，不如车 1 平 8 较积极。红如炮八平五，象 7 进 5，车八进七，马 3 退 5，马七进六，后车进 4，黑方对抢先手。

9. 炮八平五　车 2 进 8　　**10.** 马七退八　象 7 进 5
11. 马八进七　卒 3 进 1

兑卒活马，但嫌缓。可马 7 进 6 控制河口，黑势可抗衡。

12. 兵七进一　象 5 进 3　　**13.** 兵五进一　……

冲中兵发动进攻是目前最好的选择。

13. ……　士 6 进 5　　**14.** 兵五进一　卒 5 进 1
15. 马七进五　象 3 退 5
16. 兵三进一　马 3 进 5
17. 炮五进三　卒 7 进 1

如改走炮 8 平 1，车二进九，马 7 退 8，马三进四，马 8 进 7，兵三进一，马 5 进 7，马五进三，易成和局。

18. 马五进三　马 5 进 3

马向右跃，意在对攻。改走马 5 进 7 则相对平稳。

19. 前马进四　马 3 进 4

双马互闯卧槽，旨在对拼。黑如改走炮 8 平 5，帅五平四！车 8 平 6

广东蔡玉光

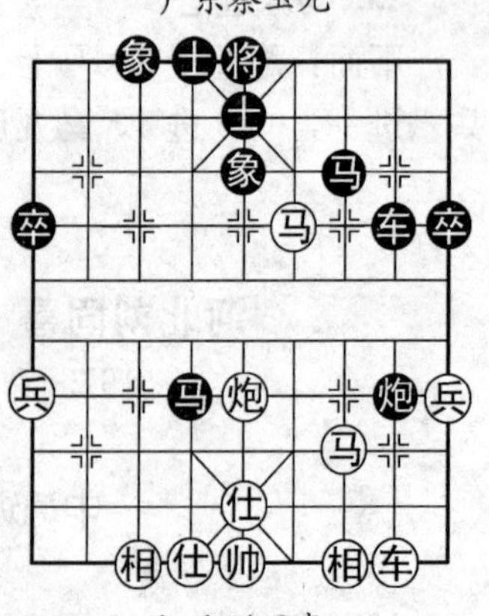

河北刘同喜

图 73

(如车 8 进 9，马四进三杀)，车二进六，红优。

20. 炮五退二　车 8 进 3?（图 73）

高车捉马随手，一步不慎输满盘。应改走马 4 进 3，帅五平四，车 8 平 6，车二进三，车 6 进 3，炮五平四，基本均势。

21. 马四进三　将 5 平 6　　**22.** 后马进四　……

双马联动，抢势入局。

22. ……　马 4 进 3　　**23.** 帅五平四　车 8 退 2

24. 炮五平四　马 7 进 6　　**25.** 马四退二　……

攻中夺子，黑方认输。

第 67 局

广东杨官璘（红先胜）香港陈志文

（1979 年 7 月 1 日弈于广州）

中炮横车七路马对屏风马

1. 炮二平五　马 8 进 7　　**2.** 马二进三　车 9 平 8

3. 兵七进一　卒 7 进 1　　**4.** 马八进七　马 2 进 3

5. 车一进一　马 7 进 6?

本局弈自第 1 届省港澳象棋埠际交流赛。中炮横车七路马对屏风马，黑方跳马浮躁，布局不当，失先。应改走炮 2 进 4 或象 3 进 5。

6. 车一平四　马 6 进 7　　**7.** 车四进二　卒 7 进 1

如改走炮 8 平 7，兵五进一，象 3 进 5，兵五进一，卒 5 进 1，马七进五，红方有攻势。

8. 炮五退一　……

退炮老练，既保留中炮的威力，又增加肋车的活动余地，佳着。

8. ……　炮 2 进 4　　**9.** 兵五进一　炮 8 进 4

10. 车四进二　象 7 进 5　　**11.** 马七进五　卒 7 平 8

12. 车四进一　车8平7?

平车不当，应车8进3兑车透松。

13. 兵五进一　马7退8

14. 车四退一　车7进6

15. 兵五进一　马8退7（图74）

16. 兵五进一　炮8平5

红方疾冲中兵，迅速打开通道而直捣黄龙。黑如马7进6，兵五平六，士4进5，马五进四，炮2平5，马三进五，炮8平5，马四退五，车7退2，兵六平七，红方胜定。

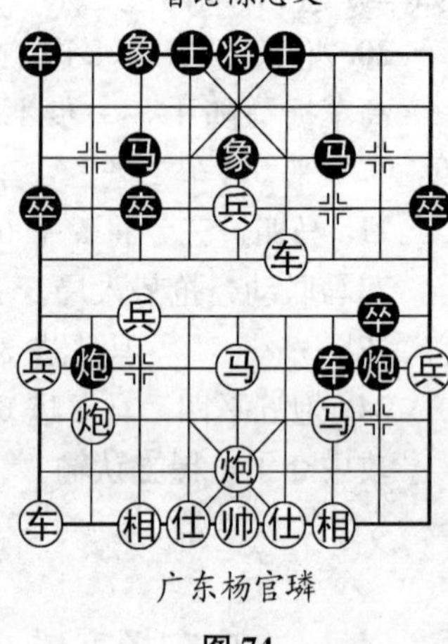

图 74

17. 马三进五　车7平5

18. 车四进二　士4进5

如改走象3进5，车四平五，士4进5，车五退四，红方胜定。

19. 兵五平六　象3进5　　20. 车四平三　车5平4

21. 车三平五　炮2退4

如改走车4退4，炮八平五，将5平4，车五平六，士5进4，车九进二，红方胜势。

22. 炮八平三　卒8平7　　23. 车九进二　炮2进7

如炮2平4，炮三平五，将5平4，前炮平六，炮4进5，炮五平六，红方夺车胜定。

24. 车五进一！……

弃车杀。下面：将5进1，车九平五，将5平6，车五平四，将6平5，相三进五，车4平5，炮五进二，红胜。

第 68 局

香港地区赵汝权（红先胜）澳门地区何敬安

（1979 年 7 月 1 日弈于广州）

中炮过河车对屏风马

1. 炮二平五　马 8 进 7　　2. 马二进三　车 9 平 8
3. 车一平二　马 2 进 3　　4. 马八进七　象 3 进 5
5. 兵七进一　卒 7 进 1　　6. 车二进六　炮 2 进 4

本局选自第 1 届省港澳象棋埠际交流赛。中炮过河车对屏风马，黑方右炮过河意欲走成弃马局。如改走炮 8 平 9，车二平三，车 8 进 2，则成高车保马阵势。

7. 兵三进一　……

先弃后取，稳健。如车二平三，士 4 进 5，车三进一，车 1 平 4，黑方弃马抢攻，变化相对激烈。

7. ……　　　卒 7 进 1　　8. 车二平三　卒 7 进 1
9. 车三进一　卒 7 进 1　　10. 马七进六　炮 2 平 3?

平炮软手，应改走炮 2 平 9 争取对攻。

11. 炮八平三　车 1 平 2?（图 75）

出车缓手，应炮 8 进 7。

12. 炮三进七！……

弃炮轰象，取得突破，好棋。

12. ……　　　象 5 退 7

13. 马六进五！……

踏卒攻中路，前仆后继，佳着。

13. ……　　　士 4 进 5

14. 马五进四！……

马踩象腰捉双，巧。

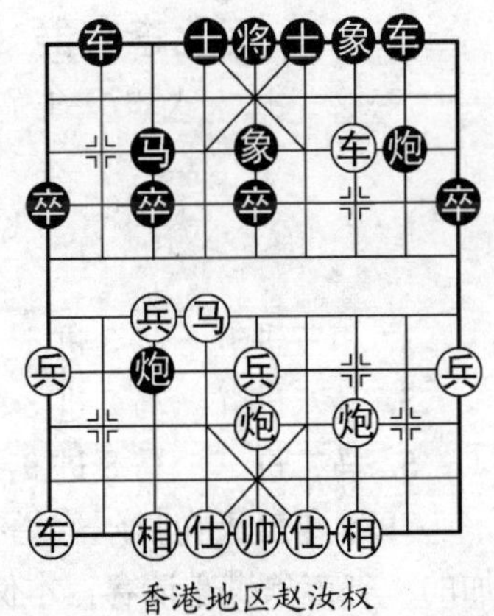

图 75

14. …… 车 8 进 1
15. 马四退二 马 3 退 4
16. 炮五平二 车 8 平 9
17. 马二进三 ……

破双象，夺回弃子，红方已获胜势也。

17. …… 车 9 退 1
18. 马三退二 车 9 进 1
19. 马二退三 车 9 平 8
20. 炮二平五 车 2 进 4
21. 马三退五 炮 3 平 4
22. 马五进四 炮 4 退 5（图 76）

澳门地区何敬安

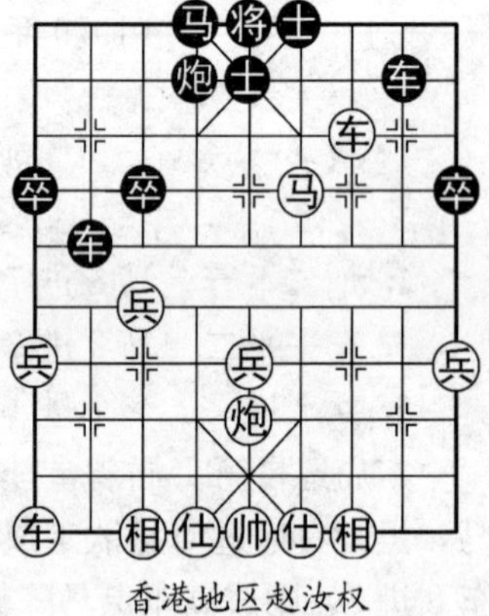

香港地区赵汝权

图 76

23. 马四进五！ ……

踏士攻杀，一矢中的。

23. …… 马 4 进 2
24. 马五退六 将 5 平 4
25. 车三平七 ……

已成杀局。下面：炮 4 平 5，车七进二，将 4 进 1，马六进四，红胜。

第 69 局

河北李来群（红先胜）辽宁柴如林

（1979 年 7 月 5 日弈于哈尔滨）

飞相局对挺卒

1. 相三进五 卒 3 进 1
2. 炮八平七 象 3 进 5
3. 马八进九 马 2 进 3
4. 车九平八 炮 2 平 1
5. 马二进三 马 8 进 9

1979 年夏天在哈尔滨举行了由黑龙江、河北、辽宁、上海参加的 4 省市象棋邀请赛，本例是其中一局。飞相对挺卒，双方斗散手，形成双单提马阵势。

6. 兵三进一　卒 1 进 1　　**7.** 仕四进五　士 4 进 5

8. 兵七进一　……

弃兵，先舍后取，拓宽左翼空间，改走车一平四亦可。

8. ……　　　卒 3 进 1　　**9.** 炮二进二　卒 1 进 1

10. 炮二平七　卒 1 平 2

如改走卒 1 进 1，马九进七，车 1 平 4，马七进九，红方占先。

11. 车八进四　炮 1 进 5

12. 相七进九　车 1 进 6

13. 相九退七　车 9 平 8

14. 车一平四（图 77）　炮 8 平 6?

平炮失着，审局疏忽，被红炮一兑，等于白走，授人以隙。应改走车 1 退 2 巩固前沿阵地，以利防守。

辽宁柴如林

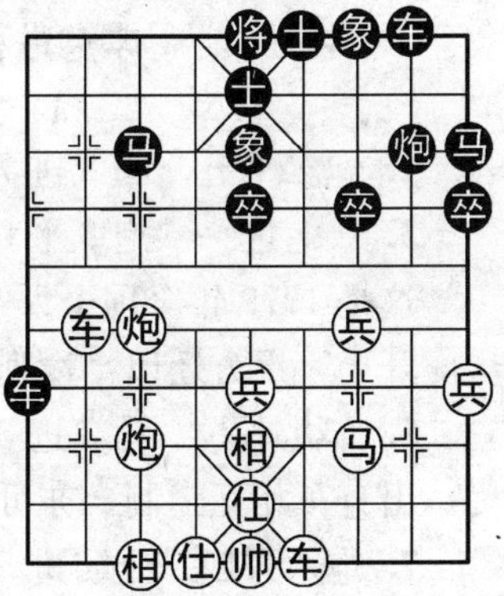

河北李来群

图 77

15. 后炮进五！炮 6 平 3

16. 马三进四！……

兑子抢攻，盘河马窜出，由此得势，好棋。

16. ……　　　车 1 退 3

如改走车 1 退 2，马四进五，炮 3 平 4，炮七平五，车 1 平 5，马五进七，红方占优。

17. 马四进六　车 1 平 4　　**18.** 车八进五　士 5 退 4

19. 马六进八　车 4 退 2?

退车粗糙。应改走车 8 进 1。

20. 炮七平九　炮 3 平 1　　**21.** 车八退二　炮 1 退 2

22. 炮九平七　炮 1 平 3　　**23.** 车四进八！车 8 进 1

扼象腰弃车，妙。黑如车 4 平 6，车八平五，士 4 进 5（如士 6 进 5，马八进七，将 5 平 6，炮七进五，红胜），马八进六，将 5 平 4，炮七平六，红胜。

24. 车四平二　……

下面：车 4 平 8，马八进六，车 8 平 4，炮七平六，红方夺车胜。

第 70 局

河北程福臣（红先负）广东蔡福如

（1979 年 9 月 24 日弈于北京）

中炮进七兵对三步虎转列炮

1. 炮二平五　马 8 进 7　　**2.** 马二进三　车 9 平 8

3. 兵七进一　炮 8 平 9　　**4.** 马八进七　炮 2 平 5

这是 1979 年全国个人赛决赛中的一盘对局。中炮进七兵对三步虎开局，黑方还以半途列炮对攻，亦可走车 8 进 5 或象 3 进 5。

5. 车九平八　马 2 进 3　　**6.** 车一进一　车 1 平 2

出直车相互牵制，亦可改走车 1 进 1，富于变化和弹性。

7. 炮八进四　士 4 进 5　　**8.** 马七进六？……

跃马太急，容易引起黑方反弹，应改走兵三进一，成两头蛇阵势，红方稳持先手。

8. ……　卒 7 进 1　　**9.** 马六进七？……

踏卒河沿阵地失守，给黑方有机可乘，失先。宜改走车一平六，黑如车 8 进 5，相三进一，红方仍占主动。

9. ……　车 8 进 5!

骑河车抢占制高点，一着反先，佳着。

10. 车一平七　卒 7 进 1!

渡卒攻击红方薄弱的右翼，切中红方软肋。

11. 炮八退二　卒 7 进 1

12. 炮五平八（图 78）　……

如改走炮八平二，车 2 进 9，马三退一，炮 5 进 4，黑方优势。

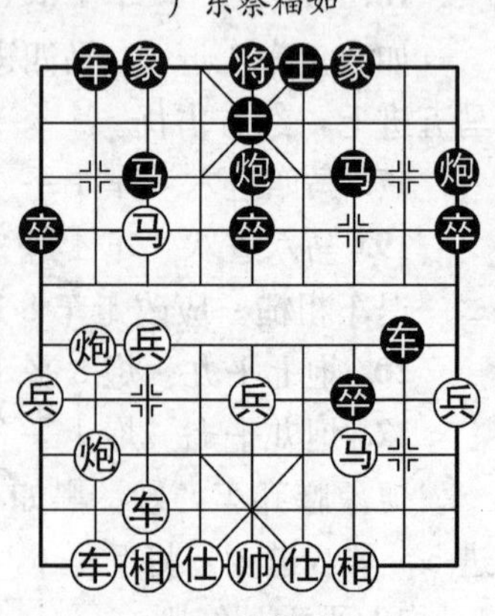

图 78

12. …… 车2进5!

弃车杀炮，一车换双，由此打开局面，好棋。

13. 马七退八 卒7进1 **14.** 相七进五 炮5进4

红如改走马八进九，马3进1，炮八进七，士5退4，车八进六，炮5进4，车八平九，炮5退2，黑有攻势。黑炮轰兵镇中路，恰到好处。

15. 仕六进五 卒7进1 **16.** 车七进二 马3进4

红方同样动车应车八平六。黑方跃马捉双，顺风顺水。

17. 车七平六 马4进2 **18.** 炮八平六 ……

如车六平五吃炮，马2进3捉双车。

18. …… 炮5退1 **19.** 车六平三 卒7平6

舍马卒闯九宫，下面入杀。

20. 车三进四 卒6平5! **21.** 仕四进五 炮9进4!

22. 相三进一 车8进4 红胜。

第71局

北京付光明（红先胜）安徽蒋志梁

（1979年9月24日弈于北京）

中炮进三兵对半途列炮

1. 炮二平五 马8进7 **2.** 兵三进一 炮2平5

3. 马八进七 马2进3 **4.** 车九平八 车9平8

5. 马二进三 车1进1

这是京、皖两位大师在1979年全国个人赛决赛中的较量。中炮进三兵对半途列炮，黑方抢出主力，也可先走卒3进1通马。

6. 车一平二 车1平4

开肋车早了一点，应走卒3进1，让右马活起来。

7. 兵七进一 车4进5

红方挺七兵，成两头蛇阵势，双马活跃，局势开扬。黑车占兵林难对红方构成威胁，不如炮8进4，让左翼舒展开来。

8. 相七进九　炮8进2　　**9.** 炮八进六　……

炮攻下二路，走得积极主动。

9. ……　　车4平3　　**10.** 炮八平七　马3退5

如车3进1贪马，炮七退二，车3平1，炮七进三，士4进5，炮七平九，将5平4，兵七进一，红方大优。

11. 车八进二　炮5平4　　**12.** 仕四进五　马5进6

13. 兵七进一　……

强渡七兵，抢攻得势，紧凑。

13. ……　　马6进7　　**14.** 兵七平六　炮4平3

15. 兵六进一　卒3进1　　**16.** 兵六进一　……

兵动4步，直达九宫，抢先佳着。

16. ……　　车3进1　　**17.** 车八平七　炮3进5

18. 炮七退六　炮8平5

19. 车二进九　马7退8

20. 马三进四（图79）　士4进5

兑双车，局面迅速简化而进入无车残局。黑方补士不及象3进5。

21. 兵六进一　马8进7？

跳马随手，败着。应改走象3进1，虽处下风，但以后战程还长着呢。

22. 炮七进七　卒3进1

炮轰底象、即刻成杀势。黑方冲卒防红炮五平八，但已无济于事。

23. 马四进六！……

安徽蒋志梁

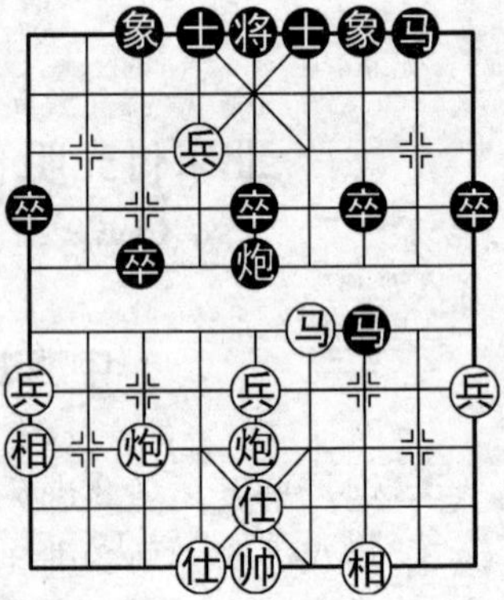

北京付光明

图79

奔马，下一步马六进七成绝杀，红胜。全局弈完，黑方5卒齐全，堪可称奇。

第72局

上海王鑫海（红先胜）上海李聪祺

（1979年11月24日弈于上海）

中炮过河车对屏风马平炮兑车

1. 炮二平五　马8进7　　**2.** 马二进三　卒7进1
3. 车一平二　车9平8　　**4.** 车二进六　马2进3
5. 兵七进一　炮8平9　　**6.** 车二平三　炮9退1
7. 马八进九　车8进8

这是1979年上海市象棋锦标赛中的一盘对局。中炮过河车对屏风马平炮兑车，红方跳边马是一种选择，改走马八进七居多。黑方车侵下二路也是一种对抗性的选择，但车8进5骑河者居多。

8. 炮八平七　马3退5

退窝心马没有错，但步序上有问题。应该先走炮9平7轰车，然后再退马比较灵活。

9. 车九平八　炮9平7

此时轰车倒不着急，可改走炮2平5争取对攻。

10. 炮五进四　马7进5　　**11.** 车八进七　后马进7
12. 车三平四　象7进5　　**13.** 兵五进一　马5进4?

红方炮攻中路，兑子抢先，取得进中兵优势。黑方跳马是一步不明显的破绽。一来此马无好的出路，二则无形中作了以后红方肋炮的炮架。应改走车8退3，兵五进一，车8平5，炮七平五，车5退1，车八退四，车5平6，局面基本平稳。

14. 炮七平六　车8退3　　**15.** 车四进二　车8平5
16. 仕六进五　炮7退1（图80）
17. 马九进七！……

跃马轰车，发起攻击，佳着。

17. …… 车5退2

18. 车八平六！ 马4退6

19. 炮六进七！ ……

轰士撕开缺口，力在其中。

19. …… 车1进2

20. 车六进一 车1平2

21. 炮六平四！ ……

再轰士，厉害。下面入局。

21. …… 车5平4

22. 车六平七 马6进7

23. 车四平三 车4平6

24. 炮四退一 炮7平6

25. 炮四退一！ ……

轰车轧马杀，红胜。

上海李聪祺

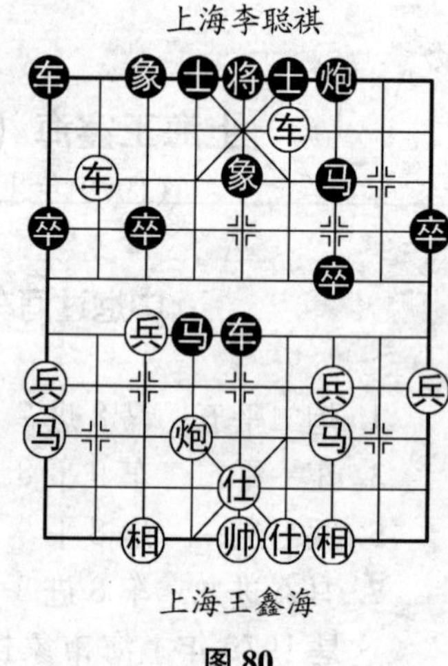

上海王鑫海

图80

第73局

上海庄永熙（红先负）上海戴其芳

（1979年11月28日弈于上海）

对兵（卒）局

1. 兵三进一 卒3进1　　2. 炮八平七 象7进5
3. 炮二平五 马2进3　　4. 马八进九 马3进2
5. 马二进三 ……

本局选自1979年上海市象棋锦标赛。对兵（卒）开局，互探虚实，继而红方架中炮进攻，黑方跳外肋马放弃中路似乎不妥，可改走车1平2。红方上马保守，可炮五进四抢中卒，士6进5，马二进三，马8进7，炮五退一，红方先手。

5. …… 马8进6

跳象腰转角马，是临枰中的一步变着，改走马8进7，车一平二，车9平8，车九进一，则成正规的五七炮进三兵对屏风马阵形。

6. 车九进一 车9平7　**7.** 车九平四 车1进1

8. 车四进四 卒7进1　**9.** 兵三进一 ……

兑兵换车，正着。如改走炮五平四，炮8进2，红方骑河车尴尬。

9. …… 车7进4　**10.** 车四平三 象5进7

11. 车一平二 车1平4　**12.** 兵九进一 炮8平3

13. 马三进四 炮3平5

跃马抢攻，如仕四进五则比较平稳。黑方先是金钩炮，后又还中炮，灵活应对，运子有道。

14. 车二进八 炮2退1　**15.** 炮五进四? 炮5进4!

红方翻中炮太急，应仕四进五先补一手。黑方还以一个翻中炮，对攻中反占上风，佳着。

16. 炮五退一 ……

如改走炮七平一，马2进1，炮一进四，炮2进6，炮一进三，将5进1，帅五进一，马1进3，帅五平四，马3进4，帅四平五，炮2平5，黑胜。

16. …… 马2进1

17. 马四进五 象7退5

18. 马五进三 士4进5

19. 车二平四（图81） 将5平4!

出将，解杀还杀，妙。下面一举入局。

上海戴其芳

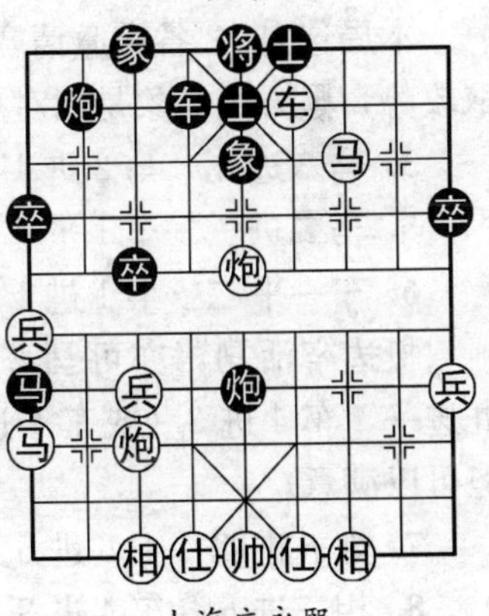

上海庄永熙

图81

20. 车四退六 车4进8

21. 帅五进一 车4退1　**22.** 帅五退一 炮2进6!

进炮立成杀局，黑胜。

四、20 世纪 80 年代
（54 局　74～127）

第 74 局

江苏戴荣光（红先胜）云南何连生

（1980 年 1 月 10 日弈于蚌埠）

仙人指路对卒底炮

1. 兵七进一　炮 2 平 3　　**2.** 炮二平五　象 7 进 5

本局选自 12 省市邀请赛。仙人指路对卒底炮，红方补中炮采取攻势，黑方飞左象是相对少的选择，一般象 3 进 5 居多。

3. 马八进九　马 2 进 1　　**4.** 车九平八　车 1 进 1

5. 马二进三　车 1 平 4

6. 车一平二　卒 1 进 1

挺边卒活马，亦可马 8 进 6，兵九进一，车 4 进 3（或车 4 进 4），黑势可以满意。

7. 炮五进四　士 6 进 5

8. 相三进五　车 4 进 3

9. 炮五退二　马 8 进 6

10. 仕四进五　马 6 进 5

11. 炮八平七（图 82）　马 1 进 2?

跃马随意而失察，由此造成失子后果，劣着。应改走车 9 平 6，实质

云南何连生

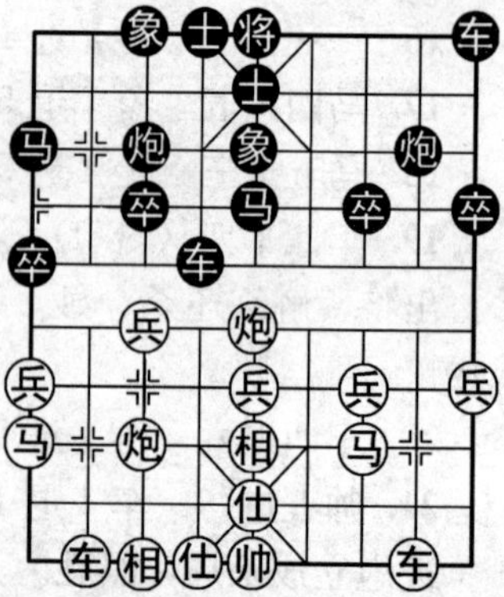

江苏戴荣光

图 82

性的战斗刚刚开始。

12. 兵七进一！ ……

冲兵切入，好棋。一个回合，瞬间得失，棋局发生质的变化。

12. …… 车4平3　**13.** 炮五平七！ 车3平6

14. 车二进七！ 炮3进3　**15.** 相五进七 ……

轰车夺炮，红方得子取得优势。

15. …… 马5进6　**16.** 马三退四 马2进1

如改走马2进4，炮七平四，车6平5，车八进三，红方大优。

17. 车八进三 马1退2　**18.** 兵五进一 卒1进1

19. 车八平四 车9平6　**20.** 兵三进一 卒1进1

21. 马九退七 马2退4　**22.** 炮七平四 前车平3

23. 马七进六 车3进1　**24.** 车四进一 车6进5

25. 马六进四 ……

一阵拼抢，红方再度夺子，净多两子，红胜。

第75局

辽宁郭长顺（红先胜）上海于红木

（1980年1月11日弈于蚌埠）

五八炮对屏风马

1. 炮二平五 马8进7　**2.** 马二进三 马2进3

3. 车一平二 车9平8　**4.** 兵三进一 卒3进1

5. 炮八进四 ……

1980年1月在蚌埠举行12省市象棋邀请赛，这是规模比较大的一次棋坛盛会。本局是辽、沪两位大师的一场交战。红方缓跳马，五八炮进攻，是70年代后期比较流行的走法，可以给左马的动向留点余地。

5. …… 象7进5　**6.** 炮八平七 炮2进2

7. 车二进六　车 1 平 2　　**8.** 马八进七　……

左炮压马，右车过河，红方左右并进，继而跳正马，着法新颖而有朝气，传统一般走马八进九跳边马。

8. ……　卒 7 进 1　　**9.** 车二平三　马 7 退 5

如误走车 2 进 3，炮七进三，象 5 退 3，车三进一，红方占优。

10. 车九平八　车 2 进 3　　**11.** 兵三进一　车 2 平 3

12. 车八进五　卒 3 进 1

冲卒对攻，但嫌过于强硬，引起红方反弹，改走炮 8 进 4 比较稳健。

13. 马七退五　车 3 平 4

14. 车八平四　卒 3 进 1

15. 马三进四　卒 3 平 4？（图 83）

横卒忽视红方业已存在的攻势，掉以轻心，由此一发而不可收拾，失着。应改走炮 8 平 7，静等变化。

16. 炮五平二！炮 8 平 7

17. 马四进二！车 8 平 9

18. 车四进三！卒 4 进 1

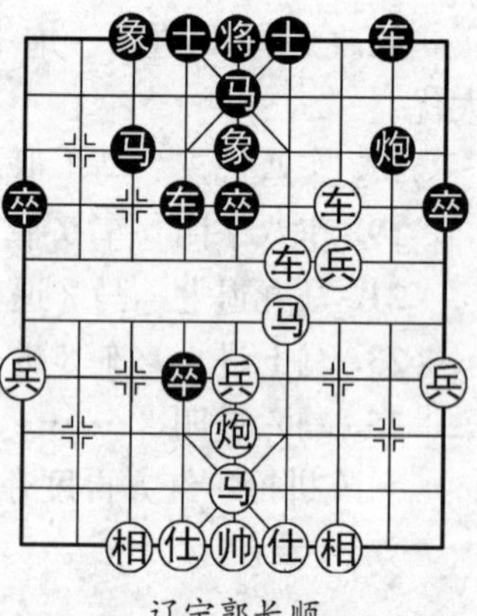

图 83

红方卸炮轰车，跃马再轰，车侵象腰，攻得漂亮。黑方冲卒弃炮实属无奈。

19. 马二进三　卒 4 进 1　　**20.** 前马进三　卒 4 进 1

21. 帅五进一　马 3 进 4　　**22.** 炮二进七　……

黑方有攻无势，红炮打将夺车，奠定胜局。

22. ……　车 9 平 8　　**23.** 马三进二　马 5 进 3

24. 马二退三　士 4 进 5　　**25.** 马三进五　……

舍马杀士，一举获胜。下面：马 4 进 3，帅五平四，解杀还杀，红胜。

第76局

江西陈孝堃（红先胜）黑龙江赵国荣

（1980年1月16日弈于蚌埠）

中炮进七兵对右炮封车

1. 炮二平五　马8进7　**2.** 马二进三　卒7进1

3. 车一平二　车9平8　**4.** 兵七进一　炮8进4

本局弈自蚌埠12省市象棋邀请赛。中炮进七兵对左炮封车在20世纪60年代就已出现，70年代后期一度流行。如改走马2进3则成屏风马局形，大家都比较熟悉。

5. 马八进七　象3进5　**6.** 炮八进七　……

红方采用"炮轰底马"变例，目的在于尽快启动左翼，也可改走车九进一、炮八平九等，另有变化。

6. ……　车1平2　**7.** 车九平八　炮2进4

8. 马七进六　士6进5　**9.** 马六进五　马7进5

踏卒兑子抢攻，正着。如兵七进一，车2进5，马六退八，卒3进1，黑方弃子抢攻，红方得不偿失。黑方兑马，有嫌简单，造成两条线车炮脱根，局面难以展开，不如马7进6避兑，变化较多又有弹性。

10. 炮五进四　卒1进1　**11.** 马三退一　炮8退1

12. 相三进五　车2进4

13. 炮五退二（图84）　车8进4?

左车巡河，随手棋，由此出错，失着。应改走车8进3，局势无碍。

14. 兵七进一！车2进1

冲兵欺车，乘虚而入，好棋。黑如卒3进1，炮五进一打双车。

15. 兵七进一　卒7进1

冲卒意在“解套”，无更好的选择。

16. 兵三进一　车 2 平 5

17. 兵三进一！车 5 进 1

18. 兵三平二　……

拼抢中红方夺子，又有两个兵渡河，红方已拿胜券。

18. ……　炮 8 平 2

19. 车八平九　后炮平 5

20. 仕四进五　车 5 平 9

21. 马一进二　炮 5 进 1

22. 马二进四　炮 5 退 1

23. 兵二进一　象 5 进 7

黑龙江赵国荣

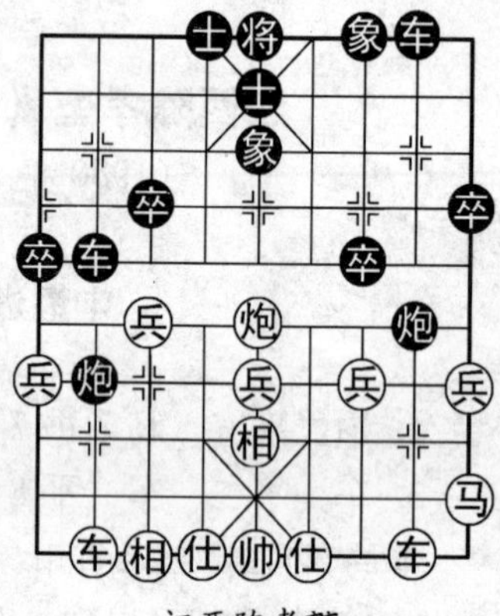

江西陈孝堃

图 84

24. 马四退二　象 7 退 5

25. 车九平八　……

下面为：炮 2 平 7，车八进三，炮 7 退 5，兵二进一，炮 7 平 6，车八平三，红胜。

第 77 局

辽宁孟立国（红先和）黑龙江王嘉良

（1980 年 1 月 16 日弈于蚌埠）

仙人指路对飞象局

1. 兵三进一　象 7 进 5　　**2.** 炮八平五　马 2 进 3

3. 马八进七　车 1 平 2　　**4.** 车九进一　炮 2 平 1

这是两位名手在 12 省市象棋邀请赛中的较量。仙人指路对飞象开局，红方试探后架中炮进攻。现在启横车，明智。如车九平八，炮 2 进 4，马二进三（如兵七进一，黑炮 2 平 3），卒 3 进 1，红方无便宜。黑方平炮亮车，适时。

5. 马二进三　车 2 进 4　　**6.** 炮二平一　炮 8 进 4

红方开炮准备亮车。如改走车九平四，卒 7 进 1，红方难拓展。黑炮过河对抢先手，紧凑。

7. 车一平二　炮 8 平 3　　**8.** 相七进九　马 8 进 7
9. 车二进七　车 9 平 7　　**10.** 车九平六　卒 3 进 1
11. 兵五进一　卒 3 进 1　　**12.** 马三进五　……

一个是冲中兵发动中路攻势，一个是连冲 3 卒侧翼牵制，针尖对麦芒，双方咬得很紧。红方盘马正着，如改走相九进七，马 3 进 4，黑方可以反击。

12. ……　炮 3 平 2　　**13.** 马五进七　车 2 平 3
14. 车二退四　……

捉炮兑子，正确。如马七进五，炮 2 进 3，黑方有攻势。

14. ……　车 3 进 1　　**15.** 车二平八　车 7 平 8

亮车，及时。

16. 车八进四　车 3 进 1　　**17.** 车六进七　士 6 进 5
18. 兵五进一　车 8 进 4
19. 相九进七　……

舍相活马，争取攻势，积极有胆魄。

19. ……　车 3 退 1
20. 兵五平四　车 8 进 3
21. 炮五进五　将 5 平 6
22. 马七进五　车 3 退 1
23. 炮一退一　车 8 进 1
24. 炮一进一（图 85）　……

各不相让，形成相互牵扯之势，一捉一闲（捉有根子属闲），双方不变成和。算得上是一盘短小精干不乏精彩的对局。

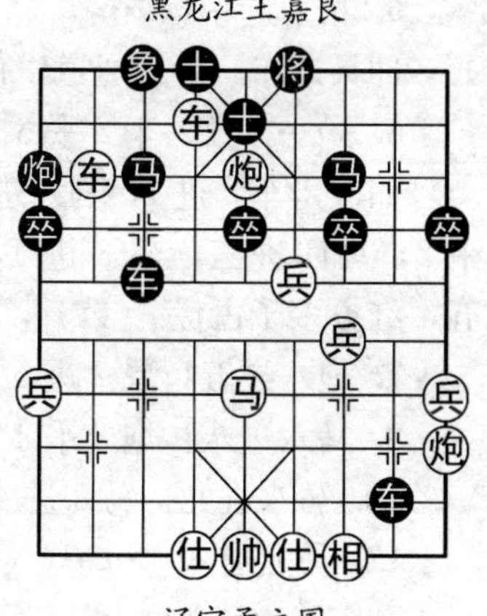

图 85

第 78 局

上海郑国庆（红先胜）上海徐伟根

（1980 年 11 月 21 日弈于上海）

仙人指路对卒底炮

1. 兵七进一　炮 2 平 3　**2.** 相三进五　马 2 进 1

3. 马八进七　车 1 平 2　**4.** 马七进六　马 8 进 7

5. 车九平八　车 2 进 4?（图 86）

本局选自 1980 年上海市象棋锦标赛。仙人指路对卒底炮，飞相，跳马，双方斗散手。黑方无意之际右车巡河，却不料就此出漏，失察而露破绽。应该卒 7 进 1，战局还刚刚开始。

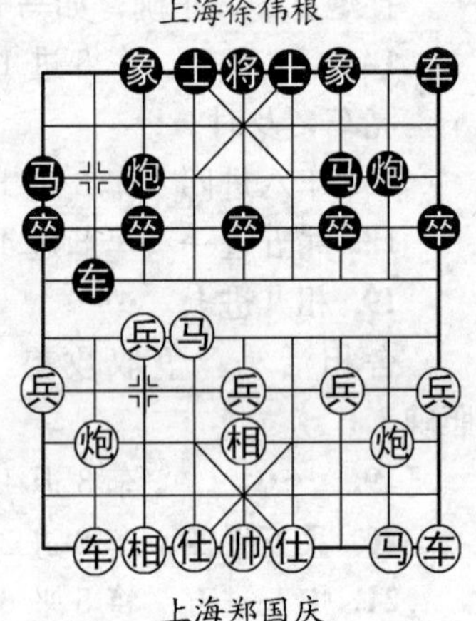

图 86

6. 兵七进一！……

冲兵欺车，砸开通道，佳着。

6. ……　车 2 平 3

如改走车 2 进 1，马六进四，炮 3 平 2，马四进三，卒 3 进 1，马三退五，红方多子占优。

7. 炮八进五！象 7 进 5

8. 马六进八！炮 3 平 4　**9.** 炮八进一！马 1 退 3

10. 马八进九！马 3 进 4　**11.** 马九进七！炮 4 退 1

12. 马七退六　……

一阵追杀犹如秋风扫落叶，夺马而归，由此确立优势，走得漂亮。

12. ……　车 3 平 4　**13.** 马六进七　炮 8 退 1

14. 炮八平六　炮 8 平 3　**15.** 车八进七！车 9 平 8

出车更被动，但如改走车 4 退 3，车八平五，马 7 退 5，车五退一，车9平8，马二进四，车4进2，车五退一，红方仍占优势。

16. 车八平五　马7退5　**17.** 炮二进六！车4进4
18. 仕六进五　炮3进8　**19.** 车五退一　车4退5
20. 车五退二　炮3平1　**21.** 马二进三　卒7进1
22. 车一平二　卒3进1　**23.** 炮二平一　……

大势已去，黑方认输。

第79局

河南郑鑫海（红先胜）北京付光明

（1981年7月16日弈于承德）

中炮对半途列炮

1. 炮二平五　马8进7　**2.** 马二进三　车9平8
3. 车一平二　炮2平5

本局弈自15省市象棋邀请赛。双方走成中炮对半途列炮（小列手）阵势，它的特点是对攻性强，有相当的弹性。

4. 车二进六　炮8平9

红车过河，常见走法。如改走车九进一抢出左车也行。黑方平炮兑车意在减轻压力。亦可改走马2进3。

5. 车二平三　车8进2　**6.** 车九进一　炮9退1

在斗列炮的各路变化中，主力的及时出动非常重要，往往成为能否控制局面的关键。红方此时启动左横车恰到好处。如改走炮八进二，车1进1，成对攻局势。黑方退炮有嫌轻浮，应改走车1进1为好。

7. 车九平四　炮9平7　**8.** 车三平四　士4进5
9. 炮八进二　马7进8　**10.** 前车平三　炮5平7
11. 车三平五　前炮进5　**12.** 车四进七　马2进3

布局中，黑方偏于左翼子力的调动，阵形显得很不协调，且中防虚弱。针对此状，红方运子取势，弃马抢攻，走得很有魄力。现在车侵象腰，优势在握。

13. 车五平七　马 3 退 4　**14.** 仕四进五　象 3 进 5
15. 炮八平五　后炮进 1　**16.** 后炮平四　马 8 进 7
17. 车四退五　马 7 退 8
18. 车七平三　前炮平 8
19. 炮四平三　炮 8 退 2（图 87）
20. 车三平四　炮 7 平 6
21. 前车进一　车 8 平 6
22. 车四进四　炮 8 进 4

红方紧握先手，上仕、卸中炮、平炮逼兑，内含锋芒，着法刚劲有力。至图 87，红方平车催杀，逼黑送还一子，红方多兵已呈胜势。

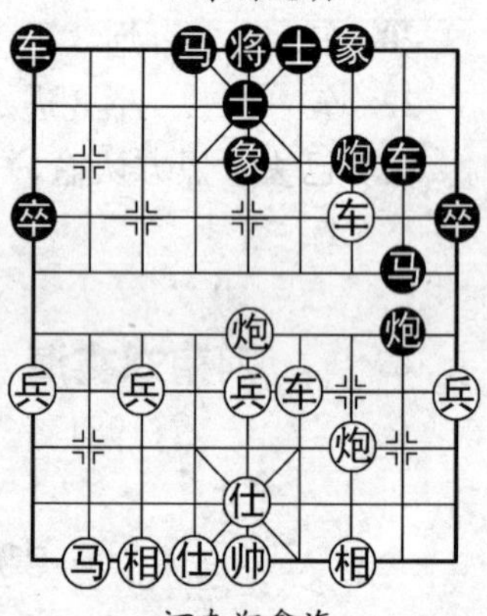

图 87

23. 相三进五　马 8 进 9

如改走马 4 进 2（如马 4 进 3，相五进三，将 5 平 4，炮三进七，象 5 退 7，车四平七，红方胜势），相五进三，将 5 平 4，车四进一，象 7 进 9，车四退三，马 8 进 9，炮三平二，黑难支撑。

24. 炮三退一　车 1 平 2　**25.** 帅五平四　炮 8 退 9

下面：车四平三，象 7 进 9，车三平一，炮 8 平 7，车一平四，红胜。

第 80 局

上海于红木（红先负）云南陈信安

（1981 年 7 月 21 日弈于承德）

仙人指路对卒底炮转顺炮

1. 兵七进一　炮 2 平 3　**2.** 炮二平五　炮 8 平 5
3. 马二进三　马 8 进 7　**4.** 车一平二　马 2 进 1
5. 马八进七　车 1 平 2　**6.** 车九平八　车 2 进 4

这是沪、滇两位大师在15省市象棋邀请赛中的较量。仙人指路对卒底炮转顺炮，双方对攻。黑车巡河稳健，改走车2进6则相对激烈。

7. 车二进六 ……

过河车取进攻姿态，如车二进四则比较平稳。

7. …… 卒7进1 **8.** 车二平三 车9进1

9. 兵三进一 车9平4

弃卒开出右肋车，抢占制高点，紧着。

10. 车三退一 车2进2 **11.** 马三进四 ……

跃马意在保持攻势，但在黑方双车分扼直、横两条线情况下，有点勉强。不如炮五平四较为稳正。

11. …… 车2平3 **12.** 马七退五 ……

退窝心马，中路受攻，不当。宜改走马四进六（如车三平六，黑车4平6），车3进1，马六进七，炮5进4，仕四进五，车4进1，马七进九，马7退5，炮八进七，尚可一战。

12. …… 炮5进4

弃马，炮镇窝心马，凶狠有力。

13. 车三进二 炮3平5

14. 炮八进四 士4进5（图88）

15. 炮八平五？……

轰卒贪攻而出错，败着。应车三退二，不致崩溃。

15. …… 将5平4！

出将叫杀，红方顿陷“死局”。

16. 相七进九 车3平2

17. 前炮平三 ……

如车八平七，前炮退1，下一手车2平4，黑方胜势。

17. …… 士5进6！

扬士化解红方攻势，好棋。

云南陈信安

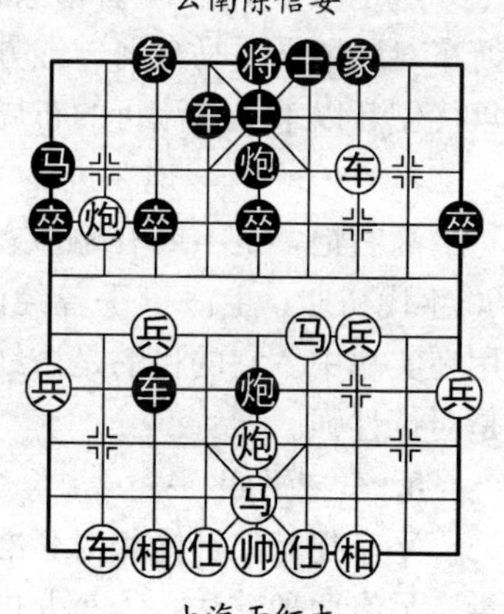

上海于红木

图88

18. 车三平四　后炮进5　　**19.** 相三进五　车2进3
20. 车四进二　炮5退6！　**21.** 车四平五　将4平5
22. 相九退七　将5平4　　**23.** 马五进七　车2退2
黑胜。

第81局

安徽丁如意（红先负）四川甘奕祜

（1981年7月22日弈于承德）

中炮过河车对屏风马左马盘河

1. 炮二平五　马2进3　　**2.** 马二进三　马8进7
3. 兵七进一　卒7进1　　**4.** 车一平二　车9平8
5. 车二进六　马7进6　　**6.** 马八进七　象3进5
7. 炮八进一　……

这是弈于承德15省市象棋邀请赛中的一盘精彩对局。中炮过河车对屏风马左马盘河，红方采用"高左炮"打法，是20世纪60年代创新以来一直流行的布局。

7. ……　　炮2进1

高右炮，是不断在输攻墨守过程中出现的新应着。这步棋在60年代初期，上海棋手曾经试用过，从而引起重视，逐步扩大运用在实战中。它的目的是诱红车捉马，然后实行弃子战术。其特点是对抗性强。

8. 车二平四　……

平车捉马，针锋相对，准备与黑方展开一场弃子与反弃子的较量。另有两种着法：①车九进一，士4进5，车九平六，卒3进1，车二退二，卒7进1，车二平三，卒3进1，车三平七，炮8平7，车七平三，局势平稳。②车二退二，炮2退2，车九进一（如兵五进一，卒7进1，车二进一，马6退7，车二进一，卒7进1，马三进五，炮2平7，兵五进一，卒5进1，车九平八，士4进5，成相峙局面），卒7进1，车二平三，炮8平7，马七进六，马6进4，车三进三，卒3进1，车九平七，炮2平3，炮八平七，马3进2，炮五平六，成互相牵制局面。

8. …… 卒3进1 **9.** 车四退一 ……

黑方弃马拱卒，实施既定战术。红方受马接受挑战，如改走炮五进四，马3进5，车四平五，卒3进1，车五平八，卒3进1，炮八进一，卒3进1，黑方多一过河卒，反占先手。

9. …… 卒3进1 **10.** 兵五进一 ……

得子失先非上策。红方冲中兵从中路突破，准备弃回一子，重势不恋子，正确。另有两种走法：①马七退五，卒3进1，炮八进一，士4进5，炮五平四，车1平4，车四退一，炮8平7，车九进二，车4进8，车四平七，炮2退3，炮四退一，车4退4，车七退一，炮2平3，炮八平七，马3进2，炮七平八，炮7进4，黑方占优。②车九进二，卒3进1，炮八退二，士4进5，炮八平七，炮8进2，车四退一，马3进2，炮五进四，车1平4，炮七平四，车8进3，炮五退二，马2进4，黑方先手。

10. …… 卒3进1 **11.** 马七进五 卒3平2

如改走卒3平4，兵五进一，炮8进2（如卒4平5，马三进五，炮8进4，马五进七，炮8平2，马七进八，红方先手），车四退一，卒5进1，车四进二，卒4平5，马三进五，炮2平5，马五进七，车1平2，车九平八，炮8退1，兵三进一，卒7进1，马七进六，红方优势。

四川甘奕祜

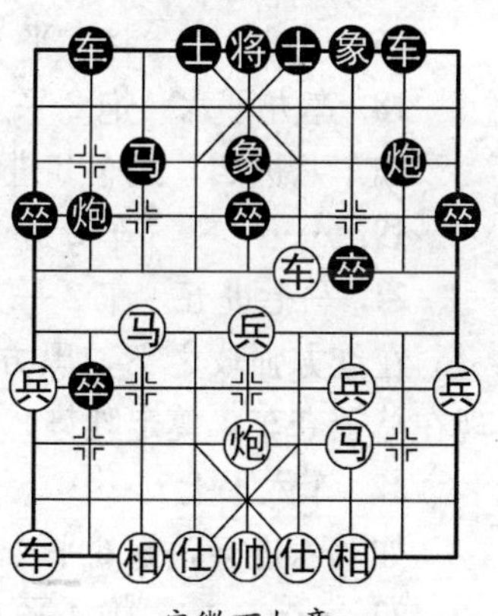

安徽丁如意

图89

12. 马五进七 车1平2（图89）

13. 车四进三？……

双方通过弃子与反弃子的争斗，已进入中局的关键时刻。红方如何进攻？现在车侵象腰，看似凶，实是软，不是正确的进攻途径，失先。应改走车九进一！士4进5（如改走炮2平3，马七进六，卒2平3，车九平四，士4进5，前车平七，车2进3，车四平六，炮8退1，兵五进一，炮8平9，马三进五，卒5进1，马五进四，马3退4，仕六进五，车8进3，车七平五，红方胜势），车九平六，炮8进2，车四进三，炮2平3，兵五进一，象5进3（如炮3进6轰相，红仕六进五后，中路攻势强盛、黑有顾忌），马三进五，车2进5（如炮3进2，马五进七，炮8平5，马七进五，卒5进1，车六进六，红优），兵五进一，炮3进2，车六进三，卒2平3，马五进七，至此，红方有攻势而占优。

13. ……　　士4进5　　**14.** 兵五进一　……

如改走马七进八，车2进3，兵五进一，炮8进2，兵五平四，车8进2，车九进一（如马三进五，卒2平3，马五进七，车2平3），马3进4，黑方占优。

14. ……　　炮8平6　　**15.** 兵五进一　……

如马七进八，车2进3，兵五平四，车8进6，兵四进一，炮6平9，车九进一，车2平4，黑优。

15. ……　　马3进5　　**16.** 炮五进五　……

如改走马七进八，车2进3，马三进五，马5进6，黑方优势。

16. ……　　将5平4　　**17.** 车九进二　炮2退2

18. 车九平六　炮2平4　　**19.** 马三进五　……

如车六进四，黑车2进2，捉炮胜定。

19. ……　　车2进2　　**20.** 马五进四　车8进3

21. 马七进五　车2平4

在红方强攻之下，黑方“全民防御”，寓攻于守，走得漂亮。现在兑子夺车，奠定胜势。

22. 车六平七　……

如车六进五，炮6平4，红方双车全丢。

22. ……　　炮4平6　　**23.** 车七进七　将4进1

24. 马五进七　车4平3　　**25.** 马四进六　后炮平7

红势崩溃，黑胜。

第82局

上海邬正伟（红先胜）上海李澄

（1981年11月18日弈于上海）

中炮过河车对屏风马两头蛇

1. 炮二平五 马8进7 **2.** 马二进三 卒7进1
3. 车一平二 车9平8 **4.** 车二进六 马2进3
5. 马八进七 卒3进1

本局选自1981年上海市象棋锦标赛。中炮过河车对屏风马，红方跳正马，黑方挺3卒，形成两头蛇阵势。黑如马7进6，则成左马盘河变例。

6. 车九进一 士4进5

补士不及炮2进1先赶车为好，前沿阵地容易巩固。

7. 车九平六 炮2平1 **8.** 兵五进一 车1平2
9. 炮八平九 车2进6

过河车难以对红方构成威胁，反而让红方有突破中路的机会。应改走炮8平9，车二平三（如兑车则平稳），车8进2，红方难以逾越。

10. 兵五进一 车2平3 **11.** 马七进五 炮1进4
12. 马五进四 马7进6 **13.** 兵五平四 ……

红方损失两个兵，打通中路，中兵横河，而最大的收获是兑马后封制住黑方左翼车炮，黑方将无法脱身而付出代价。

13. …… 炮1平7 **14.** 仕四进五 ……

舍相补仕老练。如相三进一，车3进3，红方内线不稳。

14. …… 炮7退1 **15.** 马三进四 车3平6
16. 炮九平七 象3进5 **17.** 相七进九 ……

飞相冷静，如冒失炮七进五轰马，炮8平3，黑方叫杀夺车反取胜局。

17. …… 马3进2 **18.** 马四进六 马2进3

19. 马六退七　……

兑马简化，紧锁车炮就是胜利。

19. ……　　车 6 平 3

20. 炮七退二　车 3 平 7

21. 相三进一　炮 7 平 5

22. 车六进三　炮 5 进 1

23. 车六平五　卒 3 进 1

黑方净多三个卒但却“无棋可走”，令人不可思议，但这就是象棋的魅力。此时送 3 卒“白搭”，却是无奈。

上海李澄

上海邬正伟

图 90

24. 相九进七　车 8 进 1

25. 车五进二（图 90）　……

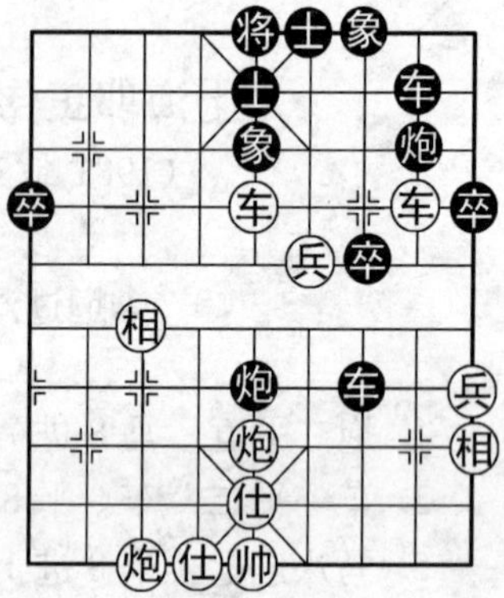

下面：车 7 平 6，炮七进三！炮 5 进 2，车五平九，炮 5 平 4，车二平六，红胜。

第 83 局

上海王鑫海（红先胜）上海顾嘉华

（1981 年 11 月 24 日弈于上海）

中炮进七兵对左炮封车

1. 炮二平五　马 8 进 7　　**2.** 马二进三　车 9 平 8

3. 车一平二　卒 7 进 1　　**4.** 兵七进一　炮 8 进 4

5. 马八进七　象 3 进 5

本局选自 1981 年上海市象棋锦标赛。中炮进七兵对左炮封车，黑方飞象固中取守势。如炮 2 平 5 则成半途列炮，双方对攻。

6. 炮八进七　……

炮轰底马，是 20 世纪 60 年代流行起来的走法。也可车九进一或炮八平九，另有变化。

6. ……　　车 1 平 2　　**7.** 车九平八　炮 2 进 4

8. 马七进六　士 6 进 5　**9.** 马六进五　马 7 进 6

马踏中卒，正着。如兵七进一，车 2 进 5，黑方弃子抢攻。黑方跃马避兑，保持变化和弹性，积极。如马 7 进 5，炮五进四，黑方左右两条线都“断根”，棋比较难下。

10. 马五退四　炮 8 平 5　**11.** 马三进五　……

一车换双抢攻，佳着。

11. ……　车 8 进 9　**12.** 马五进四　车 8 退 6

如改走车 8 退 1，前马进六，车 8 平 6，马四进三，将 5 平 6，炮五平一，车 6 进 1，帅五进一，车 6 退 1，帅五退一，车 2 进 4，炮一进四，象 7 进 9，车八进二，车 2 平 4，车八平二，成对攻局面，红方占先。

13. 后马进六　车 2 进 4　**14.** 马六退五　炮 2 进 2

15. 仕六进五　车 8 平 6

16. 炮五平四（图 91）　车 6 平 5?

车炮双马对双车炮，形成相互牵扯之势。红炮轰车，黑车随手平中，由此出错，露出破绽，为红方所乘。应改走车 6 平 8，保持相峙态势。

17. 兵七进一！车 2 退 1

冲七兵欺车，妙，就此突破，好棋。黑如卒 3 进 1，马四退六，红马捉双车。

上海顾嘉华

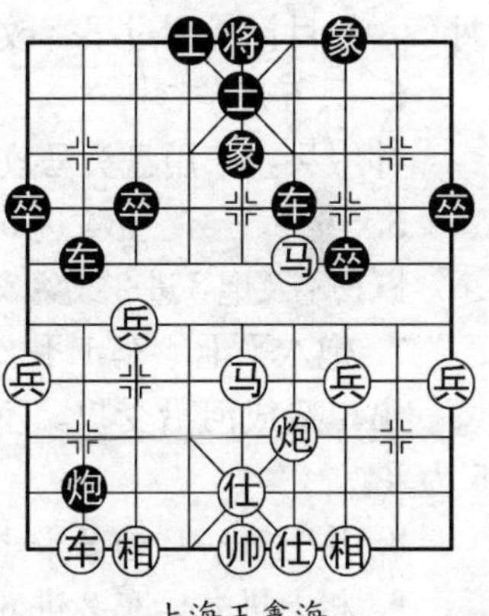

上海王鑫海

图 91

18. 炮四平五　车 5 平 6

19. 兵七平六　车 2 进 3

20. 兵六进一　卒 3 进 1　**21.** 兵六平五　……

过河兵横冲直撞，无人敢挡，真是“要命的小鬼也”。

21. ……　车 6 退 1　**22.** 炮五平四　车 6 平 8

23. 马五进六　士 5 进 4　**24.** 兵五进一！象 7 进 5

25. 马六进五　……

杀双象迅速入局，下面为：将 5 进 1，炮四平五，将 5 平 6（如将

5平4，马五进四，将4平5，前马退三，红胜势），马五进六，将6平5，马四退六，卒3进1，马六进五，车2平5，车八进一，红胜。

第84局

广东杨官璘（红先胜）湖北柳大华

（1982年5月24日弈于武汉）

中炮盘头马对屏风马

1. 炮二平五　马8进7　**2.** 马二进三　卒7进1

3. 兵七进一　马2进3　**4.** 马八进七　炮2进2

本局是两位特级大师在第1届“三楚杯”中国象棋名手邀请赛中的较量。中炮七路马缓出车对屏风马开局，黑方右炮巡河，意在封车，但目标暴露过早，改走车9平8比较稳正。

5. 兵五进一　……

冲中兵，采用盘头马攻势，有针对性。

5. ……　士4进5　**6.** 马七进五　马7进6

跃马不及炮8进2或象3进5严谨。

7. 炮八平七　车1平2

出车造成河沿受攻，不如象3进5为妥。

8. 兵七进一！炮2平1

9. 相七进九　车2进6

10. 兵七平八　象7进5

11. 车一平二　车9进2

12. 马五进七　车2平3（图92）

强渡七兵抢攻，气势汹汹。黑如改走车2退2，兵九进一，红方夺炮占优。

13. 马七进八！……

弃炮马入卧槽，佳着。

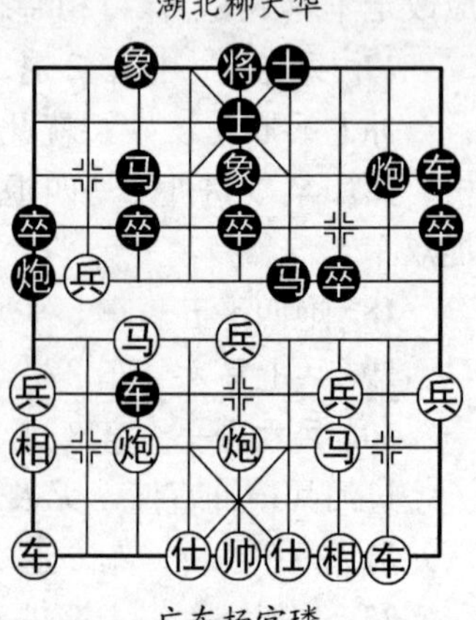

湖北柳大华

广东杨官璘

图92

13. …… 马6退4

如车3进1吃炮，马八进七，将5平4，仕六进五，士5进4，车九平六，士6进5，兵八平九，红方胜势。

14. 仕六进五！马3退1

补仕再弃，准备亮车强攻，凶。黑如车3进1，车九平六，黑难应付。

15. 车九平六 马1进2 **16.** 车六进六 炮1进3

如改走马2退3，车六进二，车3进1，炮五进四，以后出帅红胜。

17. 炮五平九 车3进1 **18.** 炮九进四 马2退1

弃马攻边线，三度弃子，好棋。黑如车3平7，炮九进三，象3进1，兵八进一，红方胜势。

19. 马三进五 车3退1 **20.** 马五退六 车3进3

21. 仕五退六 炮8平6 **22.** 车二进八！……

车扼下二路，为左右联攻入局埋下伏兵，老练。

22. …… 车3退4 **23.** 车六进二 车3平5

24. 仕六进五 马1进3 **25.** 炮九进三 ……

下面：士5退4（如象3进1，马六进七，车5退1，马七进六），车六平四！马3退2，车四平八！炮6进2，车二平六！炮6平5，帅五平六，红胜。

第85局

河北刘殿中（红先和）河北李来群

（1982年10月20日弈于上海）

中炮过河车对屏风马平炮兑车

1. 炮二平五 马8进7 **2.** 马二进三 卒7进1

3. 车一平二 车9平8 **4.** 车二进六 马2进3

5. 兵七进一 炮8平9 **6.** 车二平三 炮9退1

7. 马八进七 士4进5 **8.** 炮八平九 炮9平7

9. 车三平四　车 1 平 2　　**10.** 车九平八　卒 7 进 1

本局是冀中两位高手在“上海杯”象棋邀请赛中的“同室操戈”。五九炮过河车对屏风马平炮兑车，黑方此时一般都走马 7 进 8，弃送 7 卒相对少见，显然是有备而来。

11. 兵三进一　马 7 进 8　　**12.** 车四退四　马 8 进 9

13. 马三进一　……

黑方边线切入，走得积极。红方吃马接受挑战。如改走相三进一，马 9 进 7，炮五平三，炮 2 进 5，马七进六，炮 2 平 7，车八进九，马 3 退 2，炮九平三，车 8 进 7，车四平八，炮 7 进 6，车八进七，炮 7 平 9。进入残局，黑方占优。

13. ……　炮 7 进 8　　**14.** 仕四进五　车 8 进 6

15. 车八进六　车 8 平 9　　**16.** 马七进六　……

至此，黑方虽掠得一相，车炮有底线攻势，但形不成真正的威胁，而右翼被红方封堵，红方跃马后有潜在的攻势，仍是红方占先。

16. ……　车 9 进 3　　**17.** 马六进四　象 3 进 5

18. 马四进六？……

进马急于抢攻，但授黑方以兑子脱身机会，欲速而不达。应改走炮九平七，以后再动马，力量要大得多。

18. ……　车 2 平 4！

19. 车八进一　……

黑方亮车捉马，佳着。红如马六进七，车 4 进 1，车八进一（如马七进九，黑炮 2 退 2），车 4 平 3，红方没有便宜。

河北李来群

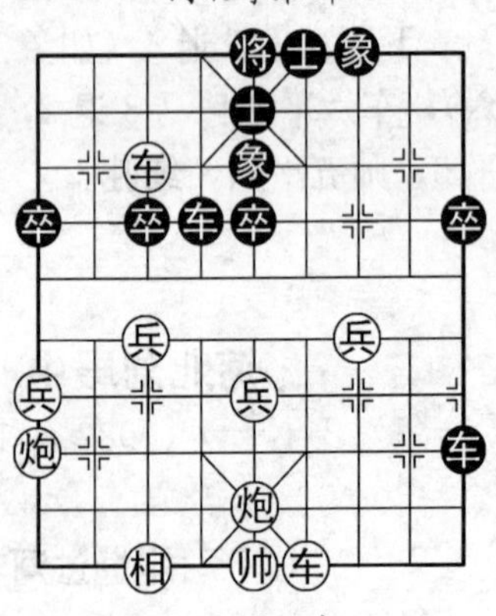

河北刘殿中

图 93

19. ……　车 4 进 3

20. 车八平七　炮 7 平 4！

弃马后再弃炮，轰仕突破，走得凶又准，好棋。

21. 仕五退四　炮 4 平 6！　　**22.** 车四退二　车 9 退 1

23. 炮五退一　车 9 退 1　　**24.** 炮五进一　车 9 进 1

25. 炮五退一　车 9 退 1（图 93）

黑方双车移动有杀势，红炮长拦，谁都不肯变（也不能变），最终以和局收场，仍不失为一盘上乘佳作。

第 86 局

河北刘殿中（红先和）上海胡荣华

（1982 年 10 月 22 日弈于上海）

顺炮横车对直车

1. 炮二平五　炮 8 平 5　　**2.** 马二进三　马 8 进 7

3. 车一进一　车 9 平 8　　**4.** 车一平六　车 8 进 4

5. 马八进七　马 2 进 3

这是冀、沪两位名将在"上海杯"象棋大师邀请赛中的一盘对局。斗顺炮，横车对直车双跳正马，黑方如士 6 进 5 则另有变化。

6. 车九进一　象 3 进 1

红方启动双横车，既是布子，也是观察等待。黑方飞象以逸待劳，红如接走车六进五，卒 3 进 1，阵形严整。当然不能走车 8 平 3，否则红兵七进一，车 3 进 1，马七进六，卒 7 进 1，车九平七，车 3 进 3，车六平七，红先。

7. 兵三进一　卒 3 进 1　　**8.** 马三进四　士 4 进 5

9. 马四进三　炮 5 平 6

如改走车 1 平 4，车六进八，士 5 退 4，车九平六，黑方右马易受攻击，红先。又如改走炮 2 进 4，马三进五，象 7 进 5，车六进三，红优。

10. 兵三进一！车 8 进 2

弃兵抢攻，佳着。黑如车 8 平 7，车六平三，车 7 进 4，车九平三，炮 6 进 5，炮五进四，马 3 进 5，炮八平四，红方占优。

11. 兵三平四　车 8 平 6　　**12.** 兵四平五　炮 6 退 1

13. 前兵进一　……

吃卒似乎急了一点，可改走炮八进四先联一手再作计较。

13. …… 炮6平7 **14.** 炮八进四 ……

如改走马三退五，炮7进8，仕四进五，车6平8，红方底线受攻，有顾忌。

14. …… 马3进5 **15.** 车六进五 炮7进2
16. 炮八平五 马7进5 **17.** 炮五进四 炮2平5
18. 炮五退二 炮7进3 **19.** 仕六进五 炮7平5
20. 相七进五 ……

一阵大兑子，局面简化，局面重趋平衡。红方飞相正着。如改走帅五平六，前炮平4，车九平八，车1平4，车八进五，炮4退2，车六进三，将5平4，车八平六，炮5平4，因左马呆滞，反落后手。

20. …… 车1平4
21. 车九平六 前炮平4
22. 前车平九 炮4退2
23. 炮五退一 炮4进3
24. 炮五进三 炮4退3
25. 炮五退三 炮4进3（图94）

上海胡荣华

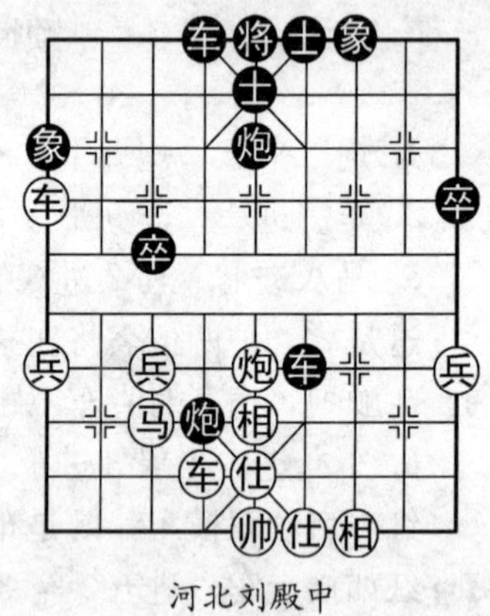

河北刘殿中

图94

相互牵扯，谁变谁吃亏，形成不变成和局。

第87局

香港地区赵汝权（红先胜）泰国刘伯良

（1983年3月12日弈于九龙）

起马对金钩炮

1983年3月，香港举办了第26届体育节，期间进行了象棋名手表演赛。李来群、赵汝权、徐俊杰、刘伯良应邀参加。本局是其中一例。

1. 马八进七　炮 8 平 3

起马开局，试探对方应手，黑方应以金钩炮，属少见的冷门走法，斗功底，较量中残。

2. 炮二平五　马 8 进 7　　**3.** 马二进三　象 3 进 5

红方架中炮进攻，有针对性。黑方飞象呆板，软手，应改走炮 3 进 4。红如兵五进一，炮 2 平 5 还击，这样局面才容易展开。

4. 车一平二　士 4 进 5

补士不妥，仍应该炮 3 进 4，以后可以走成屏风马，有利于防守。

5. 兵五进一　马 2 进 1

此时还是应走炮 3 进 4。如改走马 2 进 4，红车九进一，黑方象腰马易受攻击。

6. 兵九进一　卒 3 进 1

挺卒不如车 1 平 4 出动主力为好。

7. 马七进五　卒 7 进 1

又是挺卒，但仍不如车 1 平 4。

8. 炮八平九　炮 3 进 4

红方五九炮盘头马，成全方位攻击之势，黑方此时轰兵为时已晚。

9. 兵三进一　卒 7 进 1

10. 马五进三　车 9 进 1

11. 兵五进一　卒 5 进 1

12. 前马进五（图 95）　……

打通中路，马立枰中心，八面威风。

12. ……　　车 1 平 4

13. 车九平八　炮 2 平 3

14. 车八进七　马 1 退 2

泰国刘伯良

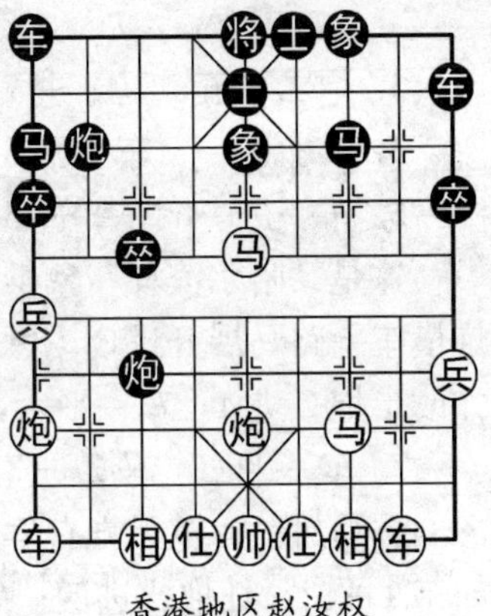

香港地区赵汝权

图 95

15. 车二进三　前炮进 2

16. 炮九进四　马 2 进 4

17. 车八退一　后炮进 1?

空棋，但此时已无好的选择。

18. 车二平六　后炮退 1

炮退原处，损失两步棋。如改走炮 3 平 1，车六进五，车 4 进 1，车八进三，车 4 退 1，马五进六，红胜。

19. 车八平六　车 9 平 8　　**20.** 前车进二　车 4 进 1

21. 车六进五　车 8 进 2

兑车夺马，下面入局。

22. 炮九平三　马 7 退 9　　**23.** 车六退一　象 5 退 3

如士 5 进 4，马五进六，将 5 平 4，炮五平六，红胜。

24. 马五进四　士 5 进 6　　**25.** 炮三平五　……

车双炮杀局，红胜。

第 88 局

江苏言穆江（红先负）河北刘殿中

（1983 年 5 月 25 日弈于哈尔滨）

中炮进七兵对三步虎转列炮

1. 炮二平五　马 8 进 7　　**2.** 马二进三　卒 7 进 1

3. 兵七进一　车 9 平 8　　**4.** 马八进七　炮 8 平 9

5. 车一进一　车 8 进 5　　**6.** 相七进九　炮 2 平 5

这是“哈尔滨杯”象棋大师邀请赛中的一场角逐。红方采用中炮横车七路马展开进攻，黑方还以半途列炮骑河车，针锋相对。黑如改走炮 2 进 4，车一平六，车 8 平 3，马七进六，红方先手。

7. 车一平四　马 2 进 3　　**8.** 马七进八　卒 3 进 1

进马封锁，被黑方有争先的机会，失先，应改走车九平八。黑如车 1 平 2，红炮八进四；如车 1 进 1，红炮八进六，以后还有车四进五等进攻手段，红方可占先手。黑方乘机卒兵相见，抢先佳着。

9. 马八进七　……

如改走车九平七，卒3进1，车七进四，车8平3，相九进七，马3进4，马八进七，车1平2，黑方先手。

9. …… 车1平2 **10.** 炮八平七 卒1进1

挺边卒既活右马又是一步良好的等着，好棋。

11. 兵七进一 炮5退1 **12.** 兵三进一 ……

弃兵没有必要，应径走车九平七为妥。

12. …… 车8平7

13. 车九平七 车2进6

14. 炮七平六 马7进8

15. 车四进六（图96） ……

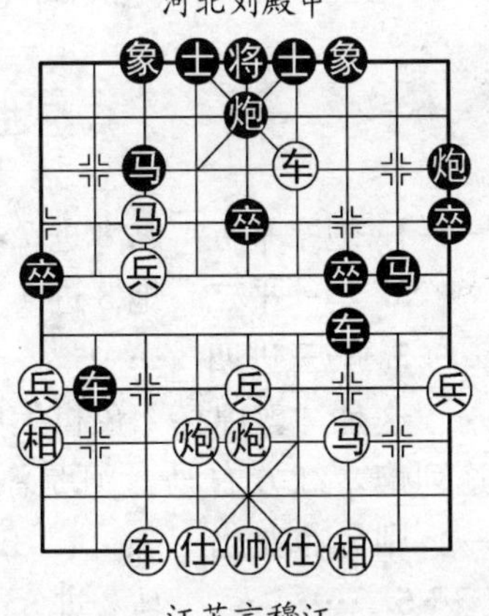

图96

进车捉马似凶实软，低估了黑方的反击力，造成局势急转直下。应改走车四进二，还是相互对峙。

15. …… 马8进9

16. 马三进一 炮9进4

17. 相三进一 ……

黑方巧施妙手，弃子抢攻，争得有效攻势。红如车四平七吃马，车7进4，以后攻势强烈，红方难以抵挡。

17. …… 车7进1 **18.** 车七进四 ……

如走车四平七，黑车7平5，红方难堪。

18. …… 炮9平5 **19.** 仕四进五 前炮进2

20. 相九退七 ……

弃炮轰仕，打开局面的妙着！红如炮五进六，炮5退7；又如仕六进五，炮5进6，红都难应付。

20. …… 后炮进6 **21.** 相七进五 炮5平1

22. 相五退七 ……

如改走车四平七，车7平4，车七退二，炮1进1，相五退七（如车七退二，炮1平2），车4平5，炮六平五，车2平4，黑方胜势。

22. …… 炮1进1 **23.** 车七平四 士6进5

下面：前车平七，车2平5，帅五平四，车5进1，炮六退一，车5平9。双车炮已成杀局，黑胜。

第89局

甘肃钱洪发（红先胜）广东邓颂宏

（1983年8月11日弈于兰州）

中炮进三兵对半途列炮

1. 炮二平五 马8进7 **2.** 马二进三 车9平8

3. 车一平二 炮8进4 **4.** 兵三进一 炮2平5

5. 马三进四 ……

这是“敦煌杯”象棋大师赛中的一盘对局。中炮进三兵对半途列炮，红方右马盘河是激进的打法，改走马八进七或兵七进一，则另有变化。

5. …… 马2进3 **6.** 马四进六 ……

也可改走马八进七，炮8进1，马四进五，马3进5，车二进二，车8进7，炮五进四，马7进5，炮八平二，马5进4，相七进五，红方多中兵而较优。

6. …… 车1平2 **7.** 马八进七 马3退1

如改走车2进2，炮八进四，卒3进1，炮八平七，红方先手。

8. 车九进一 车2进4 **9.** 车九平六 士6进5

10. 兵七进一 卒3进1?

挺卒自挡车路，防线出现破绽，失着。应改走车8进4，严防稳守。另如改走炮8进1，马六退八，车2平8（如车2平6，红马七进六），车六进七，红方占优。

11. 马六进四 炮5平6 **12.** 车六进四！……

马入卧槽牵制，骑河车巧控河沿，红方由此得势。

12. …… 象7进5

13. 兵七进一　象5进3（图97）

如改走车2平3，车六平七，象5进3，炮五进四，红优。

14. 马四退五　马1进3

退马劫象，开辟进攻之道，佳着。黑如象3进5，马五进六，车2退3，车六平七，红优。

15. 车六平七　车2平3

16. 马五进七　炮6平5

17. 炮八进五　炮8进1

兑子抢攻，紧凑。黑如炮5平2，马七进八，象3进5，马八进九，马3退2（如炮8退5，红车二进七），马七进六，红方优势。

18. 马七进六　炮5进4

19. 仕四进五　马3进4

20. 马六进四　马4进6

宜马7退9先避一手，不至于迅速崩盘。

21. 马四进三　车8进4

22. 兵三进一！……

冲兵欺车，妙。

22. ……　车8进1

23. 马三退五　马6进7

24. 车二进二！（图98）……

弃车入杀，精彩。下面：车8进2，马五进三！象3进5，炮八进二，象5退3，马七进六，红胜。

广东邓颂宏

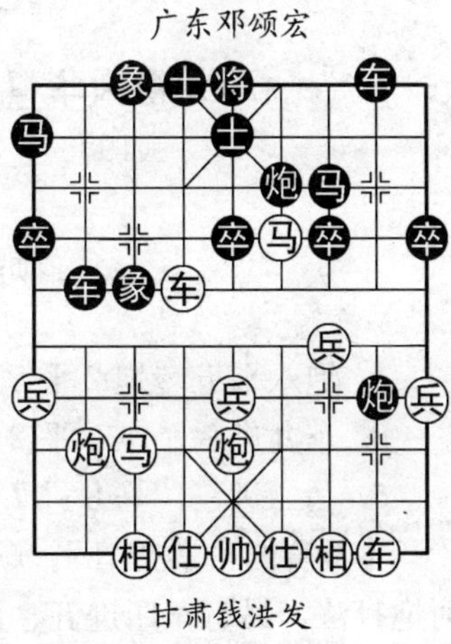

甘肃钱洪发

图97

广东邓颂宏

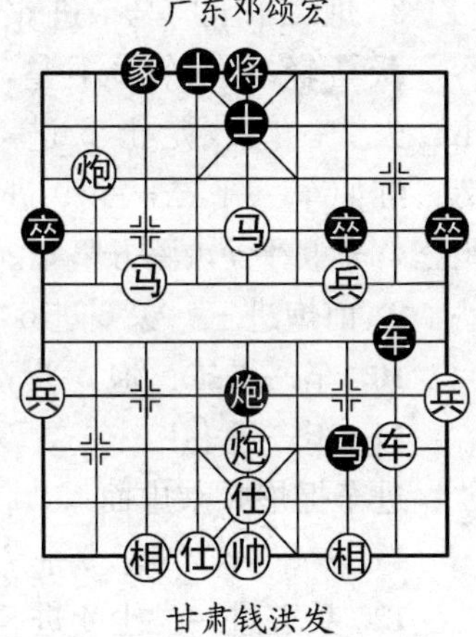

甘肃钱洪发

图98

第 90 局

湖北柳大华（红先胜）火车头梁文斌

（1983 年 8 月 15 日弈于兰州）

顺炮横车对直车

1. 炮八平五　炮 2 平 5　　**2.** 马八进七　马 2 进 3

3. 车九进一　车 1 平 2　　**4.** 车九平四　车 2 进 4

5. 马二进三　马 8 进 7　　**6.** 炮二进二　……

本局弈自“敦煌杯”。顺炮横车对直车双跳正马，红方采用巡河炮打法，另有车四进五、兵七进一等选择。

6. ……　卒 7 进 1　　**7.** 车四进五　象 7 进 9

肋车占卒林，先声叫板，亦有炮二平七走法。黑方飞边象通车，如炮 5 平 4，兵五进一，红方占先。

8. 炮二平五　马 7 进 6？

跃马轻率，阵形不整，易遭攻击，失先。应改走士 6 进 5 以逸待劳，红如车一平二，卒 9 进 1，车四平三，车 9 平 7，黑方坚守。

9. 前炮进三　象 3 进 5

10. 车一平二　炮 8 平 7（图 99）

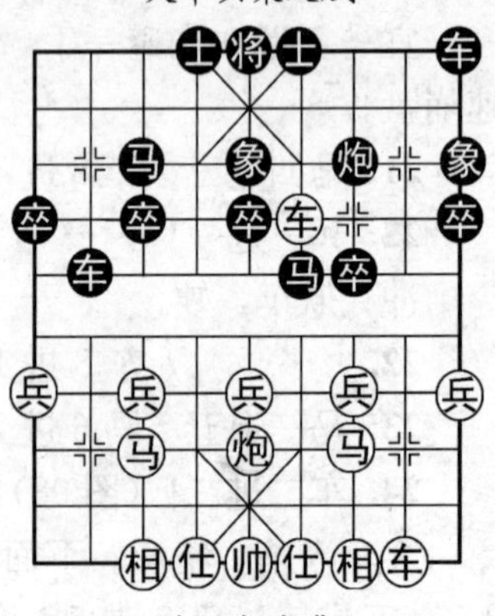

图 99

11. 车二进七！……

进车捉炮，乘虚而入，佳着。

11. ……　车 9 平 7

12. 兵五进一　士 4 进 5

13. 兵五进一　……

冲中兵发动攻势，切中要害。

13. ……　马 6 进 7　　**14.** 车四退三　……

退车阻马，保持中路畅通，使黑方难以“脱困”，老练。

14. …… 车2平5 **15.** 马三进五 车5平2

16. 仕四进五 象5退3

退象阵形凌乱，相比之下，应改走炮7平6较为顽强。

17. 车二平一 ……

顺势吃象，恰到好处。

17. …… 将5平4 **18.** 兵七进一 车2进2

进车显得勉强，但此时已无更好的选择。

19. 车四平三！ ……

一车换双，妙。

19. …… 炮7进4 **20.** 车一平七 车2退6

21. 马七进六 车7进2 **22.** 马六进五！ ……

踏卒立定胜局，黑方认输。

第91局

广东邓颂宏（红先胜）甘肃李家华

（1983年8月23日弈于兰州）

顺炮直车对横车

1. 炮二平五 炮8平5 **2.** 马二进三 马8进7

3. 车一平二 车9进1 **4.** 炮八平六 马2进1

这是两位大师对弈于“敦煌杯”。顺炮直车对横车，红方摆下五六炮，“脱谱”而走。黑方跳边马不如马2进3，厚实多变。

5. 马八进七 车9平4 **6.** 仕四进五 车1平2

7. 兵七进一 士4进5 **8.** 车九平八 车4进5

此时进车不适时宜，失先。应改走卒7进1。

9. 兵三进一 车4平3 **10.** 马三进四 ……

挺兵、跃马，红势顿时开扬。

10. …… 车3退1 **11.** 马四进六 车3退1

12. 马七进六 炮5平4（图100）

双马联动，攻势在手。黑如改走炮2平4，车八进九，马1退2，前马进五，象3进5，炮六进五，士5进4，车二进七，红方优势。

13. 前马进七！车2平1

马闯内线踏车，佳着。黑如车2进1，马六进五，马7进5，炮五进四，象7进5（如象3进5，红马七进六），车八进四，车2平3，车八平四，红优。

14. 马七进六！炮2退2

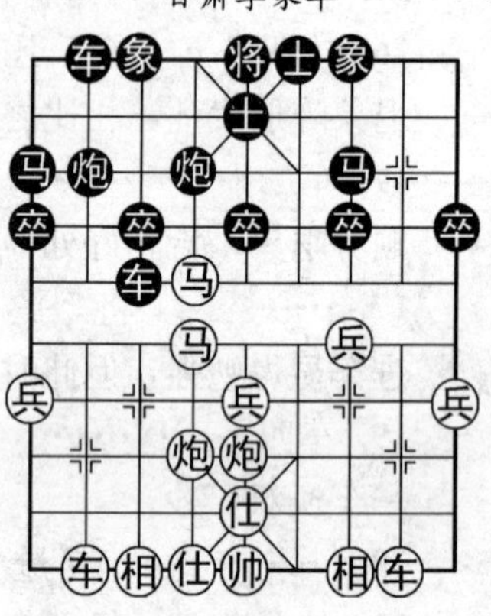

图100

马踩九宫“伴君王”，精妙冷着，令人兴奋称奇。黑如士5退4，车八进七，炮4进5，车八平三，红方优势。

15. 后马进五　马7进5　　**16.** 炮五进四　象3进5

17. 马六退五！……

踏卒抢攻，炮镇中路，继而回马踩象，弃子抢攻，好棋。

17. ……　　象7进5　　**18.** 车八进七　炮2平3

如逃炮，红车吃象，黑难应付。

19. 相七进九　车3平5　　**20.** 炮六平五！车5平4

如车5进2，前炮平一，车5平9，车八平六，车9退3，车六平五，将5平4，车二进三，红方胜势。

21. 前炮平一　车4平9　　**22.** 炮五进五　将5平4

23. 炮一平二　……

已成杀局，红胜。

第 92 局

河北李来群（红先胜）甘肃李家华

（1983 年 8 月 25 日弈于兰州）

飞相局对中炮

1. 相三进五　炮 8 平 5　　**2.** 马八进七　马 8 进 7

3. 马二进三　车 9 平 8　　**4.** 车一平二　车 8 进 6

5. 兵三进一　车 8 平 7　　**6.** 马七退五　……

本局是“敦煌杯”“双李”之战。飞相对中炮开局，形成屏风马对过河车阵势。红方退窝心马着法别致，一般都走车二平三。

6. ……　马 2 进 1　　**7.** 兵七进一　炮 5 进 4

抢中兵先得实惠，简明有效。

8. 马三进五　车 7 平 5　　**9.** 马五进三　车 5 平 7

10. 车九进一　炮 2 平 3

平炮嫌软，刻板，可改走卒 5 进 1。红如车九平六，炮 2 平 5，仕四进五（如车六进五，黑车 7 退 1），车 1 平 2，黑势抗衡，有拓展机会。

11. 车九平六（图 101）　车 1 平 2?

出车随手，应士 4 进 5 先补一手。

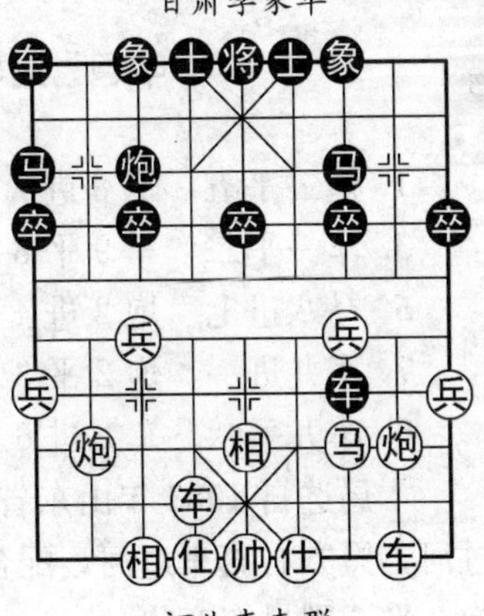

12. 车六进六　象 7 进 5

如车 2 进 7，车六平七，象 7 进 5，马三进五，车 7 平 8，马五进四，红优。

13. 炮八平六　车 2 进 2　　**14.** 炮二进五　卒 1 进 1

伸炮边线切入，佳着。黑如士 6 进 5，车六进一，象 5 退 7，炮二进二，马 7 退 8，车二进九，炮 3 平 6，车二平三，炮 6 退 2，车三退三，红方优势。

15. 炮二平一　士 6 进 5　　**16.** 车六进一　车 2 进 4

17. 炮一平五　……

轰象撕开黑方防线，由此一路雄风。

17. ……　　将 5 平 6　　**18.** 炮五平九　象 3 进 1

19. 车二进八！……

进车扼象腰，一剑封喉，厉害。

19. ……　　车 2 平 4　　**20.** 车六退五　车 7 平 4

21. 车二平三　车 4 进 1　　**22.** 车三进一　将 6 进 1

23. 车三退二　炮 3 平 4　　**24.** 马三进四　……

兑子抢攻，车马杀局，红胜。

第 93 局

山东马武（红先负）山东周长林

（1983 年 11 月 23 日弈于济南）

中炮七路马对屏风马双炮过河

1. 炮二平五　马 8 进 7　　**2.** 马二进三　卒 7 进 1

3. 车一平二　车 9 平 8　　**4.** 兵七进一　马 2 进 3

5. 马八进七　炮 2 进 4　　**6.** 兵五进一　炮 8 进 4

7. 车九进一　炮 2 平 3　　**8.** 相七进九　车 1 平 2

9. 车九平六　车 2 进 6

本局选自 1983 年山东省象棋比赛。中炮七路马对屏风马双炮过河，黑方右直车过河，配合过河双炮在前沿阵地展开争夺。改走炮 3 平 6 则另有变化。

10. 炮八退二？……

退炮先避一手，但影响进攻速度，缓手。不如车六进六或兵三进一比较积极。

10. ……　　象 7 进 5　　**11.** 车六进六　士 6 进 5

12. 车六平七　炮 8 退 1

退炮伏抢兵打车先手，有力。亦可马 7 进 6，炮八平七，马 6 进 7，炮五进四，炮 8 进 2，车二平一，车 8 进 7，黑方侧攻有势。

13. 马三进五　……

红方 6 大子左右撒开，但表现散漫，缺乏整体上的联系。现在跳马保兵，无奈。另有三种着法：①炮八平七，炮 8 平 3，车二进九，马 7 退 8，红方失子。②兵三进一，炮 8 平 5，仕四进五，车 8 进 9，马三退二，卒 7 进 1，黑优。③兵五进一，卒 5 进 1，炮八平七，卒 5 进 1，黑方占优。

13. ……　马 7 进 6　**14.** 兵五进一　马 6 进 5

15. 马七进五（图 102）　炮 3 平 1

轰兵抢先，不急于夺子，老练。如改走车 2 进 3 吃炮，兵五进一，车 8 进 2，兵五进一，象 3 进 5，车七平五，车 8 平 5，炮五进五，士 5 进 6，车二进四，红方胜势。

16. 兵五进一　炮 1 平 5

17. 仕四进五　车 8 进 2

高车保象不贪子，处理正确。如改走车 2 进 3，兵五进一，象 3 进 5，车七平五，车 2 退 3，车五平三，将 5 平 6，车三退二，红方有攻势。

山东周长林

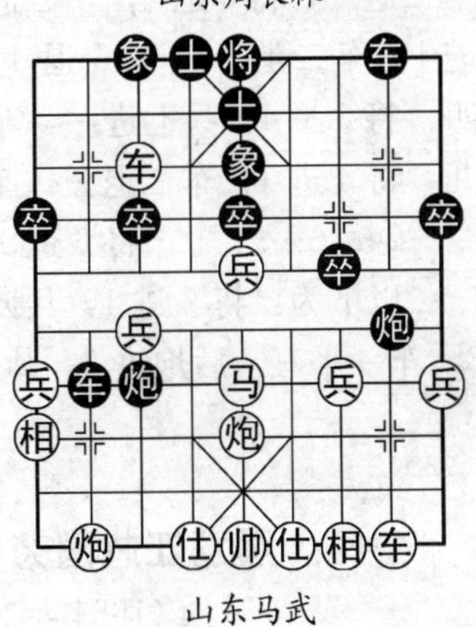

山东马武

图 102

18. 炮八平七　炮 5 退 2　**19.** 炮七进六　将 5 平 6

出将，守中有攻，有惊无险，好棋。

20. 炮七进三　将 6 进 1　**21.** 炮七退一　士 5 进 4

22. 兵五平四　车 2 平 7?

失算，粗糙之着。使已出现的胜机白白错过。同样平车，应改走车 2 平 6，车七退一，炮 8 退 2，相三进一，炮 8 平 3，车二进七，车 6 退 3，车二退七，炮 3 平 2，相九退七，炮 2 进 6，黑方胜势。

23. 车七平六　炮 8 平 5（图 103）

24. 车六进一 ……

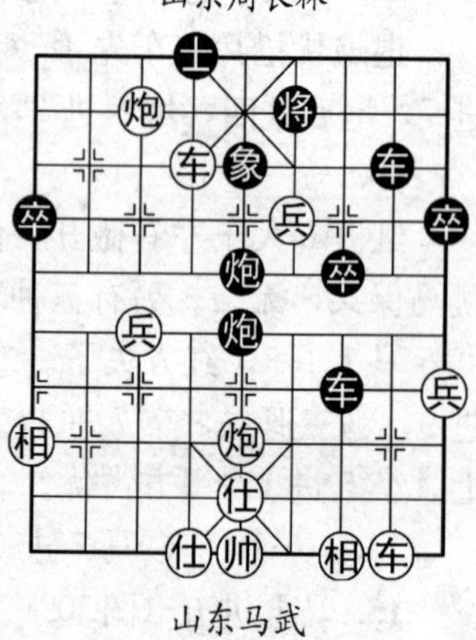

图 103

如改走兵四进一，将 6 平 5，兵四平五，炮 5 退 3（如走车 8 平 5，车六平五，将 5 进 1，炮七平三，车 7 平 6，车二进四，后炮进 3，相三进五，炮 5 进 1，炮三平四，红方占优），车六平五，车 8 平 5，车二进八，将 5 退 1，炮七进一，士 4 进 5，车二进一，士 5 退 6，炮七平四：以下或车 7 平 6，炮四退五，将 5 进 1，车二退一，将 5 退 1，车二退一，车 5 进 1，车二退一，车 5 退 1，车二平四，将 5 平 4，兵七进一，车 5 平 4；或干脆立即将 5 平 4，炮四退九，将 4 进 1，车二退三，车 7 平 4，均是黑方胜势。

24. …… 将 6 退 1 **25.** 车六进一 ……

以下为：将 6 进 1，兵四进一，将 6 平 5，车二平一，车 7 进 3，车一平三，后炮进 3，帅五平四，车 8 平 6，黑胜。

第 94 局

黑龙江赵国荣（红先胜）上海林宏敏

（1984 年 2 月 20 日弈于无锡）

五六炮对屏风马

1. 炮二平五 马 8 进 7 **2.** 马二进三 车 9 平 8

3. 车一平二 马 2 进 3 **4.** 炮八平六 ……

本局选自“昆化杯”象棋大师邀请赛。红方摆下“不定式”五六炮进攻黑方“正规”屏风马，意在避开熟套，争取主动。

4. …… 车 1 平 2 **5.** 兵七进一 卒 7 进 1

6. 马八进七 炮 2 平 1

分炮亮车，亦可改走炮 8 进 4 封车。另如改走炮 2 进 2，车二进六，炮 8 平 9（如马 7 进 6，红炮六进五），车二平三，车 8 进 2，炮六进五，象 3 进 5，马七进六，红方占优。

7. 车二进六　马 7 进 6　　**8.** 车二平四　马 6 进 7

9. 马七进六　士 4 进 5　　**10.** 马六进五　……

抢卒先得实惠，简明可取。

10. ……　马 7 进 5　　**11.** 相七进五　马 3 进 5

12. 车四平五　炮 8 平 7?

平炮软手。应改走炮 8 进 5，仕六进五（如炮六进二，黑车 8 进 6），卒 7 进 1，相五进三，炮 8 平 4，仕五进六，车 8 进 7，黑方完全可以对抗。

13. 马三进四　车 2 进 6

过河车意在对抢先手，但一时难起作用，可考虑改走卒 7 进 1。

14. 车五平七　象 3 进 5　　**15.** 仕六进五　车 8 进 8?

进车相腰似巧实拙。应改走车 8 进 5，马四进六，车 8 平 4，马六进四，炮 7 平 6，兵五进一，红虽占先，但黑方多有周旋机会。

16. 马四进六　车 8 平 6

17. 相三进一　炮 7 平 8?

平炮造成有攻无势反受攻，不如车 6 退 4，马六进四，炮 7 平 6，尚无大碍。

18. 马六进四　炮 8 进 7

19. 相一退三　炮 1 退 1（图 104）

上海林宏敏

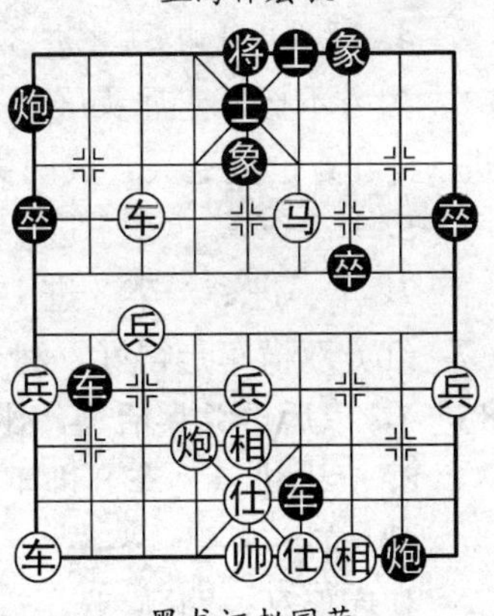

黑龙江赵国荣

图 104

20. 炮六进六！……

炮攻象腰，拦炮一击，好棋。

20. ……　车 2 退 6

21. 车九平六！……

左车开局后一直没动，此时“一动惊人”，伏杀推进，佳着。

21. ……　士 5 进 4　　**22.** 炮六平四！……

轰车"顺势而为"，妙。

22. …… 车6平7 **23.** 车六进七 士6进5

24. 车六平五 车7退1 **25.** 马四进六 ……

杀士劫象，踩宫打将，下面：将5平6，马六退八，炮1平6，车五进一，炮8退8（如车7平5，红车七平四），车七平三，红胜。

第95局

北京臧如意（红先胜）安徽蒋志梁

（1984年2月25日弈于昆山）

中炮进三兵对三步虎

1. 炮二平五 马8进7 **2.** 兵三进一 车9平8

3. 马二进三 炮8平9

本局选自"昆化杯"象棋大师邀请赛。中炮进三兵对三步虎，黑如改走卒3进1，车一平二，马2进3，成屏风马阵势。

4. 马八进七 马2进3 **5.** 兵七进一 ……

黑方不挺卒走屈头屏风马，局形有受压抑感觉，不如先走卒3进1。红方抢挺七兵，成两头蛇布局，先手毫无疑问。

5. …… 车1进1 **6.** 车九进一 车1平4

7. 车一进一 卒3进1?

红方双横车走得好，利于抢位占道。黑方挺卒失先，应改走车8进4，以后再兑兵活马，比较稳正。

8. 兵七进一 车8进4 **9.** 兵七进一 车8平3

10. 车一平七 ……

托底保马，"叶底藏花"，似拙实巧，好棋。

10. …… 车3退1 **11.** 兵五进一 ……

冲兵活马，发动中路攻势，佳着。

11. …… 士6进5 **12.** 马七进五 车3进5

13. 车九平七　马 3 进 4　　**14.** 兵五进一　马 4 进 5
15. 马三进五　卒 5 进 1　　**16.** 车七进八　……

兑子打开通道，继而杀象撕开缺口，红方由此确立优势。

16. ……　　　象 7 进 5
17. 车七退三　卒 5 进 1
18. 马五进七　车 4 进 3
19. 车七平三　马 7 退 6（图 105）
20. 炮八进二！……

升炮轰卒，关键性一击。

20. ……　　　卒 5 平 4
21. 马七进六！……

跳马伏杀，凶。

21. ……　　　卒 4 平 5
22. 马六进七　车 4 退 3
23. 马七退六　马 6 进 8

安徽蒋志梁

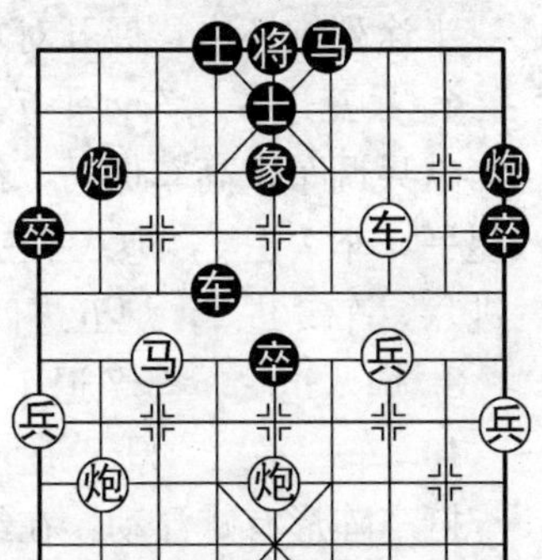

北京臧如意

图 105

24. 车三平二　炮 2 退 1　　**25.** 炮五进五　……

轰象入局，下面为：士 5 退 6（如将 5 平 6，红炮五平七），炮八进一！绝杀，红胜。

第 96 局

上海胡荣华（红先胜）黑龙江赵国荣

（1984 年 2 月 27 日弈于昆山）

中炮进七兵对三步虎

1. 炮二平五　马 8 进 7　　**2.** 马二进三　车 9 平 8
3. 兵七进一　炮 8 平 9

这是两位特级大师在“昆化杯”上的较量。中炮进七兵对三步虎开局，是 20 世纪 70 年代后期逐渐流行起来的布局，广受棋手们青睐。

4. 马八进七　车 8 进 5

骑河车封制河沿，对抗意识较强的一步棋。亦可先走卒 7 进 1，待红车一进一后再骑河，变化更有弹性。

5. 相七进九　炮 2 平 5

半途列炮还击，展开对攻，也可卒 7 进 1 等一手。

6. 兵三进一　车 8 平 7　　**7.** 车一进二　马 2 进 3

献兵调车，高车保马，红方攻着正确。黑如改走车 1 进 1，炮八退一，车 7 退 1，炮八平三，车 7 平 8，马三进四，车 8 平 6，炮三进六，车 6 进 1，炮五进四，士 4 进 5，仕六进五，红方占先。

8. 炮八退一　车 7 退 1　　**9.** 炮八平三　车 7 平 6

10. 车一平二　马 7 退 5　　**11.** 车九进一　卒 7 进 1

挺卒阵形有嫌浮动，在红方双车已启动，自己又马塞窝心情况下更是不妥，宜炮 9 平 7 补厚内线比较稳当。

12. 马三进二　卒 7 进 1

13. 马二进一　炮 9 进 4

14. 车二进六　炮 9 平 7

15. 炮三进三　炮 7 进 1（图 106）

红方边线切入，威胁已迫在眉睫，黑方升炮打马，失着，应改走车 1 平 2。

黑龙江赵国荣

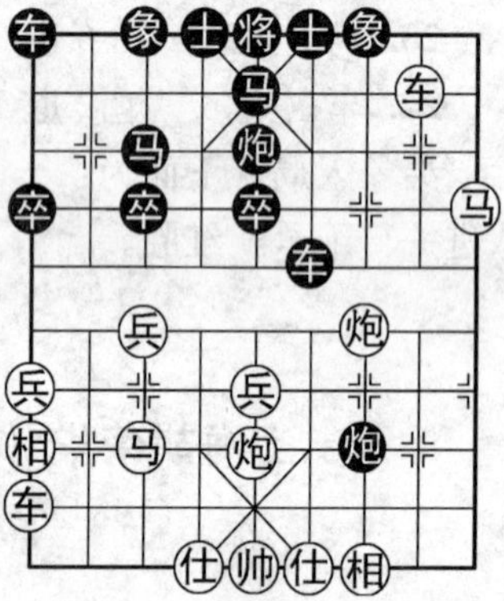

上海胡荣华

图 106

16. 车九平六！车 6 退 1

亮车弃马抢攻，惊人之举。黑如炮 7 平 3，车六进六，车 6 退 1（如卒 5 进 1，红炮三进一），马一退三，红有强烈攻势。

17. 车六进六！……

同时弃双马，二度弃子，漂亮。

17. ……　车 6 平 9　　**18.** 车二平四！……

双车抢肋，三度弃马，凶。

18. ……　车 1 进 2　　**19.** 仕四进五！……

补仕准备出帅助攻，紧追不舍，四度弃子，好棋。

19. …… 马3退2 **20.** 车六进二！……

弃车杀士，五度弃子显胆魄，真是艺高服人。

20. …… 将5平4 **21.** 车四进一 将4进1

22. 炮三平六！马5进7 **23.** 车四平五！……

车双炮绝杀，红胜。

第97局

江苏言穆江（红先负）上海林宏敏

（1984年2月28日弈于昆山）

顺炮横车对直车

1. 炮二平五 炮8平5 **2.** 车一进一 马8进7

3. 车一平六 车9平8 **4.** 马二进三 车8进4

5. 马八进七 士6进5

本局弈自“昆化杯”。斗顺炮，横车对直车，红方跳正马，已经成为流行走法，黑方补士固中稳健，也可走马2进3。

6. 兵三进一 马2进3 **7.** 车九进一 卒3进1

如改走车8平3，车六进二，炮2进4，兵七进一，车3进1，马七进六，红方占优。

8. 车六进五 炮5平6 **9.** 车九平四 象3进5

10. 车四进五 ……

9个回合后，双方变阵为双横肋车对反宫马，红方进车过河不及兵五进一稳正。

10. …… 马3进4 **11.** 车四平五 马4进3

12. 车五平三 马7退6 **13.** 马三进四 炮2平3

14. 马四退六 ……

退马轧马，着法强硬，但造成局形欠灵活，似不及炮五平四为稳妥。

14. …… 车1平2

15. 兵五进一 卒3进1（图107）

对冲兵、卒，黑方在牵制中抗衡红方攻势。

16. 车三进二？炮6平7！

进车强攻，过而不及反受害，失着。应改走车六平七。黑方平炮盖车攻相，恰到好处。

17. 车三平四 ……

如改走相三进一，卒3平4，马六退五（如车六退二吃卒，炮3进5，黑方夺子），马3退5，红方难堪。

上海林宏敏

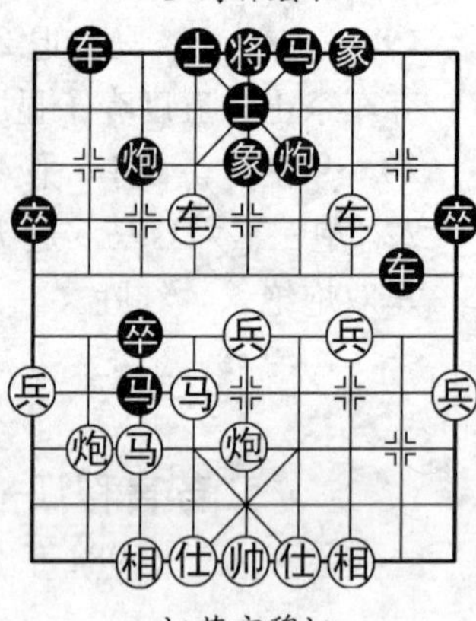

江苏言穆江

图107

17. …… 炮7进7　　18. 仕四进五 车8退2

19. 马六进五 马3进5　　20. 炮八平五 炮3进5

轰相夺子，黑方迅速取得胜势。红方已是强弩之末也。

21. 帅五平四 车2进2　　22. 兵三进一 车8进7

车炮底攻，势不可当。

23. 帅四进一 炮7平3　　24. 车六平三 车8退1

黑胜。

第98局

浙江于幼华（红先负）河北李来群

（1984年3月11日弈于嘉兴）

五六炮对反宫马

1. 炮二平五 马2进3　　2. 马二进三 炮8平6

3. 车一平二 马8进7　　4. 马八进九 卒7进1

5. 炮八平六 ……

这是两位名将在“王冠杯”象棋赛上的对局。中炮缓进兵对反宫马挺7卒，红方采用五六炮打法，但实战中选择五七炮（炮八平七）居多。

5. …… 车1平2 **6.** 车九平八 炮2进4

进炮封车，对抗性的应着。亦可车9进1。

7. 车二进六 ……

过河车向黑方左翼施压。也可改走炮六进五，炮6进5，车二进七，车9进2，车二平一，象7进9，炮六平一，炮2平5，仕四进五，车2进9，马九退八，马7进6，帅五平四，斗无车棋，红方占优。

7. …… 士6进5 **8.** 马九退七 炮2退3

退炮加强卒林防守，并牵制红方过河车活动。改走炮2进2顶车也是不错的选择。

9. 车二平三 车9进2 **10.** 兵五进一 ……

冲兵发动中路攻势，改走车三退一吃卒先避一手更为稳健。

10. …… 象3进5

11. 兵五进一 卒3进1

12. 炮六进四 卒5进1

13. 炮六退五 炮2进2（图108）

14. 马三进五? ……

河北李来群

浙江于幼华

图108

打通中路，红方跃马盘头，攻着有误，当属计算不周。应改走炮六平五重炮连结，黑方有两种应着：①炮2平7，兵三进一，车2进9，马七进六，卒7进1，马六进五，红方弃车抢攻，黑方不好应付。②炮2平5，车八进九，马3退2，马七进六，炮5进3，仕六进五，卒5进1，马六进五，炮6进4，兵七进一，黑方虽多卒但红方子位好，形势不差。

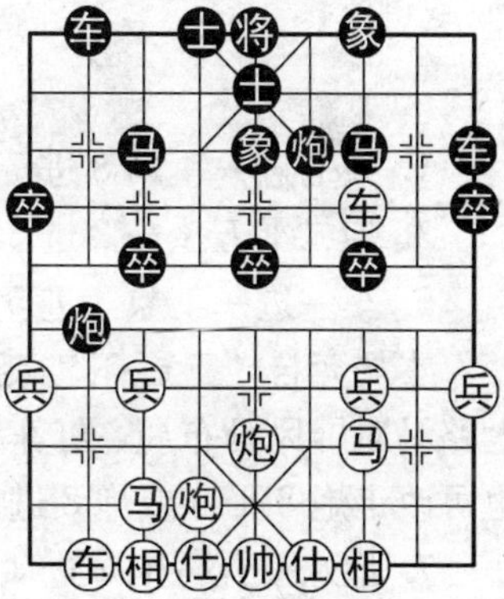

14. …… 炮6进4!

进炮轧马，灵活双马，利攻利守，佳着。

15. 炮六平五　马 7 进 5

连环马通车，正着。如炮 2 平 7，兵三进一，车 2 进 9，马五进四，红方弃车抢攻，黑难应付。

16. 马五进四　车 9 平 6　　**17.** 前炮进四　车 6 进 2

18. 车三进三　车 6 退 4　　**19.** 车三退四？……

漏着。应车三平四兑车，将 5 平 6，马七进九，虽处后手，但尚可周旋。

19. ……　　炮 2 平 5　　**20.** 前炮退二　炮 6 平 5

21. 马七进五　象 5 进 7

攻中夺车，黑胜。

第 99 局

广东吕钦（红先胜）江苏言穆江

（1984 年 3 月 12 日弈于嘉兴）

挺兵对起马

1. 兵七进一　马 8 进 7　　**2.** 马八进七　卒 7 进 1

3. 炮二平五　马 2 进 3　　**4.** 马二进三　车 9 平 8

5. 车一进一　象 3 进 5　　**6.** 车一平四　士 4 进 5

本局弈自"王冠杯"。起兵对上马开局，试探后演成中炮横车七路马对屏风马布局，红车走右肋是流行的着法。黑方补士固中，也可改走炮 8 平 9 或炮 8 进 2。

7. 炮八平九　炮 2 进 4　　**8.** 车九平八　炮 2 平 7

吃卒窥相，有较强的对抗力。如改走车 1 平 2，马七进六，炮 8 进 6，马六进七，车 2 进 3，炮五平七，马 3 退 1，相七进五，炮 8 退 1，车四进三，马 7 进 8，车四平二，马 8 退 7，车二平六，炮 8 退 4，兵三进一，炮 8 平 3，炮七进四，车 8 进 4，前炮平九，红先。

9. 相三进一　卒 7 进 1

送卒调相，意在展开侧攻，亦可改走炮 8 平 9 亮车，红车八进七，车 1 平 3，另有变化。

10. 车八进七　……

先捉马紧一手，正确。如改走相一进三，炮 8 进 7，仕四进五，车 1 平 4，车八进七，炮 8 平 9，相三退一，车 8 进 9，车四退一，车 8 平 6，帅五平四，车 4 进 4！车八平七，车 4 平 6，炮五平四，车 6 平 8，黑有强烈攻势。

10. ……　　马 7 进 8

11. 相一进三　卒 3 进 1

12. 兵七进一　马 3 进 4（图 109）

13. 车八退一　……

黑方弃卒跃马轰马，形成对攻之势。红方退车卒林是临枰时的一步变着。以往都走车八退三，马 4 进 6，车八平四，马 8 进 6，车四进三，车 1 平 3，双方抗衡。

江苏言穆江

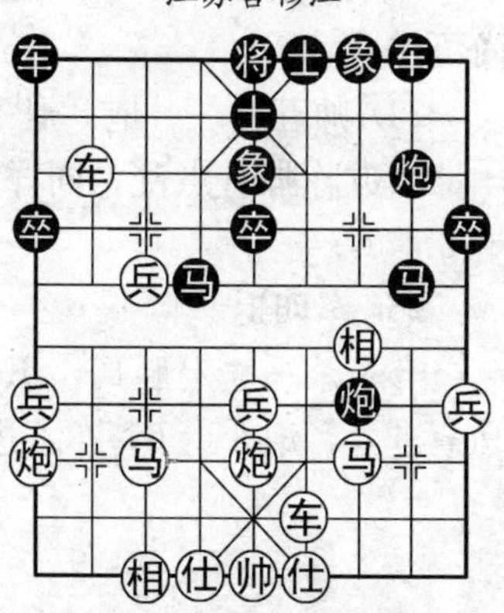

广东吕钦

图 109

13. ……　　马 4 进 6

14. 马七进六　马 6 进 7

15. 炮九平三　马 8 进 9

16. 炮三退二　马 9 进 7

17. 相三退一　……

黑方边线切入，形成侧攻之势。红方退相正着。如改走炮三进三，炮 8 进 7，仕四进五，炮 8 平 9，仕五进四，马 7 进 8，炮三退三，马 8 退 7，帅五进一，炮 9 退 1，帅五退一，车 8 进 9，相三退一，炮 9 进 1，帅五进一，马 7 退 6，红方多子，黑方有势，各有顾忌。

17. ……　　炮 8 进 7

18. 车四进一　车 7 进 3？

兑炮，战斗力明显减弱，软手。可马 7 进 6 直接踩仕，给红方以压力，以后不乏机会。

19. 相一退三　马 7 进 6

20. 车四退一　车 8 进 4

21. 马六进四　车 8 平 7

22. 炮五进四　车 7 进 5

23. 马四进六（图110）　将5平4?

出将有些慌不择路，失着。应改走车7退5，帅五进一，车7平3，炮五退二（如车四退一，车3进4，帅五进一，车1平3，帅五平四，炮8退6，红方不好应付），车3进4，帅五进一，炮8退8，车四退一，车1平3，仕六进五，虽属红优，但黑方尚可一搏。

江苏言穆江

广东吕钦

图110

24. 帅五进一　炮8退1?

黑方阵脚有点乱，同样退炮应走炮8退6。

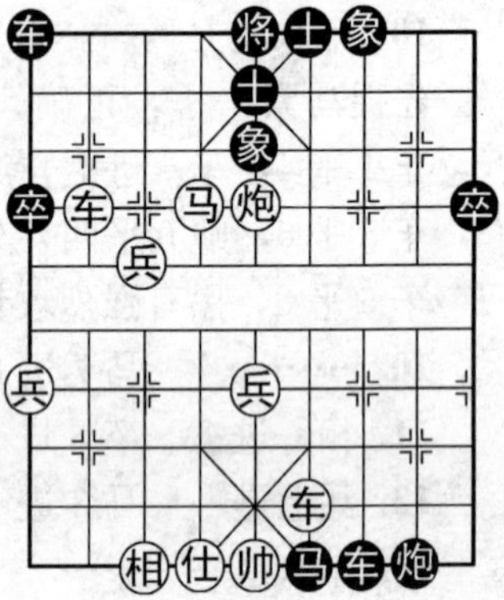

25. 车四退一！……

弃车杀马立定胜局，下面：车7平6，马六进七，车6平4，马七进九，炮8退6，车八进三，将4进1，兵七进一，红胜。

第100局

黑龙江孟昭忠（红先胜）甘肃栗新

（1984年7月29日弈于承德）

仙人指路对卒底炮

1. 兵三进一　炮8平7　　**2.** 炮八平五　炮2平5

这是第2届“避暑山庄杯”中的一盘对局。仙人指路对卒底炮开局，马上演成斗顺炮局式，改走象7进5则另有变化。

3. 马八进七　马8进9　　**4.** 马二进三　车9平8

5. 车一平二　马2进3　　**6.** 车九平八　车1进1

出横车正着。如改走卒7进1，车八进五，卒7进1，车八平三，炮7进1，炮二进五，红方占优。

7. 炮二进四　卒7进1　　**8.** 车八进四　卒3进1

巡河车正着。如改走车八进五，卒7进1，车八平三，车1平7，黑方反先。黑方挺3卒失先，应改走车1平6，炮二平七，象3进1，车二进九，马9退8，黑势抗衡。

9. 炮二平三 ……

兑车抢攻，乘虚而入。

9. …… 车1平8 **10.** 车二进八 车8进1

11. 炮三进三 士6进5 **12.** 炮三退四 ……

轰象扫卒，局势开扬，红方迅速取得优势。

12. …… 炮5平6

13. 马三进四 炮6进2

14. 相三进一 象3进5

15. 马四进六 炮6进3？（图111）

进炮轰马，劣着。应马3进4交换，炮三平六，炮6平5，虽处下风，但还可周旋。

甘肃栗新

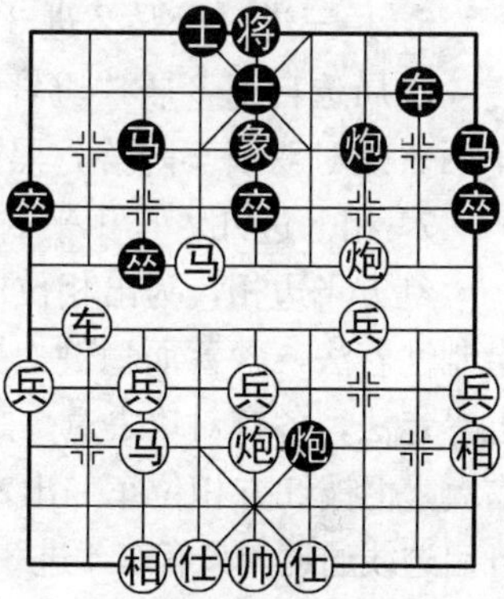

黑龙江孟昭忠

图111

16. 马六进五！士5进6

弃马踏象凶。黑如炮6平3，马五进七，将5平6，车八平四，炮7平6，炮五平四，炮6退1，车四进四！将6进1，炮三平四，红胜。

17. 车八进三 炮7平5 **18.** 车八平七 马9退7

19. 炮五进四 ……

炮攻中路，势不可当。

19. …… 士6退5 **20.** 仕六进五 车8进2

21. 车七退一 炮6平8 **22.** 车七平六 将5平6

23. 炮五平三 ……

下面：马7进9，车六平四，炮5平6（如将6平5，红前炮平九），后炮平四，将6进1（如炮6退1，车四进二，将6进1，炮三平四，红胜），车四平九，炮6平5，炮三平四，红胜。全局弈完，红方五兵齐全，堪可称奇。

第101局

安徽张元启（红先胜）江苏言穆江

（1984年7月29日弈于承德）

顺炮直车对横车

1. 炮二平五　炮8平5　**2.** 马二进三　马8进7
3. 车一平二　车9进1　**4.** 马八进七　车9平4
5. 兵三进一　马2进3　**6.** 兵七进一　车1进1

本局选自第2届"避暑山庄杯"象棋邀请赛。斗顺炮，演成直车两头蛇对双横车阵势，黑如改走炮2平1则另有变化。

7. 相七进九　车1平3

红方飞边相，为出相位底车开辟通道，这是针对双横车有效的牵制性着法，含蓄而稳健。另外尚有马三进四、车二进五、仕六进五等走法，各有对攻之道。黑车走马底，意在冲3卒，先弃后取打通右翼，但被红方相位车一出，显得"局塞难展"。不如改走卒1进1，开启边线通道。另有车4进3或车4进5的选择，但红方都占主动。

8. 车九平七　卒5进1

冲中卒找出路，但易遭红方阻击。不如改走车4进7，让双横车尽快舒展开来，以求局势开扬。

9. 炮八进四　马3进5　**10.** 炮八平五　马7进5
11. 车二进六　卒5进1

以炮兑马，破坏黑方盘头连环的打算，继而过河车压上。黑方冲中卒势在必然，否则孤马受攻。

12. 车七平八　车3平2　**13.** 车八进六　……

过河车左右开弓，黑方陷入被动。

13. ……　炮5退1　**14.** 车二平三　马5退6
15. 车三平四　卒5进1　**16.** 马三进五　炮2平7

如改走马6进8，车四平二，炮5进1，兵三进一，红优。

17. 车八进二　炮 7 进 7

18. 帅五进一　……

高帅护炮，巧。

18. ……　车 4 平 2

19. 炮五进六　车 2 平 5（图 112）

兑炮控马，好棋。黑如改走将 5 进 1，帅五平四，将 5 退 1（如马 6 进 8，车四进一，红方夺马胜势），马七进六，红方大优。

江苏言穆江

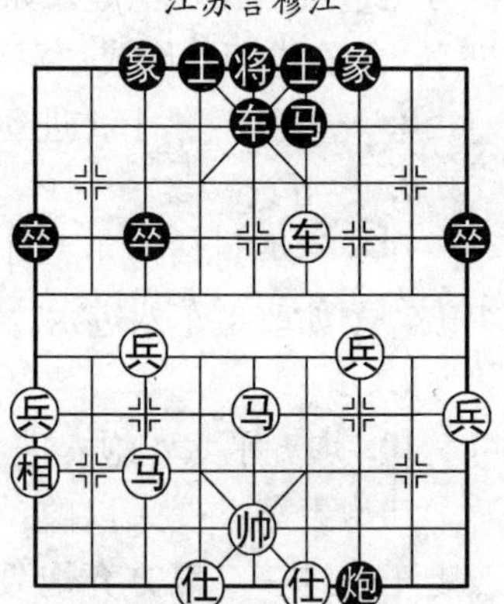

安徽张元启

图 112

20. 帅五平四！……

出帅控制，犹如给黑方套上"紧箍咒"，妙。

20. ……　炮 7 平 8　　**21.** 马五进四　马 6 进 5

22. 马七进六　马 5 进 6

如马 5 进 4 吃马，马四进六，捉车叫杀，红胜。

23. 马四进六　车 5 平 4　　**24.** 后马进七　车 4 进 1

25. 马六进四　将 5 进 1

下面车四退二吃马，红胜。

第 102 局

云南康宏（红先负）天津马凤友

（1984 年 8 月 4 日弈于承德）

五三炮对反宫马

1. 炮八平五　马 8 进 7　　**2.** 马八进七　炮 2 平 4

3. 车九平八　马 2 进 3　　**4.** 兵七进一　卒 7 进 1

5. 马二进一　象 3 进 5　　**6.** 炮二平三　车 9 平 8

7. 车一平二　炮 8 进 4　　**8.** 兵一进一　……

这是第 2 届"避暑山庄杯"中的一盘对局。五三炮对反宫马，红方挺边兵活马，稳健。如兵三进一，卒7进1，兵七进一，卒3进1，车八进四，则成“双弃兵”变例，变化相对激烈。

8. …… 士4进5

9. 兵五进一 ……

在兵林被封情况下，冲中兵难以突破，不如改走车八进六。

9. …… 车1平4（图113）

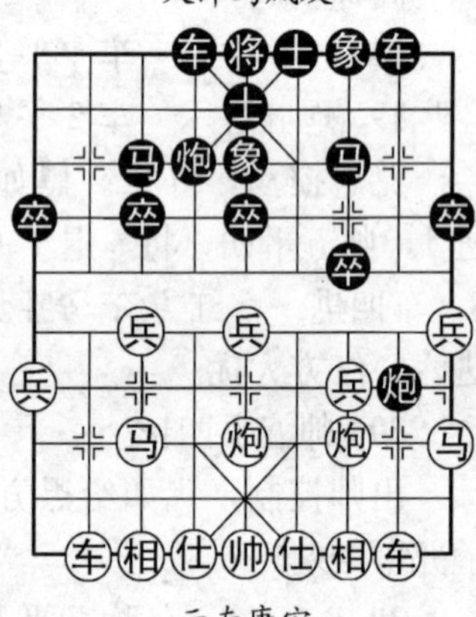

图 113

10. 炮五平六？ 炮4进7！

卸炮轰车，授人以隙，劣着。应改走车二进一。黑方弃炮轰双仕，炸开红方九宫，乘虚而入，佳着。

11. 相七进五 炮4平6

12. 帅五平四 马7进6

13. 车八进七？ 马6进5！

进车捉马，不当。应改走炮六退二加强后防。黑方马踏兵林，由此突破，好棋。

14. 车八平七 马5进3

15. 车二进一 车8进3

16. 帅四平五 车8平6

开车肋道，二度弃炮，凶。

17. 车七平八 炮8平1

红如改走车二进二，车6进4！红棋难以应付。黑炮轰兵，攻势连连，恰到好处。

18. 车八退四 炮1退1

19. 兵五进一 炮1平9

黑炮横扫如入无人之境，红方得子失势苦不堪言。

20. 兵五进一（图114） 车6进4！

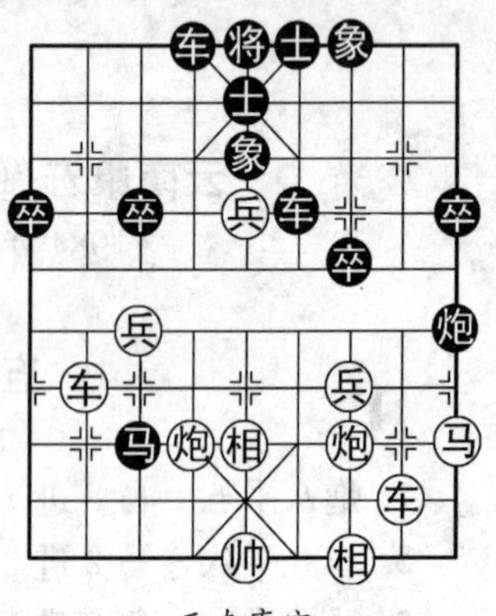

图 114

献车击溃担子炮，三度弃子，精彩。

21. 车二平六 炮9平5 **22.** 车八平五 车4平2

开车送炮，四度弃子，妙。

23. 车六退一 车6进1 **24.** 车六平七 车2进8

25. 炮三退一 车2退2!

欺车双献，五度弃子，妙着纷呈，漂亮。下面：车五进一，车2平6，黑胜。

第103局

辽宁卜凤波（红先胜）河北李来群

（1985年6月18日弈于邯郸）

五七炮进三兵对反宫马

1. 炮二平五 马2进3 **2.** 马二进三 炮8平6

3. 车一平二 马8进7 **4.** 兵三进一 卒3进1

5. 马八进九 象7进5 **6.** 炮八平七 车1平2

7. 车九平八 炮2进4 **8.** 兵七进一 卒3进1

9. 兵三进一 卒7进1 **10.** 车二进四 卒3平2

本局弈自“将相杯”中国象棋大师邀请赛。五七炮进三兵对反宫马右炮封车，红方走出“双弃兵”变例，这在当时非常流行。黑方横卒是一种选择，也可炮2平3，另有激烈变化。

11. 兵九进一 炮6进4 **12.** 马九进八 ……

跃马吃卒，亦可车二平八吃卒，另有变化。

12. …… 炮6平7 **13.** 相三进一 车2进4

升车顶马目前并无必要，宜先走车9进1，既出主力又巩固下二路。

14. 车二平六 士6进5

红方开左肋车，对黑方右翼已形成压力，黑方补士易受攻击，还是应该走车9进1。

15. 兵五进一 炮2平6 **16.** 车六进四 ……

车攻象腰，威胁黑方防线，由此发起进攻，紧凑。

16. …… 象3进1 **17.** 兵五进一 ……

冲中兵厉害，黑方不敢吃它，陷入左右两难境地。

17. …… 车9进2

18. 车六退四 炮6退6

退炮让红方左车抬头，情景更糟，不当。应改走马7退6。

19. 车八进三 卒7进1

20. 车八平七 马3退1

21. 相一进三 马7进8（图115）

22. 兵五进一！……

中兵挺进，锐不可挡。

22. …… 象1退3

23. 马八进六 车9平6

24. 炮七进七！……

弃炮轰象入局，一锤定音。

24. …… 马1退3 **25.** 兵五进一 ……

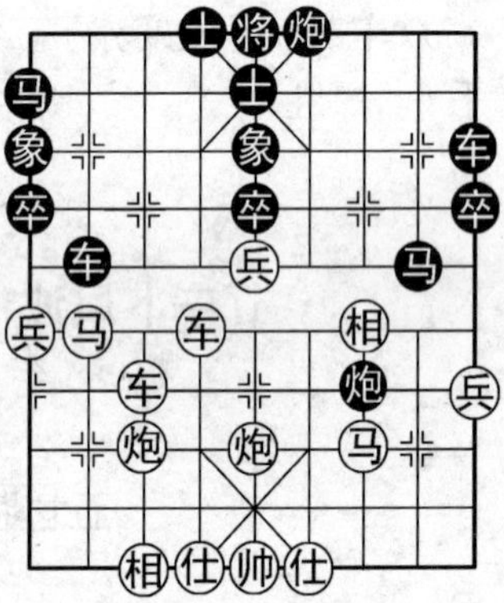

下面：车6进5，兵五进一！将5进1，车七进四，将5退1，车六平五，红胜。

河北李来群

辽宁卜凤波

图115

第104局

黑龙江赵国荣（红先胜）辽宁赵庆阁

（1985年8月3日弈于太原）

金钩炮对中炮

1. 炮二平七 炮8平5

这是“天龙杯”象棋大师邀请赛“两赵”之战。红方金钩炮开局属于冷门，对局中并不多见。这样开局的目的是：一是出其不意，二是凭功底打散手。黑方还以中炮，简单明了。

2. 马二进三　车 9 进 1　**3.** 车一平二　马 8 进 7
4. 相七进五　马 2 进 1　**5.** 车二进四　车 9 平 4
6. 兵九进一　卒 7 进 1　**7.** 仕六进五　车 1 进 1

双横车蓄势待发，也是一种等待观察。

8. 马八进九　车 4 进 7

进车相腰，缺乏攻击目标，落点也不理想，不如改走炮 2 进 4 较有针对性。

9. 炮七进四　马 7 进 6?

跃马造成左翼出现真空，易受攻击，失先。仍应改走炮 2 进 4。

10. 炮七平一　车 1 平 4

11. 炮一进三　马 6 进 4?

攻而忘守，不妥。应改走炮 5 平 7 设法护底象。

12. 车二进五　后车平 7

13. 炮一平三　将 5 进 1（图 116）

14. 车九平六　……

车炮底攻破象，打开缺口，继而兑车抢先，消除黑方仅有的攻势，好棋。

辽宁赵庆阁

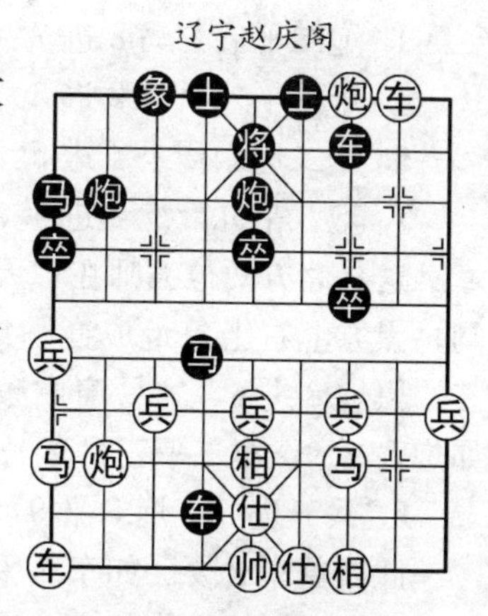

黑龙江赵国荣

图 116

14. ……　车 4 进 1　**15.** 仕五退六　马 4 进 6

16. 炮三平六　车 7 平 6

再劫士扩大战果。黑如改走马 6 进 7，帅五进一，车 7 平 6，炮六退八，红方夺马胜。

17. 炮六退八　车 6 进 4　**18.** 仕六进五　车 6 平 1
19. 车二退一　将 5 退 1　**20.** 车二平八　炮 2 平 4

21. 相五进七！……

飞相拦车，精妙。奠定胜局的关键。

21. ……　马 1 进 3　**22.** 车八平四　车 1 退 1

如马 6 退 5，炮六平九，红方打死车。

23. 车四退五　红方夺马胜。

第105局

火车头郭长顺（红先负）河北李来群

（1985年8月8日弈于太原）

中炮过河车对屏风马

1. 炮二平五 马8进7　2. 马二进三 车9平8
3. 车一平二 马2进3　4. 兵七进一 卒7进1
5. 车二进六 士4进5　6. 马八进七 象3进5
7. 炮八平九 炮2进4

这是北方两位大师在“天龙杯”中的较量。中炮过河车对屏风马，黑方上右士象走成弃马局阵势；红方开边炮稳健，如车二平三，黑炮8进6，容易演成激烈对抗。黑方右炮过河，呼应左翼；如炮8平9，车二平三，车8进2，车九平八，红方先手。

8. 兵五进一 炮8平9

此时兑车必要。如车1平4，车九平八，车4进6（如炮2平3，红兵五进一），炮五进一，红方占先。

9. 车二平三 车8进2　10. 车九平八 炮2平4

红方亮车捉炮缺少一个步骤，应先走兵五进一，打通中路后再亮车，局面要紧凑得多。黑炮平肋伏打死车，争到一步棋，顺水推舟。

11. 车三平一 车1平4　12. 车八进三 车8进6

红方升车盯炮，没有必要，失先。应改走车一平四。黑车侵入下二路反击，佳着。

13. 车一平三 车8平3　14. 车八平七 马7退9
15. 炮五进四 车3进1

吃底相，乘机突破，黑方由此反先得势。

16. 相三进五 车3退1　17. 仕四进五 马3进5
18. 车三平五（图117） 炮9平8!

平炮发动攻击，红车不能挡，妙。

19. 车五平一　炮 8 进 4!

20. 马三退一　……

担子炮又是妙。红如车一进二吃马，炮 4 退 5，打双车。

20. ……　　　炮 4 进 1!

双献炮，兑子抢攻，再是妙。

21. 马一进二　炮 4 平 1

22. 帅五平四　炮 1 进 2

23. 帅四进一　车 4 进 9

24. 车一进二　车 4 平 5

25. 马二退三　炮 1 退 1

双车炮杀局，黑胜。

河北李来群

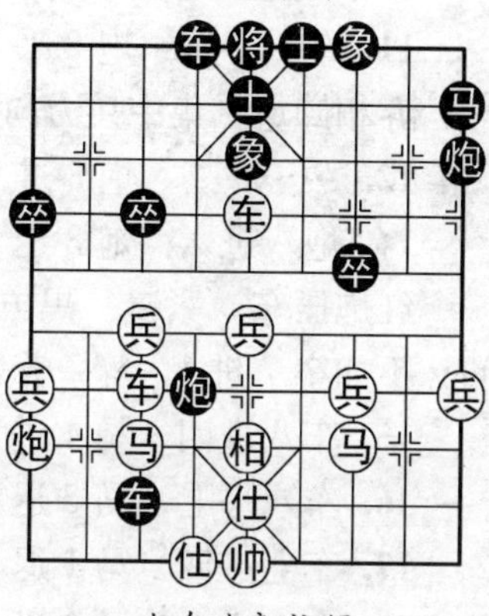

火车头郭长顺

图 117

第 106 局

广东邓颂宏（红先胜）上海朱永康

（1985 年 8 月 25 日弈于兰州）

五九炮对三步虎

1. 炮二平五　马 8 进 7　　**2.** 马二进三　车 9 平 8

3. 兵七进一　象 3 进 5　　**4.** 马八进七　炮 8 平 9

5. 炮八平九　卒 3 进 1

这是粤、沪两位大师在第 2 届“敦煌杯”中的角逐。五九炮对三步虎飞右象开局，黑方挺 3 卒先弃后取，拓展右翼，亦可马 2 进 4 跳象腰马。

6. 兵七进一　车 8 进 4　　**7.** 马七进八　……

跳外肋马，配合五九炮，从边线切入，走得合理。

7. ……　　　车 8 平 3　　**8.** 马八进九　车 3 进 1

9. 车九平八　马 2 进 4　　**10.** 车一进一　车 1 平 2

出车联炮，易受牵制，不如改走炮2平1较为妥当。

11. 车一平六　炮2平3　**12.** 炮五平八　……

弃相卸炮，集中兵力向黑方右翼施压，佳着。

12. ……　炮3进7　**13.** 仕六进五　车3退4

14. 炮八进六　炮3退2

红炮压车，紧凑。黑方退炮有疑问，不如卒7进1，等一着，看一看。

15. 车八进四　马4进3

16. 车八平七　马3退1

17. 车七进四　马1退3（图118）

18. 车六进七！马3进2

19. 车六退二！马2进3

20. 车六退二！……

兑车简化。红方三步运车捉马，占据制高点，走得好。

上海朱永康

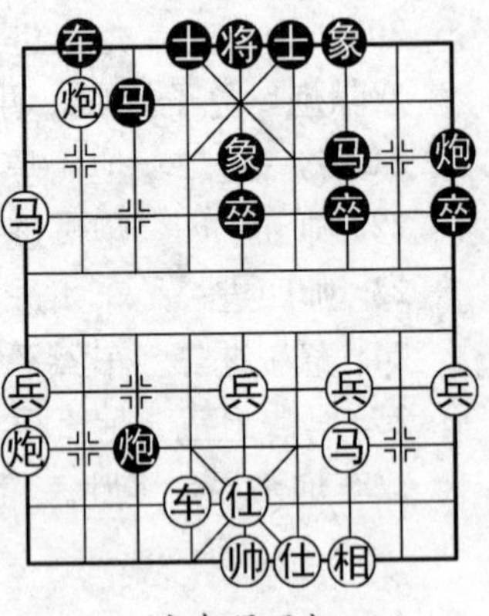

广东邓颂宏

图118

20. ……　马3退2

21. 炮九平八　炮3退4　**22.** 前炮平二　马2进3

开炮攻车。黑如马2退3，马九进八，炮3平2，车六进四，炮9退1，炮二平七，炮9平3，车六平七，红方夺子胜。下面入局。

23. 马九进七！车2平3　**24.** 炮八进七！炮3平4

25. 车六平七　红方夺马胜。

第107局

北京谢思明（红先负）广东黄子君

（1985年11月23日弈于上海）

五七炮进三兵对反宫马

1. 炮二平五　马2进3　**2.** 马二进三　炮8平6

3. 车一平二　马8进7　**4.** 兵三进一　卒3进1

5. 马八进九　象 7 进 5　　**6.** 炮八平七　车 1 平 2

7. 车九平八　炮 2 进 4　　**8.** 兵九进一　……

这是两位巾帼特级大师在“百岁杯”（庆祝谢侠逊先生百岁寿辰）象棋大师邀请赛中的短兵相接。五七炮进三兵对反宫马右炮封车，红方挺边兵稳健。改走兵七进一，卒 3 进 1，兵三进一，卒 7 进 1，车二进四，成“双弃兵”变例，另有激烈变化。

8. ……　士 6 进 5　　**9.** 兵五进一　马 3 进 4

右马盘河，窥视兵林。也可改走车 9 平 6，车八进一，炮 6 进 5，炮七平四，车 6 进 7，车八平三，炮 2 进 2，车二进七，马 7 退 6，马三进二，车 6 平 8，炮五平三，马 3 进 4，炮三进四，马 4 退 6，车三进二，前马进 5，车三平五，卒 5 进 1，成相峙对抗之势。

10. 炮五进四　炮 6 进 5（图 119）

11. 炮五平七？……

一个炮轰中卒，一个肋炮侵宫，双方展开拼抢。红方平炮失误，为黑方所乘。应改走兵五进一，马 7 进 5，兵五平六，马 5 进 4，炮七退一，红方占先。

广东黄子君

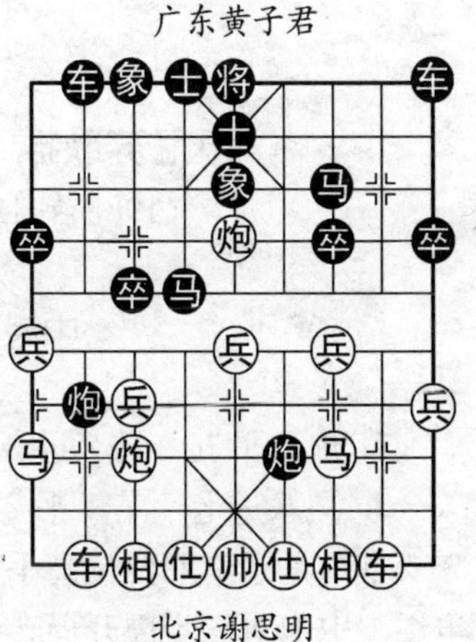

北京谢思明

图 119

11. ……　马 4 进 5!

踏马捉双反击，黑方由此得势，好棋。

12. 炮七退一　……

如炮七平五，炮 6 平 1，相七进九，马 5 进 7，黑方夺子。

12. ……　马 5 进 7

攻中夺马，恰到好处。

13. 车二进七　车 9 平 6!

14. 仕六进五　……

弃马开出贴身车，妙。红如车二平三，炮 6 平 2! 叫杀夺车，黑胜。

14. ……　　　炮 6 退 1

15. 车二平三　车 6 进 3!

16. 前炮平三　炮 6 平 5!

17. 帅五平六　车 6 平 4

18. 炮七平六（图120）　炮 5 平 7!

19. 仕五进六　……

兑炮催杀，精彩。红如炮三退三，炮 2 平 7，相三进五，车 2 进 9，马九退八，炮 7 退 4，黑夺车胜。

广东黄子君

北京谢思明

图 120

19. ……　　　车 4 平 7

20. 车三退一　炮 7 进 3

21. 仕四进五　马 7 进 6　黑胜。

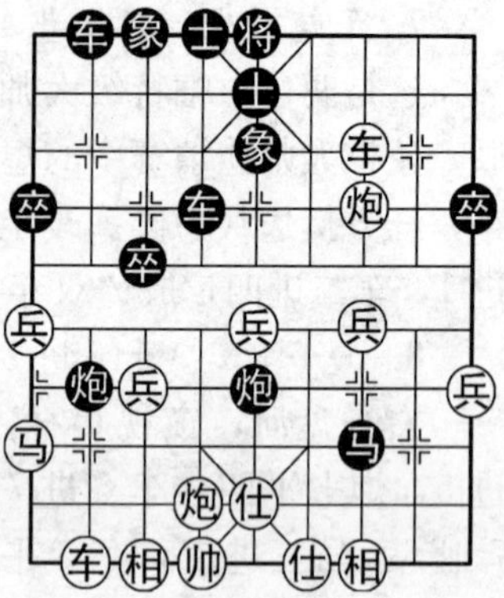

第 108 局

印尼苏耿振（红先胜）泰国谢盖洲

（1985 年 12 月 11 日弈于新加坡）

中炮对三步虎转列炮

1. 炮八平五　马 2 进 3　　**2.** 兵七进一　炮 2 平 1

3. 马八进七　车 1 平 2　　**4.** 马二进一　炮 8 平 5

本局是东南亚两位高手在第 2 届亚洲城市象棋名手邀请赛中的角逐。中炮对三步虎开局转半途列炮，形成对攻场面。

5. 车一平二　马 8 进 7　　**6.** 炮二平三　车 2 进 6

红方平炮亮车成五三炮阵势，亦可改走兵三进一成两头蛇，另有变化。黑方过河车进行牵制，如车 9 平 8，车二进九，马 7 退 8，车九进一，红方先手。

7. 车九平八　车 2 平 3

可车 2 进 3 兑车，马七退八，炮 5 进 4，仕四进五，车 9 进 1，马八进七，炮 5 退 2，黑势足可抗衡。

8. 车二进四 卒 5 进 1

挺中卒有强攻的味道，改走车 9 进 1 较稳健。

9. 车八进二 ……

升车保马，利于双炮活动，佳着。

9. …… 马 3 进 5 **10.** 炮三退一 卒 5 进 1

11. 炮三平七 车 3 平 4 **12.** 炮七平五 车 4 平 3

13. 前炮进二 士 6 进 5 **14.** 前炮进三 象 7 进 5

15. 马一退三 卒 3 进 1

一阵中路拼抢交换，红方多一中兵而占优。现在退马向中心集结，老练。黑如改走炮 1 进 4，马三进五，车 3 平 4，兵五进一，红方占优。

16. 炮五平七 车 3 平 4 **17.** 兵七进一 马 5 进 3

18. 马三进五 马 7 进 5

19. 马七进八（图 121） 车 4 平 5

局面在纠缠中推进。黑车吃兵不如改走车 4 退 1 保持平稳为好。

泰国谢盖洲

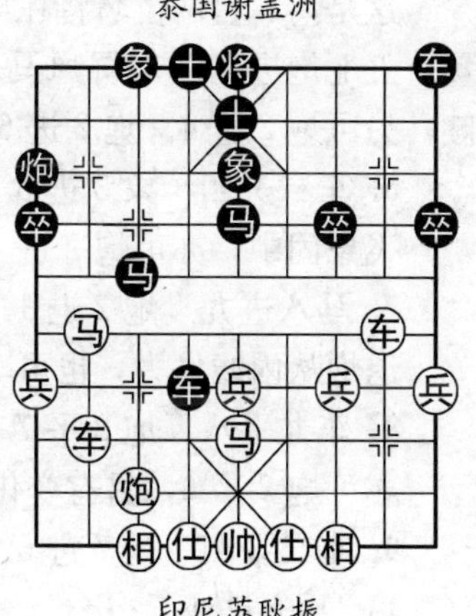

印尼苏耿振

图 121

20. 马八进六！车 5 平 4

21. 马五进四！马 5 进 6

双马腾飞，抢攻得势。黑如改走车 4 退 1，马六进四，士 5 进 6，马四进五，车 4 平 8（如马 3 退 5，车二平六，马 5 进 4，马四进六，将 5 平 6，炮七平四，马 4 退 6，车八平四，红方胜势），马五退七，士 4 进 5，炮七进八，象 5 退 3，车八进七，将 5 平 6，车八平七，将 6 进 1，车七平一，红方胜势。

22. 马六进四！……

进马暗藏杀机。

22. …… 车9平7?

随手平车，败着。应先车4平5先打帅再平车，黑方无碍。

23. 马四进三！……

弃马打将，杀！下面：车7进1（如将5平6，红车二平四），炮七进八！象5退3，车二进五，红胜。

第109局

香港地区黄福（红先胜）台湾地区吴贵临

（1985年12月11日弈于新加坡）

五七炮对屏风马

1. 炮二平五 马8进7 **2.** 马二进三 车9平8

3. 车一平二 马2进3 **4.** 兵七进一 卒7进1

5. 炮八平七 炮8进2

这是港、台两位名将在第2届亚洲城市象棋名手邀请赛中的较量。五七炮进七兵对屏风马，是传统的老式开局法，黑炮巡河稳健，另可炮2进4、炮2进6，竞争性比较强。

6. 车二进四 象3进5

飞象固中，亦可炮2进4。

7. 马八进九 炮2退1

退炮从内线发力，也可车1平2或炮2进4。

8. 车九平八 炮2平7

亦可炮2平6，另有变化。

9. 车二平四 马7进6 **10.** 车八进七 炮7进1

11. 兵七进一 ……

强冲七兵，先声夺人，紧凑，如改走兵九进一则比较缓和。

11. …… 炮7平6 **12.** 车四平八 卒7进1

反冲7卒，各攻一翼，针锋相对。

13. 兵七进一 卒7进1 **14.** 炮七进五 炮6平3

15. 兵七进一　卒 7 进 1

16. 兵七进一（图 122）　炮 8 平 7?

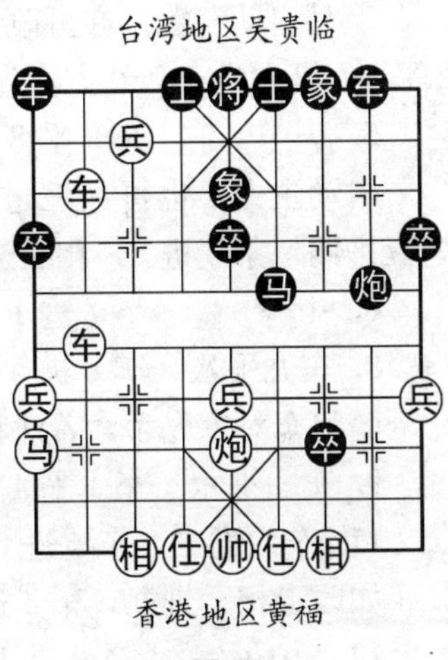

图 122

平炮忽视红方中路攻势，失着，由此一蹶不振。应该改走马 6 退 7，后车平三，卒 7 平 6，车三进三，卒 6 平 5，相七进五（如相三进五，炮 8 进 5，相五退三，车 8 进 6，车八退四，车 1 进 1，车八平七，车 8 平 6，仕六进五，炮 8 退 3，黑方有反击机会），车 8 进 1，车八进一（如车八平七，炮 8 平 3，红方丢兵），炮 8 平 1，马九进七，车 1 进 1。消灭红兵后，呈均势。

17. 炮五进四　士 6 进 5　　**18.** 后车平三　车 8 进 4

如改走象 7 进 9，兵五进一，红优。

19. 车八退二　马 6 退 7　　**20.** 炮五退二　象 7 进 9

21. 炮五平九！……

打死车，红胜。

第 110 局

马来西亚黎金福（红先负）中国胡荣华

（1985 年 12 月 11 日弈于新加坡）

中炮七路马对反宫马

1. 炮二平五　马 2 进 3　　**2.** 兵七进一　炮 8 平 6

3. 马八进七　马 8 进 7　　**4.** 马七进六　……

本局弈自第 2 届亚洲城市象棋名手邀请赛。中炮进七兵对反宫马，红方采用七路快马打法，意在急进。

4. ……　　士 4 进 5　　**5.** 马二进三　……

上马启动右翼。亦可改走炮八平七，象 3 进 5，车九平八，炮 2 平 1，马六进七，红方占先。

5. …… 车 9 平 8 **6.** 车一进一 ……

启动主力。也可兵三进一，炮 2 进 3，马六进五，马 3 进 5，炮五进四，象 3 进 5，相三进五，红方先手。

6. …… 卒 7 进 1 **7.** 炮八平七 象 3 进 5

8. 车九平八 车 8 进 5

骑河车对抢先手，着法积极。

9. 车一平六 车 1 平 4 **10.** 车八进七 车 8 平 4

11. 车六进三 车 4 进 5 **12.** 炮七平九 ……

如改走相七进九，车 4 进 2，炮七平八，马 7 进 6，黑方反先。

12. …… 卒 3 进 1 **13.** 兵七进一 车 4 平 3

弃卒活马，车占 3 路，老练。

14. 兵七平八 ……

如改走炮九进四，车 3 退 1，炮九进三，车 3 平 1，车八进二，士 5 退 4，红方失子。

14. …… 象 5 退 3!

退象轰车，巩固底线，又限制红车活动，细腻的冷着，好棋。

15. 车八进一 车 3 进 4

16. 车八平七？(图 123) 象 3 进 1!

黑车杀底相，赢得对抗筹码。红方平车为什么？自套绳索，败着。应改走兵八进一，还可一战。黑方飞边象，精妙，由此设下困车术。

中国胡荣华

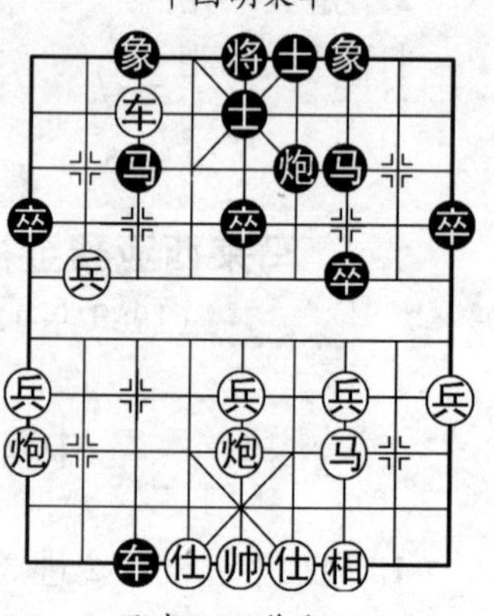

马来西亚黎金福

图 123

17. 炮五进四 ……

如改走车七平六，炮 6 退 1（炮 6 平 4 亦不错），车六退四，马 3 进 2，黑优。

17. …… 将 5 平 4 **18.** 炮九平六 炮 6 退 1!

19. 炮五平六　将 4 平 5　　**20.** 前炮进二　士 5 进 4!

21. 前炮进一　……

只能进炮，也可见前面黑方飞边象之深奥。如象 3 进 5 飞中象，此时红可车七进一，情况就大不一样了。

21. ……　士 6 进 5!　　**22.** 前炮退一　士 5 退 4!

三步动士，巧打死车，黑胜。

第 111 局

泰国刘伯良（红先胜）澳门地区李锦欢

（1985 年 12 月 11 日弈于新加坡）

顺炮直车对横车

1. 炮二平五　炮 8 平 5　　**2.** 马二进三　马 8 进 7

3. 车一平二　车 9 进 1　　**4.** 兵七进一　车 9 平 4

5. 马八进七　马 2 进 3　　**6.** 车二进四　……

本局弈自第 2 届亚洲城市象棋名手邀请赛。顺炮直车对横车双跳正马，红方巡河车稳健，亦可改走兵三进一，成两头蛇阵势，红方先手。

6. ……　车 1 进 1　　**7.** 炮八进二　……

再走巡河炮、阵形四平八稳，无懈可击。

7. ……　车 4 进 5　　**8.** 相七进九　车 1 平 6

9. 仕六进五　车 6 进 5

同样进车，不如车 6 进 7 较为有力。红如接走炮五平六，卒 5 进 1，黑方有拓展机会。

10. 车二平四　车 6 退 1

红方兑车抢先。黑如车 6 平 7，车四平三，车 7 退 1（如车 7 平 6，红马七进六），炮八平三，马 7 退 5，马三进四，红方占优。

11. 炮八平四　炮 5 平 6　　**12.** 兵三进一　车 4 退 2

13. 兵五进一　……

先挺三兵活马，再挺中兵，组织盘头马进攻，好棋。

13. ……　　士6进5　　14. 车九平八　炮2平1

15. 马三进五　车4平8　　16. 车八进六　象3进5

17. 炮四退二　卒3进1（图124）

18. 兵五进一　……

冲中兵寻求突破，抢攻佳着。

18. ……　　卒5进1

19. 车八平三　马7退9

20. 兵七进一　卒5进1

21. 炮五进二　车8平3

22. 马五进七　炮1平2?

红方车双炮双马全方位出击，呈扇形攻势，力在其中。黑方动右炮于事无补，招来红方强攻。不如炮6平7，相三进一，马3进4，还可周旋。

澳门地区李锦欢

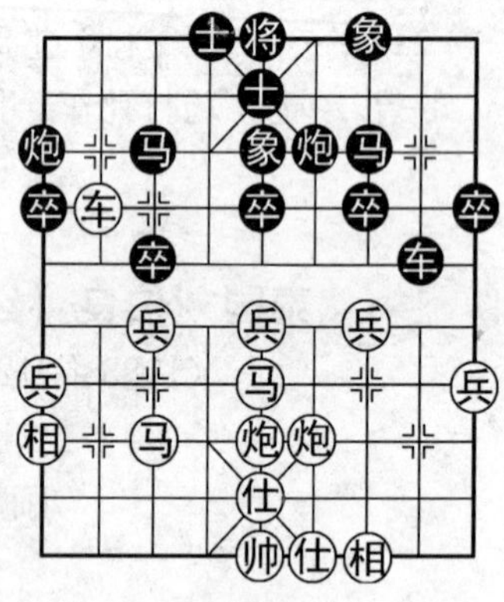

泰国刘伯良

图124

23. 后马进八　马3进2　　24. 炮四平七　……

马跃炮轰，势难阻挡。下面入局，着法为：车3平6，马七进六，车6平3，炮五平七，车3平5，前炮进五，象5退3，马六进七，将5平6，炮七进七，将6进1，车三进二，红胜。

第112局

香港地区翁德强（红先胜）菲律宾姚嘉维

（1985年12月15日弈于新加坡）

中炮进三兵对单提马

1. 炮二平五　马2进3　　2. 兵三进一　车9进1

3. 马二进三　车9平4　　4. 车一平二　马8进9

本局选自第2届亚洲城市象棋名手邀请赛。开局后，走成中炮进三兵对单提马横车局式。

5. 马八进七 炮 8 平 6

平肋炮不及车 4 进 4 控制河沿。红如兵五进一，则炮 8 平 5 反击，这样比较积极。

6. 马三进四 士 4 进 5 **7.** 兵七进一 车 4 进 7

8. 炮五平三 ……

右马盘河、七兵挺进、卸炮转移，红方运子抢先，走得好。

8. …… 象 3 进 5 **9.** 仕六进五 卒 9 进 1

挺边卒缓着，不是当务之急。宜走炮 2 进 2 呼应左翼。

10. 炮三退一 车 4 退 5 **11.** 相七进五 炮 2 进 4

右炮过河不是时候，于攻于守都不利，失先。应改走卒 5 进 1。

12. 车二进七 炮 2 平 9

13. 车九平八 炮 6 进 2（图 125）

14. 炮八进四！车 4 退 2

15. 兵三进一！……

抓住战机：升炮轰退黑车，弃兵窥视底线，佳着。

15. …… 卒 7 进 1

16. 车八进五！卒 3 进 1

17. 车八平七 卒 7 进 1

18. 车七平四 卒 7 平 6

19. 车四进三！……

菲律宾姚嘉维

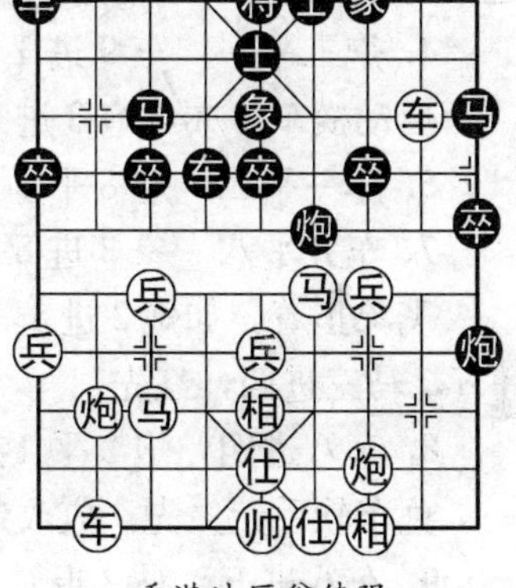

香港地区翁德强

图 125

兑子突破黑方防线，现在车攻象腰，又凶又刁，下面入局。

19. …… 马 3 进 4 **20.** 车二平三 马 9 退 7

21. 车三进一 象 7 进 9 **22.** 炮三进五！象 5 进 7

23. 炮三平二 ……

一气呵成杀局，红胜。至局终，黑方右车一步未动，岂能不败？

第113局

浙江温兴远（红先胜）浙江胡容儿

（1986年3月19日弈于南京）

起马对挺卒

1. 马八进七　卒3进1　　**2.** 兵三进一　马2进3

3. 马二进三　马8进9

本局弈自“三九杯”象棋邀请赛，浙江两位棋手“同室操戈”。起马对挺卒，双方斗散手，形成屏风马对单提马阵势。

4. 炮二平一　车9进1

启动横车，亦可炮8进4，较有针对性。

5. 车一平二　炮8平6　　**6.** 炮八平九　车1平2

7. 车九平八　象3进5

飞象正着。如炮2进4，车二进七，士4进5，炮一进四，车9平7，马三进四，红先。

8. 车八进四　炮2平1?

兑车软手，失先。应改走车9平4。

9. 车八进五　马3退2　　**10.** 车二进一　马2进3

11. 车二平八　车9平8

应车9平4为妥。

12. 车八进三　炮1退2?

同样退炮，应炮1退1。少退一格，此炮的作用要大得多。

13. 马三进四　车8进5　　**14.** 炮一平五　车8平7

15. 马四进五　车7进3　　**16.** 马五退七！……

跃马、踏卒、弃相，再踩卒，红方迅速组织攻势而打开局面。

16. ……　　炮6平8

17. 马七进八　炮8进7

沉炮对攻，破釜沉舟，但难以得逞。不如炮1平2避一手。

18. 车八平七 炮1进1
19. 车七进三 炮1平8（图126）
20. 炮五进五！……

夺马后轰象，先发制人，佳着。

20. …… 车7退1
21. 仕四进五 炮8进7
22. 炮九进四！象7进5
23. 车七平五 士4进5
24. 马八进七！将5平4
25. 炮九进三 ……

下面：将4进1，车五平八，绝杀，红胜。至此，全局结束，红方五个兵一个不少，有趣。

浙江胡容儿

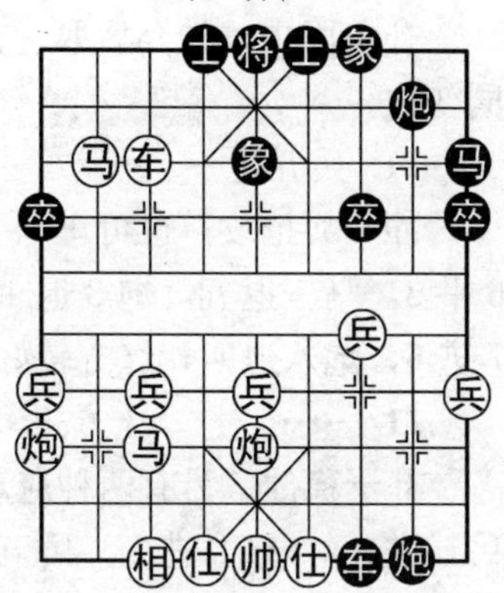

浙江温兴远

图126

第114局

江苏徐天红（红先和）广东吕钦

（1986年9月23日弈于杭州）

中炮七路马对屏风马双炮过河

1. 炮二平五 马2进3
2. 兵七进一 卒7进1
3. 马八进七 马8进7
4. 马二进三 车9平8
5. 车一平二 炮2进4
6. 兵五进一 炮8进4
7. 车九进一 炮2平3
8. 相七进九 车1平2
9. 车九平六 炮3平6

本局选自“青春宝”杯象棋大师邀请赛。黑方平肋炮加强从左侧进行牵制，与车2进6各有千秋。

10. 车六进六 ……

肋车捉马，针锋相对。亦可改走兵五进一从中路进攻，如改走仕四进五则相对平稳。

10. ……　　　象 3 进 5

补象固中，先弃后取。亦可改走象 7 进 5 或炮 6 进 1，另有不同变化。

11. 兵五进一　……

冲中兵抢攻。也可车六平七吃马，黑炮 6 进 1，炮八进五，炮 6 平 3，马三退五，炮 3 退 1，炮五平八，车 2 平 3，车七平六，马 7 进 6，炮八退四，红方较好。

11. ……　　　士 6 进 5

补士稳健。另有两种应着：①炮 6 退 4，兵五进一，炮 6 平 4，兵五进一，士 4 进 5，兵五平六，士 5 进 4，车二进一，红先。②卒 5 进 1，车六平七，炮 6 进 1，马七进八，炮 6 平 2，马八进七，卒 5 进 1，炮五进五，红优。

12. 车六平七　炮 6 进 1（图 127）

广东吕钦

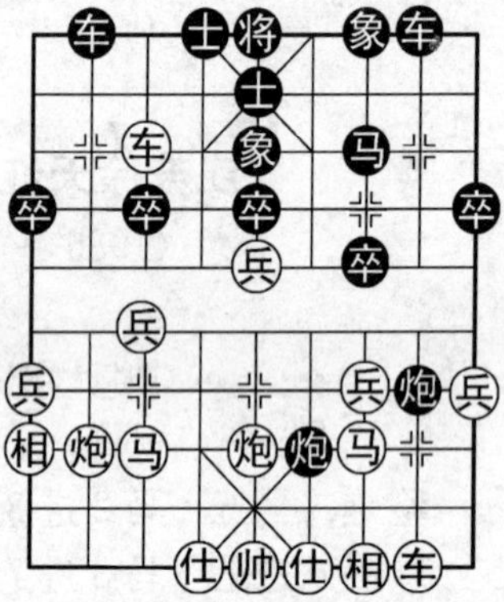

江苏徐天红

图 127

13. 马七进六　……

跃马稳扎。如改走兵五进一，马 7 进 5，车七平五（如车七退一，马 5 进 6，黑方反抢先手），象 7 进 5，炮五进五，士 5 进 6，炮八平四，车 2 进 6，炮四平五，将 5 平 6，车二进一，车 8 进 5。红方弃子强攻，但无有效的控制手段，黑方有反击机会。

13. ……　　　炮 6 平 2

14. 兵五进一　……

如改走马六进五，炮 8 平 1，车二进九（如马五进三，车 8 进 9，马三退二，炮 2 进 2，仕六进五，炮 1 平 3，炮五平七，车 2 进 7，黑有攻势），马 7 退 8，黑方先手。

14. ……　　　马 7 进 5　　　**15.** 炮五进五　……

如改走马六进五，炮 2 平 7，相九退七，车 2 进 6，黑方主动。

15. ……　　　象 7 进 5　　　**16.** 马六进五　车 2 进 4

巡河车左右逢源，照顾全局的好棋。

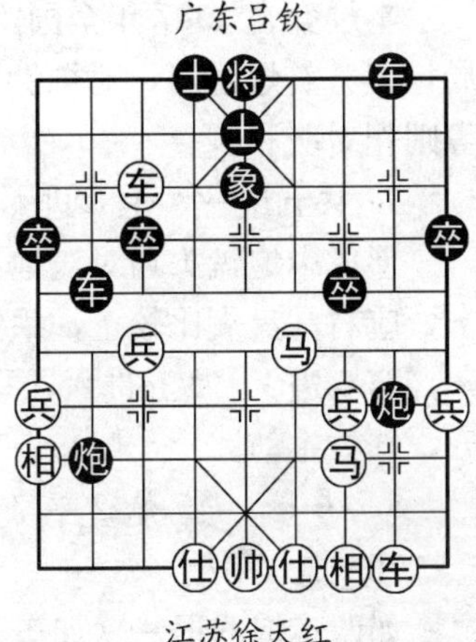

图 128

17. 马五退四（图 128）　……

另有两种着法：①兵七进一，车 2 进 1，红方虽过兵，但子力不畅，黑方易走。②车七退一，车 2 平 5，仕四进五，炮 2 平 3，车七平八，车 8 进 3，黑先。

17. ……　　卒 7 进 1

18. 兵三进一　车 2 平 5

19. 仕六进五　炮 8 平 5

20. 马四退五　……

黑方弃卒、打帅、兑子，走得漂亮。红如改走相三进五，车 8 进 9，马三退二，车 5 进 1，黑方占先。

20. ……　　车 8 进 9　　**21.** 马三退二　炮 2 退 2

22. 兵三进一　炮 2 退 1　　**23.** 马二进三　……

黑方两步退炮打兵佳着。红如改走兵三进一，车 5 平 7，车七退一，炮 2 平 5，黑有攻势。

23. ……　　炮 2 平 7　　**24.** 马三进五　车 5 进 2

25. 车七退一　炮 7 平 5

改走车 5 平 7 再作争取为好。现在平炮打马兑子，双方同意成和。

第 115 局

宁夏张世兴（红先负）福建蔡忠诚

（1987 年 4 月 24 日弈于福州）

中炮横车七路马对屏风马双炮过河

1. 炮二平五　马 8 进 7　　**2.** 马二进三　卒 7 进 1

3. 兵七进一　车 9 平 8　　**4.** 马八进七　马 2 进 3

5. 车一进一　象 3 进 5　　**6.** 车一平四　炮 2 进 4

本局弈自1987年全国团体预赛。中炮横车七路马对屏风马开局，黑方右炮过河，对抗性着法，如士4进5、炮8平9、炮8进2等则相对缓和。

7. 兵五进一　炮8进4　　**8.** 马七进五？……

形成中炮盘头马对双炮过河阵势。红方左马盘头，右翼易遭反击，应右马盘头比较正，举例如下：马三进五，士4进5，兵五进一，卒5进1，马五进六，马3进5，马六进八，车1平3，车四进五，红方主动。

8. ……　炮2平7　　**9.** 相三进一　车1平2

10. 炮八平七　……

如改走炮八退一（如车九进二，黑车2进6），马7进6，车四进四，车2进8，兵五进一，车2平7，黑方有攻势。

10. ……　马7进6！

跃马，弃子抢攻，有魄力。

11. 车四进四　车2进8（图129）

12. 兵五进一？……

冲中兵强攻，引来黑方激烈反弹，“过强易折”，不妥。应改走仕四进五慢慢来，以后战程长着呢。

12. ……　车2平7

车开左翼，与红方拼抢，以侧攻对中攻，看谁速度快，发力狠。

13. 兵五进一　炮8进3

14. 相一退三　炮8平9

福建蔡忠诚

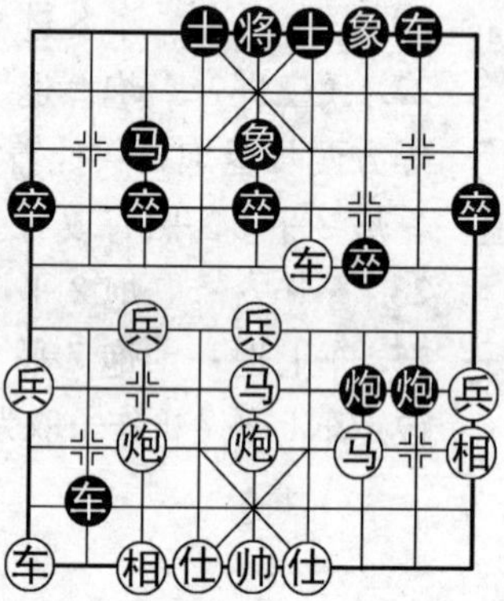

宁夏张世兴

图129

15. 兵五进一　车7进1　　**16.** 马五进六　……

如改走兵五平六，士4进5，马五进六，象7进5，马六进五，车7退2，帅五进一（如仕四进五，黑车7平5），车8进8，车四退四，车7平5，相七进五（如帅五进一，车8平6，兵六平七，士5退4，帅五平六，车6退5，黑优），炮9退1，兵六平七，炮9平6，黑方占优。

16. …… 马 3 进 5 **17.** 兵五平四 士 6 进 5

18. 兵四进一 ……

车兵临杀，且看黑方动作。

18. …… 车 7 退 1 **19.** 仕四进五 车 8 进 9

20. 仕五退四 车 8 退 8! **21.** 仕四进五 车 8 平 6!

弃车杀兵，解杀还杀，妙。

22. 车四进三 炮 7 平 8

捷足先登，黑胜。红方左车一步未动，奇哉。

第 116 局

广东吕钦（红先胜）湖北李望祥

（1987 年 4 月 25 日弈于福州）

仙人指路对卒底炮

1. 兵七进一 炮 2 平 3 **2.** 炮二平五 象 7 进 5

这是粤、鄂两位大师在 1987 年全国团体预赛上的争斗。仙人指路对卒底炮，转而成中炮进攻，黑方飞左象是一种选择，但比较多见的是飞右象（象 3 进 5）或炮 8 平 5 斗顺炮，各有不同变化。

3. 马八进九 马 2 进 1 **4.** 车九平八 车 1 进 1

5. 马二进三 ……

跳马启动右翼，亦有兵九进一，车 1 平 4，马九进八，车 4 进 5，马八进九，车 4 平 2，车一进二，士 6 进 5，炮五退一，马 8 进 9，车一平六，炮 3 退 1，马二进三，车 9 平 6，炮五平八，红方先手。

5. …… 车 1 平 4 **6.** 兵九进一 车 4 进 3

升车嫌早了一点。应先走马 8 进 6 保护中路较为稳妥。

7. 车一平二 士 6 进 5

红方亮车出动主力。亦可炮五进四，士 6 进 5，炮五平九，连两卒，红优。黑方补士不及先走马 8 进 6。

8. 炮八进六　炮 8 平 6

平士角炮，左翼闭塞，局势被动。可改走炮 8 进 2，车八进七，炮 3 进 3，车八平九，车 4 平 2，车九进一，马 8 进 7，兵三进一，炮 8 平 3，马三退五，车 9 平 6，黑方弃子抢先，尚可一搏。

9. 车二进八　炮 3 退 1　**10.** 车二退二　马 8 进 6

11. 仕六进五　炮 6 进 1

补仕固中，良好的等着，观察动静再作计较，老练。黑如车 9 平 8，车二平三，炮 6 进 6，车三平一，炮 6 平 7（如车 8 进 6，红炮五平七），相三进一，红方多兵占优。

12. 车二退二　卒 7 进 1

13. 炮八平九　车 9 平 8

14. 车二平四　车 8 进 3

15. 炮九进一　炮 6 退 1（图 130）

16. 兵五进一！马 6 进 8

17. 兵五进一！车 4 平 5

18. 车八进三！……

疾弃中兵，打开通道，继而升车兵林，形成全方位进攻态势，黑方已难抵挡，走得好。下面入局。

湖北李望祥

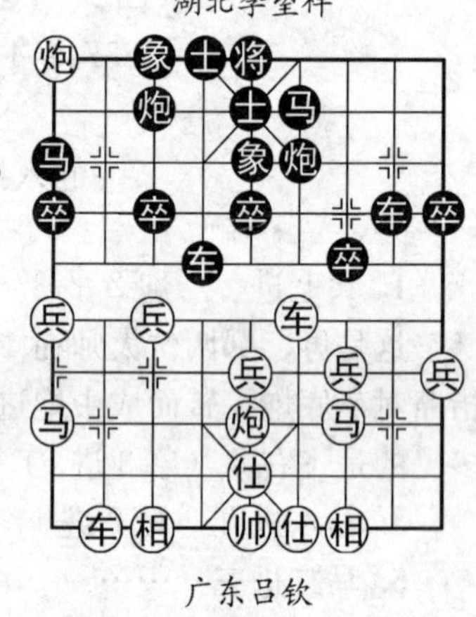

广东吕钦

图 130

18. ……　马 8 进 6

19. 车四平六　车 5 进 1

20. 车六进四　炮 6 退 1

21. 车八进六　……

底线杀势，红胜。全局弈完，仅损失一个小兵，其余 31 子俱在，堪称奇观也。

第 117 局

山东王秉国（红先负）福建郭福人

（1987 年 4 月 24 日弈于福州）

五六炮过河车对屏风马左马盘河

1. 炮二平五　马 8 进 7　　**2.** 马二进三　卒 7 进 1

3. 车一平二　车 9 平 8　　**4.** 车二进六　马 2 进 3

5. 炮八平六　马 7 进 6

本局选自 1987 年全国团体预赛。中炮过河车对屏风马，演成五六炮攻左马盘河，双方“离谱”而走，驶入“不定式”的布局轨道，在变化中寻求战机。

6. 马八进七　车 1 进 1　　**7.** 车九平八　车 8 进 1

双横车相连，左右生根，阵形稳固，着法得体。

8. 炮五进四？卒 7 进 1！

抢卒攻中，太急。应车二平四赶马后再动中炮，能持先手。黑方冲卒欺车，针锋相对。

9. 炮六进三　马 3 进 5

10. 车二平五　炮 2 平 5

11. 炮六平五（图 131）　炮 5 退 1

中路攻防战，黑方退炮窝心，寓守于攻，佳着。

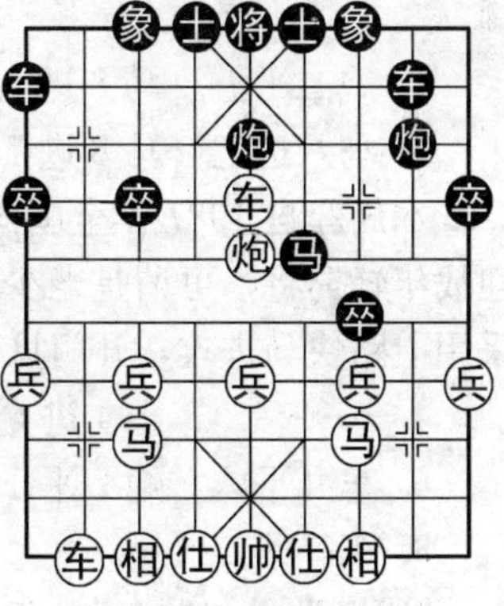

图 131

12. 车五平四　炮 8 平 5

双炮联动，弃马抢攻，好棋。

13. 车四退一　卒 7 进 1

14. 马三退五　后炮进 3　　**15.** 车四平五　车 1 平 6

双车炮卒四子联攻，声势浩大。红方双马窝居，中车被钉，得子失势很难过。

16. 马七退九　车 8 进 4　**17.** 马五进七　车 6 进 3
18. 车五进一　卒 7 进 1　**19.** 仕六进五　卒 7 进 1
20. 车五退二　……

小卒疾冲，势不可当。红如改走相三进五，卒 7 平 6，黑方有杀势。

20. ……　卒 7 进 1

杀底相，弃车伏杀，妙。

21. 车八进四　卒 7 平 6

杀仕，双车入局。

22. 仕五退四　车 8 进 4　**23.** 帅五平六　车 6 进 4

黑胜。

第 118 局

广东杨官璘（红先负）四川李艾东

（1987 年 4 月 26 日弈于福州）

中炮七路马对反宫马

1. 炮二平五　马 2 进 3　**2.** 兵七进一　炮 8 平 6
3. 马八进七　马 8 进 7　**4.** 马七进六　……

本局弈自 1987 年全国团体预赛。有“魔叔”尊称的特级大师迎战年轻蜀将，可谓是老少之战。中炮对反宫马，红方缓动右翼，采用七路快马进攻，开门见山，立竿见影。

4. ……　士 4 进 5　**5.** 炮八平七　象 3 进 5
6. 车九平八　炮 2 平 1　**7.** 马二进三　车 9 平 8
8. 车一平二　……

“暗车”兑“明车”，布局中常用的手段。

8. ……　车 8 进 9　**9.** 马三退二　卒 7 进 1
10. 车八进三　车 1 平 4　**11.** 马六进七　炮 1 退 2
12. 车八进四？……

兵林车占位非常重要，此时擅离攻马，引起“头重脚轻”，失先。

应改走马二进三，让内线协调起来，下面冲中兵，红方可占先手。

12. …… 马7进6（图132）

13. 马七进五？ ……

贪象兑子，失察而轻率，败着。应改走马二进三，慢慢来，不能急。

13. …… 象7进5

14. 炮七进五 马6退4！

回马金枪，一着扭乾坤。红方贪子后果由此暴露。

15. 车八退一 ……

如车八平九，马4进2，黑方捉双夺子。

15. …… 马4进3！

四川李艾东

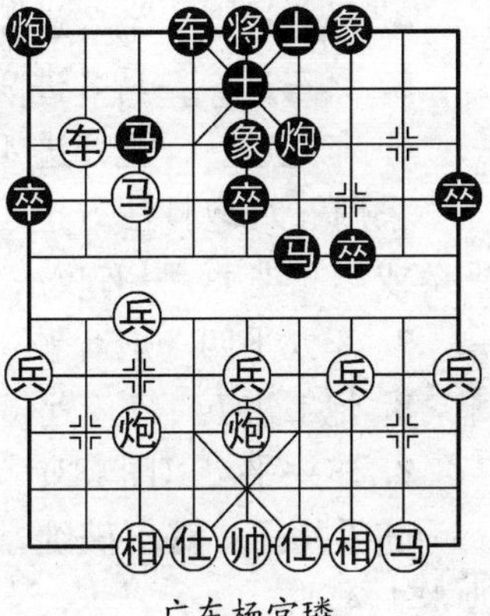

广东杨官璘

图 132

16. 车八平七 马3进4！ **17.** 帅五进一 车4平2！

18. 帅五平四 车2进8！ **19.** 仕四进五 炮6退1！

车马炮反击，顷刻形成杀势，走得漂亮。

20. 帅四退一 炮1平3！

车马催杀，黑胜。“诸葛亮一生谨慎，唯有失街亭”。杨官璘下棋一生慎重，极少漏着，此局却是例外，真是“魔叔、诸葛惺惺相惜”，令人叹息。

第119局

黑龙江赵国荣（红先胜）湖南马有共

（1987年4月27日弈于福州）

飞相局对中炮

1. 相三进五 炮2平5 **2.** 马二进三 马2进3

3. 炮八平六 ……

本局出自1987年全国团体赛。飞相对中炮，红方平仕角炮，准备反宫马应对，亦可马八进七，采用屏风马，另有变化。

3. ……　　　车 1 平 2

4. 马八进七　卒 3 进 1

5. 兵三进一　马 8 进 9

6. 车九进一　炮 8 进 4

采用五八炮打法，也可改走炮 8 平 7 或车 9 进 1，另有攻法。

7. 车九平四　炮 8 平 3

8. 炮二进五　车 9 平 8

9. 车一平二（图 133）　马 3 进 4?

随手跳马，露出破绽，失着。应改走士 4 进 5。

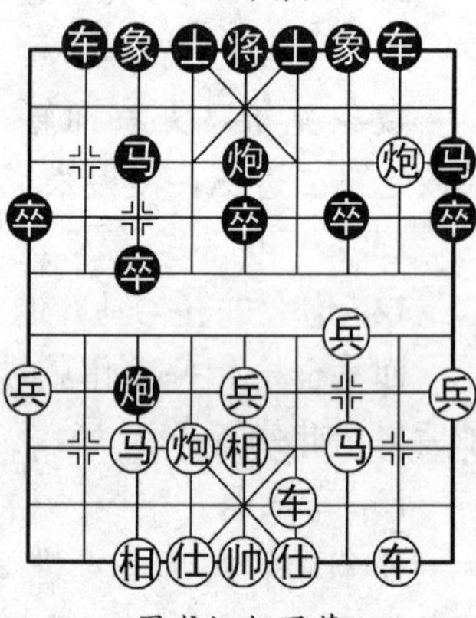

图 133

10. 炮六进七！车 2 进 7

挥炮轰士，乘虚而入，时不待我，战机来临。黑如改走将 5 平 4，车四平六，将 4 平 5，车六进四，卒 3 进 1，炮二退一，红优。

11. 炮六平四　车 8 进 1　　**12.** 车四进四　车 2 平 3

13. 车四平六　炮 3 进 3

如改走象 3 进 1（如将 5 平 6，车六进四，炮 5 退 2，马三进四，红优），炮四退五，炮 3 进 3，相五退七，车 3 平 7，炮四平五，红方占优。

14. 相五退七　车 3 平 7　　**15.** 炮四平七　……

斩双士再破象，黑方败象已露。

15. ……　　　炮 5 进 4　　**16.** 车二进三　炮 5 退 2

17. 车二平六　……

弃炮开车叫杀，凶狠。下面入局。

17. ……　　　车 8 进 1　　**18.** 前车进四　将 5 进 1

19. 后车进五　将 5 进 1　　**20.** 车六平五　将 5 平 6

21. 车五退三　车 8 进 2　　**22.** 车五进二　车 7 退 2

23. 车六退一　炮 5 退 2　　**24.** 炮七退二　……

双车炮杀，红胜。

第120局

广东刘星（红先负）火车头崔岩

（1987年4月27日弈于福州）

五六炮对屏风马

1. 炮二平五　马8进7　**2.** 马二进三　马2进3

3. 炮八平六　……

这是南、北两位大师在1987年全国团体赛中的角逐。中炮对屏风马开局，红方此时摆下五六炮，虽不能说有什么问题，但缺乏布子目标，不如车一平二、马八进九或冲三、七兵。

3. ……　车1平2　**4.** 马八进七　车9平8

5. 车一平二　……

黑方双车先后开出，以逸待劳。红方出车被黑炮封堵，不理想。宜改走兵三进一，卒3进1，炮六进四，局面比较灵活。

5. ……　炮8进4　**6.** 兵七进一　卒7进1

7. 车九进一　士4进5　**8.** 车九平四　象3进5

9. 仕四进五　……

补仕刻板，不如改走兵五进一为好。

9. ……　炮2进4　**10.** 兵五进一　车2进4

11. 车四进五　炮2平3　**12.** 相七进九　马7进6

13. 兵五进一　……

如改走炮六进一，马6进7，车二进三，车8进6，炮六平二，马7进5，相三进五，车2进3，黑方反先。

13. ……　车2平5　**14.** 马三进五　车5进2

15. 车四退一　车5平7

兑马以后，黑方车双炮控制兵林又多卒，优势已经确立。

16. 炮六进四　炮8进1

17. 车四进三?（图134）……

进车象腰，攻不到位，守不着边，劣着。应改走仕五进四，积极周旋才好。

17. ……　　炮 3 平 5!

18. 炮六退四　……

黑炮镇中路攻守兼顾，好棋。红如马七进五，炮 8 平 1，黑方叫杀夺车胜势。

18. ……　　炮 8 平 6!

献炮精妙冷着，一剑封喉。

19. 炮六平四　……

如改走车二平一，炮 6 平 4，黑方车炮胜势；如车四退六，车 8 进 9，车四退二，车 7 进 3，黑胜。

火车头崔岩

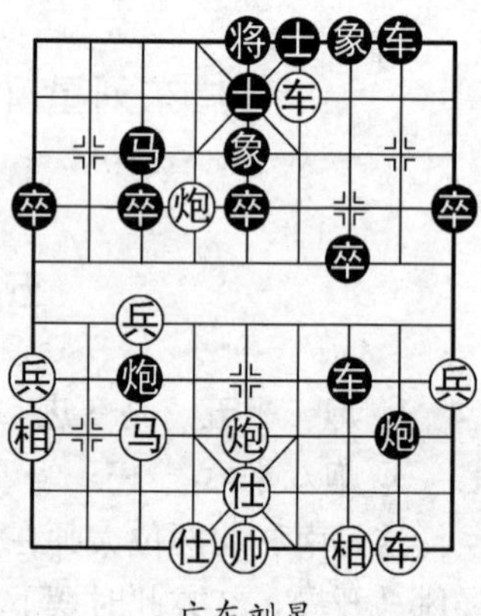

广东刘星

图 134

19. ……　　车 8 进 9　　**20.** 炮四退二　车 8 平 7

21. 马七进六　炮 5 退 1　　**22.** 车四退四　卒 5 进 1

23. 马六进七　卒 7 进 1　　**24.** 车四进一　后车平 4

25. 车四平五　卒 7 平 6

下一手出将，黑胜。

第 121 局

广东吕钦（红先胜）安徽蒋志梁

（1987 年 4 月 29 日弈于福州）

仙人指路对起马

1. 兵七进一　马 8 进 7　　**2.** 马八进七　卒 7 进 1

3. 炮二平五　马 2 进 3　　**4.** 马二进三　车 9 平 8

5. 车一进一　象 3 进 5　　**6.** 车一平六　……

这是粤、皖两位名将在 1987 年全国团体赛上的交锋。仙人指路对起马开局，演成中炮横车七路马对屏风马，红方开车占肋是一种老式打法，流行的着法是车一平四。另如改走马七进六，炮2进4，相三进一，炮2平7，车九平八，车1平2，炮八进五，炮8进6，成对峙抗衡之势。

6. …… 马7进6 **7.** 炮八进一 炮8平6

平肋炮亮车，也可改走炮2进2。

8. 车六进四 马6退7 **9.** 兵五进一 士4进5

10. 马七进五 卒3进1

黑方随机应变，转屏风马为反宫马，灵活。现挺卒赶车，巩固河沿。

11. 车六进三 马7进6 **12.** 兵七进一 象5进3

13. 车九进一 象7进5 **14.** 兵五进一 马6进5

15. 马三进五 卒5进1 **16.** 马五进七 卒5进1

挺中卒正着。如改走炮2进2，炮八平五，车8进3，后炮进三，炮2平5，马七进五，红方有攻势。

17. 炮八进一（图135） 炮6进3

攻守相峙，双方咬得很紧。黑方伸炮贪子，失着。一步不慎输满盘。应改走卒5进1，马七退五，车8进3，马五进七，炮2进2，黑方严阵以待。

安徽蒋志梁

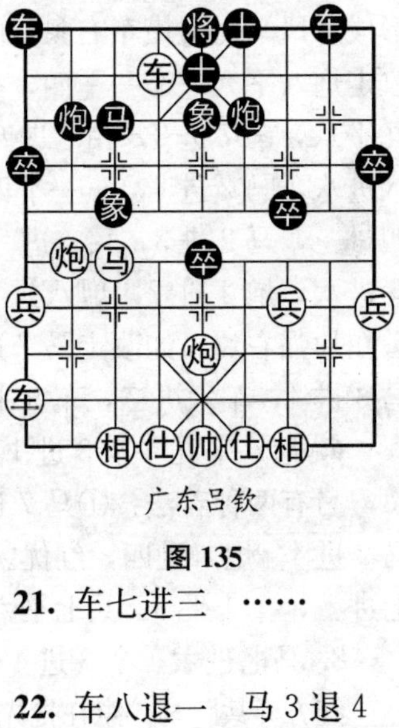

广东吕钦

图135

18. 炮八平五！……

弃马轰兵，好棋。

18. …… 炮6平3

19. 车九平七 车1平4

20. 车六平八 车4进6 **21.** 车七进三 ……

追回一炮又有攻势，黑势危也。

21. …… 炮2进4 **22.** 车八退一 马3退4

23. 车七进一 ……

破相撕开黑方防线，下面入杀。

23. …… 炮2平7 **24.** 后炮进五！马4进5

25. 车七进四 ……

下面：车4退6，车八进二！红胜。

第122局

辽宁赵庆阁（红先胜）安徽蒋志梁

（1987年5月7日弈于北京）

起马对挺卒

1. 马二进三　卒7进1　　**2.** 兵七进一　马8进7

3. 马八进七　车9进1　　**4.** 车一进一　象3进5

5. 车一平六　车9平3

这是南北国手对抗赛中的一盘对局。双方由起马对挺卒开局，形成屏风马对左横车右象的阵势。红方横车占肋，抢出主力，亦可改走炮八平九或车一平四，举例如下：①炮八平九，车9平4，车九平八，马7进8，相七进五，车4进5，炮二进五，炮2平8，车八进八，马2进4，车一平四，红先。②车一平四，车9平4，车四进三，马2进3，兵三进一，车4进3，仕六进五，士4进5，马七进八，炮2进2，炮八进三，车4平2，均势。黑方横车过宫，旨在加强右翼。如改走马7进6，车九进一，马2进3，马七进六，马6进4，车六进三，车9平7，相七进五，红方占先。

6. 炮八平九　卒3进1　　**7.** 车九平八　马7进8

另有两种着法：①马7进6，车六进四，马6进7，兵七进一，马2进4，炮二进四，红优。②车3平4，车六进七，马2进4，兵七进一，车1平3，兵七平六，红优。

8. 马七进六　卒3进1　　**9.** 马六进四　炮8进5

红方弃兵跃马，意在抢先。黑方兑炮嫌躁，宜改走车3平4较稳。

10. 炮九平二　炮2进3

高炮有嫌局势浮动，不及炮2平3为好。

11. 炮二平一　车3进3

进车失先，应改走马2进1。

12. 马四进六 马2进4（图136）

现在只能跳转角马。如误走马2进1，红马六进八捉双车。又如改走车3退1，红炮一进四。

13. 马三退五 马8进7

14. 炮一平七 ……

红方马退窝心，右炮左移，抢先取势，着法有力。

14. …… 马7进8

15. 马五进三 卒3平4

16. 车八进四 车3进3

17. 车八进四 马4进3

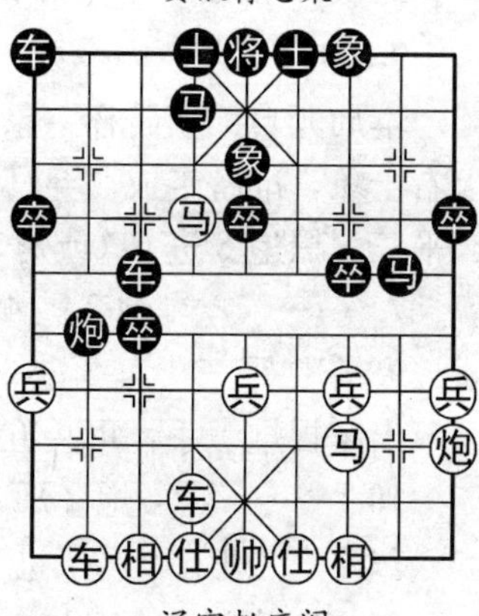

图 136

进车捉马，发动卧槽进攻，好棋。黑如改走马8退6，车六平四，马4进3，车八平四，车1平3，后车进一，红方得子胜定。

18. 马六进七 马3退4

19. 车六进三 士4进5

撑士更为被动。可改走车1平3，车六进四，后车进1，车八平七，车3平7，仕六进五，车7退1，虽处下风，但还可周旋应付。

20. 车六进四 车1平4

败着，应改走车1平3，不致速败。

21. 车六退七 ……

退车抽将，黑方无法应付。红胜。

第123局

火车头郭长顺（红先负）河北刘殿中

（1988年6月17日弈于沈阳）

中炮过河车对屏风马

1. 炮二平五 马8进7

2. 马二进三 卒7进1

3. 车一平二 车9平8

4. 车二进六 马2进3

5. 兵七进一　士4进5　　**6.** 马八进七　象3进5

7. 炮八平九　……

本局弈自“墙砖杯”象棋大师赛。中炮过河车对屏风马，黑方上右士象，准备走成“弃马局”变例。红方开边炮稳扎稳打，如车二平三，黑炮8进6（或炮2进4），弃子对抢攻势。

7. ……　炮2进4　　**8.** 兵五进一　炮8平9

9. 车二平三　车8进2　　**10.** 车九平八　……

出车捉炮缓手，可兵五进一从中路直接取势。

10. ……　炮2平4　　**11.** 马七进六　车1平4

12. 马六进五　马7进5　　**13.** 炮五进四　马3进5

14. 车三平五　车8进4（图137）

15. 车八进三？……

进车盯炮无作用，失先。应改走车五平一，红方可多兵占先。

15. ……　车8平7

16. 相三进五　……

同样飞相，应改走相七进五。

16. ……　炮9进4

17. 车五平一　……

可改走马三进一，车7平9，炮九进四，红势仍不差。

河北刘殿中

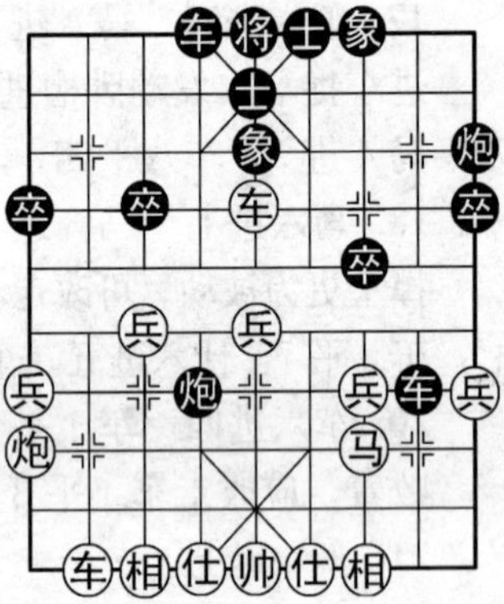

火车头郭长顺

图137

17. ……　炮9平8

18. 车一平二　车7平6　　**19.** 仕四进五　卒7进1

黑方7卒渡河，已经反先。

20. 炮九进四　卒7进1　　**21.** 马三退一　炮8平9

22. 车二平一？……

跟炮失着。应改走车二平四，车6平5，车四退二，保持对峙。

22. ……　车6进2　　**23.** 马一进三　……

如马一退三，炮4平5，黑方有攻势。

23. ……　　炮9平8　　24. 车一平二　车6平7

黑方夺马胜。

第124局

辽宁尚威（红先负）黑龙江孙志伟

（1988年6月17日弈于沈阳）

过宫炮对中炮

1. 炮二平六　炮8平5　　2. 马二进三　马8进7

3. 车一平二　马2进3　　4. 马八进七　……

本局选自“墙砖杯”象棋大师赛。过宫炮对中炮，红方跳马似不及兵七进一较为灵活和开扬。

4. ……　　卒3进1　　5. 车二进四　车9平8

6. 车二平六　车8进4　　7. 仕六进五　士4进5

8. 炮八进四　……

进炮抢先，积极有力。

8. ……　　炮5平4　　9. 炮八平三　象3进5

10. 车六平八　……

避兑正着。如炮六进五，炮2平4，红方双马呆滞。

10. ……　　炮2退2　　11. 相七进五　炮2平3

12. 车八平三　……

平车放马出槽，不够严密，不如改走车九平八作一等待。黑如卒3进1，兵七进一，马3进4，兵七进一，炮4进5，仕五进六，炮3进7，兵七平六，车8平4，仕四进五，红方占优。

12. ……　　马3进2　　13. 车九平八　马2进3

14. 马七退六　象7进9　　15. 车八进六　卒1进1

16. 马六进八　马3退4　　17. 炮六进五　士5进4

18. 马八进六　士6进5

19. 车八退二　车8退1（图138）

20. 马六进八？……

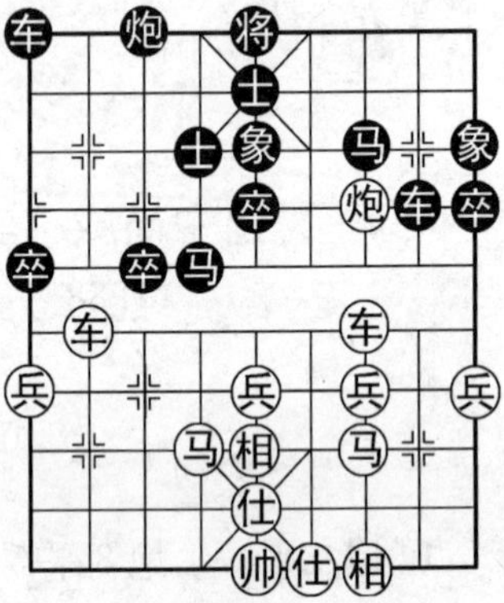

相峙之下，红方“大意失荆州”。同样跳马，应改走马六进五，黑如卒5进1，炮三平八，还是互缠局势。

20. …… 马4退6！

一记“回马枪”，局面顿时改观，好棋。黑优红劣即刻显现。

21. 车三进一 马6进5！

“虎口拔牙”，妙。

22. 车三平四 ……

如车三退一，马5退7，黑方夺炮胜。

黑龙江孙志伟

辽宁尚威

图 138

22. …… 马5进3 23. 车八平三 ……

如车四进一，炮3进3，黑方轰车夺炮胜。

23. …… 车1平2 24. 马八退七 车2进8

25. 马七进六 炮3平4 夺马有势，红方认输。

第125局

安徽蒋志梁（红先胜）江苏徐天红

（1988年9月24日弈于太原）

中炮过河车对屏风马平炮兑车

1. 炮二平五 马8进7 2. 马二进三 马2进3

3. 车一平二 车9平8 4. 兵七进一 卒7进1

5. 车二进六 炮8平9 6. 车二平三 炮9退1

7. 兵五进一 士4进5 8. 兵五进一 ……

本局弈自第3届“天龙杯”象棋大师邀请赛。中炮过河车对屏风马平炮兑车，红方采用急进中兵攻法，如改走炮八平七则另有变化。

8. …… 炮 9 平 7　9. 车三平四 卒 7 进 1

10. 马三进五 车 8 进 8　11. 马八进七 卒 7 进 1

12. 马五进六 象 3 进 5（图 139）

13. 马七进八 ……

形成中马盘河对急冲 7 卒变例。该局式久经不衰，至今仍在流行中。红方弃炮马跃外肋，是 20 世纪 80 年代后期出现的新颖攻着，让人耳目一新。另有马六进七和马七退五走法，均有不同变化。

江苏徐天红

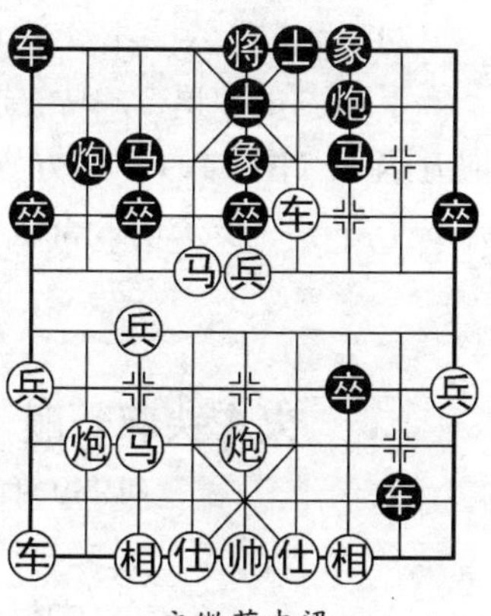

安徽蒋志梁

图 139

13. …… 马 7 进 8

如改走炮 2 进 5，车四进二，炮 7 平 8，马六进七，车 1 平 3，马七退五，红方占优。

14. 车四平三 炮 2 进 5　15. 车三进二 马 8 进 6

16. 车三退五 车 1 平 2

出车捉马，寻求对攻。如马 6 退 4，兵五平六，车 1 平 2，马八进七，车 8 平 4，车九平八（如兵七进一，黑炮 2 进 2 有攻势），车 4 退 4，基本均势。

17. 车八进七 炮 2 进 2?

弃马塞炮硬攻，虽凶但过犹不及，引起红方强烈反弹，失着。应改走马 6 退 4 兑马，局面相对平稳。

18. 马六进七 车 2 进 7

19. 车三平四 马 6 进 8

20. 车九平八！……

弃车杀炮，消除险情，化解黑方攻势，由此反击，好棋。

20. …… 车 2 进 2

21. 兵五进一 车 2 退 7

江苏徐天红

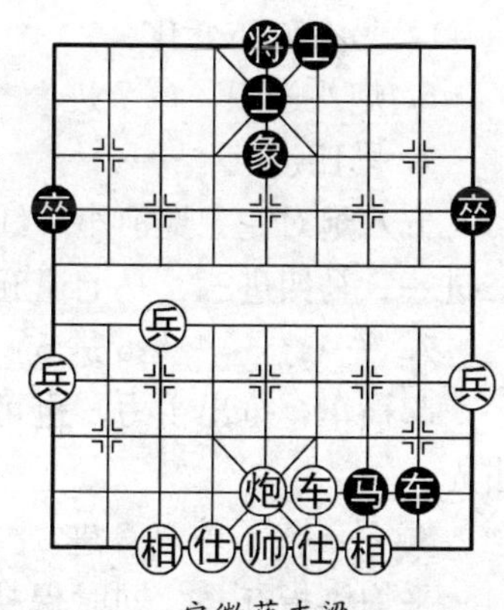

安徽蒋志梁

图 140

22. 兵五进一！……

弃马兵杀象，巧攻夺势，佳着。

22. …… 马8进7 **23.** 车四退二 车2平3

24. 兵五平六 士5进4 **25.** 马七进五 ……

下面：士4退5，马五退六，车3平5，马六进五，象7进5，炮五退一（图140），红方妙手夺马，胜定。至此，红方双相双仕帅5个守子一步未动，奇也。

第126局

火车头郭长顺（红先负）黑龙江赵国荣

（1989年3月2日弈于北京）

中炮进三兵对三步虎

1. 炮二平五 马8进7 **2.** 兵三进一 车9平8

3. 马二进三 炮8平9 **4.** 马八进七 卒3进1

这是少林可乐“棋圣杯”中的一场角逐。双方中炮进三兵对三步虎开局，红方跳正马，如改走兵七进一则成两头蛇阵势。黑方挺卒制马，如改走马2进3，兵七进一，炮2退1（或车1进1、炮2进4），另有攻防变化。

5. 炮八进四 象7进5 **6.** 马三进四 车8进4

7. 马四进五 ……

五八炮对左象巡河车，红方抢中卒先得实惠，另外亦可选择兵三进一、马四进三、马七退五等着法，均有不同变化。

7. …… 士6进5 **8.** 车九进一 ……

起横车，抢出主力，也可改走兵五进一加强中路力量，红方占先。

8. …… 马7进5 **9.** 炮五进四 炮2平3

平炮染指红马，同时保持担子炮的防守阵势。如改走马2进3，炮五退二，卒1进1，炮八平七（改走车一进一亦好），马3进

5，车九平六，车1进3，车六进五，马5进4，车六退二，车1平3，车一进二，红方先手。

10. 兵三进一　卒7进1

弃兵挡车，好棋。黑如改走车8平7，车一平二，炮9平8，兵五进一，马2进1（如车7进1，兵五进一，车7退1，炮八退一，红优），相三进五，车1平2，车九平八，红方占先。

11. 相三进五　……

飞相缓手，与前面弃兵之举似乎脱节，欠紧凑，应改走车一进一。黑如卒7进1或卒3进1（如炮3进4，红车九平二），红均车一平二兑车抢先。黑如炮9平8，相七进五，马2进1，兵五进一，车1平2，车九平八，红方先手。

11. ……　炮3进4　**12.** 车一进一　马2进3

13. 炮五退一　……

失先，同样退炮宜走炮五退二。黑如卒7进1，车一平二，车8平5，车二进八，士5退6，车九平四，士4进5，车二退二，炮9进4，炮八平三，红方有攻势。

13. ……　卒7进1

14. 兵五进一　车1平2

15. 车一平二　炮3平8

平炮挡车佳着，黑方由此反先。

16. 炮八退二（图141）　……

如改走炮八平七，卒7平6，车九平三，炮9平6，黑方先手。

16. ……　卒3进1

送卒保卒，牢牢控制局面，好棋。

17. 相五进七　卒7平6

18. 车九平三　炮9平6

19. 车三进二　炮8进1

20. 车三退一　炮8退2

黑龙江赵国荣

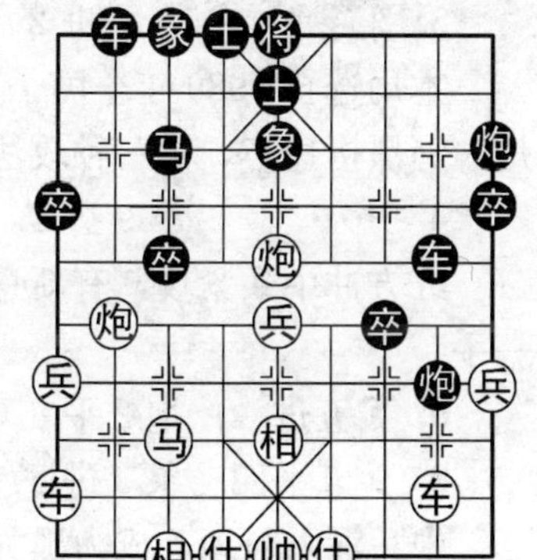

火车头郭长顺

图141

21. 车三平二　炮6平8

22. 后车平四　卒6平5　**23.** 车四进七　后炮退2

24. 炮八平五？……

轰卒失算，造成丢子，败着。应改走相七退五，车8平5（如改走卒5进1，车二平三，炮8平6，炮八平四，红方有攻势），车二进二，炮8平6，相五进七。黑方占先，但红方尚可抵挡和周旋，不致速败。

24. …… 车2进4

高车夺炮，一锤定音。

25. 前炮平四 车8平6

下面：车四平二，车6退4，退车生根保子，黑胜。

第127局

四川陈鱼（红先胜）广东邓颂宏

（1989年10月25日弈于重庆）

中炮对鸳鸯炮

1. 炮二平五 马2进3 **2.** 马二进三 卒7进1

3. 车一平二 车9进2 **4.** 炮八进二 ……

本局选自1989年全国个人赛。中炮对鸳鸯炮开局，红方巡河炮，逼黑挺边卒，是一种攻法，亦可改走炮八平六，另有变化。

4. …… 卒9进1 **5.** 兵五进一 炮2退1

红方冲中兵紧攻，有新意。黑方退右炮嫌急，宜象7进5先防一手。

6. 兵五进一 炮2平8 **7.** 兵五进一 士4进5

8. 兵五平四 象3进5 **9.** 车二平一 卒3进1

中兵深入腹地，成为黑方“心头之患”。黑方挺卒不及车1平2亮车捉炮，红如炮八平七，再挺卒不迟。

10. 马八进七 马3进4

跃马让红兵闯入，不如前炮进4。

11. 兵四进一 前炮进4 **12.** 炮八进三！……

挺兵进炮，左右控制，佳着。

12. ……　　　车9进1

13. 车九平八　车9平6

14. 车一进一　车6进4

15. 车一平六　马4进6（图142）

16. 仕六进五！……

补仕赶车弃马，又可为以后出帅留路，好棋，用意深远。

16. ……　　　车6平7

17. 炮八进二！车7退1

如改走马6进5，帅五平六！士5进6，车八进八！车1平2，车八进一，将5进1，车六进八！红胜。

广东邓颂宏

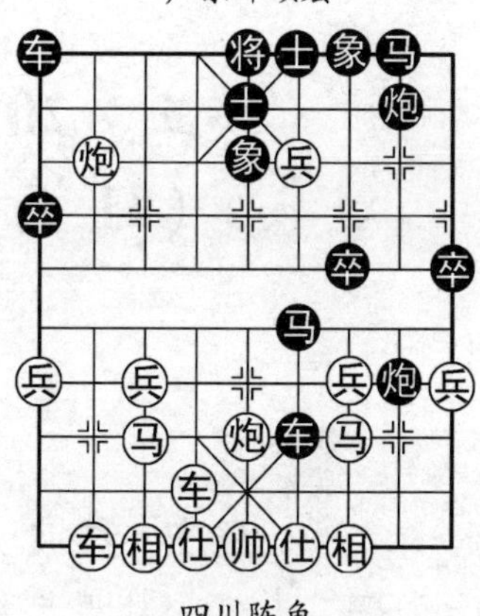

四川陈鱼

图142

18. 兵四进一！后炮进4　　19. 车六进七　马8进7

20. 车八进六　马6进5　　21. 相七进五　前炮平3

22. 车八平三！车1平2　　23. 车三进一　……

兑车抢攻，下面双车兵联攻入局。

23. ……　　　炮8平5　　24. 车三进二　炮3平6

25. 帅五平六！　绝杀，红胜。

五、20 世纪 90 年代
(71 局　128～198)

第 128 局
辽宁卜凤波（红先胜）天津袁洪梁
（1990 年 10 月 14 日弈于杭州）

仙人指路对卒底炮

1. 兵七进一　炮 2 平 3　　**2.** 炮二平五　象 7 进 5

3. 仕六进五　……

本局弈自 1990 年全国个人赛。仙人指路对卒底炮开局，转即形成中炮对飞左象阵势，红方补仕别开生面（一般黑方飞右象才有补仕走法），不落俗套。

3. ……　　马 2 进 1　　**4.** 马八进九　卒 1 进 1

5. 车九平八　车 1 进 1　　**6.** 马二进三　车 1 平 4

7. 车一平二　士 6 进 5

宜先走马 8 进 6 护中为妥。

8. 炮五进四　车 4 进 3　　**9.** 炮八平七　马 8 进 6

10. 炮五退二　车 9 平 8

担子炮已成防线，出车联炮没有必要。可改走马 6 进 5 或车 9 平 6。

11. 车二进四　炮 8 平 6

兑车软手，造成象腰马阻塞不畅。应改走马 6 进 5，以后再走贴身车。

12. 车二平四 车 8 进 6 **13.** 相七进五 车 8 平 7

14. 兵九进一 炮 6 进 2

伸炮作茧自缚。不如卒 1 进 1，虽吃后手，尚可周旋。

15. 车八平六！车 4 平 2 **16.** 车六进六！……

抢兑赶车，车占卒林，红方迅速控制要害，由此确立优势，佳着。

16. …… 炮 6 退 2

进而复退，无奈。

17. 兵九进一 车 2 平 1 **18.** 马九进八 马 6 进 8

19. 马八进七 车 1 退 1

如改走马 1 进 3，车六平七，马 8 进 7，车七平三，红方优势。

20. 车六平五 马 1 进 3

21. 炮七进四 车 1 进 6

22. 仕五退六 炮 3 平 4（图 143）

如改走车 7 进 1，红车五平三；如马 8 进 7，车五平三，都是红方胜势。

天津袁洪梁

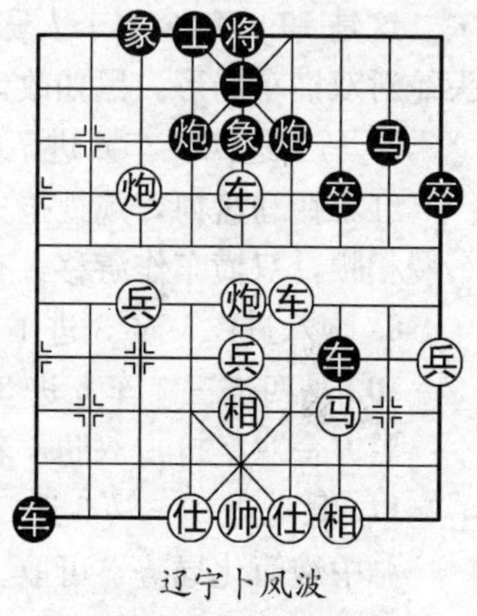

辽宁卜凤波

图 143

23. 车五进一！……

杀象伏杀，一举突破。

23. …… 马 8 进 7

24. 车四进一 将 5 平 6

如改走马 7 进 8，车五平四！士 5 进 6，炮七平五，将 5 平 6，车四进二，红胜。

25. 炮七平四！……

弃车杀，下面：炮 6 进 2，车五平四，红胜。

第129局

四川陈鱼（红先负）火车头付光明

（1990年10月14日弈于杭州）

顺炮直车对横车

1. 炮二平五　炮8平5　**2.** 马二进三　马8进7
3. 车一平二　车9进1　**4.** 马八进七　车9平4
5. 兵七进一　马2进3　**6.** 兵三进一　车1进1

这是1990年全国个人赛中的一盘对局。斗顺炮，形成直车两头蛇对双横车局形。黑如改走车4进5则另有变化。

7. 马三进四　车4进7

红方跃马盘河，窥视抢先，亦可改走相七进九作一手等待。黑车侵相腰，双横车作游移，有针对性。

8. 炮八进二　卒3进1　**9.** 兵七进一　车1平6
10. 马四进三　车6进3

黑方舍双卒抢占双肋，着法强硬，极有对抗性。

11. 兵七进一　马3退5　**12.** 炮八平五　……

兑中炮简化局势，可取。

12. ……　炮5进3　**13.** 炮五进二　……

用炮吃炮，中路站不住。不如兵五进一，以后变化比较多。

13. ……　卒5进1　**14.** 炮五进四　士6进5
15. 车九平八　……

出车让黑炮从容左移，不如兵七进一先拦一下。

15. ……　炮2平6　**16.** 仕四进五　车6退1
17. 兵三进一　车4退2　**18.** 车二进八　车4平3
19. 车二平三　……

兑子不占便宜。可改走车八进二，车6平3，马三退五，前车进1，马五进七，车3平2，车二平三，车2平3，马七退六，炮6

平 3，相三进五，车 3 退 2，车三退一，红方多兵较好。

19. ……　　车 3 进 1（图 144）

20. 车三退一？……

吃马忽略黑方潜在杀势，一步不慎丢全局，失着。应改走相三进五先防一手，尚无大碍。

20. ……　　车 3 平 7！

双车炮顿成杀局，且无法解救，妙。

21. 车三进二　士 5 退 6

22. 相七进五　车 6 进 5！

23. 仕五退四　炮 6 进 7！

破仕，黑胜。

火车头付光明

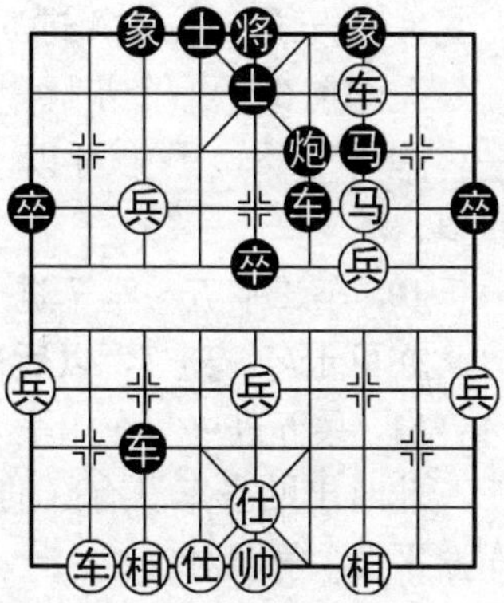

四川陈鱼

图 144

第 130 局

四川黎德玲（红先胜）湖北熊艳

（1990 年 10 月 14 日弈于杭州）

五六炮对反宫马

1. 炮二平五　马 2 进 3　　**2.** 马二进三　炮 8 平 6

3. 车一平二　马 8 进 7　　**4.** 马八进九　卒 7 进 1

5. 炮八平六　……

本局是 1990 年全国女子个人赛的一盘对局。五六炮缓冲兵对反宫马进 7 卒，红方稳扎稳打，也可改走车九进一采用直横车进攻。

5. ……　　象 3 进 5　　**6.** 车九平八　炮 2 平 1

7. 车二进六　车 9 进 2

升车保马似乎早了一点，可先走士 4 进 5，待红车二平三后再高车也不迟。

8. 炮五进四　士 4 进 5　　**9.** 仕六进五　马 3 进 5

兑炮前少了一个步骤。应该车 9 平 8 抢兑一步。红如车二进一，炮 6 平 8，黑势可以。如车二平三则再兑炮，可以抢到一步棋。

10. 车二平五　马 7 进 6

亦可走卒 9 进 1，以后边线出车，乃是不错的选择。

11. 兵五进一　车 1 平 4

此时出贴身车没有好的出路，不如改走马 6 进 7，兵五进一，车 9 平 7，争取对攻。

12. 兵五进一　马 6 进 7　　**13.** 马三进五　车 4 进 6

进车造成底线有落空的感觉，不如炮 1 进 4 抢兵待变为宜。

14. 马五进六　炮 6 进 3?（图 145）

红方跃马，攻势已迫在眉睫，黑方却疏于防范，升肋炮失算，应改走士 5 退 4。

15. 车八进九　士 5 退 4

16. 车八平六！将 5 进 1

底车打将破士攻九宫，一举破城而入。黑如将 5 平 4 吃车，马六进五，将 4 平 5，马五进三，红胜。

17. 马六进七！车 4 退 4

18. 车五平六！炮 6 退 3

19. 炮六进五　……

攻中夺车，奠定胜势。

湖北熊艳

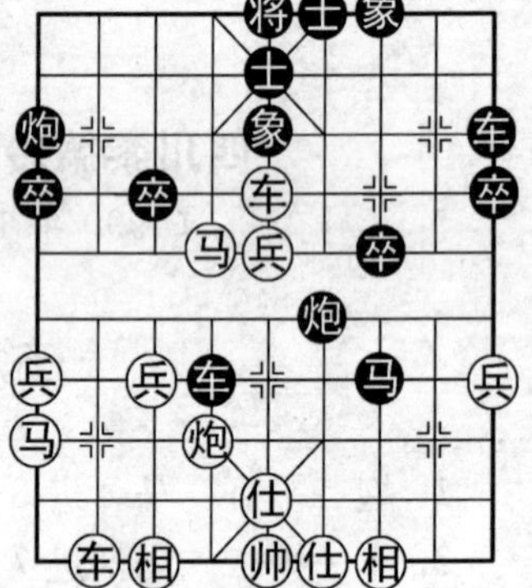

四川黎德玲

图 145

19. ……　炮 1 平 4　　**20.** 后车平二　……

改走后车进一，炮 6 平 4，车六退二，红方亦胜。

20. ……　炮 6 平 8　　**21.** 兵五进一　马 7 退 6

22. 车二平四　马 6 进 4　　**23.** 车四进三　……

已成杀局，红胜。

第131局

河北阎文清（红先胜）湖北柳大华

（1990年10月20日弈于杭州）

仙人指路对卒底炮

1. 兵七进一　炮2平3　　**2.** 炮二平五　象3进5

3. 马二进三　车9进1

这是冀、鄂两位名将在1990年全国个人赛中的较量。仙人指路对卒底炮开局，中炮对飞右象，黑方抢出左横车呼应右翼，也可改走卒3进1先抢兵。

4. 马八进七！卒3进1？

红方稍作思考，即刻跳出七路马，粗看不是撞在卒底炮枪口上吗？恰恰是精心准备的诱饵，兵不厌诈，有新意。黑方挺卒“咬钩”，缺乏临枰心理准备，“无备应有备”，布局阶段即分出优劣，给人以很多教益。应改走车9平4，局面平稳。

5. 兵七进一！……

冲兵弃马，实施既定作战方案，胸有成竹。

5. ……　　炮3进5　　**6.** 车一平二　车9进1

7. 炮八进二　卒9进1

出车捉炮逼黑车“死保”，继而高炮“打死车”，使黑疲于应付。如改走炮3退2，兵五进一，红方有攻势。

8. 炮五进四　士6进5　　**9.** 炮八平九　马2进1

10. 车二进六　马8进7

炮轰中路，左炮轰车吊马，右车过河牵制，红方全线发力。黑如改走卒1进1，炮九平三，红优。

11. 炮五退一　卒7进1　　**12.** 车九进二　炮3退1

13. 车九平四　炮3平7　　**14.** 车四进六　卒1进1

左车迅速开出直插象腰，黑方压力陡增。如改走炮7进3，仕四进五，卒7进1，车四平三，黑难应付。

15. 炮五平九　车1平3

夺回弃子且保持攻势，红方由此确立优势。

16. 后炮进三　……

16. ……　　　车3进4

17. 后炮退一　车3进5

18. 后炮平五（图146）……

中炮一镇，势不可当。

湖北柳大华

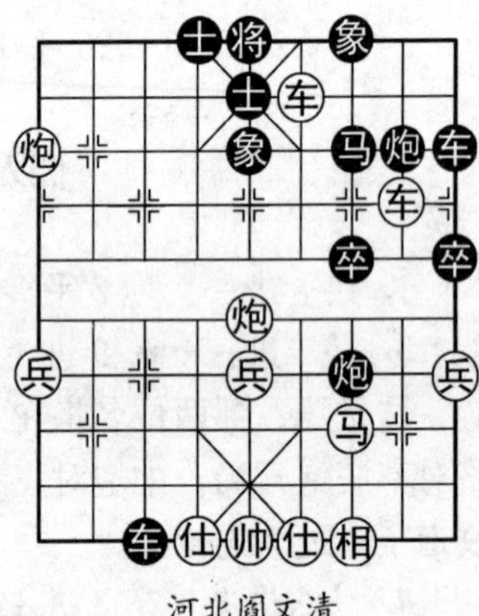

河北阎文清

图146

18. ……　　　车3退7

19. 炮九进二　车3退2

20. 炮九退二　卒7进1

21. 炮九平三　炮7退4

22. 车二平四！炮8退2

23. 前车平三　……

已成杀局，红胜。

第132局

重庆杨剑（红先负）甘肃梁军

（1990年10月23日弈于杭州）

中炮巡河炮对屏风马左象横车

1. 炮二平五　马8进7　　**2.** 马二进三　车9平8

3. 兵七进一　卒7进1　　**4.** 马八进七　马2进3

5. 炮八进二　象7进5　　**6.** 车九进一　车1进1

7. 车一平二　车1平4

本局选自1990年全国个人赛。中炮巡河炮对屏风马左象，双方同时启动横车，黑方车占右肋是一种选择，亦可车1平6，另有变化。

8. 马七进六　……

红方跃马不及车二进四稳健有力。

8. …… 炮8进4 **9.** 车二进一 卒3进1

左炮封车，冲3卒争锋，黑方防守反击，走得积极。

10. 炮五平六 车4平6 **11.** 兵七进一 车6进6

硬攻内线，敢于拼抢，有胆魄。

12. 相七进五 炮8平5

13. 仕六进五 车8进8

14. 炮六平四 车8平7（图147）

15. 炮四进五 ……

一阵拼斗，面临兑子，红方伸炮打马并不理想。宜改走马六退七，车7退1，马七进五，车7退1，兵七进一，车7平5，兵七进一，炮2进2，车九平六，红方有过河兵，并不难走。

甘肃梁军

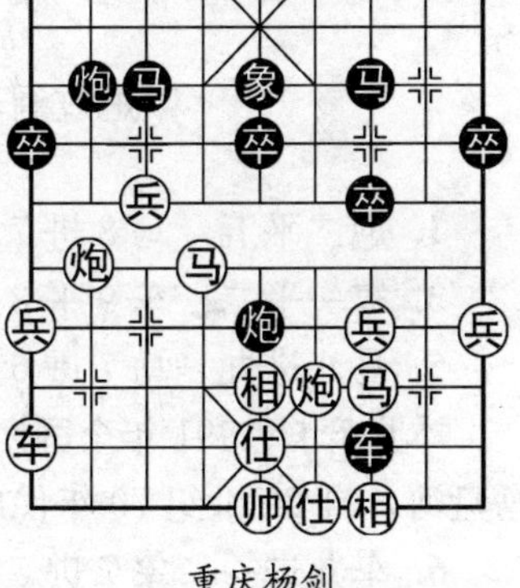

重庆杨剑

图147

15. …… 车7退1

16. 炮四平七 车7进2

吃相，撕开缺口，黑方由此取得优势。

17. 炮七平三 炮2平7 **18.** 马六进四 炮7平8!

19. 帅五平六 ……

黑方闪炮弃炮，佳着。红如马四退五，车7退3，马五退七，炮8进7，相五退三，车7进3，仕五进四，车7退4，仕四进五，车7平3，车九进一，炮8退2，黑方优势。

19. …… 车7退2 **20.** 马四进六 ……

如马四退五，车7平5，仕五进四，车5退1，黑优。

20. …… 士6进5 **21.** 马六进七 将5平6

22. 仕五进六 ……

如改走车九进一，炮8进7，帅六进一，炮5平9。车双炮归边侧攻，黑方胜势。

22. …… 炮5平4 **23.** 帅六平五 车7平5

24. 仕四进五 车5退2 **25.** 炮八退四 炮4平5

下面：帅五平六（如仕五进四，炮 5 平 3，黑方抽马胜），车 5 平 3，伏杀夺炮，黑胜。

第 133 局

浙江于幼华（红先负）天津袁洪梁

（1991 年 5 月 17 日弈于无锡）

中炮过河车对屏风马左马盘河

1. 炮二平五　马 8 进 7　　**2.** 马二进三　卒 7 进 1
3. 车一平二　车 9 平 8　　**4.** 车二进六　马 2 进 3
5. 马八进九　马 7 进 6

本局弈自 1991 年全国团体赛。中炮过河车跳边马对屏风马左马盘河，自 20 世纪 70 年代后期起一直比较流行。

6. 车九进一　象 7 进 5

黑方飞左象比较新颖，一般都走象 3 进 5。

7. 炮八平六　卒 7 进 1　　**8.** 车二平四　马 6 进 7
9. 炮五平四　……

如改走炮五进四，马 3 进 5，车四平五，车 8 进 7，红方无便宜。

9. ……　　士 4 进 5
10. 车九平八　车 1 平 2
11. 车八进三　炮 8 进 6（图 148）
12. 车八平三？……

黑方飞炮扼相腰，已有潜在的威胁。红方对此大意，未及防备，随手平车吃卒，露出破绽，失着。应改走仕六进五，战程还刚刚开始。

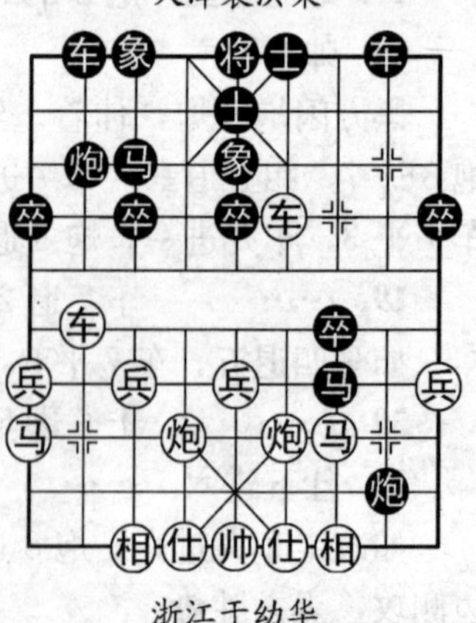

图 148

12. ……　　炮 8 平 1！

弃马开炮，侧攻反击，好棋。

13. 车三退一　炮2进7!

双炮联动，乘虚而入，佳着。

14. 仕四进五　车2进8!

车双炮“密集轰炸”，一波接一波，漂亮。

15. 相三进五　车2平4　　**16.** 炮六进二　……

舍炮无奈，否则黑炮1进1，红方速败。

16. ……　车4退3　　**17.** 炮四退一　车8进8!

再弃炮，妙。红如炮四平九，车4进3，黑胜。

18. 马三退四　车8平6!

弃车杀炮，三度弃子攻杀，精彩。

19. 车四退五　车4进3　　**20.** 马九退七　车4平3

21. 车四进三　炮1进1　　**22.** 马四进三　车3进1!

23. 帅五平四　车3退2　　**24.** 帅四进一　炮2退1

25. 仕五进六　车3平4

攻杀入局。下面：车四平八，车4进1，帅四进一，炮1平2，车八平三，后炮退1，相五退三，前炮平1，黑胜。

第134局

黑龙江张影富（红先胜）河北刘殿中

（1991年5月19日弈于无锡）

中炮过河车对屏风马左马盘河

1. 炮二平五　马8进7　　**2.** 马二进三　车9平8

3. 车一平二　卒7进1　　**4.** 车二进六　马2进3

5. 兵七进一　马7进6　　**6.** 马八进七　象3进5

7. 炮八进一　卒7进1

本局选自1991年全国团体赛。中炮过河车对屏风马左马盘河，红方采用“高左炮”打法，自20世纪60年代问世以来一直流行不衰。黑方冲7卒挑起争端，另有炮2进1、炮2退1、士4进5等多种应着，均有不同变化。

8. 车二平四　马 6 进 7　**9.** 炮五平六　……

亦可改走炮五平四，变化相对平稳。

9. ……　炮 8 进 5　**10.** 相七进五　炮 2 进 2

11. 马七进六　炮 2 平 7　**12.** 车四进二　马 7 进 5

弃马杀相，先声发难，也可改走士 4 进 5 先固中兼等待观望。

13. 相三进五　炮 8 平 9　**14.** 马六进四　炮 9 进 2

15. 相五退二　车 1 进 1

兑车意在牵制。亦可改走车 8 进 8 紧一手，黑方抗衡。

16. 炮八进五　士 4 进 5　**17.** 车九平八　车 8 进 8

18. 马四进六　士 5 进 4　**19.** 炮六进五　士 6 进 5?

补士似稳实软，一步不慎损全局。应改走炮 7 平 5 或卒 7 平 6，展开对攻。

20. 炮六进二！将 5 平 4

弃炮抢攻，佳着。黑如士 5 退 4（如卒 7 平 6，红炮 6 平 3），马六进七，红胜。

21. 马六进五！马 3 退 5　**22.** 车四进一！……

弃马杀士控制黑宫，凶。继而打将，正确。如车四平五吃马，卒 7 平 6，马三进四，车 8 平 7，黑方反击。

22. ……　将 4 进 1（图 149）

23. 仕六进五！……

河北刘殿中

黑龙江张影富

图 149

广东黄玉莹与江苏黄薇两位巾帼精英曾在两个半月前第 3 届“后肖杯”弈到过，一模一样，当时红方走炮八平五轰马，10 个回合后获胜（可参阅《新中国象棋经典名局》第 62 页）。现在张影富改为补左仕，说明事先已经过充分研究而作出改进。“他山之石可以攻玉”，提高棋艺必不可少的途径也。

23. …… 车8退4　**24.** 炮八退三 马5进7

25. 车四平五！……

车封九宫，已定胜局。下面着法为：车1平2，车八平六，炮7平4，炮八平二，炮4退2，炮二平八！卒7进1，炮八退四，卒7进1，车六进七！将4进1，车五平六，车2平4，炮八平六！车4退1，仕五进六，红胜。

第135局

邮电许波（红先胜）湖南肖革联

（1991年5月20日弈于无锡）

中炮进三兵对半途列炮

1. 炮二平五 马8进7　**2.** 马二进三 车9平8

3. 车一平二 炮8进4　**4.** 兵三进一 炮2平5

5. 炮八进五 ……

这是1991年全国团体赛中的一盘对局。中炮进三兵对半途列炮，红方进炮打马是一种简明的攻法，另有兵七进一、马八进七、马三进四、马八进九等选择。

5. …… 马2进3　**6.** 炮八平五 象7进5

7. 马三进四 卒3进1

挺卒通马，也可改走炮8进1，马八进七！卒3进1（如炮8平3贪马，车二进九，马7退8，车九进二，炮3进1，车九退一，炮3退1，马四进六，车1进2，车九平二，马8进9，车二进六，红方弃子抢攻而占优），均势。

8. 兵三进一 炮8平3　**9.** 车二进九 马8退8

10. 兵三进一 车1平2　**11.** 马八进九 卒3进1

冲卒兑炮嫌软，可改走炮3平9抢兵，争取对攻。

12. 马九进七 卒3进1　**13.** 车九进一 马8进6

14. 兵三进一 车2进4　**15.** 车九平七 车2平3

如改走车2平6，车七进二，车6进1，车七进四，红方占优。

16. 兵三进一　马6进4?

跃马欠考虑。应改走卒3进1，车七平三，车3平6，车三进三，马6进7，车三进二，车6进1，炮五平一，虽红方优势，但黑方还有周旋余地。

17. 马四进五　车3退1

18. 兵三平四！士4进5

19. 炮五平二！将5平4

20. 车七平八！……

车马炮联动催杀，走得漂亮。

20. ……　　马3退1

21. 马五进七！（图150）……

湖南肖革联

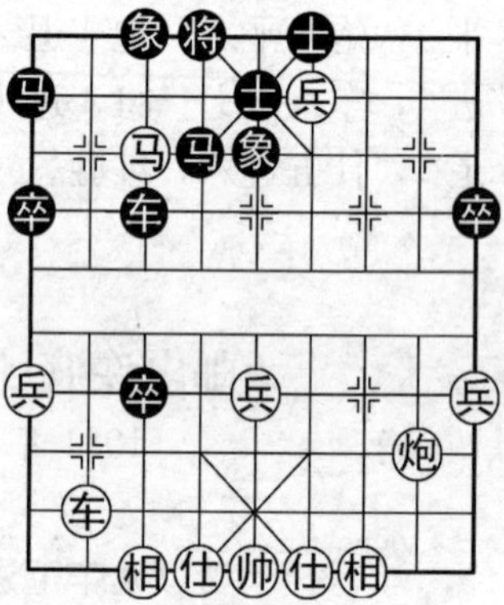

邮电许波

图150

献马轧马脚，妙杀。下面：马1进3，炮二进七，将4进1，车八进七，红胜。

第136局

四川甘小晋（红先负）火车头宋国强

（1991年5月22日弈于无锡）

中炮巡河炮对屏风马

1. 炮二平五　马2进3　　**2.** 兵七进一　卒7进1

3. 马八进七　马8进7　　**4.** 马二进三　车9平8

5. 炮八进二　象7进5

本局选自1991年全国团体赛。中炮巡河炮对屏风马，黑方飞左象，意在增宽左翼活动空间，也可走象3进5。

6. 车一平二　炮8进4

左炮封车，亦可走车1进1。

7. 兵三进一　卒 7 进 1　　**8.** 炮八平三　炮 2 进 4

9. 炮五平四？……

卸炮为什么？毫无意义，软手。应改走兵五进一发动中路进攻，或车九进一、马三进四，都比卸炮强。

9. ……　　车 1 平 2

10. 相七进五　士 6 进 5

11. 马三进四？……

此时跃马不适时宜，应改走炮三进二。

11. ……　　马 7 进 8

12. 马四进六（图 151）　车 2 进 4！

升车捉马弃马，冷着，潜伏反击之势，艺高胆大也。

火车头宋国强

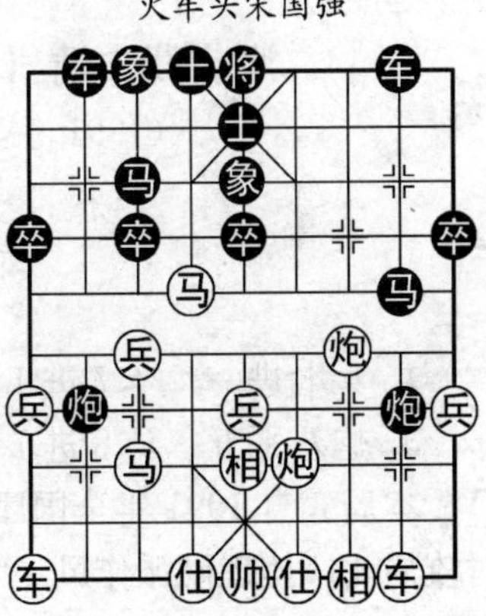

四川甘小晋

图 151

13. 马六进七　马 8 进 7

14. 仕六进五？……

黑方跳马，攻势顿现。红方补仕更被动。应改走车九平八，炮 8 平 5，马七进五，车 8 进 9，兵七进一！车 2 退 2，兵七进一，红方还可一战。

14. ……　　炮 8 进 1

15. 车二平一　炮 8 进 2！

16. 后马进六　炮 2 进 3！

双炮左右沉底，好棋。

17. 炮四平三　车 2 进 4

18. 马六退七（图 152）　炮 2 平 6！

弃炮砍仕，破宫入局，妙。

火车头宋国强

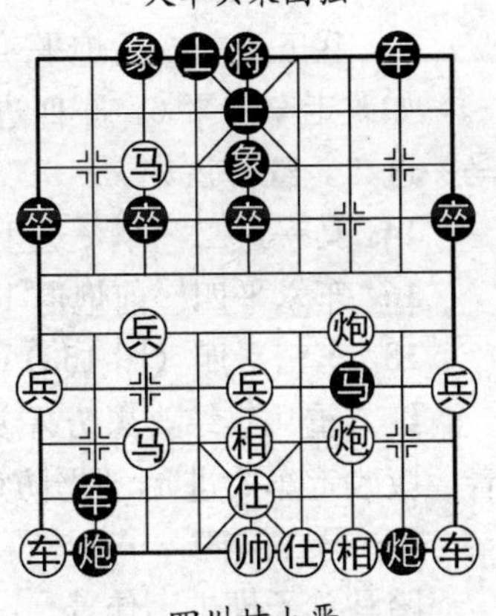

四川甘小晋

图 152

19. 仕五退四　马 7 进 5

20. 车九进一　马 5 进 3

21. 帅五平六　车 2 进 1

22. 帅六进一　车 8 进 8

23. 马七退五　……

如仕四进五，车2平4杀。

23. ……　　炮8平6

下面：车一进二，炮6退1，马五进四，炮6退1，黑胜。

第137局

河北阎文清（红先胜）火车头陈启明

（1991年5月23日弈于无锡）

对兵（卒）局

1. 兵七进一　卒7进1　　**2.** 炮二平三　炮8平5

3. 炮八平五　马8进7　　**4.** 马八进七　马2进1

本局弈自1991年全国团体赛。对兵（卒）开局，演成列手炮对攻局式，体现硬派作风。

5. 车九平八　车1平2　　**6.** 马二进一　车9平8

7. 兵一进一　卒1进1　　**8.** 车一进一　士6进5

9. 车一平四　炮2进2

如改走炮2平4，车八进九，马1退2，车四进三，红方先手。

10. 车八进三　炮5平2　　**11.** 车八平六　象7进5

12. 兵五进一　后炮平4　　**13.** 车四进三　车8进4

如改走车8平6，车四进五，将5平6，车六平四，将6平5，马一进二，红方占先。

14. 马一进二　卒7进1　　**15.** 车四平三　炮2平4

16. 车六平四　前炮退1　　**17.** 炮三平二　车8平4

18. 车三平四（图153）　马1进2?

红方重兵集结，黑方左翼薄弱，现在跃马助长红方进攻，失着。应改走车2进4，“严防死守”，红方无法突破。

19. 马二进四　……

踏马兑子推进，佳着。

19. ……　　马2退3

如改走马7进6，前车进一，车4平6，车四进二，以后炮轰中卒，红方占优有攻势。

20. 兵五进一！卒5进1

冲中兵好棋。黑如车4平5，马七进五，车5平2，马四进六，红方夺炮胜势。

21. 马四进二！前炮平7

22. 前车平三！……

马入卧槽，横车捉炮，即刻赢棋。下面：车4退1，车三进二！车4平7，马二进三，红胜。

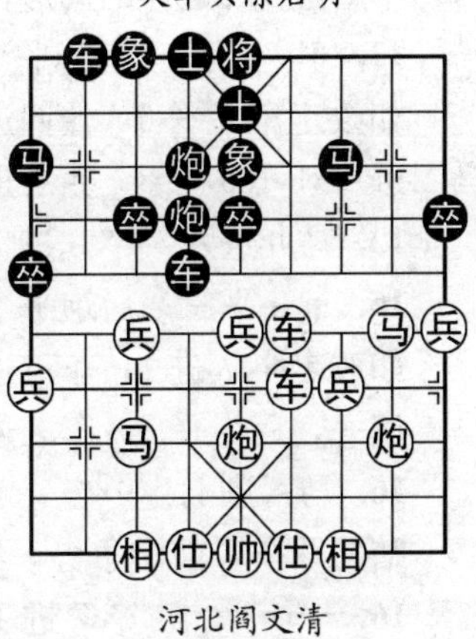

图153

第138局

广东庄玉腾（红先胜）福建王晓华

（1991年5月24日弈于无锡）

飞相局对过宫炮

1. 相三进五　炮2平6　　**2.** 兵三进一　马2进3

3. 马八进九　马8进9　　**4.** 马二进三　炮8平7

本局选自1991年全国团体赛。飞相局对逆向过宫炮（一般炮8平4顺向居多），双方斗散手。黑方平炮不如车9进1启动主力为好。

5. 马三进二　车1平2　　**6.** 车九进一　士4进5

补士并不急，可改走卒9进1，让左翼活起来。

7. 车九平四　车2进4　　**8.** 兵一进一　炮7退1

9. 车四进三　象7进5　　**10.** 兵九进一　车2平5

宜走炮7平6，车四平六（如车四平七，卒3进1，车七平六，车2退3，马九进八，车2平4，红方无便宜），车2平6，马九进八，卒3进1，这样的局形比原来要好一点。

11. 车一进三　炮7平6　**12.** 车四平六　卒7进1

如改走车5平6，仕四进五，车6进1，车六平四，后炮进4，马二进一，车9平8，兵一进一，红方占优。

13. 马九进八　卒3进1　**14.** 仕六进五　车9平7

15. 车一平三　后炮平7

如改走卒7进1，车三进一，车7进5，车六平三，车5进2，马二进一，后炮平8，车三进三，红方优势。

16. 马八进七！……

踏马踩车，前沿争势，红方由此获得推进机会。

16. ……　卒7进1　**17.** 车三进一　车5进2

18. 车三进三　……

进车捉马，乘虚而入。

18. ……　车5平8

19. 马二进四　……

进马正着。如车三平一吃马，炮7进6，炮八平三，车7进7，红方无趣。

19. ……　炮7平8

20. 车三平一　象5进7（图154）

如改走炮8进6，炮八平二，车8进1，马四进六，炮6退1，车一进一，炮6平8，车一平二！红胜。

福建王晓华

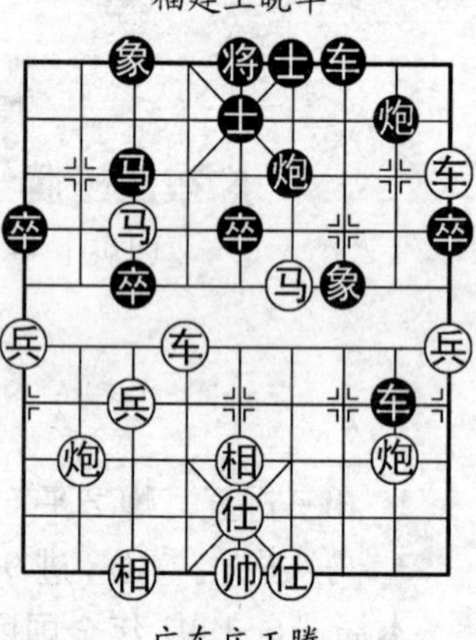

广东庄玉腾

图154

21. 车一平四！……

弃车杀炮，突破入局，好棋。

21. ……　士5进6　**22.** 炮二进六　车8退5

23. 车六进三　车8平2　**24.** 车六平七　车2进6

25. 车七进二　……

车双马杀局。下面：将5进1，车七退一，将5退1，马七进六！将5进1，马四进六，将5平6，前马退五，红胜。

第 139 局

四川马革英（红先胜）上海欧阳琦琳

（1991 年 10 月 17 日弈于大连）

五六炮对反宫马

1. 炮二平五　马 2 进 3　**2.** 马二进三　卒 7 进 1

3. 车一平二　炮 8 平 6　**4.** 车二进八　……

这是 1991 年全国女子个人赛的一盘对局。中炮对反宫马，红车压马，简明手段，改走兵七进一亦可。

4. ……　士 4 进 5　**5.** 炮八平六　象 3 进 5

6. 马八进七　炮 2 退 1　**7.** 车二退二　……

红方采用五六炮打法，退车正着。如改走炮六进六，车 1 平 4，炮六平七，车 4 进 1，红方难堪。

7. ……　马 8 进 9　**8.** 车九平八　车 1 平 4

9. 仕六进五　炮 2 平 1　**10.** 兵五进一　车 9 平 8

可改走卒 9 进 1 通马作等待。

11. 车二平一　……

吃卒避兑，保持对黑方卒林的压力，正确。如兑车则先手消失。

11. ……　马 9 退 7

12. 炮五进四（图 155）

炮 6 进 5?

红方炮轰中路，得多兵实惠。黑方进炮轻率，由此落入被动。应改走车 8 进 3，尚可一战。

上海欧阳琦琳

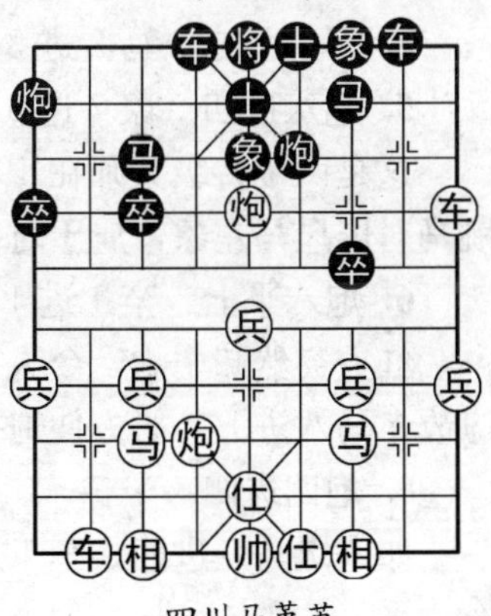

四川马革英

图 155

13. 炮五平六！……

轰车，逼黑一车换双，由此夺优而一路雄风。

13. …… 炮 6 平 3 **14.** 后炮进七 马 3 退 4

15. 炮六平九 ……

横扫卒林。双车，净多三兵，黑方已难翻身。

15. …… 车 8 进 6 **16.** 车八进二 炮 3 进 1

17. 车一平六 车 8 平 7 **18.** 炮九退一 卒 3 进 1

19. 炮九进一 炮 3 平 1 **20.** 炮九平七 前炮进 1

21. 相七进五 马 4 进 3 **22.** 车八进五 ……

捉马、双车炮侧攻，黑已难抵挡。

22. …… 士 5 退 4 **23.** 车八平七 车 7 进 1

24. 车六进二 马 7 进 6 **25.** 炮七平八 红胜。

第 140 局

吉林陶汉明（红先负）湖北柳大华

（1991 年 10 月 17 日弈于大连）

五八炮对屏风马

1. 炮二平五 马 8 进 7 **2.** 马二进三 车 9 平 8

3. 车一平二 马 2 进 3 **4.** 兵三进一 卒 3 进 1

5. 炮八进四 象 7 进 5

这是两位特级大师在 1991 年全国个人赛上的交锋。五八炮缓跳马对屏风马左象，属于时尚布局。

6. 炮八平七 卒 1 进 1 **7.** 炮五平四？炮 2 进 5！

红方突然卸中炮，令人费解，为什么？攻守都不着边，失先。应改走马八进七。黑方伸炮打马，恰到好处。

8. 炮四进四 ……

如改走马三进四，车 1 进 3，炮七平三，卒 5 进 1，车二进六，车 1 平 4，黑方反先。

8. …… 炮 8 进 2 **9.** 车二进四 车 1 平 2

10. 仕四进五 车 2 进 5

骑河牵制，佳着。

11. 马八进九 车 2 平 4 **12.** 车九平八 炮 2 退 2

车炮联动抢先，走得准。

13. 车二退二 炮 2 平 7

14. 车八进七 马 3 退 5

15. 相三进五 炮 8 平 7（图 156）

兑车攻马，好棋，黑方已经反先。

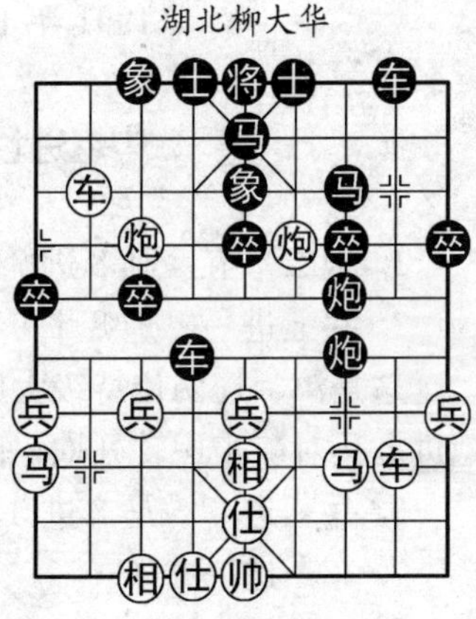

图 156

16. 车二进七 马 7 退 8

17. 马三进二 ……

如改走相五进三，后炮进 3，相三退五，炮 7 平 9，黑方占优。

17. …… 前炮进 4！

18. 马二进四 ……

如改走相五退三，车 4 平 8，炮四平一，马 5 进 7，炮一退一，车 8 进 4，相七进五，炮 7 平 5，马九退七，马 8 进 9，黑优。

18. …… 前炮平 8 **19.** 仕五进六 车 4 平 8

20. 马四进六 马 5 进 7 **21.** 兵五进一 ……

如改走马六进七，将 5 进 1，炮七平九，炮 7 进 5，帅五进一，车 8 进 3，炮四退五，将 5 平 6，炮九进二，将 6 进 1！帅五平六，车 8 平 6，仕六进五，炮 7 退 1，车八平六，车 6 退 3，仕五进四，车 6 平 2，黑胜。

21. …… 士 6 进 5 **22.** 车八退六 炮 7 进 5

23. 帅五进一 车 8 进 3 **24.** 炮四退五 将 5 平 6

黑胜。

第 141 局

上海万春林（红先负）辽宁卜凤波

（1991 年 10 月 21 日弈于大连）

中炮进七兵对三步虎转列炮

1. 炮二平五　马 8 进 7　　**2.** 马二进三　车 9 平 8

3. 兵七进一　炮 8 平 9　　**4.** 马八进七　炮 2 平 5

这是沪、辽两位特级大师在 1991 年全国个人赛中的角逐。中炮进七兵对三步虎转列炮，黑方也可改走车 8 进 5，另有变化。

5. 兵三进一　马 2 进 3　　**6.** 车九平八　车 1 进 1

7. 车一进一　……

形成两头蛇双直车对屈头马直横车阵势，双方相峙对攻。红方子力通畅有先手。现在启右横车是一种选择，另有仕四进五、炮八进一、马七进八、马七进六等走法，均有丰富变化。

7. ……　车 8 进 4　　**8.** 车一平四　卒 7 进 1

兑 7 卒先活左翼。如改走卒 3 进 1，马七进六，卒 3 进 1，马六进四，马 7 退 8（如误走车 1 平 6，红马四进五立定胜局），炮八进三，马 3 进 2，炮五进四，士 6 进 5，车八进五，红方占优。

9. 车四进三　车 1 平 4　　**10.** 炮八进三　车 8 进 2

骑河炮攻车，先声叫板，亦可采用炮八平九或马七进六打法。黑车避让，正着。如卒 7 进 1，车四平三，马 7 退 9，马七进六，炮 9 平 7，炮五平六，车 4 平 2，炮八退二，红先。

11. 兵七进一　卒 3 进 1

如改走车 4 进 6，马七进八，卒 3 进 1，炮八平三，马 7 进 8，马八进九，士 6 进 5，马九进七，炮 9 平 3，仕六进五，车 4 退 4，车四进一，红方先手。

12. 炮八平三　士 6 进 5（图 157）

补士固中兼观动静，张弛有度。另有两种着法：①马 7 进 8，马七进六，炮9进4，马六进四，炮9平5，马三进五，炮5进4，仕四进五，车4平6，车四退二，象3进5，车八进三，象5进7，兵三进一，马8进9，车八平五，红先。②车4进6，马七进八，马7进8，仕六进五，车4进1，车四进一，卒3进1，马八进七，车4退5，车八进六，士4进5，炮三进一，红方占先。

辽宁卜凤波

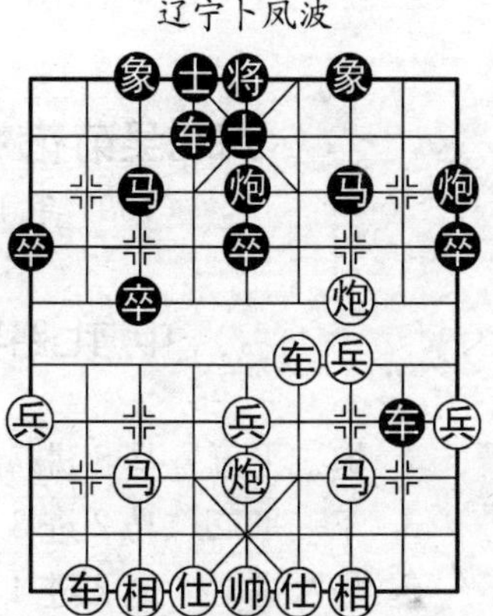

上海万春林

图157

13. 马七进六？……

跳马让黑卒渡河，又没有合适的去路，失先。应改走车八进六。

13. …… 卒3进1 **14.** 马六进七？……

自陷“绊马坑”，马失前蹄。此时应改走马六进四。

14. …… 车4进2 **15.** 车八进六？……

进车保马不妥，应炮五平七还可周旋。

15. …… 马7进8 **16.** 车四进一 炮9进4

17. 炮三进一 炮5进4

双炮齐进镇中路，黑方由此确立优势。

18. 马三进五 炮9平5 **19.** 仕四进五 卒5进1

20. 帅五平四 象7进5

飞象正确，临枰冷静又沉着。如车4平7贪炮，炮五进四，红方反取胜势。

21. 炮三进三 炮5平6! **22.** 炮三平一 卒5进1

双卒盘河，红已难应付。下面黑方抢攻入局。

23. 车八退一 马8进9 **24.** 车八退二 ……

如炮一退七，炮6平9，亦是黑方胜势。

24. …… 马9进8 **25.** 帅四平五 炮6平5

下一手车8平7，黑胜。

第142局

河北吴菊花（红先胜）广东殷美娴

（1991年10月26日弈于大连）

中炮七路马对屏风马双炮过河

1. 炮二平五　马8进7　**2.** 马二进三　车9平8
3. 车一平二　马2进3　**4.** 兵七进一　卒7进1
5. 马八进七　炮2进4　**6.** 兵五进一　炮8进4
7. 车九进一　……

本局弈自1991年全国女子个人赛。中炮七路马对屏风马双炮过河，是数十年久经不衰的流行布局，堪称"炮马争雄"体系中的精彩段子。红方启动左横车，让主力尽快投入战斗。如改走兵五进一也能占有主动，但局势要相对缓和。

7. ……　炮2平3　**8.** 相七进九　车1平2
9. 车九平六　炮3平6

平肋炮争取对攻，亦可车2进6，另有攻防变化。

10. 车六进六　象3进5

飞象固中，稳健，亦可炮6进1宫角打马。红马七进六，炮6平2，马六进五，马7进5，炮五进四，车8进3，炮五退一，将5进1，车六平七，车2进6，车二进一，炮2进2，相九退七，车8进2，车七进一，将5进1，马三进五，成对攻局面，红方稍好走。

11. 兵五进一　士4进5?

红方冲中兵，紧凑。黑方同样补士，应改走士6进5。另有两种应着：①炮6退4，兵五进一！（弃车抢攻，凶狠），炮6平4，兵五进一，士4进5，兵五平六，士5进4，车二进一，马7进6，炮八退一，红方有攻势。②卒5进1，车六平七，炮6进1，马七进八，炮6平2，马八进七，卒5进1，炮五进五，红方占优。

12. 车六平七　炮6进1　**13.** 马七进六　炮6平2

14. 兵五进一　马 7 进 5　　**15.** 马六进五　炮 2 平 7

16. 相九退七（图 158）　车 8 进 5?

升车不当。应卒 7 进 1，还可一战。

17. 车七退一　卒 7 进 1?

此时再挺卒，失误。应车 8 退 2 防守为妥。

18. 马五退三！……

退马叫杀，好棋。黑方已难抵挡。

18. ……　车 8 退 4

19. 车二进三！……

弃车咬炮入杀，妙。

19. ……　车 8 平 7

20. 马三进四　车 7 平 6

21. 马四退五　车 6 进 3

广东殷美娴

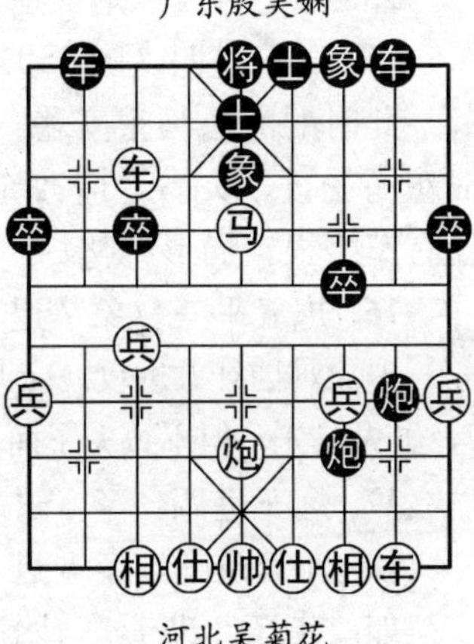

河北吴菊花

图 158

22. 马五进六　将 5 平 4

23. 车七平六　红胜。

第 143 局

北京付光明（红先胜）四川李艾东

（1991 年 10 月 27 日弈于大连）

五八炮对屏风马

1. 炮二平五　马 2 进 3　　**2.** 马二进三　马 8 进 7

3. 车一平二　车 9 平 8　　**4.** 兵三进一　卒 3 进 1

5. 马八进九　象 3 进 5　　**6.** 炮八进四　卒 7 进 1

这是京、蜀两位大师在 1991 年全国个人赛中的角逐。五八炮对屏风马飞左象，黑方兑卒通马，亦可改走卒 1 进 1 或士 4 进 5。

7. 兵三进一　象 5 进 7　　**8.** 炮八平七　车 1 平 2

9. 车九平八　炮 2 进 5　　**10.** 马三进四　炮 8 进 5

双炮过河双封车，相互对峙。

11. 马四进六　马3退5　**12.** 兵五进一　车2进3

13. 炮七进二　炮8退3　**14.** 马六退四　象7进5

15. 车二进四（图159）　马5进3?

此时的窝心马很安稳，跳出来造成左马受攻，失着。应改走炮8退1让右车生根，局形严整。

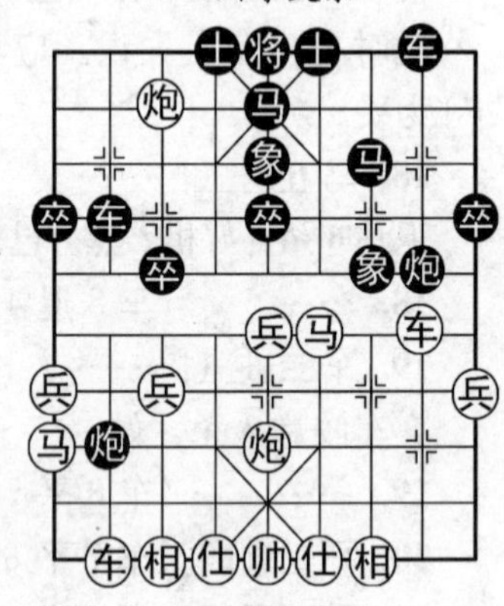

图159

16. 炮五平三！象7退9?

退象难挡红方进攻。应改走马3退5，虽失二先，但不致失子而不可收拾。

17. 炮三进四！卒5进1

18. 车二进一　卒5进1

如改走车8进4，马四进二，车2平7，车八进二，红方多子占优。

19. 车二平五！象9进7

20. 炮三平四！将5进1

21. 车五退一　车2平6　**22.** 车五进三　……

借助帅力破象迅速突破，势不可当。

22. ……　将5平6　**23.** 车五平三　车6进2

24. 仕六进五　……

下面：马3进5，车三进一，将6进1，车八进二，红胜。

第144局

广东黄玉莹（红先胜）山西孙素芳

（1991年10月27日弈于大连）

中炮进三兵对半途列炮

1. 炮二平五　马8进7　**2.** 马二进三　车9平8

3. 车一平二　炮8进4　**4.** 兵三进一　炮2平5

5. 兵七进一　车 1 进 1

本局选自 1991 年全国女子个人赛。中炮两头蛇对半途列炮，黑方抢出右横车，意在加强竞争，改走马 2 进 3 则另有变化。

6. 马八进七　车 1 平 8　　**7.** 车九平八　马 2 进 3

跳马，次序上有问题。应该先走炮 8 平 7，待红车二平一后再上马才严整。

8. 炮八进一！……

兑炮抢先，佳着。

8. ……　炮 8 平 2　　**9.** 车二进八　车 8 进 1

10. 车八进三　车 8 进 3　　**11.** 车八进三　炮 5 平 6

卸炮嫌软。不如改走卒 7 进 1，车八平七，马 3 退 5，这样相对要灵活。

12. 车八平七　象 7 进 5　　**13.** 兵五进一　炮 6 进 5

伸炮打马，对红方构不成威胁，反使自己阵形松散，不如士 6 进 5 坚守为好。

14. 炮五退一　炮 6 退 1　　**15.** 马三进五　马 3 退 5

16. 兵五进一　……

冲兵从中路突破，由此一路雄风。

16. ……　卒 5 进 1

17. 车七平四（图 160）　卒 5 进 1

如改走炮 6 平 8，马五进六，红有攻杀之势。

18. 车四退三　卒 5 进 1

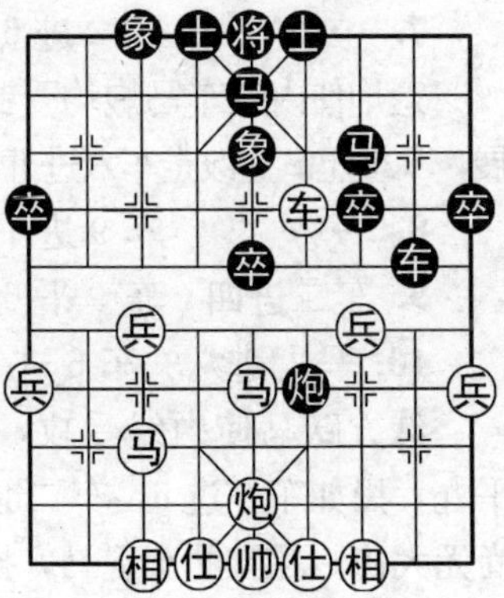

19. 马七进五　马 5 进 3

20. 马五进六　马 3 进 5

21. 马六进八！车 8 退 3

22. 车四平五！……

山西孙素芳

广东黄玉莹

图 160

马入卧槽，平车占中，红方必夺子而胜。

第 145 局

火车头陈启明（红先负）辽宁李丛德

（1991 年 10 月 28 日弈于大连）

顺炮直车对缓开车

1. 炮二平五　炮 8 平 5　　**2.** 马二进三　马 8 进 7

3. 车一平二　卒 7 进 1

本局选自 1991 年全国个人赛。斗顺炮，直车对缓开车，是 20 世纪 70 年代以后逐步发展起来的对攻布局。黑方亦可改走马 2 进 3，先启动右翼。

4. 马八进七　马 2 进 3　　**5.** 车九进一　炮 2 平 1

红方启动左横车，如改走兵七进一，炮 2 进 4，马七进八，炮 2 平 7，对抢先手。黑方分边炮，为出车作准备，有针对性。

6. 车九平六　车 1 平 2　　**7.** 兵七进一　……

挺兵不如车 2 进 4 灵活，有弹性。

7. ……　车 2 进 6　　**8.** 炮八退一？……

退炮使内线车马炮均受制，难以拓展，不理想。宜改走车六进五比较积极。

8. ……　车 9 进 1

9. 车二进四　车 9 平 6

10. 马七进六？车 6 进 6！

红方跃马使内线受攻，不如炮八平九，黑如车 6 进 6，车二退二，局势尚无大碍。黑方肋车捉马，抢攻佳着。

11. 兵七进一　车 2 退 1

12. 兵七进一　车 6 平 7

13. 兵七进一　炮 5 进 4

14. 仕六进五　炮 1 进 4（图 161）

辽宁李丛德

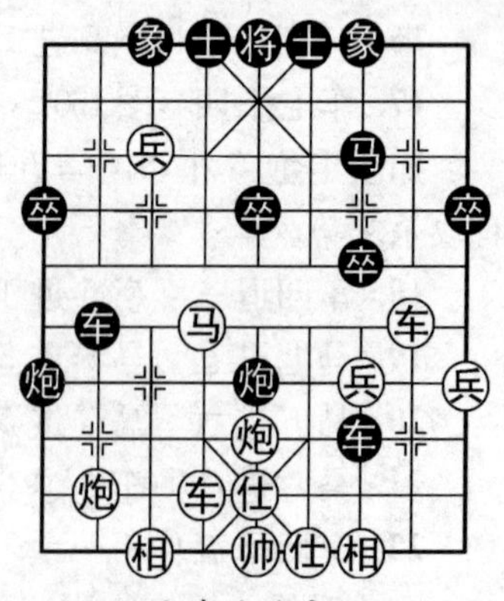

火车头陈启明

图 161

兑马后，黑方双炮齐发，形成全方位攻势，红方城池已告急。

15. 炮八进二　车7进2　　**16.** 兵七进一　炮1进3

17. 相七进九　炮1平6

杀相劫仕，黑方底线突破，锐不可挡。

18. 帅五平六　炮6退5　　**19.** 仕五退四　车7平6

20. 炮五退二　炮6平4

轰车有杀势，黑胜。

第146局

广东吕钦（红先胜）黑龙江王嘉良

（1992年8月23日弈于华阴）

顺炮直车对缓开车

1. 炮二平五　炮8平5　　**2.** 马二进三　马8进7

3. 车一平二　马2进3

这是“华山杯”象棋棋王邀请赛中两位特级大师的较量。斗顺炮，黑方跳右马缓开车，如卒7进1（可参阅前局）或车9进1则另有不同变化。

4. 马八进七　卒3进1

红方上正马，启动左翼。黑方挺3卒暴露河口目标，不妥，应走卒7进1，阵形严整。

5. 车二进五　象3进1　　**6.** 炮八进四　车9平8

7. 车二平七　车1平3

8. 兵三进一（图162）　车8进6

红方车骑河、炮过河、车吃卒，主动出击；现在挺三兵，左右皆活，先手得以扩大。黑方过河车并无对抗之力。不是理想的走法。宜改走马3退5兑车透松，兵七进一（如车七进四，马5退3），车3进4，兵七进一，车8进4，黑势尚可抗衡。另如炮5平6，车七平四，士4进5，兵七进一，红方占优。

9. 马三进四　车8平6

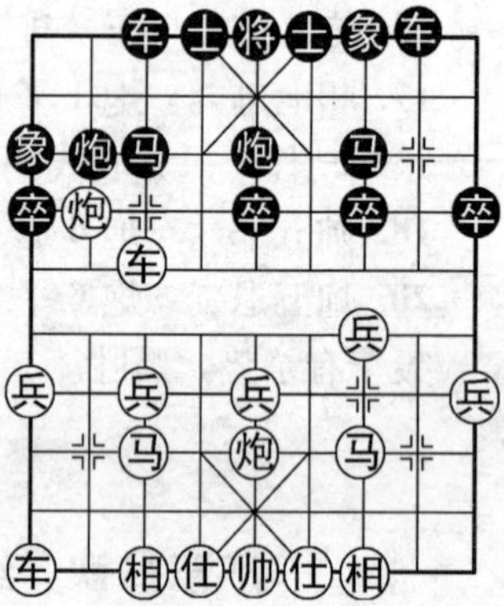

10. 炮八平七　象1进3

红方平炮兑子抢先，走得巧。黑如车6退1，炮七进三，红方夺车速胜。

11. 炮七进三　士4进5

12. 马四进三　车6退3

如炮5平6，炮七退四破象，红优。

13. 炮五平三　象3退1

14. 炮七平九　卒5进1?

进中卒急于谋取攻势，似巧实拙，失着。宜改走马3进2封车，然后再考虑冲中卒，比较稳当。

黑龙江王嘉良

广东吕钦

图162

15. 车九平八　……

亮车牵制，攻守兼备，佳着。

15. ……　卒5进1　**16.** 仕六进五　卒5进1

如改走卒5平4（如卒5平6，红兵三进一），相三进五，红方优势。

17. 马七进五　马7进5　**18.** 相七进五　马5进4

19. 马五进六　……

双马相见，兑子抢攻，凶狠，黑已难应付。

19. ……　马3进4　**20.** 车八进七　将5平4

如改走士5进6，车八进二，将5进1，车八退一，将5退1，马三进四，红方胜势。

21. 车八进二　将4进1　**22.** 车八退一　将4进1

如将4退1，马三进二，士5进4，炮三进七，士6进5，马二进四，红胜。

23. 炮九平三　前马进6　**24.** 前炮退一　士5进6

25. 帅五平六　……

出帅，顺避带攻，构成杀势。下面着法为：炮5进1，马三进四，士6进5，炮三退一，炮5退1，车八平五，红胜。

第147局

浙江于幼华（红先胜）江苏王斌

（1992年10月20日弈于北京）

飞相局对士角炮

1. 相三进五　炮2平4　**2.** 马八进七　卒3进1
3. 车九平八　马2进3　**4.** 兵三进一　象7进5
5. 马二进三　马8进7

这是江南两位特级大师在1992年全国个人赛上的角逐。飞相对士角炮开局，在90年代前期比较流行。5个回合后，形成屏风马对反宫马阵势，双方斗散手，着眼于中残功底的较量。

6. 马三进四　车1进1　**7.** 炮二平四　车9平8

出车缓手。可改走炮8进3，马四进三，炮8进1，兵七进一，卒3进1，相五进七，车1平6，车一平二，炮8平7，黑势满意。

8. 炮八进五　炮4退1？

红方兑炮抢先，黑方避兑失先，应改走炮4平2，车八进七，车1平3（车1进1兑车也可以），马四进三，马3进4，黑势可以抗衡。

9. 炮八进一！……

进炮封车，佳着。

9. ……　炮8进3　**10.** 马四进三　炮8进4
11. 仕四进五　马3进4？

跃马失当，应炮4平7。

12. 炮四进六！……

炮攻象腰，封车堵炮，好棋。

12. ……　炮8退2　**13.** 车八进七！……

进车紧手，毫不放松。

13. ……　炮4平3

14. 马七退九　车 8 进 4（图 163）

15. 车一平二　车 8 退 1

16. 兵三进一　马 7 退 8

17. 炮四平一　……

红方出车吊炮，三兵渡河，肋炮开边，抢攻得手，走得漂亮。

17. ……　　　象 5 进 7

18. 炮一进一　马 4 进 5

19. 车二平四　士 4 进 5

20. 炮八进一　象 3 进 1

21. 炮八平四　……

左右强攻，一气呵成杀局，红胜。

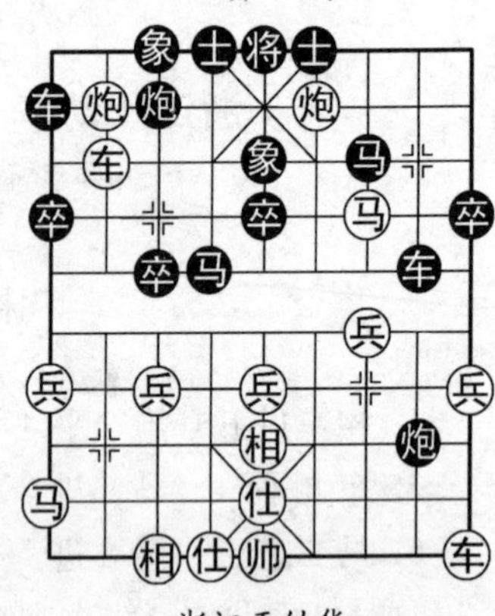

图 163

第 148 局

黑龙江李海蛟（红先负）宁夏张世兴

（1992 年 10 月 30 日弈于北京）

五七炮进三兵对反宫马

1. 炮二平五　马 2 进 3　　**2.** 马二进三　炮 8 平 6

3. 兵三进一　马 8 进 7　　**4.** 马八进九　车 9 平 8

5. 炮八平七　车 8 进 4

本局选自 1992 年全国个人赛。五七炮进三兵对反宫马，黑方左车巡河是一种稳健的着法，也可改走车 1 平 2，车九平八，炮 2 进 4，对抢先手。

6. 车九平八　车 1 平 2　　**7.** 车八进四　象 3 进 5

8. 车一平二　……

兑车简化，亦可改走车一进一启动横车，另有变化。

8. ……　　　车 8 进 5　　**9.** 马三退二　士 4 进 5

10. 炮七进四　……

轰卒压马，先捞多兵实惠，马二进三跳马也可以。

10. ……　　卒 7 进 1　　**11.** 炮五平三　……

卸炮嫌软，宜兵三进一，象 5 进 7，马二进三，以后右马盘出，可持先手。

11. ……　　马 7 进 6　　**12.** 兵三进一　马 6 进 5

13. 兵三进一？……

冲兵失先，应改走炮三退一。

13. ……　　马 5 进 6　　**14.** 马二进一？马 6 退 4

跳马授黑方有打帅机会，从此九宫不安宁，失着。仍应改走炮三退一。

15. 帅五进一　马 4 退 6

16. 帅五退一（图 164）　炮 2 进 2！

升炮控制，使红方不能上仕相，由此创造进攻机会，佳着。

宁夏张世兴

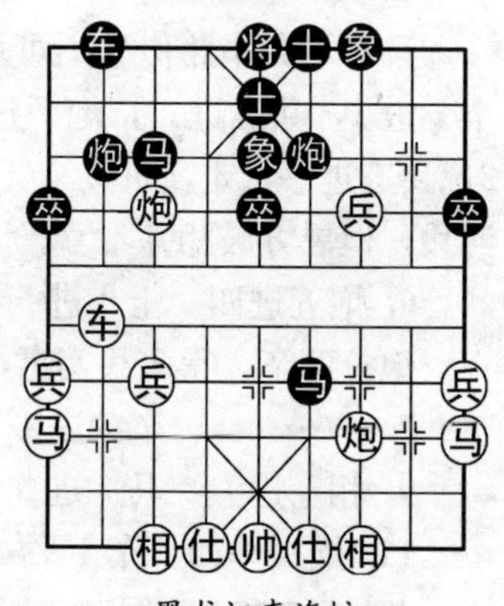

黑龙江李海蛟

图 164

17. 兵三进一　炮 6 进 2

18. 车八平四　马 6 进 4

19. 帅五进一　炮 6 平 5

中炮一立，优势迅速体现，黑方危也。

20. 马九退七　车 2 平 4

21. 炮三进一　车 4 进 3

22. 炮七退二　炮 2 进 4！

23. 帅五进一　炮 2 退 3！

先打帅登顶，继而轰车，炮动两步，妙。

24. 车四进四　马 4 退 5

25. 炮三平五　炮 5 进 2

夺炮且有杀势，黑胜。

第 149 局

吉林胡庆阳（红先负）山东侯昭忠

（1992 年 10 月 31 日弈于北京）

仙人指路对卒底炮

1. 兵三进一　炮 8 平 7　　**2.** 炮八平五　象 3 进 5

3. 马二进一　马 8 进 9

本局出自 1992 年全国个人赛。仙人指路对卒底炮，双方双跳边马。红方亦可改走马八进七或仕四进五，黑方也可改走车 1 进 1 启动右横车。

4. 兵一进一　车 9 平 8　　**5.** 车一平二　车 8 进 4

升车放弃中路似乎不可取，可改走马 2 进 3。红如炮二进四，卒 7 进 1，兵三进一，炮 7 进 7，车二平三（如仕四进五，炮 7 退 2，兵三进一，士 4 进 5，双方对抢先手），车 8 进 3。红方虽有过河兵，但黑方破相并不亏。

6. 炮五进四　士 4 进 5　　**7.** 炮五平一　……

炮抢两卒，得多兵实惠，简明有效。

7. ……　卒 7 进 1　　**8.** 兵三进一　车 8 平 7

9. 相七进五　马 2 进 3　　**10.** 马八进七　马 3 进 5

11. 炮二平四　车 1 平 4　　**12.** 车二进四？……

此时升车起不到作用，底线以后易受攻击，不妥，应改走兵七进一。

12. ……　马 5 进 4

13. 车九平八？（图 165）　……

失着，同样平车应改走车九平七，还无大碍。

13. ……　炮 7 进 7！

轰相，乘虚而入，好棋。

14. 仕四进五　……

如改走相五退三，马 4 进 3，车八平七，炮 2 进 7！黑方胜势。

14. ……　　马 4 退 2!

15. 车八进五　……

退马轰车，借炮使马，恰到好处。红一车换双，无奈。如避车，黑炮 7 平 9 有攻势。

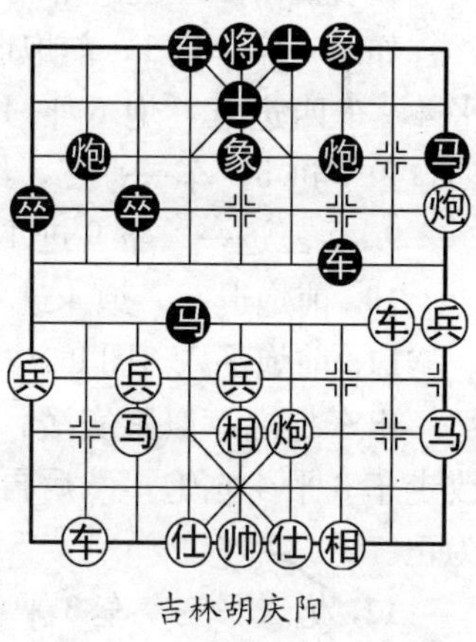

图 165

15. ……　　车 7 平 2

16. 相五退三　车 4 进 3

17. 炮一退一　车 2 平 7

18. 相三进五　炮 2 进 5!

19. 仕五退四　炮 2 平 5

轰中相奠定胜势。

20. 车二平四　马 9 进 7

21. 炮一进一　炮 5 平 9

下面：炮一退四，车 7 进 3，捉车夺炮，黑胜。

第 150 局

湖北王斌（红先胜）浙江于幼华

（1993 年 5 月 4 日弈于南京）

飞相局对过宫炮

1. 相三进五　炮 2 平 6　　**2.** 兵七进一　马 2 进 3

3. 炮八平六　车 1 平 2　　**4.** 马八进七　马 8 进 7

这是 1993 年全国团体赛中的一盘比赛。飞相对过宫炮，斗散手。黑方跳正马是一种选择，亦可马 8 进 9，以后出左横车，阵形稳正。

5. 车九进一　车 2 进 6

过河车意在抢先，但左翼不够开扬。拟卒 7 进 1，车九平四，车 2 进 4，车四进五，炮 6 平 4，马二进四，车 2 平 4，相互对峙。

6. 车九平四　车 2 平 3　　**7.** 炮六进二　炮 8 平 9

平炮被红炮顺势封车，不及卒 7 进 1 为好。

8. 炮六平二　炮 6 平 4

如改走卒 7 进 1，前炮退一，车 3 平 4，车四进五，炮 6 平 4，马二进四，象 7 进 5，车一平三，红方先手。

9. 兵三进一　卒 9 进 1

10. 前炮退一　炮 4 进 4

11. 前炮平六（图 166）　车 9 平 8?

出车捉炮，似紧实缓，失先。应改走车 3 平 4 吃炮，然后再考虑出车为正。

浙江于幼华

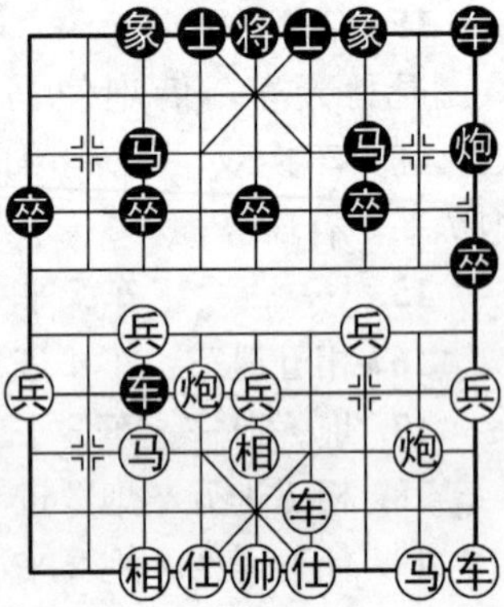

湖北王斌

图 166

12. 炮二平三　车 3 平 4

13. 兵三进一　……

乘机过兵，扩大先手，由此控制局面，一路雄风。

13. ……　卒 9 进 1　**14.** 兵三进一　马 7 进 9

15. 车四进五　马 9 进 8

如改走卒 9 进 1，兵三平二，马 9 进 8，车一进三，马 8 进 7，马二进三，车 4 平 3，马七退五，红方占优。

16. 兵三进一　车 4 平 3　**17.** 炮三平二　马 8 进 6

18. 炮二平四　马 6 进 8

进马更被动。应改走马 6 退 7。

19. 车一进一　卒 3 进 1　**20.** 兵三进一　士 4 进 5

21. 车一平三　象 7 进 5　**22.** 车四进二　车 8 进 4

23. 炮四进七　……

抓住战机：红方提车、冲兵，迅速形成双车炮兵强大攻势。现在弃炮轰士，敲开入局之门，好棋。

23. ……　士 5 退 6　**24.** 兵三进一　车 8 平 7

如改走士 6 进 5，兵三平四，士 5 退 6，车三进八，红胜。

25. 兵三平四　将 5 平 4（图 167）

下面：车四平五（献车妙）！马 3 退 5，车三平六，红胜。全局弈完，红方五兵一个不少，右马又一步未动，堪称奇也。

浙江于幼华

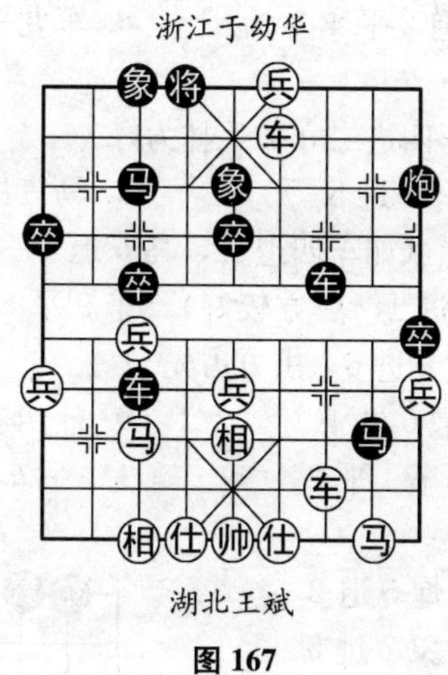

湖北王斌

图 167

第 151 局

解放军刘征（红先负）吉林胡庆阳

（1993 年 4 月 27 日弈于南京）

飞相对起马

1. 相三进五　马 2 进 3　　　**2.** 兵三进一　卒 3 进 1

本局弈自 1993 年全国团体赛。飞相对起马开局，双方斗散手。红方挺三兵不及兵七进一较有针对性。黑方挺卒通马，亦可走炮 2 平 1，马八进七，车 1 平 2，车九平八，卒 3 进 1，马二进三（不及炮八进四），炮 8 进 4，马三进四，马 8 进 9，炮八进五（宜走炮八进四），车 9 进 1，兵三进一，炮 8 平 3，兵三平四（不如炮二平三），车 9 平 8，炮二平三，象 7 进 5，仕四进五，车 8 进 4，车一平四，炮 1 退 1，兵四进一，炮 1 平 6，马四进三，马 9 进 7，兵四平三，炮 6 平 3，相七进九，马 3 进 4，黑方呈反击趋势（选自 1990 年全国个人赛上海林宏敏与河北李来群的对局）。

3. 马二进三　马 3 进 4　　　**4.** 马八进九　炮 8 平 5

5. 车九进一　炮 2 平 4　　**6.** 车九平四　马 8 进 7

7. 车四进四　……

进车捉马不如车四进二守护兵林为好。

7. ……　　马 4 进 5　　**8.** 马三进五　……

如改走车四平七（如车四退二，马 5 退 4，炮八进三，马 4 退 3，炮八进一，卒 5 进 1，黑方较好），车 9 平 8，车一平二，马 5 进 7，炮八平三，车 8 进 6，黑方占先。

8. ……　　炮 5 进 4　　**9.** 仕四进五　车 9 平 8

10. 车一平四　车 1 平 2　　**11.** 后车进三　……

宜走炮二平三。

11. ……　　炮 5 退 2

12. 前车进一　象 7 进 5

13. 兵九进一　士 4 进 5

14. 前车平三?（图 168）……

吃卒失着，给黑方有机可乘。应改走炮八平六，尚无大碍。

14. ……　　炮 4 进 5!

"硬插杠子"，兑子抢攻，打开局面的佳着。

吉林胡庆阳

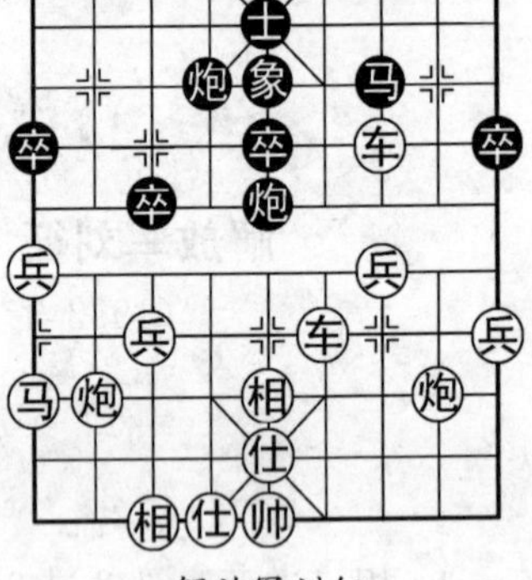

解放军刘征

图 168

15. 炮二平六　车 2 进 7

16. 炮六进二　……

如改走帅五平四，车 8 进 9，帅四进一，车 8 退 1，帅四退一，炮5 进 4，仕六进五，车 8 平 5，车四平六，车 2 进 1，黑方胜势。

16. ……　　车 2 平 4　　**17.** 炮六平五　车 4 退 2

18. 炮五退一　车 8 进 9　　**19.** 车四退三　车 8 退 3

20. 炮五进一　……

双车抢攻，恰到好处。红如炮五平四，将 5 平 4，黑胜。

20. ……　　车 4 平 5　　**21.** 车三进一　车 5 平 4

平车立定胜局。下面着法为：马九退八，将 5 平 4，马八进七，车8平4，马七进五，前车平5，车四进五，车5平6（车5进1亦好），车四平五，卒5进1，黑方净多一车胜。

第152局

纺织庄永熙（红先胜）物资神兆瑞

（1993年4月27日弈于南京）

中炮过河车对屏风马高车保马

1. 炮二平五　马8进7　**2.** 马二进三　马2进3

3. 车一平二　车9平8　**4.** 兵七进一　卒7进1

5. 车二进六　炮8平9　**6.** 车二平三　车8进2

这是1993年全国团体赛中的一场短兵相接。中炮过河车对屏风马平炮兑车，黑方高车保马是一种选择，改走炮9退1则另有变化。

7. 马八进七　象3进5　**8.** 马七进六　车1进1

红方跃七路马与过河车遥相呼应，亦可采用炮八平九、车九进一、兵五进一等多种攻法。黑方起右横车，启动主力，是实战中比较多见的走法。另有补士固中的应着，举例如下：士4进5，炮八平七，炮2进4，马六进四，车1平4，兵七进一，车4进7，炮七进四，车4进1，车九平八，炮2进2，炮七平六，红方先手。

9. 马六进七　炮9退1

10. 炮八平七　炮2进4

11. 炮七进一　炮9平4（图169）

平肋炮出差错，给红方有机可乘，失先。应改走炮9平7，车三平四，马7进8，黑方严阵以待。

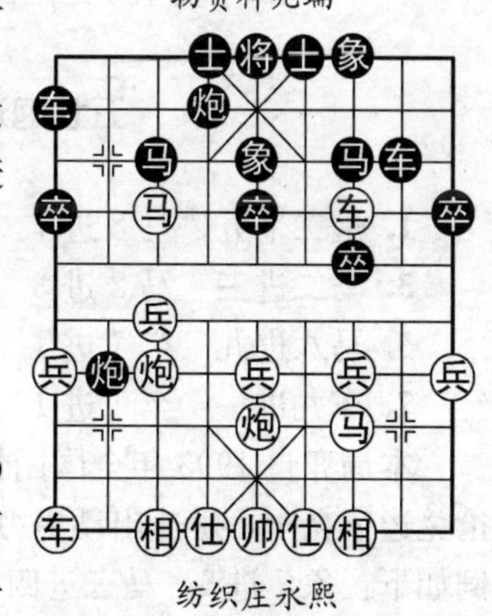

图169

12. 马七进五！……

马踏中象，打开缺口，好棋。

12. …… 象7进5

飞象吃马，加速崩溃，不妥。不如改走马3进4，马五进三，将5进1（如炮4平6，红车九平八），马三进一，车8平9，车九平八，车1平2，炮七退二，黑方虽吃后手，但尚可纠缠。

13. 炮七进四 炮2平7 **14.** 车三平五 炮7进3

15. 仕四进五 炮7平9

如改走马7进5，炮五进四，士4进5，炮七平二，将5平4，车九平八，炮4平2，车八进六，红方胜定。

16. 车五进一 士4进5 **17.** 炮七平三 车8进7

18. 马三退四 车8退9 **19.** 马四进二 车1平2

如改走炮4进7，车九平八，车1退1，仕五进六，红方胜势。

20. 炮五平三 车8平7 **21.** 车五退一 ……

退车伏抽叫杀，红胜。

第153局

四川蒋全胜（红先负）广西黄世清

（1993年4月29日弈于南京）

五七炮进三兵对屏风马

1. 炮二平五 马8进7 **2.** 兵三进一 卒3进1

3. 马二进三 马2进3 **4.** 车一平二 车9平8

5. 马八进九 卒1进1 **6.** 炮八平七 马3进2

7. 车九进一 卒1进1

本局弈自1993年全国团体赛。五七炮进三兵对屏风马，黑方抢兑边卒亮车，迅速出动主力，竞争意识比较强。亦可飞左象，举例如下：象7进5，马三进四，卒1进1，兵九进一，车1进5，车九平四，士6进5，马四进六，卒5进1，兵七进一，马2进1，炮七进一，马1退3，兵五进一，炮8进4，仕四进五，炮2进6（宜改走炮2进2），车四进二，炮8退2，马六进五，红方弃子抢攻（选自同届比赛湖北柳大华与四川蒋全胜的对局）。

8. 兵九进一　车1进5　**9.** 车二进四　……

巡河车巩固河沿阵地，稳健。改走车九平四，车1平7，马三进四，象7进5，另有攻防变化。

9. ……　象7进5　**10.** 车九平四　士6进5

11. 车四进五　马2进1　**12.** 炮七退一　炮2进3

炮伸河口打车，干扰红方进攻步骤。也可改走炮2进5打马，对抢先手。

13. 兵五进一　……

冲中兵发动中路攻势，如选择车二退一则相对平稳。

13. ……　炮2退2　**14.** 车四退三　……

退车兵林，是一步探索变化的新走法，一般多走车四退二。

14. ……　车1平4　**15.** 炮七平三　炮8进2

16. 兵五进一　卒7进1

挺7卒巩固河沿阵地，正着。如改走卒5进1，车四进三，车占卒林，红有攻势。

17. 兵五平四　卒7进1

18. 炮三进三　……

同样吃卒，应走车二平三，车4平7，炮三进三，红先。

18. ……　马7进6（图170）

19. 车四进二？……

吃马贪子，落入被动。应改走炮三进一，车4平8（如象5进7，红车四进二），马三进二，象5进7（如马6进4，红车四平六），马二进四，炮8平6，车四进二，象7退5，车四退一，局势平稳。

广西黄世清

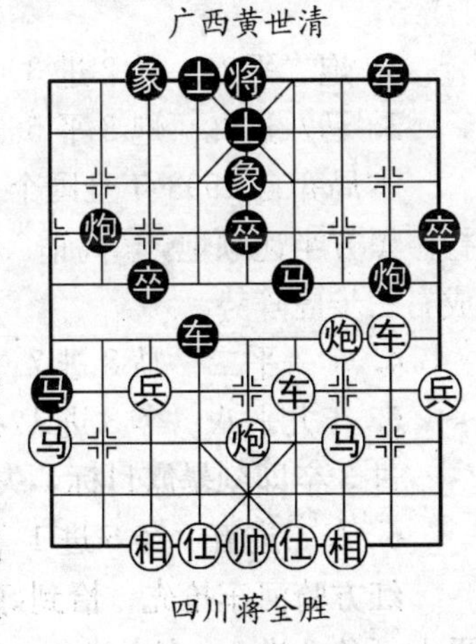

四川蒋全胜

图170

19. ……　　炮 2 进 1

打车伏打帅抽车暗着，好棋。黑方由此反先夺得主动。

20. 马三进四　车 4 进 3　　**21.** 炮五进五　……

舍炮轰象白损一子，但此时也无其他好棋可走。如炮三退一，马 1 进 3，仕四进五，炮 2 平 6，车二进一，车 8 进 4，马四进二，炮 6 平 5，有车斗无车，黑方胜势。

21. ……　　象 3 进 5　　**22.** 车四进一　马 1 进 3

23. 马九退七　……

填马解杀无奈。如改走马四退五（如仕四进五，炮 8 平 5，红方丢车），炮 8 平 5，炮三平五，车 4 进 1，黑胜。

23. ……　　炮 2 进 5

进炮催杀，妙，黑胜。

第 154 局

江苏王斌（红先胜）内蒙古孙启忠

（1993 年 8 月 14 日弈于青岛）

中炮对半途顺炮

1. 炮二平五　马 2 进 3　　**2.** 马二进三　炮 2 平 1

3. 马八进九　炮 8 平 5

本局弈自 1993 年全国个人赛。红方中炮跳边马开局，稳扎稳打。黑方半途顺炮，“离谱”打散手，出其不意，如车 1 平 2，则成右三步虎阵势。

4. 车一平二　马 8 进 7

5. 车九平八　卒 3 进 1？（图 171）

进 3 卒即刻暴露目标，失先。应改走车 9 进 1，启动主力。

6. 车二进五　卒 5 进 1

红方骑河车抢先，恰到好处。黑方进中卒不如炮 5 平 6，车二平七，象 7 进 5，车七进一，车 9 平 8，兵三进一，车 8 进 4，虽然处后手，但尚可应付。

7. 炮八平七 马3进5

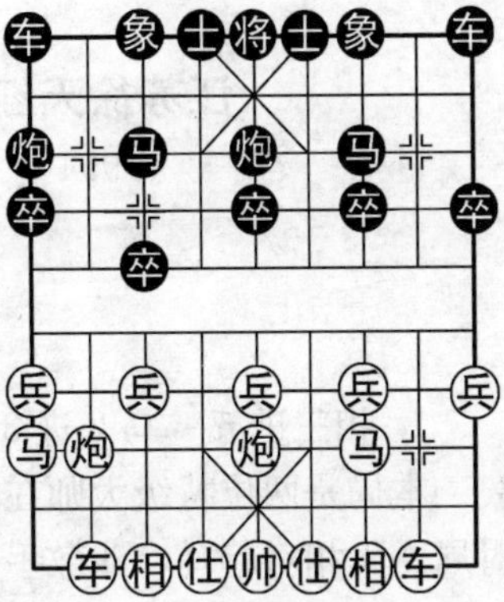

8. 车八进六 车9进1

9. 兵五进一 ……

双车占两翼，控制河口、卒林，继而挺兵攻中路，好棋。

9. …… 马5进7

10. 炮五进三 士4进5

11. 仕六进五 车9平6

如改走马7进5，车八平六，红优。

12. 车八平六 炮1进4

如改走马7进6，炮七平五，红优。

内蒙古孙启忠

江苏王斌

图171

13. 兵三进一 前马进5 14. 车六退二 马5进7

如误走马5进6，帅五平六叫杀，黑方丢马。

15. 帅五平六 后马进5

如改走象3进1，车二进二，车6进1，炮七平八，炮1平2，马九进八，红方大优。

16. 车六进二 车6进2 17. 炮七进三 卒7进1

如改走炮5进2，车二平五，捉马伏杀，红胜。

18. 车二平三 马7退5 19. 车三平四 炮5进2

如车6进1，炮七平四，炮5进2，车六平五，红方夺子胜。

20. 车四进一 前马退3 21. 车六退一 炮1退2

22. 车四平五 炮1平4 23. 车五退一 炮4退2

24. 车五平七 ……

红方夺子多兵胜定，黑方认输。

第 155 局

江苏徐天红（红先负）广东吕钦

（1994 年 4 月 20 日弈于桂林）

飞相对起马

1. 相三进五　马 2 进 3　　**2.** 马二进三　……

本局是两位特级大师在第 5 届“银荔杯”全国象棋冠军赛中的对局。飞相对起马，斗散手。红方上右马启动右翼，亦可走兵三进一，卒 3 进 1，马二进三，马 3 进 4，马八进九（如仕四进五，炮 8 平 4，马八进九，马 8 进 7，炮二进三，马 4 进 3，炮八进四，卒 3 进 1，黑方对抗，选自第 14 届“五羊杯”湖北柳大华与江苏徐天红的对局），炮 8 平 5，车九进一，马 8 进 7，车九平六，马 4 进 5，马三进四，车 9 平 8，车一平三，卒 3 进 1，车六进二，卒 3 平 4，车六进一，炮 2 平 3，马四进三，炮 3 进 7，相五退七，车 8 进 7，马三进五，象 3 进 5，炮八平五，红方先手（选自第 14 届“五羊杯”上海胡荣华与广东吕钦的对局）。

2. ……　卒 7 进 1　　**3.** 兵七进一　马 8 进 7

4. 马八进七　车 9 进 1　　**5.** 炮二进四　……

过河炮抢先，亦可车九进一，车 9 平 6，车一进一，车 1 进 1，车一平四，车 6 进 7，车九平四，车 1 平 4，炮二进四，红方先手。

5. ……　马 7 进 8　　**6.** 车九进一　象 3 进 5

7. 车九平四　士 4 进 5

补士正着。如车 9 平 4，车四进六，红方有进攻机会。

8. 炮二平七　车 1 平 4　　**9.** 车四进五　车 9 平 8

如马 8 进 7，车一平二，炮 8 平 7，车四平三，炮 7 平 6，兵七进一，红方占先。

10. 车四平二　马 8 进 7　　**11.** 兵一进一　……

如仕四进五，炮 2 退 1，车一平四，炮 8 平 6，红方无便宜。

11. …… 炮 2 退 1 **12.** 兵一进一 卒 9 进 1

13. 车一进五 炮 8 平 7 **14.** 车二平三 炮 7 平 6

15. 车三平四 车 4 进 4

红方平车缓手，应改走兵七进一抢河口。黑车巡河，巩固阵势的好棋。

16. 车四退三？……

退车离卒林，无实际意义，失先。应改走仕四进五固中待变。

16. …… 马 7 退 6

17. 车四平一 炮 2 平 4

18. 前车退一？(图 172) ……

退车失察，送破绽给对方。应改走后车进一，保持纠缠局势。一退一进，大相径庭也。

18. …… 车 4 平 2

19. 炮八平九 车 2 退 1

20. 马七进六 马 6 进 4

21. 前车平六 士 5 进 4

22. 车六平四 炮 6 平 7

23. 兵七进一 ……

广东吕钦

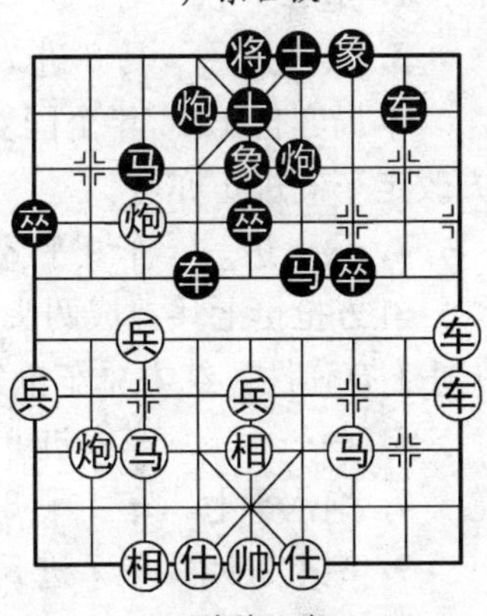

江苏徐天红

图 172

黑方抓住战机，巧施捕子术，走得机灵。红如改走马三进二，车 2 平 3，炮九平七，象 5 进 3，黑方夺子占优。

23. …… 象 5 进 3 **24.** 炮九平七 ……

平炮无奈，失子已成定局。如改走车四进三，炮 7 进 5，炮九平三，士 6 进 5，车四平三，象 7 进 5，车一进六，士 5 退 6，车三平四，士 4 退 5，红方也是失子。走到这里，让我们回过头来看一下，如果红方在第 18 回合改退车为进车，那么现在的一路车将升二格，可走车一平三，黑方就“无戏可唱”了。当然，这仅仅是“马后炮”矣。

24. …… 炮 7 进 5 **25.** 炮七平三 车 8 退 1

炮死，红方认输。

第156局

江苏张国凤（红先胜）广东文静

（1994年5月19日弈于石家庄）

中炮两头蛇对反宫马

1. 炮二平五　马2进3　　**2.** 马二进三　炮8平6

3. 兵三进一　马8进7

本局弈自1994年全国女子团体赛。中炮进三兵对反宫马，黑方改走卒3进1亦可。

4. 兵七进一　车9平8　　**5.** 车一平二　……

红方抢挺七兵，成两头蛇阵势，局面开扬。黑方出直车不及车9进1有弹性。红方兑车抢先，机灵。

5. ……　车8进9　　**6.** 马三退二　车1进1

7. 炮八平七　车1平8　　**8.** 马二进三　车8进3

9. 炮七进四！象7进5？

红炮抢卒恰到好处。黑方同样飞象应该象3进5。

10. 马八进七　卒7进1

11. 车九平八　炮2平1（图173）

12. 兵五进一！……

冲中兵，从中路发起进攻，佳着。

12. ……　卒7进1

13. 兵五进一！卒7进1

红方疾冲中兵，厉害。黑如改走卒5进1，炮七进三，士4进5，炮七平九，红方大优。

广东文静

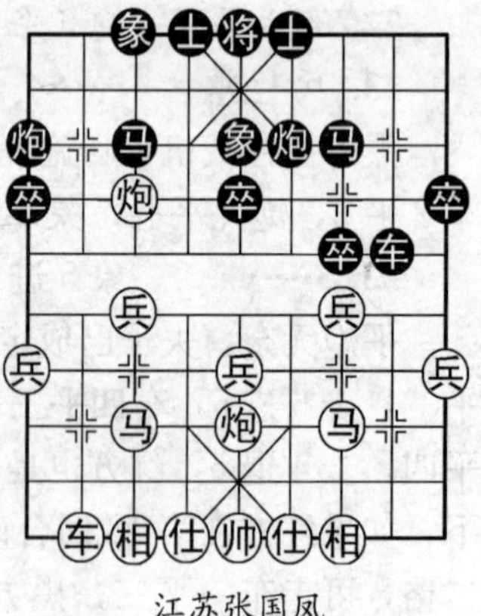

江苏张国凤

图173

14. 马三进五　卒5进1　　**15.** 马五进六　士4进5

16. 兵七进一 ……

奔马、冲兵，红方顿时形成强大攻势，黑已难应付。

16. …… 马3退4 **17.** 车八进八 炮6退1

18. 车八进一 马7进6 **19.** 炮七平五！……

两门中路炮，势不可当。

19. …… 炮1退1 **20.** 车八平七 炮1平3

21. 后炮平六 绝杀，红胜。

第157局

青海郭海军（红先胜）江苏言穆江

（1994年5月19日弈于石家庄）

中炮横车盘头马对屏风马

1. 炮二平五 马8进7 **2.** 马二进三 车9平8

3. 马八进七 卒7进1 **4.** 车九进一 马2进3

5. 兵五进一 士4进5 **6.** 车一进一 马7进6?

这是1994年全国团体赛中的一场短兵相接。中炮双横车盘头马对屏风马，黑方跃马轻浮，失先，一步不慎满盘被动。应改走卒3进1，巩固阵形。

7. 兵五进一 卒5进1 **8.** 马七进五 卒5进1

9. 炮五进二 炮8平5

如改走象3进5，炮五平九，马6进5，炮九进五，马5进7，车一平三，马7退5，炮八平五，红方胜势。

10. 车一平四 马6进5

如马6进7，车四进二，卒7进1，车九平四，马3进5，炮五进三，象3进5，前车进三，马5进4，马五进三，红方占先。

11. 马三进五 车8进3

如车8进6，车四进五！车8平7，炮八进一，红方先手。

12. 炮八平五 车1平2

如炮2进4，马五进七，卒3进1，后炮进五，象3进5，马七进五，红方占优。

13. 车九平六（图174） 炮2平1

黑如改走卒3进1，兵七进一，车8平3，车六平七，红先。

14. 车四进四！卒1进1

红骑河车抢占要道，控制全局的佳着。黑如炮1进4，马五进七，炮1进3，马七进六，红胜。

15. 仕四进五 炮1进1

16. 车六进六 车2进2

17. 马五进七 炮5进1

18. 车六进一 ……

车侵象腰！使黑方无法联象固守，切中要害的好棋。

江苏言穆江

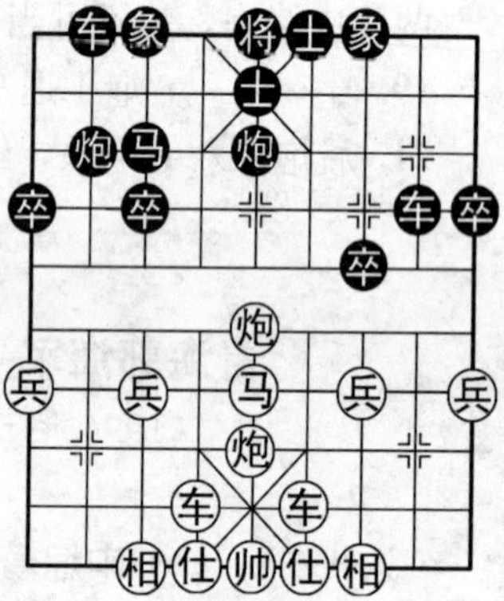

青海郭海军

图174

18. …… 卒3进1 **19.** 车四平七 炮5退1

20. 后炮进五 象7进5 **21.** 车七平五 炮1平5

22. 马七进六 ……

马奔卧槽，势不可当。黑方已难应付。

22. …… 车2进1 **23.** 车五平七 马3退1

24. 马六进七 车2退2 **25.** 车六退二 红胜。

第158局

浙江于幼华（红先负）河北阎文清

（1994年6月25日弈于上海）

中炮进三兵对三步虎转列炮

1. 炮二平五 马8进7 **2.** 马二进三 车9平8

3. 兵三进一 炮8平9 **4.** 马八进七 炮2平5

本局弈自“嘉丰房地产杯”全国象棋王位赛。中炮进三兵对三步虎，黑方半途列炮对攻，意图积极，改走卒3进1则另有变化。

5. 车九平八　马2进3　　**6.** 兵七进一　车1进1

7. 车一进一　车8进4　　**8.** 车一平四　车1平4

两头蛇直横车对屈头马直横车，双方对峙。黑方右肋车是一步试探性的等待，旨在后发制人。另有两种着法：①卒3进1，马七进六，卒3进1，马六进四，马7退8（如误走车1平6，红马四进五即胜），炮八进三，马3进2，炮五进四，士6进5，车八进五，红方占优。②卒7进1，车四进三，卒7进1，车四平三，马7进6，马三进四，车8进1，车三平二，马6进8，炮八进六，马8进6，炮五平四，卒5进1，相七进五，红方先手。

9. 车四进五　……

车占卒林，先发制人，但黑方也相应反弹。可改走炮八进三，车4平2，炮八进一，车2平4，车四进五，炮5退1，炮八进一，车4进6，车八进二，象7进5，仕六进五，车4退3，车八进四，红方占先。

9. ……　卒3进1　　**10.** 车四平三　卒3进1

11. 车三进一　卒3进1　　**12.** 兵三进一　……

各攻一翼，双方对打。红方抢先夺子，但内线也承受巨大压力。

12. ……　车8进4

13. 马七退五　车4进7（图175）

14. 炮八平九？……

黑方双车扼相腰，黑卒深入，反扑力极强。红方平炮失先，应改走车三退一，车8退7，炮五进四，马3进5，车三平五，车8平4，相七进九，炮9退1，炮八进七，红方多子占优。

14. ……　车8退7！

退车调头，佳着。

河北阎文清

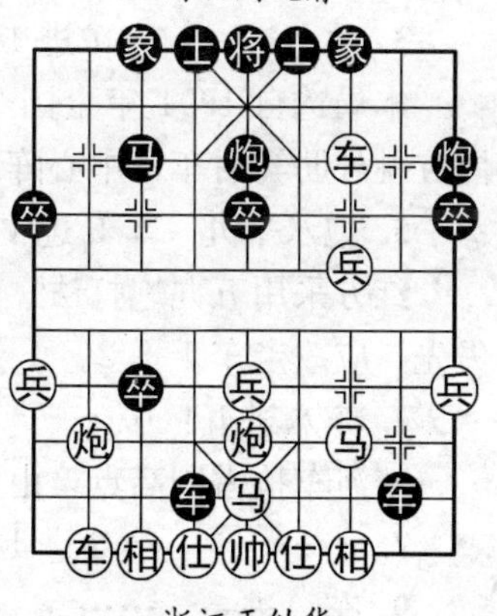

浙江于幼华

图175

15. 车八进六　车 8 平 4　　**16.** 炮九退二　士 4 进 5!

17. 相三进一　后车进 6!　　**18.** 相一进三　炮 9 进 4!

19. 车八平七? ……

补士、进车、轰炮，黑方一套组合拳出手，招招狠。红方平车失着，导致速败，应改走马五退三，尚可周旋。另如改走马三进一，炮 5 进 4，马一退三，将 5 平 4，黑胜。

19. ……　炮 9 进 3!　　**20.** 马五退三　后车平 3!

双车炮左右开弓已成杀势，黑方走得凶狠又紧凑。

21. 相七进九　车 3 平 1　　**22.** 炮九平八　车 1 平 2

23. 车七进一　将 5 平 4!

出将立定胜局，黑胜。

第 159 局

上海万春林（红先胜）火车头宋国强

（1994 年 10 月 5 日弈于郴州）

五九炮对屏风马

1. 炮二平五　马 8 进 7　　**2.** 马二进三　马 2 进 3

3. 兵七进一　卒 7 进 1　　**4.** 马八进七　马 7 进 8

本局选自 1994 年全国个人赛。中炮七路马缓开车对屏风马，黑方跳外肋马封车，中心阵地欠厚实，不如车 9 平 8 或炮 2 进 4。

5. 炮八平九　车 9 进 1　　**6.** 车九平八　车 9 平 4?

红方采用五九炮打法，启动左翼先发力。黑方开出横车太急，失先，应改走车 1 平 2。

7. 车八进五! ……

骑河车抢占制高点，由此控制局势，佳着。

7. ……　卒 3 进 1　　**8.** 车八平七　马 3 进 4

9. 车一进一　……

黑方弃 3 卒，跃右马，中心阵地出现空隙，无奈。红方再出右横车呼应，及时。

9. …… 象7进5

如改走马4进6，车一平四，马6进7（如马6进5，炮九平五），炮五进四，士4进5，炮九平三，红优。

10. 车七平八 车1进1

11. 炮五进四 士4进5

12. 炮五退一 马8进7

13. 兵七进一（图176）

炮2平3?

红方炮镇中路，黑方势处被动，压力不小。现在平炮弃马损失更大，不如马4进3顽强。

14. 兵七平六 炮3进7

15. 仕六进五 炮3平1

16. 车一平二 车1平3

17. 兵六平七 炮8平6

18. 车二进三 车4进7

19. 车二平六 ……

强行占肋，控制将门，以多欺少，黑方明吃“哑巴亏”。

19. …… 车4平3

20. 帅五平六 车3进1

21. 帅六进一 炮6进6

22. 仕五进四 车3退1

23. 帅六退一 炮6平4

24. 兵九进一（图177） ……

黑方几乎没有子力可动，主动“投降”，红胜。

火车头宋国强

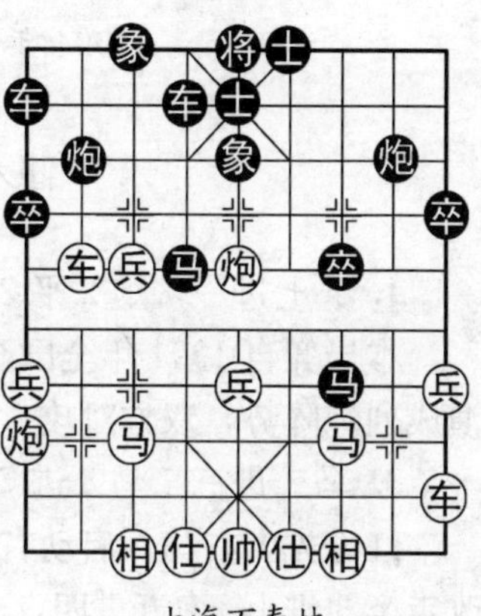

上海万春林

图 176

火车头宋国强

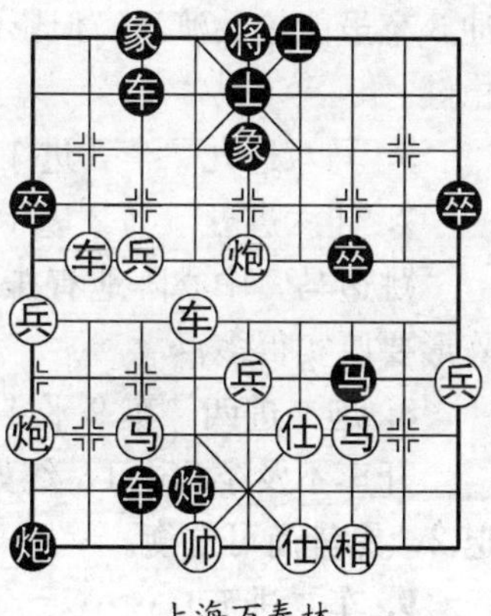

上海万春林

图 177

第 160 局

河北刘殿中（红先胜）北京殷广顺

（1994 年 11 月 5 日弈于郴州）

仙人指路对卒底炮

1. 兵七进一　炮 2 平 3　　**2.** 炮八平五　炮 8 平 5

本局弈自 1994 年全国个人赛。仙人指路对卒底炮开局，随即演成列炮阵势，双方对攻，拼抢意图跃然枰上。

3. 马二进三　马 8 进 7

红方先上右马，启动右翼，如改走马八进七，另有变化。黑如改走卒 3 进 1，炮五进四，士 4 进 5，炮二进六，卒 3 进 1，相七进五，红方先手。

4. 车一平二　卒 3 进 1

红方抢出右车，紧着，如被黑车 9 平 8 先出，右翼受制。黑方冲 3 卒虽能抢兵渡河，但影响大子出动，弊大于利，不如马 2 进 1 稳健。

5. 马八进九　卒 3 进 1　　**6.** 车九平八　车 9 进 1

7. 仕六进五　马 2 进 1

跳边马，中心阵地有嫌单薄，可改走炮 3 进 2，以后上正马，阵形要厚实得多。

8. 炮二进四　车 9 平 4

开车不及卒 7 进 1。红如炮二平九，车 1 平 2，车八进九，马 1 退 2，黑势尚可抗衡。

9. 车二进五！……

骑河车抢占制高点，控制河沿，佳着。

9. ……　　车 4 进 2　　**10.** 兵三进一　车 1 进 1

11. 兵三进一　车 4 进 1

12. 兵三平四（图 178）　车 1 平 6

如改走卒7进1，车二平三，车4平6，车三平四，马7进6，炮五进四，士4进5，炮二进二，红方占优。

13. 炮二平五　士6进5

14. 兵四平五　车4进1

15. 车八进六　……

炮镇中路，横兵赶车，车占卒林，红方全方位出击，取得优势。

15. ……　　车6进5

16. 前炮平七　炮3平4

如马1进3，车八平七，炮3平4，车七平三，红优。

北京殷广顺

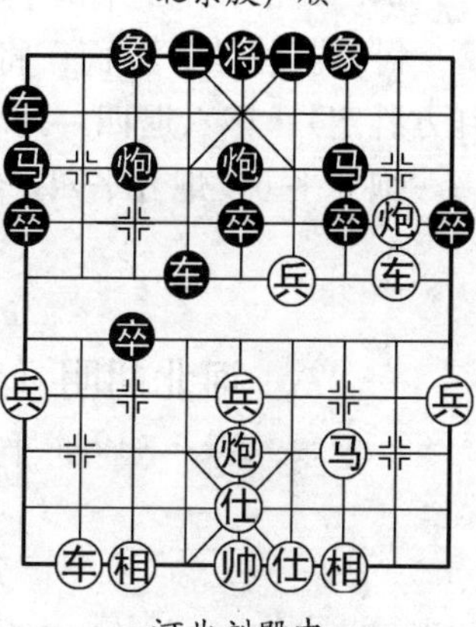

河北刘殿中

图 178

17. 炮七平九　卒3进1

如改走将5平6，车二平四，车6退2，兵五平四，炮5进5（如改走车4平7，炮五平七，车7进2，相七进五，车7退1，炮七进七，将6进1，兵四进一。红方弃马抢攻，攻势强烈），相七进五，红方占优。

18. 前兵进一　车6平7

19. 前兵进一　象7进5

20. 马九进七　车7进1

21. 马七进五　……

兑子，过河兵卒消失，局势有所简化。红方跃马立河，虎视眈眈，黑方处境困难了。

21. ……　　炮4平3

22. 马五进四　炮3退1

23. 车二平六　车7退2

如改走车4退1，马四退六，车7进2，车八进一，红方大优。

24. 车六进三！（图179）……

车塞象眼，弃车叫杀，精妙。

北京殷广顺

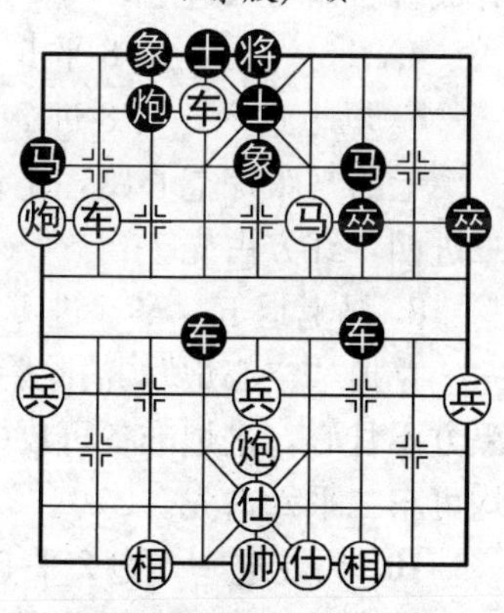

河北刘殿中

图 179

24. …… 车 7 平 6 **25.** 马四进三！……

卧槽打将杀。下面：将 5 平 6（如车 6 退 4，车六退四吃车，红方胜定），车六退四，车 6 平 4，车八平四，士 5 进 6，车四进一，炮 3 平 6，炮五平四，红胜。

第 161 局

河北胡明（红先胜）黑龙江郭莉萍

（1994 年 10 月 7 日弈于郴州）

对兵（卒）局

1. 兵七进一 卒 7 进 1 **2.** 炮二平三 象 7 进 5

3. 马二进一 炮 8 进 4

这是两位巾帼特级大师在 1994 年全国女子个人赛中的较量。对兵（卒）开局，互为试探，黑方左炮过河瞄中，取进攻态势，改走马 8 进 7 较为平稳。

4. 车一平二！……

亮车捉炮，放弃中兵，让出“空头”，诱敌深入，有胆魄，胸有成竹。如马八进七，马 8 进 7，车一平二，车 9 平 8，黑方抗衡。

4. …… 炮 8 平 5 **5.** 马八进七 炮 5 退 2

6. 马七进六 马 8 进 7 **7.** 马六进七 马 2 进 1

七路马跟踪空心跑，不让其“安稳”。黑如改走炮 5 进 2，车二进四，红方占先。

8. 马七退五 卒 5 进 1 **9.** 车二进六 炮 2 进 4

兑掉“空心炮”，消除隐患，继而过河车控制卒林，保持主动。黑方不甘心，进炮准备再攻中路。如改走车 9 平 8 或车 1 进 1，红均可车二平六占先。

10. 兵九进一 炮 2 平 5

挺边兵为出左车开辟通道，二次让出“空头”，走得漂亮有戏剧性。棋局的发展，让人感到有趣、有劲、有看头！

11. 车九进三　炮 5 退 1　　**12.** 车九平六　士 6 进 5

如改走车 1 平 2，炮八进四，车 2 进 1，车六进二，红优。

13. 兵三进一　马 7 进 6

红方冲兵攻马，紧凑。黑如改走车 9 平 6，马一进三，红优。

14. 兵三进一　象 5 进 7

15. 车二平四　车 9 平 6

16. 车四进三　士 5 退 6（图 180）

17. 炮八进三！……

逼兑黑车，使黑方“空心炮”“英雄无用武之地”而“落空”。现在红方骑河炮攻马，再次消除“空心炮”的隐患，好棋。

黑龙江郭莉萍

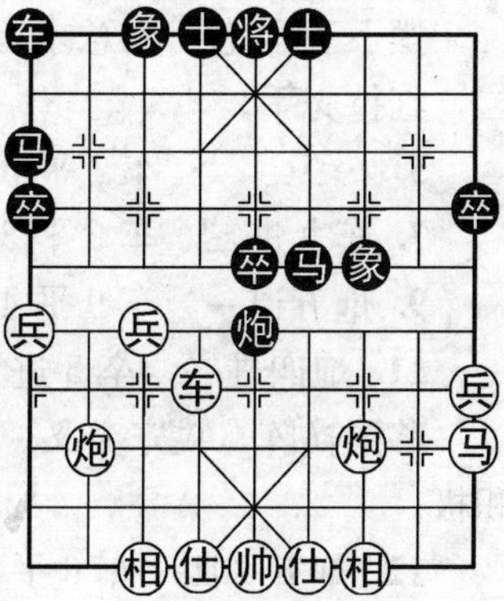

河北胡明

图 180

17. ……　　马 6 进 5

18. 炮三平五　马 5 退 7

19. 仕六进五　象 3 进 5

飞象不及象 7 退 5，给黑马留条退路，但劣势不会改变。

20. 马一进三　士 4 进 5　　**21.** 相三进一　车 1 平 2

22. 兵七进一！象 5 进 3　　**23.** 炮八平五！……

弃兵，兑子反击，奠定胜局。下面：马 7 退 5，马三进五，红胜。

第 162 局

辽宁尚威（红先负）广东汤卓光

（1994 年 10 月 10 日弈于郴州）

顺炮直车对缓开车

1. 炮二平五　炮 8 平 5　　**2.** 马二进三　马 8 进 7

3. 车一平二　马 2 进 3

本局出自1994年全国个人赛。斗顺炮，黑方缓开车跳正马，抢先启动右翼，改走卒7进1则另有变化。

4. 兵七进一　炮2平1

分边炮准备出右直车，也可改走车9进1或卒7进1。

5. 炮八平六　……

摆下五六炮，刻意求变。改走马八进七，车1平2，炮八进二，红持先手。

5. ……　车1平2　**6.** 马八进七　车2进6

7. 车九进二　车2平3　**8.** 兵三进一　车9进1

9. 炮五退一　车9平4　**10.** 炮六平四　车4平6

11. 炮四进二　卒5进1

移形换阵，攻守交叉。黑方冲中卒从中路牵制和进攻，着法积极。

12. 炮五平四　车6平4　**13.** 后炮进二　……

可改走相七进五固中护兵，防线巩固。

13. ……　车3退1　**14.** 仕四进五　马3进5

15. 相三进五　车3退1　**16.** 车二进六　……

过河车嫌急，不如前炮平七挡车为正。

16. ……　炮1平3

17. 后炮退一　……

退炮失先，仍应走前炮平七。

17. ……　卒5进1

18. 兵五进一　车4进5

冲中卒打通中路，继而车占兵林，红方顿觉尴尬。黑方已反先而占优。

19. 马七进八　……

如兵五进一，车3平5，黑优。

19. ……　车4平7

20. 马八进九（图181）　炮5进3!

广东汤卓光

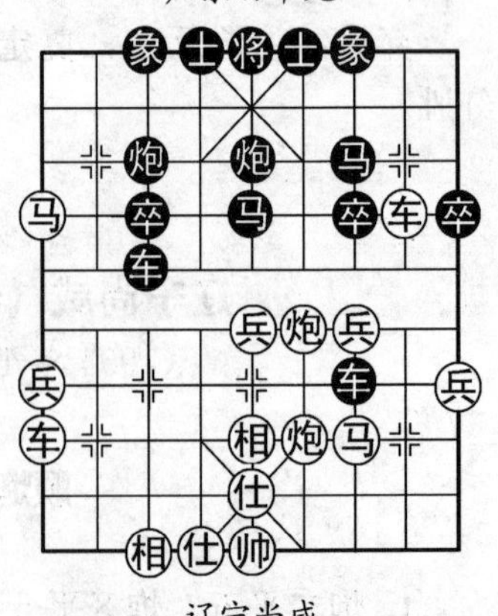

辽宁尚威

图181

弃车炮镇中，好棋，一锤定音。由此攻杀入局。

21. 马九退七 卒3进1 **22.** 帅五平四 马5进6

23. 马三退一 车7平9 **24.** 车二退五 马6进7

25. 车二平三 车9进2

一气呵成。下面：车三进一，车9进1，相五退三（如帅四进一，炮5平6，炮四进七，炮3平6，黑胜），炮3进7，帅四进一，车9退1，黑胜。

第163局

北京常婉华（红先负）江苏黄薇

（1994年10月10日弈于郴州）

五七炮对屏风马

1. 炮二平五 马8进7 **2.** 马二进三 车9平8

3. 车一平二 马2进3 **4.** 兵七进一 卒7进1

5. 炮八平七 炮8进2 **6.** 车二进四 象3进5

7. 马八进九 炮2进4 **8.** 兵三进一 炮2退1

这是1994年全国女子个人赛中的一场角逐。双方以五七炮对屏风马开局，黑方左炮巡河、右炮过河，进行对抗。红方兑三兵不妥，被黑炮牵制，应改走相三进一。

9. 马三进四 ……

如改走相三进一，卒7进1，相一进三，马7进6，车二退三，炮2平7，黑方占优。

9. …… 炮2平6 **10.** 兵三进一 炮6退3

11. 兵三进一 ……

冲兵失先。应改走兵三平二吃炮，保持子力平衡，虽无先手，但尚无大碍。

11. …… 炮8平6 **12.** 车二平三 马7退9

13. 兵三平四 ……

同样动兵，不如兵三进一。

13. …… 后炮平 7 **14.** 车九平八 ……

软手。应改走兵四进一，炮 7 进 2，红再出左车，比原着法好得多。

14. …… 士 4 进 5

15. 相三进一 车 8 进 3

16. 炮七进四 车 8 进 4

17. 车八进五 炮 6 平 9

18. 相一退三 车 1 平 4（图 182）

19. 车八平四？……

红方平车失着，给黑方反击机会，应改走兵一进一。

江苏黄薇

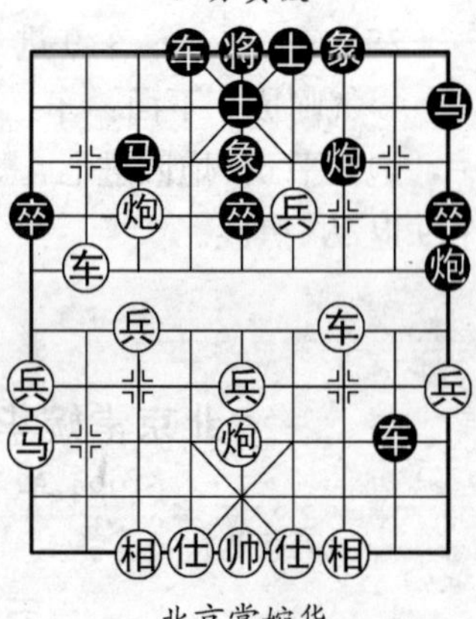

北京常婉华

图 182

19. …… 马 9 进 8！

跃马捉双车，由此突击入局，好棋。

20. 车三进二 炮 7 进 7 **21.** 仕四进五 炮 9 平 7！

打车夺车，妙。

22. 车四平三 炮 7 退 6 **23.** 车三进一 车 4 进 5

24. 炮五进四 马 8 进 7

双车马杀局，黑胜。

第 164 局

吉林陶汉明（红先胜）上海胡荣华

（1995 年 4 月 7 日弈于桂林）

对兵（卒）局

1. 兵三进一 卒 3 进 1 **2.** 炮八平七 象 3 进 5

这是两位特级大师在第 6 届“银荔杯”象棋全国冠军赛中的较量。对兵（卒）开局，黑方飞象应兵底炮，平稳着法。改走炮 8 平

5 或炮 2 平 5 则取进攻之道。

3. 马八进九　马 2 进 3　　**4.** 车九平八　炮 2 平 1

5. 炮二平五　马 8 进 9

红方半途架中炮，采取攻势。黑方跳边马成单提马阵势，如马 8 进 7，马二进三，车 9 平 8，兵七进一，红方先手。

6. 马二进三　卒 1 进 1

7. 车一平二　车 9 平 8

8. 马三进四　炮 1 进 4（图 183）

边炮抢兵出击过急，后防不稳。宜走士 4 进 5。

9. 兵七进一！卒 3 进 1

10. 马四进三！马 3 进 4

挺七兵、炮攻 3 路马；马踏卒、右翼抢势，好棋。黑如炮 8 平 6，马三进二；如炮 8 平 7，马三进一，红方都大占优势。

上海胡荣华

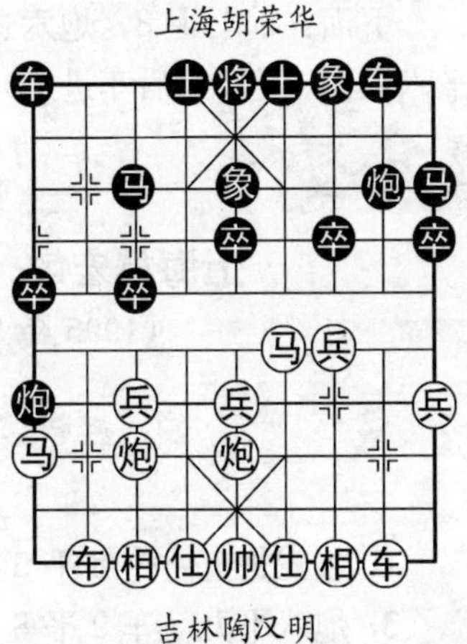

吉林陶汉明

图 183

11. 马三进四　……

马侵象腰夺子，获得多子优势。

11. ……　车 8 进 1　　**12.** 马四退二　……

吃炮欠细，可先走炮五进四，士 6 进 5（如士 4 进 5，红炮七平三），马四退二，马 4 进 5（如车 1 进 3，红炮五平七），炮七平五，马 5 退 7，仕六进五，马 7 退 6，车八进三，红方优势。

12. ……　车 1 进 3　　**13.** 车八进五　马 4 进 5

14. 炮七平六　马 5 退 7　　**15.** 车八退二　卒 1 进 1

16. 仕四进五　车 1 平 4　　**17.** 马九退七　车 4 平 3

18. 马七进九　卒 5 进 1?

挺中卒，急中出错，漏着。应改走车 3 平 4（或马 7 退 6，车八平二，车 8 进 1，前车进四，马 6 退 8，车二进七，卒 1 平 2），黑方多卒，尚可抗衡。

19. 马二退四！车 3 平 6

退马妙，再夺子，确立胜势。黑如车8平4（如车8进8，马四进六，将5进1，车八进五杀），马四退三，卒5进1，马三退四，车4进4，车二进四，红方胜定。

20. 车二进八　马9进7　　**21.** 车二平六　士6进5

22. 相三进一　……

下面：前马退8，炮六进四（亦可炮六进七，士5退4，车八平六，士4进5，后车进三），马7进6，炮六平八，红胜。

第165局

上海林宏敏（红先胜）广东韩松龄

（1995年5月12日弈于峨嵋）

飞相对中炮

1. 相三进五　炮8平5　　**2.** 马八进七　马8进7

3. 炮八平九　车9平8

这是沪、粤两位象棋大师在1995年全国团体赛中的一场短兵相接。飞相对中炮，红方开边炮启动左翼，乃是避开熟套寻求新变化，一般走炮二平四或马二进三。黑方亮左车，右翼有些不协调，宜走马2进1较为平稳。

4. 车九平八　车8进7

兑炮失先，因为黑方子力出动滞后，容易被动。不如改走马2进3，马二进四，卒3进1，车八进六，炮5平6，兵三进一，车1平2，车一平三，象7进5，阵势稳当。

5. 车八进七　马2进1　　**6.** 兵七进一　车1平2

如改走车1进1，马七进六，车8退3，马六进七，炮5进4，仕四进五，象7进5，马二进三，炮5退1，车一平四，红方先手。

7. 车八进二　马1退2　　**8.** 马七进六　车8退3

9. 马六进七　炮5进4　　**10.** 仕四进五　马2进1

11. 马二进三　炮5退1

如改走马1进3，马三进五，马3进2，炮九平六，车8平5（如卒5进1，红马五进六），马五进三，车5平7，车一平四，红方占先。

12. 马七进八　士6进5

如车8退3，马八退六，车8平4，马六退四，炮5退1，兵七进一，红优。

13. 车一平四　象7进5（图184）

飞象缓着。应改走车8平2捉马，马八退九，车2进2，兵三进一，车2平1，马九退七，炮5平4，虽吃后手，但尚可周旋。

广东韩松龄

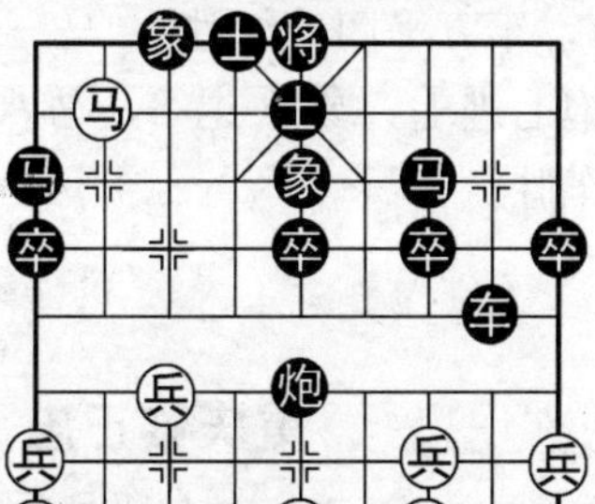

上海林宏敏

图184

14. 车四进六　车8平7

15. 车四退二　卒5进1

16. 兵三进一　车7平8

17. 车四进二　……

“过门”是象棋战术中的一种，通过打帅（将）或捉子为过渡，达到占位、抢先、取势的目的。运用得好，常有画龙点睛之妙。红方巧运4步车，着着到位，“过门”战术发挥得淋漓尽致，漂亮！由此牢牢控制局面。

17. ……　卒7进1

18. 车四平三　马7进5

如改走马7退6，兵三进一，车8平7，车三平九，马1退3，车九平七，红方夺子胜。

19. 炮九平七　……

平炮好棋，暗藏杀机，力在其中。

19. ……　将5平6

出将失算，不明显的漏着。应改走车8退4，不致速败。但红兵三进一后，黑方仍很难走。

20. 车三平四　将6平5

如士5进6，车四进一，将6平5，马八退六，将5进1，帅五平四，将5平4，车四平五，红胜。

21. 车四退一！ ……

退车妙，立定胜局。黑方沉思片刻，推枰认输。下面着法为：炮5平4，车四平五，车8退1（如马5退7，兵三进一，车8退1，兵三进一！车8平7，炮七进七，象5退3，马八退六，将5平6，车五平四，红胜），马三进四，马5退7，兵三进一，车8平2，炮七进七，象5退3，马八退六，将5平6，马六退八，红方抽车胜。

第166局

重庆黎正忠（红先负）广西冯明光

（1995年5月16日弈于峨嵋）

中炮过河车对屏风马双炮过河

1. 炮二平五　马2进3　　**2.** 兵七进一　卒7进1
3. 马八进七　马8进7　　**4.** 马二进三　车9平8
5. 车一平二　炮2进4　　**6.** 兵五进一　炮8进4
7. 兵五进一　……

本局弈自1995年全国团体赛。中炮七路马对屏风马双炮过河。红方直冲中兵，先得过河兵实惠，增加对黑方前沿阵地的压力，是其有利的一面，但大子出动慢，进攻节奏前后不够协调则是其不利的一面。改走车九进一比较紧凑，变化也相对丰富、激烈。

7. ……　象3进5　　**8.** 兵五平六　士4进5
9. 车九进一　……

黑方补士象后，中防得以巩固，红方起横车走法虽是有新意，但并不是当务之急，实战效果欠理想，是一步缓着。不如改走仕四进五固后防而活跃双马较为积极。例变如下：仕四进五，炮2平3，马七进五，车1平2，炮八平七，车2进6，兵七进一，卒3进1，兵六平七，卒5进1，兵三进一，马3进5，兵七平六，卒5进1，炮五进二，卒7进1，马五进三，红方先手。另如急走兵六进一，车1平4，兵六平七，车4进6（弃子抢攻。如马3退1，仕六进五，车4进6，马七进八，炮2平7，炮八平六，车4平2，马八进九，卒7进1，车九进二，车8进4，兵九进一，红方占先），前兵进一，车4平3，马七退五，马7进6，炮八平九，马6进7，车九平八，马7退5，车八进一，卒7进1，车八平六，卒7进1，黑方有凌厉攻势。

9. …… 炮2平3　**10.** 相七进九 车1平2

11. 车九平六 马7进6　**12.** 兵六进一 马6进7

平炮攻相，出车牵制，奔马兵林，形成两翼有力的钳制，走得好。

13. 仕六进五 卒5进1

对峙中巧挺中卒，佳着。黑方已经反先。

14. 车六进二 ……

兑车求透松。如改走兵六进一，士5进4，车六进六，马3退4，黑方先手。

14. …… 炮8平4

15. 车二进九 卒5进1

16. 车二退三 马7退6

以退为进，全线皆活，好棋。

17. 兵六平七 炮4平7

18. 相三进一 马6进4

19. 兵七平八 车2平4

20. 马七退六（图185） 卒5进1

21. 炮五平四 卒5进1

22. 炮四退一 卒5平6

三步冲卒着着凶，紧追不舍献身为入局，好看也。

广西冯明光

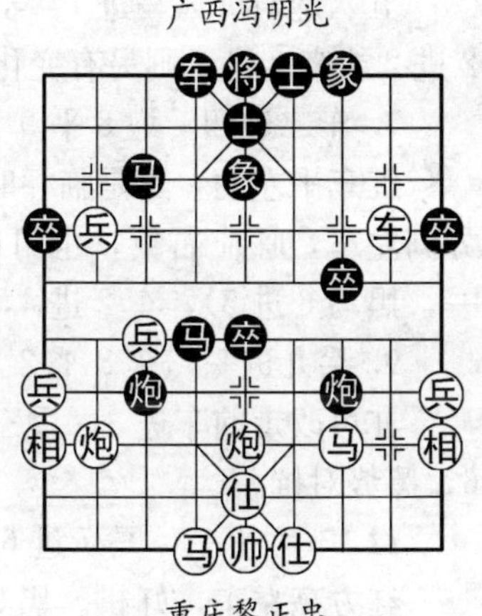

重庆黎正忠

图185

23. 仕五进四 炮3平5　**24.** 兵八平七 炮5退2

退炮立成杀局，黑胜。

第 167 局

广西黄世清（红先胜）福建王晓华

（1995 年 8 月 13 日弈于丹东）

五六炮对屏风马

第 7 届“棋友杯”全国象棋大奖赛，于 1995 年 8 月 10 日至 16 日在我国最大边境城市丹东举行，近 200 名棋手云集角逐。经过 13 轮激烈争斗，辽宁金波、广西黄世清、辽宁赵庆阁、福建王晓华、上海宇兵等 16 位选手获优胜名次。笔者有幸参加了组委会工作并观摩了全部比赛。这里选评的是两位大师在第 9 轮的对局。

1. 炮二平五　马 8 进 7　　**2.** 马二进三　卒 7 进 1

3. 炮八平六　马 2 进 3　　**4.** 马八进九　车 1 平 2

5. 车一平二　车 9 平 8　　**6.** 车九平八　炮 2 进 4

五六炮对屏风马进 7 卒，黑方右炮封车，对抢先手，如改走炮 2 进 2 或卒 3 进 1 则另有变化。如炮 8 进 4，车八进六，红方先手。

7. 车二进四　炮 8 平 9　　**8.** 车二平六　车 8 进 1

红车平左肋，这是临枰时的一步变着，一般多走车二平四。黑方高左车，呼应右翼，也可改走马 7 进 6，车六平四（如车六进一，黑马 6 进 5），车 2 进 4，黑势抗衡。

9. 兵九进一　车 8 平 2　　**10.** 兵三进一　卒 7 进 1

亦可改走前车进 3，兵三进一，车 2 平 7，马九进八，马 7 进 6，黑势对抗。

11. 车六平三　马 7 进 6　　**12.** 车八进一　前车平 4

红方亮左车，好棋。黑如炮 2 平 5（如马 6 进 5，车三进五，红优），马三进五，前车进 7，马五进四，象 7 进 5，马四进二，红方优势。

13. 车八平四　车 4 进 6　　**14.** 车四进四　象 3 进 5

15. 仕四进五（图 186）　车 4 平 3?

平车贪相，失着，是以后失败的根源。应改走车 4 退 4，局面较稳，战斗的历程长着呢。

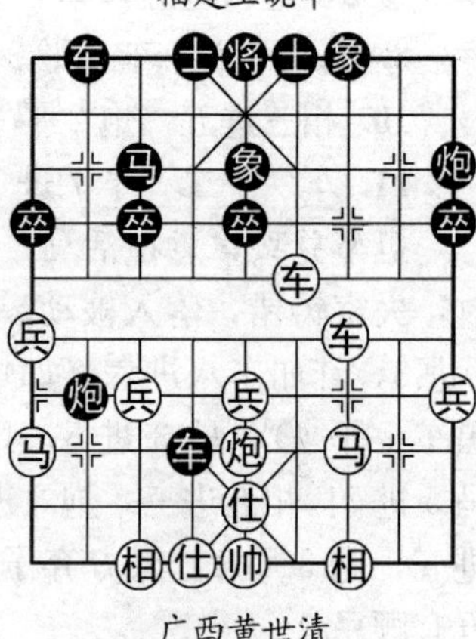

图 186

16. 炮五平四！……

卸炮攻士又伏打死车，妙。一锤定音也。

16. …… 车 3 进 2

17. 炮四进七 ……

轰士撕开缺口，黑方陷入困境。

17. …… 车 3 退 2

18. 帅五平四！……

出帅助攻，迅速入局，佳着。

18. …… 车 2 进 1 **19.** 炮四退一！车 3 平 1

20. 车三进五 将 5 进 1 **21.** 车三退二 ……

下面：车 2 进 1，炮四平一，将 5 平 4，车三进一，士 4 进 5，车四平六，红胜。

第 168 局

湖北王斌（红先胜）贵州唐方云

（1995 年 10 月 9 日弈于吴县）

两头蛇对三步虎

1. 兵七进一 马 8 进 7 **2.** 兵三进一 炮 8 平 9

3. 炮二平四 车 9 平 8

本局选自 1995 年全国个人赛。仙人指路对起马开局，演成两头蛇对三步虎阵形，双方斗散手。

4. 马二进三 象 3 进 5 **5.** 马八进七 卒 3 进 1

6. 兵七进一 车 8 进 4 **7.** 马七进六 马 2 进 4

黑方先弃后取，现在跳马正着。如改走车 8 平 3，马六退八，车3退2，炮八进五，车3平2，马八退六，红方先手。

8. 炮八平六　车8平3　**9.** 车九平八　车1进1

10. 相三进五　炮2平3

11. 车一平二　卒7进1？（图187）

挺卒兑兵，意在活马，但内线受攻，失察铸错，落入被动。应改走马4进3，红如车八进六（如炮六平七，黑车1平4），马3进5，兵五进一，马5进7！相五进三，炮3进7，仕六进五，炮3平1，黑方弃子抢攻，红方有顾忌。

贵州唐方云

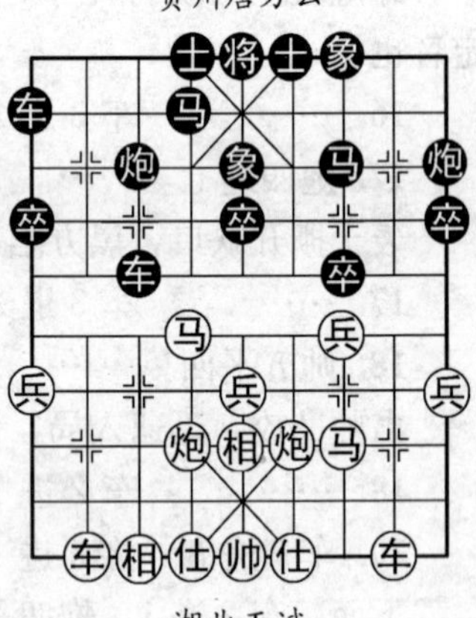

湖北王斌

图187

12. 车二进八！……

车侵象腰，控制下二路吊车马，由此打开局面，好棋。

12. ……　　卒7进1

13. 炮四进六！马4进3

炮攻象腰，妙。黑如马4进6，炮四平七，黑方难应。

14. 炮四平七！卒7进1　**15.** 车八进九！……

闪炮、进车，弃马攻杀，精彩。

15. ……　　士6进5

16. 炮七退二　卒7进1（图188）

17. 炮六进七！……

挥炮轰士，再度弃子猛攻，佳着。犹如足球场上"贝克汉姆弧线"进球，令人叫好。

17. ……　　炮3退2

18. 炮六平三！车3平8

19. 车二平三　马7进6

20. 炮三平七！车1平3

21. 车八退四　车3退1

贵州唐方云

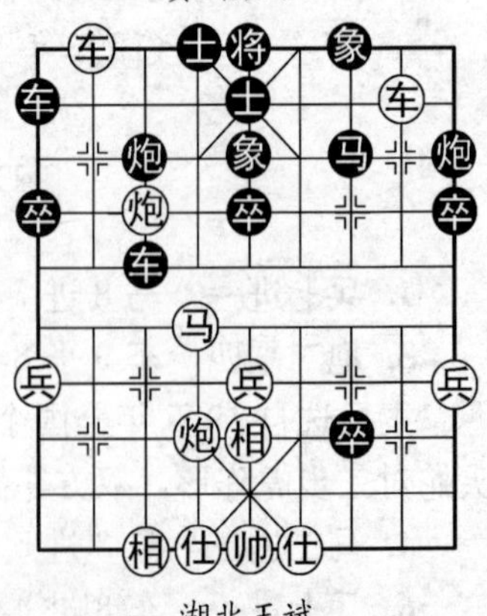

湖北王斌

图188

22. 马六进四　卒 7 平 6

兑子夺子，红方迅速推进。黑如改走车 3 进 3 吃炮，车八进三，士 5 退 6，马四进五，红胜。

23. 车八进三！……

双车胁士，献吃又送马，漂亮。

23. ……　车 8 平 6　**24.** 车八平五　……

双车杀局。下面：将 5 平 4，车五平六，将 4 平 5，车三平五，将 5 平 6，车五平二，将 6 平 5，车六平五，将 5 平 4，车二进一，红胜。

第 169 局

残联尤扬（红先胜）煤矿景学义

（1995 年 10 月 13 日弈于吴县）

中炮进三兵对三步虎

1. 炮二平五　马 8 进 7　**2.** 兵三进一　车 9 平 8
3. 马二进三　炮 8 平 9　**4.** 马八进七　卒 3 进 1

这是两位行业棋手在 1995 年全国个人赛中的交战。中炮进三兵对三步虎开局，黑方挺 3 卒活动右翼，如马 2 进 3，兵七进一，黑方屈头屏风马容易被动。也可改走炮 2 平 5 斗列炮，双方对攻。

5. 炮八进四　马 2 进 3　**6.** 炮八平七　车 1 平 2
7. 车九平八　象 7 进 5　**8.** 车八进四　炮 2 平 1

兑车简化透松，改走炮 2 进 2 坚守也可以。

9. 车八进五　马 3 退 2　**10.** 车一进一　炮 1 平 4
11. 车一平六　……

盯炮控肋，紧着。

11. ……　士 6 进 5　**12.** 车六进五　车 8 进 6
13. 兵五进一　车 8 平 7　**14.** 马七进五　马 2 进 1

红方采用盘头马打法。黑方跳边马似不及炮 9 进 4 兑子保持平稳为宜。

15. 炮七进一　卒 7 进 1?　**16.** 兵五进一！……

黑方挺卒忽视红方潜在的攻势，失先。仍应改走炮 9 进 4。红方冲中兵抢攻，佳着。

16. ……　炮 9 进 4

17. 马三进一　车 7 平 5（图 189）

如改走车 7 平 9，马五进四，马 7 进 6，兵五平四，卒 7 进 1，车六平五，红优。

18. 兵三进一！……

弃马挺兵开打，妙，显示胆魄和功力。

18. ……　车 5 平 9

19. 兵三进一　马 7 退 8

20. 兵五进一　车 9 平 5

21. 兵五进一！……

煤矿景学义

残联尤扬

图 189

双兵疾进，杀象突破，势如破竹。

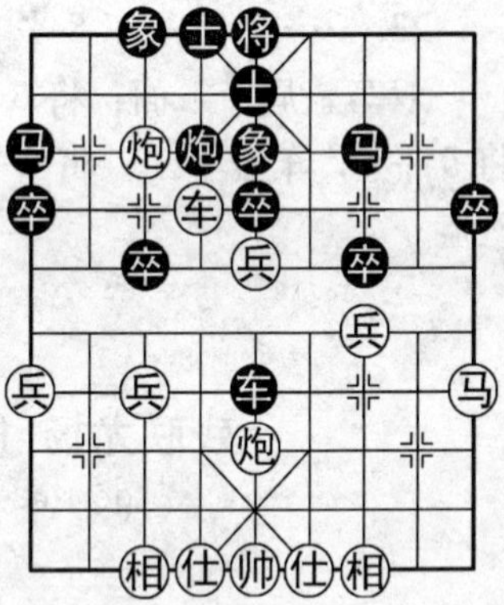

21. ……　象 3 进 5　**22.** 炮五退一！车 5 平 6?

移车漏着，改走马 1 退 3 不致速败，但难脱困境。

23. 炮七进二　红胜。

第 170 局

火车头金波（红先负）广东宗永生

（1995 年 10 月 14 日弈于吴县）

五六炮过河车对屏风马

1. 炮二平五　马 8 进 7　**2.** 马二进三　卒 7 进 1

3. 车一平二　车 9 平 8　**4.** 车二进六　马 2 进 3

5. 炮八平六　车 1 平 2

这是南北两位象棋大师在1995年全国个人赛中的一场激战。中炮过河车对屏风马，红方采用五六炮打法，如改走兵七进一，炮8平9，则成平炮兑车流行阵势。黑方出直车是一种选择，另有两种着法：①车1进1，马八进九，马7进6，车九平八，车8进1，车八进四，炮8平7，车二平三，车1平4，仕六进五，卒3进1，兵九进一，车4进4，车八平六，马6进4，马九进八，红方主动。②炮8平9，车二平三，炮9退1，马八进七，马3退5，车三退一，象3进5，车三平六，马5退3，兵五进一，卒3进1，车九进一，士4进5，车九平四，车1平2，车六进一，车8进4，炮六进一，炮2平4，炮六平五，炮4退1，前炮进三，马7进5，炮五进四，红方先手。

6. 马八进七　炮2平1

7. 兵五进一　炮8平9

8. 车二平三　士4进5

9. 兵五进一　卒5进1

10. 马三进五　马7进5

11. 仕六进五　卒5进1

补仕嫌缓。可改走炮五进三，炮9平5，炮六平五，车2进4，车九平八，车2进5，马七退八，红方占先。黑方献卒通路，积极。

12. 炮五进二　炮9平5

13. 炮五进三　炮1平5

14. 炮六平五　马5进4

15. 马五进六　马4进3

16. 马六进七　车2进2（图190）

17. 车三平七？……

随手吃卒，未曾察觉黑方隐藏的杀机，不明显的败着，一着不慎输满盘。应改走马七退五，还是红方主动。

17. ……　　马3进5！

马杀中仕，石破天惊，又凶又刁，妙。红方暗叫不好，但来不及了。

广东宗永生

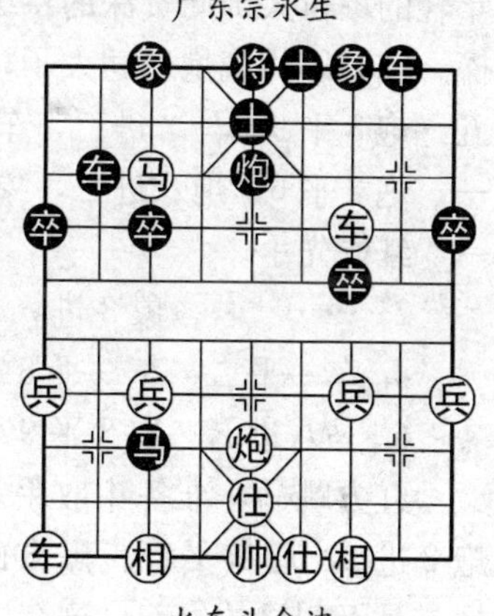

火车头金波

图190

18. 仕四进五　……

如改走马七进五，马5进7，仕四进五（如帅五平六，车2平4，黑胜），马7退6，帅五平四，车

8进9，帅四进一，马6退5，黑方胜势。

18. …… 车8进9 **19.** 帅五平四 车8平7

20. 帅四进一 车2进6! **21.** 车七平五 炮5进5

22. 车五退四 车2退6!

夺回弃马，下面双车入局。

23. 车九进二 车2平3 **24.** 车五平三 车3平6

25. 车三平四 车6进5

下面：车九平四，车7退3，黑胜。

第171局

上海胡荣华（红先胜）广东宗永生

（1996年1月4日弈于上海）

对兵（卒）局

1. 兵七进一 卒7进1 **2.** 炮二平三 ……

这是1996年第4届“嘉宝杯”沪、粤对抗赛的一场短兵相接。年轻的象棋大师向资深的特级大师挑战。对兵（卒）开局，互为试探。红方以兵底炮启动大子，也可走马八进七，马8进7，相三进五，炮8平9，马二进三，车9平8，车一平二，马7进6，车九进一，炮2平6，炮八进三，象3进5，兵七进一，马6进7，兵七进一，红方先手。

2. …… 象3进5 **3.** 马二进一 马8进7

4. 车一平二 车9平8 **5.** 车二进四 马2进3

6. 马八进七 炮8平9?

红方跳马，准备斗散手。如炮八平五，车1平2，马八进七，炮2进2，局势平稳。黑方此时兑车不妥，造成左翼成为攻击目标，是不明显的失着，这在以后的变化发展中可以看出。应改走炮2进2，红如车二进二，再兑车不迟；如兵三进一，马7进8；如车九进一，士4进5，黑方都能应付。

7. 车二进五　马7退8　**8.** 车九进一　炮9进4

9. 车九平二　马8进9　**10.** 兵三进一　卒7进1

11. 炮八进二　卒7平6

红方提升横车、平车捉马、巧弃三兵、高炮打卒，一系列运子抢先的着法走得精彩，迅速在右翼形成攻势，由此控制局面的发展。黑如车1进1，炮八平三，以后有进炮打马等手段，红优。

12. 马一进三！……

跃马抢势不吃卒，正确处理“子与势”的关系，好棋。如改走炮八平四，马9进7，黑方可以透松。

12. ……　卒6进1　**13.** 马三进四　炮9平7

如卒6进1，炮三进五，红优。

14. 相三进五　车1进1　**15.** 炮八退一　炮7平5

如改走卒6进1，炮三进七，象5退7，炮八平三，红优。

16. 马七进五　卒6平5（图191）

17. 炮三进五！……

红方进炮打马紧凑，恰到好处。如马四退五吃卒，车1平7，马五进三，象5进7，局势松懈，黑方多卒，红方反有麻烦。

17. ……　车1平6

18. 马四进二！……

进马控制，佳着。如马四退五吃卒，车6进1，红方前功尽弃。

广东宗永生

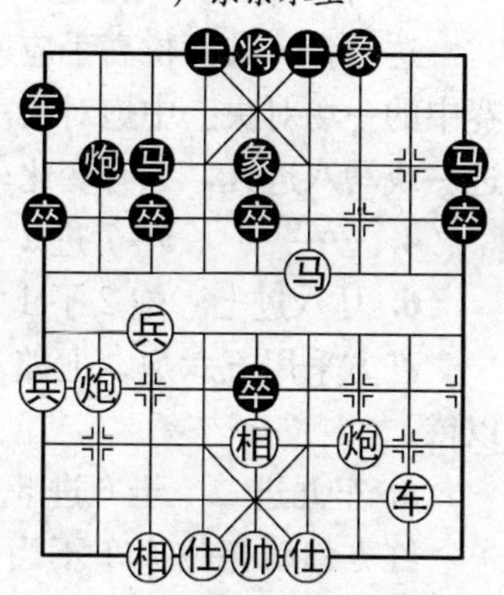

上海胡荣华

图191

18. ……　马9退7　**19.** 炮八进三　……

进炮紧攻，不急于吃子，老练。

19. ……　卒3进1　**20.** 兵七进一　象5进3

21. 车二平三　炮2退1

如改走炮2平7，车三进六，马3进4，马二进三，红方胜定。

22. 炮三进二　士6进5　**23.** 车三进六　象3退5

24. 炮八平七　后卒进 1

如改走卒 9 进 1，炮三平二，下一手马二进一，红胜。

25. 炮七平一　马 7 退 9

下面：炮三平二，红胜。

第 172 局

台湾地区吴贵临（红先负）香港地区赵汝权

（1996 年 4 月 17 日弈于桂林）

五六炮进七兵对反宫马

1. 炮二平五　马 2 进 3　　**2.** 马二进三　炮 8 平 6

3. 车一平二　马 8 进 7　　**4.** 兵七进一　……

这是台、港两位高手应邀参加第 7 届“银荔杯”全国象棋冠军赛中的一场对决。中炮对反宫马，红方选择进七兵，也可改走兵三进一或马八进九，另有变化。

4. ……　卒 7 进 1　　**5.** 炮八平六　车 1 平 2

6. 马八进七　炮 2 平 1　　**7.** 马七进六　象 7 进 5

红方采用五六炮、七路马进攻，黑方分炮亮车、飞左象严阵以待。

8. 车九进二　士 6 进 5　　**9.** 车九平七　炮 1 进 4

红方移动相位边车不当，应改走车二进六。黑方边炮乘机轰兵，机灵。

10. 车七进一　炮 1 进 3　　**11.** 炮五平四　卒 9 进 1

12. 相三进五　……

飞相缓手，应改走车二进四。

12. ……　卒 9 进 1　　**13.** 车二进六？……

进车纵卒失先，应改走兵一进一吃卒。

13. ……　卒 9 进 1　　**14.** 仕四进五？……

补仕软手。应改走炮四进一。

14. ……　　　车 9 进 5　　15. 马六进七　卒 9 平 8!

16. 兵五进一　……

黑方横卒冷着，妙。红如车二退三，炮 6 进 4 打双车。

16. ……　　　车 9 平 5　　17. 车二平四　炮 6 进 5

18. 炮六进六　马 7 退 6

19. 车四退四　车 2 进 3

20. 兵七进一　象 5 进 3

21. 车七进二　车 5 平 4

22. 炮六平七　卒 8 平 7（图 192）

香港地区赵汝权

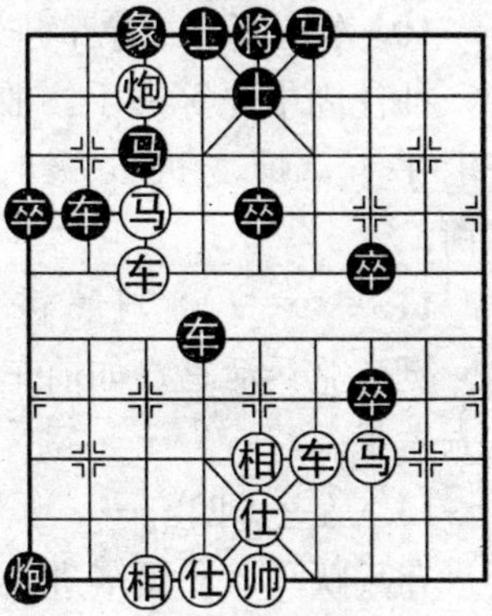

台湾地区吴贵临

图 192

一阵拼抢，红方虽得一象，但五个兵全丢，且子力受制，黑方优势无疑。

23. 马三进一　车 4 平 9

24. 马一退二　车 2 退 2

25. 马七进九　车 9 进 4

下面：仕五退四，车 9 退 7! 马二进三，炮 1 退 7，夺马后再夺炮，黑方多子胜。

第 173 局

四川谢卓淼（红先负）河北张江

（1996 年 5 月 17 日弈于成都）

中炮两头蛇对半途列炮

1. 炮二平五　马 8 进 7　　2. 马二进三　车 9 平 8

3. 车一平二　炮 8 进 4　　4. 兵三进一　炮 2 平 5

5. 兵七进一　马 2 进 3　　6. 马八进七　车 1 平 2

7. 车九平八　车 2 进 4

这是 1996 年全国团体赛中的一盘对局。中炮两头蛇对半途列炮，黑方巡河车准备左调联车加强牵制，如改走车 2 进 6 则另有变化。

8. 炮八平九　车 2 平 8　　**9.** 车八进六　炮 5 平 6

卸炮稳健。如炮 8 平 7，车八平七，前车进 5，马三退二，车 8 进 9，车七进一，车 8 平 7，车七进二，双方对打，各攻一翼，变化相对激烈，各有千秋。

10. 车八平七　象 7 进 5　　**11.** 仕四进五　……

补仕固中先等一手，兼观动静。如改走炮五进四，马 3 进 5，车七平五，炮 6 进 5。红方虽然多兵，但阵形较散，黑方可以抗衡。

11. ……　士 6 进 5　　**12.** 兵七进一　卒 7 进 1

挺卒兑兵活马。如前车平 3，车七退一，象 5 进 3，马三进四，红方先手。

13. 马三进四？……

弃兵跃马，让黑卒进入，后患无穷，失先。应兵三进一，红方仍占主动。

13. ……　卒 7 进 1　　**14.** 马四进六　卒 7 进 1

15. 兵五进一　……

如马六进七贪马，炮 6 进 1，前马退五，炮 6 平 3，马五进三，前车平六（亦可炮 3 进 4，马三进二，车 8 退 4，黑优），马三进二，车 3 进 3（炮 3 平 8 轰车也可），黑方弃子抢攻而占优。

15. ……　卒 7 进 1

16. 马七进五（图 193）　炮 8 平 6!

轧马兑车，由此反击，妙。

17. 车二进五　车 8 进 4

18. 炮九进四　……

如改走炮五平七，卒 7 进 1；如炮九平三，车 8 平 7，都是黑优。

河北张江

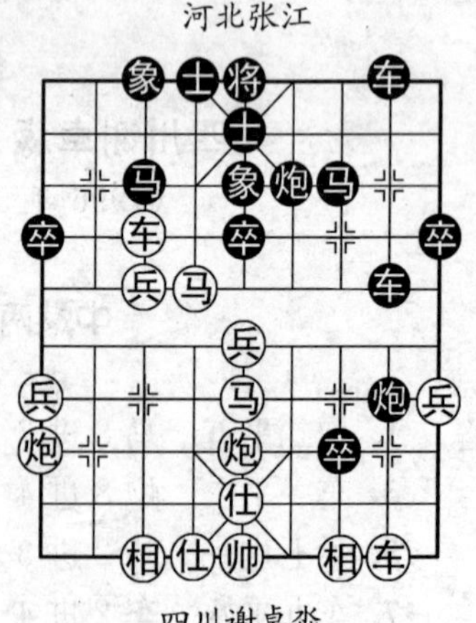

四川谢卓淼

图 193

18. …… 马3进1
19. 车七平九 车8进5
20. 车九平五 车8平7
21. 仕五退四 后炮进7！

轰仕底攻，摧毁红方防线，下面攻杀入局。

22. 车五平三 前炮退1
23. 帅五进一 前炮平9
24. 炮五平四 马7进5！

乘机窜马，恰到好处。

25. 帅五平六 马5进7 侧杀，黑胜。

第174局

江苏徐健秒（红先胜）吉林胡庆阳

（1996年10月22日弈于宁波）

五七炮对屏风马

1. 炮二平五 马8进7
2. 马二进三 车9平8
3. 车一平二 马2进3
4. 马八进九 卒7进1
5. 炮八平七 车1平2
6. 车九平八 炮2进4

这是1996年全国个人赛的一场交战。五七炮双直车对屏风马右炮封车，如改走炮2进2或炮8进4则另有变化。

7. 车二进四 炮8平9

平炮兑车与右翼相呼应。另有三种着法：①马7进6，兵九进一，象7进5，马九进八，卒7进1，车二平三，炮2平5，马三进五，马6进5，车三平二，马5进3，马八退七，车2进9，马七退八，红先。②炮8退1，兵九进一，象7进5，炮七进四，炮2进1，马三退五，炮2退1，马五进七，炮8平9，车二平四，炮9进5，马九进八，炮2平5，马七进五，炮9平5，炮五平八，红方占先。③象7进5，兵九进一，炮2退2，兵七进一，马7进8，车二平六，马8进7，炮五平六，炮8平6，车八进四，士4进5，炮七进四，炮2平5，仕六进五，车8进8，车八进五，马3退2，马九进七，红方先手。

8. 车二平四　车 8 进 1

抬车，左右呼应，是流行的走法。另有两种着法：①象 3 进 5，兵九进一，炮 2 退 2，兵七进一，马 7 进 8，兵三进一，卒 7 进 1，车四平三，炮 2 进 2，车三平二，马 8 退 7，车二进五，马 7 退 8，马三进四，红方先手。②车 8 进 6，兵九进一，炮 2 退 2，兵七进一，炮 2 进 2，炮七进一，车 8 进 2，兵七进一，车 8 平 7，兵七进一，车 7 退 1，兵七进一，炮 9 平 3，炮七进六，红方占先。

9. 兵九进一　……

挺兵活马，拓宽左翼阵地。如兵三进一，卒 7 进 1，车四平三，马 7 进 6，车三平四，车 8 进 3，兵九进一，炮 2 退 2，车四进四，象 3 进 5，均势。

9. ……　车 8 平 2　　**10.** 兵三进一　……

兑兵活马攻马，紧凑。如仕四进五，象 3 进 5，车八进一，前车进 3，车八平六，士 4 进 5，局势平稳。

10. ……　卒 7 进 1　　**11.** 车四平三　马 7 进 6

12. 车八进一　象 7 进 5

红方抬车及时参战，适时。黑如炮 2 平 5，马三进五，前车进 7，马五进四，象 7 进 5，马四进二，红优。黑方此时同样飞象，宜走象 3 进 5 为妥。

13. 车八平四　马 6 进 5？（图 194）

马咬中兵，似佳实劣，失着。应改走前车进 3，阵形稳正。

14. 车三平四！炮 9 平 6

红方肋道联车叫杀，顿露杀机！可谓“石破天惊”，好棋，黑方长考后献炮挡车无奈。另有两种应着：①士 6 进 5，后车平二，炮 9 平 6，车二进八，炮 6 退 2，炮五平四，红方胜势。②士 4 进 5，马三进五，炮 2 平 5，炮五平四！炮 9 平 6，炮四进五，士 5 进 6，前车进三，前车平 8，前车进二，将 5 进 1，前车退五，红方胜势。

15. 前车进三　士 4 进 5　　**16.** 前车进一　马 5 进 3

17. 马三退五！马 3 退 5

红方退马欺马为炮让道，保持攻势连续性，佳着。黑如马3进5，炮五平二，将5平4，后车平五！下一手车五平六，红胜。

18. 炮五平二　将5平4

19. 后车进三　前车进3

20. 后车平六　马5退4

21. 马九进八！ ……

跃马一锤定音，精妙，立取胜局。下面为：卒3进1，马八进六，马3进4，车六进一，士5进4，车四进一，将4进1，车四退一，将4退1，车六进二，将4平5，车六进一，红胜。

吉林胡庆阳

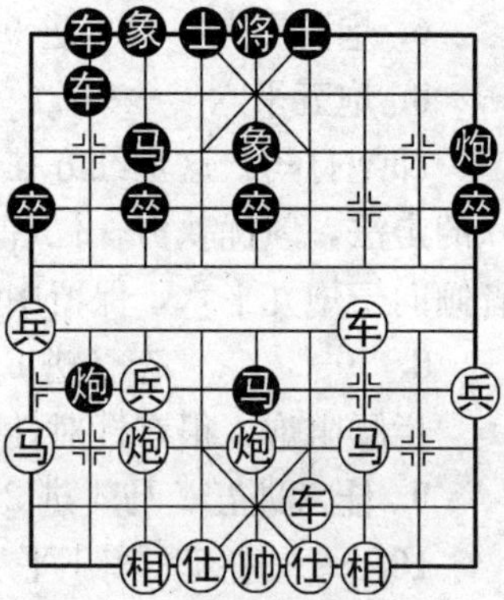

江苏徐健秒

图194

第175局

上海胡荣华（红先负）广东许银川

（1997年5月6日弈于上海）

仙人指路对卒底炮

1. 兵七进一　炮2平3　**2.** 炮二平五　象3进5

3. 马二进三　车9进1

这是两位高手在1997年全国团体赛中的一场较量。仙人指路对卒底炮转中炮对右象，是当今流行布局。黑方此时一般冲3卒居多，现在抢出左横车，让主力尽早登场，是推陈出新的变着，目前已为广大棋手所接受。

4. 车一平二　……

亮车。如改走炮五进四，士4进5，相七进五，马2进4，炮五退一，车1平2，马八进六，车9平6，兵三进一，车2进4，兵五进一，车6进5，车一进一，车6平4，黑方可以抗衡。

4. …… 车 9 平 2　5. 马八进七 马 2 进 4
6. 炮八平九 马 8 进 9　7. 马七进六 士 4 进 5
8. 炮五平六 ……

卸炮打马，这是红方在临枰时的一种选择，实战中多有炮九平六的走法，孰优孰劣，仁者见仁，智者见智，各有理解和认识。笔者倾向于炮九平六，保留中炮为好。

8. …… 车 2 进 6

拦腰阻炮，很有针对性。

9. 仕六进五 马 4 进 2
10. 马六进五 车 1 平 4
11. 车二进四 卒 9 进 1（图 195）
12. 马五退六？马 9 进 8！

红方退马轰车失算，授人以隙。应改走炮九进四比较积极。黑方跃马打车，以捉反捉，抢先佳着。

广东许银川

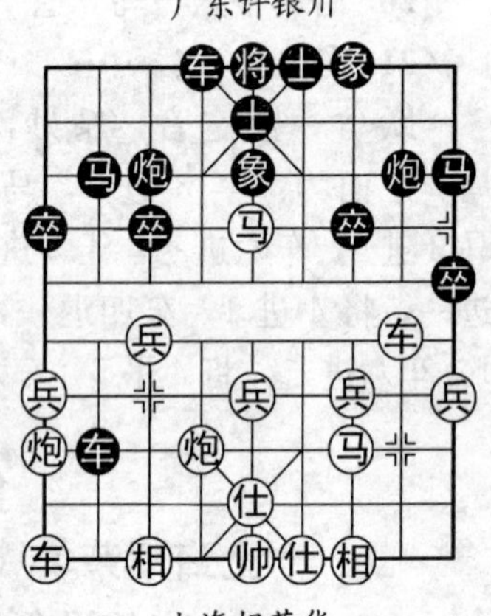

上海胡荣华

图 195

13. 车二平三 ……

如改走车二进一，车 4 进 5，相七进五，卒 3 进 1，黑方反先。

13. …… 卒 7 进 1　14. 车三平四 炮 3 进 3！

轰兵追车，紧凑。

15. 马六进四 炮 3 进 1　16. 兵三进一 卒 7 进 1
17. 车四平三 车 4 进 4　18. 马四退二 马 2 进 3

一阵拼抢，黑方 6 大子皆活又畅，已经反掌局势主动。

19. 车三平七 炮 8 进 3！　20. 马三进二 炮 3 平 9！

兑子抢攻，边线得势，好棋。

21. 相七进五 炮 9 平 8！　22. 炮六平七 卒 9 进 1

边卒横河欺马，"以小搏大"，刁。

23. 马二退四 马 8 进 7！　24. 炮七进一 马 7 进 6！
25. 炮九退一 马 6 退 5！

马踩三步，直捣黄龙，即定胜局。下面着法为：车七平一，马

3 进 2，车九平七，车 2 进 2！仕五进六，车二平三，相五退七，马 2 进 1（车 4 进 3 吃仕亦是胜势），黑方夺炮胜。

第 176 局

安徽付光明（红先负）黑龙江张晓平

（1997 年 5 月 8 日弈于上海）

中炮过河车对屏风马

1. 炮二平五　马 8 进 7　　**2.** 马二进三　马 2 进 3
3. 兵七进一　卒 7 进 1　　**4.** 马八进七　象 3 进 5
5. 车一平二　车 9 平 8　　**6.** 车二进六　炮 2 进 4

生在北京的棋手付光明是一位资深的象棋大师，在 20 世纪 60 年代就成名。进入市场经济年代，棋手开始流动，付是“跳槽”最多的一位。除了代表北京队出战之外，先后曾以火车头、湖南、云南、新疆、上海浦东、轻工等数十家名义参赛。这次又代表安徽队参加 1997 年全国团体赛，可谓是一道靓丽的风景线。本局是其中一则。中炮过河车对屏风马，黑方右炮过河，积极的对抗性走法。也可改走炮 8 平 9 或士 4 进 5（准备走弃马局），另有不同变化。

7. 马七进六　炮 2 平 7　　**8.** 马三退五　……

退马不及相三进一干净利落。

8. ……　士 4 进 5　　**9.** 车九平八　车 1 平 2
10. 炮八进五　炮 8 平 9　　**11.** 车二进三　马 7 退 8
12. 马六进四　……

跃马失先，有落空的感觉，应改走兵九进一。黑如马 8 进 7，炮五平九，从侧线组织进攻，红可占先手。

12. ……　炮 7 平 1　　**13.** 马五进七　炮 1 平 3
14. 兵五进一　卒 3 进 1（图 196）
15. 马四进六？……

进马贪功，造成被动，失着。应改走兵七进一，尚无大碍。

15. ……　　　车2平4
16. 车八进六　炮3进3
17. 仕六进五？……

补仕习惯性应着，恰恰为黑方所利用。应改走帅五进一比较顽强，不致失子。

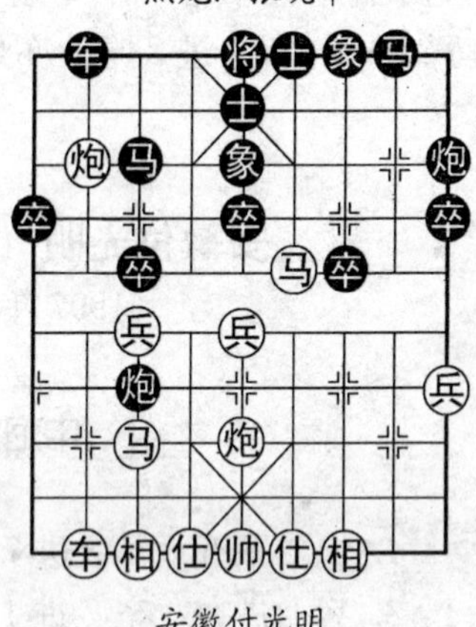

图196

17. ……　　　炮9平7！
18. 相三进一　炮7进1！

两步运炮，牵制谋子，佳着。

19. 兵七进一　炮7平4
20. 马七退九　炮3平1
21. 炮五平六　车4平2
22. 炮六平八　炮4退1
23. 兵七进一　炮1平2！

拼抢夺子。下面为：后炮平七，车2进2，车八进一，炮4平2，兵七进一，后炮进6！仕五进四，马8进7。黑方多子有攻势，胜定。

第177局

广东许银川（红先胜）吉林陶汉明

（1997年5月8日弈于上海）

中炮横车七路马对屏风马

1. 炮二平五　马8进7
2. 马二进三　车9平8
3. 兵七进一　卒7进1
4. 马八进七　马2进3
5. 车一进一　象3进5
6. 炮八平九　……

这是两位特级大师在1997年全国团体赛上的角逐。中炮横车七路马对屏风马，红方先分边炮启动左翼，采用五九炮打法，显然是有备而来。一般都走车一平四。

6. ……　　　炮2进4
7. 车九平八　炮2平7

8. 相三进一 士 4 进 5 **9.** 车八进七 车 1 平 3

如马 7 进 8，马七进六，红方有攻势。

10. 炮九进四 ……

边炮出击，虎视待机，对黑方形成压力。

10. …… 卒 7 进 1 **11.** 相一进三 炮 8 平 9

如改走炮 8 进 7，仕四进五，马 7 进 6，车一退一，红方占优。

12. 马七进六 车 8 进 4

13. 马六进七 车 8 平 7？（图 197）

平车失手，给红方以机会，应改走炮 7 平 1 呼应右翼为好。

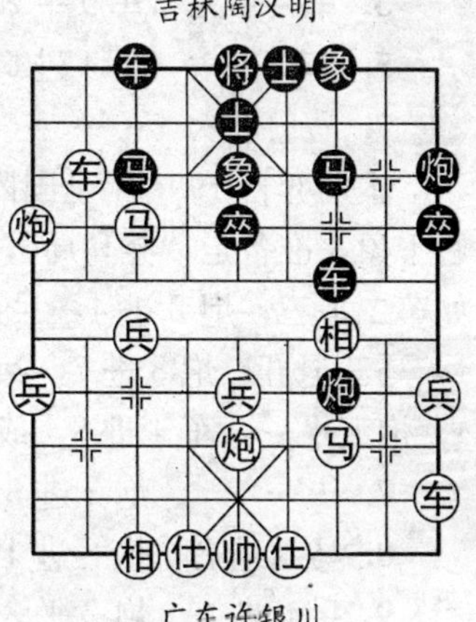

图 197

14. 炮五平九！……

卸中炮攻边线，乘虚而入，好棋。棋势发生质的变化，迅速倾向红方。

14. …… 炮 7 平 1

15. 前炮进三 马 3 退 4

16. 车八退四 车 7 进 1

如改走炮 1 退 1，马七进九，红方速胜。

17. 车八平九 车 7 进 2

18. 马七进九 炮 9 退 1

19. 车九平八 马 7 进 6 **20.** 车一平八 ……

集中所有兵力侧攻，黑方已难应付。

20. …… 马 6 退 4 **21.** 前车进六 前马进 3

22. 前炮平七 ……

攻中夺车，胜势。

22. …… 象 5 退 3 **23.** 后车平七 马 3 进 4

24. 车七平六 马 4 进 2 **25.** 马九进七 ……

打将兑子。下面：炮 9 平 3，炮九进七，红胜。

第178局

煤矿孙树成（红先胜）福建万跃明

（1997年5月9日弈于上海）

中炮过河车对屏风马

1. 炮二平五　马2进3　　2. 马二进三　马8进7
3. 车一平二　车9平8　　4. 兵七进一　卒7进1
5. 车二进六　士4进5　　6. 马八进七　象3进5
7. 马七进六　……

本局弈自1997年全国团体赛。中炮过河车对屏风马，黑方上右士象，准备走“弃马局”，实行对攻。红方跃马徐图进取，稳健。如车二平三，炮2进4，兵三进一，卒7进1，车三进一，卒7进1，马三退五，炮8进7，兵五进一，车8进6，兵九进一，车1平4，炮五平一，车4进8，成对攻局势。

7. ……　　　炮2进3
8. 马六进七　炮2进1
9. 兵五进一　炮2平3
10. 马七退八　车1平4
11. 车九平八（图198）
　　马7进6?

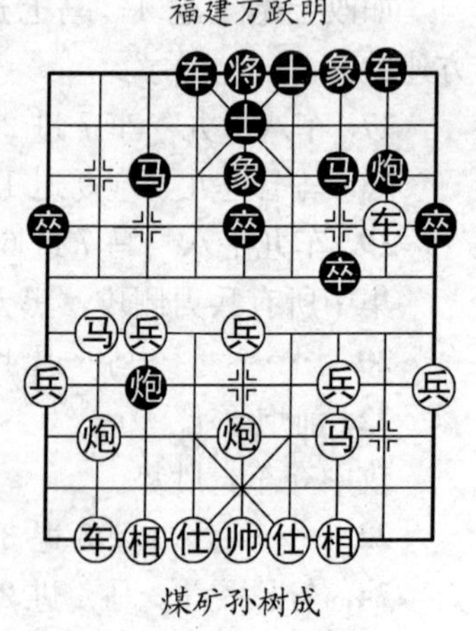

图198

红方亮左直车，整装待发，良好的等着。黑方跃马易受攻击，于守不利。宜改走炮8平9兑车为妥。

12. 兵五进一！……

弃中兵发动进攻，好棋。

12. ……　　　卒5进1
13. 兵七进一！……

再弃七兵，攻得凶。

13. …… 卒5进1

如改走象5进3，马八进九，红方有攻势。

14. 马八进六 卒7进1

红跃马挺进，黑如马3进4，炮八进七，红方有攻势。

15. 车二退一 马6进4 **16.** 马六进四 ……

马入卧槽，直奔九宫，红方由此确立优势。

16. …… 炮8平6 **17.** 车二进四 马4进3

18. 仕六进五 马3进2 **19.** 马四退五 ……

兑车简化局势，红马立中央，八面威风。

19. …… 车4进5 **20.** 马五进三 炮6退1

21. 车二退一 车4平6 **22.** 兵七进一 卒7进1

如改走马3退2，兵三进一，车6进1，前马退五，黑难应付。

23. 后马进五 卒7平6 **24.** 马五进六 车6退1

25. 马六退七 ……

吃炮夺子，功到事成，红胜。

第179局

河北刘殿中（红先和）广东刘星

（1997年5月12日弈于上海）

中炮过河车对屏风马两头蛇

1. 炮二平五 马8进7 **2.** 马二进三 车9平8

3. 车一平二 卒7进1 **4.** 车二进六 马2进3

5. 马八进七 卒3进1 **6.** 炮八平九 ……

这是冀、粤两位大师在1997年全国团体赛中的手谈。中炮过河车对屏风马两头蛇，红方开边炮另辟进攻途径，一般都走车九进一。

6. …… 炮2进1 **7.** 车二退二 炮8平9

8. 车二进五 ……

兑车应该。如改走车二平四，车8进6，黑方有反击机会。

8. …… 马7退8 **9.** 车九平八 炮2平3

平炮窥视红方七路，正着。如改走车1平2，车八进四，马8进7（如炮2平3，红车八平二占优），兵三进一，红方先手。

10. 兵五进一 炮9平5

一个冲中兵，一个还架中炮，运子都具针对性，由此展开竞争。

11. 马七进五 车1平2

兑车透松，减轻压力。如改走马8进7，兵三进一，红方占先。

12. 车八进九 马3退2

13. 炮九进四 马2进3

14. 炮九退一 炮3进3（图199）

斗无车棋，对抢兵卒而各不相让。

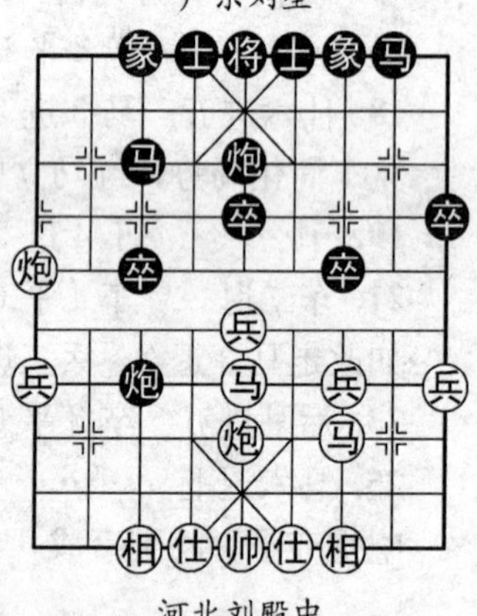

图199

15. 兵五进一 ……

如改走兵三进一，卒7进1，马五进三，炮5进3，仕四进五，象7进5，红方无便宜。

15. …… 卒5进1 **16.** 炮九平五 士4进5

17. 马五进四 ……

可改走兵三进一，卒7进1，马五进三，将5平4，兵九进一，红方稍优，同时也保留较多变化。

17. …… 将5平4 **18.** 仕四进五 炮5进5

19. 相三进五 马3进5 **20.** 马三进五 ……

如改走兵三进一，卒7进1，相五进三，马8进7，大致上也是和势。

20. …… 马8进7

再邀兑，和局已定。

21. 马四进三 马5退7 **22.** 兵三进一 炮3平9

23. 兵三进一 炮9平1

势均力敌，和棋。

第 180 局

广东黄勇（红先胜）吉林李轩

（1997 年 5 月 13 日弈于上海）

五七炮对屏风马

1. 炮二平五　马 8 进 7　**2.** 马二进三　车 9 平 8

3. 车一平二　马 2 进 3　**4.** 兵七进一　卒 7 进 1

5. 炮八平七　炮 2 进 4

本局选自 1997 年全国团体赛。五七炮进七兵对屏风马，黑方右炮过河，对抗性着法。也可改走炮 8 进 2，偏重于防守。

6. 车二进四　炮 2 平 7　**7.** 相三进一　车 1 平 2

8. 马八进九　车 2 进 4

升车被红方有抢兑机会，损失一步棋。可改走象 3 进 5 或炮 8 进 2，待红走车九进一后，再升车不迟。

9. 车九平八　车 2 进 5　**10.** 马九退八　象 3 进 5

亦可改走炮 8 进 2。

11. 兵七进一　象 5 进 3

12. 马八进九　炮 8 平 9

13. 车二平四　象 7 进 5

14. 车四退一　车 8 进 6?

进车易受牵制，不如炮 7 平 8 比较灵活。

15. 马九进七　马 7 进 6

16. 兵五进一　马 6 退 4

17. 马七进六　卒 7 进 1（图 200）

吉林李轩

广东黄勇

图 200

黑方非常被动，冲 7 卒实属无奈。如士 6 进 5，兵五进一，红方占优。

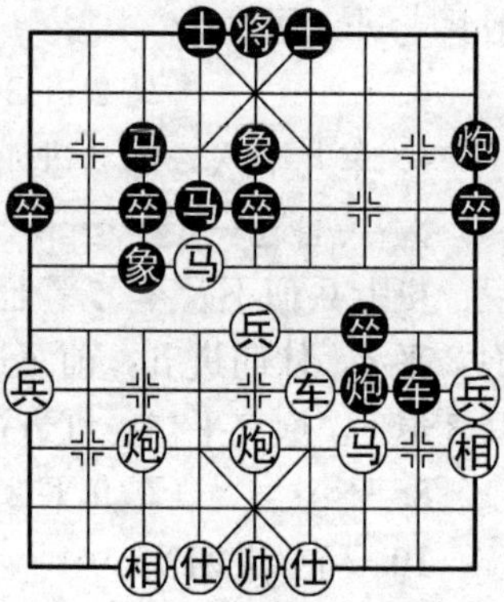

18. 车四进四！炮 9 平 8　**19.** 兵五进一！马 4 退 3

车攻下三路，继而再捣中兵，红方乘虚而入。黑如卒 5 进 1，车四平五，士 4 进 5，车五退二，红优。下面入局。

20. 马六进七　士 4 进 5　　**21.** 炮五进四　将 5 平 4
22. 车四退四　炮 8 平 3　　**23.** 车四平六　将 4 平 5

如炮 3 平 4，炮七平六，红方胜定。

24. 仕六进五　……

下一步出帅绝杀，红胜。

第 181 局
广东李鸿嘉（红先负）河北张江
（1997 年 5 月 13 日弈于上海）

顺炮直车对缓开车

1. 炮二平五　炮 8 平 5　　**2.** 马二进三　马 8 进 7
3. 车一平二　卒 7 进 1　　**4.** 炮八平六　……

这是粤、冀两位大师在 1997 年全国团体赛上的交锋。顺炮直车对缓开车，红方摆下仕角炮，不按常理出牌，旨在出其不意。一般兵七进一居多。

4. ……　马 2 进 3　　**5.** 马八进七　车 1 平 2
6. 车九平八　炮 2 进 4　　**7.** 车二进四　车 9 进 1
8. 兵七进一　……

挺七兵似不及车二平七比较积极。黑如车 9 平 2，炮六进五，炮 2 平 5，仕四进五，前车进 8，马七退八，车 2 进 9，炮六平三，马 3 退 5，炮三平二，红方占先。

8. ……　车 9 平 2　　**9.** 兵三进一　炮 2 平 3
10. 马三进四？……

跳马弃子抢攻，但引起黑方反弹，得不偿失。宜改走车八平九避一下，以“忍”为上，保持局面平衡。

10. ……　前车进 8　　**11.** 马七退八　车 2 进 9

12. 马四进六　车 2 平 3　　13. 兵三进一　卒 3 进 1!

红如改走马六进七，炮 5 进 4，仕四进五，炮 3 平 2，黑优。黑方挺卒逼走红方盘河马，还一子而争攻势，佳着。

14. 马六进七　炮 3 平 2　　15. 马七退六　炮 2 进 3

16. 帅五进一　车 3 退 1

17. 炮六退一　炮 2 退 1

18. 兵三进一　……

如改走马六进五，象 7 进 5，兵三进一，象 5 进 7，兵七进一，炮 2 平 4，黑方多子胜势。

18. ……　炮 5 平 4

19. 马六进四

炮 4 进 5!（图 201）

进炮顶炮，精妙冷着，一剑封喉。

河北张江

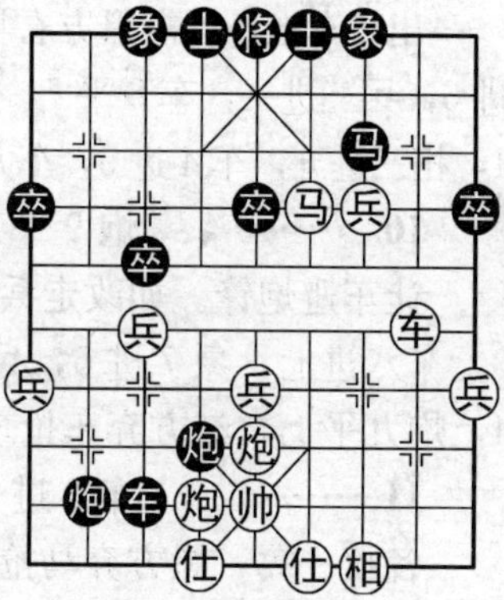

广东李鸿嘉

图 201

20. 车二平六　车 3 进 1!

进车又是一步绝杀妙棋。下面：帅五退一，车 3 平 4，黑胜。

第 182 局

福建郑乃东（红先和）广东许银川

（1997 年 10 月 6 日弈于漳州）

中炮过河车对屏风马平炮兑车

1. 炮二平五　马 8 进 7　　2. 马二进三　车 9 平 8

3. 车一平二　马 2 进 3　　4. 兵七进一　卒 7 进 1

5. 车二进六　炮 8 平 9　　6. 车二平三　炮 9 退 1

7. 马八进七　车 1 进 1

本局弈自 1997 年全国个人赛。中炮过河车对屏风马平炮兑车，黑方应以右横车，这是 20 世纪 90 年代时兴的布局，有较强的对抗性。

8. 炮八平九　……

分边炮，采用五九炮攻法。也可选择马七进六、兵五进一，均有不同变化。

8. ……　车1平6　　**9.** 车三退一　炮2平1

10. 车九平八　……

出直车准备攻击黑方右翼以施加压力。亦可改走车九进一，车8进6，兵三进一，车8平7，炮五平六，炮9平7，车三平八，车6平4，相三进五，车4进5，车九平四，车4平3，马七退九，红方占先。

10. ……　炮9平7　　**11.** 车三平六　……

让车避炮锋。如改走兵三进一，炮7进3，兵三进一，车6平3，车八进七，象7进5，兵三进一，马7退9，马七进八，车8进4，炮九平七，红方弃车抢攻有势。黑方多车，成各有千秋局面。

11. ……　车8进8　　**12.** 车八进七　炮7进5

各攻一翼，黑方弃马抢攻，局势骤然紧张起来。

13. 车八平七　炮7进3　　**14.** 仕四进五　炮7平9

应改走士6进5补一手，避免红方劫士兑车，以保持底线强大攻势。

15. 车六进四！将5平4　　**16.** 车七进二　将4进1

17. 车七退一　将4退1

18. 车七平四　车8进1

19. 车四退八　车8平7

红方杀士兑车，使局面得到相应透松。现在退车护帅，形成相互牵扯之势。

20. 马七进六　将4平5

21. 马六进七　炮1平6

22. 马三退一　车7平8

23. 马一进三　车8平7

24. 马三退一　车7平8

25. 马一进三　车8平7（图202）

广东许银川

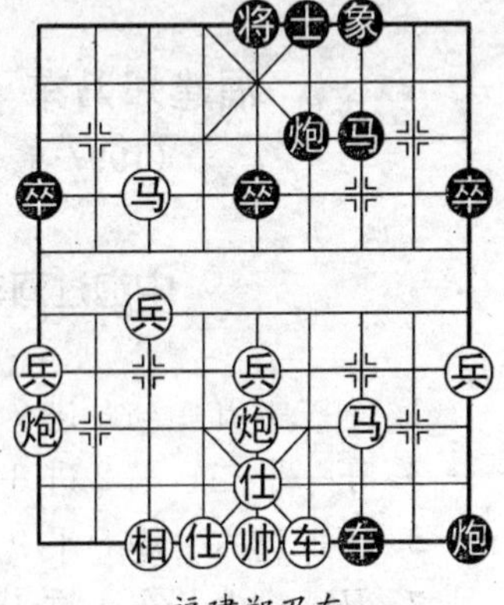

福建郑乃东

图 202

红方虽有潜在攻势，但面临着黑方跃马凶招，双方只能互捉不变走成和局。全局虽短，仍不失精彩。

第 183 局

福建蔡忠诚（红先胜）煤矿景学义

（1997 年 10 月 12 日弈于漳州）

中炮七路马对屏风马

1. 炮二平五　马 2 进 3　　2. 兵七进一　卒 7 进 1
3. 马八进七　马 8 进 7　　4. 马二进三　车 9 平 8
5. 车一平二　炮 2 进 4　　6. 兵三进一　……

本局选自 1997 年全国个人赛。中炮七路马对屏风马右炮过河，红方挺三兵先弃后取，引发激烈对攻。如车二进四则相对平稳；如兵五进一，则炮 8 进 4，成双炮过河变例。

6. ……　　卒 7 进 1　　7. 车二进六　卒 7 进 1
8. 马七进六　……

跃马弃马，先舍后取，弦上弓箭，不得不发。

8. ……　　卒 7 进 1
9. 车二平三　……

平车压马发力，亦可车九进一作等待和观望。

9. ……　　炮 8 进 7
10. 炮八平三　炮 2 平 9
11. 炮三进五　车 8 进 6（图 203）
12. 车九平八　……

煤矿景学义

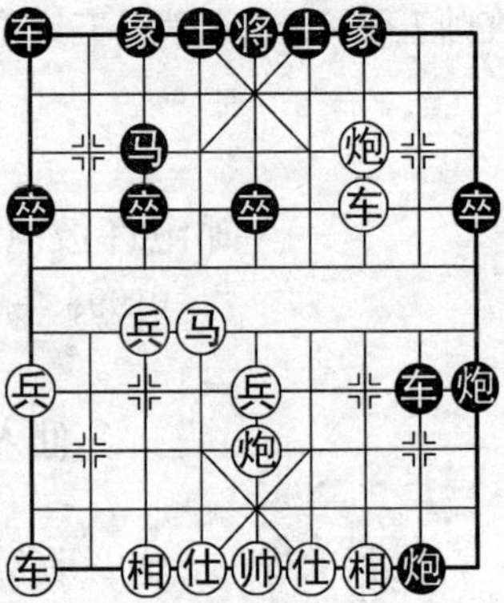

福建蔡忠诚

图 203

出车正着。如改走马六进五，炮 9 平 5，仕六进五，马 3 进 5，帅五平六，象 3 进 5，炮五进四，士 4 进 5，车九进二，炮 5 退 2，车九平四（如车九平六，黑车 8 平 3），车 8 平 4，仕五进六，车 1 平 4，帅六平五，前车平 5，帅五平六，炮 5 平 4，仕六退五，炮 4 平 7，仕五进六，炮7退2，黑方多子胜（选自同届比赛上海浦东顾嘉华与湖南张申宏的对局）。

12. ……　车1进1?

出车缓着。可走炮9平5，仕六进五，士4进5，红如接走车八进七，车1进2，车八平九，象3进1，炮三平九，车8进2，黑方占优。

13. 马六进五　马3进5?

兑马失算，有疑问。应改走炮9平5，仕六进五，马3退5，黑势仍可对抗。

14. 炮五进四　车8平5　**15.** 仕六进五　车1平8

16. 车八进二　炮9平1

双车双炮互斗，红方有空心炮，显然占优。黑如改走车5退2，车八平六，红方下面出帅胜。

17. 相七进五　炮8退3　**18.** 车八进三　车5退1

19. 车八平六　车8进4　**20.** 炮三平八　炮8平5

21. 炮八退三　……

打双车。下面：车5平3，炮八平二，车3进4（如炮1进3，红帅五平六），车六退五，炮1进3，炮二平五，红胜。

第184局

邮电许波（红先胜）云南郑新年

（1998年3月27日弈于昆明）

仙人指路对卒底炮

1. 兵七进一　炮2平3　**2.** 炮二平五　象3进5

3. 马二进三　……

这是1998年全国团体赛中的一盘对局。仙人指路对卒底炮，形成中炮对飞右象流行阵势，红方上右马启动右翼，是一路打法；另有马八进九、炮五进四、仕六进五等选择，共同构筑成该布局的一个体系。

3. …… 卒3进1 **4.** 车一平二 卒3进1

5. 马八进九 马2进4

跳象腰马护中，但左翼启动缓慢，是老式的走法。现在一般都走车9进1，车二进四，车9平4，车二平七，车4进2，仕六进五，马2进4，炮八平六，马4进3，车七平五，车1平2，车五进二，车4平5，炮五进四，士4进5，兵三进一，马3进4，炮五退二，马8进7，黑方抗衡。

6. 仕六进五 士4进5 **7.** 车九平八 马4进3

8. 炮八平六 卒3平2 **9.** 兵九进一 车1平2

10. 车二进四 卒2进1 **11.** 马九退七 ……

双方环绕过河卒展开争夺。红方退马先弃后取，保持对局面的控制，佳着。

11. …… 炮3进6 **12.** 车二平七 炮8进6

13. 车七进二 马8进7 **14.** 兵五进一 ……

冲兵从中路推进，及时。

14. …… 车9平8 **15.** 兵五进一 卒5进1

16. 马三进五 车8进4 **17.** 马五进六 卒5进1?

红马跃出，形成攻势。黑方冲卒让红马入卧槽，“自己打自己的乌龙棋”，失着。应改走车2进4固守为妥。

18. 马六进四 车8平6（图204）

19. 车八进三！车2平4

弃车杀卒好棋。黑如车2进6，车七进三，象5退3（如士5退4，马四进六，将5进1，车七退一，红胜），马四进六，红胜。

20. 马四进三 车6退3

21. 炮五进五 ……

云南郑新年

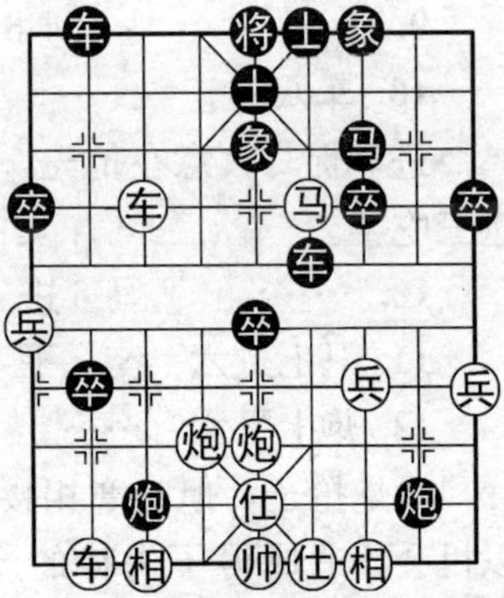

邮电许波

图 204

马踏炮轰，红方迅速破宫催杀，厉害。

21. ……　　士 5 进 6　　**22.** 炮五退二！ 车 6 平 7

23. 炮六进四　车 4 进 3　　**24.** 车七平六　……

双车炮杀局，红胜。

第 185 局

火车头杨德琪（红先负）吉林洪智

（1998 年 3 月 28 日弈于昆明）

仙人指路对飞象

1. 兵七进一　象 3 进 5　　**2.** 炮八平六　卒 7 进 1

3. 马八进七　马 8 进 7　　**4.** 车九平八　马 2 进 4

5. 马二进三　车 9 进 1　　**6.** 相三进五　……

本局弈自 1998 年全国团体赛。仙人指路对飞象开局，斗散手，旨在中残功夫的较量。红方飞相缓手，宜走马七进六盘河，较为积极。

6. ……　　车 1 平 3　　**7.** 炮二退一　卒 3 进 1

8. 炮二平七　卒 3 进 1　　**9.** 车一平二　……

改走炮七进三比较稳健。

9. ……　　马 7 进 6

10. 车八进五　……

进车捉马，意在抢先，亦可炮七进三吃卒。

10. ……　　马 6 进 4

11. 马七进六　卒 3 平 4（图 205）

12. 炮七平六？……

平炮抢子，但自塞相腰，授黑方以机会，造成得子失势的严重后果，失着。如图 205，应改走炮七平八，炮 2 平 1，车八平六，马 4 进 3，车二

吉林洪智

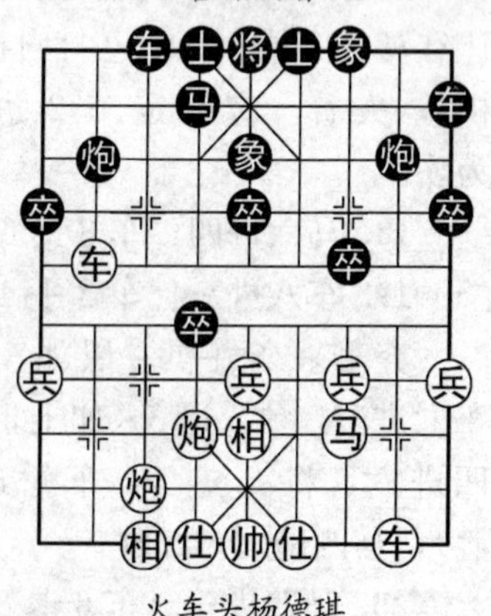

火车头杨德琪

图 205

进六，红方不失主动。

12. ……　　车3进9!

弃马杀相，切中要害，由此得势，好棋。

13. 前炮进六?　……

动炮不如后炮进三，局面不致恶化。但箭在弦上加上临枰时的失衡心态，红方难以作出这样的选择。此例从一个侧面说明，棋手保持平衡的心理对于实战是何等的重要啊!

13. ……　　车3退2　　**14.** 仕六进五　车3平5

15. 马三退一　卒4进1　　**16.** 车八平六　卒4平5

车杀相，卒吃兵，黑方已明显确立优势。

17. 后炮进一　车9平6　　**18.** 马一退三　车6进4

19. 前炮平九　车6平3　　**20.** 炮九进一　士4进5

21. 车二进二?　……

高车不妥，应车六平八拦炮。

21. ……　　车3进4　　**22.** 炮六退二　炮2进7!

车炮底攻，锐不可挡。

23. 车二平五　前卒进1　　**24.** 车六平八　将5平4

25. 车八平六　将4平5

下面：车六平八，将5平4，车八平六，将4平5，一将一要抽，红方必须变着而又苦于无法变着。借助棋规，黑胜。全局弈完，黑方5卒齐全，奇也。

第186局

广东何兆雄（红先胜）安徽丁如意

（1998年4月2日弈于昆明）

中炮过河车对屏风马

1. 炮二平五　马8进7　　**2.** 马二进三　车9平8

3. 车一平二　卒7进1　　**4.** 车二进六　马2进3

5. 兵五进一　炮 8 退 1

本局出自 1998 年全国团体赛。中炮过河车对屏风马，红方冲中兵发起进攻。黑方退炮应法别致，一般都走士 4 进 5 固中。

6. 马八进七　炮 8 平 5　　**7.** 车二平三　车 8 进 2

8. 车九进一　卒 3 进 1　　**9.** 车九平六　卒 1 进 1

挺边卒想通边车，但目前“边线无出路”。可考虑改走炮 5 平 7，车三平四，象 7 进 5，这样容易防守。

10. 马七进五　车 1 进 3

出卒林车难有作为，且受牵制。宜改走象 3 进 5。

11. 兵五进一　象 3 进 5?

此时仍应走炮 5 平 7，车三平四，象 7 进 5。如飞象，应象 7 进 5。

12. 马五进四　马 7 退 8　　**13.** 车三平四　象 5 退 3

进而复退，自陷被动，形势已经糟糕。

14. 车六平四　马 8 进 7　　**15.** 马三进五　象 7 进 5

16. 前车进二　炮 2 退 1

17. 前车退一　炮 5 平 7

18. 兵五进一　马 3 进 5（图 206）

19. 前车进二！……

红方双车马右肋发力，继而中兵冲河，黑方内线频频告急。现在弃车杀宫，妙。

19. ……　　　将 5 平 6

20. 马四进五！将 6 平 5

21. 马五进三！将 5 进 1

22. 马五进六！马 5 进 4

23. 马六进七！将 5 平 4

24. 马七退九　……

安徽丁如意

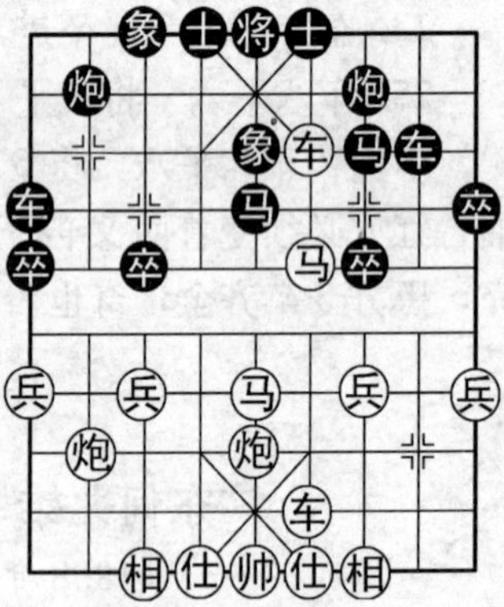

广东何兆雄

图 206

双马联蹄踩踏 5 步，夺回弃车又有杀势，走得精彩。

24. ……　　　炮 2 平 7　　**25.** 车四进七　……

下面：马7退5（如士4进5，炮五平六，马4退5，炮八退一，将4退1，车四平三，红方胜定），炮五平六，马4退5，炮八退一，红胜。

第187局

山西赵顺心（红先胜）轻工于幼华

（1998年5月15日弈于上海）

仙人指路对飞象

1. 兵七进一　象3进5　　**2.** 马八进七　卒7进1

3. 炮八平九　马2进3　　**4.** 车九平八　车1平2

5. 炮二平六　马8进7　　**6.** 马二进三　马7进6

这是首届“盼盼杯”全国象棋大奖赛（暨第10届“棋友杯”）中的一盘对局。仙人指路对飞象开局，斗散手较量中残。黑方跃马着眼进取，亦可改走车9平8，另有变化。

7. 车一平二　炮8平7　　**8.** 车二进四　卒7进1

弃7卒准备抢出左横车，与盘河马相呼应。如改走马6进7，车八进六，车9进1，马七进六，红方先手。

9. 车二平三　车9进1　　**10.** 车八进六　炮2退1？

11. 马七进六！……

退炮意欲左移兑子抢先，但红方阵线巩固，反授人以隙，是不明显的失着。应改走车9平4抢占肋道，争取对抗。红方跃马打兑，好棋。

11. ……　　炮2平7　　**12.** 车八进三　后炮进4

13. 车八退二　马6进4　　**14.** 兵三进一　马4进6

15. 炮六平四　车9平4（图207）

16. 马三进四　炮7进7

舍相跃马抢攻，佳着。黑如改走车4进4，炮九进四，炮7进7，仕四进五，马6退8，相七进五，炮7平9，炮九退二，红方占优。

17. 仕四进五　炮7平9

弃马开炮，在此一搏，无好棋可走。

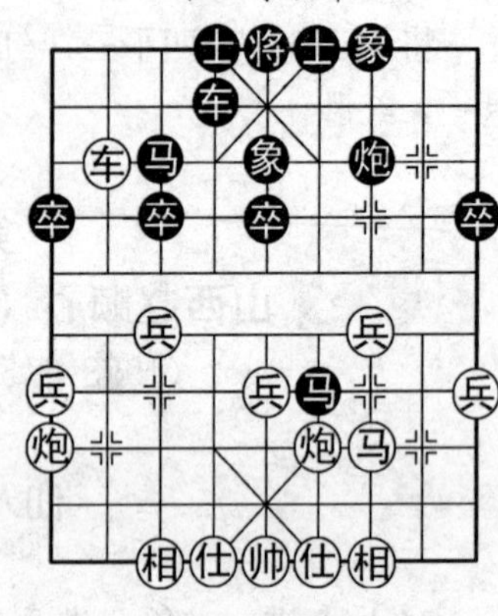

图 207

18. 车八平七　车4平8

19. 帅五平四　车8进8

20. 帅四进一　车8退4

21. 帅四退一　车8平7

22. 马四进六　车7进4

23. 帅四进一　车7退5

24. 马六进八　炮9平3

25. 炮四平七　……

马奔卧槽，肋炮移动，红方内线双炮护宫固若金汤，无懈可击。下面反击入局：车7平6，仕五进四，车6平2，马八进七，将5进1，炮九进四。多子且有杀势，红胜。

第188局

越南梅青明（红先胜）澳门地区刘永德

（1998年11月1日弈于泰州）

仙人指路对起马

1. 兵七进一　马8进7　　**2.** 马八进七　卒7进1

3. 炮二平五　马2进3　　**4.** 马二进三　车9平8

5. 车一进一　象7进5

这是“春兰杯”第10届亚洲象棋锦标赛中的一盘对局。挺兵对起马开局，试探后演成中炮横车七路马对屏风马左象局式，黑如象3进5则另有变化。

6. 车一平六　马7进6

跳马失先，应改走车1进1。

7. 马七进六　马6进4　　**8.** 车六进三　……

"二步马"换"三步马"，红方净赚一先，何乐而不为？

8. …… 炮 8 平 7 **9.** 车九进一 士 6 进 5

10. 炮八进四 炮 2 平 1

过河炮攻中，目标明确。黑如卒 3 进 1，兵七进一，象 5 进 3，车九平七，红优。

11. 炮八平五 马 3 进 5

12. 炮五进四 车 8 进 7

进车捉马不当，应改走车 1 平 2。

13. 车九平六！炮 1 平 4

14. 前车平四！（图 208）

车 8 平 7？

借助中炮之力，红方双肋车弃马攻杀，力在其中。黑车吃马败着，应走车 1 平 2。

澳门地区刘永德

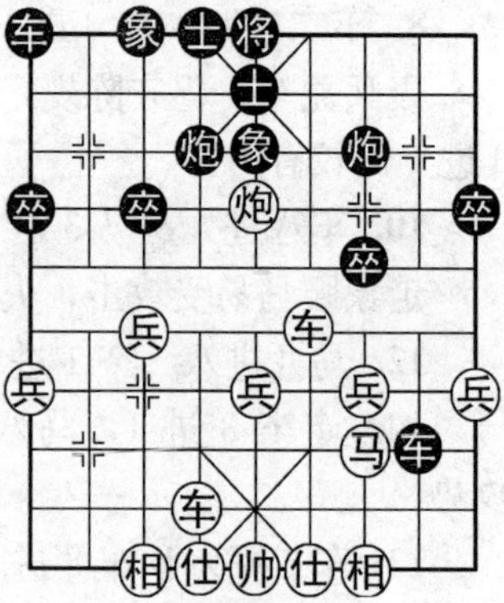

越南梅青明

图 208

15. 车六平二！炮 7 平 8

16. 帅五进一！……

高帅，御驾亲征，妙。黑方担子炮无法抵挡。

16. …… 卒 7 进 1 **17.** 兵三进一 车 1 平 2

18. 帅五平四！车 2 进 8 **19.** 仕四进五 炮 4 进 6

20. 仕五进六 炮 4 平 8 **21.** 仕六进五 ……

弃车绝杀，红胜。全局弈完，红方五兵一个未损，奇哉。

第 189 局

江苏张国凤（红先胜）黑龙江郭莉萍

（1998 年 12 月 15 日弈于深圳）

五七炮对屏风马

1. 炮二平五 马 8 进 7 **2.** 马二进三 车 9 平 8

3. 车一平二 马 2 进 3 **4.** 兵七进一 卒 7 进 1

5. 炮八平七　炮 8 进 2　　6. 马八进九　车 1 平 2

7. 车九平八　炮 2 进 4

这是两位巾帼象棋特级大师在 1998 年全国个人赛中的一场角逐。五七炮进七兵双直车对屏风马左炮巡河开局，黑方右炮封车，展开竞争。

8. 车二进四　象 3 进 5　　9. 相三进一　炮 2 平 7

轰兵兑车，墨守陈规，走子刻板，不是积极的着法。宜改走车 8 进 1 比较有力。

10. 车八进九　马 3 退 2　　11. 兵九进一　马 2 进 4?

走象腰马易受攻击，失先。应走马 2 进 1。

12. 马九进八　卒 1 进 1

如改走卒 3 进 1，马八进九，卒 3 进 1，车二平七，红方有攻势。

13. 车二平六！车 8 进 1　　14. 车六进三！马 4 进 6

15. 炮五进四！士 6 进 5　　16. 炮七进四！……

针对黑方拐脚马，红方及时组织“打拐行动”；平车攻马、宫角逼马、双炮齐发、迅速形成优势，走得漂亮。

16. ……　　将 5 平 6

17. 炮五平四！马 6 退 5（图 209）

黑龙江郭莉萍

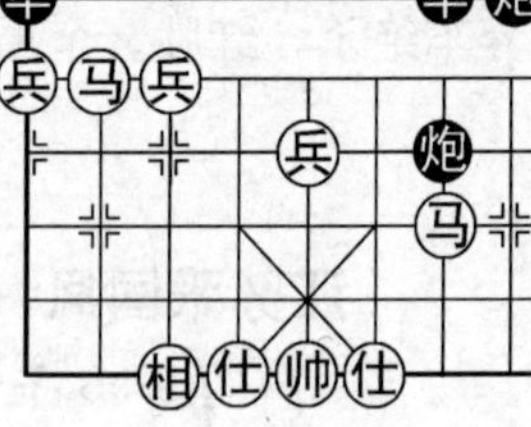

江苏张国凤

图 209

肋炮打将妙，逼黑马退将位。黑势危矣。

18. 车六退三　马 7 进 6

19. 车六平四　士 5 进 4

20. 兵五进一！马 6 进 4

21. 炮七平六！……

冲中兵、平肋炮，双炮“两肋插刀”，厉害。

21. ……　　马 4 退 5　　22. 车四退一　卒 1 进 1

23. 马八进七　炮 8 退 1　　24. 炮四平一　车 8 平 6

25. 炮六进三 ……

下面：马5进6，马七进五，士4退5（如将6平5，红炮一平五），炮六退一，红胜。

第190局

四川李艾东（红先胜）广东黎德志

（1999年4月21日弈于漳州）

五七炮进三兵对屏风马

1. 炮二平五 马8进7 **2.** 兵三进一 卒3进1
3. 马二进三 马2进3 **4.** 车一平二 车9平8
5. 马八进九 卒1进1 **6.** 炮八平七 马3进2
7. 车九进一 马2进1

本局弈自1999年全国团体赛。五七炮进三兵对屏风马，红方采用直横车打法。黑方踏边兵捉马，"提前"行动，一般都走象7进5或卒1进1。

8. 炮七进三 ……

炮轰象头卒，是针对性的走法，双方由此展开竞争。

8. …… 车1进3 **9.** 车九平八 炮2平4
10. 车二进六 车1平4 **11.** 炮七进二 象7进5
12. 车八进三 炮8平9

兑车似乎嫌软。可改走士6进5。

13. 车二进三 马7退8 **14.** 仕六进五 马8进6
15. 马三进四（图210） 炮9进4?

红方跃马盘河准备进攻。黑方边炮轰兵，忽略防守，失着。应改走士6进5。

16. 车八进四！士6进5 **17.** 车八平六！……

两步车攻，破象突破，佳着。

17. …… 车4进2 **18.** 炮七平五 将5平6

19. 前炮平四　马 6 退 8

如士 5 进 6，马四进五，车 4 退 2，车六平四，将 6 平 5，车四退一，红方胜势。

20. 马四进五　车 4 平 7

21. 炮五平四　将 6 平 5

22. 前炮平五　……

双炮联动，锐不可挡。下面入局。

22. ……　士 5 进 6

23. 马五退七　象 3 进 1

24. 马七进六　车 7 平 4

25. 炮四进三　……

以下为：车 4 退 2，炮五退三，红胜。

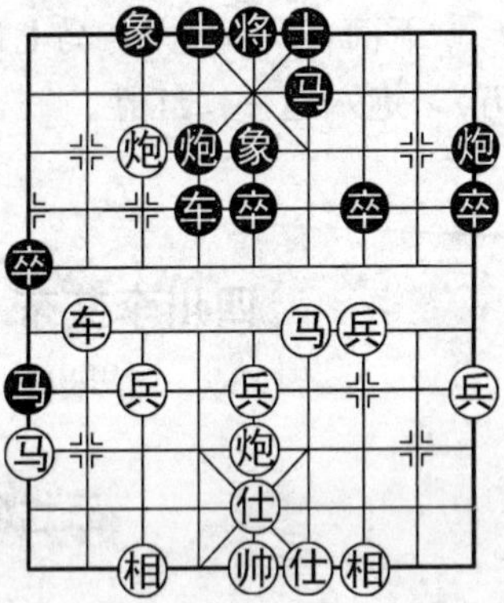

广东黎德志

四川李艾东

图 210

第 191 局

山东侯昭忠（红先胜）天津荆聪

（1999 年 4 月 24 日弈于漳州）

顺炮直车对横车

1. 炮二平五　炮 8 平 5　　**2.** 马二进三　马 8 进 7

3. 车一平二　车 9 进 1　　**4.** 车二进四　……

本局选自 1999 年全国团体赛。斗顺炮，红方直车巡河，四平八稳。

4. ……　车 9 平 4　　**5.** 仕四进五　马 2 进 3

6. 马八进七　卒 7 进 1　　**7.** 兵七进一　马 7 进 6?

双跳正马，争斗的焦点集中在中心阵地。黑方跃马无出路，失先。应改走车 4 进 5 比较积极。

8. 车二平四　车 4 进 3　　**9.** 兵五进一　马 6 退 7

红方冲中兵既威胁黑方河沿车马，又为自己双马打开通道，一举两得。黑马进而复退，可见马动有误。

10. 兵三进一　车 1 进 1

此时启横车，无好的落脚点，又不是当务之急。不如士 4 进 5 固中先补一手。

11. 马七进五　卒 7 进 1　　**12.** 车四平三　马 7 进 6

13. 车三平四　马 6 退 7　　**14.** 炮八平七　车 4 进 2

红方盘头马蓄势待发，再平炮后，黑方顿觉尴尬而陷入被动。进车无奈，难有更好的应着。

15. 兵七进一　车 4 平 3　　**16.** 兵七进一　……

七兵疾冲，迅速形成攻势。

16. ……　　马 3 退 5　　**17.** 车九平八　炮 2 进 4

18. 马五进三　……

跃马相头，虎视卧槽，气势汹汹而难阻挡。

18. ……　　车 3 进 1

19. 车八进三　车 3 退 4

20. 前马进二　马 5 进 3（图 211）

21. 帅五平四！……

如图 211，双方兵力对等无差异，但阵形结构大相径庭，量同质异，有势为上。红方出帅妙极，一锤定音。

21. ……　　士 4 进 5

如车 3 进 6，马二进三！车 1 平 7，车四进五，将 5 进 1，车八进五，红胜。

天津荆聪

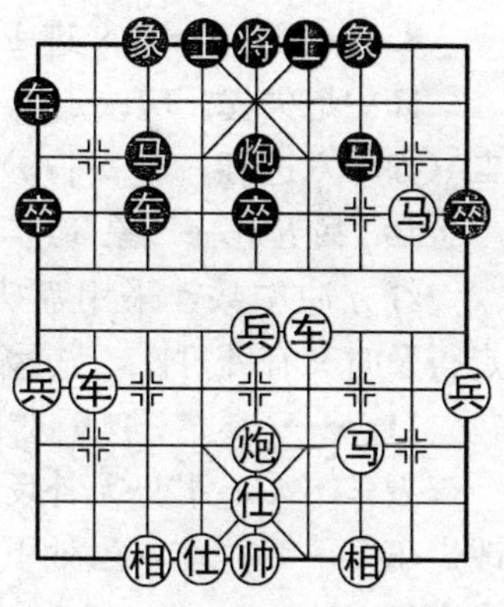

山东侯昭忠

图 211

22. 马二进三　将 5 平 4　　**23.** 炮五平六　将 4 进 1

24. 兵五进一　已成杀局，红胜。

第 192 局
山东吴继光（红先胜）青海张录

（1999 年 4 月 25 日弈于漳州）

仕角炮对中炮

1. 炮二平四　炮 2 平 5　**2.** 炮八平五　马 2 进 3
3. 马八进七　车 1 平 2　**4.** 马二进三　……

本局出自 1999 年全国团体赛。仕角炮对中炮开局，演成无定式顺炮局，双方“离谱”而行。

4. ……　马 8 进 9　**5.** 车一平二　车 9 平 8
6. 车九进一　士 6 进 5　**7.** 车九平六　车 2 进 4
8. 兵三进一　卒 9 进 1　**9.** 车二进六　炮 5 平 6?

卸中炮失先。应改走炮 8 平 6，车二进三，马 9 退 8，车六平二（如车六进五，车 2 平 3），马 8 进 9，双方均势。

10. 兵五进一　象 3 进 5　**11.** 马七进五　……

红方冲中兵，采用盘头马进攻，走得及时又有针对性，显示战斗力。

11. ……　炮 6 进 1?

轰车不妥，于势无补反受害。应改走车 2 平 8 兑车，虽处下风，但还可应付。

12. 车二平三　炮 6 进 3
13. 车三平四　炮 6 平 7
14. 相三进一　炮 8 进 4（图 212）
15. 炮四进三！……

升肋炮妙，伏冲兵攻车手段，佳着。

青海张录

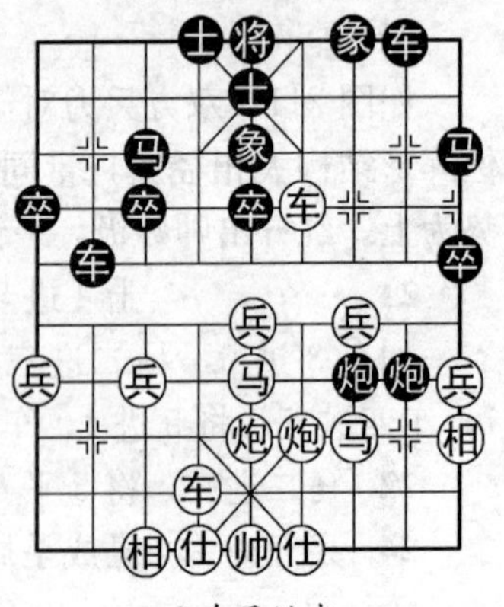

山东吴继光

图 212

15. ……　车 2 进 3

16. 车六平四　炮8进1

17. 炮四退三！……

退肋炮兑子抢攻，巧，好棋。两步运炮漂亮。

17. ……　炮8平6　**18.** 后车进一　车2退3

19. 兵五进一　……

冲兵突破中路，由此一攻破城，凶。

19. ……　卒5进1　**20.** 后车进三　马9退7

如改走车8进4，前车进二，车8平6（如卒5进1，红后车进一，卒5进1，炮五进五，红胜），马五进四，红有强烈攻势。

21. 前车进二　士5进6　**22.** 后车进二　士4进5

23. 后车平五　炮7平3　**24.** 车五退二　……

破士象，兑车夺马，红胜。

第193局

辽宁苗永鹏（红先和）火车头宋国强

（1999年8月20日弈于扬中）

对兵（卒）局

1. 兵三进一　卒3进1　**2.** 马二进三　马2进3

3. 炮八平五　马8进7　**4.** 马八进七　车1平2

5. 炮二进二　车9进1

这是北方两位大师在“西门控杯”第2届全国象棋大师冠军赛中的角逐。对兵（卒）开局，互为试探，形成中炮巡河炮缓开车对屏风马，黑方抢出左横车，严阵以待。

6. 马三进四　象3进5　**7.** 车九平八　车9平4

红方出左直车相互牵制，也可改走车一进一，以后再出左横车，形成双横车，可以抢道占线而持先手。黑方开右肋车，亦可走炮2进4封车。

8. 车八进四　炮8进2　**9.** 马四进三　马3进2

10. 车八平四　……

平车右肋是一步有待推敲的疑问手。不如车八平六兑车，黑如车1进1，红车一进一；如车4进4，炮二平六，红均可保持主动。

10. ……　　　马2进3

11. 炮五平三　炮2进7!

各攻一翼，黑方沉底炮抢攻，先声夺人，佳着。

12. 炮三进一　马3进1!

13. 车一进一（图213）　马1进3!

火车头宋国强

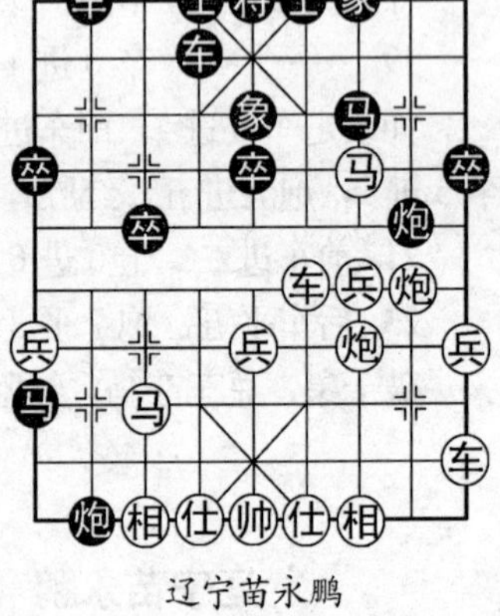

辽宁苗永鹏

图213

黑马硬闯边陲，继而弃马攻卧槽，掀起波澜，好棋。

14. 车一平七　车4进8

15. 帅五进一　车4平5

16. 帅五平六　炮2退1

17. 帅六进一　炮8平4

18. 车四平八　……

面临黑方强攻，红方帅登顶、仕被劫，但沉着应战。现在兑车透松，要紧。

18. ……　　　卒3进1

19. 炮二平七　炮2退1

20. 帅六退一　车2平3!

弃3卒，避兑闪车，硬是要拼，走得非常有胆魄。

21. 车七平八　车3进4!

22. 炮七平五　……

升车再弃炮，凶。红炮轰车护帅，正着。如贪炮，黑炮4退2立定胜局。

22. ……　　　车5平6

23. 后车进一　车6退1

24. 帅六退一　炮4退2（图214）

火车头宋国强

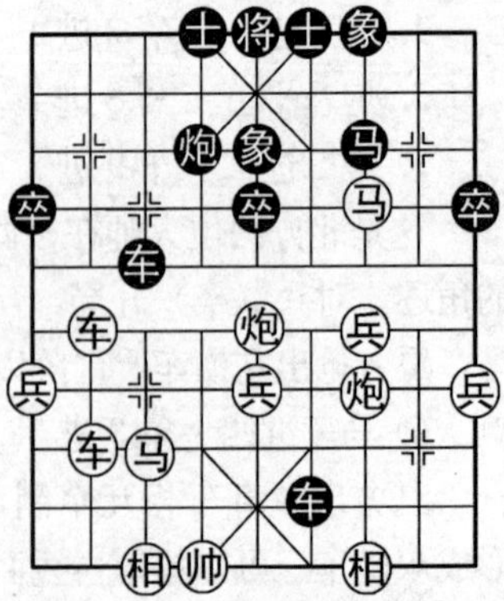

辽宁苗永鹏

图214

25. 前车进一　车3退1

面对黑方杀势，红方长兑车，利

用棋规巧解危，机灵。下面：前车进一，车3进1，前车退一，车3退1，双方不变成和。虽是一盘和棋，仍不失精彩也。

第194局

火车头金波（红先胜）新疆薛文强

（1999年8月22日弈于扬中）

中炮进七兵对三步虎转列炮

1. 炮二平五 马8进7 **2.** 马二进三 车9平8
3. 兵七进一 炮8平9 **4.** 马八进七 炮2平5
5. 车九平八 马2进3 **6.** 兵三进一 车1进1
7. 车一进一 车8进4 **8.** 车一平四 卒7进1

这是“西门控杯”第2届全国象棋大师冠军赛中的一场激战。中炮进七兵对三步虎开局，演成两头蛇对直横车，双方斗列炮。黑方挺卒似乎不及车1平4先亮右肋车作等待观望为好。

9. 车四进三 车1平4 **10.** 炮八进三 车8进2
11. 兵七进一 卒3进1 **12.** 炮八平三 车4进7

红方骑河炮弃兵夺卒，向黑方左翼施压，攻着积极有力。黑方车侵相腰并不构成威胁，且占位也不佳，不如改走士6进5为妥。

13. 仕六进五 士6进5 **14.** 炮三进一 炮5平6
15. 兵三进一！ 车4退4
16. 车四平三！（图215） 卒3进1？

冲三兵，平车保，黑方左翼蒙受巨大压力。现在挺3卒失算，造成被动挨打而不可收拾，劣着。应改走象7进5，战程还很长呢。

17. 马三进四！ 车4平3 **18.** 炮三进三！ 卒3进1
19. 炮三平一！ ……

跃马踏车，炮轰底象，弃马开炮，红方迅速开打，锐不可挡，走得漂亮。

19. ……　　炮 9 进 4
20. 车三平一！车 8 平 6
21. 炮五平二！……

开炮叫杀，厉害。

21. ……　　将 5 平 6
22. 兵三进一　卒 3 进 1
23. 兵三进一　……

同样冲兵（卒）吃马，一个是披坚执锐，一个却是隔靴搔痒，不可同日而语也。

新疆薛文强

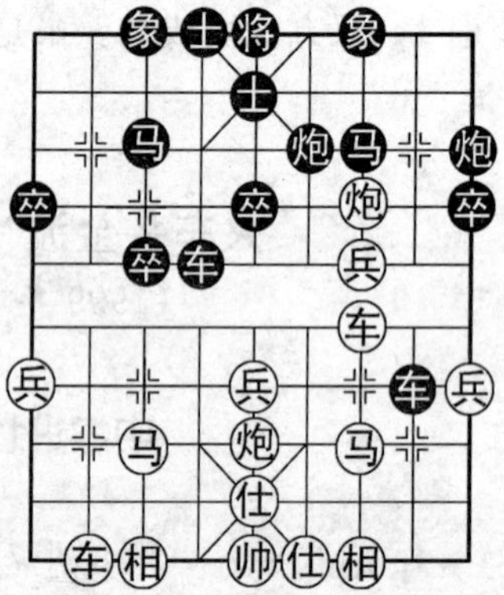

火车头金波

图 215

23. ……　　炮 9 平 5
24. 仕五进四　炮 6 进 2
25. 炮二进七　……

下面：将 6 进 1，车一进二，炮 6 平 5，帅五平六，车 6 进 1，车一进二，红胜。

第 195 局

辽宁金松（红先负）辽宁苗永鹏

（1999 年 8 月 24 日弈于扬中）

对兵（卒）局

1. 兵七进一　卒 7 进 1　　2. 马八进七　马 8 进 7
3. 炮八平九　马 2 进 3　　4. 车九平八　车 1 平 2
5. 炮二平六　马 7 进 6

这是“西门控杯”第 2 届全国象棋大师冠军赛中的一场“同室操戈”。对兵（卒）开局，斗散手，互相试探。红方过宫炮不及炮二进四有力。黑方跃马盘河，很有针对性。

6. 马二进三　炮 2 进 4　　7. 车一平二　炮 8 平 5

右炮过河封车，左炮架中进攻，双炮联动，走得好。

8. 相三进五 车9进1 **9.** 仕四进五 车9平2!

联车，蓄势待发，好棋。

10. 车二进四 ……

如改走炮六进一，马6进5（炮2平3亦可），马三进五，炮2平5，车八进八，车2进1，马七进五，炮5进4，黑方占优。

10. …… 马6进7 **11.** 炮六进一 炮5平7

12. 马七进六 象3进5

飞象正着。如炮2退1，车二进三，红方反抢攻势。

13. 车二进三 炮7退1

14. 马六进七 炮2平3

15. 车八进八 车2进1（图216）

16. 兵七进一？……

冲兵随手而铸错，失着。应该走炮六平三兑马，然后再挺兵，局面可以保持平稳。

辽宁苗永鹏

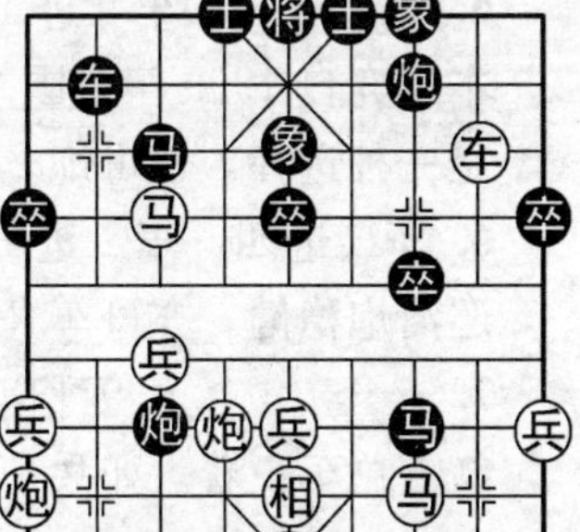

辽宁金松

图216

16. …… 马7进5!

踏马，先弃后取，突破缺口，妙。

17. 相七进五 车2进6!

18. 马三进四 车2平5!

19. 帅五平四 车5平1

破双相且有杀势，红方已难抵挡。

20. 马四进六 炮3进3 **21.** 帅四进一 炮3退1

22. 仕五退四 车1平4

红如帅四退一，车1平7，仕五进六，车7平4，黑方胜势。黑车捉炮抢攻，下面为：炮六平八，车4进1，帅四进一，马3退2，马六进五，象7进5，车二平五（如马七进五，黑炮7平6），士4进5，车五平八，马2进4，马七进六，炮7平4，多子且有杀势，黑胜。

第 196 局

云南廖二平（红先胜）北京龚晓明

（1999 年 11 月 7 日弈于镇江）

顺炮直车对缓开车

1. 炮二平五　炮 8 平 5　2. 马二进三　卒 7 进 1
3. 车一平二　马 8 进 7　4. 马八进七　马 2 进 3
5. 兵七进一　车 9 进 1

本局弈自 1999 年全国个人赛。顺炮直车对缓开车，黑方出左横车是一种选择，也可炮 2 进 4 抢先，另有变化。

6. 车二进四　车 1 进 1　7. 炮八进二　……

巡河炮稳健。亦可车九进一呼应右车。

7. ……　车 9 平 8　8. 车二进四　车 1 平 8

红方兑车正着。如兵三进一，车 8 进 4，马三进二，卒 7 进 1，炮八平三，马 7 进 6，红方没有便宜。

9. 马七进六　车 8 进 7

车侵下二路，对抗性的着法，也是目前可行的选择。

10. 仕六进五　车 8 平 7
11. 炮八退二　炮 2 进 4
12. 炮五平七　炮 2 平 7
13. 相七进五（图 217）　炮 5 平 6?

卸炮准备肋道强攻，虽凶但欠准，过而不及反受其害，失先。应改走车 7 平 6，把车亮出来，保持局面相对稳定为好。

14. 兵七进一！……

冲兵攻马，恰到好处。

北京龚晓明

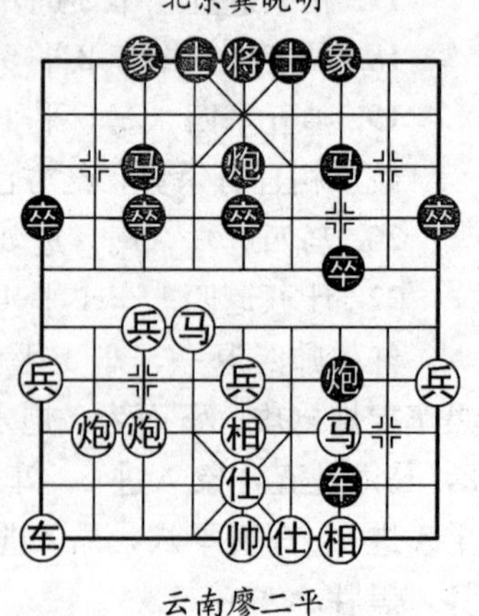

云南廖二平

图 217

14. …… 炮 6 进 6 **15.** 相三进一 炮 7 平 8

16. 马六退四！……

回马金枪，黑方攻势顿时化为“乌有”，好棋。

16. …… 炮 8 进 3 **17.** 相一退三 炮 6 退 1

如改走车 7 进 1，马三退二，车 7 平 8，兵七进一，马 3 退 5，车九平六，红方大优。

18. 仕五进四 车 7 退 1 **19.** 兵七进一 马 3 退 2

兑子后，“西线无战事”。红方放手攻侧翼，黑方陷入困境而难以自拔也。黑如改走马 3 退 5，车九平六，红有强烈攻势。

20. 炮七进七 将 5 进 1 **21.** 兵七平八 车 7 退 1

22. 炮八进七 车 7 平 6 **23.** 车九平七 ……

车兵双炮，四子归边，红方已成入局之势。

23. …… 将 5 平 6 **24.** 仕四退五 炮 8 退 8

25. 车七进四 ……

下面为：马 7 进 8，车七进一，车 6 平 7，车七平四，将 6 平 5，车四进四，红胜。

第 197 局

福建蔡忠诚（红先胜）辽宁金松

（1999 年 11 月 8 日弈于镇江）

中炮对半途列炮

1. 炮二平五 马 8 进 7 **2.** 马二进三 车 9 平 8

3. 马八进七 炮 2 平 5 **4.** 兵七进一 卒 7 进 1

5. 车一进一 ……

这是 1999 年全国个人赛中的一盘对局。中炮对半途列，双方对攻。红方起右横车因时而变，如车一平二，炮 8 进 4，容易落入熟套。

5. …… 马 2 进 3 **6.** 车九平八 车 1 进 1

7. 车一平四　车 8 进 1

8. 马七进六　车 1 平 6

9. 车八进一（图 218）　炮 8 进 4?

双横车对双横车，邀兑四车一线牵，有趣。黑方左炮过河不及炮 8 进 2。

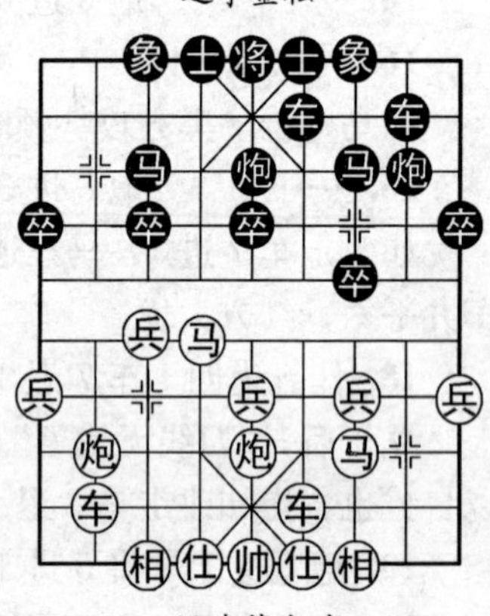

图 218

10. 车四进七　车 8 平 6

11. 炮八平七　车 6 进 4

12. 车八平六　炮 8 退 1?

退炮攻马，似紧实缓。应象 3 进 1 或马 3 退 1 避一手。

13. 兵七进一！……

弃马冲兵，舍子取势，好棋。

13. ……　炮 8 平 4　**14.** 兵七进一　马 3 退 1

15. 兵三进一！……

再冲兵攻车，妙。

15. ……　车 6 平 7　**16.** 相三进一　炮 5 平 4

17. 车六平八　车 7 进 1　**18.** 车八进七　前炮平 3

19. 仕六进五　马 7 进 6　**20.** 兵七平六！……

一阵拼抢，红方捉死边马，现在闪兵捉炮抢攻，又凶又刁，优势已经确立。

20. ……　炮 4 平 5　**21.** 炮五进四！士 4 进 5

22. 车八平九　……

炮镇中路，吃马弃马，恰到好处。

22. ……　马 6 进 4　**23.** 炮七平五　将 5 平 4

24. 车九平七　炮 3 进 2　**25.** 车七进一　……

下面：将 4 进 1，前炮退一，红胜。

第198局

河北刘殿中（红先胜）火车头杨德琪

（1999年11月10日弈于镇江）

五七炮对屏风马

1. 炮二平五 马8进7 **2.** 马二进三 车9平8
3. 车一平二 马2进3 **4.** 马八进九 卒7进1
5. 炮八平七 车1平2 **6.** 车九平八 炮8进4

本局出自1999年全国个人赛。五七炮双直车对屏风马，黑方左炮封车是21世纪前后流行的布局，另可走炮2进2，炮2进4。

7. 车八进六 炮2平1 **8.** 车八平七 车2进2
9. 车七退二 马3进2

退车控制河沿，便于左右联系，基本上是“公式化”的着法。也有起右横车的新颖走法。例变如下：车二进一，炮8平5，马三进五，车8进8，马五进四，象3进5，马四进三，卒5进1，马三退四，车8退3，马四退五，卒5进1，马五进七，马3退2，马七进六，车2退1，马六进七，一车换双，红方占优（选自2005年全国团体赛开滦窦超与河南李林的对局）。黑方跃外肋马，牵制性走法，改走象3进5则比较平稳。

10. 车七平八 马2退4 **11.** 车八平六 ……

肋车攻马，快攻。另有三种着法：①车八进三，马4退2，车二进一，炮8平5，车二平五，炮1进4，兵七进一，炮5退2，马三进五，象3进5，黑方抗衡。②炮七进七，士4进5，车八平四，炮8平5，仕四进五，车8进9，马三退二，炮5退1，马二进三，车2平3，炮七平八，车3进2，马三进五，炮1平5，炮五进二，马4进5，黑势可以。③兵九进一，车2进3，马九进八，象7进5，马八进六，士4进5，仕四进五，马4进2，兵七进一，马2进4，炮七进一，炮1平2，炮七平八，马4退6，炮八进一，马6进

7，炮五平九，士5退4，相三进五，炮8退2，马六进四，炮2进1，马四退二，红方稍好。

11. ……　　马4进2　　**12.** 炮七进七　士4进5

13. 车六平七　炮1进4　　**14.** 车二进一！车2平4

起右横车，准备呼应左侧，凶悍犀利。如兵三进一，卒7进1，车七平三，马7进6，车三平八，马6进5，马三进四，马5退7，车二进一，车8进2，车二平三，炮8平5，炮五平八，马2进4，黑方弃车抢攻，红方有顾忌。黑方平肋车稳健，如炮8平5，炮五进四！马7进5，车二进八，马2进4，马三进五，炮1平5，车二退七，炮5退1，车二平六，炮5平3，兵七进一，象7进5，炮七平九，红优。

15. 兵三进一！卒7进1

16. 车二平八　卒7进1?

红方弃三兵，开侧车，厉害。黑方冲卒弃马忽视红方冲击力，不当。应改走车8进4。

17. 车八进四　炮8平5

18. 马三进五　炮1平5

19. 炮五平八！……

卸炮不怕让出空头，好棋。有胆魄。

19. ……　　车8进7（图219）

火车头杨德琪

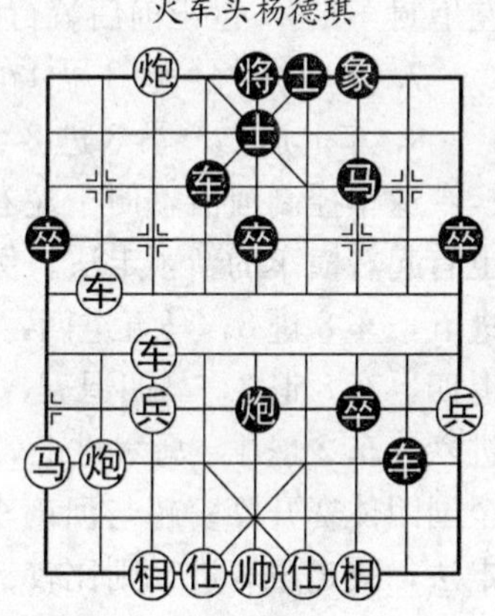

河北刘殿中

图219

20. 车八平五！……

叫杀献车兑子，巧妙绝伦，精彩。

20. ……　　车8平2　　**21.** 车五退二　卒7进1

22. 炮七平九　卒7平6　　**23.** 车五平四　……

管卒，多子有杀势，黑方认输。

六、21 世纪
（91 局　199～289）

第 199 局

河北刘殿中（红先胜）吉林陶汉明

（2000 年 5 月 6 日弈于宜春）

五七炮对屏风马

1. 炮二平五　马 8 进 7　**2.** 马二进三　车 9 平 8

3. 车一平二　马 2 进 3　**4.** 马八进九　卒 7 进 1

5. 炮八平七　车 1 平 2　**6.** 车九平八　炮 2 进 4

7. 车二进四　炮 8 平 9

这是两位特级大师在 2000 年全国团体赛上的交锋。五七炮双直车对屏风马右炮封车，黑方平炮兑车，也可改走象 3 进 5 或象 7 进 5。

8. 车二平四　车 8 进 1

高矮车准备右调加强右侧的牵制力，属于竞争性比较强的应着。另有车 8 进 6、象 3 进 5、象 7 进 5 等多种着法。

9. 兵九进一　车 8 平 2　**10.** 兵三进一　……

挺兵交换，一来活马，二来攻击黑方左翼，属于稳健战术。如改走车八进一则相对激烈，黑方有两种应着：①炮 2 平 5，车八平五，炮 5 退 2，马三进五，炮 5 进 3，车五进一，前车进 3，仕四进五，炮 9 进 4，兵三进一，象 3 进 5，车五平一，红方占先。②前车进 3，车八平四，前车平 4，马九进八，车 4 进 3，后车平七，炮2进3，仕四进五，车4退6，炮七进四，车4进2，炮五平七，象3进5，相三进五，马7进6，双方对抢先手。

10. ……　　卒7进1　　**11.** 车四平三　马7进8

12. 车三进五　炮9平7

13. 相三进一　象3进5

可先走前车进3保马。

14. 车三平二　前车进3（图220）

此时升车让红方有抢攻机会，可改走马8进7。

15. 车八进三！……

一车换双，好棋。

15. ……　　前车进2

16. 车二退四　士4进5

补士缓手。应前车退2兑车抢道。

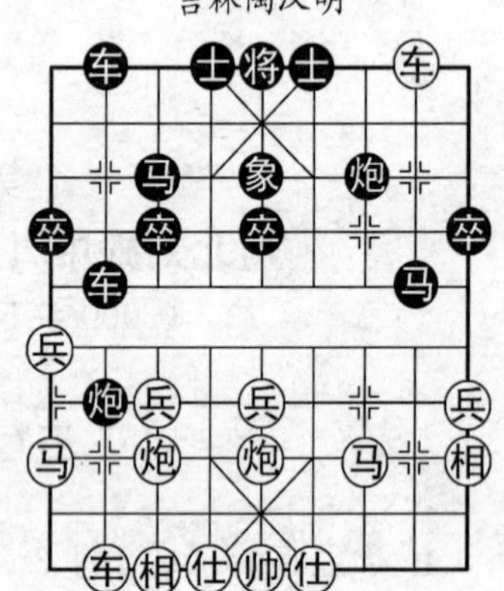

图220

17. 马三进四　前车退2

18. 马四进六！……

奔马打兑，保持攻势，佳着。

18. ……　　后车进1

19. 仕四进五　后车平4

20. 马九进八！……

连环马，形成组合攻势，黑方已难应付。

20. ……　　卒3进1　　**21.** 炮七平六　车4平2

22. 马六进七　炮7平3　　**23.** 马八进六　卒3进1

24. 炮五进四　卒3进1　　**25.** 相七进九　……

下面：炮3退1，炮五退二，前车退2，炮六平三，将5平4，炮五平六，将4平5，马六进五，红胜。

第200局

福建王晓华（红先负）浙江俞云涛

（2000年5月10日弈于宜春）

中炮巡河炮对屏风马

1. 兵七进一　马8进7　　**2.** 马八进七　卒7进1

3. 炮二平五　马2进3　　**4.** 马二进三　车9平8

5. 车一平二　象3进5　　**6.** 炮八进二　炮2退1

本局弈自2000年全国团体赛。挺兵对起马开局，演成中炮巡河炮对屏风马，黑方退右炮呼应左翼，是一种应法，也可走炮8进2、炮2进2、卒3进1、车1平3等，变化丰富。

7. 兵三进一　……

兑兵活马，亦可改走车二进六，炮8平9，车二进三，马7退8，车九进一，红方先手。

7. ……　炮2平7　　**8.** 马三进四　……

弃兵跃马，过于要强。宜走兵三进一，炮7进3，马三进四，炮7平8，车二平一，局势平稳。

8. ……　卒7进1　　**9.** 马四进六　卒7平8!

10. 车二进四　……

横卒轰车夺相，佳着。红如车二平一，马7进6，黑方反先。

10. ……　炮7进8　　**11.** 帅五进一　……

如改走仕四进五，炮8平9，车二进五，马7退8，黑方占优。

11. ……　马7进6　　**12.** 车二退一　车8进1

13. 马六进四（图221）　车1进1!

舍炮出车，先弃后取，好棋。

14. 马四进二　车1平7　　**15.** 炮八退三　车7进1

16. 车二进二　马6进7　　**17.** 车二退五　马7进9!

18. 车二进二　车7平8　　**19.** 车二进五　车8进1

夺回弃子，保持攻势，黑方已握胜券。

20. 车九平八　炮 7 平 8!

21. 帅五平六　……

如改走马七进六，炮 8 退 1，炮八平二（如帅五平六，马 9 进 7），车 8 进 6，帅五退一，马 9 进 7，帅五进一，马 7 退 8，帅五退一，马 8 进 6，黑胜。

21. ……　马 9 退 7

22. 炮五平六　马 7 退 6

23. 炮六平四　车 8 进 5

24. 仕六进五　车 8 退 2

浙江俞云涛

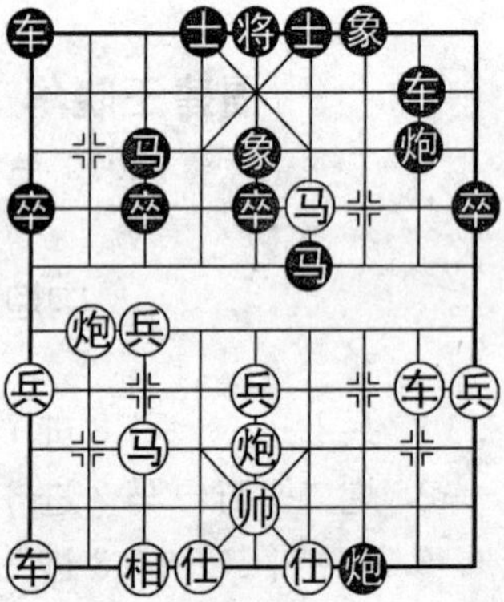

福建王晓华

图 221

25. 炮八进六　车 8 平 3

下面：车八进二，炮 8 退 2，黑方夺子胜。

第 201 局

机电魏国同（红先负）湖南罗忠才

（2000 年 5 月 11 日弈于宜春）

中炮过河车对屏风马平炮兑车

1. 炮二平五　马 8 进 7　**2.** 马二进三　车 9 平 8

3. 车一平二　马 2 进 3　**4.** 兵七进一　卒 7 进 1

5. 车二进六　炮 8 平 9　**6.** 车二平三　炮 9 退 1

7. 马八进七　车 1 进 1　**8.** 兵五进一　……

本局选自 2000 年全国团体赛。中炮过河车对屏风马平炮兑车，黑方应以右横车，红方冲中兵强攻，但容易引起反弹，改走车三退一比较稳健。

8. ……　炮 9 平 7　**9.** 车三平四　马 7 进 8

10. 兵五进一　卒 7 进 1

再冲中兵，势在必行。如改走车四平三，马 8 退 9，车三退一，车 8 进 3，黑方反弹。黑方冲卒欺车，实行反击。

11. 兵五平四　象 7 进 5　　**12.** 兵四平三　马 8 进 7

13. 马三进五　车 1 平 4　　**14.** 炮八进二　车 4 进 5

15. 兵三进一　……

如改走炮八平三，炮 7 进 4，马五进三，车 8 进 5，马七进五，炮 2 进 4，黑优。

15. ……　　车 8 进 8

16. 仕六进五　卒 7 平 6（图 222）

17. 车四进二？马 7 进 9！

进车捉炮失着，应改走炮五平三。黑马入边陲窥卧槽，好棋。

18. 炮五进四　马 3 进 5

19. 车四平三　马 9 进 7

20. 马五退四　马 7 退 8

21. 炮八退三　车 4 进 2！　　**22.** 炮八平九　车 8 平 6

湖南罗忠才

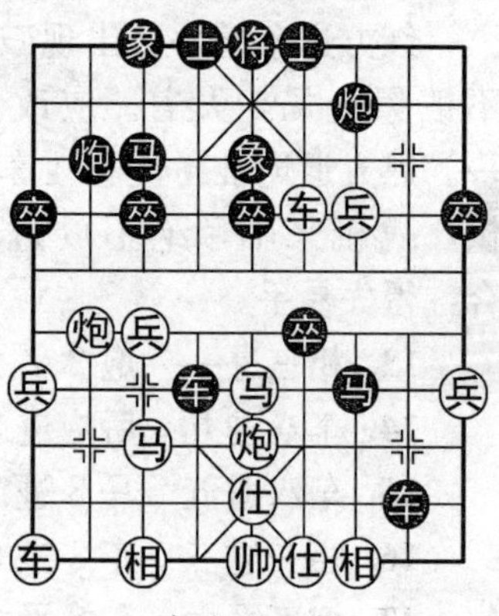

机电魏国同

图 222

夺马且有踩马杀势，黑胜。

第 202 局

吉林洪智（红先负）上海葛维蒲

（2000 年 6 月 17 日弈于北京）

五七炮对屏风马

1. 炮二平五　马 8 进 7　　**2.** 马二进三　车 9 平 8

3. 车一平二　马 2 进 3　　**4.** 马八进九　卒 7 进 1

5. 炮八平七　车 1 平 2　　**6.** 车九平八　炮 2 进 4

7. 车二进四　象 3 进 5

本局弈自“巨丰杯”第 2 届象棋新名人赛。五七炮双直车对屏风马右炮封车，黑方飞象固中，也可改走炮 8 平 9，可参阅前面第 199 局。

8. 兵九进一　炮 2 退 2

9. 车二平四　马 7 进 8

10. 兵三进一　卒 7 进 1

11. 车四平三　炮 8 平 7

12. 车三进二？炮 2 退 3！（图 223）

红方进车随手，出现破绽，一步不慎累全局，失着。应改走相三进一。黑方退炮准备左移攻车反击，好棋，战机来临，绝不放过。一个回合，得失易手。

上海葛维蒲

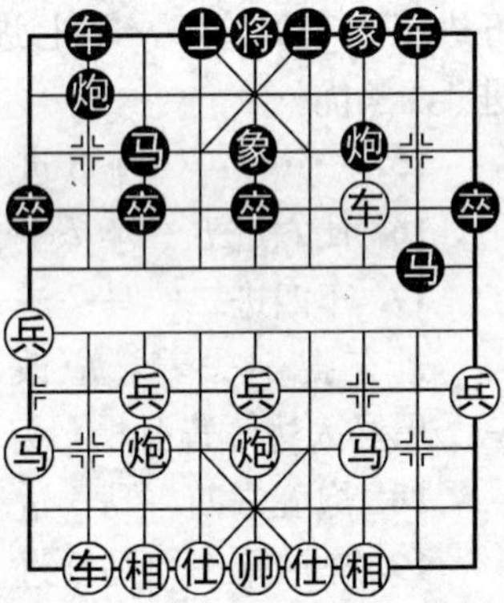

吉林洪智

图 223

13. 相三进一　炮 2 平 7

14. 车八进九　后炮进 2

15. 车八退五　马 8 进 7

16. 相一进三　车 8 进 5！

17. 炮五平六　车 8 平 7

18. 相七进五　……

轰车、踏马、吃相，黑方一套组合拳，抢攻得势，走得漂亮。红如改走车八平三，后炮进 3，黑优。

18. ……　　　车 7 退 1

避兑退车而保持高压，老练。

19. 马九退七　马 7 进 9

马入边陲攻马窥卧槽，又凶又刁。

20. 马三进二　马 9 进 7

21. 帅五进一　前炮平 8

22. 炮六退一　炮 7 平 8

23. 帅五平四　后炮进 3

24. 炮六平三　……

如改走车八平二，炮 8 平 6，炮六平三，车 7 进 4，帅四进一，车 7 平 3，黑方夺马胜。下面为：车 7 进 4，帅四进一，车 7 平 3，车八平二，车 3 退 1，车二进二，车 3 退 1，多子得势，黑胜。

第203局

河北胡明（红先负）江苏伍霞

（2000年11月11日弈于蚌埠）

仙人指路对卒底炮

1. 兵七进一　炮8平5　**2.** 马二进三　马8进7
3. 车一平二　车9平8　**4.** 炮二进四　炮2平3
5. 炮八平五　……

这是2000年全国女子个人赛的一盘对局。仙人指路对中炮开局，红方以半途列炮还击，形成对攻。改走相七进五则比较平稳。

5. ……　士6进5　**6.** 马八进九　……

如改走马八进七，卒3进1，马七进六，卒3进1，马六进五，马7进5，炮二平五，车8进9，马三退二，马2进1，双方各有千秋。

6. ……　马2进1　**7.** 兵三进一　车1进1

出横车机灵。如车1平2，红车九平八抢兑，黑方左车被封，无趣。

8. 炮二平五　车8进9　**9.** 马三退二　马7进5
10. 炮五进四　车1平4　**11.** 相七进五　车4进2
12. 炮五退二　……

退炮正着。如改走炮五平一，卒7进1，炮一进三，士5退6，兵三进一，车4平9，炮一平二，车9平8，红方失子。

12. ……　车4平6　**13.** 车九进一？……

出车不适时宜，应改走马二进三。黑如车6进4，马三进二；如车6进3，炮五平六，红方都可以应对。

13. ……　将5平6！　**14.** 仕六进五　炮5进4！

出将，炮反镇中路，黑方顷刻控制局面而取得优势。

15. 帅五平六　炮3平4　**16.** 马二进三　炮5平7
17. 车九平八　马1退3（图224）

18. 车八进二 ……

面临黑方全方位攻势，红已无万全之策。如改走帅六平五，车6进5，相三进一，炮4平5，红方难堪。

18. …… 马3进4!
19. 炮五平六 马4进5!
20. 帅六平五 炮4平5!
21. 帅五平六 车6平4!
22. 炮六退三 炮5平4!

车马炮联攻，势不可当。下面入局。

江苏伍霞

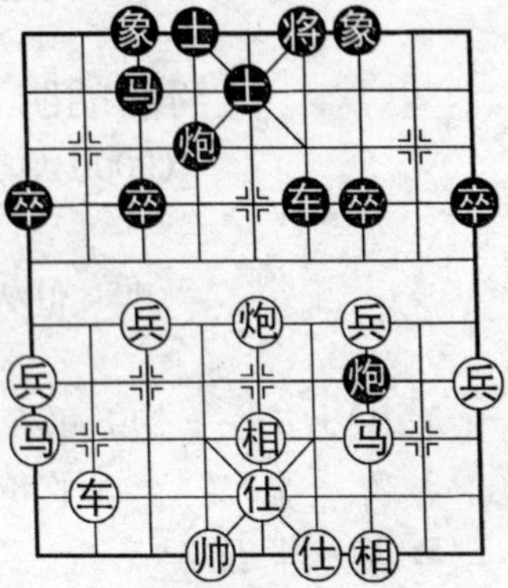

河北胡明

图 224

23. 车八平五 车4进2
24. 马九退八 车4平3
25. 帅六平五 炮4平5 轰车催杀，黑胜。

第204局

江苏王斌（红先和）湖南张申宏

（2000年11月12日弈于蚌埠）

中炮进七兵对三步虎

1. 炮二平五 马8进7　　2. 马二进三 车9平8
3. 兵七进一 炮8平9　　4. 马八进七 车8进5
5. 相七进九 卒7进1

本局弈自2000年全国个人赛。中炮进七兵对三步虎开局，红方飞边相巩固左翼，也可兵五进一采取中路攻势。黑方挺7卒先通马，亦可炮2平5半途列炮还击。

6. 炮八进二 车8进1　　7. 车一平二 ……

兑车虽稳但欠积极，可改走炮八退一。

7. …… 车8进3　　8. 马三退二 象7进5
9. 兵三进一 卒7进1　　10. 炮八平三 马2进1

面临红方巡河炮，黑方飞左象，右边马，走得颇有见地。

11. 车九平八　炮2平3　**12.** 马七进六　车1进1

13. 马二进三　车1平6

14. 仕六进五　卒1进1（图225）

黑方挺边卒缓手，不如车6进2牢固。

15. 炮五进四？……

炮轰中卒软手。另有两种走法可供选择：①马六进五，马7进5，炮五进四，士6进5，兵五进一，炮9平7，车八进二，红方占优。②炮三进二，车6进2，马三进二，红方有攻势。

湖南张申宏

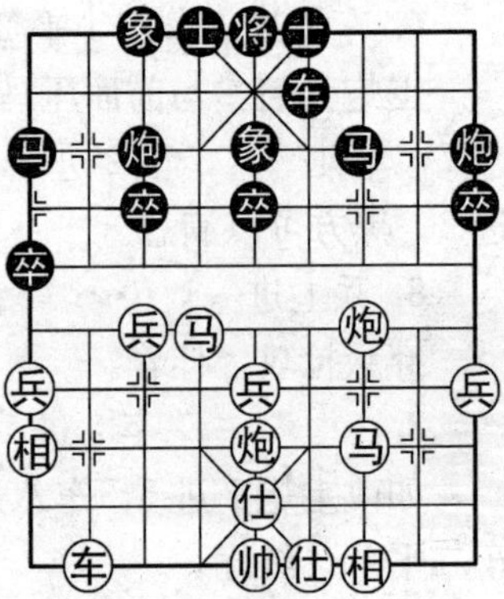

江苏王斌

图225

15. ……　　马7进5

16. 马六进五　炮3退1

17. 炮三平五　炮3平5

两步平炮，形成兑子场面，局势迅速平稳而呈和势。

18. 马五退四　车6进3　**19.** 车八平六　炮9平7

20. 相三进五　炮7进4　**21.** 炮五进四　士6进5

兑炮，和局已定。

22. 车六进四　卒9进1　**23.** 相九退七　象5退7

下面：兵五进一（如帅五平六，炮7平1），车6进1，车六退一，车6退1，车六平三，象7进5，和棋。

第205局

广东汤卓光（红先胜）重庆许文学

（2000年11月14日弈于蚌埠）

五七炮对屏风马

1. 炮二平五　马8进7　**2.** 马二进三　车9平8

3. 车一平二　马2进3　**4.** 兵七进一　卒7进1

5. 炮八平七　炮 2 进 6

本局选自 2000 年全国个人赛。五七炮进七兵对屏风马，黑方右炮顶马属强硬走法，一般都走炮 2 进 4。

6. 车九进二　车 1 平 2　　**7.** 车二进四　炮 2 退 4?

退炮为何？与前面压马自相矛盾，是一步疑问手。应改走炮 2 平 7，车九平八，车 2 进 7，炮五平八，炮 7 退 2，相三进五，炮 8 进 2，黑方可以满意。

8. 兵七进一！……

弃兵抢攻，佳着。

8. ……　卒 3 进 1　　**9.** 车九平八　马 7 退 5

如改走炮 2 进 5，车八进七，马 3 退 2，炮七进七，士 4 进 5，车二平八，红优。

10. 马八进九　车 2 进 3　　**11.** 车八进二　马 3 进 4

12. 炮五平六　马 5 进 3　　**13.** 相三进五　马 3 退 1

14. 兵九进一　……

红方弃兵后控制局面，及时调整阵形，引而不发，走得坚定又有耐心。

14. ……　车 8 进 1

15. 车八平六　马 4 退 5（图 226）

退马无奈，别无更好选择。

16. 炮七平八！车 2 平 3

17. 炮六平七！卒 3 进 1

18. 车六进一！卒 3 平 4

19. 马九进八！炮 2 进 3

20. 马八进七　……

炮轰马踏，红方夺车确立优势，走得漂亮。

重庆许文学

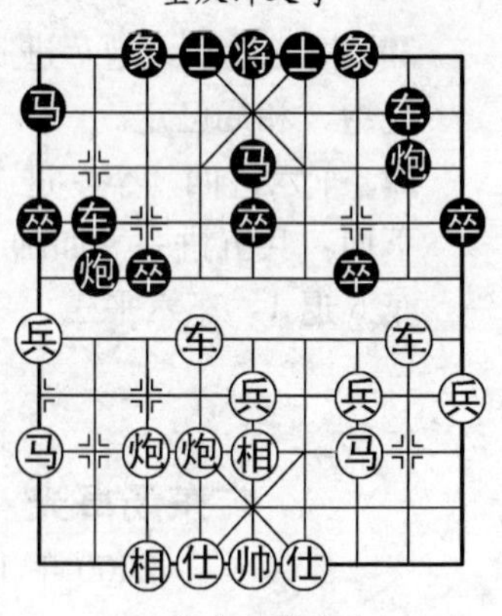

广东汤卓光

图 226

20. ……　马 5 进 3　　**21.** 车六进一　马 3 进 2

22. 车二平六　叫杀夺马，红胜。

第206局

广东黎德志（红先胜）香港黄志强

（2000年11月14日弈于蚌埠）

五八炮对屏风马

1. 炮二平五 马8进7 **2.** 马二进三 车9平8
3. 车一平二 马2进3 **4.** 兵三进一 卒3进1
5. 炮八进四 象7进5

进入21世纪，港澳台棋手参加国内各种大赛的频率明显增加。本局就是香港棋手参加2000年全国个人赛的一盘对局。五八炮缓跳马是一种新式攻法，传统是先走马八进九。黑方飞左象固中，也可改走马3进2。

6. 车二进六 ……

过河车配合过河炮行动，紧凑。如马八进七或马八进九，黑都可炮8进4对抢先手。

6. …… 马3进4 **7.** 炮八平三 车1平2
8. 马八进九 炮2平3
9. 兵九进一 士6进5

补士缓手。宜改走车2进7比较有力。

10. 车二退一 马4进3
11. 马九进七 炮3进4
12. 兵三进一（图227） 炮3进1?

红方抢渡三兵，黑方已受压力。伸炮打马似紧实松，失先，应改走卒3进1。红如兵三平四（如兵九进一，卒1进1，车九进五，车2进9，黑方对抢攻势），车2进4，相互牵扯，黑

香港黄志强

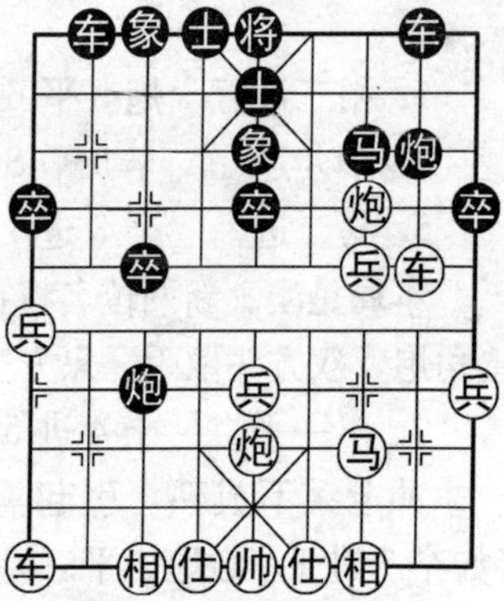

广东黎德志

图227

方不乏机会。

13. 马三进四　炮8进1　**14.** 车九进二　炮3平2
15. 兵三平四　卒3进1　**16.** 炮五平三　炮2退3
17. 马四进六　马7退9　**18.** 车九平八　……

横兵、打马、奔马、出车，红方左右联动，迅速掌控局面，黑方全线告急。

18. ……　车2进2　**19.** 相七进五　车8进2
20. 车二退一　象5退7　**21.** 前炮平一　卒5进1
22. 炮一退一　炮8平2　**23.** 炮一平五　前炮平5
24. 车二进三　……

一阵拼抢，红方攻杀入局。下面着法为：车2平8，马六进八，炮5退2，马八进七，将5平6，炮三平四，炮5平6，兵四平三，炮6平3，车八进四，红胜。

第207局

澳门李锦欢（红先负）新疆薛文强

（2000年11月16日弈于蚌埠）

飞相局对士角炮

1. 相三进五　炮8平6　**2.** 马八进九　马8进7
3. 车九进一　车9平8　**4.** 车九平四　马2进3
5. 马二进一　卒3进1　**6.** 兵一进一　炮6平4

本局是澳、新两位名将在2000年全国个人赛中的交战。飞相对士角炮，双方斗散手。黑方士角炮由左右移，因时而变，走得灵活。

7. 车一平二　士4进5　**8.** 兵七进一？……

冲七兵不成熟，引起黑方反弹。宜改走炮二进四，炮4平5（如卒7进1，红炮二平三），车四进二，马3进4，炮八进一，炮2平4，仕四进五，车1平2，车四进二，红方仍持先手。

8. ……　卒3进1　**9.** 车四进三　马3进4

10. 车四平七 马4进5
11. 车七平六 车8进4
12. 炮二平三 ……

黑方奔马踩中兵，继而升车呼应，已经反先。红如马一进二，车8平3，黑方占优。

12. …… 车8平3
13. 车六进二 炮2平3
14. 炮三进四 象3进5
15. 炮八退一 车1平2
16. 炮八平三（图228） 车2进7!

新疆薛文强

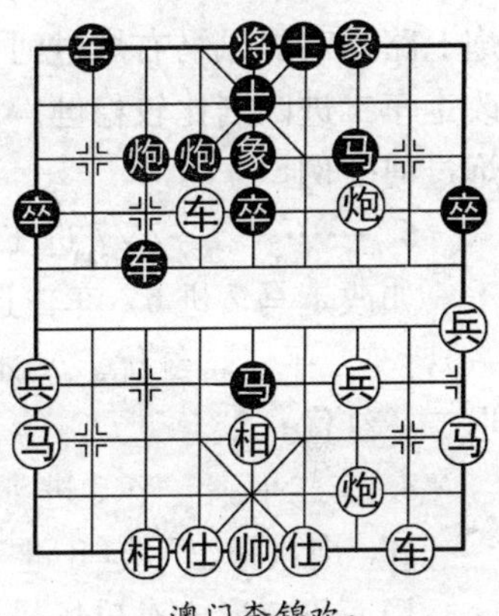

澳门李锦欢

图 228

进车扼要道，发起反击，佳着。

17. 马一进二 炮3进7
18. 相五退七 炮4平3
19. 车六平八 炮3进7
20. 仕六进五 车2平1

兑子破双相且有强烈攻势，红阵迅速崩溃。

21. 车八进三 士5退4
22. 前炮平九 炮3平1!
23. 车八退八 ……

弃车开炮妙。红如炮九退四，车3进5，仕五退六，马5进3，炮三平七，车3退1，仕六进五，车3进1，仕五退六，车3平4，黑胜。

23. …… 车3进5
24. 仕五退六 车1平5
25. 仕四进五 马5进3 黑胜。

第208局

辽宁邱冬（红先胜）广东孙本诗

（2000年12月14日弈于丹东）

中炮七路马对屏风马

1. 炮二平五 马8进7
2. 马二进三 车9平8
3. 车一平二 卒7进1
4. 兵七进一 马2进3

5. 马八进七　炮 2 进 4　　**6.** 兵三进一　……

本局是第 12 届“棋友杯”全国象棋大奖赛中的一场激战。中炮七路马对屏风马右炮过河，红方冲三兵先弃后取，挑起争斗。如改走车二进四则比较稳健。又如改走兵五进一，炮 8 进 4，则成双炮过河变例。

6. ……　卒 7 进 1　　**7.** 车二进六　卒 7 进 1

如改走马 7 进 6，车二退一，马 6 退 7（如马 6 进 7，红炮五退一），车二平三，红优。又如炮 8 平 9，车二平三，车 8 进 2，车三退二，红优。

8. 车二平三　卒 7 进 1　　**9.** 马七进六　炮 2 平 9

10. 炮八平三　炮 8 进 7　　**11.** 炮三进五　车 1 平 2

局面迅速形成对攻场景。黑方出右直车是一种选择，也可走车 8 进 6，具体变化可参阅前面第 183 局。

12. 马六进五　……

踏卒强攻中路，改走车九进一也是选项。

12. ……　象 3 进 5

13. 马五进七　车 2 进 8

14. 车九进二　炮 9 进 3

15. 车九平六（图 229）　士 4 进 5?

黑方弃马反击，旨在一搏。同样补士，应该走士 6 进 5，避免将门被控，以利攻守。

16. 炮五平二　炮 8 平 6

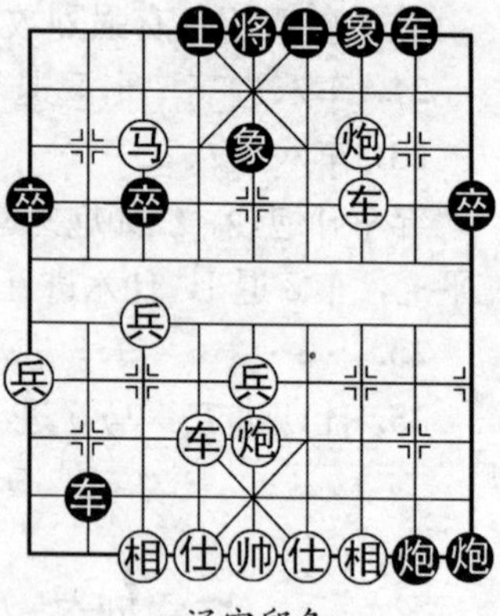

如改走车 2 平 6，仕六进五，炮 8 平 6，仕五退四，车 6 进 1，帅五进一，黑方无后续手段，红方多子胜势。

广东孙本诗

辽宁邱冬

图 229

17. 车三平一　炮 9 平 8　　**18.** 车一退六　车 2 平 7

19. 炮二平三　车 7 平 8　　**20.** 仕六进五　炮 6 退 1?

同样退炮，宜改走炮 6 退 7，尚可一战。

21. 仕五退四 炮 6 平 1?（图 230）

开炮贪攻不当，由此一蹶不振。应改走后车进 3，对峙中还有机会。

22. 车一平二！……

弃车杀炮，好棋。就此“一边倒”。

22. …… 前车进 1

23. 前炮退一！士 5 进 4

退炮伏平中杀局，弃车后的连接手，妙。黑如后车进 3，炮三平五，后车平 5，马七退五，红方多子胜定。

24. 车六进五 士 6 进 5

25. 车六进一 ……

进车催杀。下面：后车进 3，前炮平五，将 5 平 6，炮三平四，前车平 7，炮五平四，将 6 平 5，车六平五，红胜。

广东孙本诗

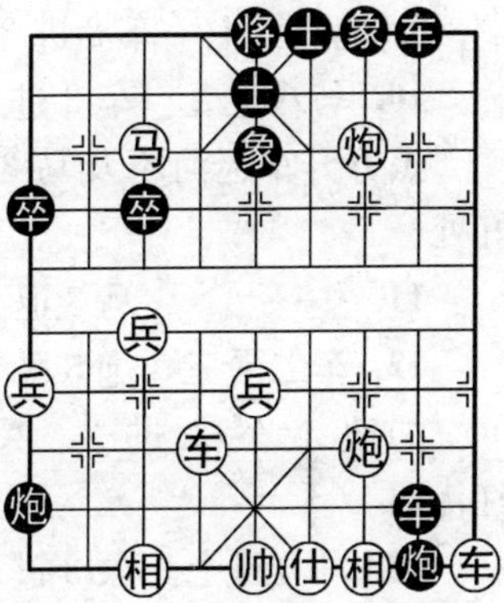

辽宁邱冬

图 230

第 209 局

上海孙勇征（红先胜）澳门李锦欢

（2001 年 3 月 6 日弈于乐山）

顺炮直车对缓开车

1. 炮二平五 炮 8 平 5 **2.** 马二进三 马 8 进 7

3. 车一平二 马 2 进 3 **4.** 兵七进一 炮 2 平 1

5. 马八进九 车 1 平 2

本局弈自 2001 年全国团体赛。斗顺炮，黑方缓开车先启动右翼，为不少棋手所喜用。红方跳边马，保留使用五七炮余地，改走马八进七则另有变化。黑如改走炮 1 进 4，车九平八，炮 1 平 7，炮八平七，象 3 进 1，车八进六，红优。

6. 车九平八 车 9 进 1 **7.** 车二进六 车 2 进 6?

黑方过河车空棋，应走车 9 平 4。红如车二平三，炮 5 退 1，黑方对抗。

8. 炮八平七　车 2 进 3　**9.** 马九退八　车 9 平 2

10. 马八进九　车 2 进 3　**11.** 炮七进四　……

黑方升车巡河不及马 3 退 5 先避一手。红炮轰卒压马，恰到好处。

11. ……　　马 3 退 5

12. 车二平三　炮 5 平 3（图 231）

如改走车 2 进 3，兵三进一，红优。

13. 马九进七！象 3 进 5

14. 马七进五！卒 5 进 1

15. 兵七进一！炮 3 进 2

16. 马五退七！车 2 进 2

17. 炮五进三！……

红方发力：跃马、冲兵、退马、轰炮、镇中，顷刻攻势如潮、着法漂亮。黑方由此陷入困境。

澳门李锦欢

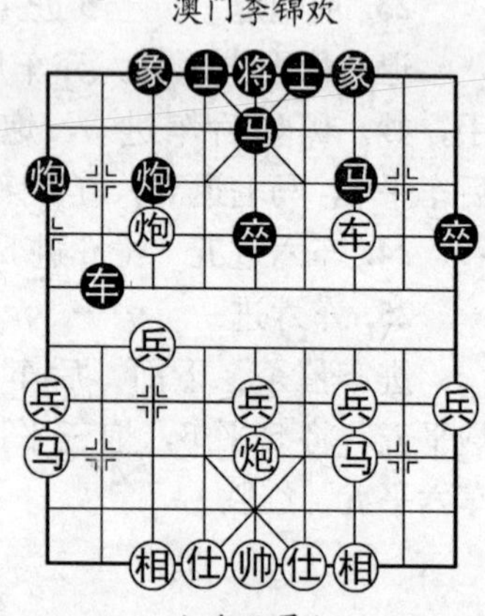

上海孙勇征

图 231

17. ……　　炮 3 进 5　**18.** 炮七退六　车 2 平 3

19. 相三进五　炮 1 平 2　**20.** 兵五进一！……

冲兵通马，奠定胜势，佳着。

20. ……　　车 3 退 2　**21.** 马三进五　炮 2 进 2

22. 马五进七　炮 2 平 5　**23.** 炮七进五　炮 5 进 3

24. 炮七平五　……

夺车强兑炮，又有杀势，红胜。

第 210 局

福建朱小虎（红先胜）四川吴优

（2001 年 3 月 7 日弈于乐山）

五七炮对屏风马

1. 炮二平五　马 8 进 7　**2.** 马二进三　车 9 平 8

3. 车一平二　马 2 进 3　**4.** 马八进九　卒 7 进 1

5. 炮八平七　车 1 平 2　**6.** 车九平八　炮 2 进 4

7. 车二进四　炮 8 平 9　**8.** 车二平四　象 3 进 5

本局弈自 2001 年全国团体赛。五七炮双直车对屏风马右炮封车，黑方飞象固中，也可改走车 8 进 1。

9. 兵九进一　炮 9 退 1

退炮准备右移联结，亦可改走炮 2 退 2。

10. 马九进八　炮 9 平 2

11. 车八进一（图 232）　前炮平 5?

红方抬左横车、弃车抢攻，佳着。黑炮轰兵接受挑战，属审局不清，落入被动，失着。应改走车 8 进 1。

四川吴优

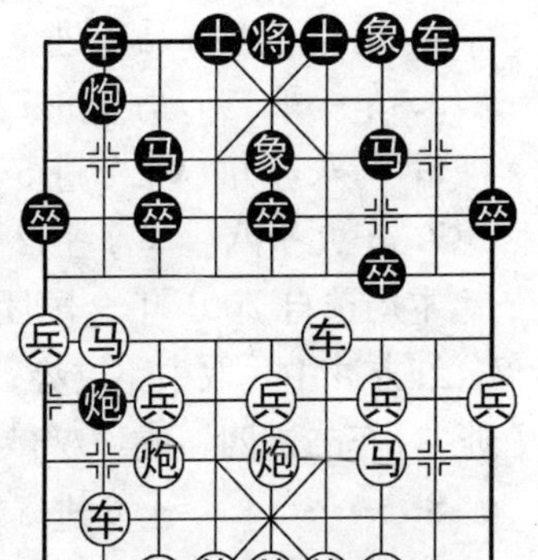

福建朱小虎

图 232

12. 马三进五！炮 2 进 7

13. 马五进六　车 2 进 4?

同样动车应改走车 2 进 1 守护内线。另如马 3 退 1，车四进四，黑难应付。

14. 车四进四！马 7 进 6

车攻象腰，凶狠无比。黑方弃马无奈。

15. 车四退三　车 8 进 1　**16.** 车四退一　马 3 退 1

17. 炮七平八　车 2 平 3　**18.** 炮五平七　炮 2 退 3

19. 炮七进三　炮 2 退 1　**20.** 马六进七！……

攻中夺车，反以多子超出，红方优势无疑。现在进马巧弃巧攻，妙。

20. ……　象 5 进 3　**21.** 马七退五　车 8 进 2
22. 炮八平五　象 3 退 5　**23.** 马五进三　炮 2 平 5
24. 炮五进五！……

车马炮紧攻成杀局，红胜。

第 211 局

云南杨孝鹏（红先胜）四川陈慈端

（2001 年 3 月 9 日弈于乐山）

五七炮对反宫马

1. 炮二平五　马 2 进 3　**2.** 马二进三　炮 8 平 6
3. 车一平二　马 8 进 7　**4.** 兵三进一　卒 3 进 1
5. 马八进九　象 7 进 5　**6.** 炮八平七　炮 2 进 4
7. 车九平八　车 1 平 2　**8.** 兵五进一　……

本局选自 2001 年全国团体赛。五七炮进三兵对反宫马右炮封车，红方冲中兵取中路攻势。如兵七进一，卒 3 进 1，兵三进一，卒 7 进 1，车二进四，成“双弃兵”变例。另外亦可改走兵九进一。

8. ……　士 6 进 5　**9.** 兵七进一　……

弃七兵抢先，积极。

9. ……　卒 3 进 1　**10.** 车二进三　炮 2 退 1
11. 兵五进一　卒 5 进 1　**12.** 马三进五　……

再弃中兵，右马盘头而出，着法可圈可点。

12. ……　马 3 进 5　**13.** 马五进七　炮 6 进 3
14. 马七进六　炮 6 退 4？

红马攻卧槽，直截了当。黑方退炮失算，由此跌入困境。应改走士 5 进 4 顶马，尚无大碍。

15. 车二平四！ 车9进1（图233）

16. 炮七进六！ ……

进炮欺炮，精妙。黑方能看不能吃，非常尴尬。

16. …… 炮2平5 **17.** 炮五进三 车2进9

18. 马九退八 士5进6

弃士无奈，无好办法脱困，但无济于事。

19. 车四进四 炮6退1 **20.** 车四平三 ……

攻中夺马，势不可当。

20. …… 车9平4 **21.** 车三平五 士4进5

22. 炮七平五！（图234）……

四川陈慈端

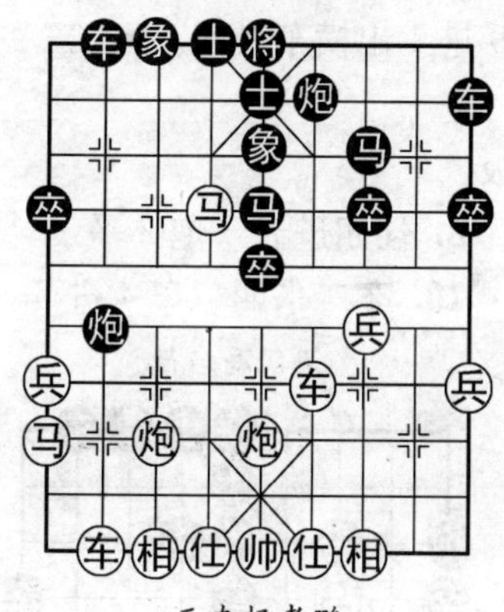

云南杨孝鹏

图 233

四川陈慈端

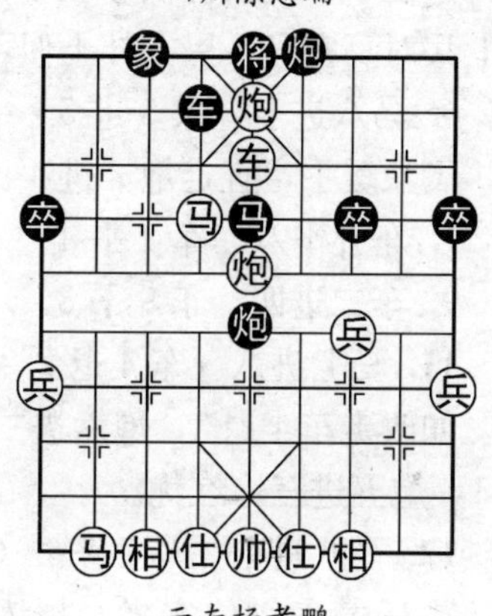

云南杨孝鹏

图 234

轰士刁、凶、准、妙，好看。

22. …… 马5进7 **23.** 车五平六！ ……

兑车叫将攻杀，又是妙。

23. …… 将5进1 **24.** 车六进一 将5平4

25. 炮五平六 红胜。

第212局

浙江赵鑫鑫（红先胜）澳门冯启行

（2001年3月11日弈于乐山）

五六炮进七兵对反宫马

1. 炮二平五　马2进3　**2.** 马二进三　炮8平6

3. 车一平二　马8进7　**4.** 兵七进一　卒7进1

5. 炮八平六　士4进5

这是浙、澳两位棋手在2001年全国团体赛上的对局。五六炮进七兵对反宫马，黑方补士似不及车9进1出横车灵活。

6. 马八进七　象3进5

飞象缓手，宜走炮2进4比较积极。

7. 车九平八　车1平4　**8.** 仕四进五　炮2平1

9. 车二进四　车9平8　**10.** 车二平四　车4进6

11. 马七进八　车4退2

如改走车4退3，炮六进二，卒5进1，炮五进三，红优。

12. 马八进七　马7进6？（图235）

澳门冯启行

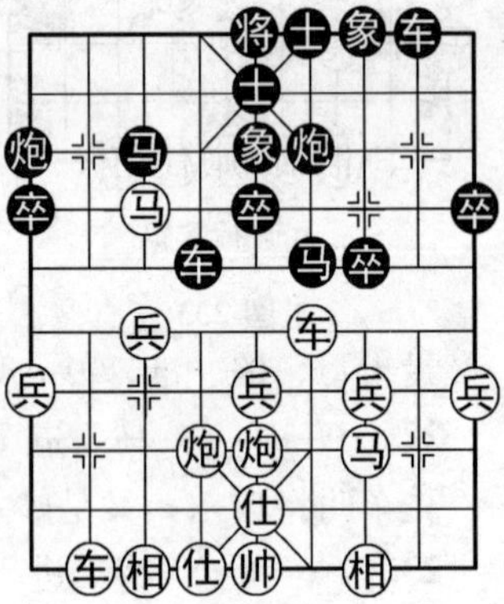

浙江赵鑫鑫

图 235

跳马轰车似佳实劣，授人以隙，失算。应改走炮1进4。

13. 车四进一！……

看准时机，弃车杀马抢攻，好棋。

13. ……　车4平6

14. 马七进九　士5退4

一车换双，马踩边炮窥卧槽，厉害。黑如改走车6平4（如炮6退1，红车八进七，象5退3，车八平七，象3进1，炮五进四，士5进6，车七平五，将5平4，炮五退二，红胜），马九进七，车4退3，车八进九，士5退4，车八平六，将5进1，车六平四，红优。

15. 马九进七　将5进1　**16.** 车八进六　车8进3

17. 炮六进四！车8进2　**18.** 炮六平九！……

炮攻两步，扩大攻势，佳着。

18. ……　车8平3　**19.** 炮五进四！将5平6

再轰中炮，凶狠。黑如马3进5，炮九进二杀。

20. 相三进五　车3平4　**21.** 炮五平二　车4退4

22. 车八平三　将6平5　**23.** 炮二进二　……

左右开弓，锐不可当。

23. ……　车4进4　**24.** 车三进二　炮6退1

25. 炮九平二　……

下面：车6退2，前炮平四，车6退1，炮二进二，车4平6，兵三进一！车6退1，马三进二，红胜。

第213局

吉林陶汉明（红先胜）上海胡荣华

（2001年3月28日弈于桂林）

五七炮进三兵对反宫马

1. 炮二平五　马2进3　**2.** 马二进三　炮8平6

3. 车一平二　马8进7　**4.** 兵三进一　卒3进1

5. 马八进九　象7进5　**6.** 炮八平七　车1平2

7. 车九平八　炮2进4　**8.** 兵五进一　士6进5

9. 兵九进一　……

本局弈自第12届“银荔杯”象棋争霸赛，两位特级大师较量的一盘快棋。五七炮进三兵对反宫马右炮封车，红方从中路发起进攻，现在挺边兵活马，稳健。亦可改走兵七进一弃兵抢先，具体变化可参阅第211局。

9. ……　车9平6　**10.** 炮五平四　车6平7

红方卸炮轰车，如车二进六，炮6进4，黑方反抢先手。黑方避车平稳，如改走炮6进7，相三进五，炮6平4，帅五平六，弃炮换双仕，但无后续手段，红方易走。另外笔者建议此时可改走车6平8兑车，黑方不亏。

11. 相三进五　马3进4　**12.** 车八进一　车2进2

13. 车二进六　炮2平1?

平炮兑车嫌软。可炮6进4（如卒3进1，炮七进二），红如车九平六，马4进5，黑方抗衡。

14. 车八进六　炮6平2

15. 仕四进五　车7平6

16. 马三进二　车6进5

17. 马二进三　车6平5

18. 车二退一（图236）　车5平4?

上海胡荣华

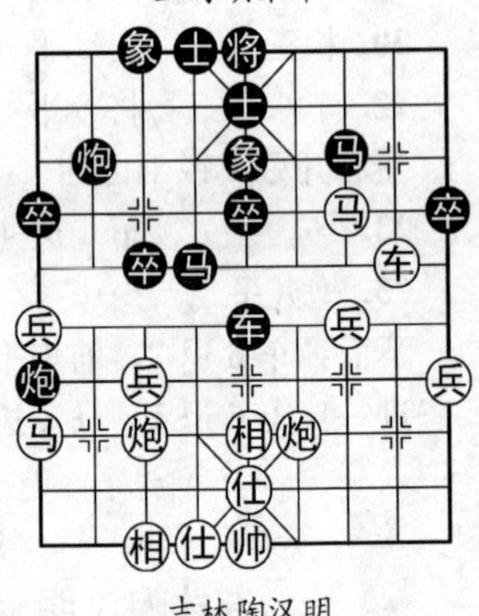

吉林陶汉明

图236

平车失误，授人以隙，由此被动挨打，应改走马4进5，无大碍。

19. 兵七进一！……

冲兵伏退车攻炮，打开局面的好棋。

19. ……　卒3进1　**20.** 车二退二　炮1平4

21. 炮七平六　炮4平3　**22.** 炮六进三　车4退1

23. 相五进七　炮3进1

一阵拼抢兑子，局面简化。红方盯住黑炮，优势在握。黑如改走炮3平4，炮四平六，红方夺子。

24. 马九进八　炮3进1

如改走炮3平2，相七退五，车4平6，马八进七，前炮退4，马七退六，红优。

25. 马八进九　……

下面：车4进1，马三进一，车4平6，马一进三，车6退4，车二进六，士5退6，车二平四，将5进1，车四平六，车6平7，相七退九，炮2进1，车六退三，将5退1，车六平八，红方胜定。

第214局

火车头金波（红先胜）上海林宏敏

（2001年4月19日弈于北京）

顺炮直车对横车

1. 炮二平五　炮8平5　　**2.** 马二进三　马8进7
3. 车一平二　车9进1　　**4.** 马八进七　车9平4
5. 兵三进一　马2进3　　**6.** 兵七进一　车1进1
7. 相七进九　车4进5

本局是BGN世界象棋挑战赛中的一场交战。斗顺炮，演成直车两头蛇对双横车阵势，红方飞边相通车，是以逸待劳的走法，改走马三进四或车二进五则另有变化。黑方车占兵林，对抗性的选择，也可改走卒1进1通边车。

8. 仕六进五　车4平3　　**9.** 车九平七　车1平6
10. 炮八进二　车6进5

如改走车6进3，马三进四，车6平2，炮八进三，炮5平2，炮五平四，车3平2，车二进六，红方先手。

11. 马三进二　车6平7　　**12.** 马二进三　卒3进1?

挺卒自造缺口，为红方进攻制造了通道，失先。应改走炮5平6。

13. 兵七进一　车7退1　　**14.** 马三进五　象3进5
15. 炮八平七　马3退5　　**16.** 炮五平四　车7进1?

同样动车，应改走车7平6较好。

17. 车二进四　炮2进3
18. 车二进四　炮2进1（图237）

如改走炮2退4，炮四进六，炮2进1，兵七进一，红优。

19. 炮七平八！车3退2
20. 车七平六！……

闪炮弃兵，弃马亮车，形成侧攻之势，好棋。

20. …… 车3退4

21. 车六进三 炮2进2

22. 车六进五！ ……

赶黑炮，侵象腰，再接再厉，走得紧凑。

22. …… 车7退2

23. 马七进六！ 炮2进1

24. 炮四平七 车3平2

25. 车二平四！ ……

上海林宏敏

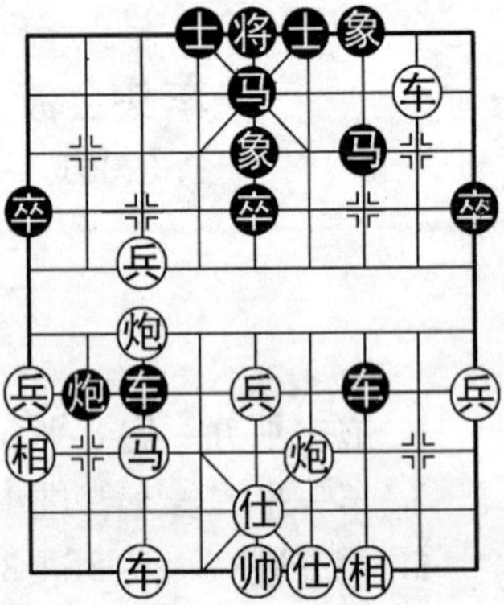

火车头金波

图237

双车扼喉，下面：车7平3，炮八平七，车3平8，马六进七，马7进6，马七进九，车2平1，马九进七，红胜。

第215局

广东许银川（红先胜）黑龙江聂铁文

（2001年4月21日弈于北京）

中炮进三兵对半途列炮

1. 炮二平五 马8进7　**2.** 马二进三 车9平8

3. 车一平二 炮8进4　**4.** 兵三进一 炮2平5

5. 炮八进五 ……

这是BGN世界象棋挑战赛中的一盘较量。中炮进三兵对半途列炮，红方进炮轰马，是一种简明的攻法。亦有兵七进一、马八进七、马三进四等多种选择。

5. …… 马2进3　**6.** 炮八平五 象7进5

7. 兵七进一 ……

挺七兵，形成两头蛇局形。也可改走马三进四，炮8进1，马八进七！红方弃子抢攻。

7. …… 车1平2 **8.** 马八进七 车2进4?

升车让红方有抢兑机会，失先。应改走炮8平7。

9. 车九平八！车2平8?

此时避兑造成右翼受攻，不可取。应车2进5兑车，保持局势的平稳。

10. 车八进七！马3退5

11. 马七进八！马5退7

12. 马八进七！士6进5

13. 炮五平七！（图238）……

车马炮联攻，迅速集结，形成泰山压顶之势，尽显功力。黑方已陷入困境。

黑龙江聂铁文

广东许银川

图238

13. …… 炮8平7

14. 马七进六！象3进1

15. 车八平九！前车平4

弃马杀象抢攻，凶狠。黑如改走前车进5，马三退二，车8进9，车九平五，后马进6，炮七平八，将5平6，炮八进七，将6进1，马六退五，红胜。

16. 车九平五 后马进6 **17.** 车二进九 马7退8

18. 炮七平八！……

杀双象，黑方阵线顷刻被突破。现在闪炮叫杀，厉害。

18. …… 车4平2 **19.** 炮八平九 炮7进3

20. 仕四进五 卒1进1 **21.** 马六退八！……

退马掩护红炮挺进，恰到好处。

21. …… 将5平6 **22.** 炮九进三 马8进9

23. 兵七进一 ……

大势已去，黑方认输。至此，全局结束，红方五兵齐全，堪可称奇。

第216局

上海万春林（红先胜）河北张江

（2001年6月8日弈于柳林）

顺炮直车对缓开车

1. 炮二平五　炮8平5　**2.** 马二进三　马8进7

3. 车一平二　卒7进1　**4.** 马八进七　马2进3

5. 兵七进一　……

本局弈自“柳林杯”第4届全国象棋大师冠军赛。顺炮直车对缓开车双跳正马，红方挺七兵活马，紧着。如改走炮八平九，车1平2，车九平八，卒3进1，车八进六，马3进4，黑方对抢先手。

5. ……　车9进1　**6.** 车二进四　车1进1

7. 车九进一　车9平4

形成直横车对双横车阵势，双方展开竞争。

8. 兵三进一　卒7进1　**9.** 车二平三　炮5退1

10. 马七进六　炮5平7　**11.** 车三平四　炮2进3?

红方跳马时就有诱黑炮来轰的意图，胸有成竹。黑方进炮正中红方下怀，计算疏失。应改走马7进8牵制反击。

12. 车九平四！士4进5

13. 前车进四！……

联车催杀，继而兑子抢攻，尽在掌控中，佳着。

13. ……　车4进4

14. 车四平三　车4平7（图239）

15. 兵七进一！炮2退4

弃兵抢攻，好棋。黑如改走卒3

河北张江

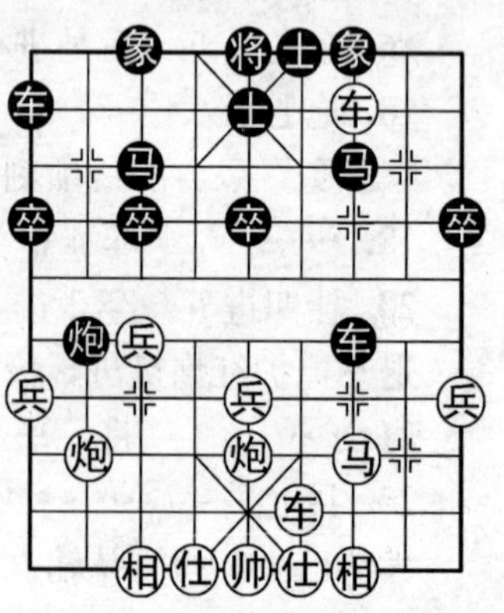

上海万春林

图239

进1，车四进三，车7平6，马三进四，马7进6，车三进一，马6进4，马四退六，卒3进1，炮五平二，红方占优。

16. 车三进一　象3进5　**17.** 车三平一　卒3进1

18. 车四进一！……

抬一步车，准备退炮攻击黑方左翼，似笨实佳。

18. ……　炮2进2　**19.** 炮五退一　车1平4

20. 炮五平三　车7平4　**21.** 仕四进五　马7进8

22. 车四进六！……

车攻象腰，凶。下面入局。

22. ……　炮2进3　**23.** 马三进四　象5进7

如马8进7，炮八平二，红胜。

24. 马四进二　炮2退4　**25.** 马二进三　……

进马连杀，红胜。

第217局

云南陈信安（红先胜）火车头梁文斌

（2001年6月9日弈于柳林）

飞相对中炮

1. 相三进五　炮8平5　**2.** 马八进七　马8进7

3. 炮二平四　车9平8　**4.** 马二进三　卒5进1

本局选自“柳林杯”第4届全国象棋大师冠军赛。飞相对中炮，走成反宫马对中炮阵势。黑方冲中卒强攻，改走马2进1则比较稳健。

5. 仕四进五　马7进5　**6.** 车九进一　卒5进1

再急冲中卒，虽然强硬但影响右翼大子的启动。可改走马2进3先结成连环马，以后再起右横车，阵形比较协调。

7. 兵五进一　车8进6　**8.** 炮八进一！马5进3

9. 兵七进一　马3进5　**10.** 炮四进一！……

双炮联动，兵林构筑防线，走得别致有新意。

10. …… 车8进1　**11.** 马三进五　炮5进4

12. 马七进五　炮2平5　**13.** 炮八进一　炮5进4

如改走马5进7，兵七进一，卒3进1，炮八平三，象7进9，马五进四，马7进8，炮三平五，红方占优。

14. 炮八平五　车8退2

15. 炮五进一　车8平5

16. 炮五退二　车5进1

17. 车一平四　马2进3

18. 车九平六（图240）　马3进5?

一系列兑子，局面简化，红方子畅较优。如图240，黑方跃马失着，应改走士4进5。红如车六进五，车5退3，求和有望。另如改走车5进1，车六进五（如车六进六，黑车5退5），车5退4，车六平五，马3进5，炮四平五，马5进4，车四进六，红方占优。

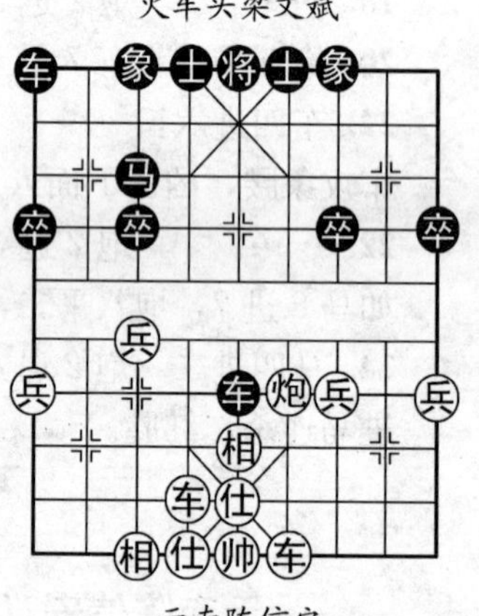

图240

19. 车六进五　士4进5　**20.** 炮四退二！象3进5

退炮伏撑仕打双，佳着。黑如马5进6，炮四进八，红破士兑子而占优。

21. 仕五进六　马5进6　**22.** 炮四进八！……

轰士兑子，突破缺口，好棋。

22. ……　马6进5　**23.** 相七进五　车5进1

24. 仕六退五　士5退6　**25.** 车四进八！……

车扼象腰立成杀局。下面着法为：车1平4，车六平四，士6进5，后车平三，象7进9，车三平二，象9退7，车二进三，士5退6，车二平三，红胜。

第218局

邮电潘振波（红先胜）吉林胡庆阳

（2001年6月11日弈于柳林）

对兵（卒）局

1. 兵七进一　卒7进1　　2. 炮二平三　炮2平5

3. 兵三进一！马2进3

这是“柳林杯”第4届全国象棋大师冠军赛中的一场激战。对兵（卒）开局，互探虚实，继而兵底炮对中炮，红方“弃中冲三兵”，挑起争斗，有胆魄。黑如炮5进4，兵三进一，象7进5，马八进七，炮5退1（如炮5退2，红兵三平四），兵三平四，炮8进4，炮八进二，黑方空心炮站不住脚，红方有过河兵，占先。

4. 兵三进一　马8进9　　5. 相七进五　车1平2

如改走炮5进4，仕六进五，车1平2，马八进六，炮5退1，马二进一，车2进6，车一平二，车9平8，兵一进一，红方先手。

6. 马二进一　车9平8　　7. 仕六进五　车2进6

8. 炮八平七　……

平炮牵制，正着。如马八进六，炮8进6，红马受攻。

8. ……　卒5进1　　9. 兵三平四　车2平5

10. 炮七进四　炮8进5

红炮轰卒窥象压马，紧凑。黑方进炮不及象3进1避一手。

11. 马八进七　车5平2　　12. 炮三进三！……

进炮窥卒抢先，佳着。

12. ……　卒5进1　　13. 兵四进一　炮5进2

14. 车九平八　……

兑车简化，减轻压力，扬己抑彼，聪明。

14. ……　车2进3　　15. 马七退八　马3退5

16. 兵四平五　马5进7

17. 兵五平四　马 7 进 8?（图 241）

跃马放弃中路，让红炮镇空心，后患无穷，失着。应改走象 7 进 5。

18. 炮七平五！马 8 进 7

19. 车一平二　象 3 进 1

20. 炮三进二！炮 5 进 3

进炮叫杀，好棋。黑方弃炮轰相以求一搏，实属无奈。如改走将 5 进 1，相五进三，马 7 进 6（如马 7 进 9，红相三退一），车二进一，红优。

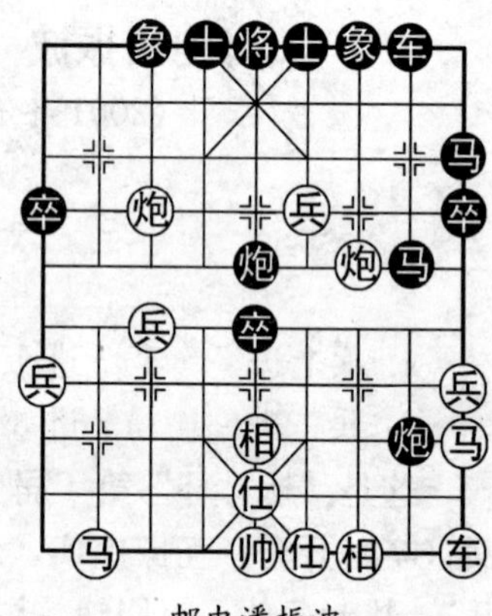

图 241

21. 相三进五　将 5 进 1

22. 相五进三！马 7 进 6

23. 车二进一　马 6 退 5

24. 相三退五　马 5 进 7　　**25.** 炮三平五　将 5 平 4

红方弃炮打将，凶。黑如将 5 进 1，车二平三，马 7 退 6，车三进六，将 5 退 1，炮五退一，车炮兵有凌厉杀势。下面：仕五进四！卒 5 平 4，车二平六，车 8 进 5，马八进七，红胜。

第 219 局

火车头才溢（红先胜）广东朱琮思

（2001 年 10 月 17 日弈于西安）

中炮进三兵对反宫马

1. 炮二平五　马 2 进 3　　**2.** 马二进三　炮 8 平 6

3. 兵三进一　卒 3 进 1　　**4.** 车一进一　象 3 进 5

5. 车一平七　……

这是两位年轻象棋大师在 2001 年全国个人赛中的角逐。中炮进三兵对反宫马（尚未定型），红方起横车左移，着法有新意，布局不落俗套，有创造性。

5. …… 炮2退2　　6. 马八进九 炮2平3
7. 车九平八 车1平2　　8. 兵九进一 马8进7

挺边兵活马又作观望等待，老练。黑方跳正马成反宫马局形，但此时改走马8进9，变阵为单提马也是可以考虑的。

9. 车七平四 士6进5　　10. 车四进五 车9进2
11. 车四平三 车2进4

进车似不及炮6退1灵活。

12. 马三进四 卒3进1

冲卒意在对抗，势在必行。否则红有炮五平三恶手。

13. 马四进五 马3进5
14. 炮五进四（图242） 炮6进5?
15. 炮八平五! ……

进肋炮被红方架中炮兑车顿时落空。宜改走车2平5。此时不能走卒3平4，否则红炮八平七，黑方丢车。又如卒3进1，炮八平三，红方占优。

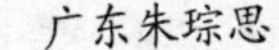
广东朱琮思

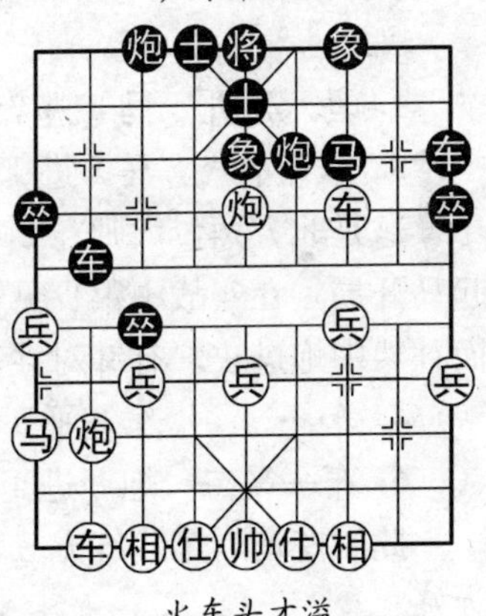
火车头才溢

图242

15. …… 车2平6

如车2进5，马九退八，炮6平7（如卒3进1，红兵五进一），车三平四，马7进5，炮五进四，红优。

16. 兵三进一 车6进2　　17. 前炮平八 车6平5
18. 仕六进五 炮6平1　　19. 相七进九 马7退6

兑子后，局面有所简化。现在退马软手，应卒3进1争取抗衡，虽处下风，但尚可周旋。

20. 兵七进一 车9平7　　21. 炮八进三 象5进7
22. 车三平七 象7退5　　23. 车八平六 ……

一气呵成杀局。下面：车7进7，车七进三！车5进1（如象5退3，车六进九），车七平六，红胜。

第 220 局

黑龙江张晓平（红先胜）火车头宋国强

（2001 年 10 月 18 日弈于西安）

边马对起马局

1. 马八进九　马 8 进 7　　**2.** 炮八平六　卒 1 进 1

3. 车九平八　马 2 进 1　　**4.** 炮二平五　……

这是北方两位大师在 2001 年全国个人赛中的较量。跳边马对起马开局，在实战中很少见，属冷门走法。红方鉴于黑方跳右边马而补架中炮进攻，有针对性。

4. ……　车 9 平 8　　**5.** 马二进三　车 1 平 2

6. 车一平二　炮 8 进 4

此时左炮封车让红方三兵一挺即掣肘，不如抢挺卒 7 进 1 活马为好。

7. 兵三进一　士 4 进 5　　**8.** 马三进四　炮 2 进 4

9. 仕四进五　炮 8 退 2　　**10.** 马四进五　炮 8 平 3

一个马踏中卒，一个平炮反击，双方顷刻引起争斗。

11. 车二进九　马 7 退 8　　**12.** 马五退七　卒 3 进 1

13. 兵五进一　炮 2 平 9　　**14.** 车八进九　马 1 退 2

15. 兵五进一　……

兑去双车，双方进入无车棋的角逐，这在短局中较为少见，可算珍贵。红方冲中兵，占有优先。

15. ……　象 3 进 5?

飞象嫌软，不如炮 9 平 1 抢兵。

16. 炮六进四　马 2 进 3?

跳马嫌缓，仍应改走炮 9 平 1。

17. 马九退七　炮 9 平 1

红方退马盘活边马，佳着。黑如卒 9 进 1，马七进六，红优。

18. 马七进八　炮 1 平 3

19. 马八进七　炮 3 平 5（图 243）

20. 帅五平四！……

出帅腾活中炮，好棋。

20. ……　　卒 7 进 1

21. 兵五进一　马 8 进 7

22. 兵三进一　象 5 进 7

如改走马 3 进 5，马七进五，马 7 进 5，炮五进四，成双炮兵仕相全对炮双卒士象全，红方有胜机。

火车头宋国强

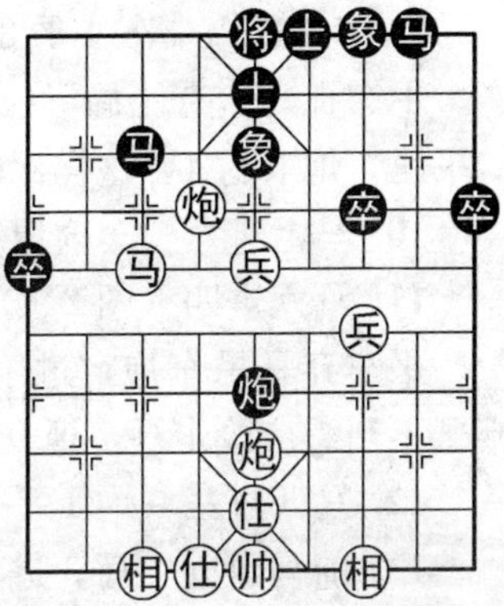

黑龙江张晓平

图 243

23. 兵五平四！马 3 退 2

24. 兵四平三　马 7 退 9？

同样退马，应马 7 退 8 比较顽强。

25. 马七进六　……

马后炮打将，下面：马 2 进 4，马六退四（退马正着，如炮六进二，将 5 平 4，红方难胜），马 4 进 2（如前面第 24 回合回底马，此时可走象 7 进 9，不致马上崩溃，因为后面可以有马 8 进 6 棋步），马四进三，将 5 平 4，炮六退三，红胜。

第 221 局

广东林进春（红先胜）湖北汪洋

（2001 年 10 月 19 日弈于西安）

顺炮直车对横车

1. 炮二平五　炮 8 平 5　　**2.** 马二进三　马 8 进 7

3. 车一平二　车 9 进 1　　**4.** 马八进七　车 9 平 4

5. 兵三进一　马 2 进 3　　**6.** 兵七进一　车 4 进 7

本局弈自 2001 年全国个人赛。斗顺炮，直车对横车双跳正马，黑方肋车进相腰旨在抢先，改走车 1 进 1 则成双横车变例。

7. 仕六进五　炮 2 平 1　**8.** 车九平八　车 1 进 1

9. 车二进六　车 4 平 3?

平车捉马，有嫌局形松散，有疑问，应改走车 1 平 6。红如车二平三，炮 5 退 1，这样比较正。

10. 马七进六　车 3 退 3

11. 马六进四（图 244）　车 3 平 2?

平车弃马吊车炮，过于轻易，属弃子不当。应改走马 7 退 9。

12. 马四进三　炮 1 平 2

13. 前马退五　马 3 进 5

14. 炮五进四　士 4 进 5

15. 相七进五　炮 2 进 5

16. 马三进二　……

红方炮攻中路，跃马后成车马炮联攻之势。黑方虽夺回一子，但车炮被拴，劣势不言而喻。

16. ……　车 1 平 4

17. 车二平三　车 4 进 5

湖北汪洋

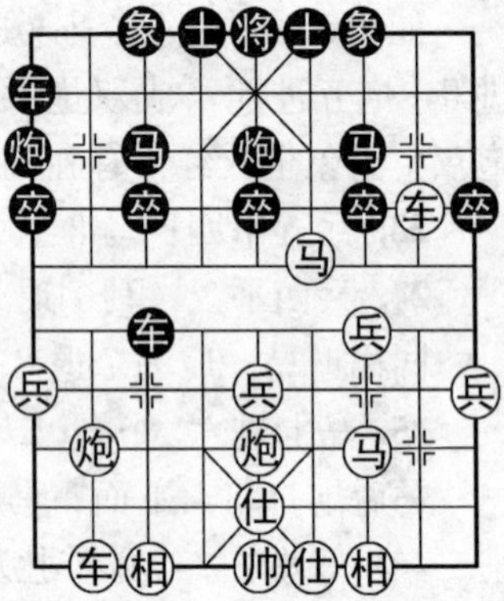

广东林进春

图 244

18. 炮五平一　车 4 平 5　**19.** 车三进三　……

杀底象，车马炮侧攻，势不可当。

19. ……　车 5 平 2　**20.** 车三退三　士 5 退 4

如改走炮 5 平 9，车三进一，炮 9 退 1，炮一平五，红方胜势。

21. 炮一进三　士 6 进 5　**22.** 车三进三　士 5 退 6

23. 马二进一　炮 2 平 1　**24.** 车八进三　车 2 进 1

25. 帅五平六　……

兑车出帅，黑方车双炮无后续手段。红方车马炮已成杀局，红胜。

第222局

山西霍羡勇（红先负）天津李智屏

（2001年10月22日弈于西安）

五七炮对屏风马

1. 炮二平五　马8进7　2. 马二进三　车9平8
3. 车一平二　马2进3　4. 马八进九　卒7进1
5. 炮八平七　车1平2　6. 车九平八　炮2进4
7. 车二进四　象3进5　8. 兵九进一　炮2退2

本局选自2001年全国个人赛。五七炮双直车对屏风马右炮封车飞右象，红方挺边兵活马，黑方退炮立河，严阵以待。

9. 车二平四　……

平车先避一手，平稳。也可改走兵七进一。

9. ……　马7进8　10. 兵三进一　炮8平7

11. 兵三进一？……

吃卒嫌急，应相三进一先飞一手边相，以免日后麻烦。

11. ……　马8进9！　12. 车四退二　……

黑马踏边兵，弃子抢攻，佳着。红如马三进一，炮7进7，仕四进五，炮7平9，黑方有攻势。

12. ……　车8进6　13. 车八进四？……

升车不妥，还是应该相三进一补一手。

13. ……　马9进8　14. 车四进五　炮7进5
15. 炮七平三　车8平7　16. 炮三平二？……

让炮不当，应改走车四退六尚无大碍。

16. ……　车7进1！　17. 车四平二　卒3进1！

18. 兵三平四（图245）　……

捉炮、挺卒，黑方及时反击，走得好。红方如改走兵三进一，卒3进1！车八平七，炮2平7，黑方有凌厉攻势。

18. ……　　马8进6!

弃马踩底仕，精妙冷着，令人不防。由此撕开缺口，一路雄风。

19. 帅五平四　车7进2

20. 帅四进一　车2进1

21. 车二退三　车2平7

双直联车攻双横联车，有趣。

22. 兵四平三　后车进3

23. 炮五退一　卒3进1!

弃卒攻车，凶蛮刁横，好棋。

24. 车二平七　马3进4!

25. 炮五进五　象5退3!

已成杀势，黑胜。

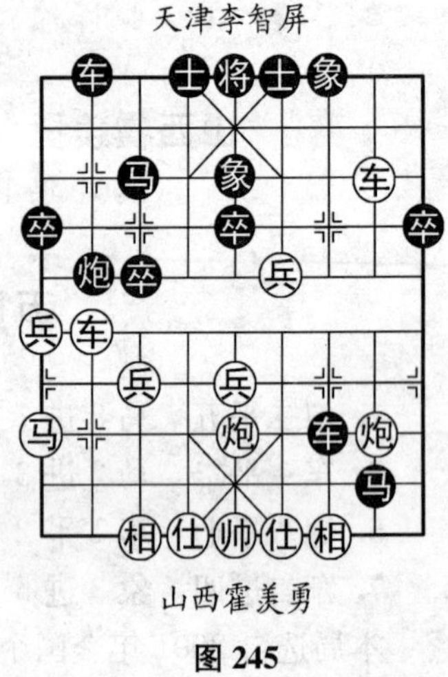

图245

第223局

辽宁卜凤波（红先负）上海胡荣华

（2001年10月22日弈于西安）

五七炮对屏风马

1. 炮二平五　马8进7　　**2.** 马二进三　车9平8

3. 车一平二　马2进3　　**4.** 马八进九　卒7进1

5. 炮八平七　车1平2　　**6.** 车九平八　炮2进2

7. 车二进六　马7进6　　**8.** 车八进四　象3进5

9. 车二平四　……

这是两位特级大师在2001年全国个人赛中的一场短兵相接。五七炮双直车对屏风马左马盘河，红方平车捉马是21世纪的流行走法，传统都是走兵九进一或炮七进四。

9. ……　　卒3进1　　**10.** 车八平二　……

黑亦可走马6进7，车四平二，马7退6，踏兵以后另有变化。

红方巡河车调向牵制，也可改走兵三进一兑卒活马。

10. …… 士 4 进 5 **11.** 兵七进一 卒 7 进 1

挺七兵攻马，挑起争端，但潜有风险，改走兵九进一比较稳健。黑方弃卒攻车，接受挑战，针锋相对，好棋。

12. 车二平三 车 2 平 4 **13.** 兵七进一？……

七兵强渡，张有过而驰不足，引起反弹，是一步疑问手，宜仕六进五补一手。

13. …… 马 6 进 4 **14.** 炮七进五 ……

如炮七退一（如炮七平六，黑马 4 进 2），炮 2 进 3，黑方有攻势。

14. …… 炮 8 平 3 **15.** 兵七平八 马 4 进 3

16. 马九退七 炮 3 进 6

先弃后取，反击得势。红方虽然多兵，但难以补偿受攻之损。

17. 仕四进五 车 4 进 8

18. 炮五进四（图 246） ……

如改走炮五平六，车 8 进 8，黑方攻势强烈。

18. …… 将 5 平 4

19. 车三平四 车 8 进 7

20. 后车退二 炮 3 平 5

21. 仕六进五 马 3 进 5

黑方出将、进车、轰仕，弃子攻杀，打开入局之门，走得漂亮。

22. 炮五平六 马 5 退 7

23. 炮六退四 车 8 进 1

24. 后车平五 车 8 平 7

25. 相三进一 车 7 平 8

黑胜。局终，红方五兵全在，有趣。

上海胡荣华

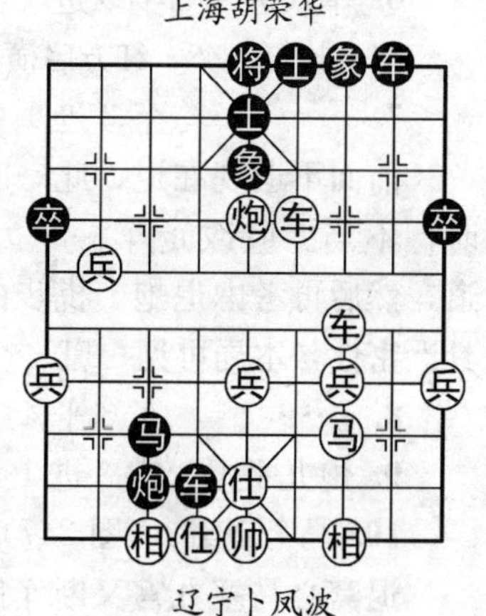

辽宁卜凤波

图 246

第 224 局

广东李鸿嘉（红先负）黑龙江赵国荣

（2001 年 10 月 24 日弈于西安）

当头炮对右三步虎

1. 炮二平五　马 2 进 3　　**2.** 马二进三　炮 2 平 1

3. 马八进七　车 1 平 2　　**4.** 车九平八　车 2 进 6

5. 炮八平九　车 2 平 3

这是 2001 年全国个人赛中，岭南小将与“东北虎”的一场较量。当头炮对右三步虎，黑方意在右侧迅速出动以带动全局。现在平车压马争取对抗，如车 2 进 3 兑车则相对平稳，但红方持先手。

6. 车八进二　卒 3 进 1　　**7.** 车一进一　……

黑方抢挺 3 卒，红方启横车缺乏针对性，嫌缓。宜改走炮九退一。

7. ……　卒 3 进 1　　**8.** 炮九退一　……

前面不退现在退，此一时非彼一时，不当。应改走车一平六封锁肋道，然后再考虑退炮。棋步的次序极具严密性，本局可见一斑。

8. ……　车 3 平 4

9. 炮九平七　卒 3 进 1

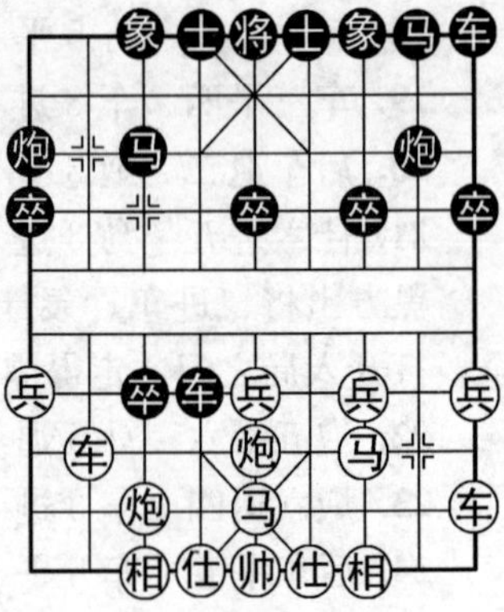

10. 马七退五？（图 247）……

退窝心马塞九宫又断车路，思考不周，由此造成严重后果，乃失败之根源。应改走车八进六，马 8 进 7，马七退九，尚可一战。

黑龙江赵国荣

广东李鸿嘉

图 247

10. ……　车 4 进 2！

车侵相腰，弃马抢攻，一着掀起千层浪，好棋。

11. 炮七进六　车 9 进 1！

启动横车，与前呼应，弃空头于不顾，大胆又凶狠。

12. 炮五进四　马8进7　**13.** 炮七平二　车9平4

14. 马五进六　前车退2　**15.** 仕四进五　马7进5

先弃后取，黑方反击成功，优势在握。

16. 车八进五　马5进3　**17.** 车八平七　马3进2

18. 炮二退三　后车平6　**19.** 炮二平七　炮1进4

20. 车一平二　车6进5　**21.** 车七退一　卒1进1

22. 相三进五　象3进5　**23.** 车二进三　炮1进2

大兵压境，下一步兑炮催杀，黑胜。

第225局

上海谢靖（红先和）湖北李雪松

（2001年10月25日弈于西安）

中炮过河车对屏风马高车保马

1. 炮二平五　马8进7　**2.** 马二进三　车9平8

3. 车一平二　卒7进1　**4.** 车二进六　马2进3

5. 兵七进一　象3进5　**6.** 马八进七　炮8平9

本局弈自2001年全国个人赛。中炮过河车对屏风马飞右象，现平炮兑车，如士4进5，车二平三，炮8进6（或炮2进4），成“弃马局”变例，双方对攻。

7. 车二平三　车8进2　**8.** 马七进六　车1进1

9. 炮八平六　炮2进4

五六炮攻高车保马，另有炮八进四、炮八平七、车九进一等多种攻法。黑炮过河牵制，由此引起竞争。

10. 马六进四　车1平6　**11.** 车九平八　炮2平3

如炮2平4，车八进三，车6进3，车八平六，士4进5，车六进三，红方先手。

12. 车八进三　车6进3　**13.** 车八平七　士4进5

14. 兵五进一 ……

双方见招拆招，无懈可击。现在冲中兵，组织中路攻势。如车七平八，卒3进1，红方无便宜。

14. …… 炮9退1

15. 兵五进一（图248） 车6进1

红方中路发力，黑车前进一步，巧于防守，正着，大有四两拨千斤之感。如贸然吃兵，红方有攻势。

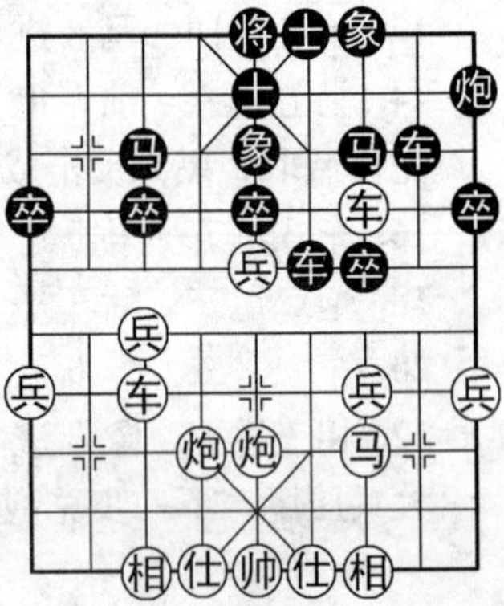

湖北李雪松

上海谢靖

图 248

16. 车三平一 车8进4

17. 车一平三 车8退4

18. 兵五进一 ……

如车三平一，车8进4，“二捉对一捉”，红方违例。

18. …… 马3进5　　**19.** 车七平五 炮9平7

20. 车三平一 车8进3　　**21.** 车一平五 ……

黑阵稳固，红方无法突破。现在用车吃马，先舍后取，简化局势。

21. …… 马7进5　　**22.** 兵三进一 车8平7

23. 马三进四 马5进6　　**24.** 车五平八 马6进5

25. 相三进五 车7进1 大兑子，和棋。

第226局

陕西张惠民（红先负）北京龚晓明

（2001年12月19日弈于厦门）

飞相局对士角炮

1. 相三进五 炮2平4　　**2.** 兵七进一 马2进1

3. 马八进七 车1平2　　**4.** 车九平八 车2进4

5. 炮八平九 车2平4

本局是“九天杯”第5届全国象棋大师冠军赛中的一盘对局。

飞相局对士角炮开局，斗散手，这在20世纪末一直比较流行。现在黑方避兑、车占右肋，保存主力，如车2进5兑车虽平稳但无趣。

6. 马二进三　卒7进1　**7.** 炮二平一　……

平炮呆板嫌软。可改走炮九进四，马8进7，兵九进一，红方多兵占先。

7. ……　马8进7　**8.** 车一平二　车9平8

9. 车二进六？炮4进1！

过河车对黑方构不成威胁，又站不住脚，有不适时宜的感觉。可改走兵九进一作等待观望。黑方抬炮赶车又保卒林双边卒，一举两得。

10. 车二退二　卒7进1！　**11.** 车二平三　马7进6！

12. 仕六进五？……

弃卒跃马抢先，紧凑有力。红方补仕有左右被隔断之感，不妥。应改走车八进一。

12. ……　象7进5

13. 兵七进一　卒3进1（图249）

14. 车八进六　……

如改走炮九进四，炮8进6，炮九平五，士4进5，红方右翼受攻。

14. ……　炮8进6！

炮攻下二路，乘虚而入，好棋。

北京龚晓明

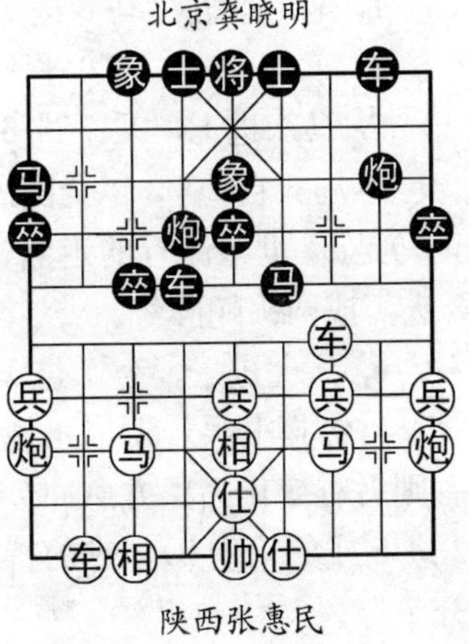

陕西张惠民

图249

15. 马七进八　车4进4

车攻相腰、拦宫扼喉，凶狠。

16. 炮一退一　马1退3　**17.** 车八进二　马6进4！

18. 相五退三　马4进2！

奔马直扑卧槽，弃马攻杀，妙。红方已难抵挡。

19. 车八平七　车8进4　**20.** 炮九平八　车4平3

21. 车七平六　……

如改走相七进五，车3退1，车七平六，车3平2，车六退二，车2进2，仕五退六，炮8平1，黑有凌厉攻势。

21. …… 车3进1　**22.** 仕五退六　马2进4

23. 帅五进一　车3平4　**24.** 帅五进一　车8进3

下面：车六退二，车8平7，帅五退一，马4退6，黑胜。

第227局

上海万春林（红先负）广东黄海林

（2002年4月3日弈于淄博）

中炮过河车对屏风马左马盘河

1. 炮二平五　马8进7　**2.** 马二进三　卒7进1

3. 车一平二　车9平8　**4.** 车二进六　马2进3

5. 马八进七　马7进6

本局弈自2002年全国团体赛。中炮过河车对屏风马，红方上正马是21世纪流行的走法，黑方左马盘河不落俗套，一般都走卒3进1成两头蛇阵势。

6. 兵七进一　卒7进1

红方挺七兵，形成正规过河车对左马盘河布局，如改走兵五进一则另有变化。黑方急冲7卒欺车是具有新意的走法（传统都走象3进5或象7进5），它的特点是反抗性强，刀剑相见，双方由此展开争夺。

7. 车二平四　马6进8　**8.** 兵三进一　……

吃卒是一种老式、惯性走法，实践效果不甚理想。后来出现马退窝心的新式攻法，举例如下：马三退五，卒7进1，马七进六，炮8平5，马五进七，炮2进4，车九进一，车8进4，马六进五，马3进5，炮五进四，士4进5，马七进八，车8平5，车九平六，红方占先。除此之外，红方另有两种着法，一并举出供参考：①炮五进四，马3进5，车四平五，炮2平5，兵三进一，炮8平7，马三退五，车1进1，黑方反先。②马七进六，卒7进1，车四平二，马8进7，兵七进一（如马六进五，马3进5，炮五进四，炮2进1！炮八平五，炮2平5，炮五进四，车1进2，黑方多子占优），卒3进1，炮八平七，炮2进1，车二退二，卒3进1，炮七进五，卒3平4，炮五进四，将5进1，车九平八，车1进2，车八进六，车1平3。红方得势，黑方多子多卒，各有顾忌。

8. …… 马8进7　**9.** 炮五进四 马3进5

10. 车四平五 士6进5！

补士保留双炮更大的活动余地，佳着。

11. 炮八平三 炮8进7！　**12.** 马七进六 炮2平6！

左炮沉底，右炮左肋（针对红宫双仕），迅速形成反击之势，好棋。

13. 车九进二？车8进8！

红方同样动车应改走车九进一，保护下二路。黑车抢占相腰，控制制高点，机灵又凶狠。

14. 相七进五？（图250）

炮6进5！

飞相随手，失着。应仕六进五。黑方肋炮宫角轰车，妙。

15. 相五退七 车8平6！

16. 车五平四 ……

红相飞后返回，毛病显而易见。黑方车炮攻仕，力在其中。红如改走仕六进五，炮6进2，仕五退四（如相七进五，黑车6退3），车6进1，帅五进一，车1平2，黑方胜势。

广东黄海林

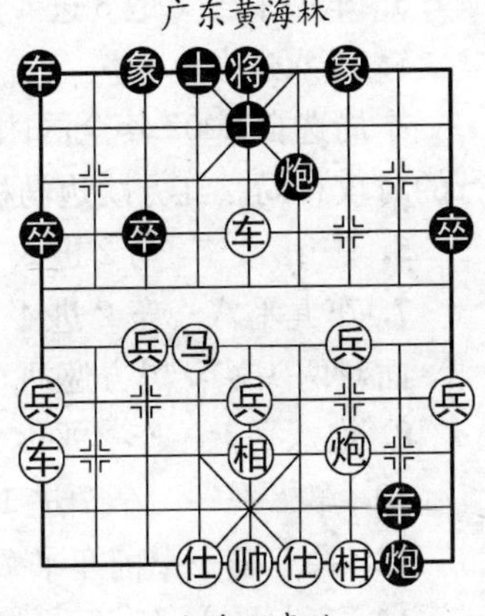

上海万春林

图250

16. …… 车6进1　**17.** 帅五进一 炮8退2！

双炮连环，巧躲追堵，妙。

18. 车九平六 炮6进1　**19.** 炮三退一 车1平2！

黑方右车开局后一直蛰伏未动，此时却是弃炮移车，“一动惊人”，锐不可当。

20. 车六平二　车2进8　**21.** 帅五进一　车6平5

22. 帅五平六　车5平4　**23.** 帅六平五　车2退1

下面：帅五退一，车2平8，黑方夺车又有杀势，红方认输。

第228局

甘肃焦明理（红先胜）解放军刘征

（2002年4月5日弈于淄博）

中炮进三兵对半途列炮

1. 炮二平五　马8进7　**2.** 马二进三　车9平8

3. 车一平二　炮8进4　**4.** 兵三进一　炮2平5

5. 马八进九　……

本局选自2002年全国团体赛。中炮进三兵对半途列炮，是流行的对攻布局。红方跳边马稳健，也可改走马八进七或兵七进一。

5. ……　马2进3　**6.** 兵七进一　车1平2

7. 车九平八　车2进4

面对两头蛇，黑方巡河车呼应左翼，亦可改走车2进5。

8. 炮八平七　车2平8　**9.** 车八进六　炮8平7

10. 车二平一　卒7进1　**11.** 车八平七　马3退5

12. 兵三进一　前车平7　**13.** 车七进二　象3进1

14. 车七平六　车7平2?

平车空着，失先，应改走车8进4。红如炮七平八，炮5平2，黑势无碍。

15. 仕六进五　车8进4（图251）

16. 炮七进一！车8平7

抬炮兑子抢攻，好棋。黑如改走炮7平3，马九进七，以后红马跃出、出帅助攻，黑难应付。

17. 炮七平三　车7进2　**18.** 帅五平六！车2退4

出帅叫杀，逼退黑车，由此控制局势。

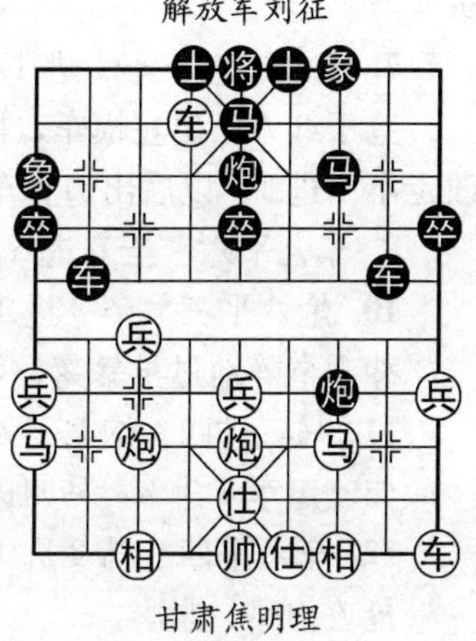

图 251

19. 车一进二　马 7 进 8?

跃马放弃中路，一蹶不振。不如改走炮 5 平 2 比较顽强。

20. 炮五进四　马 8 进 6

21. 炮五退一　马 6 退 7

另有两种应着：①马 6 进 7（如车 7 进 1，兵七进一，象 1 进 3，马九进七），兵七进一，车 7 平 5，车一平三，车 5 退 2，车三平六，红胜。②马6 退 5，炮五进二，象 7 进 5，马九进七，马 5 进 7，马七进五，车 7 平 6，马五进六，红方优势。

22. 炮五退一　炮 5 进 2　　**23.** 马三退一　……

退马通车，胜势也。

23. ……　象 7 进 5　　**24.** 车一平三　车 7 平 5

25. 车三进二　炮 5 平 1

下一手红马一进三捉车夺马，红胜。

第 229 局

火车头宋国强（红先胜）新疆李鸿嘉

（2002 年 4 月 6 日弈于淄博）

五八炮对屏风马

1. 炮二平五　马 8 进 7　　**2.** 马二进三　车 9 平 8

3. 车一平二　马 2 进 3　　**4.** 兵三进一　卒 3 进 1

5. 炮八进四　象 7 进 5　　**6.** 车二进六　马 3 进 2

本局出自 2002 年全国团体赛。五八炮缓跳马对屏风马左象，红方右车过河，左右联动，有新意。黑方跳外肋马，也可走马 3

进 4。

7. 车九进一　车 1 进 1

鉴于红方已出左横车，黑方跟着出右横车，出路似乎不宽，可改走卒 1 进 1，以后出边直车，可以干扰和牵制。

8. 车九平六　士 6 进 5　　**9.** 马八进九　车 1 平 3

10. 炮八平三　卒 3 进 1

冲 3 卒阵地过早暴露，可改走卒 1 进 1 作一等待。

11. 马三进四　炮 2 平 4

如改走车 3 进 3，马四进六，红方有踏卧槽攻势。

12. 车六进四　马 2 进 1　　**13.** 马四进五！……

抢攻中路，紧凑。

13. ……　　马 7 进 5

14. 炮五进四　车 8 平 6（图 252）

15. 兵五进一！……

冲中兵老练。如兵七进一，车 3 进 4，相三进五，车 3 平 6，黑阵得到巩固。

15. ……　　卒 3 进 1

16. 相七进五　卒 3 进 1

17. 仕六进五　卒 3 平 2

18. 炮三平九！……

弃马轰炮，双车双炮强攻，毫不手软，佳着。

新疆李鸿嘉

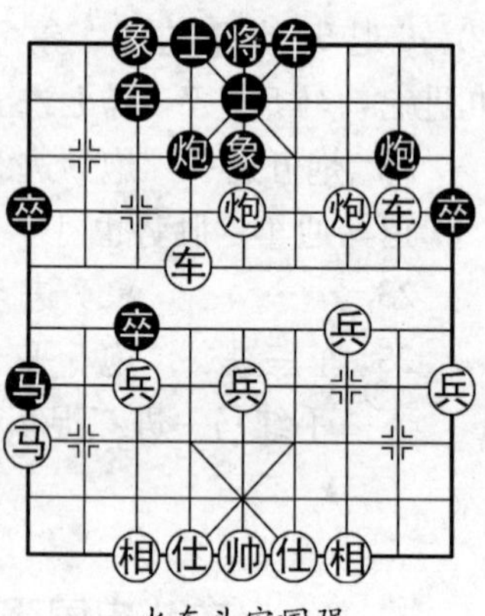

火车头宋国强

图 252

18. ……　　车 6 进 6　　**19.** 兵三进一　卒 2 平 1

20. 兵三平四　车 3 进 2　　**21.** 炮九进三　将 5 平 6

22. 车二平四　炮 8 平 6　　**23.** 兵五进一　……

双兵渡河，“铺天盖地”，形成 6 子联攻之势，厉害。

23. ……　　炮 4 平 2

如改走将 6 平 5，车四进一，车 3 平 5，兵五进一，炮 4 平 6，兵五进一，炮 6 平 9，车六进三，红胜。

24. 炮五进二！ 车3平6　　**25.** 车六进四！ ……

破士入局，下面为：将6进1，炮五平八，炮6进2，车六平四，将6平5，炮九退一，红胜。

第230局
湖北党斐（红先胜）安徽陆伟韬

（2002年4月7日弈于淄博）

中炮过河车对屏风马

1. 炮二平五　马8进7　　**2.** 马二进三　车9平8

3. 车一平二　马2进3　　**4.** 兵七进一　卒7进1

5. 车二进六　士4进5　　**6.** 马八进七　象3进5

7. 马七进六　车1平4？

这是2002年全国团体赛中的一盘对局。中炮过河车对屏风马，黑方上右士象，走成弃马局。红如车二平三，黑炮8进6（或炮2进4），将形成激烈的对攻场面。红方采用七路马打法，另有炮八平九、炮八进二、兵五进一等多种选择。黑方出贴身车难以遏制红方攻势。可改走炮2进3，马六进七，炮2进1，兵五进一，车1平4，这样黑方较易展开。

8. 炮八进二　卒3进1

红方巡河炮封锁沿河，有效控制黑车的活动，黑方挺卒必着。

9. 炮五平六　马3进4

如改走炮2进1（如车4平3，兵七进一，象5进3，炮八平七，红优），车二退二，炮2平4，炮六平七，卒3进1，炮七进五，车4进2，马六进四！马7进6，车二平七，红优。

10. 兵七进一　车4平3

如象5进3，兵三进一，卒7进1，炮八平三，红优。

11. 兵七平六　车3进5　　**12.** 马六退七　车3进2

13. 仕六进五　……

兑马后，局面有所简化，红方有过河兵的存在，优势不言而喻。

13. …… 炮 8 平 9

14. 车二平三 车 3 退 2

15. 炮八退三 炮 2 进 4

16. 兵三进一（图 253） 炮 9 进 4?

边炮弃马翻出，没有相应的回报，属弃子不慎，不当。应改走车 8 进 2，积极周旋待变为好。

17. 马三进一 炮 2 平 9

18. 炮八进八 车 3 平 2

如改走车 8 进 2，车九平八，卒 7 进 1，炮八平九，红有强烈攻势。

安徽陆伟韬

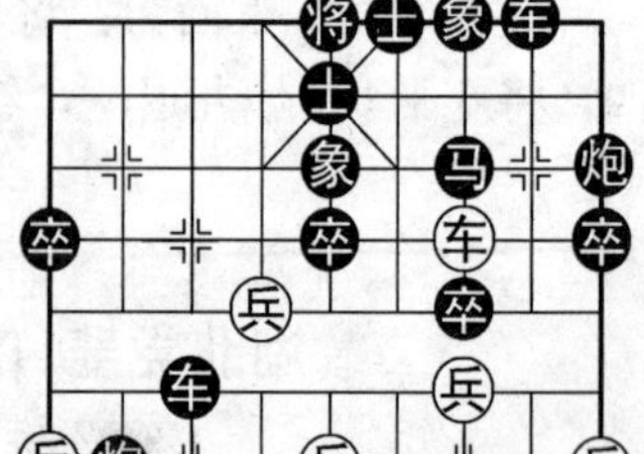

湖北党斐

图 253

19. 炮八平九 炮 9 进 3

20. 相七进五 车 8 进 8

21. 车九平七 车 2 进 3

22. 炮六退一 ……

下面：车 8 退 6，车七进九，士 5 退 4，车七平六，将 5 进 1，兵六平五，卒 5 进 1，车四平七，红胜。

第 231 局

湖南罗忠才（红先胜）辽宁金松

（2002 年 4 月 9 日弈于淄博）

中炮进七兵对半途列炮

1. 炮二平五 马 8 进 7

2. 马二进三 车 9 平 8

3. 兵七进一 卒 7 进 1

4. 马八进七 炮 2 平 5

本局选自 2002 年全国团体赛。中炮进七兵对半途列炮，双方对攻。黑如马 2 进 3 则成屏风马阵势。

5. 车一平二 炮 8 进 4

6. 仕四进五 马 2 进 3

7. 车九平八 车 1 进 1

出横车，避免雷同局式。如改走车1平2，炮八进四，士4进5，马七进六，炮8退3，双方对峙。

8. 马七进八　马7进6

红方跃外肋马不及跃内肋马变化多，黑方左马跟着跳，形成盘河对抢先手。

9. 马八进七　车1平8

联车目前没有必要，应该马6进7踩兵比较有力。

10. 炮八平七　炮5进4

如改走炮5平7，车八进五，炮8退2，车二进四，红方占先。

11. 车八进五　马6进4?（图254）

跃马失算，为红方所乘。应走前车平6。

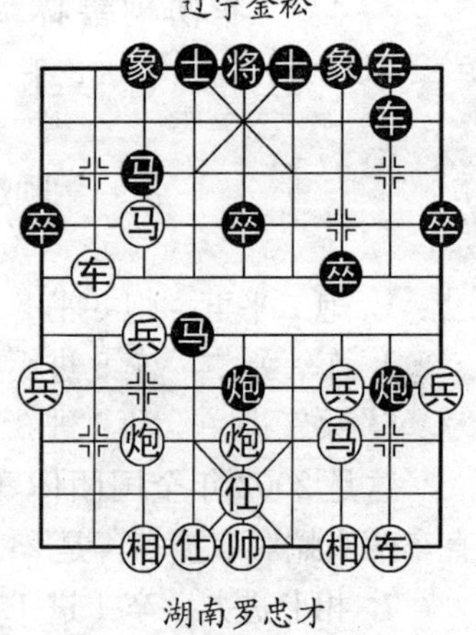

图 254

12. 车二进三！前车进5

弃车杀炮，抢攻佳着。黑如马4进5，车二进五，马5进7，帅五平四，车8进1，马三进五，红方多子胜势。

13. 马三进五　马4进3　　**14.** 马五进六　前马退5

如士6进5，马六进七，后车进3，车八平六，将5平6（如象7进5，红车六进三；如象3进5，红后马进九），车六平三，象7进5，车三平四，将6平5，炮五进五！象3进5，后马进五，士5进4（如士5进6，马五进七，将5平6，车四进二，红胜），马五进三，将5进1，帅五平四，红胜。

15. 马六退五　士6进5　　**16.** 马五进六　后车进2

17. 马六进八！后车平4　　**18.** 车八平四！……

左马窥卧槽，右车控将门，加上中炮坐镇，左中右一齐发力，黑难应付也。

18. ……　车8退4　　**19.** 马八进七　车4退1

20. 帅五平四　象7进5　　**21.** 马七进五！……

踏象立有杀局，红胜。

第232局

农协柯善林（红先胜）湖北李雪松

（2002年4月10日弈于淄博）

顺炮直车对横车

1. 炮二平五　炮8平5　**2.** 马二进三　马8进7
3. 车一平二　车9进1　**4.** 马八进七　车9平4
5. 兵三进一　马2进3　**6.** 兵七进一　车1进1

这是2002年全国团体赛中最后一轮中的一盘激战。斗顺炮，直车两头蛇对双横车，是21世纪流行的布局，非常有生命力。

7. 相七进九　卒1进1

红方飞边相，以逸待劳，属于后发制人战术。黑方挺边卒，意在打通边线而活动主力。

8. 仕六进五　卒1进1　**9.** 兵九进一　车1进4
10. 车二进五　炮5退1

红方骑河车封锁前沿，紧手，逼对手表态。黑方退炮似乎嫌缓，可改走炮2进4或象7进9较有针对性。

11. 炮八退一（图255）　卒7进1?

红方退炮欲打死车，黑方冲卒对捉，速度上有问题。应改走炮2进4，让边车活起来。

12. 车二平三　炮5平7
13. 炮八平九　……

“你轰我也轰”，区别在于：一个主动，一个被动，泾渭分明也。

湖北李雪松

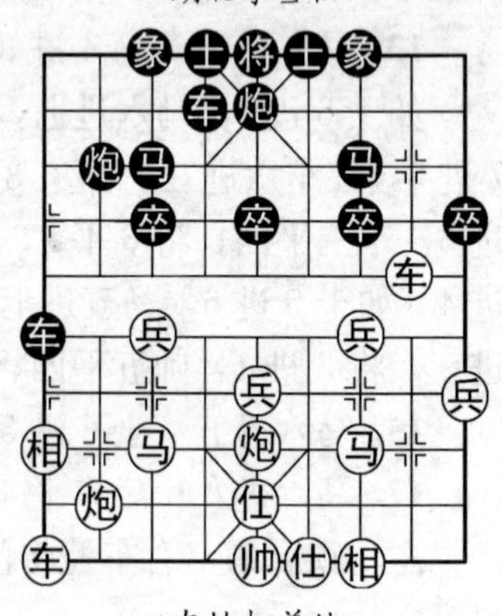

农协柯善林

图255

13. ……　炮7进3　**14.** 兵三进一　车4平1
15. 车九平八　炮2退2　**16.** 炮九进三　车1进4

17. 兵三进一 ……

兑子简化，红方过河兵直逼胁马，红方优势在握。

17. …… 马7退5 **18.** 马七进六 马5进4

19. 马六进四 卒5进1 **20.** 马四进二 ……

红方三步踏马，直指卧槽，厉害。下面入局。

20. …… 车1退4 **21.** 兵三进一 车1平6

22. 炮五进三 四面楚歌，黑方认输。

第233局

重庆杨剑（红先负）江苏陆峥嵘

（2002年11月8日弈于宜春）

飞相对起马

1. 相三进五 马2进3 **2.** 兵七进一 炮8平5

本局弈自2002年全国个人赛。飞相对起马开局，黑方继以架中炮取进攻态势。改走卒7进1，则斗散手。

3. 马八进七 马8进7 **4.** 马二进三 车9平8

5. 车一平二 车8进4 **6.** 炮二平一 ……

兑车虽平稳，但有嫌消极，可改走兵三进一，成两头蛇阵势，红阵开扬。

6. …… 车8进5 **7.** 马三退二 车1进1

8. 马二进三 卒5进1

成横车盘头马对屏风马局式，黑方从中路发起进攻，积极。

9. 兵三进一 车1平8 **10.** 马三进四 卒5进1

11. 兵五进一 马3进5 **12.** 马四进五 ……

如改走兵五进一，炮5进2，仕六进五，炮5进4，仕四进五，马5进6，黑优。

12. …… 马7进5 **13.** 炮八进一 ……

如炮八进二，卒7进1，黑方先手。

13. …… 车8进6（图256）

14. 炮八平五？……

平中炮兑子，失算，落入被动，属兑子不当。应改走炮一进四。

14. …… 车8平9

15. 炮五进三 炮5进3!

翻出中炮，留“空心”给红方，由此形成反击之势，妙。

16. 马七进五 炮2平8

如仕六进五，炮2平8，帅五平六，车9退1，黑方胜势。黑方开炮侧攻，恰到好处。

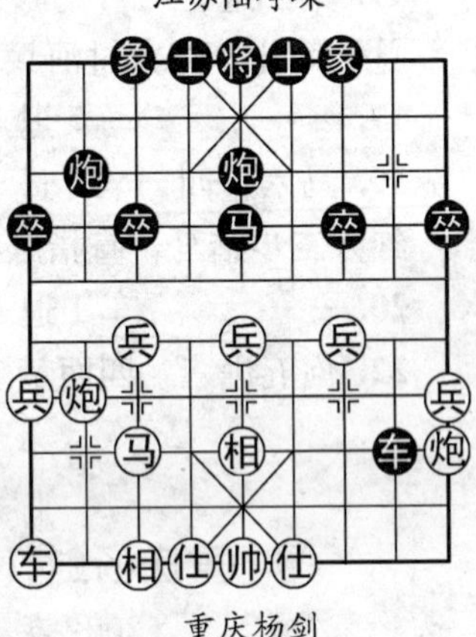

图256

17. 车九平八 炮8进7　18. 仕四进五 车9进2

19. 车八进五 炮8退6　20. 仕五退四 炮8平5

21. 车八平五 后炮退2!

下面：车五退一，象7进5，轰车夺马，黑胜。

第234局

浙江金海英（红先负）广东陈丽淳

（2002年11月8日弈于宜春）

中炮横车对反宫马

1. 炮二平五 马2进3　2. 马二进三 炮8平6

3. 车一进一 马8进7　4. 车一平四 ……

本局出自2002年全国女子个人赛。中炮横车对反宫马，红方右肋亮车，也可走兵七进一，卒7进1，马八进七，炮6进5，车一平七！红方先手。

4. …… 车9平8　5. 马八进七 士4进5

6. 车九进一 炮2进2　7. 兵七进一 象3进5

8. 车九平六 卒7进1!

开车嫌缓，失先。应改走车四进五压制黑马为好。黑方7卒一挺，全局皆活，佳着。

9. 车四进五 马7进8 **10.** 车四退一 ……

如改走车六平二，卒7进1，兵三进一，马8退6，车二进八，马6进7，黑方易走。

10. …… 卒3进1 **11.** 车四退一 卒3进1

12. 车四平七 马8进7 **13.** 马七进六? ……

此时跃马有疑问，易为黑方所乘。不如改走炮五平四，炮2退4，相三进五，炮2平3，车七平八，局势平稳。

13. …… 炮2退4! **14.** 马六进七 炮2平3!

退炮、平炮，对红方实行有效的牵制，好棋。

15. 车六进二 车1平2

16. 炮八平七（图257） 卒7进1!

17. 炮五退一 车8进8!

冲卒、压车，黑方迅速形成左右钳攻之势，走得漂亮。

广东陈丽淳

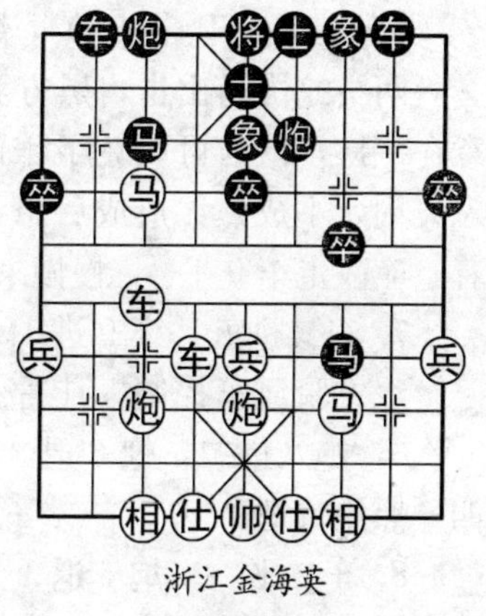

浙江金海英

图257

18. 兵五进一 炮6进1

19. 兵五进一 车2进3

20. 车七平三 车2平3

21. 炮七平六 ……

如炮七进五，车3平4，红方丢车。

21. …… 车3平4!

22. 炮五平六 车8平4

下面：车三退一，车4进3，车三平六，卒5进1，相七进九，炮6平2，黑胜。

第235局

辽宁卜凤波（红先胜）广东朱琮思

（2002年11月10日弈于宜春）

中炮快马对单提马横车

1. 炮二平五　马2进3　**2.** 马二进三　炮8平6

3. 兵三进一　车9进1　**4.** 车一平二　马8进9

这是年轻的象棋大师在2002年全国个人赛中挑战资深特级大师的一局棋。中炮进三兵对单提马横车，黑如马8进7则成反宫马。

5. 兵七进一　象3进5

6. 马三进四（图258）　炮6进7?

两头蛇快马出击，黑方弃炮轰仕意在一搏，以为可以兑子赚仕，但考虑欠周，不成熟，造成后患，不是正着。应改走车9平4，慢慢来。

广东朱琮思

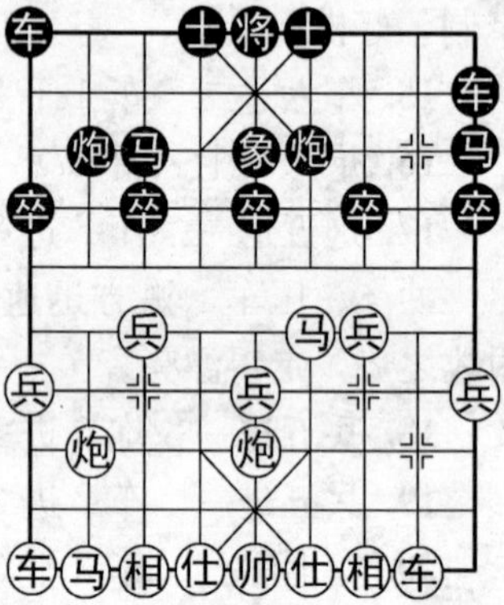

辽宁卜凤波

图258

7. 车二进五！卒9进1

红方骑河车控制，佳着。黑如车9平6，炮八进二，炮6退3，炮五平四，黑炮难逃。

8. 车二平一　炮6退1

如炮6退3，马八进七，红方占先。

9. 车九进一！……

兑子抢攻，不让黑方喘息，好棋。

9. ……　炮2进7　**10.** 车九平四　车1平2

11. 车四进一！……

抬车保炮，巧。

11. ……　卒7进1　**12.** 马四进六　车9平4

13. 马六进七　……

舍仕抢马，“有惊无险”，计算准确，有胆有识。

13. …… 车4进8 **14.** 帅五进一 车2进6

15. 炮五进四 士4进5 **16.** 车一平三 车2平4

如改走车2平5，炮八平五，车4平5，帅五平四，前车平6，帅四平五，车6退2，车三平八，车5退3，车八进四。

17. 炮八平六 炮2退6

18. 炮五退二 后车平5

19. 帅五平四 车5退1

20. 车三平四（图259） ……

红方先弃后取，双车马帅杀局，构思精巧。

20. …… 炮2退3

21. 马七进八 车5平4

如车5进4，前车进四，士5退6，车四进七，将5进1，马八退七，将5平4，车四平六，红胜。

22. 马八退七 后车退3

23. 炮六平五 ……

广东朱琮思

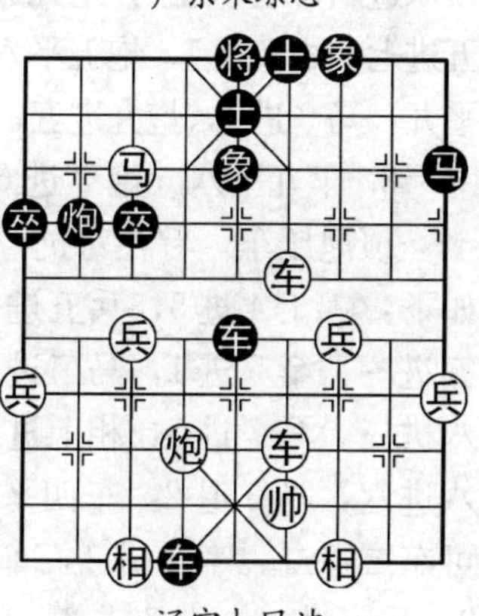

辽宁卜凤波

图259

下面：前车退1，帅四退一，前车进1，帅四进一，后车进6，炮五退一，红胜。

第236局

江苏张国凤（红先胜）河北胡明

（2003年4月4日弈于淄博）

中炮过河车对屏风马左马盘河

1. 炮二平五 马8进7 **2.** 马二进三 车9平8

3. 车一平二 卒7进1 **4.** 车二进六 马2进3

5. 兵七进一 马7进6 **6.** 马八进七 象3进5

7. 炮八平九　车1平2

这是两位巾帼高手在第2届“嘉周杯”特级大师冠军赛中的较量。中炮过河车对屏风马左马盘河，红方采用21世纪流行的五九炮打法，黑方出车连炮以逸待劳。如改走卒7进1，车二平四，马6进8，马三退五，卒7进1，车九平八，车1平2，马七进六，炮8平9，车八进六，士4进5，炮九进四，车8进4，炮九进一，车8平4，马五进七，炮2退1，炮五平六，车4平1，炮六退一，车1退2，炮六平九，马3进1，炮九进五，车2平4，炮九平七，红方占先。

8. 车九平八　炮2进6

顶炮压车，旨在对抗，以增大活动空间。另有三种着法，试演如下：①士4进5，兵五进一，卒7进1，车二平四，马6进7，兵五进一，卒5进1，马三进五，卒5进1，马五进三，炮8平7，车八进三，马7进5，相七进五，车8进4，炮九退一，炮2平1，车八进六，马3退2，车四平七，红优。②炮2进1，炮九进四（亦可车二退二，卒7进1，车二平三，炮8平7，车八进四，车8进8，兵五进一，炮7进2，马三进五，炮2进1，兵五进一，炮7平5，车三平四，马6退7，炮五进三，卒5进1，马五进六，马3进5，马七进五，车8退7，炮九平八，车8平4，炮八进三，卒5进1，车四平五，车4进3，炮八进一，车4进1，车五平六，马5进4，马五进六，红方多兵较好），卒7进1，车二退一，卒7进1，车二平四，卒7进1，车四平二，卒7平6，炮五平六！车8进1（如马3进1踩炮，炮六进四可追回失子，红先），炮九退二，红优。③卒7进1，车二退一，马6退7，车二进一，卒7进1，马三退五，炮8平9，车二平三，车8进2，马七进六，炮2退1，车三退三，炮2平7，车八进九，炮7进5，车八退二，车8进2，车八平七，马7进6，马六进四，炮9平3，马四退三！至此，红车换三后仍占优。

9. 兵五进一（图260）　卒7进1？

急冲中兵，意在中路寻找突破。黑方冲卒粗糙，失先。应改走士6进5固中，严阵以待为好。

10. 车二退五！ 炮2退2

避捉还捉，妙。让黑方落空丢卒，进而扩大先手。黑如改走卒7进1，兵五进一，卒7进1，兵五平四，卒7平6，车八进一，车2进8，车二平八，卒6平5，相七进五，炮8平9，车八进六，红方占优。

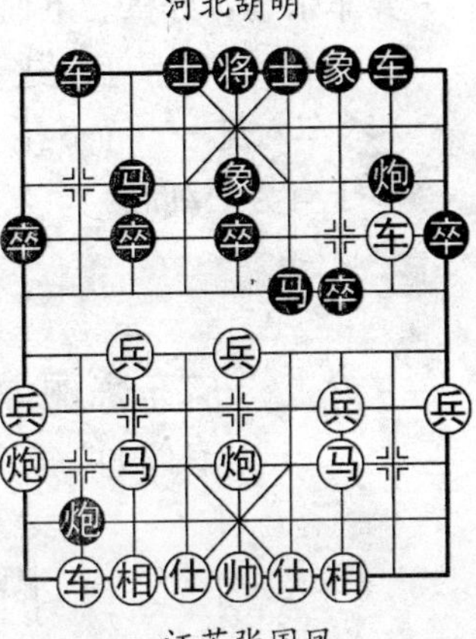

图 260

11. 兵三进一 炮8进4

12. 炮五进四 ……

抢中卒先弃后取，亦可改走兵五进一，卒5进1，马七进五，马6进5，炮五进三，士4进5，马三进五，车8进4，炮九平五。双炮镇中路又多兵，红方优势。

12. …… 马3进5

13. 兵五进一 马5退7

14. 兵五平四 马7进6（图261）

河北胡明

江苏张国凤

图 261

15. 马七进五！……

黑方两条线车炮都脱根，红方子畅多兵，优势在握。现在兑子抢攻，向前推进。

15. …… 马6进4

16. 车二平六 马4进6

17. 马五进四 士6进5

18. 马四进六 车2进1

19. 炮九平五 ……

马跃炮攻，迅速形成攻势。

19. …… 车8进2

20. 车六平四 马6进4

21. 车四平六 炮2平4

如改走炮2平5，马三进五，车2进8，马六进七，将5平6，炮五平四，车2退8，马五进四，马4退6，马四进三，红胜。

22. 车六进一！……

弃车杀马，好棋。下面攻杀入局。

22. ……　车2进8　23. 马六进七　将5平6
24. 车六进一　车8平6　25. 车六平二　……

多子有势，红胜。

第237局

广东陈丽淳（红先胜）安徽赵寅

（2003年4月19日弈于哈尔滨）

顺炮直车对横车

1. 炮二平五　炮8平5　2. 马二进三　车9进1
3. 车一平二　马8进7　4. 马八进七　车9平4
5. 兵三进一　马2进3　6. 兵七进一　车4进5

这是2003年全国女子团体赛中的一盘对局。斗顺炮，直车两头蛇对横车双跳正马，黑方进肋车先声叫板，改走车1进1则成双横车阵势。

7. 炮五平四　卒5进1

红方卸中炮成反宫马防守局形，稳健。也可改走相七进九。黑方冲中卒从中路发起进攻，有针对性。

8. 相七进五　马3进5　9. 仕六进五　卒3进1?

红方补整仕相，以逸待劳。黑方挺3卒，露出不明显的破绽，是一步疑问手。应改走车1进1，以后车调左侧，比较稳正。另如改走卒5进1，炮四进一，车4进2，兵五进一，炮5进3，炮八进四，红方占先。

10. 炮八进四！卒3进1

过河炮抢攻反击，看准战机出手，好棋。黑如卒7进1，兵三进一，马5进7，兵七进一，红方渡兵而占优。

11. 炮八平三　象7进9　12. 马三进四　卒5进1
13. 马四进五　马7进5　14. 车二进八！……

兑马为手段，车炮联动攻击黑方左翼，走得漂亮。

14. …… 马5退7

15. 车九平八 车1进2

16. 兵五进一 卒3进1

17. 马七退九 炮5退1?(图262)

退炮随手，由此招攻致败，劣着。应改走车4退3，不致崩溃。

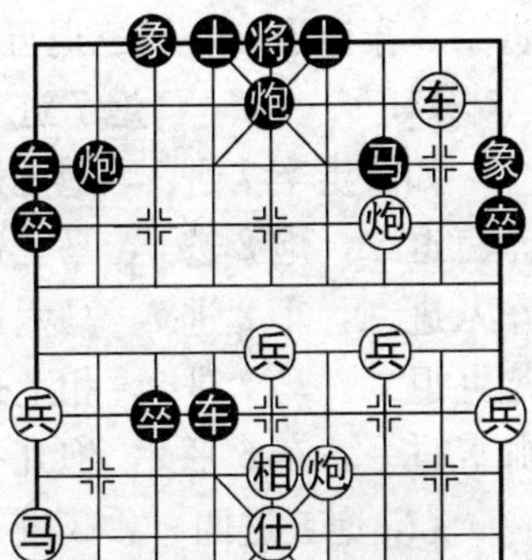

图 262

18. 炮四进五! ……

肋炮宫角轰车窥象，“一炮二响”，妙。

18. …… 炮2退1

19. 炮三平五 车1平5

20. 车八进八 马7进6

如改走车5进1，炮四平一，红胜。

21. 炮五平三 马6退7　22. 炮四平一 炮5进4

23. 炮一平五 象3进5　24. 车二平六 ……

夺车，再强兑车，红胜。

第238局

山西柳铁汉（红先负）天津徐健秒

（2003年4月24日弈于哈尔滨）

中炮过河车对屏风马平炮兑车

1. 炮二平五 马8进7　2. 马二进三 车9平8

3. 车一平二 马2进3　4. 兵七进一 卒7进1

5. 车二进六 炮8平9　6. 车二平三 炮9退1

7. 马八进七 士4进5　8. 炮八平九 炮9平7

9. 车三平四 马7进8　10. 车九平八 车1平2

11. 炮九进四 ……

本局弈自2003年全国团体赛。中炮过河车对屏风马平炮兑车，红方采用五九炮打法，边炮轰卒是一种选择，另有炮五进四、车四进二、车四退二、马三退五、车八进六等，均有丰富变化。

11. …… 炮7进5

如改走卒7进1，炮五进四，象3进5，车四平三，马8退9，车三退二，炮2进5，马三退五，卒3进1，马五进六，马3进5，车八进二，车2进7，马六退八，马5进7，车三平四，车8进3，炮九退二，马7进8，相七进五，马8进7，车四退三，车8平6，帅五进一，车6平2，炮九平八，红方多兵较好。

12. 炮五进四 象3进5

如改走象7进5，炮五退一，卒7进1，车四平二，车8进3，炮九平二，炮7进3，仕四进五，将5平4，车八进六，红方占先。

13. 炮五退一 卒7进1

冲卒欺车。如改走炮7进3，仕四进五，炮2进4，车四平二，车8进3，炮九平二，卒7进1，相七进五，卒7进1，马三退二，炮7退1，马七进六。相互牵扯，各有顾忌。

14. 车四平七 炮7进3 **15.** 仕四进五 马3退4

16. 车八进六 ……

可改走相七进五，炮7平9（如卒7进1，相五退三，卒7进1，车七平三，红优），炮九平一，炮9退6，车七平一，卒7进1，马三退四，红方多兵较优。

16. …… 卒7进1

17. 马三退二 ……

同样退马宜改走马三退一，炮7平9，车七平二，炮2平3，车二进三，车2进3，炮九进三，车2退3，炮九平六，将5平4，车二退四，炮3进5，车二退三，炮3平2，车二平六，将4平5，兵七进一，成对

天津徐健秒

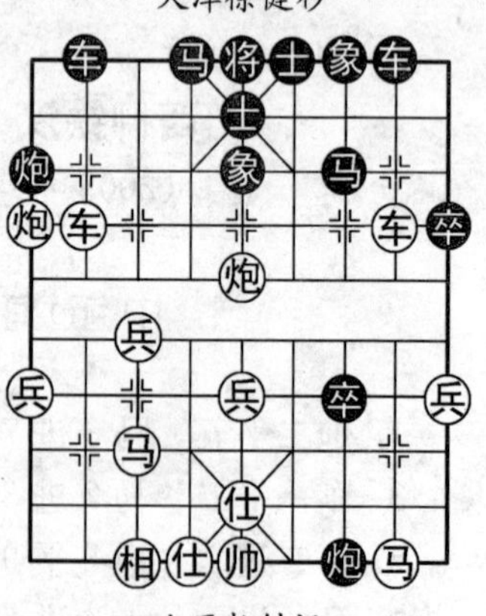

山西柳铁汉

图263

攻各有千秋之势。

17. …… 马8退7

18. 车七平二 炮2平1!（图263）

平炮，“四车双见”，妙。黑方就此得势。

19. 相七进五 车2进3 **20.** 车二平八 炮7退1

21. 马二进四 卒7进1

红如改走马二进一，车8进7，黑方冲卒后成车炮卒杀势，黑胜。

第239局

北京杨德琪（红先胜）浙江邱东

（2003年10月31日弈于武汉）

中炮进三兵对三步虎转列炮

1. 炮二平五 马8进7 **2.** 兵三进一 车9平8

3. 马二进三 炮8平9 **4.** 马八进七 炮2平5

本局选自2003年全国个人赛。中炮进三兵对三步虎开局，演成半途列炮对攻局式。如改走卒3进1，炮八进四，马2进3，则成五八炮对屏风马阵势。

5. 马三进四 车1进1

右马盘河，快骑出击，开门见山。黑方起横车，有针对性。

6. 车九进一 车1平6 **7.** 马四进三 马2进3

起马缓着。应改走车6进5抢占兵林为积极。红如兵三进一，黑车6平7无碍。

8. 兵三进一 ……

渡兵，伏兑子抢攻契机，恰到好处。

8. …… 车6进2 **9.** 车一进一 炮5平6

卸炮不如车8进3，车九平四，车6进5，车一平四，炮5平4，比原着法要好。

10. 马三进一 象7进9 **11.** 车一平三 象9进7

12. 车三进四 ……

兑子破象，黑方防线裂了一个口子，红方持优推进。

12. …… 马 7 退 9　**13.** 车九平三 车 8 进 5

如改走炮 6 进 7，炮五平四，炮 6 平 4，帅五平六，红方多子占优。

14. 前车进三 马 9 进 8

15. 前车平七 马 3 退 5

16. 车七平六 炮 6 退 1

17. 车六退一 ……

捉、逼并用，黑方内线受挫，阵脚已乱。

17. …… 车 8 平 7

18. 车三进三 马 8 进 7

19. 仕六进五 炮 6 进 1（图 264）

20. 帅五平六 ……

出帅催杀，胜势已定。

20. …… 马 5 进 7

21. 车六进二 将 5 进 1　**22.** 车六退一 将 5 退 1

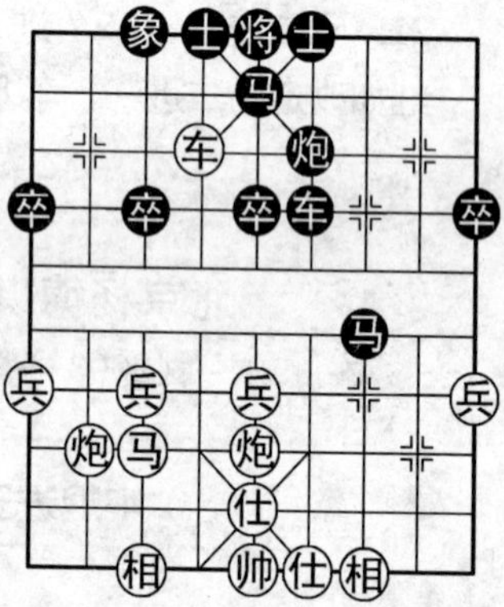

23. 兵七进一 ……

浙江邱东

北京杨德琪

图 264

挺兵，各大子将倾巢而出。大势已去，黑方认输。

第 240 局

四川王晟强（红先负）上海谢靖

（2003 年 11 月 1 日弈于武汉）

五九炮过河车对屏风马平炮兑车

1. 炮二平五 马 8 进 7　**2.** 马二进三 车 9 平 8

3. 车一平二 马 2 进 3　**4.** 兵七进一 卒 7 进 1

5. 车二进六 炮 8 平 9　**6.** 车二平三 炮 9 退 1

7. 马八进七 士 4 进 5　**8.** 炮八平九 车 1 平 2

9. 车九平八　炮 9 平 7　　**10.** 车三平四　马 7 进 8

11. 炮九进四　炮 7 进 5

本局弈自 2003 年全国个人赛。五九炮过河车对屏风马平炮兑车，红方边炮发力，以侧翼带动中心；黑方 7 炮轰兵窥相，是一种选择，亦可卒 7 进 1 冲卒欺车，双方对抢先手。

12. 炮五进四　象 3 进 5　　**13.** 马三退五　卒 7 进 1

红方退马先避一手。如炮五退一可参阅前面第 238 局。黑方冲卒欺车，由此挑起争端。

14. 车四平一　炮 2 进 4　　**15.** 炮五退一　……

退炮先弃后取。如改走炮九退二，马 3 进 5，车一平五，马 8 进 9，黑方反先。

15. ……　　马 3 进 1

16. 车一平七　马 1 退 2

17. 车七平八　车 2 平 4

18. 前车进二　马 8 进 9（图 265）

19. 相三进一？……

飞边相挡马，造成内线松散，不妥，应改走马七退九。黑如马 9 进 8，后车进二。如车 8 进 7，马五进七，仍是相峙局面。

19. ……　　车 8 进 7！

进车捉相，扼钳红方下三路，佳着。

上海谢靖

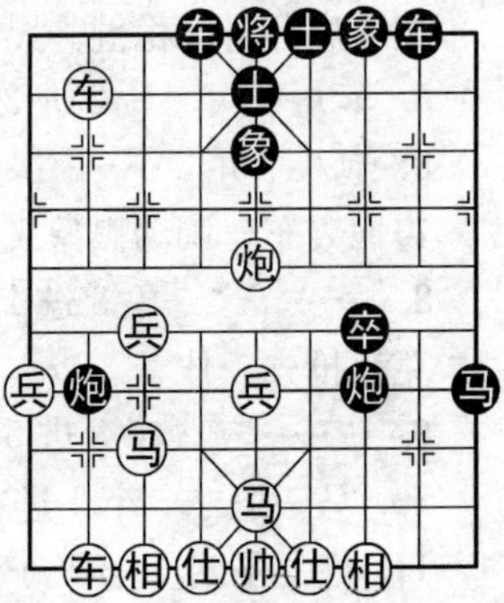

四川王晟强

图 265

20. 马七退九　车 8 平 4　　**21.** 相七进五　……

如改走马九进七，炮 7 平 8；如马五进七，前车平 9，黑方都有攻势。

21. ……　　前车退 3　　**22.** 兵五进一　前车平 5！

弃车杀炮，妙。

23. 兵五进一　炮 2 平 5！　　**24.** 马九进七　炮 7 进 3！

弃炮杀，尽在掌控中。下面：相一退三，马 9 进 8，黑胜。

第241局

上海林宏敏（红先胜）浙江赵鑫鑫

（2003年11月3日弈于武汉）

中炮进七兵对半途列炮

1. 炮二平五　马8进7　　2. 马二进三　车9平8
3. 兵七进一　卒7进1　　4. 马八进七　炮8平9

这是2003年全国个人赛中的一盘对决。中炮进七兵对三步虎，黑如马2进3则成屏风马。

5. 炮八进二　炮2平5

巡河炮开打，稳健。黑方还架半途列炮，旨在对攻。

6. 车九平八　马2进3　　7. 兵三进一　车8进4
8. 炮八平九　……

边炮轰车，调动黑象飞边，削弱其中心防务，用意深远。

8. ……　　象3进1　　9. 车一平二　……

兑车抢先，佳着。

9. ……　　车8进5
10. 马三退二　卒1进1
11. 炮九平八　卒7进1
12. 炮八平三　马7进6
13. 炮三退三（图266）　马6进5?

红方退炮诱黑马来踩，含蓄有力。黑方疏于防范贸然踏兵，失算铸错，由此“一败涂地”。应改走炮9进4，还是对攻情景。

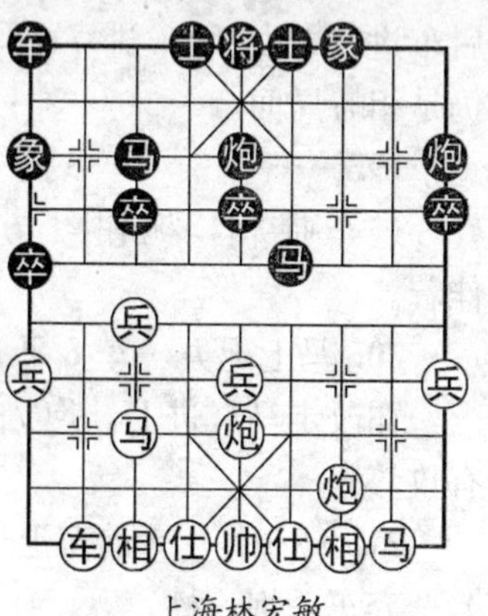

图266

14. 马二进三！……

同时弃双马，“随你拣”，妙，真是老谋深算。

14. …… 马5进3 **15.** 炮三进八 士6进5

16. 炮五进五 ……

先弃后取，可见前面轰车调象之妙用。

16. …… 士5进4 **17.** 车八进二 前马退4

18. 炮五平二 ……

双炮联攻，黑已难防守。

18. …… 车1进1 **19.** 炮二进二 将5进1

20. 马三进二 卒5进1 **21.** 车八平三 ……

4子归边，锐不可当。

21. …… 炮9平6 **22.** 车三进六 炮6退1

23. 马二进三 马4退5 **24.** 炮二退三 ……

轰马夺子又有杀势，红胜。

第242局

吉林胡庆阳（红先负）四川陈翀

（2003年11年4月日弈于武汉）

金钩炮对三步虎

1. 炮二平七 ……

本局弈自2003年全国个人赛。红方第一步走过宫兵底炮，俗称“金钩炮”，属冷门开局，斗散手，对局中甚少见。

1. …… 马8进7 **2.** 兵三进一 车9平8

3. 马二进三 炮8平9

黑方应以三步虎，改走象3进5则另有变化。

4. 马八进九 车8进4 **5.** 车一平二 车8平6

6. 相三进五 象3进5 **7.** 车二进六 卒7进1

8. 兵三进一 车6平7 **9.** 炮七退一 马2进4

10. 炮七平三 车7平8 **11.** 车二退一 马7进8

黑方兑车，“顺水推舟”。如车二平三，炮9退1，红方三路线受攻。

12. 车九进一　炮 2 平 1

13. 车九平四　车 1 平 2

14. 炮八平六　车 2 进 4（图 267）

15. 车四进七？马 4 进 6！

车入象腰，陷入“险境”，似佳实劣。应改走兵九进一。黑方跃马盖车，恰到好处。

16. 车四平九　马 6 进 7

17. 炮六进一　……

如改走炮三进四，车 2 平 7，黑方占优。

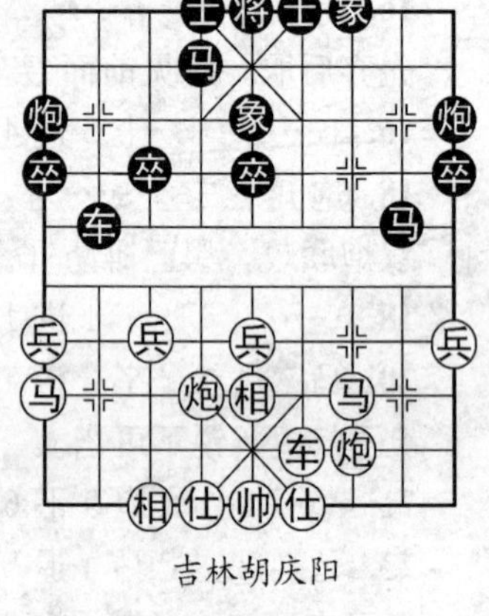

图 267

17. ……　　炮 9 平 7

18. 马三进四　马 7 进 6！

兑与反兑，四两拨千斤，黑方走得巧。

19. 炮六平四　马 8 进 6　　**20.** 车九平四　马 6 进 8

21. 炮三进八　……

如改走炮三平四，炮 7 进 7，仕四进五，车 2 平 7，黑方有攻势。

21. ……　　士 6 进 5　　**22.** 炮四退二　炮 1 退 1

23. 车四退五　炮 7 进 7　　**24.** 仕四进五　马 8 退 7

下面：车四平三，炮 7 平 9，炮三平一，士 5 进 6，黑方胜势。

第 243 局

广东许银川（红先胜）河北张江

（2003 年 11 月 4 日弈于武汉）

仙人指路对卒底炮

1. 兵七进一　炮 2 平 3　　**2.** 炮二平五　炮 8 平 5

这是 2003 年全国个人赛中的一场短兵相接，仙人指路对卒底炮，随即演成顺手炮，黑方对攻欲望跃然枰上。

3. 马二进三　马 2 进 1　　**4.** 马八进七　马 8 进 7

5. 车一平二　车 1 平 2　　**6.** 车九平八　车 9 进 1

如改走卒 3 进 1，车二进五，卒 3 进 1，车二平七，炮 3 进 1，炮八进五，红方占优。

7. 车二进五　车 2 进 6?

红方骑河车控制，紧着。黑方过河车不如车 9 平 4，红如炮八进四，士 4 进 5，黑可抗衡。

8. 马七进六　车 9 平 4　　**9.** 炮八平六　车 2 进 3

红方兑车金蝉脱壳，机灵。黑如改走车 2 平 4，仕六进五，前车进 1，仕五进六，车 4 进 4，仕四进五，车 4 平 3，相七进九，车 3 进 1，车二进一，红方易走。

10. 炮六进六　车 2 平 3

吃相对搏，必着。如车 2 退 8，炮六退二，车 2 平 4，马六进四，红方优势。

11. 马六进四　车 3 退 4

12. 马四进二（图 268）　车 3 平 6?

红方马入卧槽，发动攻势。黑方平车软手，应改走将 5 进 1，炮六平九，车 3 退 1，车二退一（如车二平七，卒 3 进 1，黑方多卒多象，足可对抗），炮 3 平 2，展开对攻，黑势不弱。

河北张江

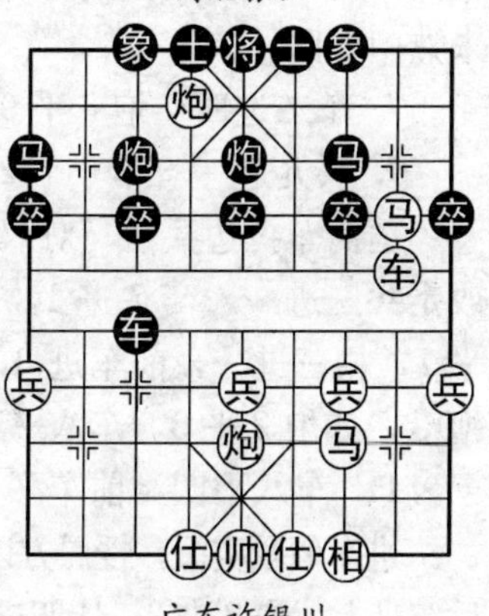

广东许银川

图 268

13. 兵三进一！……

冲兵欺车，恰到好处，巧。

13. ……　车 6 退 4

14. 炮六退二　炮 5 平 4

15. 炮六平三　象 3 进 5　　**16.** 兵三进一　……

兵力集结，黑方左翼压力骤增。

16. ……　象 7 进 9　　**17.** 车二退一　象 5 进 7

18. 马三进四　士 4 进 5　　**19.** 仕六进五　炮 3 平 2

20. 炮五平四　炮 2 进 3　　**21.** 马四进六　炮 2 退 4

22. 炮三平四 ……

下面：马7进6，马二退四，攻中夺子且有杀势，红胜。

第244局

黑龙江赵国荣（红先负）广东许银川

（2004年1月2日弈于广州）

五七炮对屏风马

1. 炮二平五 马8进7 **2.** 马二进三 车9平8

3. 车一平二 马2进3 **4.** 马八进九 卒7进1

5. 炮八平七 车1平2 **6.** 车九平八 炮2进4

本局弈自第24届“五羊杯”全国象棋冠军赛，是南北两位特级大师的一场短兵相接。五七炮双直车对屏风马右炮封车，双方弈来熟门熟路。

7. 车二进四 炮8平9 **8.** 车二平四 车8进1

9. 兵九进一 车8平2 **10.** 车八进一 前车进3

巡河车挺边兵活马对双直连车，红方抬左横车摆脱牵制。亦可改走兵三进一，卒7进1，车四平三，马7进8，车三进五，炮9平7，相三进一，前车进3，炮七进四，红方稍好。黑方升车巩固河沿，如炮2平5，车八平五。

11. 车八平四 前车平4 **12.** 前车进二 ……

进车似紧实缓，授黑方以反击机会。宜改走马九进八，车4进3，后车平七，炮2进3，仕四进五，车4退6，炮七进四，车4进2，炮五平七，象3进5，相三进五，马7进6，相互对峙，红方多一兵稍好。

12. …… 车4进3!

进车捉炮反击，佳着。

13. 炮七进四 ……

七路炮轰出，总感觉到内线不稳定，似可改走后车平七比较正。另如炮七退一，炮2进2，黑方反先。

13. ……　　炮 2 进 1　　**14.** 前车平三　车 4 退 5

15. 马三退五？（图 269）车 4 进 6！

同样退马，应改走马三退二。黑车攻相腰，弃马强攻，好棋。

16. 车三进一　士 4 进 5

17. 车四进七　将 5 平 4

18. 炮五平六　车 4 退 1

19. 马五进七　象 3 进 5

20. 兵七进一　……

先弃后取，黑方反先。红如改走仕四进五，车 4 退 4，炮七退二，炮 9 进 4，黑方占优。

广东许银川

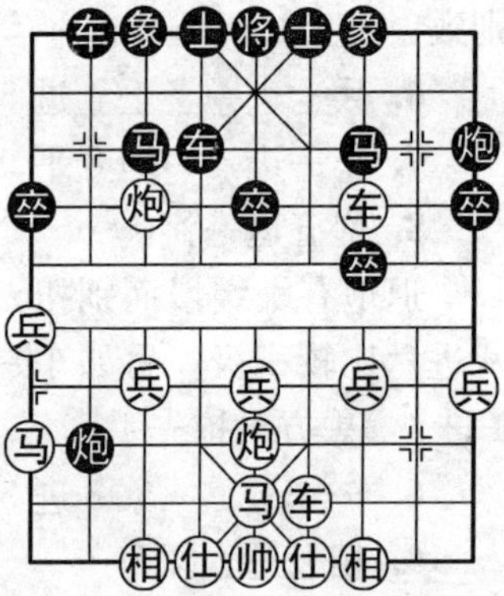

黑龙江赵国荣

图 269

20. ……　　炮 9 进 4

21. 兵三进一　车 4 退 4

22. 马九进八　炮 9 退 1　　**23.** 兵五进一　炮 9 平 5

边炮“横扫无敌手”，镇住空心炮，黑方已经取得胜势。

24. 兵七进一　车 4 进 6！

弃车杀仕妙，红如马七退六，炮 2 平 5，重炮杀！

25. 帅五进一　车 4 退 1　黑胜。

第 245 局

上海万春林（红先负）河北刘殿中

（2004 年 2 月 27 日弈于天津）

五六炮对反向反宫马

1. 炮二平五　马 8 进 7　　**2.** 马二进三　卒 7 进 1

3. 炮八平六　车 9 平 8　　**4.** 马八进七　炮 2 平 4

这是两位特级大师在“交通安全杯”特级大师对抗赛中的激战。红方缓开车、缓冲兵而摆下五六炮，“离谱”而行。黑方因时而变，走肋线同立士角炮，双方由此展开斗智斗勇。

5. 车九平八　马2进3

至此，形成反向反宫马，有趣而别致。

6. 兵七进一　士4进5

7. 车一进一　炮8平9（图270）

8. 炮五退一？……

退炮有嫌缓慢而别扭，应改走车八进六比较积极。另如车一平四，炮4进4，黑方对抢先手。

8. ……　　　象3进5

9. 相七进五？……

此时上相又是一步缓手，仍应走车八进六。

河北刘殿中

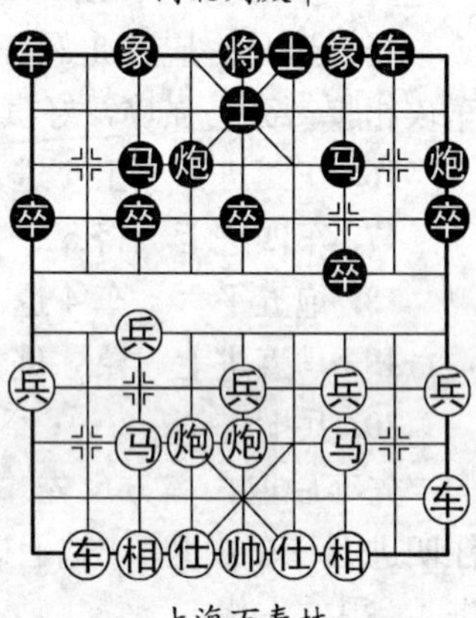

上海万春林

图 270

9. ……　　　马7进6！

10. 车一平四　马6进4！

11. 炮六进五　马4进3

12. 车八进二　车1平4

13. 车八平七　车4进2

14. 兵五进一　车8进7

黑方抓住战机，跃马、兑子，走得紧凑有力。现双方虽子力对等，但红方子位不好，量同质异，黑方进车捉马，一记重叩而占优。

15. 马三进五　炮9进4

16. 兵五进一　卒5进1

17. 马五进四　炮9平1（图271）

黑方连夺三个兵后，双车炮伏有攻势，已胜券在握。

河北刘殿中

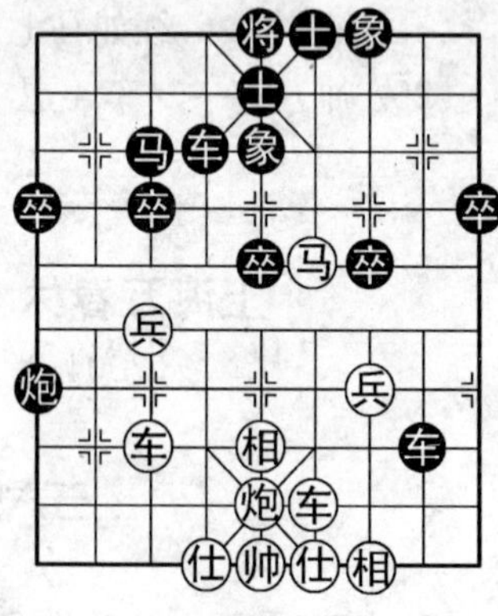

上海万春林

图 271

18. 炮五平九　车8退4

19. 兵三进一　车8平4

20. 仕四进五　卒7进1

21. 相五进三　前车平6

22. 车七进一　炮1退2

23. 马四退五 车6平7 **24.** 车四进三 车7平5

25. 炮九进三？卒5进1！

红方进炮造成丢子而告负，但改走他着也难免一败。下面：车四平五，车5进2，炮九平五，车4进4！车七退一，车4平5！黑方得子欺炮又净多双边卒而胜。

第246局

江苏徐天红（红先胜）火车头谢岿

（2004年3月23日弈于成都）

五八炮对屏风马

1. 炮二平五 马8进7 **2.** 兵三进一 卒3进1

3. 马二进三 马2进3 **4.** 车一平二 车9平8

5. 马八进九 卒1进1 **6.** 炮八进四 象7进5

7. 炮八平七 车1进3

本局弈自第15届“银荔杯”象棋争霸赛，由小将挑战“笑面佛”。双方连下5盘和棋，创造奇迹。此战是第6盘快棋。双方五八炮对屏风马左象，黑方高车捉炮，是稳健的选择。亦可改走车1平2，车九平八，炮2进5，对抢先手。

8. 车九平八 车1平3

9. 车八进七 炮8平9（图272）

火车头谢岿

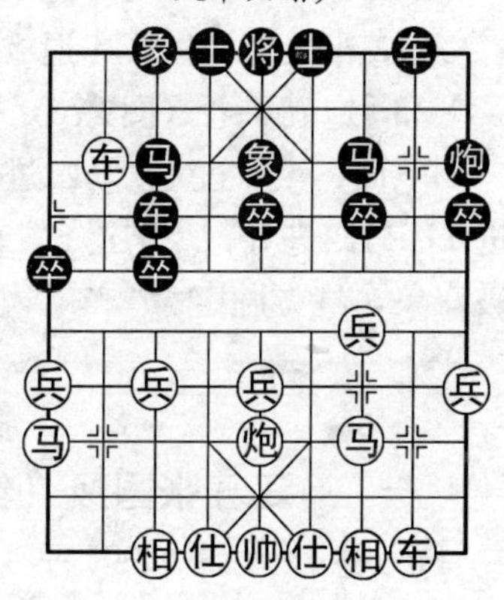

江苏徐天红

图272

10. 车二进四！……

黑方平炮兑车，红方升车巡河，“以兑等兑”，创新之着，好棋。一般都走车二进九交换。

10. …… 卒7进1

如车8进5，马三进二，卒7进1，兵三进一，象5进7，炮五平三，马7进8，车八退三，红优。

11. 兵三进一　象5进7　**12.** 车八退三　象3进5

13. 兵九进一　卒1进1　**14.** 车八平九　……

先联车后兑兵活马，使局形开扬，以逸待劳，佳着。

14. ……　车3平4　**15.** 车九平四　车4进3?

车进兵林不如径走士4进5固中为好。

16. 马九进八　车4平3　**17.** 马八进七　车8进5

18. 马三进二　车3退1

19. 兵五进一！……

黑退车邀兑，红冲兵阻兑，针锋相对。

19. ……　车3平4

20. 车四进二　士4进5

如车4平5，马二退四，车5平7，车四平三，红优。

21. 车四平三　马7退9

22. 车三平一　车4退2

23. 炮五平七（图273）……

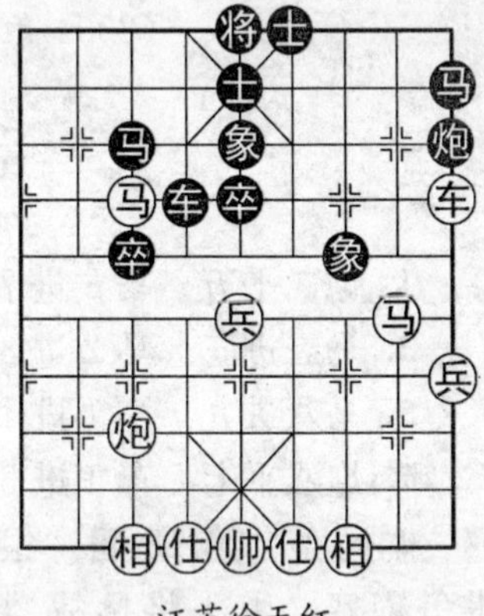

火车头谢岿

江苏徐天红

图273

下面：卒3进1，马二进四，车4进1，马四进五，象7退5，车一进一，马9退7，车一平五，兑子破双象，红方胜定。

第247局

江苏张国凤（红先负）黑龙江王琳娜

（2004年4月23日弈于天津）

五六炮对反宫马

1. 炮二平五　马2进3　**2.** 马二进三　炮8平6

3. 车一平二　马8进7　**4.** 炮八平六　……

本局是“今晚报杯”象棋女子冠军赛冠亚军决赛之战。五六炮缓冲兵对反宫马，意在均衡启动左右。

4. …… 车1平2 **5.** 马八进七 炮2平1

6. 兵七进一 卒7进1 **7.** 马七进六 ……

跃出七路马，整装待发。也可改走车九进二或车二进六。

7. …… 象7进5 **8.** 车二进六 ……

过河车左右联动。亦可马六进五抢中卒，马3进5，炮五进四，士6进5，炮五退二，红方占先。

8. …… 车2进6 **9.** 仕六进五 士6进5

10. 炮六退二 车9平7 **11.** 炮五平六 车2退2

12. 车二平三 卒3进1

这一段着法，双方运子补厚阵势，都在蓄势待发。红车压马，先手发力。如改走马六进七，马7进6，车二平一，马6进7，红方三路线受攻，并不便宜。黑方兑卒活马，紧着。

13. 马六进四？（图274） ……

踏马放卒，贪攻，失着，太急于求成了。应改走兵七进一，车2平3，相七进五，局势平稳。

13. …… 卒3进1！

弃马过卒，好棋。局面瞬间得失，黑方夺得主动。

14. 马四进六 ……

如改走马四进三（如车三进一，车2平6，车三进二，象5退7，黑优），炮1平2，相七进五，卒3进1，车九平七，炮2进1，前炮进四，马3进4，黑方优势。

黑龙江王琳娜

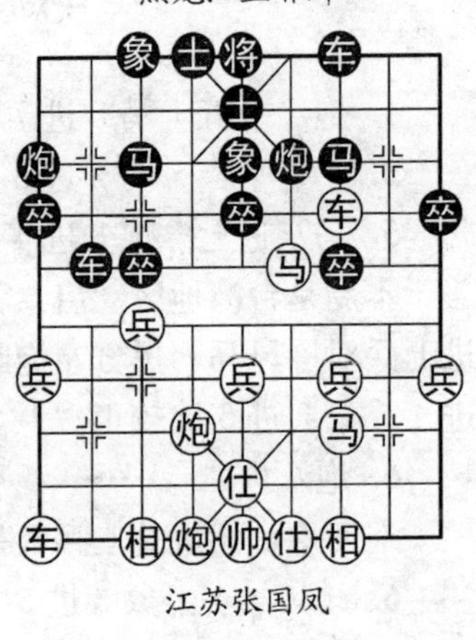

江苏张国凤

图 274

14. …… 车2平6 **15.** 相七进五 ……

如马六退七，马3进2，黑方先手。

15. …… 卒3进1 **16.** 车九平七 马3进2！

兑子抢先，佳着。黑方走得流畅。

17. 马六退八　车6平2　**18.** 车七进三　炮6进4！

轰车抢攻，迅速打开局面，可见前面兑马弃卒之妙。

19. 车七进一　炮6平1　**20.** 前炮平七　后炮平4！

21. 炮六平七　……

平炮造成丢车。但改走车三平四，炮4进6，红方也难挡黑方凌厉攻势。

21. ……　炮1进3　**22.** 仕五退六　炮4进1

打死车，黑胜。

第248局

台湾地区阮明昭（红先胜）台湾地区马正伦

（2004年10月2日弈于三重市）

中炮巡河炮对屏风马

1. 炮二平五　马8进7　**2.** 马二进三　车9平8

3. 车一平二　马2进3　**4.** 兵七进一　卒7进1

5. 马八进七　炮8进4

本局是台湾地区"启泰杯"高段精英象棋赛的一盘对局。中炮进七兵对屏风马，黑方左炮封车目标过早暴露，不是正着。应炮2进4或象3进5比较正。

6. 炮八进二　……

巡河炮，伺机兑三兵，是攻左炮封车最佳的选择。

6. ……　象3进5　**7.** 兵三进一　卒3进1

"四兵（卒）相见"，挑起争斗。如士4进5，兵三进一，象5进7，马三进四，红方先手。

8. 兵七进一　卒7进1　**9.** 兵七进一　马3退5

10. 炮八平七　车1平2

如改走卒7进1，炮七退一，马7进6（如卒7进1，车二进三，车8进6，炮七平二，卒7平6，车九平八，红先），炮五进四，马6进4，炮五退二，马4进3，车九进二，炮8进1，炮七平三，红优。

11. 车九平八　炮2进4

12. 仕四进五　卒7进1

13. 炮七退一（图275）　马7进6

退炮轰卒牵制，恰到好处。黑如改走卒7进1，车二进三，车8进6，炮七平二，炮2进2，马七进六，红优。

台湾地区马正伦

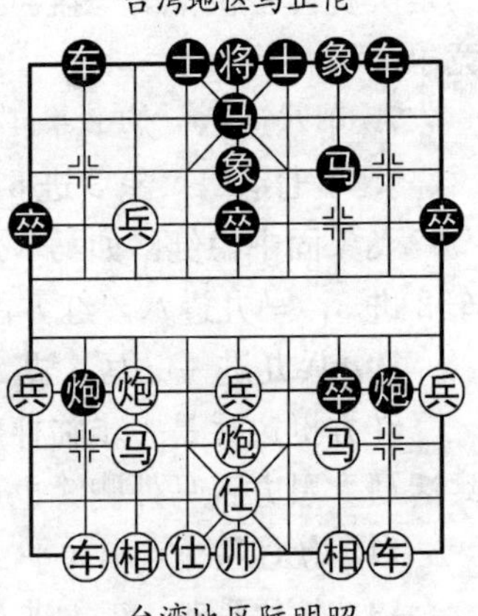

台湾地区阮明昭

图275

14. 炮五进四　车8进3

15. 兵七平六！马6进4

舍兵保炮，妙。黑如马6退4，炮七进三！卒7进1，马七进六，炮2进2，马六进四，夺回弃子，红方有攻势。

16. 炮七平三　马4进3　　**17.** 车八进三　车2进5

如车2进6，炮三平八，红方速胜。

18. 相三进五　车2平4　　**19.** 车八平六！炮8进1

20. 炮五退二！……

盯车强兑，中炮退居，红方已取胜势。

20. ……　车8平7　　**21.** 车六进一　马3退4

22. 炮三进一　夺子，红胜。

第249局

台湾地区吴贵临（红先胜）台湾地区张鸿钧

（2004年10月31日弈于台北）

五七炮对屏风马

1. 炮二平五　马8进7　　**2.** 马二进三　车9平8

3. 车一平二　马2进3　　**4.** 马八进九　卒7进1

5. 炮八平七　车1平2　　**6.** 车九平八　炮8进4

2004年10月，台北举办“启泰杯”台湾象棋棋王挑战赛，本局是决赛4番棋中的一盘。五七炮双直车对屏风马左炮封车，双方竞争。

7. 车八进六　炮2平1　　**8.** 车八平七　车2进2

9. 车七退二　象3进5

飞象固中稳健。如马3进2，车七平八，马2退4，兵九进一，车2进3，马九进八，红方占先。

10. 兵九进一　马3进2

红方挺边兵是一步临枰变着，有点新意。一般都走兵三进一兑兵活马。黑方跃马外侧，也可考虑马3进4，面向中心阵地。

11. 炮七退一　车2平4　　**12.** 兵三进一　卒7进1

13. 车七平三　车4进6

进车相腰，占位并不牢靠。似可车4进3兑车或士6进5先补一手。

14. 仕四进五　马2进3

15. 车三平七（图276）　马3进1?

同样兑子，黑方方向搞错了。应走马3进5兑中炮，可以大大减轻压力。

台湾地区张鸿钧

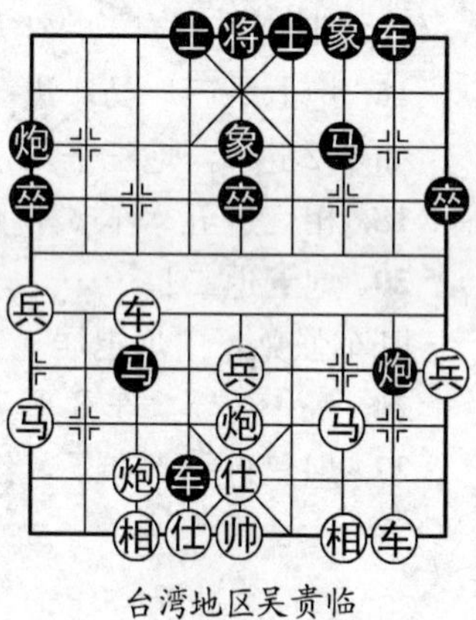

台湾地区吴贵临

图276

16. 相七进九　炮8进2

17. 炮七退一　车4平1?

车走边陲干什么？失先。应改走士6进5。

18. 马三进二　炮8平9

如改走车1退1，车二进一，车1退2，车七进三，炮1退2，车二平三，红方大优。

19. 炮五平二　车8平9　　**20.** 相三进五　卒9进1

21. 车七进三　炮1进3　　**22.** 马二进三　车9平8?

出车立遭败局。应改走车1平3，车七平八，士6进5，还可周旋。

23. 炮二进六！……

顶车一锤定音。下面：车8平9，马三进五，象7进5，车七平五，士4进5，车五平三，红方胜定。

第250局

通信袁洪梁（红先负）浙江陈寒峰

（2004年11月4日弈于重庆）

仙人指路对飞象局

1. 兵七进一　象3进5　**2.** 炮八平五　……

这是2004年"大江摩托杯"全国象棋个人赛中的一场短兵相接。挺兵对飞象，红方继而架中炮进攻，由此拉开战幕。

2. ……　马8进7　**3.** 马八进七　卒7进1

4. 车九平八　马2进4　**5.** 马二进三　马7进6

黑方已挺起7卒，红方同样跳马宜马二进一更灵活和稳健。黑方跳马似不及车9进1抢出主力为好。

6. 车一进一　炮8平7　**7.** 车一平四　马6进7

8. 车四进七　士4进5　**9.** 炮五平四　车9进2

卸中炮及时转移进攻方向。黑如改走车9平8，炮二进六；如炮7平6，炮二进五，都是红方有攻势。

10. 炮二进四　卒7进1

过河炮定位不够明确，不如改走炮二进六。黑方冲卒嫌急，应改走炮7平6挡。

11. 炮四进七　……

肋炮轰士，挑起争斗，是目前形势下有力的选择。

11. ……　车1进1　**12.** 炮二进二　士5退6

13. 炮二平六　士6进5　**14.** 炮六退一　……

邀兑拆散担子炮，保持先手。如改走炮六退六，车1平4，红棋受控。

14. ……　　　炮 7 平 4

15. 车八进七　车 9 平 6（图 277）

16. 车四平三？……

避兑不当，该兑子时应兑子。宜改走车八进二，炮 4 退 2，车四退一，士 5 进 6，马七进六，红势仍先。

16. ……　　　车 6 进 5

17. 马七进六　……

如改走车八平六，士 5 进 4，车三平九，车 6 平 7，相七进五，马 7 进 5，相三进五，车 7 平 5，马七退五，车 5 退 1，弃马破双相，钉死窝心马，黑方多卒胜势。

浙江陈寒峰

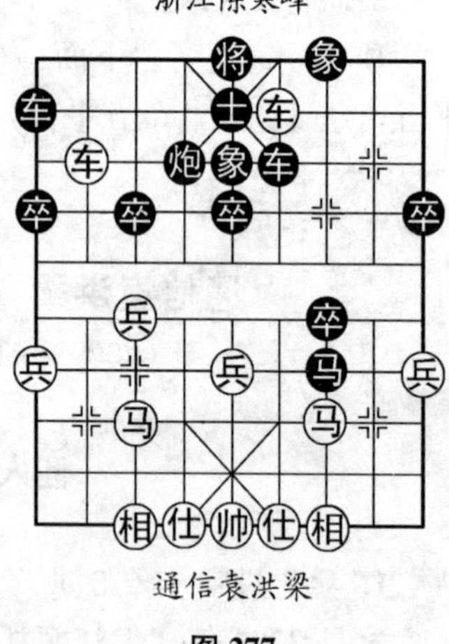

通信袁洪梁

图 277

17. ……　　　炮 4 退 2　　**18.** 车三退四　车 6 平 7

19. 相七进五　……

飞相缓手。应改走马六进四，车 7 进 2，车三退一，车 7 退 3，马四退三，红势稍亏，但尚可周旋。

19. ……　　　车 1 平 4　　**20.** 马六进四？……

进马授人以隙，失着。应马六退七防守。

20. ……　　　炮 4 进 9！

轰底仕突破，石破天惊，好棋。

21. 仕四进五　炮 4 平 7！　**22.** 马四进五　……

再轰相厉害。红如相五退三，车 7 进 2，仕五退四，车 4 进 8！帅五平六，马 7 进 5，帅六平五，马 5 进 3，帅五平六，车 7 退 4，黑方胜势。

22. ……　　　象 7 进 5　　**23.** 车八平五　炮 7 平 6！

靠帅献炮妙，立定胜局。下面：①帅五平四（如车三平四，黑炮 6 平 9），车 4 进 8，仕五退六，马 7 进 5，帅四平五，马 5 进 3，帅五进一，车 7 退 2，黑胜。②仕五退四，车 4 进 8！帅五平六，马 7 进 5，帅六平五，马 5 进 3，帅五进一，车 7 退 2，黑胜。

第251局

广东宗永生（红先胜）云南郑新年

（2004年11月6日弈于重庆）

中炮盘头马对屏风马

1. 炮二平五　马8进7　**2.** 马二进三　车9平8
3. 车一平二　卒7进1　**4.** 车二进六　马2进3
5. 兵五进一　……

本局弈自2004年全国个人赛。红方中炮过河车，冲中兵采取盘头马打法。改走兵七进一另有变化。

5. ……　卒3进1　**6.** 炮八进四　士4进5
7. 马八进七　马3进4?

屏风马两头蛇应盘头马是最有效的走法，但同时有一条很重要的“法则”，就是左右两匹马无必要不能轻率出动。在这里，黑方恰恰犯了这个错，应改走象3进5。红如车二平三，马3进4，黑势可以应付。

8. 兵五进一　卒5进1　**9.** 炮八退一　马4进3
10. 炮八平五　……

先弃后取，打通中路，红方由此确立优势。

10. ……　象3进5　**11.** 车九平八　炮2平3

平炮不及炮8平9兑车以求透松。红如车二平三，炮2平4，变化比实战要好。

12. 马七进五　车1平4

如改走马3进4，车八进一，炮3进7，仕六进五，马4退5，马三进五，红优。

13. 仕六进五　炮8平9　**14.** 车二平七　炮3平1

平炮没有必要，应改走马7进8。

15. 车七平九　马3进5

16. 相七进五　马 7 进 8（图 278）

17. 马五进四　车 4 进 4

红马一跳，黑方各子即刻显得尴尬。升车不是理想走法，但也无好的选择。

18. 车八进九　车 4 退 4

19. 车八平六　将 5 平 4

20. 马三进五　……

兑子推进施压，黑方右翼薄弱，破绽显而易见。

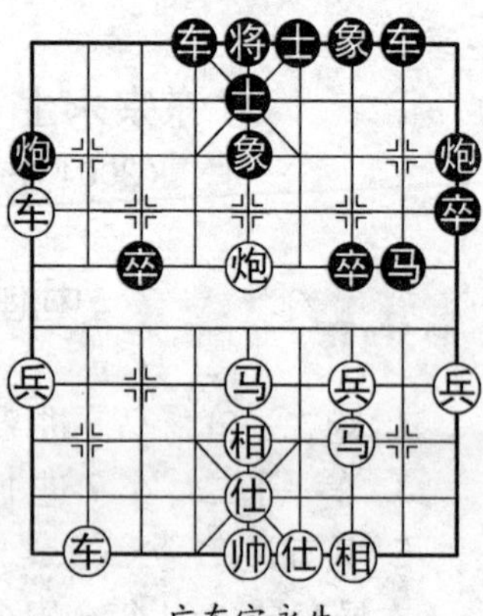

图 278

20. ……　　马 8 进 9

21. 炮五平六　车 8 进 5

22. 马四进六　炮 1 平 4　　**23.** 车九进三　将 4 进 1

24. 马六退四　炮 4 平 2　　**25.** 炮六退三　车 8 平 2

肋道抢杀，一气呵成。下面：马四退六，士 5 进 4（如炮 2 平 4，马六进七，炮 4 平 3，马五进六），马六进五，将 4 平 5（如士 4 退 5，马五进六），马五进三，将 5 平 6，车九平四，红胜。

第 252 局

湖南谢业枧（红先胜）四川李艾东

（2004 年 11 月 7 日弈于重庆）

中炮过河车对屏风马

1. 炮二平五　马 8 进 7　　**2.** 马二进三　车 9 平 8

3. 车一平二　马 2 进 3　　**4.** 兵七进一　卒 7 进 1

5. 车二进六　士 4 进 5　　**6.** 马八进七　象 3 进 5

7. 炮八进二　……

本局选自 2004 年全国个人赛。中炮过河车对屏风马，黑方上右士象，意在走成弃马局。红方不为所动，左炮巡河，是最稳健的攻法，既可阻止黑方右炮过河，又可伺机兑兵活马，针对性的上佳选择。

7. …… 炮 2 进 1 **8.** 炮五平六 卒 3 进 1

9. 车二退二 炮 2 平 3 **10.** 相七进五 炮 8 平 9

11. 车二平四 ……

避兑正着，保持主动。如兑车，先手消失。

11. …… 车 1 平 2 **12.** 车九平八 卒 3 进 1

13. 车四平七 炮 3 进 1

如改走炮 3 进 3，车七进三，炮 3 平 1，车七退三，红方优势。

14. 炮八退一 马 7 进 6？

跳马没有出路，失先。应改走车 8 进 3 等待。

15. 车七平四 马 3 进 4？（图 279）

再跳马失察，授人以隙。应改走马 6 退 7“委曲求全”。双马误动，陷入困境。

四川李艾东

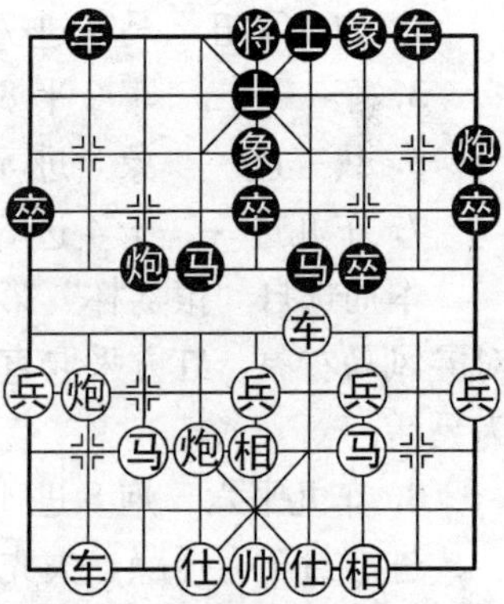

湖南谢业枧

图 279

16. 马七进八！ ……

跃马抢兑，妙。

16. …… 马 4 进 6 **17.** 炮八进六 前马进 7

18. 炮六进六！ ……

弃马炮进象腰，好棋。迅速形成四子侧攻之势，黑难抵挡。

18. …… 马 6 退 4 **19.** 马八进九 炮 3 退 3

20. 车八进六 炮 9 进 4 **21.** 车八平六 ……

追回弃子，杀势在即。

21. …… 炮 9 进 3 **22.** 仕六进五 车 8 进 8

23. 帅五平六 车 8 平 5 **24.** 炮六进一！ ……

进炮催杀，下面：象 5 退 3，炮六平四，士 5 退 4（如象 3 进 5，车六进三杀），车六进三，将 5 进 1，车六退一，将 5 进 1，马九进七，将 5 平 6，炮八退二，象 7 进 5，马七退五，象 5 进 3，车六平四，将 6 平 5，马五进七，红胜。

第253局

菲律宾庄宏明（红先胜）澳门地区刘永德

（2004年11月23日弈于北京）

五七炮进三兵对屏风马

1. 炮二平五　马8进7　**2.** 马二进三　马2进3
3. 车一平二　车9平8　**4.** 马八进九　卒3进1
5. 兵三进一　象3进5　**6.** 炮八平七　马3进2
7. 车九进一　士4进5

本局选自“银荔杯”第13届亚洲象棋锦标赛。五七炮进三兵对屏风马右象，红方采取直横车攻法，黑方补士不及卒1进1通车为灵活。

8. 车九平六　炮8进4?

进炮封车太浮躁，失先。应改走卒1进1或车1平4。

9. 马三进四　炮8平3

红方右马一跳，黑炮顿觉尴尬，进退两难。现在轰兵兑车也是无奈之举。

10. 车二进九　炮3进3
11. 仕六进五　马7退8
12. 车六进五　马2进1
13. 车六平八　马1进3
14. 车八进一　马3退4

黑方虽然得相抢双兵，但兑子后，前沿马炮站不住，主力车又滞后跟不上，局势明显被动。如改走炮3平1，马九退七，炮1退5，炮五进四，马8进7（如卒3进1，红马四进六），炮五退二，红优。

15. 马九退七　车1平4
16. 车八退七　马4进6

17. 炮五平四　炮3平6

18. 帅五平四　……

攻中夺炮，红方取得多子优势。

18. ……　　　车4进8?

进车似佳实劣，不如卒3进1实在。

19. 马七进六！（图280）……

跳马护仕又伏打死车，妙。

19. ……　　　车4平1

20. 炮四平五　马8进7

21. 马四进五　车1退2

22. 马五退七　……

迅速形成杀势，红胜。

澳门地区刘永德

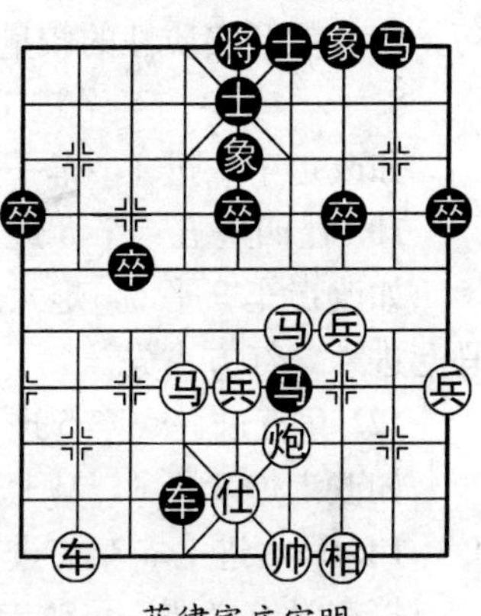

菲律宾庄宏明

图280

第254局

上海葛维蒲（红先胜）安徽蒋志梁

（2005年4月13日弈于兰州）

仙人指路对飞象

1. 兵七进一　象3进5　　2. 炮八平六　卒7进1

3. 马八进七　马8进7　　4. 车九平八　马2进4

5. 马二进三　车9进1

这是沪、皖两位大师在2005年全国团体赛上的对局。仙人指路对飞象开局，演成反宫马对横车象腰马局式。斗散手，着眼中残较量。

6. 相三进五　车1平2

出车联炮有嫌刻板。可改走卒3进1，兵七进一，车1平3，马七进六，车3进4。主力亮出，黑势开扬。

7. 马七进六　炮8进3　　8. 马三退五　……

骑河炮攻马，先声夺人。红方马退窝心，绕宫连结，似拙实巧，由此展开实质性的较量。

8. …… 卒 7 进 1　　**9.** 马五进七　卒 7 平 6

如改走卒 7 进 1，车一平三，车 9 平 6，车三进三，红方先手。

10. 仕四进五　卒 5 进 1　　**11.** 车一平四　卒 6 平 5

如改走车 9 平 6，炮六进六，车 6 平 4，车四进四，炮 8 平 4，马七进六，红方占先。

12. 兵五进一　卒 5 进 1　　**13.** 炮六进六　车 9 平 4

如改走炮 8 平 4，马七进六，卒 5 平 4，炮六退一，红先。

14. 马六进七　车 4 进 2　　**15.** 兵七进一　炮 8 平 6

挡车没有必要。可改走炮 8 退 2，车八进四，炮 8 平 3，兵七进一，车 4 平 3，车八平五，炮 2 平 3，局势平稳。

16. 车八进三　士 4 进 5?（图 281）

补士失算，授红方以进攻机会。应改走马 7 进 8，红兵三进一，再士 4 进 5，车八平二，马 8 退 7，保持对峙局面。另如改走炮 6 退 2，炮二进四，炮 6 平 3，炮二平七，红方先手。

安徽蒋志梁

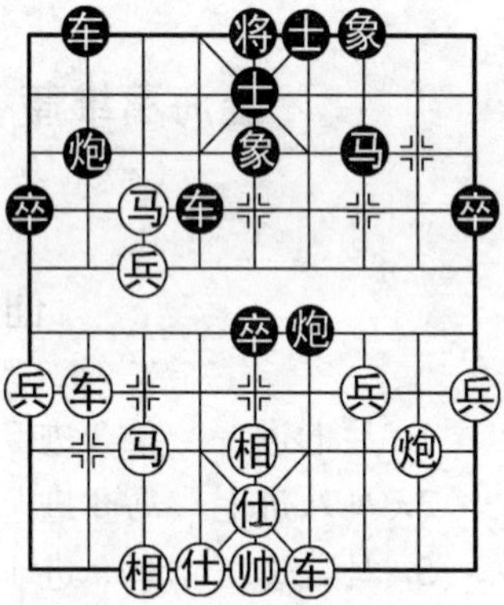

上海葛维蒲

图 281

17. 炮二进六！……

炮攻象腰，掩护红马切入，妙。红方势入佳境。

17. ……　炮 6 退 3

18. 前马进六！车 2 平 4

19. 马六退八　前车平 8

20. 兵七进一！车 8 平 3

冲七兵佳着，黑如车 8 退 2，马八退六，炮 6 退 1，车八进四，车 4 进 2，车八平六，士 5 进 4，车四进七，红方优势。

21. 马八进六！车 3 平 8

红马两踏象腰，凶。黑如改走车 3 进 4（如车 4 进 1，炮二平六，车 3 进 4，炮六平九，红方多子胜势），车四进七，车 4 进 1

（如士5进6，马六退四，将5进1，车八进五，车4进1，炮二平六，红胜势），车四平三，红方多子胜势。

22. 车四进七！马7退9

弃车杀炮，厉害。黑如士5进6，马六退四，将5进1，车八进五，车4进1，炮二平六，红胜定。

23. 车四进一　车4进1　　**24.** 车八进六　车4退1

25. 车八退一　……

多子，又有双车炮轰士凶招，红胜。

第255局

上海宇兵（红先和）安徽倪敏

（2005年4月13日弈于兰州）

中炮两头蛇对半途列炮

1. 炮二平五　马8进7　　**2.** 马二进三　车9平8

3. 车一平二　炮8进4　　**4.** 兵三进一　炮2平5

5. 马八进七　马2进3　　**6.** 兵七进一　车1平2

7. 车九平八　车2进4

本局弈自2005年全国团体赛。中炮两头蛇对半途列炮，是目前流行布局之一。黑车巡河准备左调对抗，如改走车2进6，马七进六，成相互牵制对攻局面，红方占先。

8. 炮八平九　车2平8　　**9.** 车八进六　炮8平7

10. 车八平七　前车进5　　**11.** 马三退二　车8进9

12. 车七进一　车8平7　　**13.** 车七进二　炮7进1

杀底相（象），各攻一翼。黑方伸炮轰马，直截了当。也是棋手们普遍采用的走法。另有车7平8、炮7平8等选择。

14. 马七进六　……

跃马兑子稳健。如兵七进一弃马则变化相对激烈。

14. ……　　卒7进1（图282）

兑卒活马，必走步骤。如炮 7 平 1，相七进九，车 7 退 2，车七退四，炮 5 进 4，仕六进五，象 7 进 5，车七平六，士 6 进 5，帅五平六，卒 7 进 1，兵三进一，象 5 进 7，车六进一，红方占优。

15. 炮九平三　……

先兑炮后兑兵，是一步改进有新意的变化。一般都是先走兵三进一，炮 7 平 1，相七进九，车 7 退 5，车七退四，红方占先。

安徽倪敏

上海宇兵

图 282

15. ……　　　车 7 退 2

16. 兵三进一　车 7 退 3

17. 车七退四　……

兑车抢道，紧凑。如改走马六退七，马 7 进 6，炮五进四，炮 5 平 8，黑方反击，速度占上风。

17. ……　　　炮 5 进 4（图 283）

18. 炮五平九　……

同样卸炮开打，应改走炮五平八，可直取底线攻势。黑如车 7 平 3，兵七进一，炮 5 退 1（如卒 5 进 1，马六退四，卒 5 进 1，马四进三，卒 5 平 6，炮八进三，红方占优），炮八进三，红优。

安徽倪敏

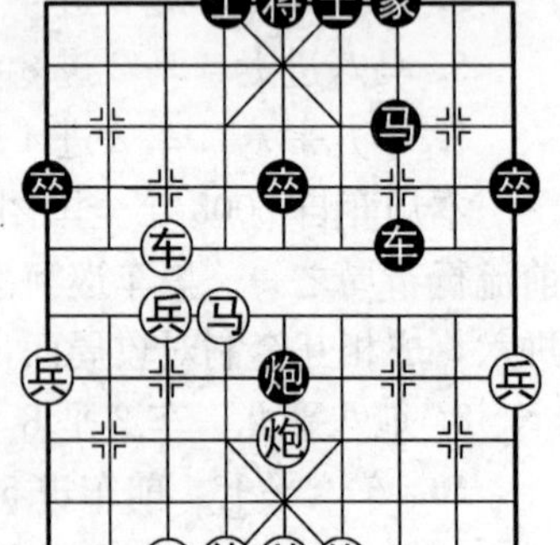

上海宇兵

图 283

18. ……　　　车 7 平 5

占中等兑有攻，巧。

19. 车七平五　卒 5 进 1

20. 炮九进四　卒 5 进 1

21. 马六进七　马 7 进 8

22. 炮九平一　马 8 进 9

23. 马七进六　……

可改走马七进九，争取卧槽攻势。

23. ……　　　士 4 进 5　　　**24.** 炮一平五　……

兑炮意和，无心恋战，但嫌消极。可改走兵七进一，以后斗马炮兵（卒）残局，红方多兵占优。

24. ……　　　炮 5 退 3　　　**25.** 马六退五　（和棋）

第 256 局

河南颜成龙（红先负）火车头陈启明

（2005 年 4 月 16 日弈于兰州）

中炮进三兵对屏风马

1. 炮二平五　马 8 进 7　　**2.** 马二进三　车 9 平 8

3. 车一平二　马 2 进 3　　**4.** 兵三进一　卒 3 进 1

5. 马八进九　象 7 进 5

本局出自 2005 年全国团体赛。中炮进三兵对屏风马，黑方飞左象固中，稳健。另有卒 1 进 1、象 3 进 5 选择。

6. 车九进一　车 1 进 1

双方抢出横车，让主力尽快登场。

7. 车九平六　炮 8 进 4

红方出肋车似紧实缓，不如车二进六或炮八进四比较主动。黑方左炮封车，佳着。

8. 炮八进四　……

此时进炮慢了一拍。不如改走马三退一（如马三进四，车 1 平 6，马四进三，车 6 进 5，黑方反先），车 1 平 8（如炮 8 平 3，车二进九，马 7 退 8，炮八进四，红先；又如炮 8 退 2，车六进五，红先），车二进三，前车进 5，马一进二，车 8 进 6，炮八进一，红方尚不失先手。

8. ……　　　炮 8 平 7

9. 车六进五　车 1 平 8（图 284）

联车抢兑，侧翼取势，好棋。

10. 车六平七　前车进8

11. 马三退二　车8进9

12. 车七进一　炮2退1

13. 炮五平六？……

卸中炮不适时宜，由此落入被动。应改走车七进一，炮2进1，相三进一，还是对等局势。

13. ……　　　炮2平8！

黑方右炮左调，形成侧攻之势，佳着。

火车头陈启明

河南颜成龙

图 284

14. 相七进五　炮8进5

红如改走炮六进六，车8平7，黑方车双炮有攻势。黑方升炮攻中路，切中要害。

15. 炮六进六　……

炮侵象腰，勉强对攻。如改走炮八退三，炮7平9，黑优。

15. ……　　　炮8平5

16. 仕六进五　车8平7

17. 炮八平七　车7平8

18. 帅五平六　车8退5

19. 车七平六　士6进5

20. 车六退三（图285）　卒3进1！

弃卒通车，漂亮。

21. 兵七进一　车8平2

22. 兵一进一　炮7进1

23. 仕五进四　炮5平8

24. 炮六平七　炮8进3

25. 仕四进五　车2进4

火车头陈启明

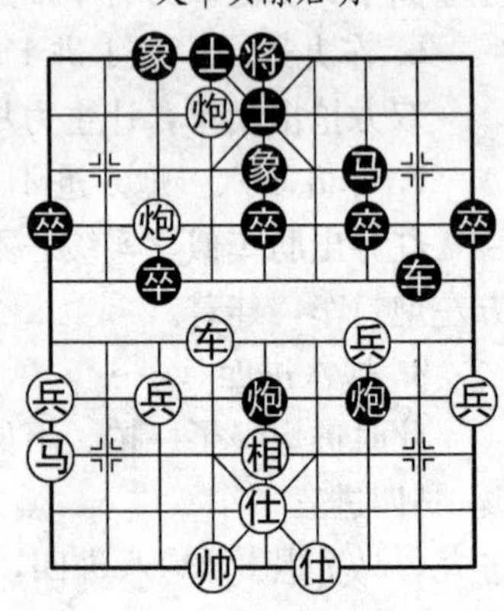

河南颜成龙

图 285

车双炮杀局。下面为：马九退七，车2进1，帅六进一，炮8退1，仕五退四，炮7进1，帅六进一，车2退2，黑胜。

第257局

宁夏刘明（红先负）天津赵力

（2005年4月16日弈于兰州）

中炮两头蛇对半途列炮

1. 炮二平五　马8进7　**2.** 马二进三　车9平8
3. 车一平二　炮8进4　**4.** 兵三进一　炮2平5
5. 兵七进一　马2进3　**6.** 马八进七　车1平2
7. 车九平八　车2进6

本局选自2005年全国团体赛。中炮两头蛇对半途列炮，双方对攻。黑车过河，手段强硬，一般都走车2进4，具体变化可参阅前面第255局。

8. 马七进六　马3退5

马退窝心先避一手。如改走车2退2，兵七进一，车2平3，炮八平七，车3进1，马六进四，车3进2，马四进三，车8进2，马三退五，马3进5，炮五进四，士6进5，相三进五，车3退3，仕四进五，车3平5，炮五平九，炮5进4，兵九进一，红方占优。

9. 车二进一　炮5平2　**10.** 兵七进一　车2退1
11. 马六退七　……

回马踩车，捉与反捉，双方角逐。亦可改走马六进七，炮2进5，车二平八，马5进4，前车进一，车2平7，马七进六，炮8退4，炮五平七，马4进3，相七进五，车7平4，相五进七，车4退4，相七退五，象3进1，前车进六，红方占优。

11. ……　车2平3　**12.** 炮八平九　炮2平3

平炮似乎不及炮2进4，形成兵林担子炮，比较积极。

13. 车二平六　炮8平7（图286）

14. 马三退一？……

你攻我夺，局势呈胶着状态。红方马退边线，失误，使双马失去联系，同为攻击对象，由此种下后患。应改走马三退五，炮 3 进 2（如车 3 进 2，车六进七，车 3 退 3，炮九进四，红方有攻势），车六进七，红方先手。

14. ……　　车 3 进 2

15. 炮九进四　炮 3 进 2

吃马后轰兵既窥底相又护底象，一着两用，恰到好处。

天津赵力

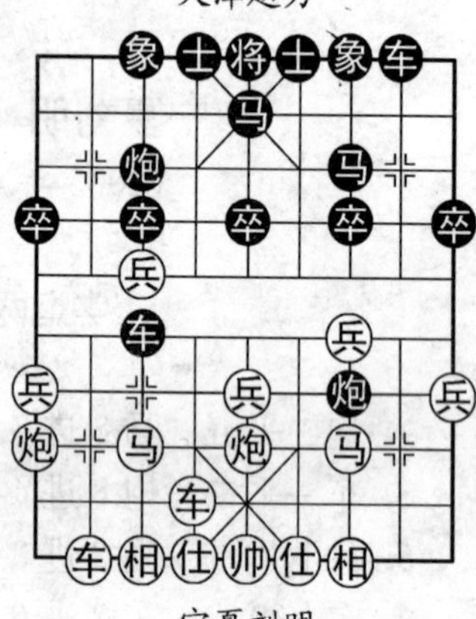

宁夏刘明

图 286

16. 车六进七　马 5 进 6

17. 炮九进三　士 6 进 5

18. 炮五平六　车 3 平 4!

弃车杀炮解围，维持优势，着法到位。

19. 车六退六　马 6 进 7

20. 仕六进五　……

补仕软手。应改走兵五进一比较顽强。

20. ……　　前马进 5

21. 相七进五　车 8 进 8

22. 车六进六　车 8 平 9

23. 车八进六　车 9 平 6（图 287）

天津赵力

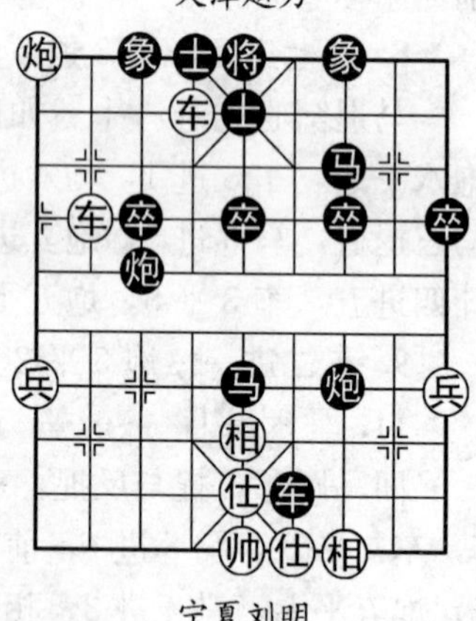

宁夏刘明

图 287

车侵相腰，即刻成为杀局。下面为：车八平七，马 5 进 7，相三进一（如帅五平六，炮 7 进 3，帅六进一，马 7 进 6，帅六进一，车 6 平 5，黑方

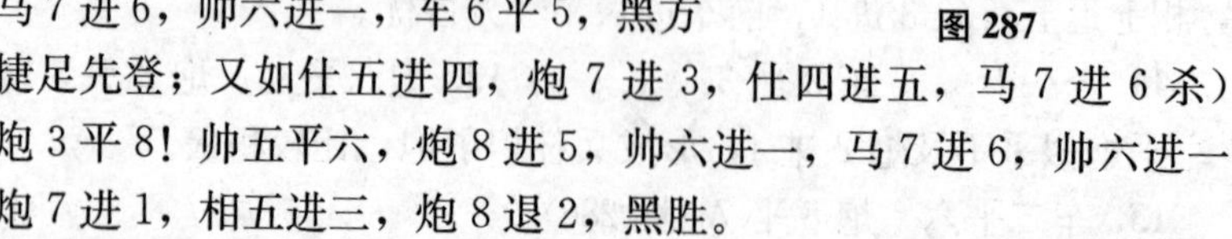

捷足先登；又如仕五进四，炮 7 进 3，仕四进五，马 7 进 6 杀），炮 3 平 8！帅五平六，炮 8 进 5，帅六进一，马 7 进 6，帅六进一，炮 7 进 1，相五进三，炮 8 退 2，黑胜。

第258局

浙江黄竹风（红先胜）澳门杜光伟

（2005年4月17日弈于兰州）

飞相局对中炮

1. 相三进五　炮2平5　**2.** 马八进七　马2进3
3. 车九平八　马8进7　**4.** 马二进三　卒7进1
5. 兵七进一　车9进1

港、澳回归祖国后，与内地的象棋交流日益增多。港、澳组队参加全国赛事就是一个反映。本局是浙、澳两位棋手在2005年全国团体赛中的一盘对局。飞相对中炮开局，形成屏风马对中炮横车7路马阵势，双方攻守分明。

6. 炮二进四　马7进6

在已启动横车情况下，可改走卒5进1，采取中路攻势，拓展的面也比较宽。

7. 炮二平七　马6进7　**8.** 车一平二　炮8平7

同样平炮，宜走炮8平6，红如车二进六，车9平7，以后有肋炮轰马、7卒强渡等手段，较有对抗性。

9. 车二进六　马7进5

踏相兑子虽便宜一相，但阵形散架，易遭攻击，不是正确的走法。可走车9平6，车二平三，马7退8，相互牵制为好。

10. 炮八平五　炮7进5　**11.** 马七进六　车9平4
12. 马六进四　……

反架中炮，盘河跃马，红方反守为攻，掌握主动。

12. ……　车4进3　**13.** 马四进五　象7进5

如象3进5，车八进七，车4退2，炮五进四，士4进5，兵七进一，红方大优。

14. 车八进七　车1进2

15. 车八平九　象3进1（图288）

16. 车二进一！……

轻轻进步车，却是四两拨千斤，好棋。黑势顿时危机四伏，难以解困。

16. ……　　象1退3

17. 炮七平一　将5进1

炮轰边卒，杀机毕露，黑方升将无奈。

18. 仕四进五　卒7进1

19. 炮一进一　……

又是轻走一步炮，却是刁钻难防，佳着。

澳门杜光伟

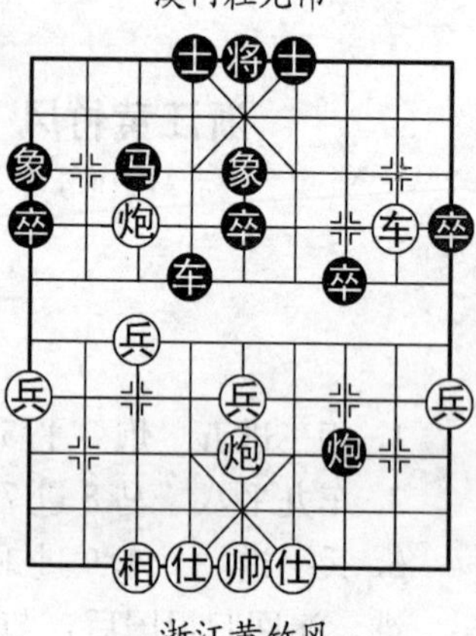

浙江黄竹风

图 288

19. ……　　马3进2　　**20.** 车二进一　将5退1

21. 炮五进四！……

轰卒镇中路，即刻杀局，红胜。

第259局

上海宇兵（红先胜）重庆杨剑

（2005年5月5日弈于上海）

中炮进三兵对半途列炮

1. 炮二平五　马8进7　　**2.** 马二进三　车9平8

3. 兵三进一　卒3进1　　**4.** 车一平二　炮2平5

这是“城大建材杯”全国象棋大师冠军赛中的一场短兵相接。中炮进三兵对半途列炮，黑方宜先走炮8进4封车，然后再补架中炮，较富有弹性。

5. 车二进五　马2进3　　**6.** 马八进九　炮5退1

7. 车二平七　炮5平3

8. 车七平二　炮 3 平 7（图 289）

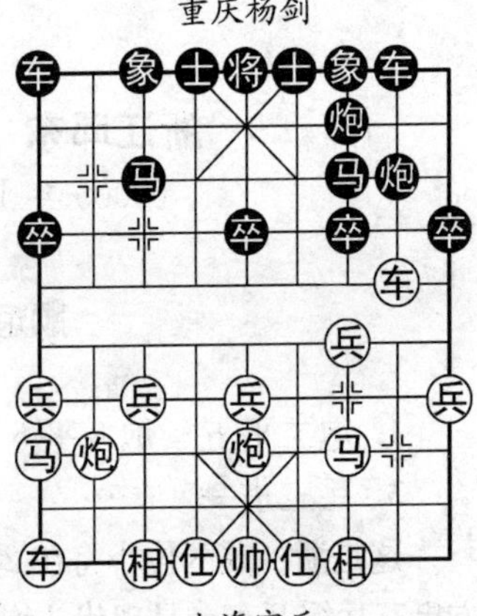

图 289

平炮失察，露出破绽。应改走车1进2，严阵以待。

9. 炮八进五　象 3 进 5

10. 炮五平七　……

双炮联动，牵制得势，好棋。黑势落入被动。

10. ……　车 1 平 3

11. 车二进一　卒 7 进 1

12. 兵三进一　炮 7 进 3

13. 马三进四　炮 8 平 9

如改走马 7 进 6，车二平四；如马 7 退 5，马四进五，都是红优。

14. 车二平三　炮 9 进 4

弃马轰炮，无奈一搏，但无济于事。如改走车 8 进 2，马四进六，黑也难应付。

15. 车三进一　炮 9 平 7

16. 车三退二　……

弃车杀炮，抢攻推进，妙。

16. ……　象 5 进 7　**17.** 马四进五　车 3 平 2

18. 马五进六　……

马踩中卒，奔袭象腰，铁骑建功，威风凛凛。

18. ……　车 2 进 1　**19.** 马六退四　车 2 平 6

20. 炮七进五　士 4 进 5　**21.** 炮八进二　士 5 进 6

22. 炮七进二　将 5 进 1　**23.** 车九平八　车 6 平 8

24. 车八进八　将 5 进 1　**25.** 车八退一　将 5 退 1

下面红炮八平四轰士夺车，红胜。

第 260 局

浙江邱东（红先负）河北申鹏

（2005 年 10 月 28 日弈于太原）

顺炮缓开车对横车

1. 炮二平五　炮 8 平 5　　**2.** 马二进三　马 8 进 7

3. 兵三进一　……

这是浙、冀两位小将在 2005 年全国个人赛中的较量。斗顺炮，红方挺三兵缓开车，是现代斗炮局发展起来的新式走法。亦可马八进七。

3. ……　车 9 进 1　　**4.** 马八进七　车 9 平 4

5. 车一进一　……

跟着黑方一起出横车，着法别致。改走车一平二出直车比较正规。

5. ……　卒 3 进 1　　**6.** 车九进一　马 2 进 3

7. 车一平六　车 1 进 1

四横车相见，双方走成雷同局式，有趣。

8. 炮八进四　马 3 进 2

过河炮先声叫板。如改走马三进四，车 4 进 7，车九平六，车 1 平 6，车六进三，卒 5 进 1，双方对峙。黑方跃出外肋马，紧着，否则被红炮压住将处下风。

9. 马三进四　马 2 进 3（图 290）

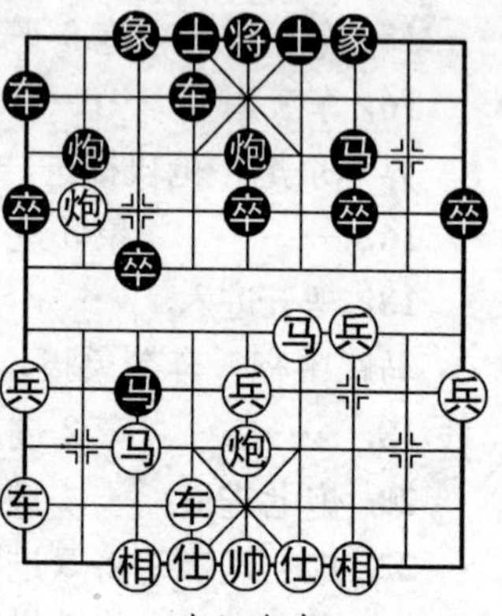

图 290

10. 炮五退一？炮 5 进 4！

红方退中炮随手，露出破绽，失先。应改走炮八平三，象 7 进 9，车六进七，车 1 平 4，炮五平三，车 4 进 4，车九平四，双方相峙。黑方中炮乘机翻出，机灵。

11. 马七进五　……

如改走相三进五，炮5退1，炮五进三，马3退5，黑方先手。

11. …… 马3进4 **12.** 马五进六 炮2平5

13. 车九平六 车4进2 **14.** 炮八退四 卒5进1

15. 炮五进六 象7进5 **16.** 炮八平六 车4平2

红方一车换双出于无奈。大兑子后，局面简化。黑方有双车，又多卒，优势在握。

17. 马六进七 车1平3 **18.** 马四进六 马7进5!

再兑子，抢先佳着，着法简明有力。

19. 马七退五 车2平5

20. 车六平四 卒3进1

兑马后成车马炮对双车，黑方净多两卒，现在3路卒顺势渡河，优势得以扩大。

21. 车四进四 车3进3

22. 马六退五 卒3平4

23. 炮六平五 卒4进1

24. 马五退三 车5平3

25. 仕四进五 卒5进1（图291）

河北申鹏

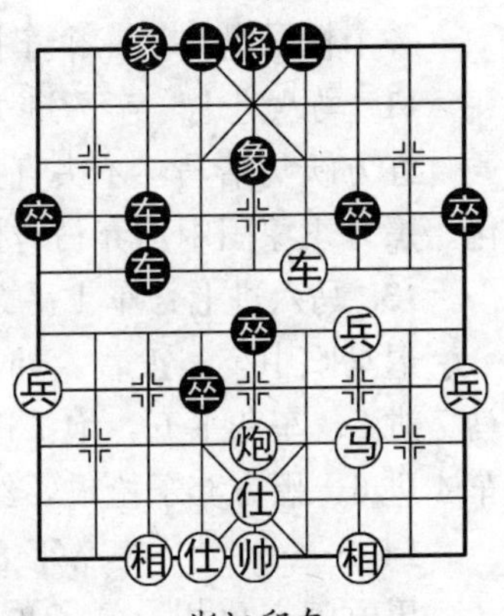

浙江邱东

图291

兑车抢攻再渡中卒，双卒过河敌一子，黑方已掌胜势。下面：车四退二，后车平4，相七进九，车3进3，破相掠兵，黑胜。全局终结，黑方5卒齐全，且个个“生龙活虎”，真是有趣。

第261局

重庆洪智（红先和）广东许银川

（2005年10月30日弈于太原）

中炮过河车对屏风马平炮兑车

1. 炮二平五 马8进7 **2.** 马二进三 车9平8

3. 车一平二 马2进3 **4.** 兵七进一 卒7进1

5. 车二进六 炮8平9 **6.** 车二平三 炮9退1

7. 兵五进一 士4进5 **8.** 兵五进一 ……

这是2005年全国个人赛冠军、“新科状元”洪智挑战“当今第一高手”、资深特级大师许银川的一局棋。中炮过河车急冲中兵对屏风马平炮兑车，双方在流行布局中斗智斗勇。

8. …… 炮9平7 **9.** 车三平四 卒7进1

10. 马三进五 车8进8

一个快马盘头，一个车扼相腰，双方各不相让。

11. 马八进七 卒7进1 **12.** 马五进六 象3进5

红方跃马踏马，矛头直指，改走马七进八或马七退五则另有变化。黑方飞象固中，弃马对抗，后发制人，局势骤然紧张起来。

13. 马六进七 车1平3 **14.** 前马退五 ……

退马吃中卒，正着。如马七进五杀士，士6进5，兵五进一，马7进5，车四平五，炮7进8，仕四进五，车3平4，车五平四，车4进6，黑方弃子抢攻，红方有顾忌。

14. …… 卒7平8！（图292）

黑方闪卒攻相，是一步有新意的应着，以往一般都走马7进8。在之前3月5日第4届“嘉周杯”全国象棋特级大师冠军赛中，吉林陶汉明与江苏徐天红对局中，黑方也推陈出新，走车3平4！仕四进五，车8进1，炮八平九？（宜走炮五平四），马7进8（亦可卒7平6），车四平三，马8进6，车三进二，车8平7，仕五退四，炮2退1，车三退一，马6进7，炮五平四，车4进8，仕六进五，马7进6，黑方反击得势。真是高手善变，棋艺无止境也。

广东许银川

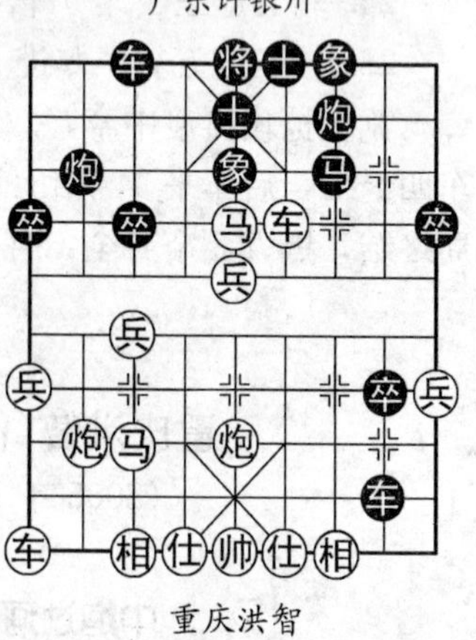

重庆洪智

图292

15. 仕四进五　炮 7 进 8　　**16.** 炮八退一　车 8 进 1

17. 车九进二　马 7 进 8　　**18.** 车四退五　炮 2 进 4

进炮意在加强侧攻，但被红方有长兑车机会，全局戛然而止，令人遗憾而意犹未尽。可改走马 8 进 7，车四进二（如炮五平三，黑卒 8 进 1），车 3 平 4，红方多子，黑方占势，以后变化繁复，但充满变数，应该说有看头。

19. 车四平二　……

兑车遏制黑方攻势，清醒。如误走车四进二，炮 7 退 3！车四退三（如仕五退四，炮 7 平 9，黑有凌厉攻势），炮 2 平 3！马七进五，炮 7 进 3，车四进一，炮 3 进 2，红势崩溃。

19. ……　　车 8 平 9

20. 车二平一　车 9 平 8

21. 车一平二（图 293）　……

广东许银川

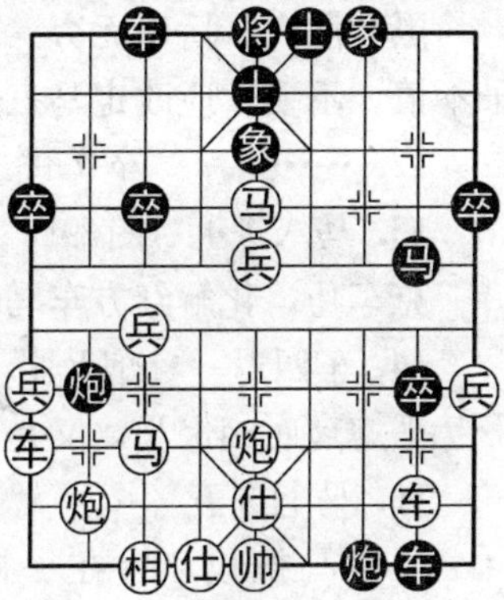

重庆洪智

图 293

长兑车，黑方无法躲避和变着，遂以和局告终。

第 262 局

四川王跃飞（红先负）黑龙江苗永鹏

（2005 年 11 月 1 日弈于太原）

中炮进七兵对屏风马

1. 炮二平五　马 2 进 3　　**2.** 马二进三　卒 7 进 1

3. 兵七进一　马 8 进 7　　**4.** 车一平二　炮 8 进 2

本局弈自 2005 年全国个人赛。中炮进七兵对屏风马，黑方缓开车左炮巡河，是苗大师喜欢走的棋路，稳健而偏重于防守反击。

5. 马八进七　炮 2 退 1　　**6.** 车二进一　卒 3 进 1

7. 兵三进一？……

"四兵（卒）相见"，但让黑方7卒先登滩头，引起麻烦，失先。不如兵七进一，炮8平3，马七进六，红持先手。

7. …… 卒7进1 **8.** 兵七进一 炮2平3

9. 马七进八 炮3进3 **10.** 车九进一 象3进5

11. 车九平四 卒7进1 **12.** 车四进七? ……

黑卒深入，后患无穷。现在弃马进车，损失太大，失算，属弃子不慎，不妥。应改走马三退一以屈求伸，慢慢来。

12. …… 卒7进1

13. 马八进七（图294） 车1进1!

兑车巧，化解红方车马攻势。

14. 车四退一 炮8平7!

平炮窥底相保马，又是巧。

15. 马七进五 ……

再弃马抢攻，旨在一搏，无奈。强弩之末，已无其他选择。

15. …… 象7进5

16. 车四平五 马7退5

17. 车五平六 炮3平5!

兑炮遏制红方反扑。

黑龙江苗永鹏

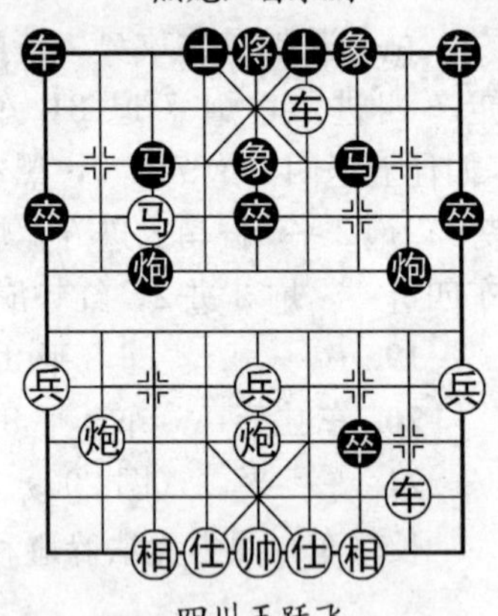

四川王跃飞

图294

18. 炮五进三 卒5进1 **19.** 炮八平五 马5进6!

跃马弃马，由此反击，好棋。

20. 车六平七 车1平4! **21.** 仕四进五 ……

如改走炮五进三，马6进7，车七平五，士4进5，车五平一，将5平4，车一进二，车4进8，帅五进一，车4退1，帅五退一（如帅五进一，卒7平6杀），马7进6，车二平四，车4平6，黑胜。

21. …… 车9平7 **22.** 兵五进一 卒7平6!

弃卒调动红方，妙。

23. 仕五进四 炮7进2!

进炮反攻，弃卒后的连续动作，又是妙。

24. 兵五进一　炮 7 平 5　　**25.** 帅五平四　车 4 进 8

下面：帅四进一，车 4 退 1，炮五退一，马 6 进 5，黑胜。

第 263 局

黑龙江赵国荣（红先胜）浙江于幼华

（2006 年 3 月 8 日弈于淄博）

中炮过河车对屏风马平炮兑车

1. 炮二平五　马 8 进 7　　**2.** 马二进三　车 9 平 8

3. 车一平二　马 2 进 3　　**4.** 兵七进一　卒 7 进 1

5. 车二进六　炮 8 平 9　　**6.** 车二平三　炮 9 退 1

7. 兵五进一　士 4 进 5　　**8.** 兵五进一　炮 9 平 7

9. 车三平四　卒 7 进 1　　**10.** 马三进五　马 7 进 8

这是两位高手在第 5 届“嘉周杯”全国象棋特级大师冠军赛中的较量。中炮过河车急冲中兵攻屏风马平炮兑车，黑方跃马踏车是临枰刻意的变着，另辟途径。大多数棋手都选择卒 7 进 1。可参阅前面第 261 局。

11. 车四平三　马 8 退 9　　**12.** 车三平四　卒 7 平 6

横卒正着。如卒 7 进 1 吃兵，马五进三，红马屹立河头有攻势。

13. 相三进一　卒 5 进 1　　**14.** 炮五进三　象 3 进 5

15. 炮八平四！……

开肋炮叫杀发力，佳着。如车四退二吃卒，车 8 进 3，局面趋缓。

15. ……　　炮 2 退 2　　**16.** 马八进七　卒 6 平 5？

横卒放马出行，失先。应改走车 8 进 4，红如马五进四，炮 7 进 3，炮五退四，炮 2 平 3，车九平八，卒 6 进 1，黑方有对抗机会。

17. 马五进三　车 8 进 4？

此时进车已不适时宜，此一时非彼一时。应改走炮7进3顶马。

18. 车九平八　炮2平4（图295）

19. 炮四进三！……

轰车妙，由此揭开攻杀入局之幕。

19. ……　　车8进3

20. 马三进二！炮4进2

弃马跃马好棋。黑如车8平3吃马，炮四平三，黑方难应。

21. 炮四进四！……

轰士炸九宫，凶狠。

21. ……　　车1进2

浙江于幼华

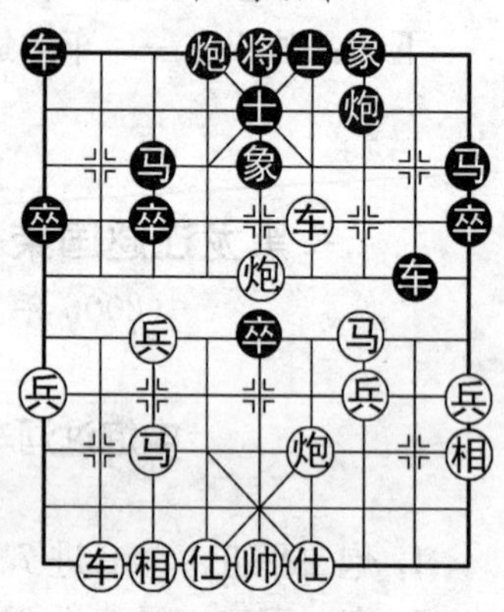

黑龙江赵国荣

图 295

22. 炮四退二！……

硬兑炮，"以强凌弱"，刁。

22. ……　　炮4平6　　**23.** 马二进四　炮7平6

24. 马四退二　车8平3

吃马错误。应炮6平7还原。虽是危局，但棋步应尽量走正。

25. 车四进二　……

下面：车3平4，车四平五！马3退5，车八进九，车4退7，马二进四，将5平6，炮五平四，红胜。

第264局

湖南谢业枧（红先胜）上海胡荣华

（2006年5月22日弈于苏州）

五七炮进三兵对反宫马

1. 炮二平五　马2进3　　**2.** 马二进三　炮8平6

3. 车一平二　马8进7　　**4.** 兵三进一　卒3进1

5. 马八进九　象7进5　　**6.** 炮八平七　车1平2

7. 车九平八　炮 2 进 4　**8.** 兵五进一　……

这是 2006 年第三届全国体育大会“浦发银行杯”象棋比赛中，后起小将挑战“老棋王”的一盘棋。五七炮进三兵对反宫马右炮封车，红方冲中兵有备而来，另有兵九进一，兵七进一走法。

8. ……　士 6 进 5

补士固中。如车 9 平 8，车二进九，马 7 退 8，车八进一，红方先手。

9. 兵七进一　卒 3 进 1　**10.** 车二进三！炮 2 退 2

11. 兵五进一！……

黑方退炮已方河沿，加强防守，是一步有所改进的着法。如炮 2 退 1，请参阅前面第 211 局。红方双弃兵，再车占兵林，由此发起进攻，胸有成竹。

11. ……　卒 5 进 1

12. 炮七进五　炮 6 平 3

13. 马三进五　炮 3 进 2

14. 马五进七（图 296）　车 9 平 6?

红方盘马立滩，虎视眈眈。黑方出贴将车失察，应改走卒 5 进 1 抢控中路，以后再出车，可以抗衡。

15. 车二平五！……

“你放弃，我抢占”，红车占中，全线掌控局势，好棋。红棋由此步入佳境。

上海胡荣华

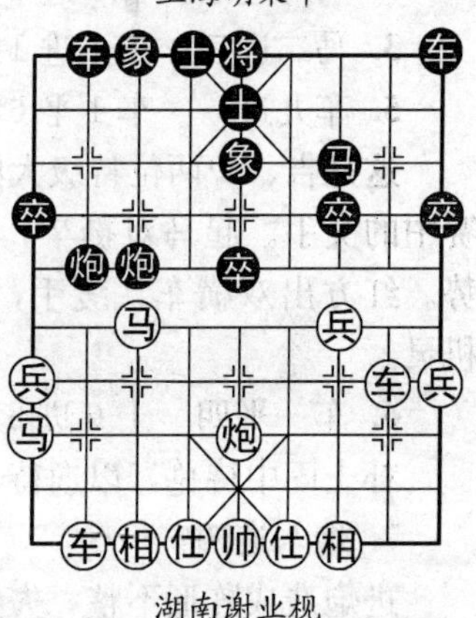

湖南谢业枧

图 296

15. ……　车 2 进 3　**16.** 仕六进五　车 6 进 3

17. 兵九进一　马 7 进 5　**18.** 马七进五　马 5 退 3

19. 马五退六　炮 3 平 8　**20.** 车五进二　……

打通中路后，红方子力活跃，优势在握。

20. ……　炮 8 进 2　**21.** 马六退四　炮 8 退 4

22. 马九进七　炮 2 进 2　**23.** 车五平二　炮 8 平 6

24. 马四进五　……

双马盘旋而出，红方已呈全方位攻势，黑势已危。

24. …… 车 6 进 3 **25.** 兵三进一！……

下面：马 3 进 5，马七进六，跃马又轰马，红方必夺子，且有杀势，胜。

第 265 局

吉林陶汉明（红先负）上海万春林

（2006 年 7 月 25 日弈于北京）

起马对挺卒

1. 马八进七 卒 3 进 1 **2.** 兵三进一 马 2 进 3

3. 马二进三 车 1 进 1 **4.** 车一进一 象 7 进 5

5. 车九进一 车 1 平 6

这是吉、沪两位特级大师在第 5 届“威凯房地产杯”全国象棋赛中的交手。起马对挺卒，斗散手，形成屏风马对右横车左象阵势。红方出双横车，缓手，应车一平四抢右肋。黑车抢占左肋，机灵。

6. 车一平四 士 6 进 5

补士固中待兑，以逸待劳，持重老练。

7. 炮八进四？……

进炮造成阵形不整，失先，应改走炮二进二，以后兑七兵活动左翼，红势尚可拓展。

7. …… 炮 8 平 7 **8.** 炮八平七？……

平炮压马不妥，宜马三进二避炮锋。

8. …… 卒 7 进 1 **9.** 兵三进一 ……

黑方 7 卒一冲，红方顿显尴尬。现在吃卒弃马，实属无奈。如躲马，黑卒过河，红方落入被动。

9. …… 炮 7 进 5 **10.** 兵三进一 车 9 进 1

11. 车四平三？炮 2 进 5！（图 297）

红方躲车捉炮，显得别扭又不讨好，不当。应改走炮二进五。黑方进炮形成前线担子炮，由此一路雄风。

12. 仕四进五　车6进4
13. 车九平八　车9平8
14. 炮二进七　车8退1
15. 仕五进四　车6进2

红方舍仕求透松，又是无奈之举。

16. 车八进一　炮7平3
17. 仕六进五　车6平8
18. 车八进五　卒3进1

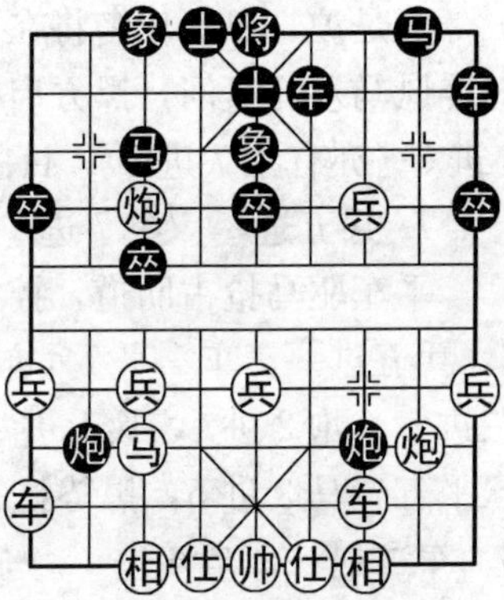

上海万春林

吉林陶汉明

图 297

大兑子，局面简化。现在冲卒舍马，重势不恋子，佳着。

19. 车八平七　卒3进1　　20. 相七进五　……

如改走炮七退四，前车平3，相七进五，车8进6，兵三平四，卒5进1，车七退一，车8平5，黑方胜势。

20. ……　卒3平4　　21. 炮七平八　炮3退1
22. 兵三平四　……

如改走兵五进一，炮3平9，黑方大有攻势，红方难以防守。

22. ……　炮3平5　　23. 兵四平五　前车平5

杀相已成杀局，黑胜。

第266局

上海孙勇征（红先和）广东许银川

（2006年12月7日弈于北京）

中炮过河车对屏风马左马盘河

1. 炮二平五　马8进7　　2. 马二进三　车9平8
3. 车一平二　卒7进1　　4. 车二进六　马2进3

5. 兵七进一　马7进6　　　**6.** 马八进七　车1进1

这是沪、粤两位名将在“世界象棋赛”中的过招。中炮过河车对屏风马左马盘河，黑方启横车是一种对抗性的选择。一般都走象3进5（亦有象7进5），目前则盛行卒7进1。

7. 兵五进一　卒7进1　　　**8.** 车二平四　……

平车驱马抢占肋道，控制中心地带。如改走车二退一，马6进7，兵五进一，车1平7（亦可车1平8，兵五进一，士6进5，马三进五，炮2进1，兵七进一，卒7平6，车二平三，马7进5，炮八平五，马3进5，黑势抗衡），兵五进一（如马三进五，卒7平6，车二退一，卒6进1，马五进六，卒6进1，马六进七，卒6平5，相七进五，卒5进1，仕六进五，车8进1，黑多中卒较好），士6进5，车二进一，卒7平6，马七进六，车8进1，仕六进五（若炮八平七，卒6平5，马六进七，马7退6，车二退一，炮8平7，车二平四，炮7进7，仕四进五，炮2进4，车九平八，炮2平8，黑方弃子抢攻，红有顾忌），卒6平5，马六进七，马7退6，车二平四，车7进3，炮五平七，炮2进1，成牵制之势，黑方主动。

8. ……　　　卒7进1

冲卒对打。另有两种着法：①马6进7，兵五进一，车1平7，兵五进一，士6进5，兵五平六，象7进5，马三进五，炮8进7，车九进一，炮2进1，车九平三，车8进8，车三平二，马7进8，车四退五，马8退7，车四平六，红优（选自2006年第三届全国体育大会“浦发银行杯”象棋赛黑龙江聂铁文与湖南谢业枧的对局）。②马6进8，马三进五，卒7进1，兵五进一，卒5进1，炮五进三，马8进6，双方对攻（选自1989年全国个人赛四川陈鱼与安徽蒋志梁的对局）。

9. 兵五进一　……

冲中兵抢攻，针尖对麦芒。也可走车四退一，卒7进1，炮八进四，象7进5，炮八平五，马3进5，炮五进四，士6进5，车九平八，车1平4，仕六进五，红方易走。

9. ……　　炮8平5

反架中炮，手段强硬。如改走卒7进1，兵五进一，士4进5，车四退一，车1平4（如炮2进1，兵五平四，炮8平5，仕六进五，车1平4，马七进五，马3进5，马五进六，马5进4，炮八平六，车4平2，炮五进二，红优），兵七进一（也可车九进一，车4进5，车九平四，炮8平6，前车进二，炮2平6，车四进六，马3退4，炮八进七，一车换双炮，红方有攻势），炮8平7，兵五平四，将5平4，炮五平六，将4平5，相七进五，卒3进1，车四平七，象7进5，车七退一，卒7进1，马七进六，红优。

10. 马三退五　马6进8　　**11.** 兵五进一　马3进5

12. 车四平五　炮5退1　　**13.** 车五平三　……

黑方弃马反击，与红方拼抢中路攻势，走得有胆识。红如改走炮五进六，炮2平5，相七进五，车1平5，黑方虽少子，但有攻势，红方有顾忌。

13. ……　　炮2平5

双炮镇中路，钉死窝心马，黑方得失相当，并不亏。

14. 车三退三　马8退6　　**15.** 车三平六　车1平2

16. 车九平八　车8进3

17. 炮八平九　……

黑车占卒林，抢据要道；红方平炮兑车减轻压力，双方走得都具功力。

17. ……　　车2进8

18. 马七退八　车8平4

19. 车六平四　马6进4

20. 车四平六　马4退6（图298）

双方互捉互兑，又都难以变着（谁变谁吃亏），成不变而和局。短兵相接，可称精彩。全局结束，双方仕（士）相（象）帅（将）一步都未曾动过，也堪称奇景。

广东许银川

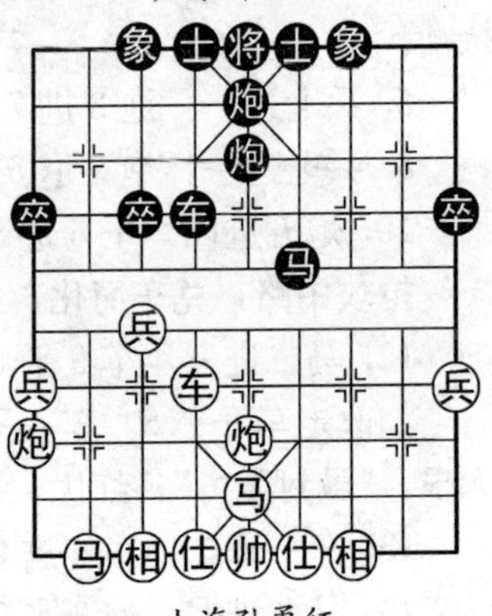

上海孙勇征

图298

第267局

北京张强（红先胜）浙江陈孝堃

（2006年12月13日弈于宁波）

仙人指路对卒底炮

1. 兵七进一　炮2平3　**2.** 炮二平五　象7进5

本局是京、浙两位资深大师争斗于“交通建设杯”全国象棋大师冠军赛。仙人指路对卒底炮，转而中炮对飞象，一般都飞右象，飞左象相对少见。

3. 马八进九　马2进1　**4.** 车九平八　车1平2

此时出车被红炮封制，呆板。宜走马8进7，兵三进一（如马二进三，黑卒7进1），车1进1，黑棋比较灵活。

5. 炮八进四　卒3进1

挺卒虽能破相，但阵形不协调，易受攻，失先。应改走马8进7，红如炮八平五，马7进5，炮五进四，士6进5，车八进九，马1退2，马二进三，卒1进1，车一平二，车9平6，黑势可以抗衡。

6. 兵七进一　炮3进7　**7.** 仕六进五　马8进6

8. 兵七进一！炮3退5　**9.** 炮八平五　马6进5

10. 炮五进四　士6进5　**11.** 车八进九　马1退2

抢攻中路，兑车简化，红有过河兵深入，确立优势。

12. 马二进三　车9平6

如改走车9平8，车一平二，炮8进6，兵三进一，黑方车炮无根，“虽封无力”，红优。

13. 车一平二　车6进3　**14.** 兵七平六　炮8平6

15. 马九进七　炮3平7（图299）

如改走车6进1，炮五平一，红方扫卒又有侧攻之势，优势扩大。

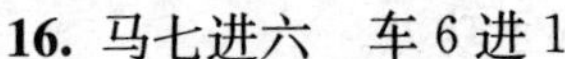

16. 马七进六　车 6 进 1
17. 车二进九　炮 6 退 2
18. 马六进八　象 3 进 1
19. 马八进七　马 2 进 4
20. 兵六进一　车 6 平 4
21. 兵六进一　车 4 退 3
22. 马七退八　炮 7 进 3
23. 仕五进四　……

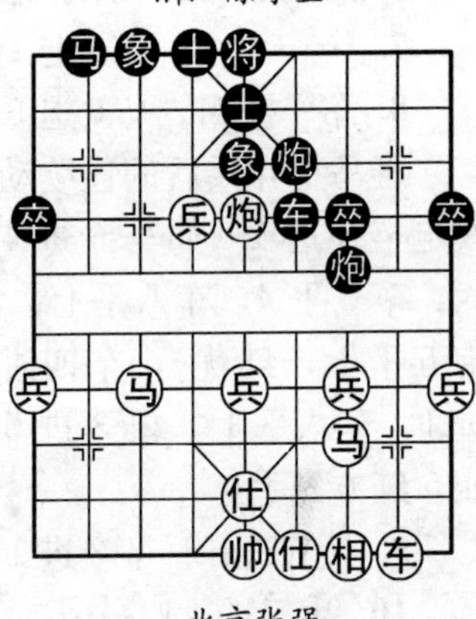

图 299

攻中兑子，红方左右控制，紧握优势。现在撑仕阻炮，妙。

23. ……　　卒 7 进 1
24. 相三进五　车 4 进 4
25. 仕四进五　象 1 退 3

下面：兵九进一，红方又有冲中兵、炮扫卒等进逼手段，黑方无法动弹，认输。

第 268 局

河南曹岩磊（红先胜）上海孙勇征

（2006 年 12 月 13 日弈于宁波）

中炮过河车对屏风马两头蛇

1. 炮八平五　马 2 进 3　　**2.** 马八进七　车 1 平 2
3. 车九平八　卒 3 进 1　　**4.** 车八进六　马 8 进 7
5. 马二进三　卒 7 进 1　　**6.** 车一进一　马 7 进 6?

这是两位年轻棋手在 2006 年“交通建设杯”全国象棋大师冠军赛中的角逐。中炮过河车对屏风马两头蛇，黑方临枰变招，左马盘河，旨在出其不意，却不料“弄巧成拙”，失先。应改走炮 8 进 1 或马 3 进 4 才是正着。

7. 兵七进一！……

弃兵抢先，妙，善于捕捉战机，显示功力。

7. ……　　卒 3 进 1

8. 车一平四　马 6 退 5（图 300）

赶马是弃兵后的连续动作。黑如改走卒 3 进 1（如马 6 进 4，马七进六，卒 3 平 4，车八平七，象 3 进 5，炮五平七，红优），车四进四，卒 3 进 1，车八平七，象 3 进 5，车七退四，红方先手。

上海孙勇征

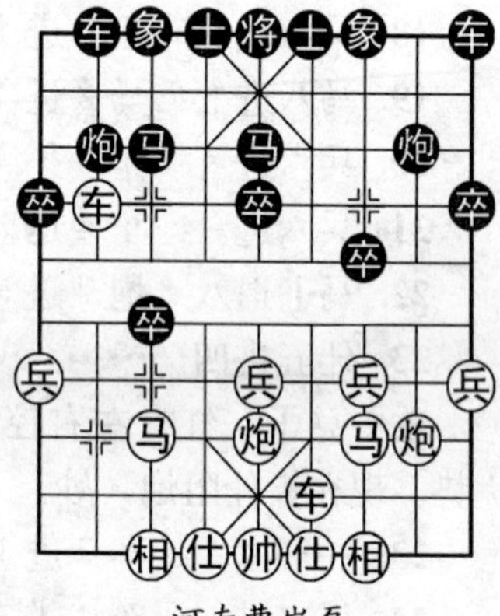

河南曹岩磊

图 300

9. 兵五进一！卒 3 进 1

10. 兵五进一！……

疾冲中兵，弃马抢攻，好棋。

10. ……　　炮 8 进 1

11. 车四进五　马 5 退 7

12. 车四平三　卒 3 进 1　　**13.** 马三进五　……

跃马盘头，再接再厉。

13. ……　　车 9 进 1　　**14.** 马五进七　炮 2 平 1

15. 兵五进一　士 4 进 5　　**16.** 兵五平六　……

打通中路，重兵压上，黑方处境困难。

16. ……　　象 3 进 5　　**17.** 炮二平七　车 2 进 3

18. 马七进八　炮 1 平 2　　**19.** 炮七平八！……

再弃炮，凶狠，走得漂亮。

19. ……　　炮 2 进 5　　**20.** 马八进七　将 5 平 4

21. 兵六平七　……

下面：炮 8 退 1，炮五平六，将 4 进 1，车三平六，士 5 进 4，车六平一，红方抽车胜。

第269局

河北张婷婷（红先负）火车头刚秋英

（2006年12月14日弈于宁波）

顺炮横车对直车

1. 炮二平五　炮8平5　2. 车一进一　马8进7
3. 车一平六　车9平8　4. 马二进三　车8进4
5. 马八进七　马2进3　6. 炮八进二　卒3进1

这是“交通建设杯”全国象棋大师冠军赛中的一盘女子对局。顺炮横车对直车双跳正马，黑方挺卒是一种选择，亦可走炮2进2。

7. 车六进五　士4进5　8. 炮八平三　……

如车六平七，马3退4，红车落空无便宜。

8. ……　马3进4　9. 车九平八　炮2平3
10. 车八进四　马4进3　11. 炮三进三　……

兑马过于简单。可改走炮五平六，卒7进1，炮三进三，炮3平7，相三进五，以后可以威胁黑马，红方占先。

11. ……　马3进5（图301）

火车头刚秋英

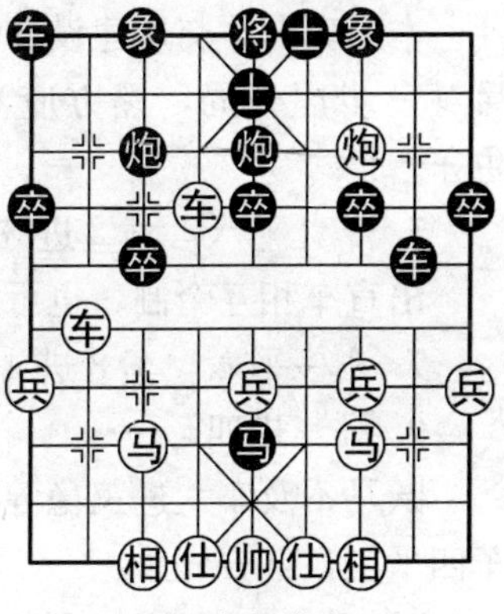

河北张婷婷

图301

12. 炮三平七？……

吃炮贪着，是致败的根源。应改走相三进五，保持局面平稳。

12. ……　马5进7
13. 帅五进一　炮5平8
14. 帅五平六　炮8平4
15. 帅六平五　卒3进1！

卧槽打帅，卸炮腾挪，继而弃卒抢出右车，攻势如潮，走得出色。

16. 车八平七　车1平2　**17.** 马七进八　炮4平8

18. 帅五平六　车2进4　**19.** 炮七平六　象3进1

20. 炮六进一　……

如改走车七平六，车8平3，红方难受。

20. ……　车8平3　**21.** 车七进一　车2平3

22. 炮六平九　车3进4　**23.** 帅六进一　车3退3!

下面：马八进七（如帅六退一，车3平2吃马，黑方胜势），炮8平4，车六平五，车3平4，黑胜。

第270局

广东陈幸琳（红先负）浙江励娴

（2006年12月14日弈于宁波）

中炮进七兵对三步虎

1. 炮二平五　马8进7　**2.** 马二进三　车9平8

3. 兵七进一　炮8平9　**4.** 马八进七　炮2平5

本局弈自“交通建设杯”全国象棋女子大师冠军赛。中炮进七兵对三步虎开局，黑方应半途列炮还击，如象3进5则偏重于防守。

5. 车九平八　马2进3　**6.** 车一进一　车1平2

出直车相互牵制，也可改走车1进1出横车。

7. 车一平六　车8进4　**8.** 兵三进一　卒7进1

9. 马三进四　……

跃马不及车六进三稳健。黑如马7进6，车六平四，卒7进1，车四平三，红方先手。

9. ……　卒3进1!

四兵（卒）相见，河沿拼抢，佳着。

10. 兵七进一　……

如改走兵三进一，车 8 平 7，兵七进一，车 7 平 3，马七进六，炮 5 进 4，黑方反先。

10. ……　卒 7 进 1

11. 马四进六　马 3 进 4（图 302）

12. 炮八进三？……

进炮吊车马，似佳实劣，造成失子后果。应改走兵七平六，基本均势。

浙江励娴

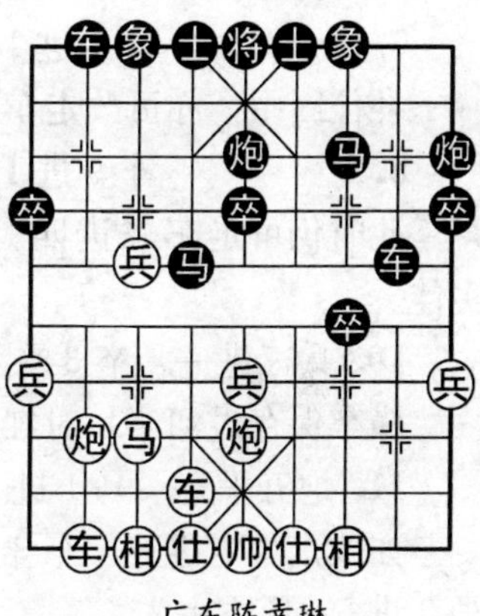

广东陈幸琳

图 302

12. ……　马 4 进 3！

13. 炮八平二　车 2 进 9

14. 炮二平三　车 2 平 3

15. 炮三进四　士 6 进 5

16. 车六进一　炮 5 进 4

17. 仕四进五　马 7 进 6

踏马而进，车杀底相，炮镇中路，继而跃出 7 路马，黑方夺子后迅速展开攻势，一气呵成，红方已难应付。

18. 炮三退三　炮 9 平 8　　**19.** 帅五平四　炮 8 平 6

20. 帅四平五　炮 6 平 3　　**21.** 马七退九　马 3 进 5

下面：相三进五，车 3 退 5，多子多卒有攻势，红方认输。

第 271 局

福建汪洋（红先负）北京张强

（2006 年 12 月 15 日弈于宁波）

仙人指路对卒底炮

1. 兵七进一　炮 2 平 3　　**2.** 炮八平五　炮 8 平 5

3. 马二进三　马 8 进 7　　**4.** 车一平二　卒 3 进 1

本局选自“交通建设杯”全国象棋大师冠军赛。仙人指路对卒底炮开局，演变成斗列炮。黑方挺卒叫板，双方即刻短兵相接。

5. 马八进九　卒 3 进 1　　**6.** 车九平八　马 2 进 1

7. 炮二平一　……

开炮亮车，改走炮二进四窥视中路也是不错的选择。

7. ……　　卒 1 进 1　　**8.** 仕六进五　……

补仕固中，亦可改走车二进四消灭黑卒。

8. ……　　车 9 进 1　　**9.** 车二进五　车 9 平 3

此时仍可走车二进四。黑方车平底炮，“叶底藏花”，似笨实佳。

10. 兵三进一　卒 3 平 4

横卒保存过河卒，对红方是一个潜在的威胁。

11. 炮五平七　马 1 进 3　　**12.** 车二平六　……

如改走炮七进五，车 3 进 1，车二平七，车 1 进 2，车八进六，马 3 进 5，黑方占先。

12. ……　　卒 1 进 1　　**13.** 兵九进一　车 1 进 5

14. 炮七平六　……

如炮七进五，车 3 进 1，车六平七，车 1 平 3，黑方先手。

14. ……　　士 6 进 5

15. 相三进五（图 303）　卒 4 进 1！

弃卒抢先，好棋。

16. 车六退二　马 3 进 5

17. 兵五进一　……

如改走车六平七，马 5 进 6，仕五进四，车 1 平 7，黑方有攻势。

17. ……　　车 1 平 5

18. 车六平七　车 5 平 4

19. 炮六平七？炮 3 进 5！

北京张强

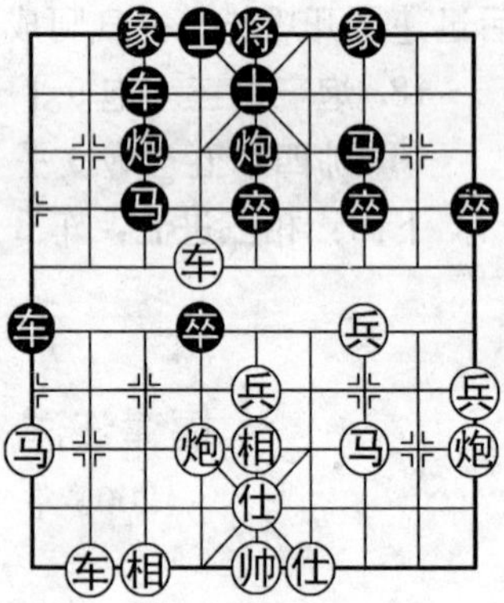

福建汪洋

图 303

红方平炮失算，败着。应改走车八进四尚无大碍。黑方一车换双，由此切入，妙。

20. 车七进五　炮 3 平 7　　**21.** 车八进三　马 5 进 4

22. 仕五进六 ……

如改走车七退五，炮7进2！相五退三，马4进6！黑胜。

22. …… 炮7退1 **23.** 车八退二 炮7平5

24. 仕四进五 前炮退2

退炮即成杀局，黑胜。

第272局

火车头才溢（红先胜）安徽钟涛

（2007年4月19日弈于锦州）

对兵（卒）局

1. 兵七进一 卒7进1 **2.** 炮二平三 象3进5

3. 马二进一 马8进7 **4.** 车一平二 车9平8

本局弈自2007年全国团体赛。对兵（卒）开局斗散手，较量中残功底。黑方此时亦可改走炮8平9，以后出左横车。

5. 车二进六 炮8平9 **6.** 车二进三 ……

兑车平稳。如车二平三，炮9退1，红方不占便宜。

6. …… 马7退8 **7.** 炮八平五 马2进3

宜先走马8进7，以后保留右马出象腰，便于左右联系。

8. 车九进一 车1平2

可考虑改走炮9进4，马八进七，卒9进1，车九平二，马8进9，黑势灵活。

9. 车九平二 马8进7 **10.** 马八进七 炮2平1

11. 兵三进一（图304） ……

冲兵攻马，黑马顿觉尴尬，陷入被动。

11. …… 车2进4 **12.** 车二进二 马7进6

13. 兵三进一 马6退4 **14.** 兵三进一 ……

小兵直冲，进入腹地，黑方压力大增，红方由此确立优势。

14. …… 马4进3

15. 马一进三　炮 9 退 1
16. 相七进九　马 3 进 1
17. 车二进五　炮 9 进 5
18. 马三进二　炮 9 进 3
19. 马七进九　炮 1 进 4
20. 马二进四　……

兑子抢攻，马入卧槽，迅速入局成杀势。

20. ……　　车 2 平 7
21. 车二平六　……

下面：士 6 进 5，马四进三，将 5 平 6，车六退四，车 7 平 6，仕六进五，车 6 退 3，兵三进一，红胜。

安徽钟涛

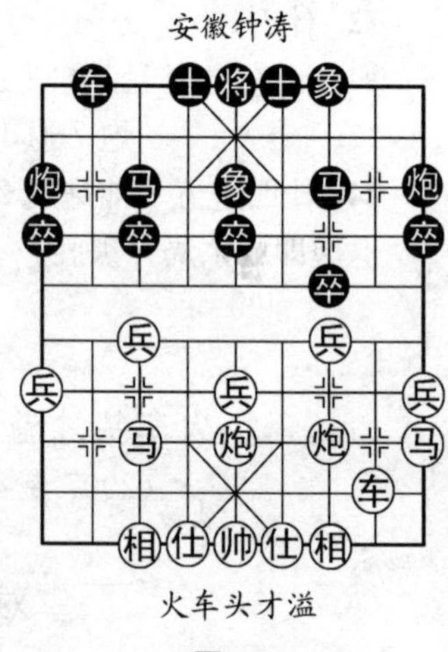

火车头才溢

图 304

第 273 局

四川李智屏（红先胜）辽宁赵庆阁

（2007 年 4 月 24 日弈于锦州）

中炮进七兵对反宫马

1. 炮二平五　马 2 进 3　　2. 马二进三　炮 8 平 6
3. 车一平二　马 8 进 7　　4. 兵七进一　卒 7 进 1
5. 炮八进四　炮 6 平 5

本局选自 2007 年全国团体赛。中炮进七兵对反宫马，红方采用五八炮打法，黑方反架中炮对攻，双方由此短兵相接，展开竞争。

6. 马八进七　车 1 进 1　　7. 马七进六　炮 2 退 1
8. 仕六进五　炮 2 平 5　　9. 车九平八　车 1 平 4
10. 马六进七　马 7 进 6　　11. 车二进四　车 9 进 2?

高象位车，致使中路失守，有疑问。应改走车 4 进 3，黑阵稳固。

12. 炮五进四　车 4 进 5?

炮轰中路，乘机切入，佳着。同样升车，应改走车 4 进 3。

13. 炮五进二　士 4 进 5　**14.** 车二平四　车 9 平 6

15. 炮八进三　象 3 进 1?

底线打将，兑子抢攻。黑方避兑飞象，右翼由此“不太平”。应改走马 3 退 2，车八进九，车 4 退 6，兵七进一，红方占优势，但黑方尚有周旋余地。

16. 炮八平九　将 5 平 4　**17.** 相七进五　马 6 退 4

18. 车四平二　车 6 进 6　**19.** 车八进九　将 4 进 1

20. 车八退七！……

打将过门，攻守兼备，老练。

20. ……　象 7 进 9　**21.** 兵七进一　车 6 退 4

红方冲兵如虎添翼。黑如象 1 进 3，车四平八，红方胜势。

22. 车八进六　将 4 进 1

如改走将 4 退 1，车二平八，车 6 平 3，前车平七，红胜。

23. 兵七平八　车 6 进 4

24. 车八平七（图 305）……

黑方认输。以下为：车 6 退 4（如炮 5 进 5，仕五进六，车 4 进 1，车七退一，红胜），车二平八，车 4 退 2，炮九平八，车 4 平 2，炮八退二，红胜。如图 305，全局结束，红方五兵齐全，毫发未损，奇也。

辽宁赵庆阁

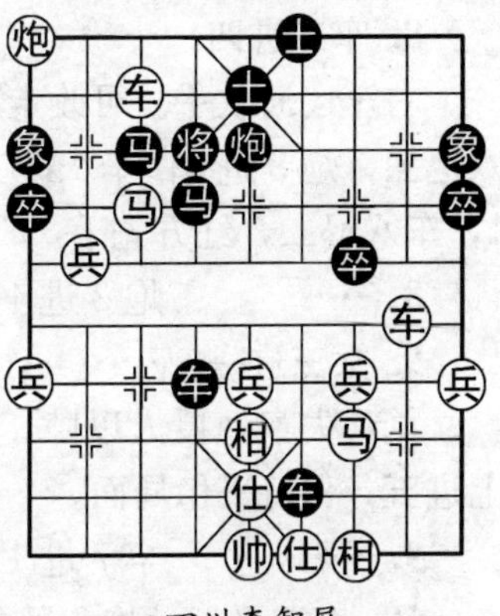

四川李智屏

图 305

第 274 局

天津范磊（红先负）重庆张若愚

（2007 年 6 月 26 日弈于衡阳）

仙人指路对飞象

1. 兵七进一　象 3 进 5　**2.** 马八进七　卒 7 进 1

3. 炮二平六　马 8 进 7　**4.** 马二进三　车 9 平 8

5. 炮八平九　马 2 进 3

本局弈自“船山杯”全国象棋等级赛，是津、渝两位业余棋手的一场短兵相接。仙人指路对飞象开局，形成过宫炮对屏风马阵势，双方斗散手。

6. 车九平八　车 1 平 2　**7.** 车一平二　炮 8 进 2

8. 车二进四　……

右车巡河软手。可改走车八进六，炮 8 退 1，马七进六（如车八退三，炮 8 进 3，车八进三，炮 8 退 3，双方不变成和），卒 3 进 1，车八退二，红方先手。

8. ……　炮 2 进 4

9. 兵三进一？……

兑兵失察，授人以隙。应改走相七进五，保持平稳局面。

9. ……　卒 7 进 1

10. 车二平三　炮 8 平 2！（图 306）

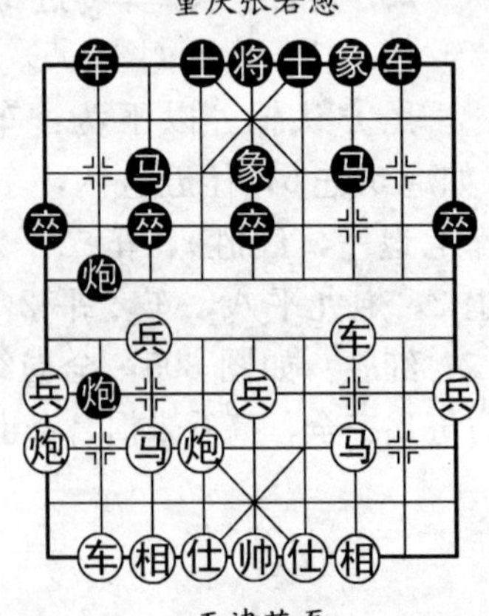

图 306

轰车抢先，妙。红如车八进三吃炮，炮 2 平 5，红方丢车。

11. 车八平九　后炮平 7

12. 相七进五　车 8 进 8！

13. 仕六进五　炮 2 退 5！

14. 车九平八　炮 2 平 7！

车侵相腰、退炮移动、平炮兑车，黑方运子侧攻，走得出色，由此夺得优势。

15. 车八进九　马3退2　　**16.** 车三平四　……

“双炮串烧”，红车立显尴尬。如改走车三平六，马7进6，红方丢车。如车三平二，前炮进5，相五退三，车8退3，红方也是丢车。

16. ……　马7进8!　　**17.** 马三进二　车8平6!

跃马、欺车，着着点穴，好棋。

18. 仕五进四　后炮进8　　**19.** 仕四进五　后炮进4

20. 车四退一　前炮平9　　**21.** 马二退一　炮7平8

车双炮杀局，一气呵成，黑胜。

第275局

北京蒋川（红先胜）甘肃何刚

（2007年7月18日弈于兰州）

顺炮缓开车

1. 炮二平五　炮8平5　　**2.** 马二进三　马8进7

3. 马八进七　卒3进1

本局弈自2007年全国象棋甲级联赛。斗顺炮，双方缓开车。同样挺卒，黑方不如先走卒7进1为好。

4. 车一平二　卒7进1

再挺卒，成两头蛇，两翼前沿似乎活了，但影响大子出动，不理想。宜改走车9进1。

5. 车二进四　车9平8　　**6.** 车二平六　车8进6

红方正马、巡河车，阵形厚实。黑方过河车不合适，应走马2进3。

7. 兵三进一　车8平7

压马车临险境，但不走又不甘心，处于两难尴尬境地。改走他着均吃后手。

8. 炮五退一（图 307） 车 7 退 1?

红方退炮，黑车即成“惊弓之鸟”。退车吃兵造成失子后果。不如卒 7 进 1，炮五平三，车 7 平 8，车六平三，车 8 退 4。虽处下风，但还可周旋。

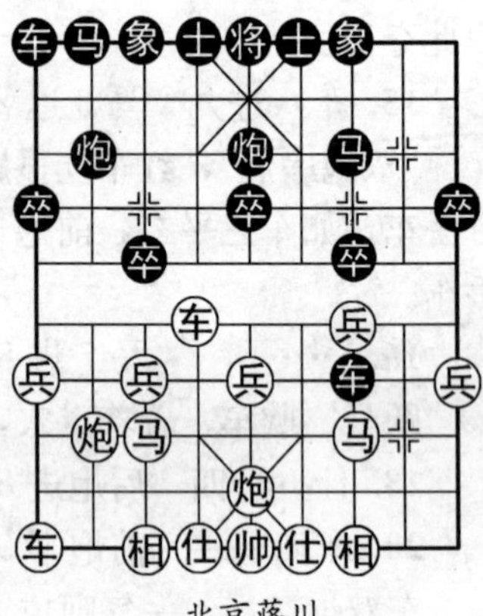

图 307

9. 车六进三！ 炮 2 平 3

10. 炮五平三 车 7 平 2

11. 炮八进七！ 车 1 平 2

12. 车六平七 ……

一套组合拳，红方夺子确立优势。

12. …… 马 7 进 6　**13.** 车七退二 马 6 进 4

14. 马七退五 卒 5 进 1　**15.** 车七退一 卒 5 进 1

16. 兵五进一 后车进 3　**17.** 车九进二 前车平 3

黑方一阵反扑，但无奈红方内线稳固，无懈可击。现在兑车，勉为其难，但也无更好的选择。

18. 兵七进一 车 2 平 5　**19.** 马五进七 马 4 进 3

20. 车九平七 车 5 进 2　**21.** 炮三平五 ……

强兑子，红方多子胜。

第 276 局

上海洪智（红先胜）山东王新光

（2007 年 9 月 5 日弈于呼和浩特）

对兵（卒）局

1. 兵七进一 卒 7 进 1　**2.** 炮二平三 象 7 进 5

本局选自 2007 年全国个人赛。对兵（卒）局互为试探，继而走成兵底炮对飞左象散手局式。黑如改走炮 2 平 5，马八进七，马

8 进 9，炮三进三，马 2 进 3，车九平八，车 9 平 8，马二进三，炮 8 平 7，车一平二，炮 7 进 4，车二进九，马 9 退 8，相三进五，车 1 进 1，炮八进六，炮 5 平 7，炮三退一，卒 1 进 1，马七进六，象 7 进 5，马六进四，红方先手（选自同届比赛湖北李智屏与山西张致忠的对局）。

3. 马二进一　马 8 进 7　　**4.** 车一平二　车 9 平 8

5. 马八进七　马 2 进 1　　**6.** 相七进五　炮 8 进 4

单提马阵势，黑方左炮封车，争取对抗。如改走车 1 进 1，车二进四，炮 8 平 9，车二平四，车 1 平 4，兵一进一，卒 1 进 1，仕六进五，局势平稳，红较占先手。

7. 仕六进五　炮 2 平 3

如改走车 1 进 1，车九平六，车 1 平 6，兵一进一，士 6 进 5，车六进四，红方先手。

8. 马七进八　车 1 进 1

9. 车九平六（图 308）　车 1 平 8?

联车没有必要，有“华而不实”之嫌，让红方有进攻机会，失先。应改走炮 8 平 5 抢中兵，黑势不错。

10. 兵三进一！卒 7 进 1

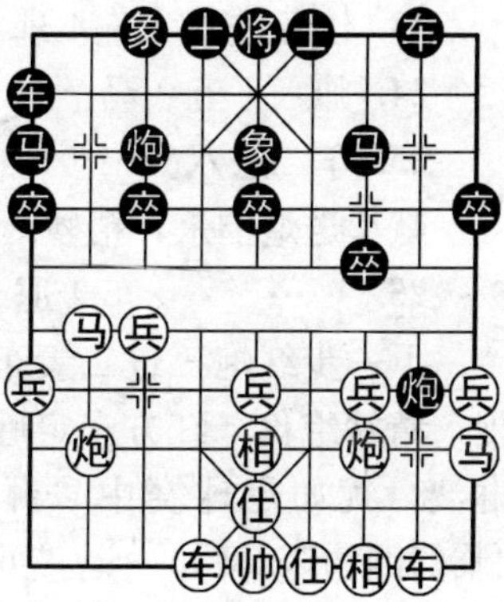

11. 马八进九！马 7 退 5

12. 车六进八！炮 3 平 2

13. 马九进七！炮 2 退 2

14. 炮八平九！马 5 退 7

15. 车六平二　车 8 进 1

16. 炮九进五　……

山东王新光

上海洪智

图 308

冲三兵、马踩进、车扼腰、开边炮，兑子夺子，一套组合拳，漂亮出击，栩栩如生，走得好！顷刻之间，红方确立优势。

16. ……　炮 2 进 9　　**17.** 炮九退一　炮 8 平 1

18. 炮九平五　象 5 进 7（图 309）

如改走士6进5，仕五进六，车8进8，马一退二，马7进6（如卒7平6，红炮三进四），相五进三，红方多子胜定。

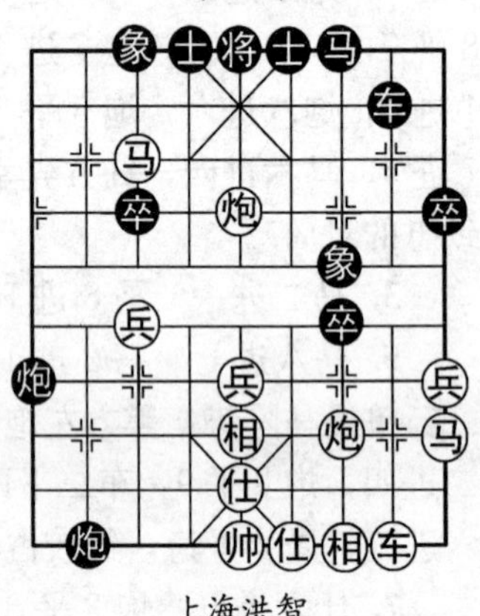

图 309

19. 马七进五！……

马踏窝心打将，妙。黑如将5进1吃马，车二进八，红方夺车胜。

19. …… 象3进5

20. 帅五平六 车8平6

如改走车8进8，马五进三，象5退7，马一退二，红方多子胜。

21. 马五退七 象5退3

如改走士4进5，车二进五，车6进4，车二平三，车6平4，仕五进六，车4退3（如马7进6，红车三平九），车三平六，红胜。

22. 炮三进三 车6平4

23. 仕五进六 车4进6

24. 帅六平五 马7进6

25. 车二进八 ……

献车送炮催杀，精妙。

25. …… 车4退5（图310）

下一步红炮三进二轰车，解捉还捉，精妙绝伦，红方立定胜局。酣畅淋漓，犹如足球赛中“狮子甩头”、“临门倒钩”，又如一记“贝克汉姆式的底线远射”，过瘾也。

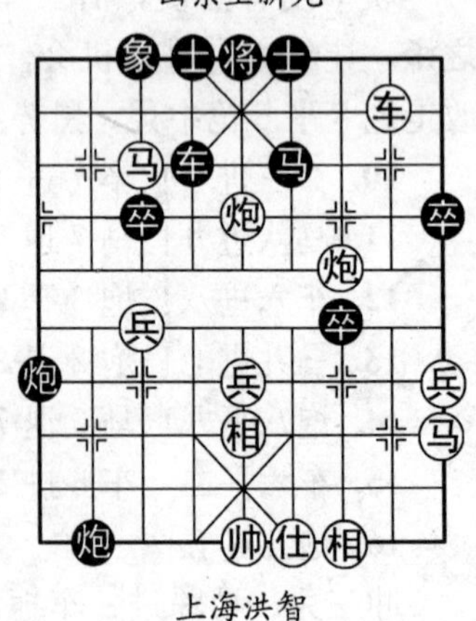

图 310

第 277 局

辽宁卜凤波（红先负）浙江赵鑫鑫

（2007 年 9 月 8 日弈于呼和浩特）

中炮过河车对屏风马平炮兑车

1. 炮二平五　马 8 进 7　**2.** 马二进三　车 9 平 8
3. 车一平二　马 2 进 3　**4.** 兵七进一　卒 7 进 1
5. 车二进六　炮 8 平 9　**6.** 车二平三　炮 9 退 1
7. 炮八平七　马 3 退 5

浙江小将赵鑫鑫在 2007 年全国个人赛上有出色的表演，在全程 16 盘棋中取得 9 胜（其中 4 盘快棋）7 和不败优异战绩一举夺魁，登顶为全国冠军，成为“新科状元”，并晋升为特级大师。本局是第 6 轮以后手迎战辽宁特级大师卜凤波。中炮过河车对屏风马平炮兑车，红方采用五七炮进攻，黑方马退窝心，防守反击。

8. 车三退一　车 8 进 8

红方退车吃卒避一手。如改走炮五进四（如炮七进四，炮 9 平 7，车三平二，车 8 进 3，炮七平二，炮 2 进 6，车九进二，车 1 平 2，车九平六，双方对抢先手），马 7 进 5，车三平五，车 1 平 2，相七进五，车 8 进 8，仕六进五，炮 2 平 7，黑势乐观。黑车侵入下二路，埋下伏兵，积极主动。

9. 马八进九　炮 9 平 7　**10.** 车三平八　车 1 进 2

同样平车，可走车三平六，为左车留出通道。黑方高车保炮，利于以后移动，似笨实佳。

11. 炮五平六？马 7 进 8

卸炮放弃中路进攻之道，软手。应改走兵三进一。黑方跃马侧击，恰到好处。

12. 兵三进一　炮 2 平 7　**13.** 相三进五　车 1 平 6
14. 仕六进五　马 8 进 6

移形换阵，黑方迅速集结重兵于左翼，形成侧攻“兵团”，运子颇见功力。现在兑马抢攻，削弱红方右翼防守，好棋。

15. 马三进四　车 6 进 3　**16.** 车九平八　前炮平 8

17. 后车进三　马 5 进 6

18. 炮七退一　车 8 平 6（图 311）

5 子归边，喊杀连天，红方难以招架。

浙江赵鑫鑫

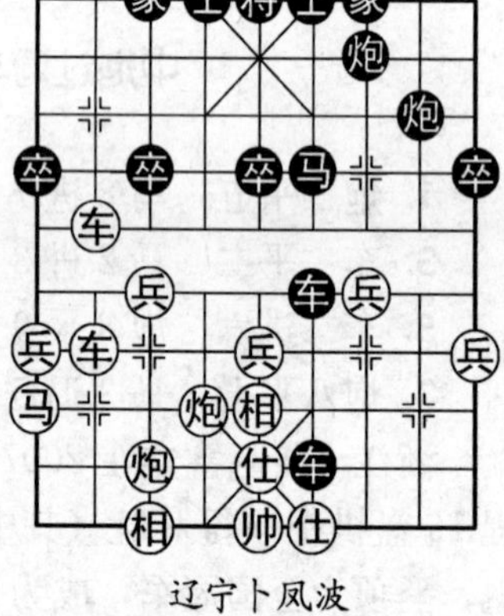

辽宁卜凤波

图 311

19. 仕五进四　前车平 9

20. 仕四进五　车 9 进 1

21. 仕五退四　马 6 进 7!

22. 前车平二　……

弃马踏兵，凶。红如相五进三吃马，车 6 进 2，帅五进一，车 6 进 2，黑胜。

22. ……　马 7 进 6

23. 帅五进一　车 9 平 6

24. 车八平六　炮 8 平 2　**25.** 车六平八　前车平 5

下面：帅五平六，车 5 退 2，黑胜。

第 278 局

浙江赵鑫鑫（红先胜）河北苗利明

（2007 年 9 月 11 日弈于呼和浩特）

五七炮对屏风马

1. 炮二平五　马 8 进 7　**2.** 马二进三　车 9 平 8

3. 车一平二　马 2 进 3　**4.** 马八进九　卒 7 进 1

5. 炮八平七　车 1 平 2　**6.** 车九平八　炮 8 进 4

7. 车八进六　炮 2 平 1　**8.** 车八平七　车 2 进 2

9. 兵五进一　……

2007 年全国个人赛，前 7 轮，赵鑫鑫 4 胜 3 和，一路领先，令人刮目相看。第 8 轮，抽签排定，接战河北年轻大师苗利明。双方对兵（卒）局，散手战和。本局是加赛快棋。五七炮双直车对屏风马左炮封车，红方冲中兵从容进攻，这是一步有充分准备的新招，一般都走车七退二。

9. …… 士 4 进 5 **10.** 兵五进一 象 3 进 5

面临新变，黑方显然有心理压力，因为时间紧迫，容不得细细推敲，上象固中求稳，实际上是一步软手，应改走卒 5 进 1，不让红方保留过河兵。

11. 兵五平六 马 7 进 6 **12.** 炮七退一 马 6 进 4

13. 炮五平四 ……

双炮联动，左右逢源，真是滴水不漏，显示运子功夫。

13. …… 炮 8 退 3 **14.** 炮四进四 ……

进炮挡，隔开受封车炮，佳着。

14. …… 马 3 退 4

15. 车七退二 前马进 6

16. 仕四进五 车 2 进 5

17. 相三进五 炮 8 进 4

18. 马三进五（图 312） ……

一阵拼抢，红方控制局势。现在跃马兵林，一路雄风。

河北苗利明

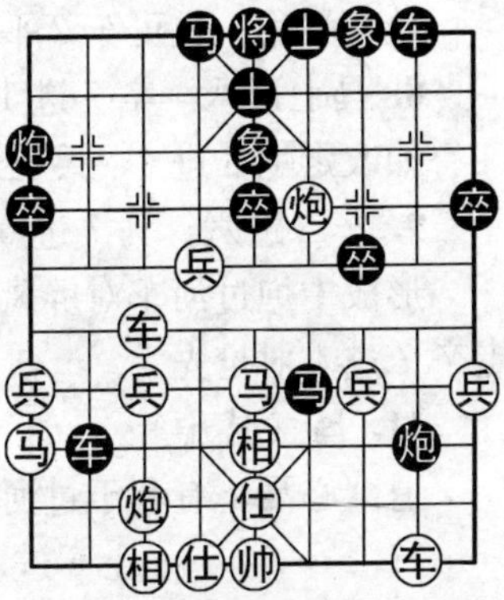

浙江赵鑫鑫

图 312

18. …… 车 8 进 2

19. 车七平四 炮 8 平 6

20. 车二进七 炮 6 退 2

21. 车二退三 炮 6 平 2

22. 车二平四 炮 1 进 4 **23.** 炮四退三 ……

攻中夺子，奠定胜势。

23. …… 炮 2 退 3 **24.** 炮四退一 车 2 退 3

25. 马五进七 ……

下面：车 2 平 4（如炮 1 平 7，红马七进六），马七退九，再夺子，红胜。

第279局

中国许银川（红先胜）菲律宾庄宏明

（2007年10月18日弈于澳门）

中炮对右三步虎

1. 炮二平五　马2进3　　**2.** 兵七进一　炮2平1

3. 马八进七　车1平2　　**4.** 车九平四　车2进4

本局弈自第10届世界象棋锦标赛。中炮对右三步虎，黑方右车巡河稳健，如改走车2进6，马七进六，红方占先。

5. 马二进三　马8进7　　**6.** 车一平二　车9平8

7. 炮八平九　车2进5

兑车平稳，也可车2平4保存主力和变化。

8. 马七退八　卒7进1

如改走炮8进4，兵三进一，炮8平7，马八进七，红方先手。

9. 车二进六　马7进6　　**10.** 马八进七　象7进5?

形成中炮过河车对屏风马左马盘河阵势，黑方飞象软手，应改走卒7进1对抢先手。

11. 马三退五　……

退窝心马，有利于过河车发挥作用，佳着。

11. ……　士6进5　　**12.** 炮五平四　卒7进1

13. 车二平四　马6进7

踏兵不妥，被红车封住车炮，陷入被动。可改走车8平6，车四进三，士5退6，兵三进一，斗无车棋，虽吃后手，但尚可应对，战程还很长。

14. 车四平二　卒3进1

15. 兵七进一　象5进3

16. 马五进六　车8平6

舍象出车，无奈，无更好的选择。

17. 马六进七　车6进4
18. 前马退八　炮8平4
19. 马八进六　车6平4
20. 炮四平六　车4平5（图313）
21. 马六进五！炮4平5

踏卒抢攻，好棋。黑如车5进2，炮六平五，红方速胜。

22. 炮六平五　车5平4
23. 马五进七　车4平3
24. 后马进八　马7进6
25. 炮九平七！……

攻中夺子，现在平炮解杀还杀，黑方认输。

菲律宾庄宏明

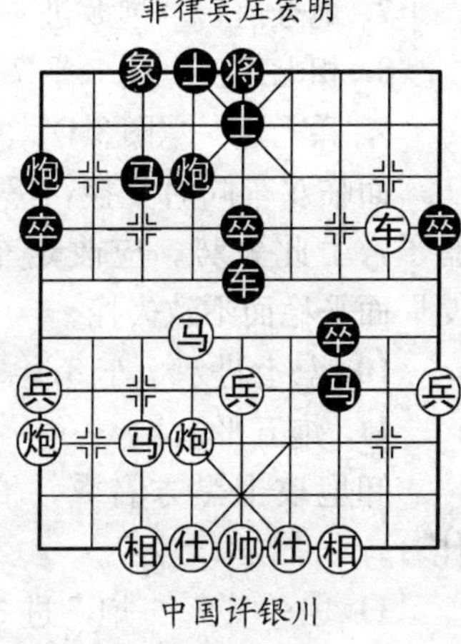

中国许银川

图313

第280局

湖北李雪松（红先胜）四川李艾东

（2007年12月24日弈于宁波）

中炮对半途列炮

1. 炮二平五　马8进7　　2. 马二进三　车9平8
3. 车一平二　炮2平5

本局弈自“鄞州杯”全国象棋大师冠军赛，也是该项赛事连续第三次在宁波地区举行。中炮对小列手炮，双方短兵相接，形成对攻。

4. 兵三进一　马2进3　　5. 马八进七　车1平2
6. 车九平八　车2进5

骑河车意在袭击河沿及红方右翼，但这只车很难立足，效果也不理想。可改走炮8进4，兵七进一，车2进4，炮八平九，车2平8，保持对攻态势，阵形比较严整。

7. 炮五退一　炮 8 进 4

8. 相七进五　炮 8 平 7

9. 兵七进一（图 314）　车 8 进 9?

面临双车同时交换，黑方贪攻兑错子，由此失势。应改走车 2 退 1，使局面平稳而不致失控。

四川李艾东

湖北李雪松

图 314

10. 马七进八　车 8 退 2

11. 炮五平七！……

卸炮攻击黑方右翼，恰到好处，佳着。

11. ……　炮 7 进 3

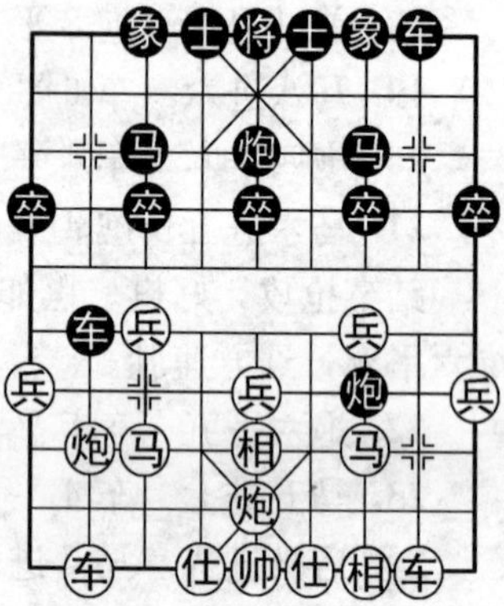

12. 帅五进一！……

高帅好棋，黑方虽得相，但顿时陷入困境。

12. ……　炮 7 平 9　13. 马八进七　炮 5 平 6

14. 炮八平七　象 7 进 5　15. 马七退六　车 8 退 3

16. 兵七进一　……

连炮、退马、冲兵，一套组合拳，红方抢攻得势，由此一路雄风。

16. ……　士 4 进 5　17. 兵七进一　马 3 退 4

18. 车八进五　车 8 进 3

兑车狠。黑如车 8 平 2，马六进八，黑方难以抵挡红方凌厉的侧攻之势。

19. 马三进四　车 8 退 1　20. 马四进六　象 3 进 1

21. 前马进八　……

疾奔卧槽，势不可当。下面：炮 6 退 1，车八平四，炮 6 平 8，车四进三，士 5 进 4，兵七进一，红胜。

第281局

上海洪智（红先负）浙江于幼华

（2007年12月26日弈于承德）

对兵（卒）局

1. 兵七进一 卒7进1 **2.** 炮二平三 炮2平5

3. 马八进七 ……

这是两位特级大师在“来群杯”象棋名人战中的较量。第1盘慢棋双方走和。本局是加赛快棋。对兵（卒）开局，黑方架中炮取进攻态势，红方跳马取守势，如炮八平五，则斗顺炮，呈对攻状态。

3. …… 马2进3 **4.** 车九平八 ……

出车联炮，亦可改走兵三进一抢先。

4. …… 车1平2 **5.** 炮八进四 ……

左炮封车，此时也仍可选择兵三进一。

5. …… 马8进7 **6.** 炮三进三 炮8进5!

翻炮轰卒意在为右马留出一个位置，但遭致黑方阻击，不如车一进一出横车。另如改走兵三进一，马7进6，兵三进一，马6进5，黑方反先。黑方进炮封锁红方下三路，构思精巧的冷着，出乎红方意料之外。

7. 车一进一 车9平8 **8.** 车一平四 士6进5

9. 炮三进一? ……

进炮压马似是而非，失先。应改走车四进五。

9. …… 卒5进1 **10.** 仕六进五 炮8退4!

退炮既防红车侵卒林，又可牵制红方双炮活动，好棋。两步炮一进一退，显示功力。

11. 炮八退二 车2进4 **12.** 兵三进一 马3进5

13. 炮三退一 马5进7 **14.** 兵三进一 炮8平5!

黑方采用盘头马进攻，兑子后又双炮攻中路，可说是环环紧扣走得好。黑方已经反先而占优势。

15. 马二进三　车8进7！　**16.** 车四平三　……

如改走车四进一，前炮进3，马七进五，炮5进4，相三进五，卒5进1，兵三进一，马7进5，黑优。

16. ……　卒5进1

17. 兵三进一　车2平7

横车捉兵，兑子抢攻，恰到好处。

18. 兵三进一　车8平7

19. 车三进一　车7进3

20. 相七进五（图315）　卒5进1

卒攻中路，锐不可当。

21. 马七进六　卒5进1！

卒攻杀相，撕开防线，凶狠。下面入局。

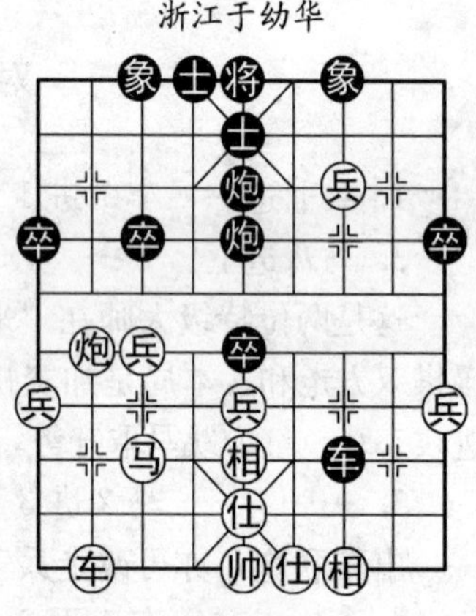

图315

22. 相三进五　前炮平8

23. 帅五平六　炮5平4

24. 马六退四　车7平5　**25.** 马四进二　炮8平5

车双炮杀局，黑胜。

第282局

上海万春林（红先负）浙江陈寒峰

（2008年3月5日弈于北京）

对兵（卒）局

1. 兵七进一　卒7进1　**2.** 马八进七　马8进7

3. 炮二平五　马2进3　**4.** 马二进三　马7进8

本局由两位特级大师弈于2008年第6届“威凯房地产杯”全国象棋排位赛。对兵（卒）开局，互为试探，继而走成中炮七路马对屏风马阵势。黑方跳外肋马封车，是临枰时的选择，如车9平8

则容易落入俗套。

5. 马七进六　象7进5

飞左象拓宽左翼空间，是寻求变化的着法。一般象3进5飞右象居多。

6. 炮八进三？……

骑河炮轰马作用不大，有落空的感觉，失先。改走车九进一启动主力为好。

6. ……　马8进7

7. 车一平二　炮8平7

8. 炮五平六　士6进5

9. 相七进五？……

飞相缓手。应改走车二进六比较积极。

9. ……　车9平6

10. 炮八进一　马7退6

退马兑子抢先，佳着。

11. 马六进五　马3进5

12. 炮八平五　炮7进5

13. 炮六平三　马6进5（图316）

浙江陈寒峰

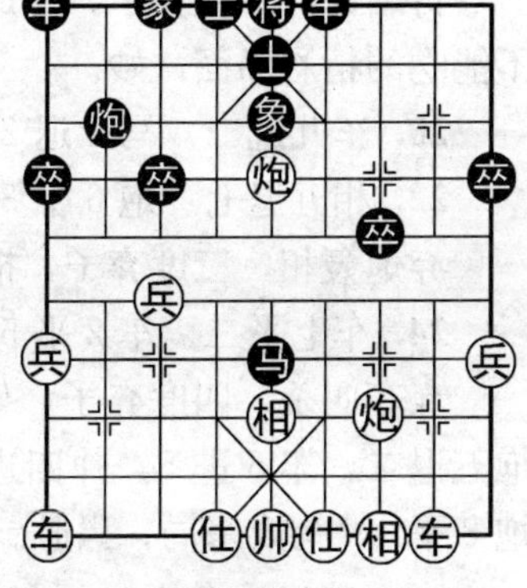

上海万春林

图316

一阵拼抢交换，局面简化。黑方多卒，兵种又好，已经反先。

14. 炮三退一　车1平2

15. 仕六进五？……

补仕不妥。应改走车九平八进行牵制。

15. ……　炮2进7

16. 车二进三　马5进3

17. 炮五退二　……

退炮不是当务之急，应走车二平七捉马。红方对黑方潜在的攻势掉以轻心，酿成后患。

17. ……　车2进4

18. 炮三进一（图317）……

黑方升车巡河不动声色，却是极具杀伤力的冷着！好棋。红方另有两种应着：①车二平七，炮2平6！仕五退四，车2平6！仕四进五，马3进5！黑胜。②车九进二，炮2平6，车九平七，车2进5，仕五退六，炮6平4，车七退二，车2退1，炮三平七，炮4退2，黑优。

18. ……　　　炮2平6

弃炮轰仕，实行反击，好棋。

19. 仕五退六　……

如改走仕五退四，车2平6，仕四进五，马3进5，帅五进一，前车进4，帅五退一，前车进1，帅五进一，后车进8，黑胜。

19. ……　　　马3进4！

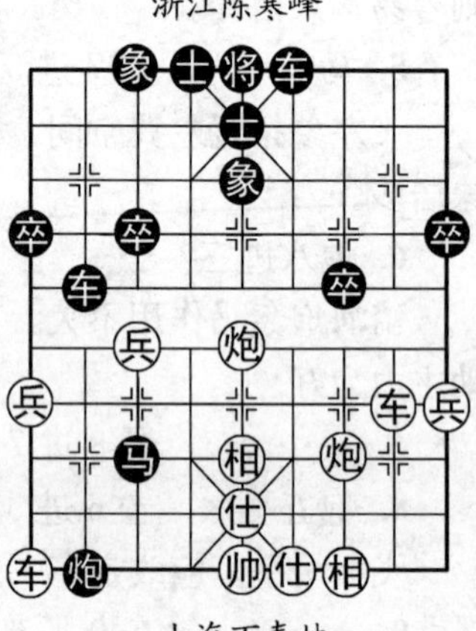

图 317

再踏仕，二度弃子，形成马炮双献子且紧靠红帅左右而红方却不能吃的精彩场面，妙。

20. 车九进二　马4退2　**21.** 车九平七　炮6退3

22. 相五退七　炮6平3　**23.** 炮三平一　炮3进3

弃炮轰相，三度弃子，摧枯拉朽。

24. 车七平二　车2平5　**25.** 炮五退二　车6进9

弃车叫杀，四度弃子，妙极。红如帅五平四吃车，马2进4，炮五退二，车5进5，帅四进一，车5退2杀。下面：帅五进一，炮3平1，构成杀局，黑胜。

第283局

黑龙江赵国荣（红先胜）福建李鸿嘉

（2008年3月6日弈于北京）

五七炮进三兵对屏风马

1. 炮二平五　马8进7　**2.** 马二进三　车9平8

3. 车一平二　马2进3　**4.** 兵三进一　卒3进1

5. 马八进九　卒 1 进 1　　**6.** 炮八平七　马 3 进 2

7. 车九进一　象 3 进 5

本局弈自第 6 届“威凯房地产杯”全国象棋排位赛。五七炮进三兵对屏风马，红方采用直横车打法，如改走马三进四另有变化。黑方飞右象固中，改走象 7 进 5 或卒 1 进 1 亦可。

8. 车二进六　车 1 进 3　　**9.** 车九平六　炮 8 平 9

10. 车二进三　……

兑车稳健。如改走车二平三，炮 9 退 1，车三平四，车 8 进 4，兵五进一，士 4 进 5，车六进二，卒 3 进 1，兵七进一，炮 2 平 4，仕六进五，马 2 退 4，车六平八，马 4 进 3，马九进七，车 1 平 2，车八进三，马 3 退 2，炮五进四，车 8 进 2，马七退五，马 7 进 5，车四平五，马 2 进 3，黑方抗衡。

10. ……　　马 7 退 8　　**11.** 马三进四　士 6 进 5

如改走马 8 进 7，马四进三，士 4 进 5，马三进一，象 7 进 9，炮七退一，红方占先。

12. 马四进三　炮 9 平 7　　**13.** 相三进一　马 2 进 1

踏兵，意在边线反击。也可考虑改走马 8 进 9，马三退四，马 2 进 1，炮七退一，卒 5 进 1，车六进三，炮 7 平 8，兵三进一，象 5 进 7，炮五进三，象 7 退 5，黑势可以满意。

14. 炮七退一　卒 1 进 1

15. 马三退四　马 1 进 3

插马硬切入，容易引起红方反弹。可改走马 8 进 9 看一看，等一等。

16. 车六进一　马 3 进 1

17. 炮七平二　卒 5 进 1（图 318）

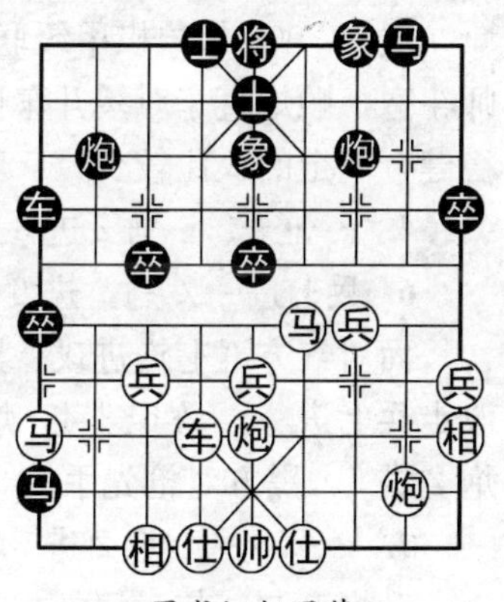

图 318

18. 兵三进一！……

弃兵抢先，佳着。

18. ……　　象 5 进 7

19. 车六平八　象 7 进 5

20. 车八退一　车1平6

红方运动，控马谋子，奠定优势。黑如改走卒1进1，炮二平九，红方多子占优。

21. 马四进六　卒1进1?

冲卒失象受攻，不当。应车6平4。

22. 马六进五！将5平6　**23.** 炮二平四　炮7平6

24. 炮四进四！……

踏象肋攻，进炮吊将，妙。

24. ……　马8进6　**25.** 炮五平四　车6平8

下面：前炮进三，卒1进1，车八进六，红胜。

第284局

江苏徐超（红先和）河北申鹏

（2008年4月12日弈于惠州）

顺炮直车对缓开车

1. 炮二平五　炮8平5　**2.** 马二进三　马8进7

3. 车一平二　卒7进1　**4.** 马八进九　……

这是2008年象棋甲级联赛首轮开场战，由苏、冀两位年轻大师斗智。顺炮直车对缓开车挺7卒是目前流行的走法。红方跳边马稳健，但走的人比较少，一般都走兵七进一或马八进七。

4. ……　马2进3　**5.** 炮八平七　车1平2

6. 兵七进一　马7进6　**7.** 车二进四　……

面对红方五七炮进攻，黑方跳7路马相对抗，着法积极。红如改走兵七进一，马6进4，炮七进二（如炮七平六，黑卒3进1），炮2进5，黑方对抢先手。

7. ……　炮2进5

升炮牵制，与盘河马相呼应，灵巧。

8. 车九平八（图319）……

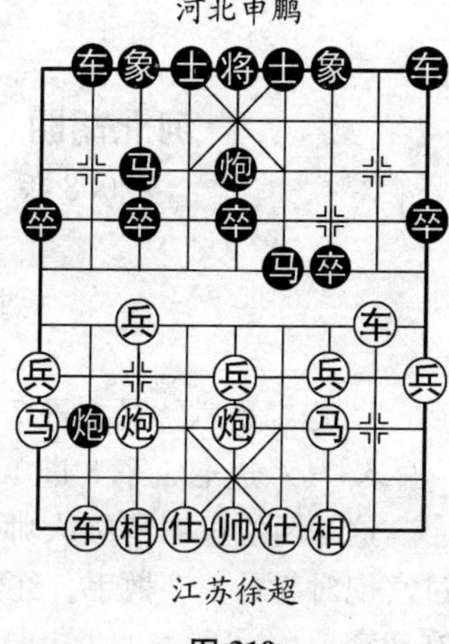

图 319

如改走车二平四，炮 2 平 5，相三进五，车 2 进 4，车九平八，车 2 平 4，车八进六，炮 5 平 6，车四平二，象 3 进 5，黑势抗衡。

8. …… 马 6 进 5

抢兵踏中，展开争斗。

9. 马三进五 炮 2 平 5

10. 相七进五 炮 5 进 4

11. 仕六进五 车 2 进 9

12. 马九退八 象 3 进 5

大兑子，局面迅速简化。局势仍呈均衡状态。

13. 马八进六 ……

如改走兵一进一，车 9 进 1，马八进六，炮 5 退 2，马六进五，车 9 平 4，黑方易走。

13. …… 炮 5 平 9　　**14.** 兵三进一 车 9 进 1

15. 兵三进一 车 9 平 4　　**16.** 马六进五 车 4 进 5

17. 马五进四 象 5 进 7

黑方子力迅速出动，这对平衡局势尤为重要。现在“吃兵放兵”，有惊无险。

18. 兵七进一 卒 5 进 1　　**19.** 兵七进一 马 3 进 5

20. 兵七平六 ……

弃兵抢道，无更有力的选择。

20. …… 车 4 退 3　　**21.** 车二进二 士 4 进 5

22. 车二平一 炮 9 平 2　　**23.** 相五进七 炮 2 退 2

24. 炮七平五 ……

兑子即成和棋。如改走马四进三，炮 2 进 2，马三退五，炮 2 平 5，仕五进四（如炮七平五，将 5 平 4，黑胜），车 4 平 5，车一平五，炮 5 退 3，亦是和局。

第 285 局

河北胡明（红先胜）江苏伍霞

（2008 年 4 月 18 日弈于武汉）

过宫炮对起马

1. 炮二平六　马 8 进 7　　**2.** 马二进三　车 9 平 8

3. 马八进七　卒 3 进 1　　**4.** 炮八平九　……

这是两位巾帼特级大师在 2008 年全国女子团体赛中的较量。过宫炮对起马，斗散手。红方上左马，开边炮，先启动左翼，弈来有新意。

4. ……　炮 2 平 3　　**5.** 车九平八　马 2 进 1

开车放开七路，诱敌深入，红方有备而来。黑如改走卒 3 进 1，车八进八，卒 3 进 1，马七退九，下一手平炮轰马，红方可以夺子占优。

6. 车一平二　卒 3 进 1?

再开车继续放开七路，兵不厌诈，设下诱饵钓鱼，红方耐心等待。黑方冲卒果然经不住诱惑，上当。由此落入被动。应改走卒 7 进 1，慢慢来。

7. 兵七进一！……

弃马吃卒，实施诱术计划，有备打无备，红方技高一筹。

7. ……　炮 3 进 5　　**8.** 车二进六　炮 3 平 7

如改走炮 8 平 9，车二平三，车 8 进 2，炮六进五，象 7 进 5，兵七进一，车 1 平 2，炮六平八，红方占优。

9. 炮九平三　车 1 平 2　　**10.** 车八进九　马 1 退 2

11. 车二平三　炮 8 进 5

吃兵压马，黑方得子失势不好过。如改走马 7 退 5，炮六平五，马 5 进 3，兵七进一，红优。

12. 炮六进二　炮 8 退 1

舍马抢中兵，无奈。如逃马，红方打通卒林有攻势。

13. 车三进一　炮 8 平 5　　**14.** 车三平八　马 2 进 1

15. 车八退四　炮 5 平 9

空心炮难以立足。如改走炮 5 退 1，车八进三，卒 5 进 1，车八退一，车 8 进 4，炮三进七，士 6 进 5，车八进一，红优。

16. 兵三进一　炮 9 退 2

17. 车八进三　象 7 进 5

18. 车八平五　车 8 进 6（图 320）

19. 炮三平五　……

红方发动中路攻势，车双炮联攻入局，一气呵成。

19. ……　士 6 进 5

20. 炮六进四　车 8 平 4

21. 炮五进五　将 5 平 6

22. 车五平一　车 4 退 5

23. 车一退一　车 4 进 1

24. 车一平四　士 5 进 6

25. 炮五退五　……

江苏伍霞

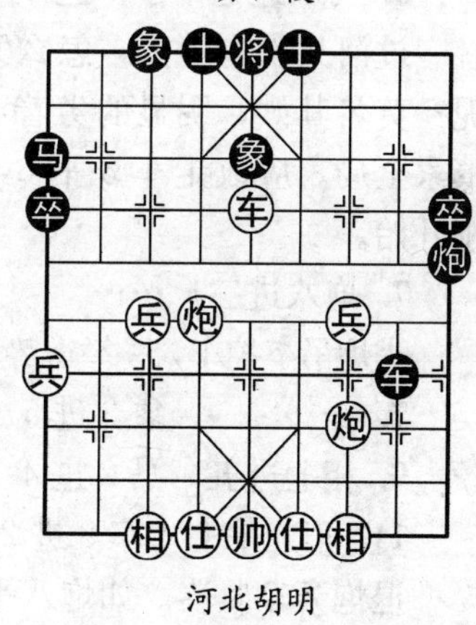

河北胡明

图 320

车炮发威，三、七两路兵虎视，黑方放弃抵抗，认输。全局弈完，红方守子一步未动，有趣。

第 286 局

新疆薛文强（红先胜）山东侯昭忠

（2008 年 4 月 18 日弈于武汉）

仙人指路对起马

1. 兵七进一　马 8 进 7　　**2.** 兵三进一　炮 8 平 9

3. 马二进三　车 9 平 8

本局选自 2008 年全国团体赛。仙人指路对起马开局，演成两头蛇对三步虎阵势，双方打散手。

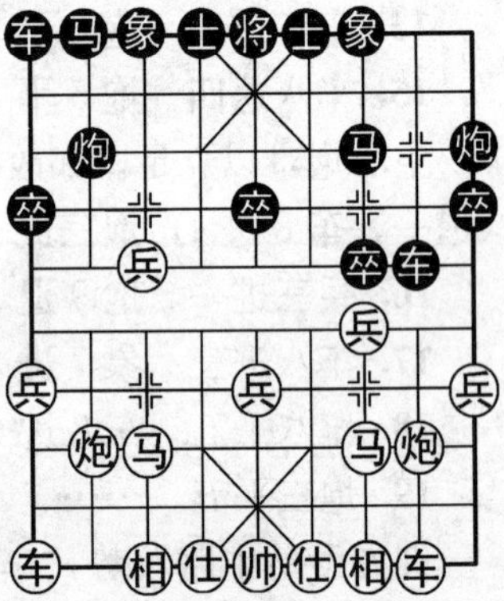

山东侯昭忠

新疆薛文强

图 321

4. 车一平二　卒 3 进 1

先弃后取，三步虎布局中常用的手段。

5. 兵七进一　车 8 进 4

6. 马八进七　卒 7 进 1？（图 321）

过河兵没有消灭，怎么又挺 7 卒呢？莫名其妙，明显的劣着，一步不慎累全局。应改走车 8 平 3，战事刚刚开始。

7. 炮八进三！……

进炮吊卒控车，一举得势，好棋。

7. ……　象 3 进 5　**8.** 兵三进一　象 5 进 7

9. 相七进五　马 2 进 4　**10.** 马七进六　车 1 平 3

11. 车九平七　车 8 进 2　**12.** 炮八退二　……

退炮轰车紧凑。如炮八平三轰象，象 7 进 5，炮三退一，车 3 进 4，虽得一相，但局势松懈，红方得不偿失。

12. ……　车 8 退 3　**13.** 炮二进二　象 7 退 5

14. 兵七进一　炮 2 平 1　**15.** 兵七进一　……

七兵直冲，势不可当。

15. ……　车 3 平 2　**16.** 炮二退三　车 2 平 1

17. 炮二平八　……

兑车简化，集中力量攻击黑方左翼，老练。

17. ……　车 8 进 6　**18.** 马三退二　马 4 进 6

19. 马二进三　士 4 进 5　**20.** 前炮进五　炮 1 退 1

21. 兵七平八　炮 9 退 1　**22.** 兵八平九　……

改走前炮进一亦可，黑难应付。

22. ……　炮 9 平 2

下面：兵九进一，车 1 进 1，车七进八，马 6 进 7，马六进七，红方夺炮胜。

第287局

北京唐丹（红先负）江苏伍霞

（2008年6月13日弈于淄博）

中炮七路马对反宫马

1. 炮二平五 马2进3 **2.** 兵七进一 炮8平6

3. 马八进七 马8进7

本局是两位巾帼特级大师在第7届“嘉周杯”象棋特级大师冠军赛中的较量。中炮七路马对反宫马，黑如改走炮6进5，炮五进四，炮6平2（如马3进5，红炮八平四占先），炮五退二，红方弃炮占有空心炮攻势，黑方不好办。

4. 马七进六 士4进5 **5.** 炮八平七 象3进5

6. 车九平八 炮2平1 **7.** 马二进三 车9平8

8. 车一平二 ……

兑车简化。亦可改走兵三进一，车1平4，马六进五，马3进5，炮五进四，红方占先。

8. …… 车8进9 **9.** 马三退二 卒7进1

10. 马六进七 ……

如改走马六进五，马3进5，炮五进四，炮6进1，炮五退二，炮6平5，马二进三，车1平4，相三进五，炮1进4，车八进三，炮1进3，仕四进五，马7进6，黑有反击之势。

10. …… 炮1退1

11. 车八进七 马7进6（图322）

12. 马七进五？……

踏象兑子，走得匆忙，计算不周而出错，失着。应改走仕四进五补一手兼观望。

12. …… 象7进5 **13.** 炮七进五 马6退4！

退马捉车，回马金枪，妙。

14. 车八退一　……

如车八平九，马 4 进 2，黑方捉双夺子。

14. ……　　　马 4 进 3

15. 车八平七　马 3 进 4

16. 帅五进一　车 1 平 2

17. 帅五平四　炮 6 退 1

为了避免失子，红方老帅受攻而不得安宁。如改走炮五进四，马 4 退 6，黑方速胜。黑方退炮紧攻，佳着。

18. 仕四进五　士 5 进 6

19. 仕五进四　车 2 进 8

20. 帅四退一　士 6 退 5

江苏伍霞

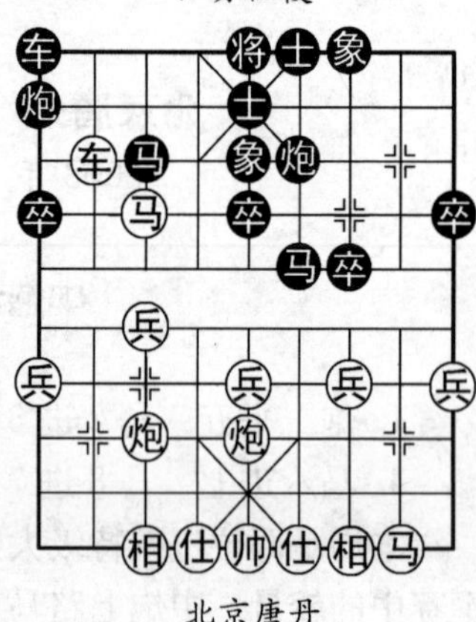

北京唐丹

图 322

21. 仕四退五　……

下面：炮 1 平 3！炮七平九，炮 3 进 8，帅四进一，士 5 进 6，黑胜。

第 288 局

广东张学潮（红先负）湖南谢岿

（2008 年 7 月 20 日弈于顺德）

中炮横车七路马对屏风马

1. 炮二平五　马 8 进 7　　**2.** 马二进三　车 9 平 8

3. 兵七进一　卒 7 进 1　　**4.** 马八进七　马 2 进 3

5. 车一进一　象 3 进 5　　**6.** 炮八平九　车 1 平 2

2008 年盛夏，在广东顺德举办了"顺德乐从钢协杯"象棋邀请赛，广东、湖北、湖南、北京、辽宁等地区棋手参加，促进了棋艺交流。本局是其中一则。中炮横车七路马对屏风马开局，红方采用五九炮打法，常见的为车一平四。黑方先出车联炮，也可炮 2 进 4 右炮过河。

7. 车九平八　炮 2 进 4　　**8.** 兵五进一　炮 8 进 6

左炮封车，强硬，亦可炮 8 进 4 成双炮过河变例。

9. 兵五进一　卒 5 进 1　　**10.** 马三进五　士 4 进 5

11. 马五进六？……

跃马过急，应车八进一赶炮，炮 8 退 2（如炮 8 进 1，车一平二，车 8 进 8，车八平二，炮 8 平 9，兵三进一，红方先手），兵三进一，红方占先。

11. ……　马 7 进 5（图 323）

12. 炮五平二？……

卸掉中炮捉炮，放弃中路攻势，“拾了芝麻丢掉西瓜”，失先。应炮五进四，马 3 进 5，车八进一，红方不失先手。

湖南谢岿

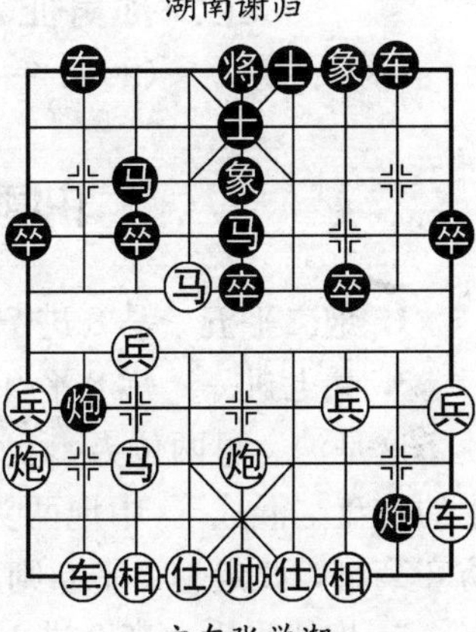

广东张学潮

图 323

12. ……　炮 8 进 1　　**13.** 车一退一　炮 8 退 1

14. 车八进一　卒 3 进 1！　　**15.** 兵七进一　马 3 进 4

16. 兵七平六　卒 5 进 1！　　**17.** 车一进一　……

黑方先兑马后冲中卒，弃炮抢攻，着法有力。红如改走车八平二吃炮，炮 2 平 3，相三进五，马 5 进 4，车一进一，车 2 进 7，马七退五，车 2 进 1，黑方有攻势。

17. ……　炮 8 进 1　　**18.** 车一平六　车 2 平 3

兑子反击，佳着。

19. 车八进二　车 3 进 7　　**20.** 车八进六　士 5 退 4

21. 兵六进一　马 5 进 4　　**22.** 兵六进一　车 8 进 3

23. 兵六进一　士 6 进 5　　**24.** 车六平八　……

红兵直冲有惊无险，如改走兵六平五，将 5 进 1，车八平六，车 8 平 6，黑胜。

24. ……　车 8 平 6　　**25.** 前车退七　将 5 平 6

出将即定胜局。下面为：炮九平七，车 6 进 6，帅五进一，车 6 退 1，黑胜。

第 289 局

上海孙勇征（红先负）广东陈丽淳

（2008 年 7 月 24 日弈于眉山）

中炮两头蛇对三步虎

1. 炮二平五　马 8 进 7　　**2.** 马二进三　车 9 平 8

3. 兵七进一　炮 8 平 9　　**4.** 兵三进一　象 3 进 5

这是沪、粤两位男、女大师在“道家茶叶杯”全国象棋明星赛中的一盘“混战”。中炮两头蛇对三步虎开局，黑方飞象固中，取防守策略，改走炮 2 平 5 则成半途列炮对攻局式。

5. 炮八平六　卒 3 进 1

红方采取五六炮打法，亦可改走马八进七或车一进一。黑方弃卒，先舍后取，启动右翼，布局老练。

6. 兵七进一　车 8 进 4　　**7.** 兵七进一　……

冲兵影响大子出动。可改走马八进七，车 8 平 3，马七进六，马 2 进 3（如车 3 进 1，红马六进五），车九平八，车 1 平 2，相七进九，红方占先。

7. ……　车 8 平 3　　**8.** 马八进七　车 3 退 1

9. 车九平八　炮 2 平 3　　**10.** 马七进六　车 3 进 2

11. 马六进四　……

进马对黑方构不成威胁，不如径走马六进五，马 7 进 5，炮五进四，士 4 进 5，相七进五，红方先手。

11. ……　车 3 退 1（图 324）

12. 马四进六？……

硬闯卧槽，孤军深入，无作为，失先。应改走马四进三，炮 3 平 7，炮五进四，士 4 进 5，相三进五，红方仍有先手。

12. ……　炮 3 进 7

炮轰底相，乘机突破，攻守兼顾，恰到好处。

13. 仕六进五　马 2 进 1

14. 马六进八？……

进马捉双车，假棋，陷入泥潭，难以自拔，失着。应改走车一平二尽快开出主力。

14. ……　　车 1 平 2

15. 炮六进五　象 5 退 3！

退象巧手化解，又呈反击之势，佳着。

16. 炮六平一　象 7 进 9

17. 马八退七　……

兑车无奈。如马三进四，车 3 退 2，红方失子。

17. ……　　车 2 进 9

18. 马七进六　将 5 进 1

19. 车一进一　马 1 进 3

20. 车一平四　马 3 进 4

21. 马六退四　将 5 平 4

22. 炮五平六　马 4 进 2（图 325）

边马迅速窜出，成车马炮杀势。红方有三种应着：①车四进四，炮 3 退 2，仕五退六（如炮六退二，马 2 进 3 杀），马 2 进 4，帅五进一，车 2 退 1，黑胜。②帅五平六，马 2 进 4，车四进三（如仕五进六，炮 3 退 6，帅六进一，车 2 退 1，帅六退一，车 2 平 6，黑方夺车胜），炮 3 退 3，帅六进一，车 2 退 1，帅六退一，炮 3 平 4，黑胜。③炮六进三（如炮六退一，炮 3 退 1，红方丢车；如炮六平七，马 2 进 3 杀），马 2 进 4，仕五进六，炮 3 退 2，帅五进一，车 2 退 1，帅五退一，车 2 平 6，黑方夺车胜定。

广东陈丽淳

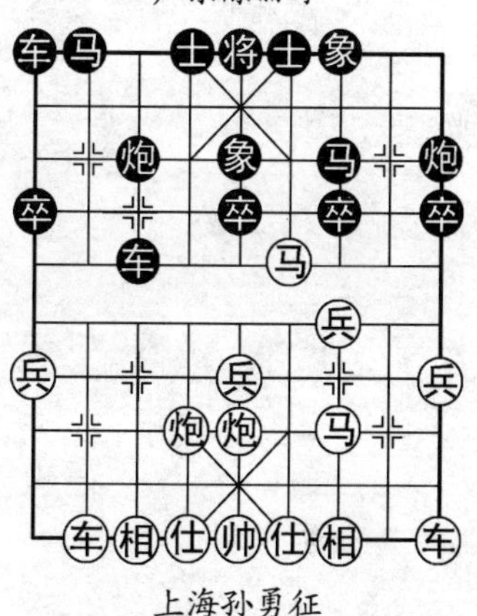

上海孙勇征

图 324

广东陈丽淳

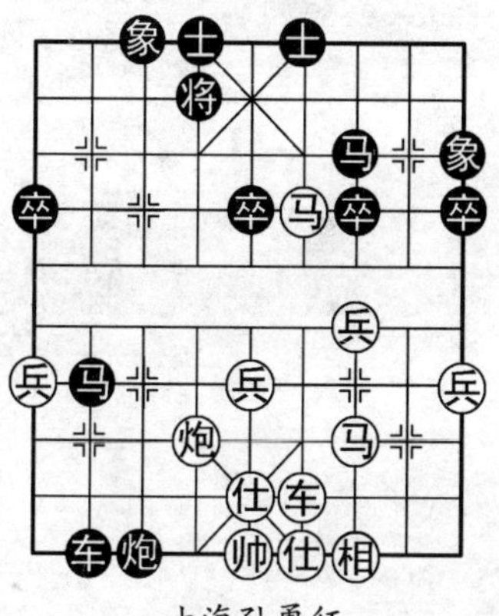

上海孙勇征

图 325

第二部分　超短局

（20 回合以下，共 50 局）

第 290 局

北京宋景岱（红先负）上海屠景明

（1955 年 5 月 19 日弈于上海）

中炮巡河车对屏风马

1. 炮二平五　马 8 进 7　**2.** 马二进三　车 9 平 8
3. 车一平二　卒 3 进 1　**4.** 车二进四　马 2 进 3
5. 兵七进一　……

这是 1955 年 5 月京沪交流赛上的一场精彩格斗。双方中炮巡河车对屏风马进 3 卒拉开战幕后，红急兑七兵是传统的选择，也可改走马八进九先启动左翼子力，使两翼均衡发展。

5. ……　卒 3 进 1　**6.** 车二平七　炮 2 退 1
7. 炮八平七　……

平炮攻马，嫌急。改走马八进九比较平稳。

7. ……　炮 2 平 3　**8.** 车七平三　……

车平三路，保持高压态势，改走车七平二则相对稳健。

8. ……　卒 7 进 1
9. 车三进一　象 3 进 5（图 326）
10. 车三进二？……

黑方送卒、弃马、陷车，这是当时流行一时的“弃马陷车”变例。现红方砍马会引发黑方极力的反击搏杀，不属理想走法。宜改走车三退一为好，变化下去虽局面平稳，但红仍持先手。

上海屠景明

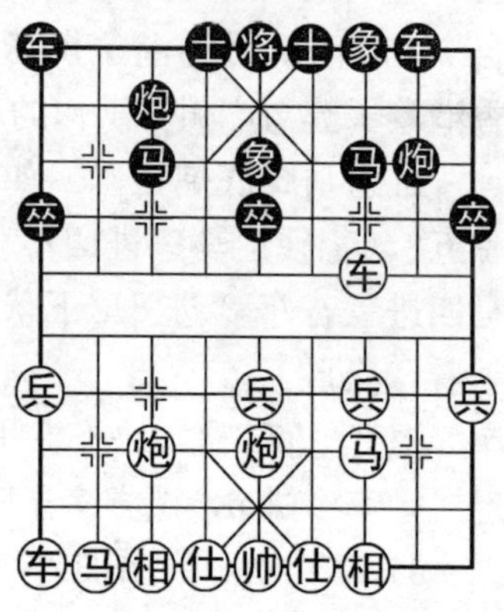

北京宋景岱

图 326

10. ……　马 3 退 5
11. 炮五进四　炮 3 进 8!
12. 帅五进一　炮 3 平 1

13. 炮七进二　车1平3　　**14.** 炮七平五　车3进8

15. 帅五退一　……

红方弃车镇中炮，继而双炮集中，企图突破；黑方侧攻扰宫，对攻中抢先，就目前速度而言，黑方占有上风。红方下帅无奈。如硬走马八进六，则炮8平9！黑方抢先杀帅入局。

15. ……　车3退3！　　**16.** 兵三进一　……

黑方及时退车管炮，以解杀牵制红方，赢得了宝贵时间。红挺三兵无奈。如改走车三平五（如后炮进一，车3退1，兵五进一，炮8进4，变化下去黑优），车3平5，车五平二，车5退2，车二进二，车5平2！黑再夺子胜势。

16. ……　炮8进7　　**17.** 马三退二　……

果断弃炮于底线拖马，妙手！如恋子改走炮8进4？则相三进五，车3平4，仕四进五，车8进3，前炮退一，车4平2，车三进二，车2平5，兵五进一，炮8平7，车三平一，车8平2，车一退二，车2进6，车一平四，车2退6，相五退七，车2平5，帅五平四，马5进7，车四平五，士4进5，车五平七，将5平4，车七退四！车5平6，帅四平五，士5进4，车七平三，车6平3，车三平八，车3进6，马三进四，车3退4，车八退三，车3平5，马四进三，炮1退1，马三进五！红胜（选自1957年12月穗港象棋名手友谊赛香港黎子健与广州陈洪钧的对局）。

红退马踩底炮正确。如改走车三平五？（若硬走马三进四？车三平四，马四进三，车8进8！下伏车4进4杀着，黑胜）车3平5，车五平二，车5退2，车二进二，车5平2，马三退二，车2进6，黑方多子胜势。

17. ……　车3平2

18. 马二进三　车2进4

19. 马三进四　炮1平4（图327）

上海屠景明

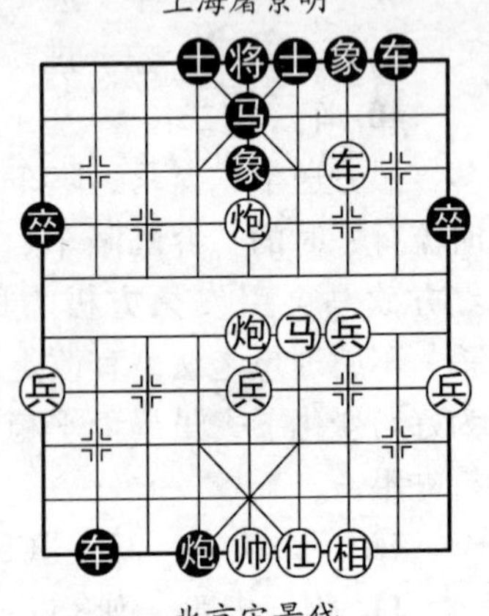

北京宋景岱

图327

黑方不失时机，炸仕、伏抽、催杀，黑胜。

第 291 局

黑龙江张东禄（红先胜）北京侯玉山

（1958 年 11 月 6 日弈于天津）

中炮过河车对屏风马左马盘河

1. 炮二平五　马 2 进 3　**2.** 马二进三　马 8 进 7

3. 车一平二　车 9 平 8　**4.** 马八进九　卒 7 进 1

5. 车二进六　马 7 进 6

本局弈自 1958 年省市友谊交流赛。开局后，走成中炮过河车对屏风马左马盘河局式。从目前来看，红方走炮八平七居多，黑方也可改走车 1 进 1。

6. 兵七进一　象 7 进 5

红方冲七兵不及车九进一紧凑。黑方改飞右象亦可。

7. 车九进一　卒 7 进 1　**8.** 车二平四　卒 7 进 1

此时吃兵兑子不适时宜。一来红方已启横车，二来自己左车已通，应改走马 6 进 7 对抢先手。

9. 车四退一　卒 7 进 1　**10.** 车四平二！……

封车炮，要紧。由此控制局面。

10. ……　车 1 进 1

11. 炮八平三　车 1 平 8

如改走车 1 平 7，炮三平二，车 7 进 1，车九平八，红方占优。

12. 炮三进五　炮 2 退 1？

退炮促使局势恶化，劣着。应改走炮 8 平 9 兑车，虽处下风，尚可周旋。

13. 车九平六　炮 2 平 6（图 328）

14. 车二平六！……

联车妙手，有打马、轰双车、攻中路等严厉手段，黑方已难应付。

14. ……　　　炮 8 进 7

舍马无奈，无更好的应着。

15. 炮三平七　士 6 进 5

16. 炮五进四　炮 6 退 1

17. 前车进三　前车进 2

18. 前车平七　……

双炮齐发，现弃炮入杀，好棋。

18. ……　　　前车平 5

19. 车六进七　……

下面：象 3 进 1，车七平八，士 5 进 4，炮七进二，士 4 进 5，炮七平九！炮 6 平 1，车八进一，红胜。

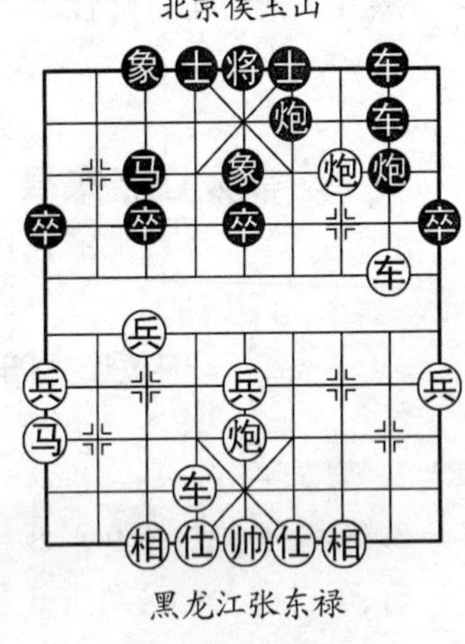

图 328

第 292 局

湖北潘海清（红先胜）湖北阮世泽

（1963 年 6 月 17 日弈于黄石）

中炮巡河车对屏风马

1. 炮二平五　马 8 进 7　　**2.** 马二进三　车 9 平 8

3. 车一平二　卒 3 进 1　　**4.** 车二进四　马 2 进 3

5. 兵七进一　卒 3 进 1

这是湖北省象棋赛中的一则对局。中炮巡河车对屏风马，黑方吃兵兑卒，亦可象 3 进 5。

6. 车二平七　炮 2 退 1　　**7.** 炮八平七　炮 2 平 3

8. 车七平二　……

如改走车七平三，卒 7 进 1，车三进一，象 3 进 5，车三进二，马 3 退 5，成“弃马陷车”变例，变化相对激烈、复杂，可参阅前面第 290 局。

8. ……　　炮 3 平 5

避兑架中炮，是临枰时的一步变着。一般都走马 3 进 4，马八进九，炮 8 进 2，车九平八，卒 7 进 1，均势。

9. 马八进九　炮 8 平 9　　**10.** 车二进五　……

这一回合，双方走法似乎都嫌过分简单。黑可改走象 3 进 5，红可改走车二平四，以保留更多的变化。

10. ……　　马 7 退 8　　**11.** 车九平八　马 3 进 4

12. 兵三进一　马 4 进 5?

踏兵急于抢攻，由此出错，败着。应改走象 3 进 5。

13. 马三进五　炮 5 进 5

14. 炮五进四!（图 329）……

对抢"空头"，红方亮车，显然占优。

14. ……　　炮 9 进 4

15. 炮五退二　车 1 进 2

16. 炮七进三　……

双炮叫杀，锐不可当。下面入局。

16. ……　　将 5 进 1

17. 车八进八　将 5 进 1

湖北阮世泽

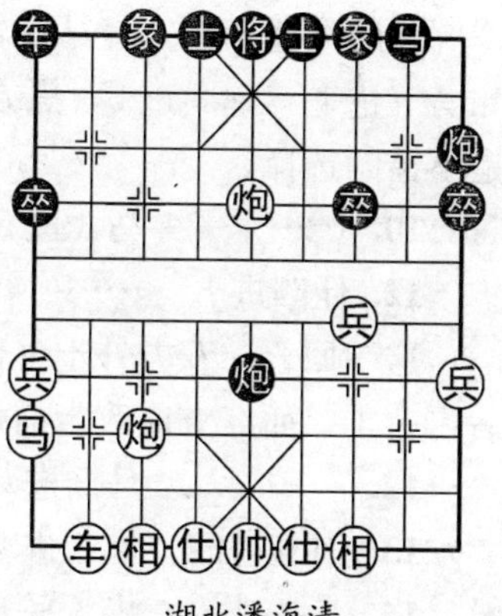

湖北潘海清

图 329

18. 炮七平五　将 5 平 4

19. 前炮退二　车 1 平 3　　**20.** 车八退二　红胜。

第 293 局

浙江沈芝松（红先负）陕西马长安

（1974 年 7 月 26 日弈于成都）

顺炮直车对横车

1. 炮二平五　炮 8 平 5　　**2.** 马二进三　车 9 进 1

3. 车一平二　马 8 进 7　　**4.** 马八进七　车 9 平 4

5. 兵三进一　马 2 进 3　　**6.** 兵七进一　车 1 进 1

本局弈自 1974 年全国个人赛。斗顺炮，直车两头蛇对双横车双跳正马，黑如改走车 4 进 5 则另有变化。

7. 马三进四　车 4 进 7　　**8.** 炮八进四　……

过河炮直指中路，急进走法。改走炮八进二则比较稳健。

8. ……　车 1 平 6　　**9.** 马四进五　……

马踏中卒，必着。如误走马四进三，车 4 平 2，红方失子。

9. ……　车 6 进 7　　**10.** 车二进二　……

双肋车扼相腰，弃马反击，火药味很浓。红方高车防守正着，如马五进七，炮 5 进 5，黑方立取胜局。笔者认为改走马五退六也是不错的选择。

10. ……　马 3 进 5　　**11.** 炮八平五　士 6 进 5

12. 仕四进五　……

这一回合，双方补士（仕）都有些疑问。黑方应马 7 进 5 兑炮后再上士，而红方应改走前炮退一，不失主动。

12. ……　马 7 进 5

13. 炮五进四　炮 2 进 5

14. 车二进一　将 5 平 6（图 330）

15. 马七进六？……

面临黑方反击，红方似乎有点沉不住气。跃马弃马为什么？令人莫名其妙。应改走车九平八捉炮，红势并不差。

15. ……　车 4 退 3

16. 车九进二？炮 2 退 1

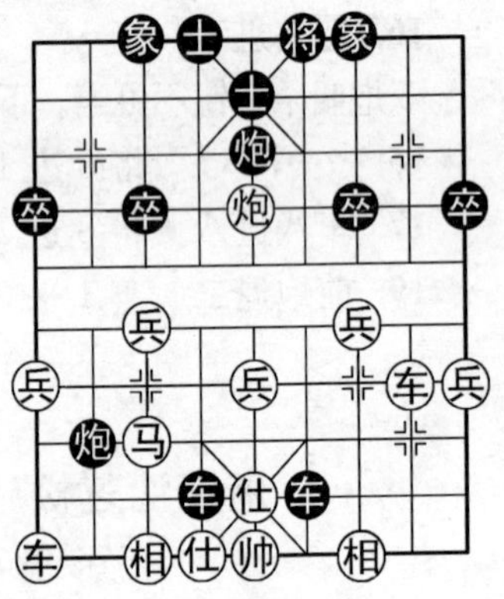

图 330

高车捉炮又是令人"丈二和尚摸不着头脑"，败着。应改走车九平八，不致马上崩盘。黑方退炮轰车立即取胜。红方避车，黑炮 5 进 4 即是杀局。

第 294 局

辽宁郭长顺（红先胜）广东陈柏祥

（1974 年 7 月 26 日弈于成都）

中炮进三兵对屏风马

1. 炮二平五　马 2 进 3　　**2.** 马二进三　马 8 进 7

3. 车一平二　车 9 平 8　　**4.** 兵三进一　卒 3 进 1

5. 马八进九　卒 1 进 1

这是北、南两位名将在 1974 年全国个人赛上的短兵相接。中炮进三兵对屏风马，黑方挺边卒，准备出右边直车，改走象 7 进 5 或象 3 进 5 另有变化。

6. 车九进一　卒 1 进 1　　**7.** 兵九进一　车 1 进 5

8. 车九平四　车 1 平 7

红方采用直横车打法。黑车吃兵是强硬的走法，改走象 7 进 5 则比较缓和。

9. 马三进四（图 331）　炮 2 进 4?

红方右马盘河，呈进攻态势。在内线未曾巩固情况下，黑方右炮过河，造成右马受攻，由此一蹶不振，失着。应改走象 7 进 5 固中，然后左、右炮再有所动作为妥。

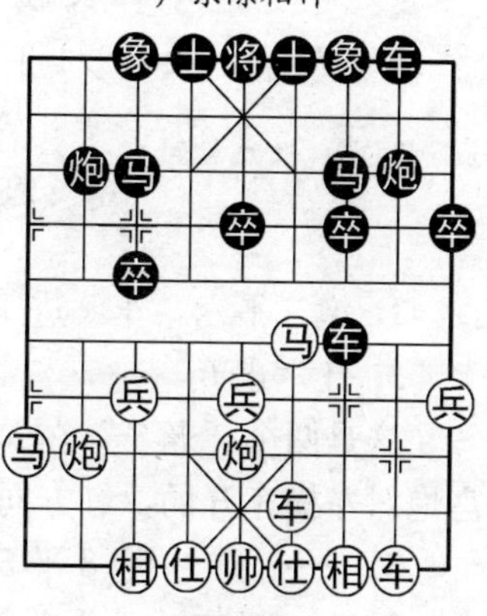

图 331

10. 兵七进一　卒 3 进 1

弃兵抢先，佳着。黑如车 7 退 1，炮八平七，象 7 进 5（如卒 3 进 1，炮七进五，炮 8 平 3，车二进九，炮 3 进 7，仕六进五，炮 3 平 1，仕五进六，马 7 退 8，马四进五，车 7 平 1，马五进三！士 4 进 5，车四进八，红胜），车四平八，炮 2 平 9，车八进六，马 3 进 4，马四进五，马 7 进 5，炮五进四，士6进5（如士4进5，车八进二，将5平4，兵七进一，马4进5，炮七进七，象5退3，车八平七，将4进1，马九进八，红方胜势），兵七进一，将5平6，兵七平六，红方夺马胜势。

11. 炮八平七　士4进5　**12.** 车二进六　炮2退3

13. 炮五平三　……

卸炮牵制，好棋。黑方左右两翼均受制，苦不堪言。

13. ……　卒5进1　**14.** 车二退五　马3退1

15. 炮三退一　炮2平6　**16.** 炮七平三　……

轰车兑车，就此谋子胜势。

16. ……　炮6进5　**17.** 后炮进三　炮6退1

18. 车二进五　卒7进1　**19.** 前炮进三　……

轰马，下面还有炮三平二再夺炮手段，黑方认输。

第295局

辽宁郭长顺（红先负）辽宁孟立国

（1974年7月31日弈于成都）

过宫炮对起横车

1. 炮二平六　车9进1　**2.** 马二进三　车9平4

3. 仕六进五　……

这是两个"老乡"在1974年全国个人赛中的"同室操戈"。过宫炮对左横车开局，红方同样补仕，应仕四进五"背补"为好。

3. ……　炮8平5　**4.** 车一平二　马8进7

5. 车二进四　马2进3　**6.** 车二平七　……

黑方盘头马从中路发起进攻，有针对性。红方平车嫌急，宜先走马八进七，黑如车4进5，再车四平七；如卒3进1，兵七进一，红方较能控制局势。

6. ……　卒5进1　**7.** 车七进二　车1进2!

高车冷着，巧手。

8. 炮八平七　……

如车七进一吃马，黑炮 2 进 7，红方丢车（前面第 3 回合如背补仕，则黑方没有这步棋）。如马八进七，黑炮 2 退 1。

8. ……　　马 3 进 5　　**9.** 相七进五　……

此时飞相似不及炮六平五还架中炮积极。

9. ……　　卒 5 进 1　　**10.** 兵五进一　炮 5 进 3

11. 炮六进四　……

黑方打通中路，子力开扬，已经反先。红方局形阻滞不协调，明显不利。现在进炮无奈，如炮六退二，车 4 进 5，黑优。

11. ……　　马 5 进 4　　**12.** 车七平八　炮 5 退 2

轰车赶炮，使帅门暴露在“枪口”之下，老练。

13. 炮六平三　炮 2 平 5

舍象架重炮，凶狠有力。

14. 炮三进三　将 5 进 1

15. 炮三退一（图 332）　马 4 进 5!

16. 马八进六　……

弃车杀相，厉害。红如炮三平六，马 5 进 3，帅五平六，车 1 平 4，炮七平六，马 3 进 1，前炮平九，车 4 进 4，黑方大优。

辽宁孟立国

辽宁郭长顺

图 332

16. ……　　车 4 进 7

17. 车八进二　车 4 退 7

18. 炮三平六　马 5 进 3

19. 帅五平六　车 1 平 4

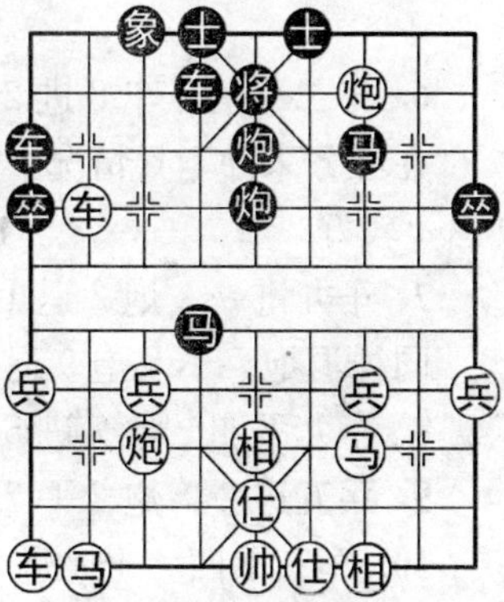

卧槽成杀，下面为：炮七平六，车 4 进 5，仕五进六，后炮平 4，仕六退五，炮 5 平 4，黑胜。局终，红方左车一步未动，高手之战，岂能不输？

第 296 局

上海于红木（红先胜）内蒙古刘然龙

（1975 年 6 月 30 日弈于上海）

中炮过河车对屏风马

1. 炮二平五　马 8 进 7　**2.** 马二进三　车 9 平 8

3. 车一平二　卒 7 进 1　**4.** 车二进六　马 2 进 3

5. 马八进九　炮 8 平 9

本局选自 1975 年全国预赛。中炮过河车对屏风马，红方跳边马稳健，一般走兵七进一。黑方平炮兑车是一种选择，亦可马 7 进 6 左马盘河。

6. 车二平三　车 8 进 2

在红方未冲七兵情况下，黑方高车保马似乎不够灵活，改走炮 9 退 1 较好。

7. 车九进一　炮 2 退 1

同样退炮，不及炮 9 退 1，保持左右互动和通畅。

8. 车九平四　象 7 进 5

9. 兵五进一　炮 2 平 7

10. 车三平四　士 4 进 5

11. 兵五进一　车 1 平 2

可改走卒 5 进 1，前车平七，车 1 进 2，炮八平七，马 3 退 1，黑势可以满意。

12. 炮八平六　车 2 进 4

13. 兵五进一（图 333）　马 7 进 5?

用哪个马吃兵，黑方搞错了，由此落败。应改走马 3 进 5，炮六进五（如炮六进六，黑车 8 退 1，前车进二，马 7 进 6，前车平三，车 8 进 5，黑方

内蒙古刘然龙

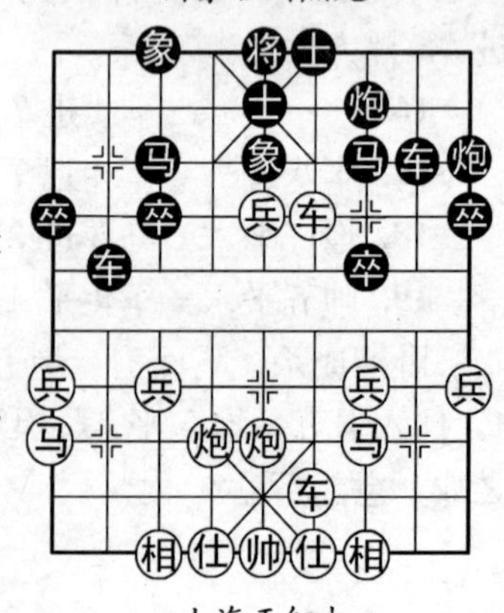

上海于红木

图 333

弃子尚可一战），炮7平6，前车进二，士5进4，黑方无碍。

14. 炮六进五！ 士5进4

炮进宫角轰车，妙。黑方吃炮即败，应改走炮7进1，车四平五，炮7平4，车五平七，车2退2，虽处下风，但不致马上崩溃。

15. 前车进三 红胜。

第297局

上海成志顺（红先负）上海朱永康

（1978年2月25日弈于上海）

中炮过河车对屏风马平炮兑车

1. 炮二平五 马8进7 **2.** 马二进三 车9平8

3. 车一平二 卒7进1 **4.** 车二进六 马2进3

5. 兵七进一 炮8平9 **6.** 车二平三 炮9退1

7. 马八进九 车1进1

1978年春初，上海举办了象棋名手邀请赛，共有8名棋手参加，本例是其中一则。中炮过河车对屏风马平炮兑车，红方跳边马，在20世纪70年代比较流行，目前马八进七居多。黑方出右横车，对抗性强的选择，另有车8进5、车8进8等着法。

8. 炮八平七 ……

采用五七炮打法，如改走兵五进一，炮9平7，车三平四，炮7平5，黑方完全可以抗衡。

8. …… 车1平6 **9.** 车三退一 炮9平7

10. 车三平八 车8进8 **11.** 炮五平六 ……

黑方弃炮车侵下二路，凶狠。红如改走车八进二，炮7进5，马三退一，车8平9，车八平七，车9平7，相三进一，炮7平8，黑方有凌厉攻势。

11. …… 炮2平1（图334）

12. 车八进二？ 马7进6！

红方右翼受攻而不稳定，进车捉马失先。应改走相三进五保持内线巩固。黑方跃马献马、二度弃子，佳着。

13. 相三进五　……

如车八平七贪马，马 6 进 5，相三进五，马 5 进 3，车七平八，炮 7 进 6，炮六平三，车 8 进 1，仕六进五（如炮三退二，黑车 6 进 7），马 3 进 5，黑方胜势。

13. ……　　马 6 进 4

14. 车八平七？……

吃马不当，应炮七进四，马 4 退 3，兵七进一，红方还可一战。

上海朱永康

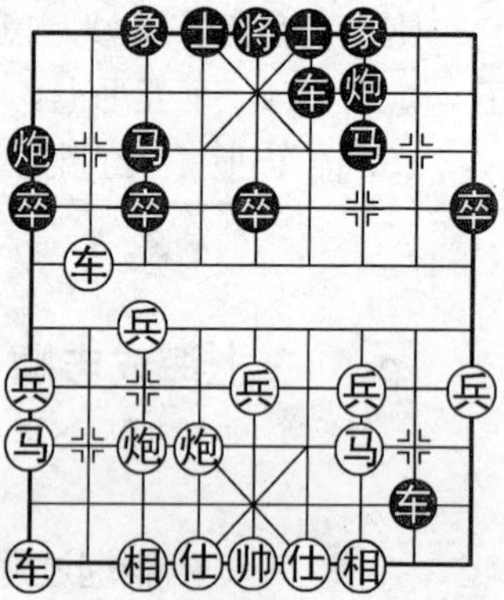

上海成志顺

图 334

14. ……　　马 4 进 3

15. 仕六进五　炮 7 进 6！　**16.** 马九退八　……

黑方轰马，兑子抢杀，好棋。红如炮六平三，马 3 进 5，黑胜。

16. ……　　车 6 进 7！

进车叫杀，三度弃子，厉害。

17. 炮六平三　马 3 进 5！

踏仕即杀，黑胜。

第 298 局

湖北陈淑兰（红先负）上海单霞丽

（1979 年 9 月 22 日弈于北京）

中炮过河车对屏风马平炮兑车

1. 炮二平五　马 8 进 7　**2.** 马二进三　车 9 平 8

3. 车一平二　马 2 进 3　**4.** 兵七进一　卒 7 进 1

5. 车二进六　炮 8 平 9　**6.** 车二平三　炮 9 退 1

7. 马八进七　车 1 进 1

本局选自1979年全国女子个人赛决赛。中炮过河车对屏风马平炮兑车，黑方以右横车应对，这是20世纪70年代后期流行起来的布局，30年来在各种大赛中都有比较高的见率。

8. 炮八平九　……

开边炮采用五九炮打法，另有马七进六、兵五进一的选择。

8. ……　　车1平6

9. 车三退一　车8进8（图335）

黑方车侵外肋相腰，是反击性很强的斗着，试探红方反应，有备而来，内含锋芒。如改走炮2平1，车九进一，车8进6，兵三进一，车8平7，炮五平六，炮9平7，车三平八，车6平4，相三进五，车4进5，车九平四，车4平3，马七退九，红方占先。

上海单霞丽

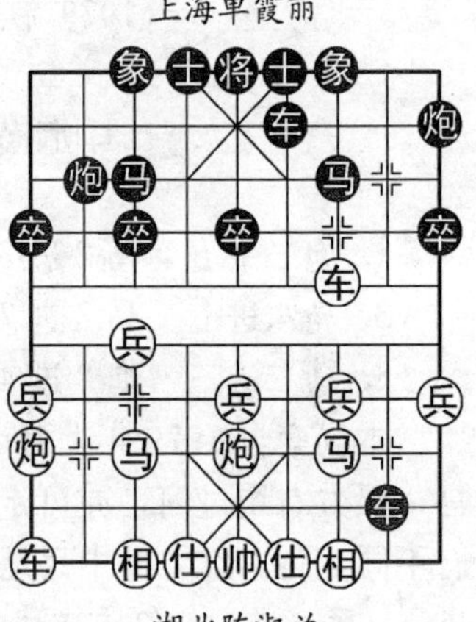

湖北陈淑兰

图335

10. 车九平八？……

对于黑车的"入侵"，红方显然缺乏思想和技术上的准备，随手出车捉炮而铸成大错，是失败的根源。应改走车三平八，炮9平7，车九进一（兑车消除化解黑方攻势的正着），车8平1，马七退九，炮2平1，车八进二，车6进1，炮九平七，红方占先。

10. ……　　炮9平7　　**11.** 车三平六　炮7进5!

弃炮出炮，形成双车炮侧攻凌厉攻势，红方已难解救。

12. 马七退五　……

退马"饮鸩止渴"。如车八进七，炮7进3，仕四进五，炮7平9，黑胜。

12. ……　　车8平6　　**13.** 相三进一　炮7平8!

14. 马五进七　车6平7!　**15.** 马七退五　……

黑方步步凶着，弃满杀机。红马二退窝心，"无鸩可饮"。

15. ……　　炮8进3　　**16.** 相一退三　车6进8

一气呵成杀局，黑胜。

第299局

上海李定威（红先胜）上海龚一苇

（1979年11月23日弈于上海）

中炮横车七路马对屏风马

1. 炮二平五　马2进3　　**2.** 兵七进一　卒7进1

3. 马八进七　马8进7　　**4.** 车一进一　车9平8

5. 马二进三　炮2进4　　**6.** 兵五进一　士4进5

本局弈自1979年上海市象棋锦标赛。中炮横车七路马对屏风马，黑方右炮过河，亦可走炮8平9、炮8进2、象3进5等，均有不同变化。红方冲中兵是最直接的攻法，黑方补士固中，如炮8进4，兵五进一，红方占优。

7. 车一平六　……

横车过宫，是一种老式攻法，现在走车一平四居多。

7. ……　象3进5　　**8.** 炮八平九　车1平2

9. 车九平八　炮8进4　　**10.** 马三进五　炮8平5

形成五九炮盘头马对双炮过河阵势。红方上马紧凑，逼黑表态。黑方兑马正着，如马7进6，兵三进一，红方占优。

11. 马七进五　车8进6

如改走马7进6，兵五进一，马6进5，车六进二，炮2进2，车六平五，卒5进1，车五进二，红方占优。

12. 兵五进一　车8平7？

吃兵捉马，失着，助推红方攻势，由此陷入困境。应改走卒5进1，黑方可以抗衡。

13. 马五进六！炮2平5（图336）

如改走车2平4，炮五进一，红方优势。

14. 炮五平八！车2进6

卸中炮，让出空头，算准黑方“无戏”，集中力量压向黑方右翼，为最后攻杀做好准备，妙。黑如马3退1，车六进二，红方夺子。

15. 马六进七　炮5退1

16. 炮九进四　……

边炮出击，抢速度，先发制人，下面入局。

16. ……　　卒5进1

17. 炮九进三　车7平5

18. 仕四进五　车5平7

如改走车5平4，炮八平五，四车相见，兑车后红胜。

19. 帅五平四　出帅，红胜。

上海龚一苇

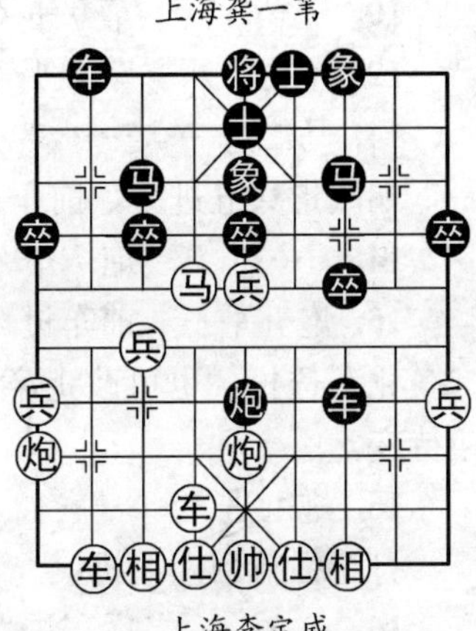

上海李定威

图336

第300局

安徽许波（红先和）湖北柳大华

（1980年1月12日弈于蚌埠）

中炮对反宫马

1. 炮二平五　马2进3　**2.** 兵七进一　炮8平6

3. 马八进七　炮6进5

本局弈自12省市象棋邀请赛。中炮进七兵对反宫马，红方先跳七路马，有意“挑衅”，一般都走马二进三。黑方肋炮轰马，接受挑战，双方短兵相接，一触即发。改走马8进7则比较稳健。

4. 车一进二　炮6平3　**5.** 炮五退一　炮3退1

6. 车一平七　炮3平7　**7.** 兵七进一　卒3进1

8. 车七进三　车9进2　**9.** 炮八平七　士4进5

10. 炮七进五　……

弃子抢攻，又夺回弃子，局面重新趋向平衡。

10. ……　　车 9 平 4　　**11.** 车七退一　象 3 进 5

12. 车九平八　车 1 平 4　　**13.** 相七进五　炮 2 进 4

14. 马二进一　……

如改走兵五进一，前车进 4，红方无便宜。

14. ……　　炮 7 平 8

15. 炮五平三　前车进 3

兑车透松，也可改走卒 7 进 1 观望待变。

16. 炮七进二　……

打将强行切入，机灵。

16. ……　　后车进 4

17. 车七进二　后车退 1

18. 车七进二　后车退 2

19. 车七退二　前车退 2（图 337）

湖北柳大华

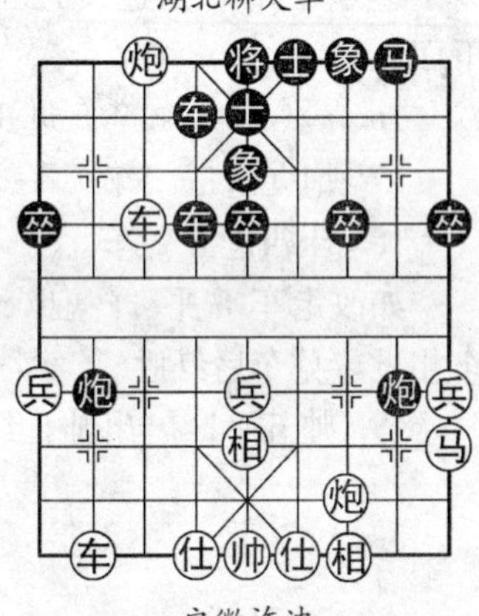

安徽许波

图 337

长兑车，双方不变成和。如改走车七平六，车 4 进 2，红方少兵不占便宜。但笔者认为，红方可以考虑改走车七退六避兑求变，以后尚多发展余地。特别是当今棋坛“和棋太多”的情况下，作为棋手来讲应该认真、努力下好每一盘棋，不轻易议和，尽可能将棋下到位，下漂亮，这才是心中有观众、有市场、有责任心。

第 301 局

上海汪士龙（红先胜）上海龚一苇

（1980 年 12 月 5 日弈于上海）

飞相局对跳边马

1. 相三进五　马 2 进 1　　**2.** 兵九进一　炮 8 平 5

3. 马二进三　马 8 进 7　　**4.** 车一平二　车 9 平 8

5. 马八进九　炮 2 平 4

本局选自 1980 年上海市象棋锦标赛。象棋大师汪士龙挑战“上海滩”老将龚一苇。飞相对边马开局，继而演成单提马对五六炮局式。

6. 仕四进五　车 1 平 2　　**7.** 车九平八　车 8 进 6

如改走卒 7 进 1，炮二进四，马 7 进 6，炮八进四，卒 7 进 1（如士 4 进 5，红炮二进二），炮八平五，士 4 进 5，车八进九，马 1 退 2，炮二平四，车 8 进 9，马三退二，卒 7 进 1，炮五平九，红方占优。

8. 兵三进一　车 2 进 4　　**9.** 炮八平六　车 2 平 6

避兑保持竞争变化。如车 2 进 5，马九退八，炮 5 进 4，马三进四，红方占先。

10. 车八进四　卒 1 进 1　　**11.** 兵九进一　车 6 平 1

12. 车八平四　士 4 进 5　　**13.** 兵一进一　炮 5 进 4?

红方挺边兵，良好的等着。黑方贪兵中炮虚发，露出破绽，失着。应改走卒 7 进 1，均势。

14. 马三进五　车 8 平 5（图 338）

上海龚一苇

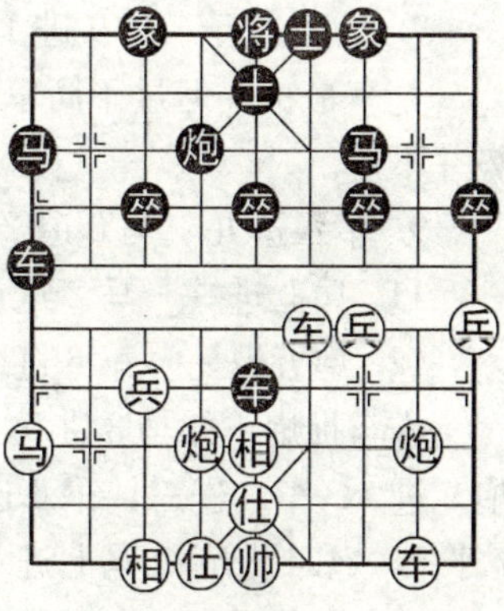

上海汪士龙

图 338

15. 炮二进五！……

伸炮兑子抢攻，乘虚而入，佳着。

15. ……　　象 3 进 5

如象 7 进 5（如炮 4 平 8，车二进七，黑方丢马），炮二平一，红方有攻势。

16. 车四进四！……

车插象腰，再接再厉。

16. ……　　马 1 退 3　　**17.** 炮六进四！……

献炮入卒林，妙。黑如马 3 进 4 吃炮，炮二平五，红方夺车胜。

17. ……　　卒 7 进 1　　**18.** 炮六平一　炮 4 退 1

19. 炮一平三！马 7 退 8　　**20.** 炮二平三　……

绝杀。下面：象 7 进 9，车二进八，红胜。

第302局

黑龙江王嘉良（红先胜）上海朱永康

（1982年10月10日弈于上海）

仕角炮对跳边马

1. 炮二平四　马8进9　**2.** 炮八平五　炮2平5

3. 马八进七　马2进3　**4.** 车九平八　车9进1

本局弈自“上海杯”象棋大师邀请赛。仕角炮对边马开局，随即演成顺炮直车对横车，双方对攻。

5. 马二进一　车9平6　**6.** 车一平二　炮8平7

如改走车6进6，车二进七，卒3进1，车二退二，象3进1，车八进六，红方先手。

7. 仕四进五　卒9进1　**8.** 车二进四　车1平2

兑车平稳，但过于简单。可改走车6进3，以后出右横车，黑势并不差。

9. 车八进九　马3退2　**10.** 炮五进四　士6进5

11. 兵七进一　马2进3

12. 炮五退一　车6进3

进车捉炮不如马3进5。另如改走炮5进1，车二进三，车6进1（如炮7平5，炮四平五），马七进六，红优。

13. 炮四平五　……

联炮，保持中路高压，佳着。

13. ……　炮7平6

14. 马七进六　车6退1

15. 后炮平七（图339）　马3进5?

跳马随手出漏，败着。应改走象3进1（如将5平6，炮五平四！炮6

上海朱永康

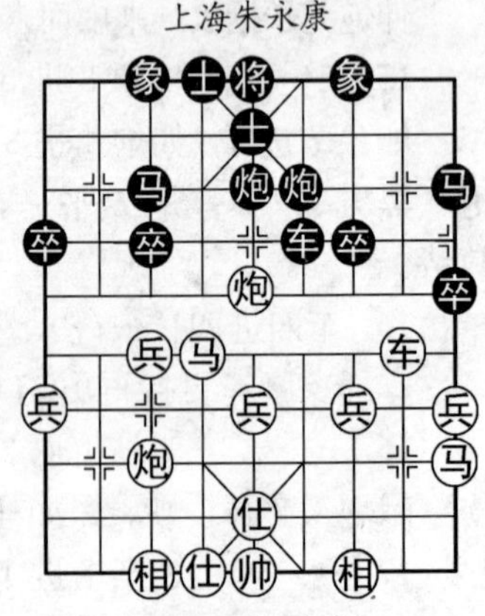

黑龙江王嘉良

图339

进2，炮七平四！黑方丢车），马六进七，将5平6，虽处下风，但尚可周旋。

16. 炮七进四！……

轰车夺子，黑方认输。

第303局

云南陈信安（红先胜）湖北莫伟明

（1984年7月30日弈于承德）

中炮过河车对屏风马平炮兑车

1. 炮二平五　马8进7　**2.** 马二进三　马2进3
3. 车一平二　车9平8　**4.** 兵七进一　卒7进1
5. 车二进六　炮8平9　**6.** 车二平三　炮9退1
7. 兵五进一　士4进5　**8.** 兵五进一　……

本局弈自第2届“避暑山庄杯”。中炮过河车对屏风马平炮兑车，红方急进中兵自20世纪80年代以来一直是流行布局，被棋手们广泛关注和应用，如改走炮八平七则另有变化。

8. ……　炮9平7

9. 车三平四　卒7进1

10. 马三进五　卒7进1

跃马盘头，继续急进，如兵三进一则相对平稳。黑方吃兵强渡7卒以此对抗，如卒7平6则相对缓和。

11. 马五进六　马3退4

退马避捉，是陈旧的应法，比较消极。改走车8进8或象3进5较有针对性。

12. 兵五进一　马7进8（图340）

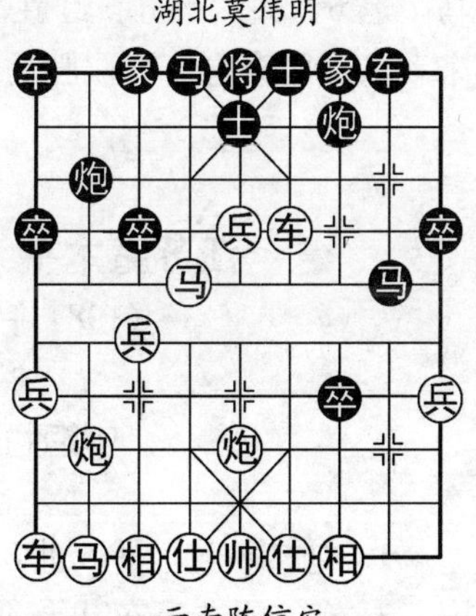

图340

13. 兵五平六　……

横兵打将，出手果断有新意。一般走车四退四，炮7进8，仕四进五，马8进9，车四平二，车8进7，炮八平二，车1平2，兵五平六，象3进5，马八进七，红方占先。

13. ……　　炮2平5

如改走象3进5，车四平三，炮2退1（如马8退9，车三退三，红优。又如马8退7，车三平四，马7进8，车四平三，“二捉对一捉”，黑方违规），兵六进一，红方占优。

14. 仕四进五　车1平2?

红方车马炮兵集结中路，黑方已经潜伏危机。出车捉炮置安危于不顾，失着。应改走炮7进1，车四进一，车1进2，帅五平四，象7进9，坚守待变为好。另如马8退6贪车，马六进四即成绝杀。

15. 兵六进一！……

弃炮冲兵，凶。

15. ……　　车2进7　　**16.** 车四进二！炮7平8

17. 兵六进一！……

车兵左右双插象腰，厉害。下面入局。

17. ……　　车2退5　　**18.** 帅五平四！……

出帅即杀。下面：卒7平6，车四退五，马8退7，车四进六！马7退6，兵六平五！红胜。全局弈完，红方左翼车马炮三子一步未动（炮已弃吃）即取胜局，堪称奇迹。

第304局

江苏童本平（红先胜）云南陈信安

（1984年8月6日弈于承德）

中炮七路马对单提马横车

1. 炮二平五　马2进3　　**2.** 马二进三　车9进1

3. 车一平二　车9平4　　**4.** 马八进七　马8进9

这是第2届“避暑山庄杯”中两位大师的一场短兵相接。形成中炮七路马对单提马横车局式。

5. 兵七进一　士 4 进 5　　**6.** 车二进四　车 4 进 5

红方巡河车稳健，亦可改走炮八平九。黑方进车兵林寻求对攻，但不如车 4 进 3 巡河恰当，一可挺边卒，呼应边马出槽，二来左炮活动开后可以上象固中通车，阵形比较稳正。

7. 马三退五　炮 8 平 5

窝心马以退为进，威胁黑车，逼黑表态；黑方还架中炮，必着。如车 4 平 3，炮八进四，红方有攻势。

8. 炮八进二　车 1 进 1？(图 341)

出横车随手，失察而致错。应改走炮 5 进 4，黑势无碍。

9. 兵七进一！车 4 平 3

冲七兵妙，为黑所不备。黑如卒 3 进 1，炮八平三，黑方丢象受攻(如炮 5 平 7，则炮五进四，黑方丢车)，由此一落千丈。

云南陈信安

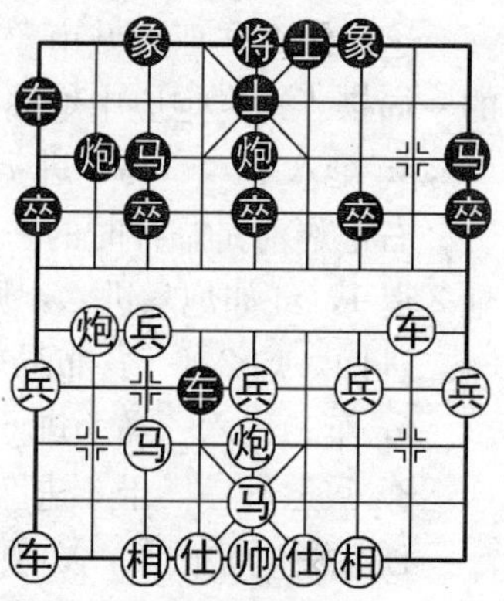

江苏童本平

图 341

10. 炮八平三　炮 5 平 7

11. 车九平八　……

开炮、出车，两头拿捏，黑方难堪。

11. ……　卒 7 进 1

12. 炮三平七！……

声东击西，飘忽腾挪，真是潇洒任我行。

12. ……　车 1 平 4　　**13.** 兵七平六！……

横兵阻车攻马，刁。

13. ……　车 4 平 3　　**14.** 炮五进四！……

中炮出击，当头棒喝。

14. ……　将 5 平 4　　**15.** 兵六进一　象 7 进 5

16. 炮五平七　……

黑如改走卒 3 进 1，炮七平六，黑方崩溃。红炮轰卒打双车，胜。精彩入局，酣畅淋漓也。

第 305 局

上海胡荣华（红先胜）香港黄福

（1985 年 12 月 16 日弈于新加坡）

中炮对鸳鸯炮转屏风马

1. 炮二平五　马 2 进 3　**2.** 马二进三　卒 7 进 1

3. 车一平二　车 9 进 2

这是第 2 届亚洲城市象棋名手邀请赛中香港老将挑战“棋王”的一局棋。鸳鸯炮应中炮属冷门开局，有出其不意的企图。

4. 炮八平六　马 8 进 7　**5.** 马八进七　炮 2 进 2

右炮巡河是临枰时的一步变着，但有悖鸳鸯炮的套路。可改走炮 2 退 1，红如炮六进六，则炮 2 进 3；如车二进六，象 7 进 5；如车二进四，炮 2 平 7，布局较为正规而不失抗衡。

6. 车二进六　马 7 进 6　**7.** 车九平八　车 1 平 2

8. 兵七进一　士 4 进 5　**9.** 车八进四　炮 8 平 5

还架中炮又通车，必须的应着。

10. 仕六进五　车 9 平 6?

出车嫌早，应先走炮 2 退 1 防一手，红如车八进一，卒 3 进 1，黑方打双车；如车二平四，车 9 平 6 兑车；如车二平三，车 9 平 7，黑尚可应付。

11. 车二平三　象 7 进 9

12. 炮五进四　马 6 进 7?（图 342）

踏兵失算，败着。应改走炮 2 平 4，虽处下风，还可周旋。另如马 3 进 5，车三平五，红方大优。

香港黄福

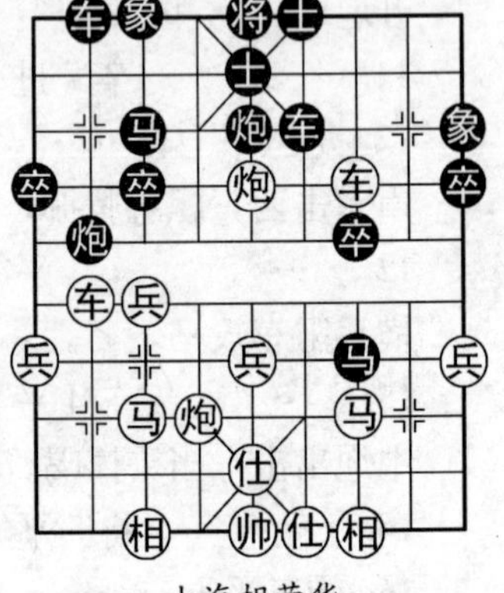

上海胡荣华

图 342

13. 炮六进五！……

肋炮宫角轰车有一锤定音之妙。

13. …… 车6进6 **14.** 炮六平一 将5平4
15. 炮一平七 车2进2 **16.** 炮五平一 ……

双炮联动，大有横扫千军如卷席之声势。

16. …… 车6平7 **17.** 炮一进三 将4进1
18. 车三平六 炮5平4 **19.** 马七进六 ……

下面：士5进6，马六进五，将4平5，车六进一，车7退1，车六进一，将5进1，炮一退二，士6退5，马五进三，士5进6，马三进四，红胜。

第306局

吉林曹霖（红先胜）银鹰郑国庆

（1987年4月28日弈于福州）

中炮进中兵对反宫马

1. 炮二平五 马2进3 **2.** 马二进三 炮8平6
3. 车一平二 马8进7 **4.** 兵五进一 车1进1

这是1987年全国团体预赛中的一盘对局。中炮对反宫马，红方冲中兵急攻，"开门见山"。黑方应以右横车，别致有新意，一般应以士4进5。

5. 马八进七 ……

起马正着。如兵五进一，炮6平5，黑方反击。

5. …… 车1平4 **6.** 炮八平九 车4进5
7. 车九平八 炮2平1 **8.** 车八进六 车4平3
9. 马三进五 士6进5

肋车"横空出世"，兵林牵制红方盘头马进攻，形成攻守对峙。

10. 炮九退一 象7进5 **11.** 兵五进一 卒5进1
12. 炮九平七 车3平4 **13.** 车八平七 炮1退1
14. 马五进三（图343） 炮1平3?

双方开打，黑方平炮打车随手，一着不慎输满盘。应改走卒5

进 1，继续对峙。

15. 马三进五！……

弃车踏卒奔马，好棋，瞬间得失，红方由此得势。下面入局。

15. …… 炮 3 进 2

16. 炮七进五！车 4 退 3

轰炮叫杀，厉害。黑如将 5 平 6，炮七平四，将 6 平 5，马五进四杀；如炮 6 进 1，马五退六，红方夺回失车后胜定。

17. 马五进四 将 5 平 6

18. 炮七进三 ……

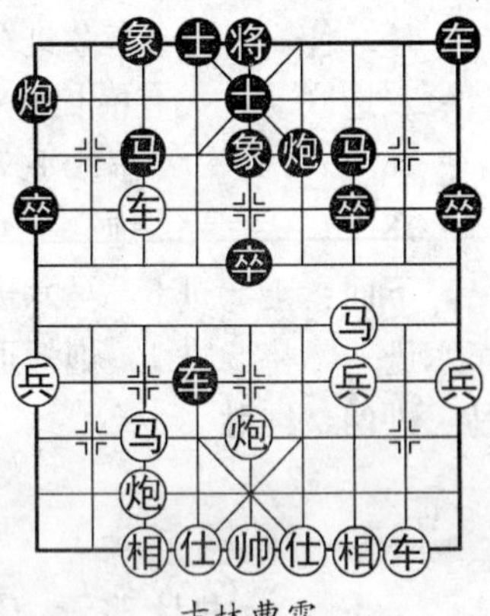

图 343

下面：象 5 退 3（如将 6 进 1，红炮七平一），马四退六，红方胜定。

第 307 局

河北刚秋英（红先胜）江苏汪霞萍

（1989 年 10 月 25 日弈于重庆）

起马对挺卒

1. 马八进七 卒 3 进 1 **2.** 炮二平五 马 2 进 3

3. 马二进三 炮 8 平 6

本局是两位象棋大师在 1989 年全国个人赛中的较量。起马对挺卒开局，演成中炮局形，黑方平士角炮，以后可以走成反宫马或单提马，如马 8 进 7 则成为正规的屏风马。

4. 车一进一 马 8 进 7 **5.** 车一平四 士 4 进 5

6. 车九进一 车 9 平 8 **7.** 车九平六 卒 7 进 1

走成双横车对反宫马两头蛇阵势，双方严阵以待。

8. 车六进五 车 8 进 6

过河车旨在抢先，但不及炮 2 进 2 稳当又富有弹性。

9. 车四进五　马 7 进 8？

跳外肋马，被红车倒背牵制，陷入被动，宜改走车 1 进 2。红如车四平三，炮 6 退 1，车六平七，炮 6 平 7，车三平四，炮 2 退 1，黑方阵线巩固。

10. 车四平二　炮 6 进 5？

进炮轰马无便宜，反使阵形松散，失先。应改走象 3 进 5 先稳住阵脚，慢慢来。

11. 车六平七　炮 6 平 3　**12.** 车七进一　炮 3 平 7

13. 车七平八　炮 7 进 1

如改走炮 7 平 2，车八退五，车 8 进 2，炮五进四，象 3 进 5，仕六进五，车 1 平 4，炮五退一，马 8 进 7，车二退五，马 7 进 8，车八平二，红方夺马胜。

14. 炮五进四　象 3 进 5

15. 仕六进五　车 8 进 2（图 344）

16. 炮五退一　……

退炮轰马又通车，下面攻杀入局。

16. ……　马 8 进 7

17. 车二平八　将 5 平 4

如改走车 1 平 4，前车进二，车 8 退 3，前车平六，将 5 平 4，车八平六，将 4 平 5，帅五平六，红胜。

18. 后车平六　将 4 平 5

19. 帅五平六　……

下一手车八平六，红胜。

江苏汪霞萍

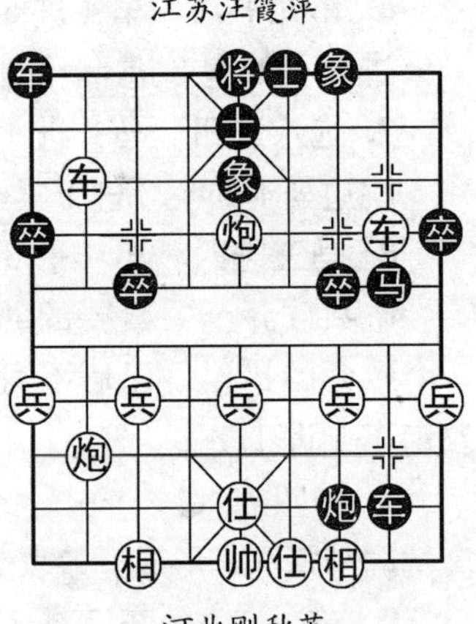

河北刚秋英

图 344

第308局

湖南罗忠才（红先胜）黑龙江赵伟

（1990 年 10 月 20 日弈于杭州）

顺炮直车对横车

1. 炮二平五　炮 8 平 5　　**2.** 马二进三　马 8 进 7

3. 车一平二　车 9 进 1　　**4.** 马八进七　车 9 平 4

5. 兵三进一　炮 2 平 3

本局选自 1990 年全国个人赛。顺炮直车对横车，红方上正马、挺三兵，是现代顺炮的流行走法。黑方平炮有嫌别扭。造成中心阵地欠厚实，不如马 2 进 3 较有弹性。

6. 车九平八　车 4 进 5

进车不如炮 3 进 4，以后再上正马，阵势可以得到改善。

7. 炮八进四　马 2 进 1

跳边马不如卒 3 进 1 紧一手为好。

8. 马三进四　车 4 平 3?（图 345）

吃兵放弃至关紧要的肋道，这是一个致命的错误，以后不可收拾。应改走车 4 进 1。

黑龙江赵伟

湖南罗忠才

图 345

9. 马四进六！……

踩马踏双，形成有效攻势，佳着。

9. ……　　车 3 进 1

10. 炮八平五　马 7 进 5

11. 炮五进四　士 4 进 5

12. 马六进七　……

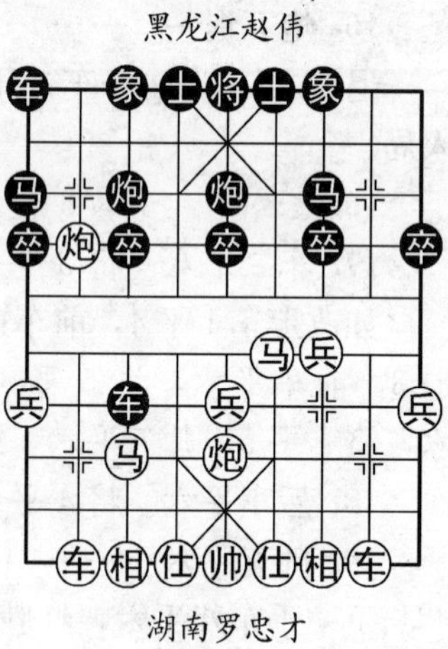

兑子镇中路，双车马左右钳制，双方虽然兵力相同，但量同质异，不可同日而语。胜负已经可判。

12. ……　　车 3 退 1

13. 车八进八　车 3 平 5
14. 相三进五　车 5 平 4
15. 车二进九　……

双车左右插入，厉害。

15. ……　马 1 退 3
16. 车八平七　车 4 平 6
17. 车二平三　车 6 退 5
18. 仕四进五　卒 9 进 1
19. 车七平五（图 346）……

弃车杀，下面：车 6 平 5，帅五平四，红胜。黑方右车一步未动已输棋，有趣。

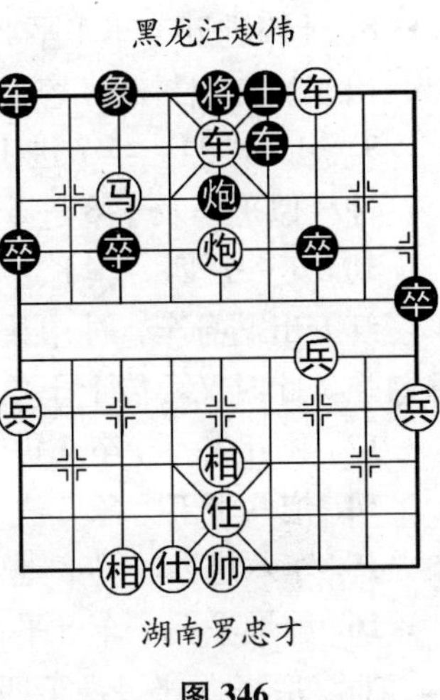

图 346

第 309 局
贵州高明海（红先胜）陕西林镭

（1990 年 10 月 25 日弈于杭州）

中炮七路马对屏风马

1. 炮二平五　马 2 进 3
2. 马二进三　马 8 进 7
3. 兵七进一　卒 7 进 1
4. 马八进七　炮 2 进 4
5. 马七进六　……

本局选自 1990 年全国个人赛。中炮进七兵缓开车对屏风马，红方采用七路马进攻，改走车一平二，车 9 平 8，兵五进一，炮 8 进 4，则成双炮过河变例。

5. ……　炮 2 平 7
6. 车九平八　车 9 平 8
7. 相三进一　炮 8 平 9

红方飞边相防 7 卒又开辟车道，在理。黑方分炮亮车，亦可炮 8 进 4。

8. 仕四进五　车 1 平 2

出车被红炮封制，容易被动。不如车 8 进 5 或车 1 进 1。

9. 炮八进四　卒 7 进 1

冲卒似乎不及车 8 进 5 较积极。

10. 车一平四　车 8 进 4　　**11.** 兵五进一　炮 7 平 8

红方出贴身车，冲中兵，黑方顿感难应。平炮意在对攻，但有嫌勉强，此时又不能上士象，确实尴尬。

12. 兵五进一　卒 7 进 1　　**13.** 马三退二　士 4 进 5

14. 炮八平五　象 3 进 5

15. 车八进九　马 3 退 2

16. 前炮平三　车 8 平 5

如改走将 5 平 4，车四进八，黑也难走。

17. 车四进五！（图 347）……

捉车欺车，立定胜局，妙。下面：车 5 进 1（如车 5 平 6，炮三进三杀），车四退一，车 5 进 1，马二进四，车 5 退 2，车四进一，车 5 进 1，马四进三，车 5 进 1，马三退四，车 5 退 1，车四退一，车 5 退 1，马六进七，车 5 退 1，车四进二，车 5 进 2，马四进三，车 5 进 1，马三进二，红胜。

陕西林镭

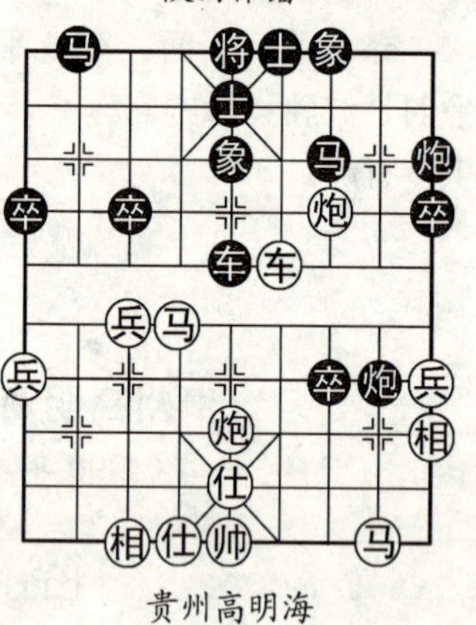

贵州高明海

图 347

第 310 局

宁夏吴庆斌（红先胜）贵州唐方云

（1991 年 5 月 16 日弈于无锡）

中炮对反宫马

1. 炮二平五　马 2 进 3　　**2.** 马二进三　炮 8 平 6

3. 车一平二　马 8 进 7　　**4.** 马八进七　车 1 进 1

这是1991年全国团体赛上的一场短兵相接。中炮对反宫马，黑方出右横车不及先走卒3进1较为灵活。

5. 炮八平九　车1平4　**6.** 车九平八　车4进5

红方开边炮、亮左车，均衡出子，局势开扬。黑方进车过急，应改走炮2平1，以后补士象，阵形较为稳正。

7. 兵三进一　车4平3（图348）

红方挺兵活马，“整装待发”，好棋。黑车吃兵失先，应改走士6进5。

8. 马三进四　卒3进1

弃马跃马，抢先佳着！黑方如改走车3进1，马四进六，炮2平1，马六进七，炮6平4，炮九进四，夺回一子且占有攻势，红优。

贵州唐方云

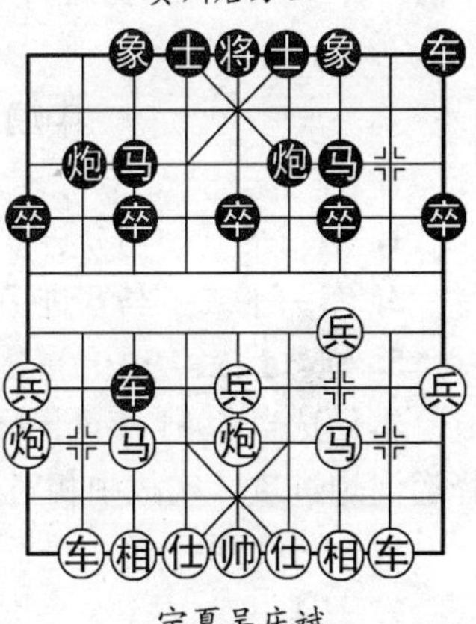

宁夏吴庆斌

图348

9. 马四进五　马3进5

10. 炮五进四　炮2进4

11. 炮五退一　炮6平3?

打车失着，无效。应改走车9平8兑车，不致迅速崩溃。

12. 炮九进四！将5进1　**13.** 车二进八　将5进1

14. 车二退六　……

马抢中卒，炮镇空头，继而弃车攻杀，着法精彩，妙矣。

14. ……　将5退1　**15.** 炮九平五　将5平4

16. 车二平六　炮2平4　**17.** 车八进一　士4进5

18. 后炮平六　炮4平2　**19.** 炮五平六　……

重炮杀，红胜。

第311局

广东陈军（红先负）广东汤卓光

（1991年5月18日弈于无锡）

中炮进七兵对反宫马

1. 炮二平五　马2进3　2. 马二进三　炮8平6
3. 车一平二　马8进7　4. 兵七进一　卒7进1
5. 炮八进二　……

本局选自1991年全国团体赛。中炮进七兵对反宫马，红方选择巡河炮进攻，实战中相对少见。

5. ……　象7进5　6. 马八进七　马7进6
7. 马七进六　……

兑马虽稳但嫌软。可改走兵三进一通马，发挥巡河炮的作用。

7. ……　马6进4　8. 炮八平六　车1平2
9. 车九平八　炮2进4　10. 车二进六　士6进5
11. 炮五进四　马3进5　12. 车二平五　车2进2
13. 相三进五　车9平8
14. 车五平六　……

同样平车，应改走车五平四。

14. ……　车8进8
15. 炮六退二　……

退炮不及炮六平五，车8平7，马三退五，车7退2，马五进七，红方尚有拓展机会。

15. ……　炮2进1（图349）
16. 兵五进一？……

冲兵失算，被黑方有机可乘。应改走炮六平七。

广东汤卓光

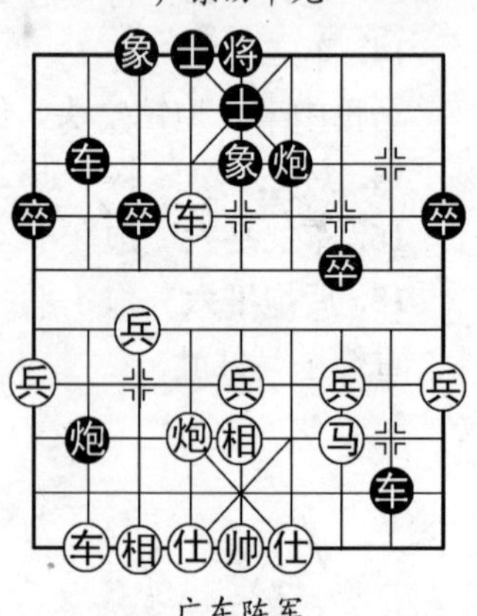

广东陈军

图349

16. ……　　车 8 平 4!

车侵相腰，拦宫一击，好棋。

17. 兵五进一　炮 2 平 5!

炮轰中相，一锤定音。

18. 车八进七　炮 6 进 6!

车双炮杀局，黑胜。

第 312 局

陕西牛钟林（红先胜）辽宁金波

（1991 年 5 月 22 日弈于无锡）

顺炮直车对缓开车

1. 炮二平五　炮 8 平 5　　**2.** 马二进三　马 8 进 7

3. 车一平二　卒 7 进 1

本局出自 1991 年全国团体赛。顺炮直车对缓开车挺 7 卒，是流行的时尚走法。

4. 兵七进一　马 2 进 3　　**5.** 炮八平七　……

五七炮针对黑方右马，适时有效。

5. ……　　象 3 进 1　　**6.** 马八进九　炮 2 进 4

7. 兵七进一　象 1 进 3　　**8.** 马九进七　车 9 进 1

9. 马七进六　……

弃七兵，跃出边马，及时对黑方施压，着法有板有眼。

9. ……　　车 1 平 3

10. 兵三进一！卒 7 进 1

11. 车九平八　……

先弃兵，后捉炮，佳着。

11. ……　　车 9 平 2

12. 炮七退一　车 3 进 1

13. 炮七平三　卒 7 进 1?（图 350）

冲卒似佳实劣，正好撞在红方枪口上。应改走马 7 进 6。

14. 车八进三！ ……

弃车杀炮抢攻，好棋。

14. ……　　车 2 进 5

15. 炮三进二　车 2 退 1

同样退车，应车 2 退 4。

16. 炮三进六　士 6 进 5

17. 炮三平一　士 5 进 6

18. 车二进九　马 7 退 6

19. 车二退五　……

抽车，红胜。

辽宁金波

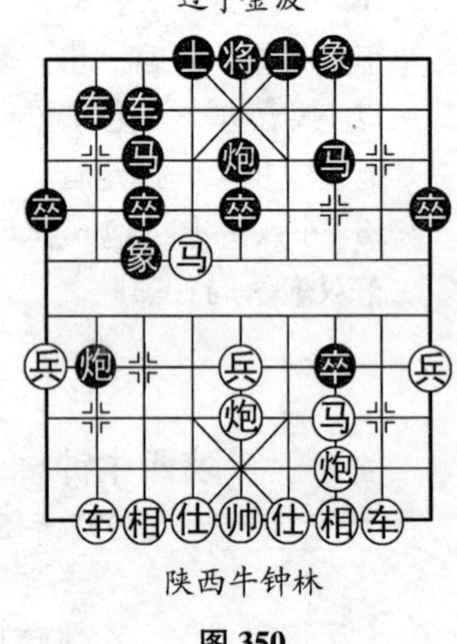

陕西牛钟林

图 350

第 313 局

浙江曾久钦（红先负）北京靳玉砚

（1991 年 5 月 24 日弈于无锡）

中炮进三兵对半途列炮

1. 炮二平五　马 8 进 7　　**2.** 马二进三　车 9 平 8

3. 车一平二　炮 8 进 4　　**4.** 兵三进一　炮 2 平 5

5. 马八进七　车 1 进 1

本局选自 1991 年全国团体赛。中炮进三兵对半途列炮，双方对攻。红方上正马，也可走兵七进一；黑方抢出右横车，亦可马 2 进 3。

6. 车九平八　车 1 平 8　　**7.** 兵七进一　炮 8 平 7

8. 车二平一　马 2 进 3　　**9.** 马七进六　……

采用七路马打法，亦可改走炮八平九，前车进 3，车八进六，红方占先。

9. ……　　前车进 3　　**10.** 炮八平六　卒 3 进 1

11. 车八进四　马3进4

弃卒跃马抢先，着法积极。

12. 兵七进一　马4进6　**13.** 马六退四　前车平6

14. 车八平六　……

平车缓手，应改走仕四进五，较能控制局势。

14. ……　炮7平5

抢攻中路，机灵。

15. 仕四进五　车8进6

16. 马三进五　……

同样兑子，应该车六平四。

16. ……　炮5进4

17. 车六平五？……

平车以为可以先弃后取，但审局不透，失算。应改走马四退二，尚无大碍。

17. ……　车8平6

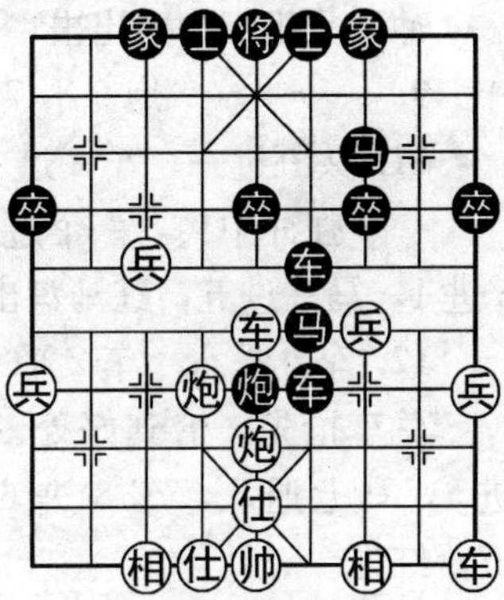

18. 炮六进一？（图351）……

北京靳玉砚

浙江曾久钦

图351

危险已临，却未发觉，败着。应相三进一，不致速败。

18. ……　车6进3！

弃车入杀，精妙冷着，为红方始料不及。

19. 帅五平四　马6进7！　黑胜。

第314局

湖北王斌（红先胜）前卫徐建明

（1992年10月30日弈于北京）

中炮过河车对屏风马平炮兑车

1. 炮二平五　马8进7　**2.** 马二进三　车9平8

3. 车一平二　马2进3　**4.** 兵七进一　卒7进1

5. 车二进六　炮 8 平 9　　**6.** 车二平三　炮 9 退 1

7. 炮八平六　车 1 平 2

本局弈自 1992 年全国个人赛。中炮过河车对屏风马平炮兑车，红方采用五六炮进攻，是 20 世纪 90 年代时兴的走法。黑方出车联炮，左右均衡启动，另有车 1 进 1、车 8 进 5、马 3 退 5 等应着。

8. 马八进七　炮 2 平 1　　**9.** 兵五进一　……

冲中兵组织中路出击，比较积极。改走车九进二相对平稳。

9. ……　炮 9 平 7　　**10.** 车三平四　象 7 进 5

11. 兵五进一　车 2 进 6

一个强冲中兵，一个过河车对抗，双方由此展开竞争。黑如卒 5 进 1，马三进五，红马盘出，占先。

12. 车九平八　车 2 平 4

兑车抢先，恰到好处。黑如车 2 进 3，马七退八，车 8 进 6，马三进五，红先。

13. 仕四进五　卒 5 进 1

14. 车八进七　马 3 退 5

15. 马七进八（图 352）　车 4 平 2?

肋车擅离要道，招来“杀身之祸”，失算。应改走车 8 进 5 呼应，仍是抗衡之势。红如接走车四进二，炮 7 平 8，兵七进一，车 4 退 1，对峙。

前卫徐建明

湖北王斌

图 352

16. 车四进二！炮 7 平 8

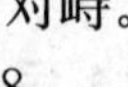

17. 炮六进六！炮 8 进 1　　**18.** 车八平五！车 2 退 1

车炮双扼象腰，继而舍马、弃车杀象，凶狠，一举破城不可挡，走得精彩。黑如炮 8 平 5 吃车，炮五进五绝杀。

19. 车五平三　炮 8 进 5　　**20.** 马三进五　……

大势已去，黑方认输。下面着法为：车 2 退 1，帅五平四，炮 2 平 5，车三平四，红胜。

第315局

黑龙江刘丽梅（红先胜）陕西马麟

（1992年10月30日弈于北京）

仙人指路对飞象

1. 兵七进一　象3进5　　**2.** 炮八平六　马8进7

3. 马八进七　马2进4

本局选自1992年全国女子个人赛。仙人指路对飞象，双方斗散手。黑方此时跳象腰马比跳正马（马2进3）要灵活。

4. 车九平八　车9进1

5. 炮二平五　……

半途架中炮进攻，着法积极。

5. ……　　卒7进1

6. 马二进三　马7进8?

跳外肋马封车，中心阵地薄弱，失先。应改走车1平2联炮，红如车一平二，炮8进2，阵形比较厚实。

7. 马七进六　车9平6

8. 车八进五！……

跃出七路马虎视，继而骑河车控制，佳着。

8. ……　　车6进4

9. 车八平六　炮2平4

红方一平肋道，黑方顿觉尴尬。平炮挡无奈，如马4进6，炮五进四，红优。

10. 兵三进一　马8进7

如改走车6平7，相三进一，车7进1，马六进四，车7平6，炮六进五，炮8平4，车六进二，车6退2，车六进一，红方夺子胜势。

11. 炮五进四　士4进5　　**12.** 兵三进一　车6退2

13. 炮五退一　马 4 进 2

14. 车一平二　炮 8 平 7

15. 车二进四　象 7 进 9

16. 兵三平二　……

炮镇中路，三兵渡河，红方迅速取得优势。

16. ……　　　马 7 退 6

17. 车二平四　炮 4 进 3

18. 车六退一　炮 7 进 7

19. 仕四进五　车 6 退 1

20. 马三进二（图 353）　……

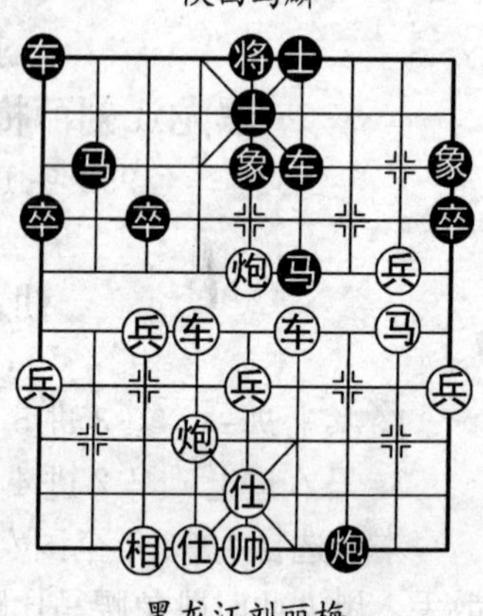

图 353

跃马夺马且有攻势，红胜。至此，红方五兵齐全，黑方右车一步未动，奇趣也。

第 316 局

江苏伍霞（红先胜）安徽高华

（1996 年 4 月 18 日弈于桂林）

中炮巡河炮对屏风马

1. 炮二平五　马 8 进 7　　**2.** 马二进三　车 9 平 8

3. 兵七进一　卒 7 进 1　　**4.** 马八进七　马 2 进 3

5. 炮八进二　象 3 进 5　　**6.** 车一平二　士 4 进 5

本局是两位巾帼特级大师在第 7 届“银荔杯”全国象棋冠军赛中的交锋。中炮巡河炮对屏风马，黑方补士固中虽稳但欠灵活，不如改走炮 8 进 2、炮 2 进 2、卒 3 进 1、车 1 平 3 等应着。

7. 兵三进一　卒 7 进 1

兑兵不如车 1 平 4 出贴身车积极。

8. 炮八平三　车 1 平 2　　**9.** 炮三进二　炮 2 平 1

可改走炮 8 平 9 兑车，以求左翼透松。

10. 车九平八 ……

“以暗兑明”，布局中常见的兑子手段。

10. …… 车 2 进 9

11. 马七退八 炮 8 进 4？（图 354）

失先，同样封车应改走炮 8 进 6。

12. 马三进四 炮 8 平 1

13. 炮五平三！ ……

卸炮轰马阻兑，好棋，由此奠定优势。

13. …… 士 5 退 4

14. 车二进九 马 7 退 8

15. 马四进六 ……

安徽高华

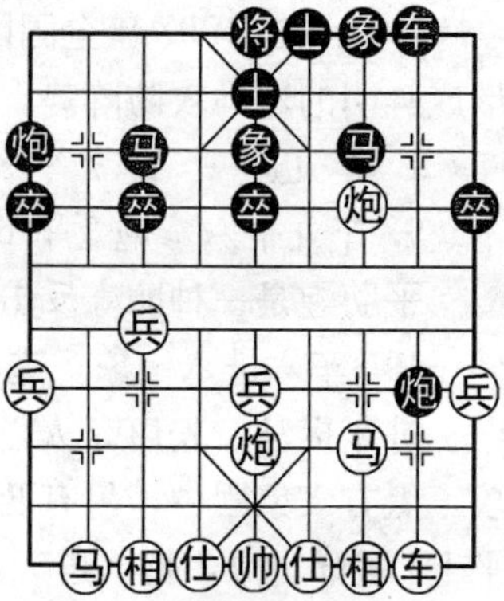

江苏伍霞

图 354

斗无车棋，奔马踩马，力在其中。

15. …… 马 8 进 9　**16.** 前炮平七 马 3 退 2

17. 兵一进一 前炮退 1　**18.** 马六进八 ……

马入卧槽，沉重一击。

18. …… 马 2 进 4　**19.** 炮七平九 后炮平 2

平炮漏着丢子。但改走前炮平 9，马八进七，炮 1 退 1，炮九平一，红方大优。

20. 马八退九 红方夺炮胜。

第 317 局

湖南崔金波（红先胜）化工姚伟民

（1997 年 5 月 11 日弈于上海）

中炮七路马对屏风马双炮过河

1. 炮二平五 马 8 进 7　**2.** 马二进三 车 9 平 8

3. 车一平二 卒 7 进 1　**4.** 兵七进一 马 2 进 3

5. 马八进七　炮2进4　　**6.** 兵五进一　炮8进4

本局选自1997年全国团体赛。中炮七路马对屏风马双炮过河，形成鲜明的炮马攻防阵势。黑如改走炮8进3，则成过河鸳鸯炮。

7. 车九进一　炮2平3　　**8.** 相七进九　车1平2

9. 车九平六　炮3平6

平肋炮是一种防守反击的选择，也可走车2进6。

10. 车六进六　象7进5

进车捉马，先声夺人，亦可兵五进一直攻中路，另有激烈对攻。黑方飞象固中，另有两种应着，举例如下：①象3进5，车六平七，炮6进1，炮八进五，炮6平3，马三退五，炮3退1，炮五平八，车2平3，车七平六，马7进6，炮八退四，相互牵制，红方主动。②炮6进1，马七进六，炮6平2，马六进五，马7进5，炮五进四，车8进3，炮五退一，将5进1，车六平七，车2进6，车二进一，炮2进2，相九退七，车8进2，车七进一，将5进1，马三进五，成对攻形势，红方易走。

11. 兵五进一　……

冲中兵强攻，凶。亦可车六平七吃马，炮6进1，炮八进五，炮6平3，马三退五，炮3退1，炮五平八，车2平1，车二进二，车1进2，车七平六，士6进5，炮八平五，士5进4，炮五平九，象3进1，炮八进七，象1退3，车二平六，红方弃子抢攻有攻势。

11. ……　炮6退4？(图355)

化工姚伟民

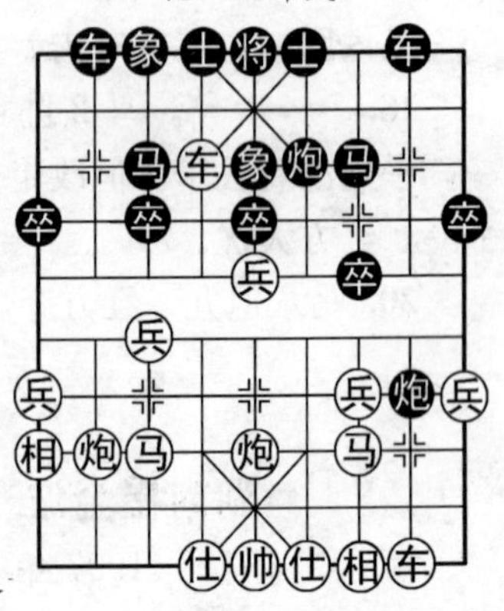

湖南崔金波

图355

退炮轰车，应对错误，失着。另有三种应着：①车2进2，兵五进一，马7进5，马三进五，车8进3，马五进六，士6进5，车六进一，车2进4，车二进二，炮6退5，车六退二，炮6进3，仕六进五，炮6平5，相互纠缠。②卒5进1，车六平七，炮6进1，马七进八，炮6平2，马八进七，卒5进1，炮五进五，象3进5，车七平五，士4进5，车五平三，红方占优。③士6进5，车六平七，炮6进1，炮八进五，炮6平3，兵五进一，马7进5，炮八平五，将5平6，车二进一，车8进2，车二平四，车8平6，后炮平四，车6平7，炮五平四，将6平5，后炮平五，炮3平7，相九退七，炮8退4，车七退一，炮8平6，车七平五，车2进6。黑方多子，红方得势，各有千秋。

12. 兵五进一！……

弃车冲兵，胸有成竹，直捣黄龙。一石掀起千层浪，好棋。

12. …… 炮6平4 **13.** 兵五进一 马7进5

如改走士6进5，兵五平六，士5进4，马三进五，士4退5（如将5平6，马五进六，马3退1，马七进八，车2平1，车二进一，红有强烈攻势），马五进六，马3进5，马七进八，车2平1，马六进八，将5平6，车二进二，马5进6，炮五平四，马6进4，炮四退一，红方胜势。

14. 兵五平六 马5进6 **15.** 马三进五 士4进5
16. 马五进六 马6进5 **17.** 炮八平五 士5进4
18. 车二进一 马3退1 **19.** 马六进五 ……

打将入杀。下面：士6进5，马五进三，将5平6（如将5平4，红炮五平六），车二平四，红胜。

第318局

上海欧阳琦琳（红先胜）广东郑楚芳

（1997年5月13日弈于上海）

中炮过河车对屏风马两头蛇

1. 炮二平五 马8进7 **2.** 马二进三 卒7进1
3. 车一平二 车9平8 **4.** 车二进六 马2进3
5. 马八进七 卒3进1 **6.** 车九进一 士4进5

本局弈自1997年全国女子团体赛。中炮过河车对屏风马两头蛇，红方采用直横车打法，黑方补士固中，一般都走炮2进1赶车。

7. 兵五进一　炮2平1?

分边炮失先。应改走炮2进1，车二退二，炮8进2，阵形稳固。

8. 车九平六　车1平2

可走象3进5，以后出贴身车交换，比较平稳。

9. 马三进五　马7进6?

应对盘头马的进攻，黑方屏风马不宜轻易移动。应改走象3进5。

10. 兵五进一　马6进5

11. 马七进五　车2进7

12. 兵五进一　车8进1（图356）

广东郑楚芳

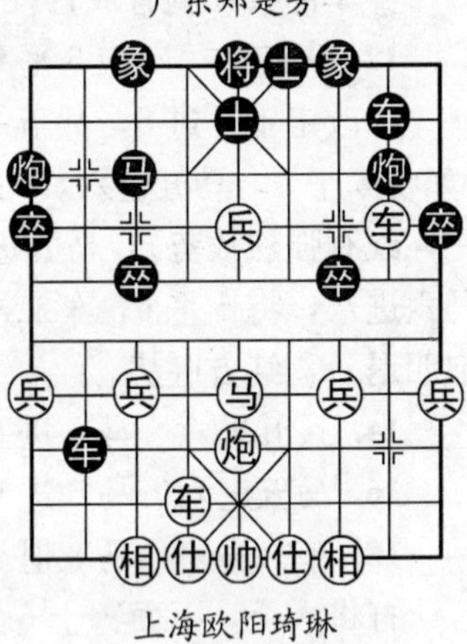

上海欧阳琦琳

图356

红方弃马强攻中路，选准切入点，走得好。黑如改走象3进5，马五进四，红方有攻势。

13. 车六进七！……

车攻象腰，拦宫一击，厉害。

13. ……　车2退7

14. 马五进四　车8平7

15. 兵五进一　象7进5

如改走炮1平5，马四进五，象7进5，车二进一，红方双车炮也是杀局。

16. 车二进一　……

中象不保，红方有杀势，黑方认输。

第 319 局

河北苗利明（红先负）北京臧如意

（1997 年 10 月 9 日弈于漳州）

顺炮直车对缓开车

1. 炮二平五　炮 8 平 5　　**2.** 马二进三　马 8 进 7

3. 车一平二　马 2 进 3

这是冀中小将在 1997 年全国个人赛中挑战资深京城老将的一盘棋。斗顺炮，直车对缓开车上正马，富有弹性而多变。

4. 兵三进一　车 9 进 1　　**5.** 马八进七　车 1 进 1

6. 炮八平九　……

分边炮准备出左直车，这是一步刻意的变着。如兵七进一，车 9 平 4，则成两头蛇对双横车流行阵势，为棋手们较多采用。

6. ……　车 9 平 4　　**7.** 车九平八　车 4 进 5

8. 马三进四　……

跃马争取主动。如兵七进一（如炮五平四，黑卒 5 进 1），车 4 平 3，车八进二，车 1 平 6，红方没有便宜。

8. ……　车 4 平 3

9. 马七退五　卒 3 进 1

吃兵赶马，挺卒活马，黑方强手取得抗衡。

10. 马五进三　炮 2 进 4

11. 仕四进五　车 1 平 6

12. 马四进三　车 6 进 5（图 357）

进车缓手，应炮 5 进 4 抢占中路为紧凑。

13. 车二进八？……

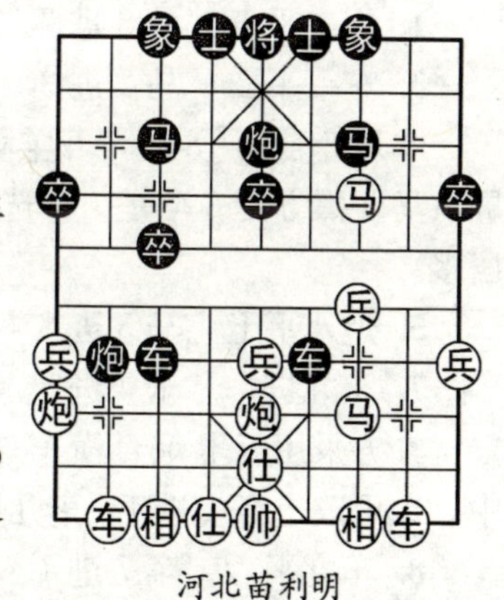

图 357

进车不当，对业已存在的威胁掉以轻心，失算。应改走前马进五咬炮，象3进5，兵三进一，象5进7，车二进七，车6退4（如马3退5，红炮九进四；如马7退5，红车二平六），兵五进一，士4进5，成牵扯之势，红方可以一战。

13. ……　　炮5进4!　　**14.** 车二平七? ……

平车捉马劣着，于攻守都不利。应改走前马进一，给黑方制造一点麻烦。

14. ……　　马7退5　　**15.** 后马进五　炮2平5

16. 车八进四　卒3进1

冲卒，黑方已有强大攻杀之势，下面入局。

17. 车八进三　车6进2!　　**18.** 车七平六　炮5退1

19. 马三退二　车3平8!　已成杀局，黑胜。

第320局

湖北柳大华（红先胜）江苏徐天红

（1998年1月10日弈于广州）

五七炮对屏风马

1. 炮二平五　马8进7　　**2.** 马二进三　车9平8

3. 车一平二　马2进3　　**4.** 马八进九　卒3进1

本局弈自第18届"五羊杯"全国象棋冠军赛。中炮跳边马对屏风马，黑方挺3卒是一种选择，但从目前实践来看，走卒7进1居多。

5. 炮八平七　马3进2　　**6.** 车二进六　象3进5

7. 车九进一　士4进5

红方采用五七炮直横车缓冲兵攻法，徐图进取。黑方补士固中，也可改走卒1进1，车九平六，车1进3，黑方严阵以待。

8. 车九平六　卒7进1　　**9.** 兵五进一　车1平2

10. 炮七退一　炮2进1　　**11.** 车二退二　炮8进2

双炮联动，巩固前沿阵地，走得稳健。

12. 兵三进一　卒 7 进 1

13. 车二平三　炮 8 平 7

14. 马三进四　车 8 进 3

15. 车六进七（图 358）　车 2 平 4?

黑方兑车为什么？随手棋而出错，劣着。应改走马 7 进 6，黑势不差，且战程还长着呢。

16. 车六平八！车 4 进 3

17. 车八进一　士 5 退 4

18. 兵五进一！……

捉炮、打将、冲兵，红方顿现强大攻势，黑方迅速崩溃。

江苏徐天红

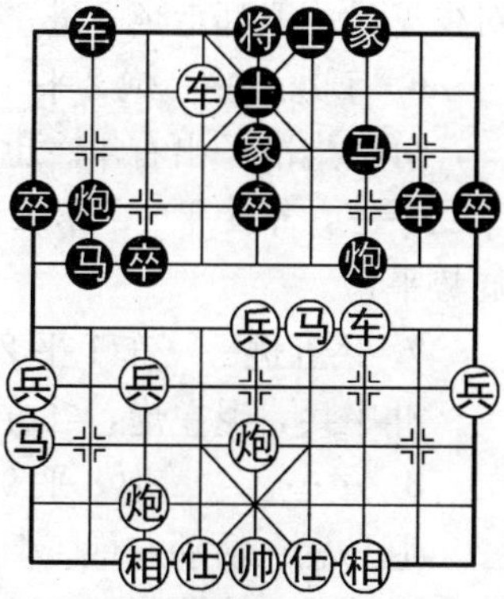

湖北柳大华

图 358

18. ……　　马 7 退 5

如改走士 6 进 5，兵五平六，车 4 平 3，兵六平七！红方同样胜势。

19. 兵五平六！车 4 平 3

20. 车三进一！……

杀炮立定胜局，妙。下面：象 5 进 7，炮七平六，绝杀，红胜。

第 321 局

陕西王大明（红先胜）邮电许波

（1998 年 3 月 28 日弈于昆明）

中炮过河车对屏风马

1. 炮二平五　马 8 进 7　　**2.** 马二进三　车 9 平 8

3. 车一平二　卒 7 进 1　　**4.** 车二进六　马 2 进 3

5. 马八进七　士 4 进 5

本局弈自 1998 年全国团体赛。中炮过河车对屏风马，红方上正马缓冲七兵是 20 世纪 90 年代以后比较流行的走法。黑方补士相对少见，一般都走卒 3 进 1 成两头蛇阵势，局面比较开扬。

6. 车九进一　炮 2 平 1

分边炮准备出右车。也可改走卒 3 进 1，车九平六，象 3 进 5，车二平三，车 1 平 4，车六进八，马 3 退 4，兵五进一，炮 8 进 2，局势平稳。

7. 兵五进一　车 1 平 2　　**8.** 炮八退一　……

冲中兵，退左炮，红方及时组织进攻，着法到位。

8. ……　炮 8 平 9　　**9.** 车二平三　马 7 退 9?

退马意在活动左炮，但防线有嫌松散，是一步疑问手。可改走炮 9 退 1 以逸待劳。

10. 兵五进一　卒 5 进 1

11. 车三平七　车 2 进 2

12. 马七进五　炮 9 平 5（图 359）

邮电许波

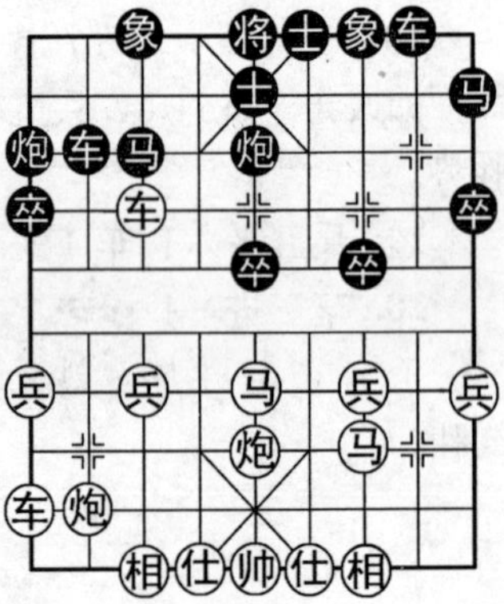

陕西王大明

图 359

13. 马五进七！……

马跃相头，虎视眈眈，黑已难应付。

13. ……　车 8 进 3

14. 马七进六！……

踏马抢攻，直捣黄龙。

14. ……　车 2 退 1

15. 炮八进五！……

进炮助攻，“火上浇油”，越烧越旺。

15. ……　将 5 平 4　　**16.** 车九平六！……

肋车钳控，一剑封喉。

16. ……　炮 5 平 4　　**17.** 车七进一　车 2 进 2

18. 马六进四！……

双车马炮杀局，红胜。

第322局

农协马松颖（红先胜）广东欧阳婵娟

（1999年4月19日弈于漳州）

五七炮进三兵对屏风马

1. 炮二平五　马8进7　2. 马二进三　车9平8
3. 车一平二　卒3进1　4. 兵三进一　马2进3
5. 马八进九　卒1进1　6. 炮八平七　马3进2
7. 马三进四　象3进5

本局选自1999年全国女子团体赛。五七炮进三兵对屏风马，红方右马盘河直指中路，黑方飞右象不及象7进5。另也可改走车1进3，红如马四进五，马7进5，炮五进四，车1平5，炮七平五，车5退2！炮五进六，炮8平5！黑方夺子胜势。

8. 马四进五　马7进5　9. 炮五进四　士4进5

同样补士，不及士6进5。

10. 车二进五　马2进1

踏兵太急。宜改走车1进3，炮五退二，车1平4，炮七平二，车4进3，这样比原变化要好一点。

11. 炮七平二　……

平炮钳制车炮，由此确立优势，佳着。

11. ……　车1进3
12. 炮五退二　车1平4
13. 相七进五　车4进3？

车离卒林，失着。应改走卒1进1。

14. 仕六进五（图360）　卒7进1

广东欧阳婵娟

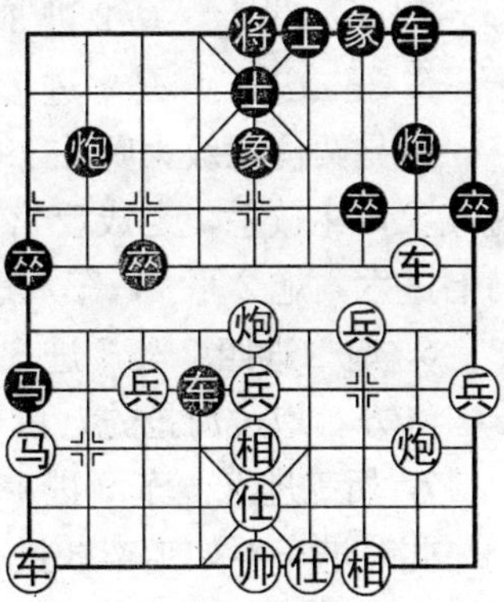

农协马松颖

图360

红方补仕以逸待劳，含蓄。黑如改走车4平5，车二平五！炮

8平6，炮五进三！象7进5，车五退二，车8进7，车五进四，红方夺车破双象，胜势。

15. 车二进一　炮2平4

如卒7进1，车九平六，车4进3，帅五平六，炮2平4，车二平八，红叫杀夺车胜。

16. 马九退七　车4平3

如改走车4平5，车二平五，黑方丢车。如车4退2，兵三进一，车4平7，车九平八，红方胜势。

17. 车二平八！……

下面：炮8平6，车八进三，炮4退2，车九平六，红胜。

第323局

吉林陶汉明（红先胜）上海胡荣华

（1999年4月22日弈于漳州）

仙人指路对飞象

1. 兵七进一　象3进5　　**2.** 炮八平六　卒7进1

3. 马八进七　马2进3　　**4.** 车九平八　车1平2

5. 马二进三　马8进7

这是两位特级大师在1999年全国团体赛中的较量。仙人指路对飞象，斗散手，走成反宫马对屏风马阵势。黑如改走炮2进4，马七进六，炮2平7，车八进九，马3退2，马六进七，红方先手。

6. 炮二进四　马7进8

红方右炮过河抢先，黑可考虑卒3进1兑兵活马。

7. 相三进五　车9进1

此时进车不如走卒3进1。

8. 仕四进五　车9平7

此时仍可走卒3进1。

9. 炮二平七　卒5进1？

挺中卒，暴露目标，失先。宜改走马8进7，车一平二，炮8平6，局面稳正。

10. 车八进五！……

骑河车攻击，恰到好处，佳着。

10. …… 车7进2

11. 兵七进一 马8进7

12. 车一平二 炮8平7

13. 马七进六 炮2平1？（图361）

兑车失察，授人以隙，劣着。应改走士4进5固中待变，局势无大碍。

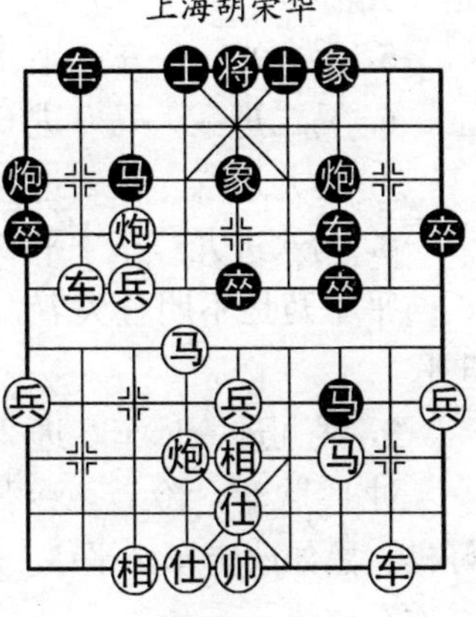

图361

14. 炮七平五！象5进3

中炮打将，乘虚而入，妙，由此打开局面，确立优势。黑如改走士4进5，车八进四，马3退2，炮六平八，红优。

15. 车八进四 马3退2 **16.** 炮六平八 车7平6

17. 炮八进三！……

骑河炮巧攻，力在其中，好棋。

17. …… 卒5进1 **18.** 炮八平三！……

轰卒窥象，摧枯拉朽，势不可当。

18. …… 马7退6 **19.** 车二进八 ……

车攻象腰，立定胜局。下面：炮7平3，兵五进一，红胜。

第324局

江苏徐健秒（红先胜）火车头陈启明

（1999年4月25日弈于扬中）

仙人指路对卒底炮

1. 兵七进一 炮2平3 **2.** 炮二平五 象7进5

3. 马八进九 马2进1 **4.** 车九平八 车1进1

本局选自“西门控杯”第2届全国象棋大师冠军赛。仙人指路对卒底炮，形成中炮对飞左象双跳边马局式。黑方出横车不及卒1进1先活马。

5. 兵九进一　车1平4

6. 马二进三　马8进6

7. 马九进八　车4进3

8. 马八进九　车4平2？(图362)

平车乃是不明显失着，应改走炮3平2。

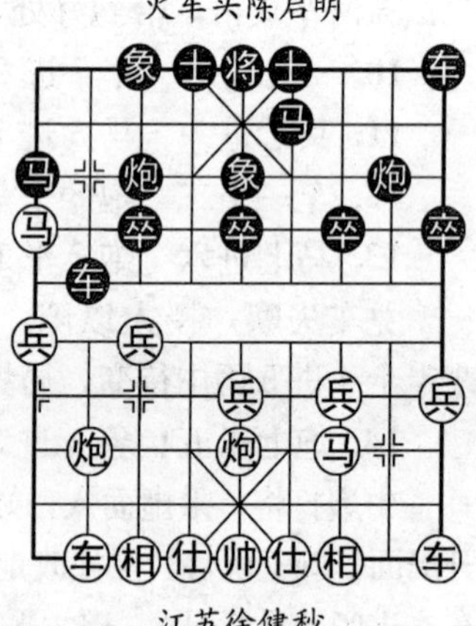

火车头陈启明

江苏徐健秒

图362

9. 兵九进一！车2进2

冲兵欺车，冷着，令黑方不防，好棋。黑如改走车2平1，炮八进六，红方有攻势。

10. 马九进七！……

兑炮，让边兵发挥作用，佳着。兵（卒）虽小压千军，好看。

10. ……　　　炮8平3　　　**11.** 车一进一！车9平8

如改走炮3平2，车一平四，车9进1，马三退五！炮2进5，马五进七，红优。

12. 车一平八！……

双连车，红方由此确立优势。

12. ……　　　士6进5　　　**13.** 炮八平九　车2平1

如车2进2，车八进一，黑方边马难逃厄运。

14. 前车平四　炮3退1　　　**15.** 兵九进一！……

再弃边兵，妙。

15. ……　　　车1退3　　　**16.** 车八进八！……

下一手轰马兑子夺子，红胜定。黑方认输。

第325局

江西柯善林（红先胜）北京龚晓民

（2000年5月5日弈于宜春）

五六炮对反宫马

1. 炮二平五　马2进3　　2. 马二进三　炮8平6
3. 车一平二　马8进7　　4. 兵七进一　卒7进1
5. 炮八平六　炮2进6?

本局弈自2000年全国团体赛。五六炮进七兵对反宫马，黑方进炮顶马，失着，布局中不应该有的差错，应走车1平2。

6. 炮六进五！马7进6

升炮打马，乘虚而入，走得巧。黑如走炮6进2，车二进七，车9进2，车二平一，象7进9，炮六平一，红方占优。

7. 炮五进四　炮2退6　　8. 车二进六！……

弃炮进车，佳着。

8. ……　　炮2平4　　9. 车二平四　马6进4
10. 炮五退二　车9进2
11. 车九进二　卒3进1

如走车1平3，马八进七，马4进3，车九平七，车2进4，车七平六，红优。

12. 车四平六　炮6退1
13. 车九平四　炮6平4
14. 车六平五　后炮平5
15. 车五平四　炮5平3（图363）
16. 前车进二！……

进车扼宫腰，又凶又刁，比前车进三吃士有力得多。

北京龚晓民

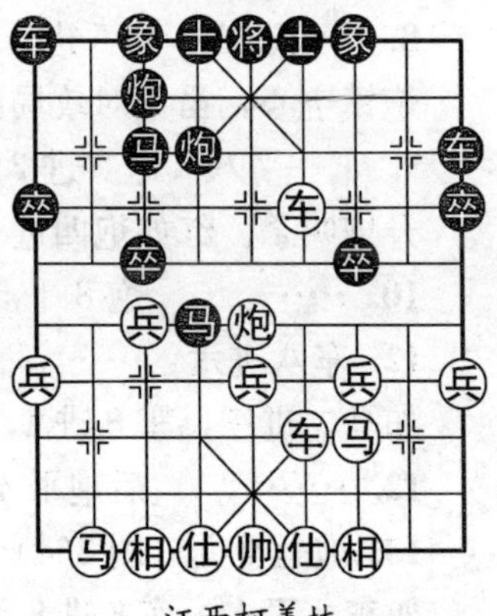

江西柯善林

图363

16. …… 炮 4 进 7 **17.** 后车进三！炮 4 平 2

18. 相七进五 ……

双车炮绝杀，红胜。棋局已结束，红方五兵齐全，左马未动已“牺牲”，黑方右车一步未动，一局三奇，妙哉。

第326局

辽宁李旭峰（红先负）吉林李轩

（2001 年 7 月 29 日弈于丹东）

仕角炮对中炮

1. 炮二平四 炮 2 平 5 **2.** 马八进七 马 2 进 3

3. 车九平八 车 1 平 2 **4.** 炮八进四 卒 3 进 1

这是第 13 届“棋友杯”全国象棋大奖赛中的一盘对局。仕角炮对中炮开局，一个左炮封车，一个挺卒活马，双方短兵相接，展开竞争。

5. 车一进一 马 8 进 7 **6.** 炮八平七？……

平炮兑车压马，意在攻底象侧翼抢攻，但中门洞开，失大于得，不妥。应走车一平六，慢慢来，不能急。

6. …… 车 2 进 9 **7.** 炮七进三 士 4 进 5

8. 马七退八 炮 5 进 4

炮镇空心，虽呈对攻局面，但黑方优势无疑。

9. 车一平八 炮 8 进 2！ **10.** 帅五进一 ……

升炮叫杀。红如炮四进三，车 9 进 1，黑优。

10. …… 炮 8 平 5 **11.** 帅五平六 车 9 平 8

12. 车八进六 ……

如马二进三，车 8 进 4，黑方胜势。

12. …… 后炮平 4

13. 炮七平九（图 364） ……

如车八平七，车 8 进 8，帅六进一，车 8 退 3，帅六退一，车 8 平 4，帅六平五，后炮平 5，帅五平四，将 5 平 4，黑方胜势。

13. …… 卒3进1!

14. 兵七进一 ……

冲卒好棋。红如车八平七，车8进8，帅六进一，卒3平4，帅六平五，炮4平5，帅五平六，卒4进1，黑胜。

14. …… 车8进8

15. 帅六进一 车8退3

16. 帅六退一 车8平4

17. 帅六平五 ……

如炮四平六，车4平3，炮六平八，士5进6，黑方胜势。

吉林李轩

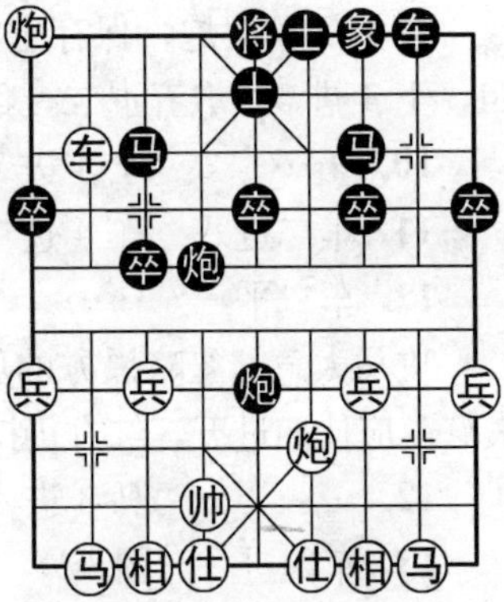

辽宁李旭峰

图364

17. …… 炮4平5　　18. 帅五平四 车4进3

下面：仕四进五，前炮平6，炮四平六，炮5平6，黑胜。

第327局

四川黎德玲（红先负）云南党国蕾

（2001年10月21日弈于西安）

中炮进三兵对反宫马

1. 炮二平五 马2进3　　2. 马二进三 炮8平6

3. 兵三进一 车9进1

本局弈自2001年全国女子个人赛。中炮进三兵缓开车，黑方抢出左横车，旨在争抢，也可走卒3进1。

4. 车一平二 马8进7　　5. 炮八进四 ……

采用五八炮打法。如马三进四，炮6进7！帅五平四，车9平6，黑方反击。

5. …… 卒3进1　　6. 马八进九 车9平4

7. 炮八平三 象7进5　　8. 车九平八 车1平2

9. 车八进四　炮 2 平 1　　**10.** 车八平四　……

避兑闪车捉炮，保存主力。亦可车八进五，马 3 退 2，炮五进四，士 4 进 5，炮五退二，红方先手。

10. ……　　士 4 进 5

11. 车二进八　车 4 进 7

12. 车二平三？……

攻马太急，忽略黑方的反击潜力，失算。应仕四进五，红方仍持先手。

12. ……　　马 3 进 4

13. 车四进一（图 365）　炮 6 进 7!

弃炮轰仕，石破天惊，一锤定音，好棋。红势顿时难看。

云南党国蕾

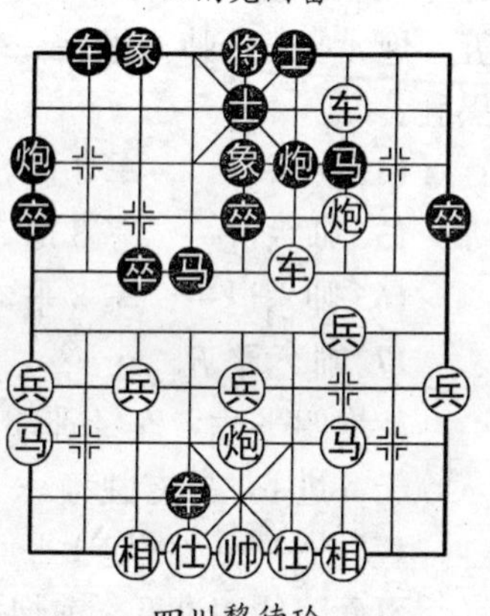

四川黎德玲

图 365

14. 车四平六　……

弃车咬马无奈。如马三退四（如帅五平四，黑车 4 进 1），马 4 进 5，车四退二，马 5 进 3，仕六进五，车 2 进 8，黑方胜势。

14. ……　　车 4 退 4　　**15.** 马三退四　车 2 进 5!

16. 相三进一　车 2 进 2!　　**17.** 炮五平三　车 4 进 4!

18. 后炮退二　车 4 平 6　　**19.** 前炮平二　将 5 平 4!

双车联攻再出将，一气呵成杀局。下面：仕六进五，车 2 平 3，相七进五，车 3 平 1，仕五退六，车 1 进 2，黑胜。

第 328 局

浙江陈孝堃（红先胜）云南陈信安

（2001 年 12 月 17 日弈于厦门）

仙人指路对卒底炮

1. 兵七进一　炮 2 平 3　　**2.** 炮八平五　马 8 进 7

3. 马八进七　象 7 进 5　　**4.** 马七进六　……

这是两位大师在“九天杯”第5届全国象棋大师冠军赛中的过招。仙人指路对卒底炮，红方反向架中炮（一般都走炮二平五），又七路快马，走得别致有新意。

4. …… 卒7进1 **5.** 马二进三 士6进5

6. 车九平八 炮3进3

轰兵，为右翼三路正马留出位置，一举两得。

7. 炮二进四 马7进8?

跃马外肋放弃中路，前后着法欠协调，失着，应马2进3。

8. 炮五进四 车9平6 **9.** 炮五退一 炮3退1

如马8进7，炮二平三；如车6进5，炮五平二，炮8进2，车一平二，车6平4，车二进五，卒7进1，兵三进一，车4平7，相三进五，车7进2，相五进七，都是红方优势。

10. 兵一进一 马2进1

如车6进5，车八进四！马8进7，炮二平三，红优。

11. 兵一进一 卒9进1

12. 车一进五 马8进7

13. 车一进二 炮8退1（图366）

14. 炮二平五！……

红车边线脱颖而出，对黑方左翼进行有效的控制，再架一门中炮，力在其中，佳着。

14. …… 马1退3

15. 车一平二 炮8平9

16. 马六进七 炮9进3

17. 后炮平一 炮3平9

18. 车八进八！……

云南陈信安

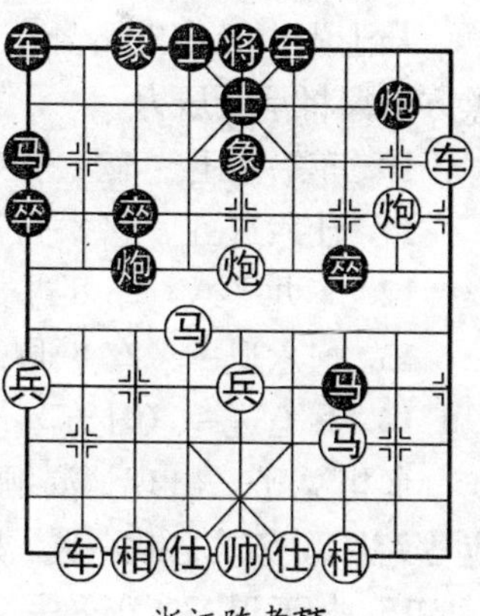

浙江陈孝堃

图366

飞车逮马立定胜局。下面：马3进4，车八平六，马4进3，车二平五（或马七进五），红胜。

第329局

重庆王晓华（红先胜）解放军刘征

（2002年4月3日弈于淄博）

中炮横车七路马对屏风马

1. 炮二平五　马8进7　2. 马二进三　车9平8
3. 兵七进一　卒7进1　4. 马八进七　马2进3
5. 车一进一　象3进5　6. 马七进六　炮8平9

本局选自2002年全国团体赛。中炮横车七路马对屏风马，红方选择七路快马进攻，是传统的走法，现代都走车一平四右车占肋。黑方平炮亮车，也可炮8进3，马六进七，炮2进4，对抢先手。

7. 炮五平六　炮2进3　8. 马六进七　炮2进1
9. 相七进五　士4进5

补士固中又为出贴身车开道，稳健。如炮2平7，车九平八，黑方右翼将承受压力。

10. 车一平七　车1平4
11. 仕六进五　炮2平7
12. 车九平八　车8进8
13. 炮六退一　车8退1
14. 兵七进一（图367）　炮7进3?

贪相兑子，出现"漏洞"，败着。应马7进8，双方各攻一翼，黑势不弱。

15. 相五退三　车8平7
16. 仕五进六！……

撑仕，双炮打双车，妙，一锤定音。

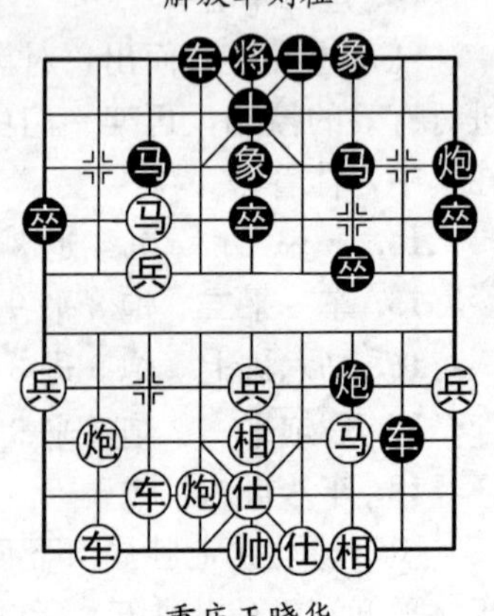

图367

16. ……　车7平4
17. 炮六进八　士5退4　18. 马七进九　……

马入边陲窥卧槽，黑方“投降”。如车4退6，兵七进一，马3退1，炮八进七，将5进1，兵七进一，红胜。

第330局

浙江邱东（红先胜）湖北汪洋

（2002年4月6日弈于淄博）

仙人指路对卒底炮

1. 兵七进一　炮2平3　　**2.** 马二进三　……

本局出自2002年全国团体赛。仙人指路对卒底炮，红方上右马是老式的传统走法，早年江浙刘忆慈、惠颂祥等棋手比较擅长。现在已很少见，多为炮二平五架中炮进攻。

2. ……　　卒3进1　　**3.** 马八进九　卒3进1

4. 炮二平一　……

开炮准备亮车。也可炮八平五，马8进7，兵五进一，士4进5，炮二进二，红先。

4. ……　　马2进1　　**5.** 车一平二　象7进5

6. 车九平八　马8进6

7. 车二进四　马1进3

环绕河头卒，双方展开争夺，由此步入实质性较量。

8. 炮八平七　马3进4

9. 炮七进五　炮8平3

10. 相七进五　车9平8

11. 车二平四　车1进1

12. 相五进七（图368）　马4进3?

如图368，黑方进马误入“禁区”，由此带来一系列麻烦，失着。应车1平4，双方对峙，战程长着呢。

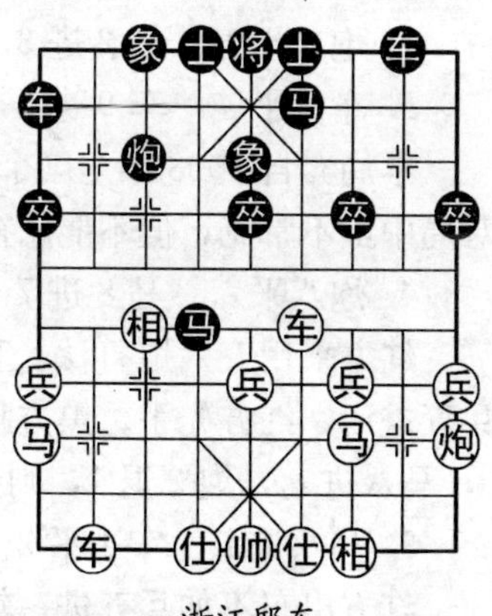

图368

13. 车八进二！ 车8进7　　**14.** 马三退五！……

进车控马，马退窝心，牵着黑方走，佳着。

14. ……　　车8平4　　**15.** 马五进七　车4平3

16. 车八进五！……

兑子捉子，实施谋子战术，妙。

16. ……　　炮3平4

逼着。如车1平3，相三进五，红方打死车。

17. 炮一平四！ 车3平4　　**18.** 仕四进五　车4退1

19. 炮四进六　……

攻中夺子，奠定胜势。

19. ……　　车1平3　　**20.** 马九退七　……

失子失势，黑方认输。

第331局

江苏王斌（红先和）广东陈富杰

（2003年10月30日弈于武汉）

中炮对鸳鸯炮

1. 炮二平五　马2进3　　**2.** 马二进三　卒7进1

3. 车一平二　车9进2

本局弈自2003年全国个人赛。中炮对鸳鸯炮，属于冷门开局，对局中虽不常见，但不能忽视对它的研究。

4. 炮八平六　马8进7

红方采用五六炮打法，稳健。也可改走炮八进二，卒9进1，兵五进一，红方先手。黑方临枰变阵，改用屏风马阵势。如象7进5，马八进七，炮2退1，则走成鸳鸯炮套路。

5. 马八进七　车1平2　　**6.** 车九平八　炮2进4

红方出车不如兵五进一较为积极，黑方进炮封车有针对性。

7. 兵七进一　马7进6

跳马左右联动，正着。否则被红方七路马跳出，黑方被动。

8. 车二进五　炮 8 平 5　　**9.** 车二平三　车 9 平 6

10. 车三退一　炮 2 平 7

反架中炮，抢兵兑车，佳着。

11. 相三进一　车 2 进 9　　**12.** 马七退八　车 6 平 7

兑子有嫌平稳。可改走炮 7 平 1 寻找战机。

13. 车三进三　马 6 退 7　　**14.** 炮六平七　象 3 进 1

15. 炮七进四　马 7 进 8

16. 马八进七　卒 9 进 1

17. 相一进三　……

如炮七平八，马 3 进 4，兵七进一，马 4 进 6，马三退二，成对攻局面。

17. ……　　马 8 进 6

18. 马三退一　马 6 退 4

19. 马一进三　马 4 进 6

20. 马三退一（图 369）……

斗无车棋，势均力敌。一捉一闲，双方不变成和（谁变谁吃亏），仍不失为一盘上乘短局。

广东陈富杰

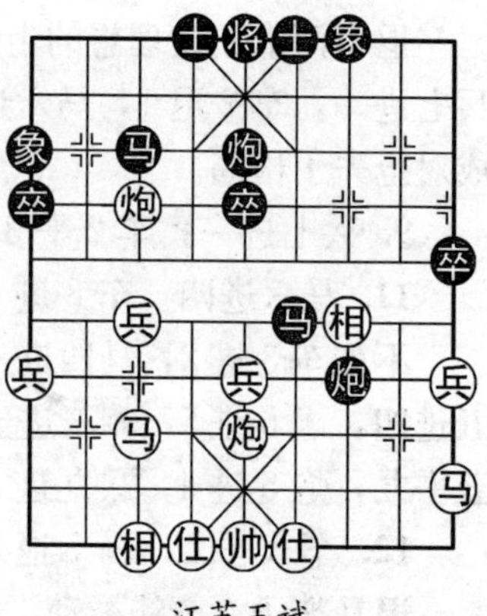

江苏王斌

图 369

第 332 局

广东陈丽淳（红先胜）黑龙江郭莉萍

（2003 年 10 月 31 日弈于武汉）

中炮两头蛇对半途列炮

1. 炮二平五　马 8 进 7　　**2.** 马二进三　车 9 平 8

3. 车一平二　炮 8 进 4　　**4.** 兵三进一　炮 2 平 5

5. 兵七进一　马 2 进 3

本局弈自 2003 年全国女子个人赛。中炮两头蛇对半途列炮，双方对攻。黑方也可车 1 进 1 抢出主力。

6. 马八进七　车 1 平 2　　**7.** 车九平八　车 2 进 6

过河车牵制红方左翼，亦可车 2 进 4，炮八平九，车 2 平 8，车八进六，炮 8 平 7，车八平七，前车进 5，马三退二，车 8 进 9，车七进一，车 8 平 7，车七进二，炮 7 进 1，双方各攻一翼，激烈对抗。

8. 马七进六　车 2 退 2?

退车河沿不是理想的走法，宜马 3 退 5，车二进一，炮 5 平 2，兵七进一，车 2 退 1，马六退七，车 2 平 3，炮八平九，炮 2 进 4，成对抢先手格局。

9. 兵七进一！车 2 平 3　　**10.** 炮八平七　车 3 进 1

11. 马六进四　车 8 进 2!

不如车 3 进 2，马四进三，车 8 进 2，马三退五，马 3 进 5，炮五进四，士 6 进 5，相三进五，车 3 退 3，仕四进五，车 3 平 5，炮五平九，炮 5 进 4，兵九进一，虽红方占优，但黑方还可周旋。

12. 车八进二　马 7 退 8?

退马恋子，全线被动，一发而不可收拾。不如卒 7 进 1，马四进三，车 8 平 7，车二进三，卒 7 进 1，弃马对搏，还可一战。

13. 炮五退一　炮 5 平 4

一个退炮欲轰车，厉害；一个卸炮应付，无奈。局势优劣泾渭分明。

14. 炮五平七　炮 4 进 5

15. 后炮进三　炮 4 平 2

16. 前炮平五！……

打将夺子，精巧。

16. ……　　士 4 进 5

17. 炮七进五　炮 2 退 1

18. 马四进五！（图 370）……

黑龙江郭莉萍

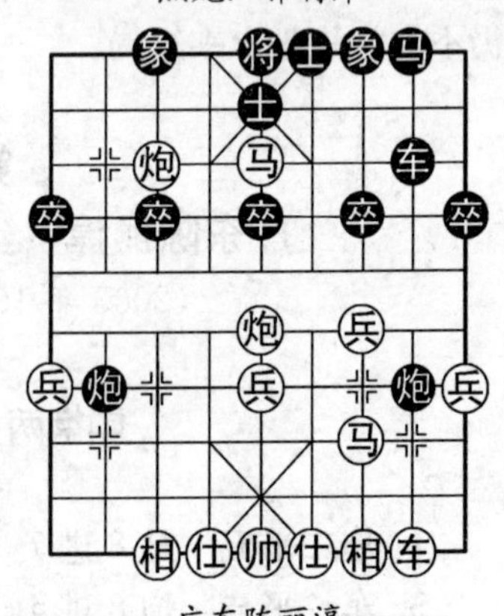

广东陈丽淳

图 370

踏马轰车立定胜局，妙。至此全局结束，红方双相双仕帅五个守子一步未动，黑方5个卒一步未动、一个不缺、原地站位，堪称奇也。

第333局

四川冯晓曦（红先负）河北胡明

（2005年4月13日弈于兰州）

中炮过河车对屏风马弃马局

1. 炮二平五　马8进7　**2.** 马二进三　车9平8
3. 车一平二　卒7进1　**4.** 车二进六　马2进3
5. 兵七进一　士4进5　**6.** 马八进七　象3进5
7. 炮八平九　……

本局选自2005年全国女子团体赛。中炮过河车对屏风马，黑方上右士象演成弃马局变例。红方开边炮稳健，如车二平三，炮2进4（亦可炮8进6），以后将形成激烈对攻。

7. ……　炮2进4

右炮过河呼应左翼，必着。

8. 车九平八　炮2平3　**9.** 兵五进一　……

可改走兵三进一，卒7进1，车二平三，炮8进4（如卒7进1，车三进一，卒7进1，车三退五，红方先手），车三退二，炮8平7，相三进一，马7进6，兵五进一，车1平4，双方对峙。

9. ……　车1平4　**10.** 兵五进一　……

此时冲中兵难以突破，可改走车二平三压马。黑如车4进6，炮五进一，车4进2，炮五退二，车4退2，兵三进一，红方占先。

10. ……　卒5进1　**11.** 兵三进一　卒5进1
12. 车二平三　……

压马成为黑方反击的“靶子”，失着。应改走兵三进一，成对攻态势，以后战程长着呢。

12. ……　炮3平7!

13. 相三进一　车4进8!

14. 车八进三　车4平7!

15. 马七退五　炮8进7!

16. 相一退三　车8进6（图371）

抓住红车误闯"铜网阵"，黑方双车双炮联动，疾攻形成侧杀之势，漂亮。如图371，形成9子同列直线奇观，有趣。

17. 车八进四　炮8平9

下一手车7平6绝杀，黑胜。至此，黑方16个子力一个未损即告捷（红方仅损一个兵），实为罕见，妙也。

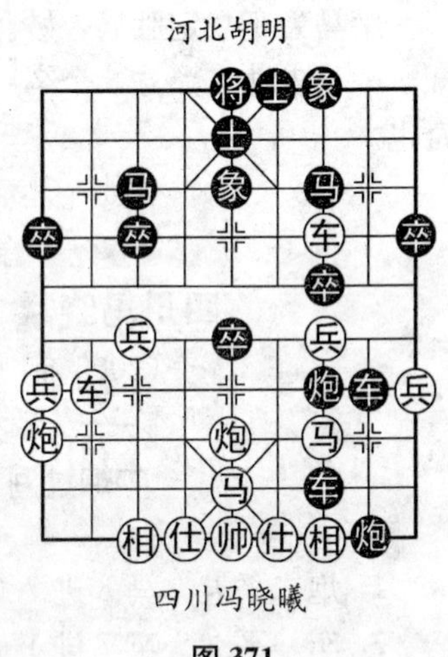

图371

第334局

甘肃赵剑（红先胜）天津荆聪

（2005年4月14日弈于兰州）

顺炮直车对横车

1. 炮二平五　炮8平5　　2. 马二进三　马8进7

3. 车一平二　车9进1　　4. 马八进七　车9平4

5. 兵三进一　马2进3　　6. 兵七进一　炮2平1

本局弈自2005年全国团体赛。斗顺炮，形成直车两头蛇对横车过宫分边炮，如车1进1则成为双横车阵势。

7. 车九平八　车4进5

肋车扼兵林，寻找战机。如车4进3，马三进四，车4平6，炮八进二，红方占先。又如车1进1，马三进四，车4进7，炮八进二，卒3进1，兵七进一，车1平6，马四进三，车6进3，兵七进一，马3退5，炮八平五，炮5进3，兵五进一，车6平3，马七进八，车3平2，兵五进一。弃子抢攻，红方有攻势。

8. 马三进四 ……

右马盘河捉车，手段强硬。亦可炮八平九，车4平3，马三退五，车1平2，车八进九，马3退2，车二进八，士4进5，炮五平三，炮5平4，相三进五，象3进5，车二平四，卒3进1，兵七进一，车3退2，炮三进四，红优。

8. …… 车4平3 **9.** 马四进六 ……

踏马捉双，兑子抢攻，跃马后的连续动作。

9. …… 车3进1

10. 马六进七 炮1进4

11. 炮八进五（图372） ……

炮进内三线，牵制黑方中炮，但缺乏"攻劲"，似乎有疑问。宜改走炮八进七，炮5进4，仕四进五，炮1平3，相七进九，车3平1，车二进七，马7退5，炮八平六，后车进2，炮六退一，前车平4，车二平四，车4退6，帅五平四，马5进7，车八进三，红方主动。

天津荆聪

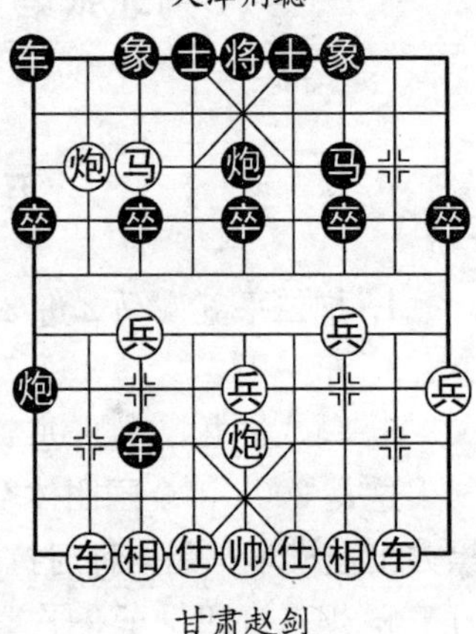

甘肃赵剑

图372

11. …… 车1进2?

升车有误，失算。应改走炮5进4，仕四进五，象7进5（正着！如改走炮1平3，炮八平三，炮3进3，车八平七，车3进2，帅五平四！下面黑有两种应着：①象3进5，炮五进四，士4进5，车二进三，下一手车二平四，红胜。②车3退4，炮五进四，车3平6，仕五进四，车6进2，帅四平五，车6退5〈如车6退4，车二进八，车6平5，马七退五，红方多子胜〉，车二进八！绝杀，红胜），车八进三，炮5平3，相七进九，车1进2，相互牵制、对峙。

12. 马七进八！ ……

马进底线，巧手捉双，妙。

12. …… 炮5进4 **13.** 仕四进五 车1退2

14. 马八退七　炮 1 平 3　　**15.** 炮八平三！……

轰马，准备弃车抢杀，好棋。

15. ……　炮 3 进 3　　**16.** 车八平七　车 3 进 2

17. 车二进三　炮 5 退 2　　**18.** 帅五平四！……

出帅立定胜局。下面：车 3 退 4，车二平四（炮五进四亦可），士 4 进 5，炮五进四，士 5 进 6，车四进四，红胜。

第 335 局

河北张圣（红先负）开滦程龙

（2005 年 4 月 21 日弈于兰州）

五八炮对反宫马

1. 炮二平五　马 2 进 3　　**2.** 马二进三　炮 8 平 6

3. 车一平二　马 8 进 7　　**4.** 兵三进一　卒 3 进 1

5. 马八进九　车 9 进 1

这是 2005 年全国团体赛中的一盘对局。中炮进三兵对反宫马，黑方出左横车，是一种对抗性的选择。一般多走象 7 进 5。

6. 炮八进四　车 9 平 4

7. 炮八平三　象 7 进 5

8. 车九平八　车 1 平 2

9. 车八进六　士 4 进 5（图 373）

10. 炮五进四？……

红方采用五八炮过河车进攻，黑方横车过宫补士象严阵以待。如图 373，红方炮抢中卒太急，不自觉出错而累全局，是一步不明显的败着！应改走仕四进五，红方稳占先手。

10. ……　马 3 进 5

11. 车八平五　将 5 平 4！

开滦程龙

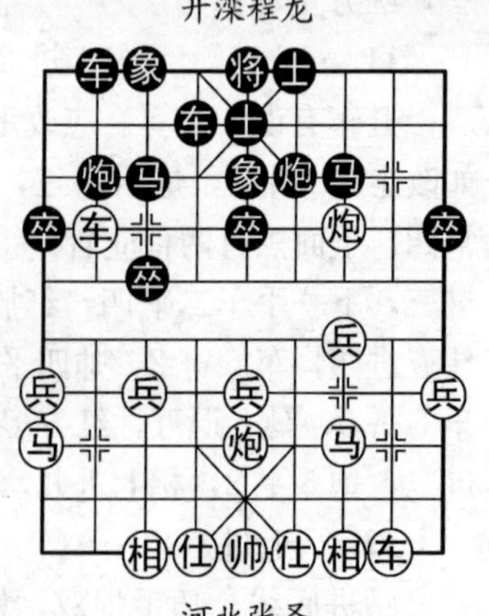

河北张圣

图 373

出将，精妙的冷着，巧伏反击之势，红方始料不及。

12. 车五平八 ……

开车无奈。如改走仕六进五（如仕四进五，炮6进7捉双车，黑优），炮2进7！马九退八，车2进9，相三进五，车4进7，黑胜。

12. …… 车4进8 **13.** 帅五进一 车2进1

14. 车二进六 将4平5 **15.** 相三进五 车2平4

16. 车八退五 后车进2 **17.** 兵三进一 ……

冲兵并不解决后宫之危，但也无更好办法。

17. …… 象5进7 **18.** 车二退四 炮6进5

宫角轰双，势不可当。红方认输。

第336局

北京靳玉砚（红先负）湖南谢业枧

（2006年12月14日弈于宁波）

仙人指路对卒底炮

1. 兵七进一 炮2平3 **2.** 炮二平五 炮8平5

3. 马二进三 马2进1 **4.** 马八进七 ……

本局弈自“交通建设杯”全国象棋大师冠军赛。仙人指路对卒底炮转顺炮，双方对攻。此时亦可炮五进四，士4进5，炮八平五，车1平2，马八进九，马8进7，前炮退一，红方占先。

4. …… 车1平2 **5.** 车九平八 马8进7

6. 车一平三 车2进4 **7.** 车二进六 ……

过河车准备压马牵制，也可马七进六盘河待发。

7. …… 车9进1 **8.** 车二平三 车9平4

9. 炮八平九 ……

如改走兵三进一，车4进5，车三退一，马7进6，黑方对抢先手。

9. …… 车 2 进 5　10. 马七退八　卒 1 进 1

挺边卒通马，良好的等着。

11. 马八进七　车 4 进 5（图 374）

12. 炮五平四？……

卸炮失着，授人以隙，明显的错误。应兵三进一或兵五进一，红方仍不失先手。

12. …… 卒 3 进 1!

冲卒抢攻，乘虚而入又恰到好处。

13. 炮四进一　车 4 退 2

14. 兵七进一　车 4 平 3

15. 马七退五　马 1 进 3

跃马好棋，伏马 3 进 5 踏车凶着。

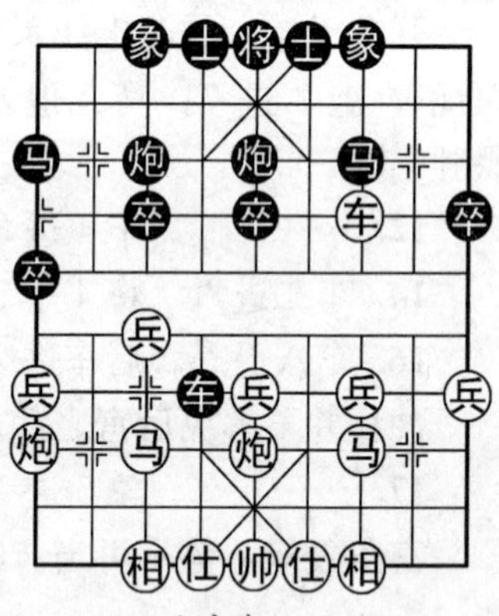

图 374

16. 炮九平五　车 3 平 6!　17. 炮五进四　马 7 进 5

18. 车三平五　马 3 进 5　夺炮，黑胜。

第 337 局

云南赵冠芳（红先和）黑龙江王琳娜

（2007 年 4 月 20 日弈于锦州）

中炮横车七路马对屏风马

1. 炮二平五　马 8 进 7　2. 马二进三　车 9 平 8

3. 兵七进一　卒 7 进 1　4. 马八进七　马 2 进 3

5. 车一进一　象 3 进 5　6. 车一平四　士 4 进 5

7. 炮八平九　炮 2 进 4　8. 车九平八　……

这是两位巾帼特级大师在 2007 年全国团体赛中的较量。中炮横车七路马对屏风马，红方开车捉炮，如兵五进一，炮 8 进 4，成双炮过河阵势。

8. …… 炮2平7 **9.** 相三进一 炮8平9

分边炮亮车，也可卒7进1，车八进七，马7进8，黑方对抢先手。

10. 车八进七 车1平3 **11.** 马七进八 卒7进1

各攻一翼，黑方弃卒抢先，由此展开争斗。

12. 相一进三 车8进6

13. 炮九进四 炮7平9

14. 炮五平九 前炮进3

边线切入，各不相让，紧张。

15. 帅五进一 马3退4

一个高帅、一个退马，都走得正确，丝毫不出破绽。

16. 车八退二 马7进8

17. 相三退五 后炮平7

18. 车四平一 炮7平9

19. 车一平四 后炮平7

20. 车四平一（图375） ……

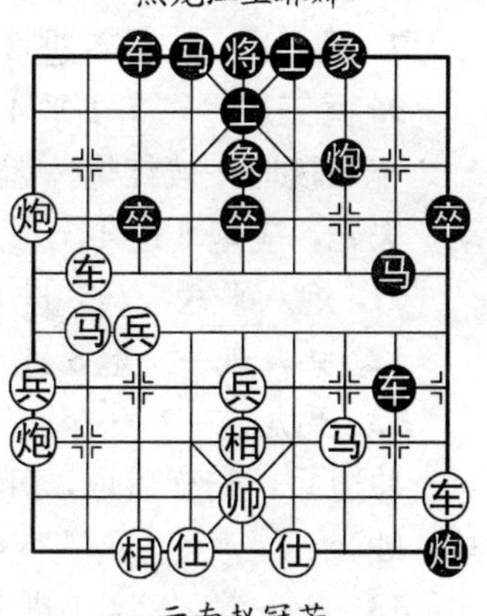

图375

对攻纠缠，走成"一捉一闲"，谁变谁吃亏，终于利用棋规，握手言和。

第338局

江苏伍霞 河北李来群（红先胜）云南赵冠芳 黑龙江陶汉明

（2008年3月20日弈于北京）

中炮巡河车对屏风马

1. 炮二平五 马8进7 **2.** 马二进三 车9平8

3. 车一平二 马2进3 **4.** 马八进九 卒3进1

5. 车二进四 象3进5

本局弈自第3届“常家庄园”杯全国象棋冠军混双赛。中炮巡河车对屏风马，黑方飞象固中。如炮8平9，车二进五，马7退8，炮八平七，象3进5，车九平八，红方占先。

6. 兵七进一　士4进5

如卒3进1，车二平七，马3进4，车七平六，马4退3，车六进二，红先。

7. 兵七进一　象5进3

8. 车二平七　象7进5

9. 兵三进一　车1平4

10. 仕六进五　车4进8?

车入腹地，被红炮一盖，顿时被动，失先，应炮8进4。

11. 炮八平六　马3进2

12. 兵九进一　炮8进4（图376）

云南赵冠芳　黑龙江陶汉明

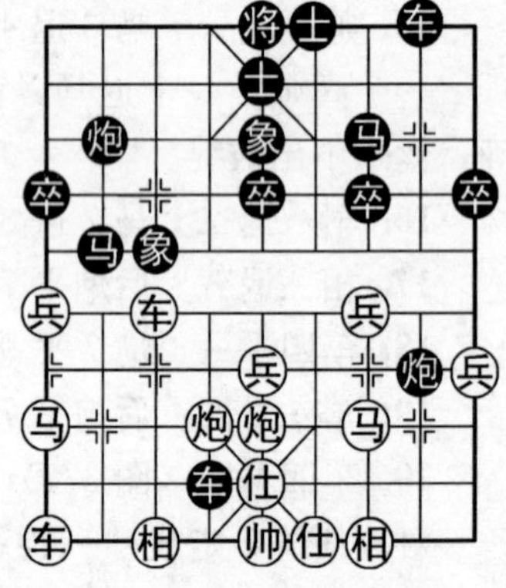

江苏伍霞　河北李来群

图 376

13. 兵九进一！……

冲边兵，先弃后取，开通左翼车马，妙。

13. ……　卒1进1

14. 马九进八　车4平2

15. 车九进五　马2退1?

退马失着招败。应改走车2退3，车七平八，炮2进3，车九平八，炮8平7，相三进一，炮2平4，虽处下风，但尚无大碍。

16. 马八进七！马1退2

17. 车九进四！炮2平4

18. 马三进四！……

车双马联动，势不可当。下面：炮8退5（如炮8进3，马七进六，红方夺子），马四进五，马7进5，炮五进四，炮4平3，马七进五，象3退5，车七进三，将5平4，车七平五，红胜。

第339局

广东黄海林（红先负）江苏王斌

（2008年4月16日弈于惠州）

对兵（卒）局

1. 兵三进一　卒3进1
2. 炮二平五　马8进7
3. 马二进三　马2进3
4. 马八进九　车9平8
5. 车一平二　卒1进1
6. 炮八平七　马3进2
7. 马三进四　车1进3

本局弈自2008年全国象棋甲级联赛。对兵（卒）开局，继而走成五七炮进三兵对屏风马阵势。红方右马快出，亦可车九进一；黑方升车卒林保护中卒，也可象7进5。

8. 车九进一　车1平4
9. 车二进四　车8进1

出矮车，及时亮主力，着法新颖有力。

10. 车九平三　马2进1
11. 炮七退一　车8平6
12. 马四进三　炮8退1（图377）

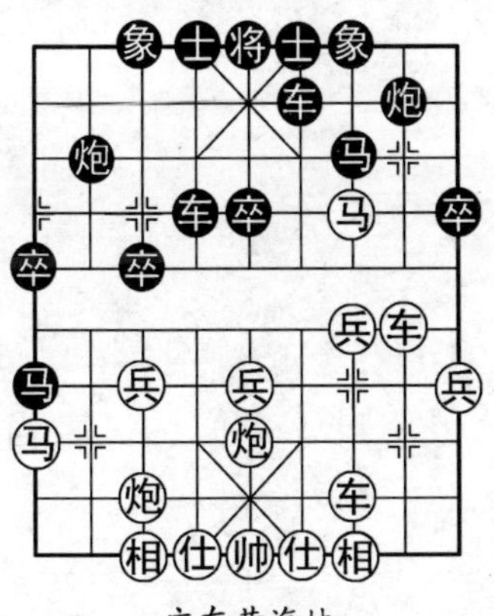

图377

13. 车三进二？……

黑方双车占肋、暗藏杀机，红方浑然不知。此时，升车出大毛病，即刻致败。应仕四进五，战斗还刚刚开始。

13. ……　车4进6!!

弃车杀仕，石破天惊，由此形成绝妙杀局。真是不鸣则已，一鸣而惊人。

14. 帅五平六　……

如帅五进一，马1进3，炮五平六，车4退2，黑胜。

14. ……　　　车 6 进 8

15. 帅六进一　……

如炮五退二，炮 8 平 4，下一手炮 2 平 4 杀。

15. ……　　　马 1 进 3!

进马伏杀。红方有两种应着：①车二进四，炮 2 进 6! 帅六进一，车 6 平 4，炮七平六，炮 2 退 1，黑胜。②马九进八，炮 8 平 4! 马八退七，车 6 平 5! 下一手炮 2 平 4，黑胜。